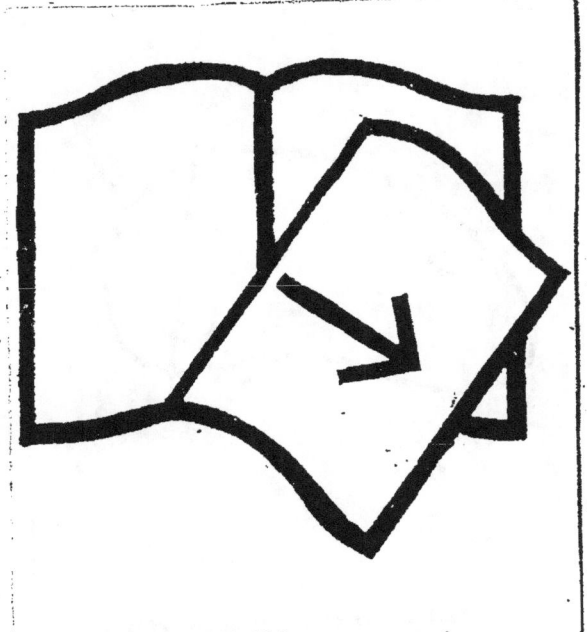

Couverture inférieure manquante

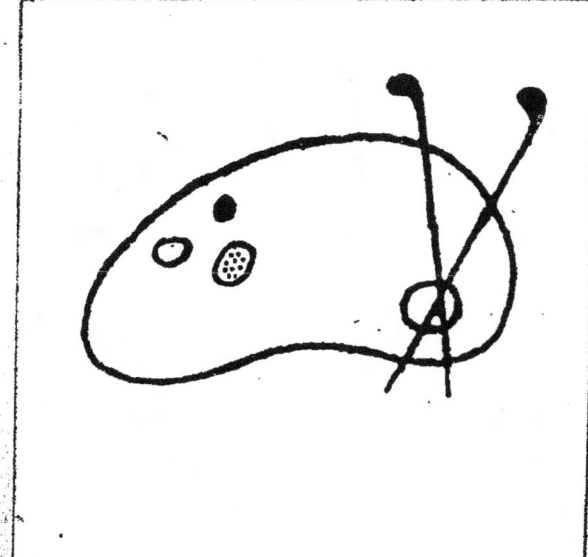

Début d'une série de documents
en couleur

HISTOIRE

DE LA

LANGUE UNIVERSELLE

PAR

L. LEAU

Docteur ès sciences

Secrétaire général

... pour l'adoption d'une langue auxiliaire internationale

PARIS

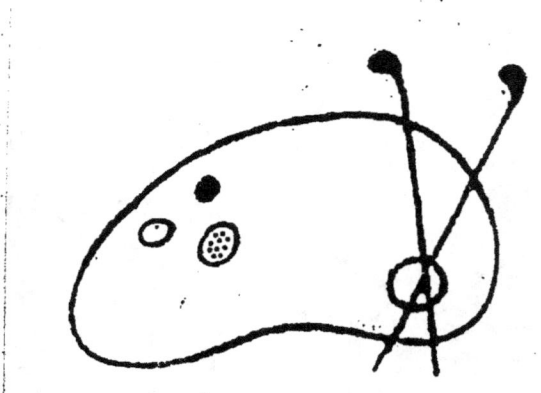

Fin d'une série de documents
en couleur

HISTOIRE

DE LA

LANGUE UNIVERSELLE

AUTRES OUVRAGES DE M. COUTURAT

De Platonicis mythis, thèse latine (épuisée).

De l'Infini mathématique. 1 vol. in-8° (Paris, Alcan, 1896).

La Logique de Leibniz, *d'après des documents inédits.* 1 vol. in-8° (Paris, Alcan, 1901).

Opuscules et fragments inédits de Leibniz, *extraits des manuscrits de la Bibliothèque royale de Hanovre.* 1 vol. in-4° (Paris, Alcan, 1903).

La Logique algorithmique (en préparation).

Pour la Langue internationale. 1 brochure in-16, 1901.

Die internationale Hilfssprache. 1 brochure in-16, 1902.

(L'auteur distribue gratuitement ces deux brochures.)

AUTRES OUVRAGES DE M. LEAU

Étude sur les équations fonctionnelles à une ou à plusieurs variables, thèse pour le doctorat ès sciences mathématiques (Paris. Gauthier-Villars, 1897).

Représentation des fonctions par des séries de polynomes (*Bulletin de la Société mathématique de France,* 1899).

Recherche des singularités d'une fonction définie par un développement de Taylor (*Journal de Mathématiques,* 1899).

Une langue universelle est-elle possible? *Appel aux hommes de science et aux commerçants.* 1 brochure in-16 (Paris, Gauthier-Villars, 1900).

336-03. — Coulommiers. Imp. PAUL BRODARD. — 6-03.

HISTOIRE

DE LA

LANGUE UNIVERSELLE

PAR

L. COUTURAT

Docteur ès lettres,

Trésorier

L. LEAU

Docteur ès sciences,

Secrétaire général

de la Délégation pour l'adoption d'une langue auxiliaire internationale.

« Il y a force gens qui employeroient volontiers cinq ou six jours de tems pour se pouvoir faire entendre par tous les hommes. »

DESCARTES.

« Si una lingua esset in mundo, accederet in effectu generi humano tertia pars vitæ, quippe quæ linguis impenditur. »

LEIBNIZ.

>-><<

PARIS

LIBRAIRIE HACHETTE ET Cie

79, BOULEVARD SAINT-GERMAIN, 79

—

1903

AVIS IMPORTANT

———

Nous tenons avant tout à déclarer que le présent ouvrage n'est nullement une *publication officielle* de la *Délégation pour l'adoption d'une langue auxiliaire internationale*; il ne peut être considéré à aucun titre comme exprimant l'opinion collective de ses membres, ou comme engageant en quoi que ce soit ses décisions futures. Ce n'est pas davantage un *rapport officiel* présenté ou soumis à la *Délégation* : c'est purement et simplement l'œuvre personnelle et privée des deux auteurs. Nous l'avons entreprise spontanément, pour répondre au désir de nombreux partisans de la Langue internationale, qui nous demandent souvent des renseignements sur l'histoire de cette idée et sur les différents projets auxquels elle a donné naissance. Nous souhaitons que ce travail satisfasse leur légitime curiosité, qu'il contribue à initier le public studieux à l'état de la question, à propager l'idée de la Langue internationale, enfin à faire connaître la *Délégation* et à lui gagner de nouvelles adhésions.

PRÉFACE

La nécessité d'une langue internationale auxiliaire n'est plus contestée par personne : elle s'impose avec une évidence et une urgence croissantes, à mesure que se développent les relations de toute sorte entre les nations civilisées. C'est un lieu commun que de constater les progrès inouïs des moyens de communication : on pourra bientôt faire le tour du monde en quarante jours; on télégraphie (même sans fil) d'un côté à l'autre de l'Atlantique; on téléphone de Paris à Londres, à Berlin, à Turin. Ces facilités de communications ont entraîné une extension correspondante des relations économiques : le marché européen s'étend sur toute la terre, et c'est sur tous les points du globe que les principaux pays producteurs entrent en concurrence. Les grandes nations possèdent des colonies jusqu'aux antipodes et elles ont des intérêts dans les pays les plus lointains. Leur politique n'est plus confinée sur l'échiquier européen; elle devient coloniale et « mondiale ». Toujours pour la même raison, elles sont de plus en plus obligées de s'entendre et de s'unir, soit dans un intérêt commercial (Convention de Bruxelles relative au régime des sucres), soit dans un intérêt moral (Convention internationale relative à la traite des blanches).

Dans le domaine scientifique, également, « cette tendance à l'association... a commencé à franchir, avec les chemins de fer et les télégraphes, les frontières qui séparent les peuples; elle s'exerce au delà des mers et tend à unir les deux continents [1] ». Par exemple, le *Bureau international des poids et mesures*, fondé en vertu de la *Convention du mètre* (20 mars 1875), comprend 16 États ; l'*Association géodésique internationale*, constituée en 1886, en comprend 18. La *Carte du ciel*, entreprise internationale au premier chef, unit dans une collaboration constante les principaux observatoires des deux hémisphères. « Il est impossible de ne pas être frappé de la rapidité avec laquelle se multiplient aujourd'hui ces organismes internationaux [2] ». Ce besoin croissant d'entente et de coopération entre les savants de tous les pays, que constatent tous les esprits éclairés [3], a enfin donné naissance à l'*Association internationale des Académies*, fondée en 1900 et inaugurée effectivement en 1901 à Paris [4]. Pour faire connaître les raisons qui justifient cette institution, nous ne pouvons mieux faire que de citer encore le secrétaire perpétuel de l'Académie des Sciences de Paris, qui est d'autant mieux qualifié pour les exposer qu'il a pris une part active à cette création : « Le mouvement scientifique qui, au commencement du XIXe siècle, se limitait à un petit nombre de nations, s'étend aujourd'hui au monde entier ; de plus, au sein même de chaque nation, son importance s'est accrue dans des proportions dont on peut à peine se faire une idée.... Qui ne voit

1. G. DARBOUX, article sur l'*Association internationale des Académies*, dans le *Journal des Savants* de janvier 1901.
2. G. DARBOUX, *art. cit.*
3. Voir, par exemple, la conclusion du rapport de M. Emile PICARD sur les *Sciences*, inséré dans les *Rapports du jury international de l'Exposition universelle de 1900*.
4. L'*Association internationale des Académies* comprend les Académies ou Sociétés des sciences d'Amsterdam, de Berlin, de Bruxelles, de Budapest, de Christiania, de Copenhague, de Gœttingue, de Leipzig. de Londres (*Royal Society*), de Munich, de Paris (*Académie des sciences, Académie des sciences morales et politiques, Académie des inscriptions et belles-lettres*), de Saint-Pétersbourg, de Rome (*Accademia dei Lincei*), de Stockholm, de Vienne et de Washington. Elle tient une Assemblée générale tous les trois ans (la 1re à Paris en 1901 ; la 2e à Londres en 1904), et est représentée dans l'intervalle par un Comité. « Pour la prise en considération, l'étude ou la préparation d'entreprises et de recherches scientifiques d'intérêt international, des Commissions internationales spéciales peuvent, sur la proposition d'une ou de plusieurs des Académies associées, être instituées, soit par l'Assemblée générale, soit, dans l'intervalle entre deux Assemblées générales, par le Comité. » (§ 10 des *Statuts*.)

que, *sous peine de revenir à la tour de Babel*, une si énorme
production scientifique doit être unifiée et coordonnée? Que
de temps perdu pour les chercheurs, que de recherches inutiles
et par cela même nuisibles, *si les nomenclatures changent avec
les nations*, si les classifications ne sont pas concordantes, si
les instruments choisis pour effectuer les mêmes mesures
donnent dans les différents pays des indications qui ne soient
pas comparables, si les définitions ne sont pas les mêmes, si
les unités adoptées sont différentes, si les travaux accomplis
en des points différents concourent au même but et entraînent
ainsi de regrettables doubles emplois[1] ! »

On a dû remarquer que l'expression de « tour de Babel »
se présente comme malgré lui à l'esprit de l'auteur, et que la
première condition de l'organisation du travail scientifique
qu'il énonce est l'uniformité de la nomenclature, c'est-à-dire un
vocabulaire scientifique international. Or c'est là la moitié
d'une langue internationale. Ainsi toutes les raisons invoquées
à l'appui de la création de l'*Association internationale des Académies* militent également en faveur de l'adoption d'une langue
internationale. Plus généralement, chacune des raisons qui
justifient séparément les diverses conventions internationales
et les divers offices internationaux vaut pour la langue internationale, instrument ou complément nécessaire de toutes ces
institutions[2]. Sa nécessité résulte encore plus évidemment
du développement des moyens de communication : à quoi bon
pouvoir se transporter en quelques heures dans un pays
étranger, si l'on ne peut ni comprendre les habitants ni se
faire comprendre d'eux? A quoi bon pouvoir télégraphier
d'un continent à l'autre, et téléphoner d'un pays à l'autre, si
les deux correspondants n'ont pas de langue commune dans
laquelle ils puissent écrire ou converser?

Aussi l'utilité d'une langue internationale est-elle de plus
en plus généralement reconnue. Mais il y a encore beaucoup
de personnes qui n'osent s'arrêter à cette idée, parce qu'elles

1. G. DARBOUX, *art. cité*. (Les italiques sont de nous.)
2. Citons encore l'*Office international du travail*, à Bâle, et le *Bureau
international de la paix*, à Berne.

la considèrent comme une utopie. C'est là un préjugé qui ne résiste pas à la réflexion. N'est-il pas évident, en effet, que si les nations civilisées voulaient et pouvaient s'entendre pour adopter *dans les relations internationales* la langue de l'une d'elles, on aurait une langue internationale *possible* et praticable, qui offrirait à tout le moins cet avantage, d'être la seule langue étrangère indispensable, et de dispenser d'apprendre les autres? A défaut de cette solution simpliste, mais non équitable, que la rivalité d'intérêt et d'amour-propre des diverses nations rend chimérique et exclut *a priori*, elles pourraient adopter d'un commun accord une langue morte pour servir d'idiome auxiliaire *neutre*. Les savants regrettent souvent le temps où le latin était la langue scientifique unique, et ils sont ainsi amenés à rêver la résurrection du latin comme langue internationale. C'est encore là une solution *possible*, sinon peut-être la plus pratique. Enfin on conçoit qu'on puisse construire pour cet usage une langue artificielle, plus ou moins analogue à nos langues « naturelles », et qui serait même, comme l'a affirmé Max MUELLER [1], « plus parfaite, plus régulière et plus facile à apprendre » qu'aucune d'elles. Ceux à qui cette dernière idée paraît chimérique sont simplement mal informés, et la lecture du présent ouvrage suffira, nous l'espérons, à les détromper. Quoi qu'il en soit, on n'a véritablement que l'embarras du choix entre diverses solutions plus ou moins simples et pratiques, mais toutes possibles, pour peu qu'on le veuille et qu'on se mette d'accord sur l'une d'elles. Il n'est donc plus permis de douter de la possibilité *théorique* de la langue internationale; il suffit qu'on puisse concevoir une langue auxiliaire commune et unique, qui ne soit pas plus difficile à apprendre et à pratiquer que l'une quelconque des langues vivantes, et qui soit capable de servir aux mêmes usages. L'adoption d'une telle langue ne sera plus qu'une affaire d'entente internationale et de bonne volonté.

Il n'y a qu'un point sur lequel on puisse encore garder

---

1. *Nouvelles leçons sur la science du langage*, professées en 1863; trad. Harris et Perrot, t. I, p. 73 (2ᵉ leçon).

quelques doutes, c'est sur la possibilité *pratique* de la L. I.,
c'est-à-dire sur la possibilité de faire adopter universellement
et définitivement un projet, *et un seul*. Or, depuis vingt ans
surtout, les projets pullulent, et il est à prévoir qu'ils se mul-
tiplieront encore davantage à mesure que le besoin d'une
L. I. devient plus impérieux, et que l'idée fait des progrès
dans l'opinion publique. Dans l'ordre industriel, on ne pourrait que se réjouir d'une telle abondance, car elle offre plus
de choix au consommateur, et la concurrence amène un perfectionnement graduel des produits; mais quand il s'agit de
la langue internationale, cette richesse est embarrassante et
la concurrence est funeste, car l'*unité* et l'*unicité* de cette
langue en sont les qualités essentielles, sans lesquelles toutes
les autres sont négligeables et même illusoires. Aussi la multiplicité de projets ne fait-elle que confirmer le public dans le
scepticisme auquel l'engagent déjà suffisamment la paresse
et l'inertie.

On pourrait croire, toutefois, que cette concurrence, tem-
porairement fâcheuse, aura du moins pour résultat final le
triomphe du meilleur projet, en vertu d'une sélection naturelle, et que ce projet, ayant subi victorieusement l'épreuve
de la pratique et s'étant assoupli à l'usage, sera plus parfait
qu'il n'eût été sans la salutaire concurrence des autres. Mais
c'est là une illusion dangereuse. D'abord, les divers projets
rivaux n'entrent pas réellement en concurrence : la plupart
des intéressés n'en connaissent qu'un seul, et adoptent sans
critique et sans choix le premier qui se présente à eux, du
moment qu'il répond, tant bien que mal, à l'idéal entrevu.
Ensuite, le succès d'un projet dépend, non seulement de sa
valeur intrinsèque, mais d'une foule de circonstances extérieures, des moyens de propagande et des ressources finan-
cières dont il dispose, du terrain plus ou moins favorable où
il se propage, etc. En outre, sa zone de diffusion est déterminée en partie par le lieu et le pays où il est né, ou par le
fait qu'il rencontre en tel pays un propagateur plus ou moins
actif, influent et habile. Tous ces éléments réunis ont bien
plus d'effet que la valeur propre du projet, que peu de gens

peuvent pleinement apprécier. Il peut donc arriver que, par suite de circonstances accidentelles, tel projet réussisse dans tels pays, et tel autre dans d'autres pays. Ils pourront ainsi se propager sans se gêner mutuellement, jusqu'à ce qu'ils se soient partagé le monde civilisé, la plupart de leurs adeptes ignorant les succès et jusqu'à l'existence des autres, et croyant posséder *la seule* langue internationale. Dira-t-on que, le jour où ils entreront en concurrence, le meilleur triomphera nécessairement? Mais le meilleur, pour chacun des partis, sera l'idiome dont il aura l'habitude, de sorte que, même en mettant à part les raisons d'amour-propre, aucun ne voudr. céder à l'autre. Pour remédier à la pluralité des langues naturelles, on n'aurait abouti qu'à la pluralité des langues internationales; au lieu de détruire la tour de Babel, on en aurait élevé une autre.

On pourrait encore penser que, s'il existait une L. I. *très supérieure* à toute autre, elle finirait malgré tout par s'imposer à tous, après des alternatives probablement fort longues de progrès et de recul, et une attente peut-être séculaire. Mais *une telle langue ne peut pas exister* : et ce point est très important. En effet, on verra, dans la conclusion de cette *Histoire*, que les projets les plus modernes (et selon nous les meilleurs) convergent de plus en plus vers un type déterminé. De plus, sans prétendre en aucune façon que les plus récents soient les plus parfaits, il est naturel (et légitime) que les derniers venus profitent de l'expérience des précédents, s'efforcent d'en conserver les avantages et d'en éviter les défauts ou les erreurs. Plus un projet remporte de succès, plus il suscite d'imitations qui se présentent (à tort ou à raison) comme des perfectionnements. On n'a pas besoin de modifier beaucoup une langue pour en dénaturer l'aspect tout en conservant à peu près ses qualités : il suffit de changer une ou deux lettres de l'alphabet, de substituer aux flexions et aux affixes d'autres flexions et d'autres affixes, de choisir les racines suivant des règles un peu différentes, et ainsi de suite. Les adeptes du premier projet ne manqueraient pas d'accuser l'autre de plagiat : mais, quelle que soit la quali-

fication *morale* que mérite une semblable « imitation », il est
toujours permis à un « inventeur » de profiter de l'exemple de
ses prédécesseurs pour faire (ou essayer de faire) mieux
qu'eux. Qu'il y réussisse ou non, il n'en aura pas moins créé
une langue ayant *sensiblement* les mêmes qualités que l'autre,
avec une physionomie qui peut être assez différente pour
dérouter l'observateur superficiel. Dans tous les cas, si l'on
croit que la sélection naturelle a pour effet de faire dominer
les meilleurs projets, il faut admettre comme très probable
l'hypothèse où il resterait en présence plusieurs projets de
valeur *à peu près* égale, entre lesquels, par conséquent, la
concurrence serait impuissante à décider. Pour aboutir à
l'*unité de langue* sans laquelle une langue internationale per-
drait toute son utilité, on n'aurait pas d'autre ressource qu'un
arbitrage qui mettrait fin au conflit. Ne vaut-il pas mieux
provoquer cet arbitrage tout de suite, avant que des millions
de personnes se soient engagées pratiquement dans une voie
qui peut être sans issue, de manière à empêcher toute concurrence et à prévenir toute déception?

Mais admettons que l'hypothèse précédente ne se réalise
pas, et, pour mettre les choses au mieux, supposons qu'il y
ait un seul projet d'une supériorité marquée sur tous les
autres. Croit-on que cela suffise pour le faire prévaloir dans
un avenir assez prochain? Ce serait faire preuve d'un opti-
misme candide. D'abord, il ne faut pas oublier que, dans la
question de la L. I. plus que dans toutes les autres, se vérifie
le proverbe : *Tot capita, tot sensus.* Il n'est pas de projet si
absurde et si extravagant qui ne compte ou n'ait compté des
partisans et des approbateurs, même dans le monde savant;
et les adeptes de ces systèmes n'en veulent pas démordre ni
reconnaître les avantages des autres systèmes, lors même
qu'ils sautent aux yeux. Il faut donc, si l'on veut aboutir à
l'union, que chacun abdique ses préférences personnelles et
les subordonne à l'intérêt de l'idée commune, en remettant le
choix de la L. I. à une autorité impartiale et compétente.

Bien plus, lors même que le projet que nous supposons
bien supérieur à tous les autres n'aurait pas de rival sérieux,

et pourrait se propager sans obstacle, il ne serait pas pour cela assuré de triompher par la seule force de son mérite propre. En effet, la plupart des intéressés attendent, pour s'y rallier, qu'il puisse leur servir, c'est-à-dire qu'il soit universellement adopté : or il ne sera jamais universellement adopté, si tout le monde fait le même raisonnement et garde la même réserve. Certes on ne peut trop louer et féliciter les promoteurs de tels projets : ils font preuve d'un désintéressement et d'un dévouement méritoires en prêchant d'exemple, en apprenant et en pratiquant une langue dont ils n'ont que peu d'occasions de se servir : ils font en quelque sorte une avance au reste de l'humanité. Mais qui répond que leur avance sera remboursée, que leur exemple sera suivi? Il est malheureusement à craindre que, lorsqu'un tel projet aura recruté tous les hommes capables d'une initiative généreuse et d'un effort désintéressé, leur phalange soit encore trop faible pour entraîner la masse des indifférents et vaincre leur inertie. Et puis, tout dévouement a des limites : si, au bout de quelques années de propagande et de sacrifices, le projet n'a pas obtenu un succès universel et conquis des *millions* d'adeptes dans tous les pays, la lassitude et le découragement s'emparent des meilleurs, et une prompte décadence suit des progrès si chèrement achetés. D'ailleurs, une langue ne vit et ne prospère qu'autant qu'elle est réellement pratiquée; or, si ses premiers adeptes ne trouvent pas assez d'occasions de l'employer, ils ont bientôt fait de l'oublier. Ajoutons à cela que la plupart des adeptes attendent, pour apprendre *sérieusement* la langue, qu'elle ait réussi, de sorte que leur adhésion, conditionnelle en quelque sorte, ne porte que sur le *principe* même de la L. I. Enfin, le succès même d'un projet peut lui être funeste : car, à mesure qu'il recrute des adeptes de nationalités et de conditions plus diverses, à mesure qu'il se développe pour satisfaire des besoins plus variés, il donne lieu à des propositions de réformes et à des demandes de perfectionnements qui, s'inspirant des goûts ou des habitudes de tel pays ou de telle profession, tendent à en détruire l'unité. Il suscite ainsi des amendements et des contre-projets entre lesquels ses partisans se divisent; et alors c'en est fait de l'union et de la langue elle-même, car elle se dissout promptement et devient inutile, dès qu'elle n'est plus une.

Tout ce que nous venons de dire n'est pas une hypothèse en l'air, un roman poussé au noir : c'est l'histoire même du *Volapük*, qui est mort bien moins de ses défauts intrinsèques que de la désunion de ses partisans. Sans les considérations précédentes, on ne pourrait comprendre que cette langue, qui se vantait en 1889 d'avoir *un million* d'adeptes, n'en eût plus un an après qu'un nombre insignifiant. Et il ne faut pas croire que cette décomposition subite s'explique uniquement par les graves imperfections du *Volapük*, qui, en suscitant des projets de réformes, ont amené des schismes entre ses partisans ; aucun projet, si parfait qu'il puisse être, n'est à l'abri des divergences d'opinion inévitables entre adeptes de différentes nations. Seule une *autorité internationale* peut le préserver de toute dissidence et en garantir l'unité durable.

Nous pouvons invoquer ici le témoignage très autorisé de M. Hugo Schuchardt. L'illustre philologue, depuis longtemps partisan de la langue internationale, avait dès l'origine porté un jugement défavorable sur le *Volapük*, et, au moment même de ses triomphes éphémères, prédit son échec final[1]. Eh bien! voici le jugement qu'il portait sur lui après sa décadence : « Son échec ne peut se déduire directement de ses défauts organiques, qui ne l'ont pas empêché de donner des preuves de sa force.... *Si tous les gouvernements de l'Europe... l'avaient introduit comme matière obligatoire d'enseignement dans les écoles publiques, son avenir eût été assuré malgré tous les projets meilleurs*[2]. » Ces paroles font bien ressortir l'importance de l'*autorité* dans la solution définitive du problème : comme le dit plus loin l'auteur, « la décision dépend plus de la nature des hommes que de celle des choses », c'est-à-dire plus de la bonne volonté et de l'entente des intéressés que

1. *Auf Anlass des Volapüks* (1888).
2. *Weltsprache und Weltsprachen*, p. 18, 19 (1894).

des qualités intrinsèques de la langue à choisir. Sans doute, il n'est pas indifférent que la langue adoptée soit plus ou moins simple, facile, logique et régulière; mais avant tout, il importe qu'elle soit *unique*, et cette qualité primordiale ne peut être garantie et maintenue que par une entente internationale et une sanction officielle.

Est-ce à dire qu'il convienne de s'adresser (directement) aux gouvernements des nations européennes et américaines, comme le proposent quelques-uns, pour qu'ils adoptent une langue internationale par une convention diplomatique? Mais d'abord, ni les politiques ni les déplomates ne sont compétents pour choisir la L. I. : ils ne pourraient que s'en remettre, soit à une Commission scientifique internationale nommée *ad hoc*, soit plutôt à l'*Association internationale des Académies*, créée tout exprès pour résoudre les questions scientifiques d'un intérêt international [1]. Dès lors, n'est-il pas plus simple que les intéressés s'adressent directement à celle-ci par la voie des Académies nationales, au lieu de passer par l'intermédiaire des gouvernements?

De plus, les gouvernements ne peuvent pas prendre l'initiative d'une telle innovation; ils attendraient, et avec raison, qu'ils y soient invités et presque obligés par l'opinion publique. Or qui est mieux qualifié pour représenter cette opinion publique que les Sociétés scientifiques et professionnelles de tout genre, dont la *Délégation* centralise les vœux [2], et que les Académies, auxquelles elle se charge de les transmettre? Le jour où il sera temps de demander aux États un appui et une sanction officielle [3], qui le pourra plus efficacement que ces mêmes Académies? Enfin, la sagesse des nations nous enseigne qu'il vaut toujours mieux « faire ses affaires soi-même » : « Aide-toi, le ciel (ou l'État) t'aidera »; etc. On a dénoncé cent fois la superstition de l'État-Providence,

1. De même que, toutes les fois qu'il s'agit de prendre des mesures d'hygiène, les gouvernements consultent les Académies compétentes.
2. Voir plus loin le programme de la *Délégation*.
3. Par exemple, en introduisant la L. I. dans les écoles à titre d'enseignement facultatif ou obligatoire.

cette manie de s'adresser à l'État pour toutes sortes d'entreprises qui relèvent bien plutôt de l'initiative privée, et que
celle-ci peut mener à bonne fin plus rapidement et à moins
de frais. Comme l'a dit excellemment M. DEMOLINS[1], « on ne
demande pas aux pouvoirs publics de faire les choses : *on
les fait soi-même*; si on les fait bien, les pouvoirs publics
suivent, qu'ils le veuillent ou non ». Que tous les partisans
de la L. I. méditent cette forte parole, et la prennent pour
devise.

Au surplus, dans l'histoire de la science contemporaine,
n'avons-nous pas des exemples de réformes ou d'innovations
très importantes qui, nées de l'initiative privée, ont été réalisées par l'entente internationale des intéressés? Tel est le
système d'unités C. G. S., adopté et promulgué par le *Congrès
international des Électriciens* tenu à Paris en 1881; telle est
encore la nomenclature de la Chimie organique, dont la
réforme, décidée par le *Congrès international de Chimie* tenu
à Paris en 1889, a été réalisée par une Commission internationale qui se réunit à Genève en 1892[2]. Ainsi, toutes les fois
que des hommes de diverses nations et de même profession
ont eu conscience de l'intérêt qu'ils avaient à adopter un langage commun ou des mesures uniformes, ils se sont réunis,
ils se sont entendus, et leur accord volontaire a suffi à donner
à leurs décisions toute l'autorité et l'universalité qu'on pouvait
désirer. Les États et les gouvernements n'ont même pas eu à
intervenir : la nomenclature chimique et le système C. G. S.
n'en ont pas moins pénétré dans l'enseignement, dans l'industrie et dans l'usage. Cela ne veut pas dire que nous devions
dédaigner, pour la langue internationale, une telle sanction
officielle, dont nous avons montré plus haut l'importance.
Mais cela prouve que cette sanction suprême ne peut et ne
doit venir qu'en dernier lieu, pour consacrer les décisions
prises par une autorité compétente et une entente spontanée
des intéressés; et qu'après tout on pourrait fort bien s'en.

1. *A-t-on intérêt à s'emparer du pouvoir?* ch. VI, fin.
2. Voir WÜRTZ, *Dictionnaire de Chimie pure et appliquée*, 2ᵉ supplément
(par FRIEDEL), 1ʳᵉ partie, art. *Chimique (Nomenclature)*. Paris, Hachette, 1894.

passer, du moment que cette entente serait réalisée d'une manière effective et pratique.

Par quel moyen pourra-t-on réaliser cette entente? Certaines personnes ont émis l'idée d'un Congrès international. Mais cette idée doit être écartée. D'abord, il est matériellement impossible de réunir en un même lieu tous les intéressés, qui se comptent non par milliers, mais par millions. Ensuite, ces réunions forcément éphémères n'ont pas le temps de discuter des questions aussi délicates et aussi complexes, et sont toujours obligées de s'en remettre à des Commissions spéciales [1]; enfin, l'immense majorité des intéressés n'ont pas la compétence nécessaire pour étudier et résoudre une question qui est en grande partie du ressort de la philologie, et ils seraient sans doute les premiers à décliner une telle responsabilité. L'exemple des électriciens et des chimistes ne peut ici qu'égarer par une fausse analogie. Dans l'un et l'autre cas, la science même qui posait le problème fournissait tous les éléments de la solution. Le cas de la langue internationale est plutôt analogue à celui des moyens de communication : or, fort heureusement, on n'a pas besoin de connaître la théorie des machines à vapeur pour prendre le chemin de fer, ou la théorie du téléphone pour employer cet instrument. Sans doute, le public doit être consulté sur l'utilité de telle ou telle ligne de chemin de fer; mais, une fois connues les principales localités à desservir, c'est aux ingénieurs qu'il appartient de trouver le meilleur tracé possible et de choisir le mode de traction. De même, c'est à l'opinion publique de proclamer l'utilité d'une langue internationale et de définir les divers besoins auxquels elle devra satisfaire : et ce sera ensuite l'affaire des philologues de trouver l'idiome qui répondra le mieux aux vœux du public.

Pour émettre ces vœux, tout le monde est compétent, nous entendons par là tous ceux qui ont ou peuvent avoir affaire avec l'étranger; mais c'est surtout aux Sociétés professionnelles de tout genre qu'il appartient de formuler de tels vœux,

1. Voir. p. xxii, note 2, les détails relatifs au *Congrès international de Chimie.*

puisqu'elles sont instituées pour défendre les intérêts professionnels de leurs membres, pour les unir et pour les représenter. D'autre part, à qui présentera-t-on ces vœux? Qui aura
la compétence nécessaire pour leur donner satisfaction? Il
faut que ce soit une autorité scientifique et internationale. Cr
il existe une telle autorité : c'est l'*Association internationale des
Académies*, dont nous avons expliqué plus haut la création.
Elle présente assurément au suprême degré toutes les qualités
de compétence et d'impartialité nécessaires pour rendre une
décision autorisée qui s'impose à tous les intéressés. C'est
donc à elle qu'il convient que ceux-ci s'adressent, par l'intermédiaire *obligatoire* d'une ou de plusieurs des Académies
associées [1].

Telles sont les idées qui ont présidé à la fondation de la
Délégation pour l'adoption d'une langue auxiliaire internationale.
Les premiers délégués, nommés par des Congrès internationaux et par des Sociétés savantes pendant l'Exposition universelle de Paris en 1900, l'ont constituée le 17 janvier 1901, en
arrêtant le plan d'action formulé dans la *Déclaration* suivante :

DÉCLARATION

Les soussignés, délégués par divers Congrès ou Sociétés pour
étudier la question d'une Langue auxiliaire internationale, sont
tombés d'accord sur les points suivants :

1° Il y a lieu de faire le choix et de répandre l'usage d'une
Langue auxiliaire internationale, destinée, non pas à remplacer
dans la vie individuelle de chaque peuple les idiomes nationaux,

1. Voir le § 10 des *Statuts*, cité p. viii, note 4. Quelques membres d'Académies étrangères nous ont déclaré qu'ils doutaient que la question de la
langue internationale fût du ressort de l'*Association*, et que celle-ci voulût
s'en charger. Nous répondons que c'est là une question de compétence qui
ne peut être résolue que par l'*Association* elle-même, en toute souveraineté,
et que ni un académicien, ni même une Académie n'ont le droit de préjuger.
Or, pour que l'*Association* la résolve, il faut qu'elle en soit saisie par une
ou plusieurs des Académies associées ; celles-ci ne peuvent donc pas nous
opposer une exception d'incompétence sans empiéter sur les droits de
l'*Association*. En attendant, nous croyons fermement que l'institution d'une
langue internationale est une de ces « entreprises scientifiques d'un intérêt
international » pour lesquelles l'*Association* a été expressément fondée,
suivant la lettre et l'esprit de ses *Statuts*.

mais à servir aux relations écrites et orales entre personnes de langues maternelles différentes.

2° Une Langue auxiliaire internationale doit, pour remplir utilement son rôle, satisfaire aux conditions suivantes :

1re Condition. — Être capable de servir aux relations habituelles de la vie sociale, aux échanges commerciaux et aux rapports scientifiques et philosophiques;

2me Condition. — Être d'une acquisition aisée pour toute personne d'instruction élémentaire moyenne, et spécialement pour les personnes de civilisation européenne;

3me Condition. — Ne pas être l'une des langues nationales.

3° Il convient d'organiser une Délégation générale représentant l'ensemble des personnes qui comprennent la nécessité ainsi que la possibilité d'une langue auxiliaire et qui sont intéressées à son emploi. Cette Délégation nommera un Comité composé de membres pouvant être réunis pendant un certain laps de temps.

Le rôle de ce Comité est fixé aux articles suivants.

4° Le choix de la Langue auxiliaire appartient d'abord à l'Association internationale des Académies, puis, en cas d'insuccès, au Comité prévu à l'article 3.

5° En conséquence, le Comité aura pour première mission de faire présenter, dans les formes requises, à l'Association internationale des Académies, les vœux émis par les Sociétés et Congrès adhérents, et de l'inviter respectueusement à réaliser le projet d'une Langue auxiliaire.

6° Il appartiendra au Comité de créer une Société de propagande destinée à répandre l'usage de la Langue auxiliaire qui aura été choisie.

7° Les soussignés, actuellement délégués par divers Congrès et Sociétés, décident de faire des démarches auprès de toutes les Sociétés de savants, de commerçants et de touristes, pour obtenir leur adhésion au présent projet.

8° Seront admis à faire partie de la Délégation les représentants de Sociétés régulièrement constituées qui auront adhéré à la présente Déclaration.

Cette *Déclaration* constitue le programme officiel de la *Délégation* et la base d'entente de toutes les sociétés adhérentes, car aucune action commune et efficace n'est possible

sans un accord sur les principes et le but de cette action.
Elle pose les termes du problème et fixe la marche à suivre
pour le résoudre. Elle formule les conditions pratiques que
devra remplir la future langue auxiliaire, tout en réservant
complètement la question du choix (à part l'exclusion des
langues nationales, condition indispensable d'une entente
internationale); et cela pour deux raisons : la première est
que les adhérents peuvent être d'accord sur le principe de
la L. I., et différer d'avis sur la meilleure solution à adopter;
la seconde (qui dérive de la première) est que, voulant
remettre le choix de la L. I. à une sorte d'arbitrage, on
devait naturellement laisser entière la liberté de l'arbitre. En
résumé, il fallait, d'une part, que les conditions posées fussent
assez générales et assez larges pour n'exclure *a priori* aucune
solution, et par suite pour pouvoir rallier tous les partisans
de l'*idée* de la L. I.; et, d'autre part, que ces conditions
fussent assez précises pour définir nettement les besoins
auxquels la L. I. doit répondre, et déterminer les principes
qui devront en diriger la création ou le choix.

Enfin, il fallait prévoir le cas où l'*Association internationale
des Académies*, pour une raison quelconque, ne voudrait pas
se charger du choix de la L. I., ou ne pourrait pas s'acquitter
de cette mission : la réalisation d'une réforme si importante
pour le progrès des sciences et de la civilisation ne peut
évidemment dépendre d'une circonstance accidentelle; il est
inadmissible que les vœux de l'humanité qui travaille et qui
pense puissent être tenus en échec par une autorité officielle,
si haute qu'elle soit. C'est pourquoi la *Déclaration* stipule
que, à défaut de l'*Association internationale des Académies*, le
choix de la future L. I. appartiendra au *Comité* élu par la
Délégation. En effet, la *Délégation*, une fois qu'elle sera complète, représentera l'ensemble des intéressés. Mais, comme il
sera impossible de réunir les milliers de délégués qui la
composeront, ils devront à leur tour déléguer un petit nombre
de personnes qui puissent conférer ensemble et agir en leur
nom. Ce *Comité* comprendra, on peut le présumer, des personnes d'une compétence et d'une autorité exceptionnelles,

choisies autant que possible dans toutes les nations, et prises
au besoin en dehors de la *Délégation*. Il sera donc le représentant, au second degré, de l'ensemble des intéressés, et, de
même qu'il aura toute l'autorité nécessaire pour être leur
interprète auprès des Académies, il aura toute l'autorité
nécessaire pour prendre, s'il y a lieu, la décision souveraine
qui fera loi pour toutes les sociétés adhérentes. Il pourra,
d'ailleurs, soit se compléter en s'adjoignant les compétences
spéciales dont il croira avoir besoin, soit confier une partie
de sa tâche à des commissions techniques nommées par lui [1].

Au surplus, cette procédure ne différerait pas sensiblement
de celle que suivait sans doute l'*Association internationale des
Académies* : car, dans les quelques jours que dure une Assemblée générale, elle aurait tout juste le temps de prendre une
décision de principe, et elle serait obligée d'instituer une ou
plusieurs commissions pour régler les innombrables détails
que la solution comporte [2]. Quelle que soit donc la marche
adoptée, le résultat sera très probablement le même; la seule
différence résidera dans l'autorité qui le promulguera. Mais,
dans un cas comme dans l'autre, cette autorité aura la même
valeur aux yeux des intéressés, car de toute façon elle sera
émanée de leur union organisée et de leurs vœux concordants.

Ce plan d'action a été compris et approuvé, car la *Délégation* a reçu, en deux ans, plus de 130 adhésions, soit de
Congrès internationaux, soit de Sociétés de savants, de
commerçants, d'industriels, de touristes, d'ouvriers, dont
quelques-unes sont internationales, et dont les autres appar-

1. Ce sera probablement le cas pour l'élaboration des vocabulaires scientifiques internationaux.

2. C'est précisément ce que fit le *Congrès international de Chimie* en 1889.
« Le temps limité dont disposait le Congrès ne permit pas une étude complète des réformes à effectuer dans une question aussi complexe. Il fut alors
formé une Commission internationale permanente, composée de savants
pris parmi les plus autorisés de tous les pays : à cette Commission était
réservée la tâche d'étudier un système complet de nomenclature en Chimie
organique ». (WÜRTZ, *loc. cit.*) Cette Commission chargea à son tour une
sous-commission, composée de ceux de ses membres qui résidaient à Paris,
de préparer la réforme, et c'est elle qui se réunit le 19 avril 1892 à Genève
pour discuter le rapport de la sous-commission et prendre les résolutions
finales qui ont fixé la nomenclature chimique aujourd'hui adoptée.

tiennent à la France, à la Belgique, à la Suisse, à l'Angleterre, à l'Allemagne, à la Suède, à la Russie, à l'Autriche, à
l'Italie, à l'Espagne, à la Bulgarie, aux États-Unis et à la
République Argentine. Nous ne pouvons les énumérer ici[1];
bornons-nous à citer les *Touring-Club* de France, de Belgique,
de Bohême, de Suède et de Suisse, et, parmi les Sociétés
savantes, la *Société mathématique de France*, la *Société astro-
nomique de France*, la *Société française de Physique*, la *Société
internationale des Électriciens*, la *Société mycologique de France*,
la *Société de Sociologie*, la *Société Philomathique*, la *Société
des Gens de Science*, l'*Association Polytechnique*, etc., etc.

Peu de temps après sa fondation, la *Délégation* s'est associée à une démarche dont le succès a été complet et presque
inespéré. En avril 1901, à l'occasion de la première Assemblée
de l'*Association internationale des Académies*, tenue à Paris
sous la présidence de l'Académie des Sciences, une adresse
fut présentée à cette Académie par l'un de ses membres,
M. le général SEBERT, pour la prier de mettre à l'ordre du
jour de l'Assemblée la question de la langue internationale;
cette adresse, signée de quelques membres de la *Délégation*,
parvint au Secrétariat trop tard pour pouvoir être prise en
considération; mais elle avait déjà recueilli, dès le premier
jour, l'approbation et la signature de 25 membres de l'Institut
de France. Encouragé par ce résultat, le bureau de la *Délégation* continua à loisir à recueillir pour cette adresse les
signatures de nombreux membres des Académies et des Universités françaises. Le succès obtenu en France par cette
pétition nous a suggéré l'idée de la généraliser pour l'étendre
à tous les pays civilisés; d'ailleurs, son texte visait une circonstance particulière et désormais passée. Il convenait de
la dépouiller de toute détermination de temps et de nationalité, et de la transformer en une approbation pure et simple
du programme de la *Délégation*, de manière qu'elle pût être
signée par les savants de toutes les nations, et être présentée

---

1. Demander aux auteurs de ce livre la dernière édition de l'*État de la
Délégation*.

indifféremment, suivant les cas, à l'une quelconque des Académies associées[1]. Sous cette nouvelle forme, la pétition a déjà reçu la signature de membres très distingués des Académies et des Universités étrangères[2]; elle constitue par elle-même une manifestation et provoque un mouvement d'opinion très favorables aux progrès de la *Délégation*.

Pourquoi réservons-nous cette pétition aux membres des Académies et des Universités? D'abord, parce que leur opinion est celle qui a naturellement le plus de poids auprès des Académies associées; ensuite, parce que les Universités, étant en général des corps officiels, ne peuvent pas donner à la *Délégation* leur adhésion collective : celle-ci doit donc être remplacée par l'adhésion individuelle de leurs membres, qui aura le même effet moral. D'autre part, avant de solliciter et d'obtenir l'adhésion officielle d'une des Académies associées, il est nécessaire de gagner l'approbation et l'appui de quelques-uns de ses membres : et cette approbation peut même avoir du prix aux yeux des autres Académies, surtout quand il s'agit d'un de ces savants d'une réputation européenne, qui font partie de plusieurs Académies nationales à titre de correspondant ou d'associé. Nous avons déjà obtenu par ce moyen des résultats précieux. Le plus important est la décision officielle par laquelle l'*Académie impériale des Sciences de Vienne* a chargé (le 26 juin 1902) un de ses membres, M. le Professeur Hugo Schuchardt, l'illustre philologue, « de suivre le mouvement relatif à la création d'une Langue auxiliaire internationale et de lui en rendre compte ». C'est là une prise en considération de l'œuvre de la *Délégation*, et un témoignage d'intérêt de la part d'une des Académies associées; et ce premier succès en présage beaucoup d'autres. La question a été également posée devant d'autres Académies d'Europe, grâce à l'appui de certains

1. Le texte de cette pétition internationale se compose de la *Déclaration* accompagnée de cette formule : « Les soussignés approuvent le projet formulé dans la *Déclaration* ci-contre, et le recommandent aux Sociétés savantes qui font partie de l'*Association internationale des Académies*. »
2. Voir la *Liste des signatures*, que nous publions périodiquement.

membres très éminents et très influents, dont la bienveil-
lance et la sympathie nous font espérer un résultat favorable.

On le voit, la question de la langue internationale est sortie
de la période des tâtonnements, des tentatives individuelles,
des efforts isolés et divergents; elle entre dans une période
d'action pratique, concordante et organisée. En vertu du
principe : « L'union fait la force », l'ensemble des intéressés
trouvera dans une représentation impartiale le moyen de se
faire entendre, de formuler ses vœux et d'en obtenir l'accom-
plissement. Au surplus, l'idée de la L. I. fait des progrès de
plus en plus rapides, car toutes les raisons que nous avons
énumérées croissent de jour en jour en force et en urgence.
D'ailleurs, l'œuvre de la *Délégation*, par sa nature même,
gagne sans cesse du terrain, et ne peut pas en perdre. Le
succès final est donc infaillible; ce n'est qu'une affaire de
temps. Mais il dépend de chacun des partisans de l'idée
d'avancer l'heure de sa réalisation; et pour cela le meilleur
et le plus sûr moyen est de collaborer à l'œuvre de la *Délégation*. Par leur nombre et par leur union, ils sanctionneront
pratiquement la sentence arbitrale, et la rendront irrévo-
cable; leur adhésion unanime découragera toute concurrence
et préviendra tout schisme ultérieur. Du reste, la *Société de
propagande* qui sera instituée à ce moment[1] pourra compter
sur l'appui de toutes les Sociétés adhérentes que représentera
la *Délégation*; la tâche de cette Société, si étendue qu'elle
soit, sera relativement facile, car, par la publicité universelle
qu'aura nécessairement la décision finale, le monde entier
saura qu'il existe désormais une langue internationale *officielle*, et chacun aura intérêt à l'apprendre, aura même le
droit de s'en servir avec l'assurance de recevoir une réponse,
ce qui est, aux yeux du grand public, la meilleure des recom-
mandations. C'est alors que la Société pourra solliciter et
obtenir l'appui des gouvernements, qui donneront à la langue
universellement adoptée une consécration officielle. Ainsi

---

1. En vertu de l'art. VI de la *Déclaration*.

sera définitivement réalisé le rêve de tant de grands penseurs qui furent, là comme ailleurs, des précurseurs et des prophètes; et cette institution, dont les conséquences bienfaisantes sont incalculables, marquera une ère nouvelle dans l'histoire de l'humanité et de la civilisation.

INTRODUCTION

Il nous reste à expliquer et à justifier brièvement le plan que nous avons adopté. L'histoire de la langue universelle[1] est l'histoire des diverses tentatives qui ont été faites pour instituer une telle langue, et principalement des divers projets de langues artificielles qui ont été proposés pour cet office. Pour classer ceux-ci, l'ordre chronologique paraissait, au premier abord, le plus naturel dans un ouvrage historique. Mais, si nous l'avions rigoureusement suivi, il nous eût amenés à entremêler des projets de nature et d'esprit très différents, ce qui eût laissé au lecteur une impression de confusion et de chaos. Au contraire, leur succession en apparence irrégulière s'éclaire et s'ordonne, si l'on distingue trois familles de projets. Il y a, d'une part, des projets qui, pour des raisons diverses, ne tiennent aucun compte des langues naturelles, et qui sont des langues originales, construites de toutes pièces : nous les appelons *systèmes a priori*. Il y a, d'autre part, des projets qui, prenant pour modèle les langues naturelles (particulièrement les langues européennes), s'efforcent de les imiter et leur empruntent presque tous leurs éléments : nous les appelons *systèmes a posteriori*. Entre ces deux groupes, radicalement distincts par leurs tendances, il existe un certain nombre de projets qui s'inspirent à la fois des deux principes opposés, et qui offrent

---

[1]. Nous prévenons le lecteur que nous employons l'expression de *langue universelle* comme synonyme de « langue internationale auxiliaire ». En effet, d'une part, « *langue universelle* » ne veut pas dire « langue *unique* de l'humanité »; et, d'autre part, nous pouvons affirmer, après enquête, qu'aucun des auteurs *modernes* de « langues universelles » n'a prétendu supprimer ou supplanter les langues nationales : la plupart l'ont même déclaré explicitement. L'interprétation contraire est donc injuste et fausse.

un mélange des caractères propres aux deux groupes (ce sont principalement le *Volapük* et ses dérivés); nous les appelons pour cette raison *systèmes mixtes*[1]. Ce sont là trois familles vraiment *naturelles*, car, comme on le verra, les projets de chacune d'elles présentent des caractères communs qui les distinguent nettement des autres. Nous avons donc réparti tous les projets de langues artificielles en trois *sections*, et c'est seulement à l'intérieur de chacune d'elles que nous avons suivi l'ordre chronologique, qui souvent marque aussi un rapport de filiation.

Nous commencerons par les systèmes *a priori*, parce que cette section comprend tous les projets anciens, notamment les projets de langues philosophiques; et nous finirons par les systèmes *a posteriori*, parce qu'ils sont tous modernes, et que la plupart d'entre eux sont postérieurs au *Volapük* (type des systèmes mixtes). Cet ordre nous paraît d'ailleurs conforme à l'évolution naturelle de l'idée de la langue universelle, comme nous le montrerons dans notre *Conclusion*. A la suite des systèmes *a posteriori*, nous étudierons, dans un chapitre final, les projets qui tendent à ressusciter une des *langues mortes* (le latin surtout), car ce sont évidemment les plus *a posteriori*. Enfin, il convenait de dire un mot des *pasigraphies* (langues universelles écrites), bien qu'elles sortent des conditions du programme de la *Délégation*, parce qu'on les confond souvent avec les langues universelles proprement dites (à la fois parlées et écrites), et parce qu'elles reposent sur les mêmes principes que celles-ci. Nous en ferons l'objet d'un chapitre préliminaire, attendu que la plupart des *pasigraphies* sont des projets anciens, analogues aux langues philosophiques.

Nous avons analysé tour à tour les différents projets d'une manière absolument impartiale, en leur consacrant, comme de juste, une étendue proportionnelle à leur importance, c'est-à-dire à leur degré de développement et à leur originalité. Pour rendre ces analyses plus aisément comparables, nous leur avons imposé, autant que possible, un plan uniforme : après un préambule où nous résumons les idées directrices de l'auteur, les intentions et les opinions qui ont inspiré son projet, nous analysons la

---

1. Cette classification, ainsi que les appellations *a priori*, *a posteriori*, nous a été suggérée par le *Rapport sur la question de la langue internationale*, présenté par M. Gaston Moch au 8ᵉ *Congrès universel de la Paix* (1897). Cf. le rapport du Comité de la *Société de Linguistique* (Section I, ch. XI).

Grammaire, puis le *Vocabulaire*, et chacune de ces parties toujours
dans le même ordre (la grammaire comprenant l'alphabet et la
prononciation, puis la morphologie des diverses « parties du
discours », et enfin la syntaxe; le vocabulaire comprenant les
radicaux, les dérivés et les composés). A cette analyse théorique
nous avons joint, autant que possible, un spécimen de la langue [1]
et, lorsqu'il y avait lieu, un *Historique* du projet.

Nous aurions pu nous en tenir là; peut-être même l'aurions-
nous dû, pour conserver à notre travail un caractère rigoureusement historique et objectif. Si nous ne l'avons pas fait, c'est
parce que notre ouvrage a en même temps une fin pratique,
qui est de propager l'idée de la langue universelle et de préparer
le public à sa réalisation. Pour cela, il fallait dégager de
l'histoire, impartialement consultée, les conclusions pratiques
qu'elle nous paraît comporter, et tirer du passé d'utiles leçons
pour l'avenir. En outre, nous tenions à rendre notre travail aussi
instructif que possible, même pour le lecteur le moins versé
dans la philologie. Par suite, il ne convenait pas de laisser
celui-ci en présence de plus de cinquante projets très divers,
sans lui donner aucune indication critique, sans lui fournir
aucun point de repère et de comparaison. Il y a plus : il est
impossible de donner une idée exacte et complète d'un projet
par une simple analyse, forcément sommaire et abstraite, de sa
grammaire et de son vocabulaire, ou même par un échantillon
de quelques lignes; il faut encore en caractériser l'esprit, la
méthode générale, la physionomie, et ces considérations d'ensemble prennent forcément la forme d'une critique [2]. Pour
toutes ces raisons, nous avons cru devoir faire de chaque projet
une *Critique*, dont l'étendue se mesure en général, non pas à ses
défauts, mais bien plutôt à ses mérites, et qui est destinée avant
tout à en dégager les principes et les traits essentiels. Sans doute,
nous avons été ainsi conduits à louer tel détail et à blâmer tel
autre, à faire ressortir ce qui nous paraissait « le fort » et « le
faible » de chaque projet. Mais ce ne sont là que des apprécia-

1. Toutes les fois que nous l'avons pu, ce spécimen est la traduction du
Pater : 1° parce que le texte en est universellement connu; 2° parce que ce
spécimen nous était fourni par le plus grand nombre des projets; 3° parce
qu'il est plus facile de comparer les diverses langues sur un même texte
original.
2. Est-il besoin de dire que nous employons ce mot au sens propre et
étymologique, qui signifie *jugement* et non *blâme*?

tions personnelles, que le lecteur peut rectifier ou retourner au moyen des données mêmes que nous lui fournissons. De même, nous avons résumé dans une *Critique générale* les caractères communs et les principes généraux des projets de chaque section ; le lecteur est libre de les juger autrement que nous, nous lui aurons du moins épargné la peine de les dégager et de les réunir. De même, enfin, nous n'avons pas épargné les critiques au latin. Pourquoi? Parce que les avantages historiques et littéraires du latin sont manifestes à tous, tandis que les difficultés, les inconvénients et les défauts de cette langue passent inaperçus, tant aux yeux de ceux qui la savent (parce que l'habitude les leur fait oublier) qu'aux yeux de ceux qui ne la savent pas. En un mot. nous nous sommes efforcés de dresser équitablement le bilan de chaque projet, et nous laissons au lecteur le soin d'évaluer et de comparer l'actif et le passif. Nous avons voulu simplement mettre le public au courant de l'histoire de la question et de son état actuel, en réunissant dans ce volume des renseignements qu'il est impossible de trouver ailleurs rassemblés ; et le mettre en mesure de se faire une opinion personnelle, en soumettant ces matériaux à une discussion critique qui en prépare et en facilite la comparaison.

Il est souvent très difficile de se procurer les documents relatifs à l'histoire de la langue universelle. Quelques-uns d'entre eux (parfois fort rares et fort précieux) nous ont été communiqués par MM. Michel BRÉAL et le général SEBERT, membres de l'Institut de France; Hermann DIELS, de l'Académie des Sciences de Berlin; Victor EGGER, professeur de l'Université de Paris; L. de BEAUFRONT, Léon BOLLACK, C. BOURLET, George HENDERSON, A. KERCKHOFFS, F. KÜRSCHNER, le Dr LETELLIER et Vl. ROSENBERGER. Nous tenons à leur en exprimer ici tous nos remerciements.

ABRÉVIATIONS ET SIGNES :

D. = allemand (deutsch).
E. = anglais (english).
F. = français.
G. = grec (ancien).
I. = italien.
L. = latin.
P. = portugais.
Pol. = polonais.
R. = russe.
S. = espagnol.
L. I. = langue internationale.
m. = masculin.
f. = féminin.
n. = neutre.
s. = sing. = singulier.
pl. = plur. = pluriel.
p. = pers. = personne.
litt. = littéralement.

Les **lettres égyptiennes** indiquent les mots de la langue artificielle étudiée; les *lettres italiques* indiquent les mots correspondants des langues naturelles (du français, quand il n'y a pas d'indication). Les lettres normandes (**c** et **v**) indiquent la place respective d'une *consonne* ou d'une *voyelle* indéterminée dans un schéma de mot.

HISTOIRE

DE LA

LANGUE UNIVERSELLE

CHAPITRE PRÉLIMINAIRE

LES PASIGRAPHIES

On appelle *pasigraphie* une langue universelle exclusivement *écrite*, un système de signes écrits (ou plus généralement de signes *optiques*) destiné à exprimer et à transmettre la pensée. Comme les langues de ce genre se trouvent exclues par les conditions énoncées dans la *Déclaration*, nous ne croyons pas devoir étudier ici un à un les divers projets de pasigraphie. Nous nous bornerons, pour en donner une idée, à en formuler le principe général.

Supposons qu'on numérote tous les mots du dictionnaire d'une langue, ainsi que les flexions grammaticales et les affixes ; chaque mot (ou élément de mot) pourra être représenté par le nombre correspondant ; et si l'on assigne les mêmes numéros aux mots équivalents d'une autre langue, on pourra traduire dans celle-ci le texte chiffré.

Tel est le principe général de toutes les pasigraphies. Elles ne diffèrent que dans l'application, et cela de deux manières : 1° par l'ordre assigné aux mots ou aux idées ; 2° par la nature des signes employés.

Si l'ordre assigné aux idées prétend suivre une classification logique, on a une pasigraphie philosophique. Sinon, on a une pasigraphie purement empirique ou pratique.

Les nombres dont nous avons parlé ne sont pas autre chose que des combinaisons des 10 chiffres. Si l'on remplace ces chiffres par des lettres ou des signes quelconques (auxquels on assigne un ordre fixe) en plus ou moins grand nombre, on aura des combinaisons de lettres ou de signes qui joueront le même rôle, et qu'on pourra ranger dans un dictionnaire suivant un ordre analogue à l'ordre numérique ou alphabétique.

Les pasigraphies sont analogues aux langues *a priori*. Rien n'empêche, en effet, de transformer une *pasigraphie* en *pasiphrasie*, c'est-à-dire en une langue parlée : il suffit de prendre pour signes des lettres, et de ne former que des combinaisons « pro- nonçables » de lettres, par un mélange convenable de voyelles et de consonnes. C'est ce qu'ont fait notamment DALGARNO et WILKINS pour la numération et, pour tout le vocabulaire, GROS- SELIN et LETELLIER (voir Section I, ch. II, III, VII, IX).

Nous ne ferons exception que pour deux pasigraphies, parce qu'elles ont reçu une application pratique et une consécration officielle : ce sont le *Code international des signaux maritimes* et la *Classification bibliographique décimale*.

CODE INTERNATIONAL DES SIGNAUX MARITIMES [1]

Les signaux maritimes ont pour éléments 18 pavillons[2] bien distincts de couleur et de dessin. Chacun de ces pavillons cor- respond à l'une des 18 consonnes : B, C, D, F, G, H, J, K, L, M, N, P, Q, R, S, T, V, W, qui est en quelque sorte son nom, et qui le représente dans le *Code* (pour la commodité de l'impression). Les « mots » de la langue sont constitués par les « arrange- ments » sans répétition de ces pavillons 2 à 2, 3 à 3 et 4 à 4; il y en a 78.642 : c'est dire qu'il en reste un grand nombre *en blanc*, pour les usages nationaux et particuliers. Ces combinaisons sont consignées par ordre dans le *Code* avec leur signification (dans l'une quelconque des langues nationales). Cette signification est

1. *Code international de signaux à l'usage des bâtiments de toutes nations* (in-8°, Paris, 1871) publié par les soins de Sallandrouze de Lamornaix (mort amiral de la marine française).
2. **Plus exactement** : 1 guidon, 5 flammes et 12 pavillons carrés; plus un pavillon spécial qui est le symbole du *Code*, et qui annonce qu'on va faire les signaux.

soit un mot, soit une phrase tout entière, ou encore un nombre.

La classification des sens attribués à ces divers signaux n'a aucune prétention logique : elle est dictée par des motifs tout pratiques. Les signaux de 2 signes expriment les aires de vent, les avis pressés et importants. Les signaux de 3 signes expriment les longitudes et latitudes, et les demandes et renseignements les plus utiles en mer. Les signaux de 4 signes (de beaucoup les plus nombreux) sont divisés en trois catégories : jusqu'à CGWV, ils désignent des noms géographiques; de CHBD à FGMD, ils représentent des mots usuels; de GQBC à WVTS, ils représentent des noms de bâtiments, *différents pour chaque nation*, de sorte que chacun de ces signaux doit être précédé du signal indiquant la nationalité. Chaque nation dispose donc de cette section du *Code*; elle y inscrit d'abord ses bâtiments de guerre (initiale G), puis ses bâtiments de commerce (initiales H et suivantes).

Quand les bâtiments qui doivent correspondre sont à trop grande distance pour qu'on puisse distinguer les pavillons, on remplace *chacun d'eux* par une combinaison de 3 signes incolores reconnaissables à leur silhouette (boule, flamme et carré). La nuit, ces signes sont remplacés par des feux de couleurs et de dispositions diverses.

Le *Code* comprend, outre le dictionnaire qui permet de traduire un signal en langage ordinaire, un dictionnaire qui permet de traduire un mot ou une phrase par un signal. Les mots sont rangés par ordre alphabétique; les phrases se trouvent à la suite du mot qui y joue le principal rôle.

HISTORIQUE.

L'histoire de l'invention et de l'adoption du *Code international* est fort intéressante pour les partisans de la langue universelle, car c'est un exemple « vivant » de langue universelle adoptée par une entente internationale. Elle est résumée dans le rapport adressé par le ministre de la marine Chasseloup-Laubat à l'empereur Napoléon III, pour le prier de signer le décret du 25 juin 1864 qui mettait le Code en vigueur pour la France. Le ministre rappelle que le *Règlement international pour prévenir les abordages en mer* a été adopté d'abord, d'une commune entente, par la France et l'Angleterre (décret du 25 octobre 1862), et ensuite, à leur exemple, par 20 autres puissances maritimes. De même, il espère (et nous croyons que cette espérance s'est réalisée) que la « *langue maritime universelle* » (sic) que la France et l'Angleterre vont instituer sera bientôt adoptée par toutes les autres nations.

Il existait déjà des codes de signaux maritimes, mais ils étaient propres à chaque nation, et même il y en avait plusieurs de la même nation : en Angleterre, ceux de Tynn (1818), de Squire (1820), de Philipp (1836) et de Marryat; en France, le code Reynold; en Amérique, le code Rogers. On comprend aisément les inconvénients de cet état de choses, qui empêchait les navires de différentes nations de communiquer à distance et au besoin de se porter secours; de même qu'avant le *Règlement* de 1862, faute d'une convention internationale sur les feux de position et la marche à suivre en cas de rencontre, les risques d'abordage étaient beaucoup plus grands. Pour remédier à cela, le *Board of Trade* avait nommé en 1855 un comité qui formula en 1856 un projet de code international. Le ministère de la marine de France nomma de son côté une commission qui s'entendit avec celle du *Board of Trade*; on réforma et perfectionna le projet de 1856, et c'est ce projet qui fut adopté en 1864 par les deux gouvernements. Comme on l'a vu, le travail de rédaction du Code français dura plusieurs années, puisqu'il ne parut qu'en 1871.

Cette histoire suggère quelques réflexions. Et d'abord, c'est avec un étonnement mêlé de quelque honte qu'on apprend que des mesures d'un intérêt aussi urgent, aussi vital, n'ont été prises qu'il y a trente ou quarante ans. On se demande comment et pourquoi l'on ne s'était pas avisé plus tôt de conventions si simples et si salutaires.

Ensuite, on constate avec satisfaction qu'il a suffi de l'entente de deux nations (il est vrai que c'étaient alors les deux puissances maritimes principales et presque uniques) pour imposer à toutes les autres ces institutions, uniquement en vertu de leur intérêt. On peut donc croire que, le jour où les principales nations d'Europe et d'Amérique adopteraient officiellement une langue internationale, toutes les autres seraient bientôt obligées de l'apprendre et de l'employer.

Enfin, on ne peut s'empêcher de trouver que le *Code international*, si bienfaisant qu'il soit, est pourtant tout à fait insuffisant. Il permet bien aux marins de correspondre de bord à bord, mais non pas d'homme à homme. On a bien un signal pour demander d'un bateau à l'autre un médecin ou un chirurgien; mais, par un contraste étrange, ce médecin, une fois à bord, ne peut plus communiquer avec les hommes qui l'ont appelé, s'il se trouve appartenir à une autre nation et ignorer leur langue. Comment pourra-t-il interroger le malade ou le blessé? Comment celui-ci ou ses camarades pourront-ils lui expliquer l'accident? Comment pourra-t-il demander à bord ce dont il a besoin, se faire aider dans l'opération, ordonner des soins? Le *Code international* n'est plus d'aucun secours. Son œuvre humanitaire est donc incomplète.

Mais il n'est pas besoin d'aller sur mer, ni d'envisager des circonstances imaginaires, pour se convaincre que la Langue internationale est d'une nécessité *vitale* et *humaine*. Une armée internationale est réunie en Chine : admettons que les officiers soient tous d'éminents polyglottes; les soldats, en tout cas, ne le sont pas. Arrive un événement grave et subit, une attaque, un incendie, une rixe : comment les soldats pourront-ils *s'entendre* pour se prêter main-forte, pour concerter la résistance, pour dissiper un malentendu meurtrier? Comment même pourront-ils tous ensemble obéir aux commandements qu'un officier leur donnera dans sa langue nationale? Voici un autre fait, tout récent : pour réprimer des troubles dans une ville de population polonaise, on a fait faire des charges par des détachements de cavalerie hongroise. Plusieurs personnes ont été tuées ou blessées faute de comprendre les ordres et les sommations; un médecin polonais qui soignait les blessés n'a dû son salut qu'à ce qu'il s'est rappelé (à temps!) les deux mots hongrois qui signifient : *Croix-Rouge*.

Tous ces faits authentiques, d'expérience courante, prouvent que la « langue maritime universelle » est loin de répondre à tous les besoins des relations internationales, et que, si l'on veut être fidèle à l'idée humanitaire qui l'a inspirée et la réaliser pleinement, il est urgent d'instituer une *langue internationale parlée et écrite*, qui sera d'un usage bien plus général et d'un maniement plus facile.

CLASSIFICATION BIBLIOGRAPHIQUE DÉCIMALE [1]

Il y a une autre pasigraphie qui est entrée dans la pratique et qui rend des services d'un autre ordre : c'est la *classification bibliographique décimale*, proposée dès 1873 par M. MELVIL DEWEY, président de l'*Association des bibliothécaires américains*, et adoptée par l'*Institut de bibliographie internationale*, fondé à Bruxelles en 1895 pour établir un répertoire bibliographique universel des productions intellectuelles du monde entier. Ce répertoire a pour base une classification méthodique de toutes les connaissances humaines et de tous les objets d'étude. Celle-ci se traduit par des nombres ou *numéros classificateurs* qui permettent de ranger les fiches (représentatives des ouvrages) suivant l'ordre idéologique des matières, de manière à rapprocher et à classer ensemble les ouvrages relatifs au même sujet, et à permettre l'intercalation indéfinie de nouvelles fiches sans troubler l'ordre antérieurement établi.

Voici comment sont formés les numéros classificateurs : l'ensemble des connaissances humaines est divisé en dix grandes classes désignées par les dix chiffres, de 0 à 9 :

     0 Généralités.
     1 Philosophie.
     2 Religion, théologie.
     3 Sciences sociales, droit.
     4 Philologie, linguistique.
     5 Sciences mathématiques et naturelles.
     6 Sciences appliquées, technologie.
     7 Beaux-Arts.
     8 Littérature.
     9 Histoire et Géographie.

Chacune de ces classes comprend à son tour 10 divisions numérotées par un des chiffres de 0 à 9, et qu'on désigne en plaçant ce chiffre à droite du chiffre de la classe. Par exemple, la cinquième classe est divisée comme suit :

1. *Classification décimale : Tables générales abrégées.* Publication n° 0 de l'Office international de Bibliographie, 73 p. 8° (Bruxelles, 1897). *Annuaire de l'Institut international de Bibliographie pour l'année 1902*, 174 p. 8° (Bruxelles, 1902).

50 Généralités.

51 Mathématiques.

52 Astronomie, géodésie, navigation.

53 Physique (et mécanique).

54 Chimie (et minéralogie).

55 Géologie.

56 Paléontologie.

57 Biologie, anthropologie.

58 Botanique.

59 Zoologie.

Puis chacune de ces divisions est partagée en 10 sections, qu'on désigne en plaçant le chiffre correspondant à droite de ceux qui désignent la division. Par exemple la *Physique* (53) est subdivisée comme suit :

530 Généralités.

531 Mécanique.

532 Hydrostatique et hydrodynamique.

533 Pneumatique (gaz; aérostation).

534 Acoustique.

535 Optique.

536 Chaleur, thermodynamique.

537 Électricité.

538 Magnétisme.

539 Physique moléculaire.

On conçoit aisément que ce procédé de subdivision peut être prolongé autant qu'il est besoin pour enfermer l'idée ou le sujet considéré dans une classe spéciale; celle-ci sera désignée sans ambiguïté par la série des chiffres qui désignent toutes les divisions antérieures. Voici un exemple de ces déterminations ou spécifications progressives :

61 Médecine.

612 Physiologie.

612.3 Digestion.

612.31 Bouche.

612.313 Glandes salivaires.

612.313.6 Pathologie de la salive.

612.313.63 Microbes de la salive.

Tel est le principe de la classification décimale. Nous n'entrerons pas dans le détail des notations qui permettent d'exprimer les relations ou les combinaisons de plusieurs idées exprimées

chacune par un nombre. Bornons-nous à en donner un exemple :
étant donné que :

$$31 \quad = \text{statistique,}$$
$$331.2 = \text{salaire,}$$
$$677 \quad = \text{industrie textile.}$$

31 : 331.2 : 677 signifiera : statistique des salaires dans l'industrie textile.

Pour ranger par ordre tous ces nombres (qui ont des nombres de chiffres très divers), on les considère comme des nombres décimaux dont on aurait supprimé le zéro et la virgule, et on les range par ordre de grandeur croissante, c'est-à-dire dans l'ordre de leurs premiers chiffres (à gauche), s'ils diffèrent ; sinon, dans l'ordre de leurs deuxièmes chiffres, s'ils diffèrent ; sinon, dans l'ordre de leurs troisièmes chiffres, et ainsi de suite. Cet ordre est analogue à l'ordre alphabétique employé dans les dictionnaires ; il permet d'intercaler entre deux nombres quelconques autant d'intermédiaires qu'on veut. Ainsi la classification décimale réunit les avantages du classement idéologique et du classement alphabétique. En outre, elle reste toujours ouverte à des subdivisions nouvelles, et elle est par suite susceptible d'une extension indéfinie.

« Les nombres classificateurs correspondant à des idées et non à des mots, ils constituent une véritable nomenclature internationale. » Par exemple, « au même nombre 536 correspondra le mot *Chaleur* dans les tables françaises, *Wärme* dans les tables allemandes, *Heat* dans les tables anglaises ». La classification bibliographique ainsi obtenue est donc absolument internationale.

Nous n'avons pas à apprécier ici les services que ce système rend à la bibliographie[1]. Nous n'avons à le considérer que comme une *pasigraphie* et comme un moyen de communication international. Au contraire du *Code des signaux maritimes*, dont les combinaisons ont une signification arbitraire, cette pasigraphie repose sur une base logique. En revanche, elle est d'une portée bien moins étendue : ce n'est pas une *langue*, mais simple-

---

1. L'idée de prendre les chiffres pour index des subdivisions d'une classification est très naturelle et très ingénieuse. Comme le pensait Leibniz, les nombres sont les plus commodes de tous les signes, d'abord, parce qu'ils sont concis et maniables ; ensuite, parce qu'ils possèdent un ordre fixe et bien déterminé ; enfin, parce qu'ils sont en nombre illimité.

ment une *nomenclature*. Elle n'exprime en somme que des concepts ou des classes d'objets; elle est analogue à une langue qui ne comprendrait que des substantifs et des adjectifs, mais pas de verbes. Elle serait incapable de traduire la moindre phrase. On ne peut donc pas la considérer comme une langue internationale.

Nous n'insistons pas sur ce fait qu'elle n'est qu'une *pasigraphie*, c'est-à-dire une langue écrite, car il serait facile de la transformer en une langue parlée en traduisant les chiffres par des sons. C'est précisément ce qu'ont fait certaines langues philosophiques (DELORMEL, VIDAL, LETELLIER) qui reposent sur une classification décimale des idées. Nous indiquerons, dans la critique de ces projets, les raisons pour lesquelles il ne nous parait pas possible de prendre une classification logique quelconque pour base d'une langue internationale; nous nous permettons d'y renvoyer le lecteur.

BIBLIOGRAPHIE.

Voici, à titre de renseignement, la liste des principaux systèmes de pasigraphies :

Joseph DE MAIMIEUX : *Pasigraphie*, dédiée à Sicard (Paris, 1797).

WOLKE : *Die Pasiphrasie* (Dessau, 1797).

Moses PAIC : *Pasigraphie mittels arabischer Zahlzeichen* (Semlin, 1859).

SINIBALDO DE MAS : *L'Idéographie* (Paris, Duprat et Rothschild, 1863).

BACHMAIER : *Pasigraphisches Wörterbuch*, deutsch-englisch-französisch (Augsburg, 1868); id., Édition anglaise (ibid., 1870).

Janne DAMM : *Praktische Pasigraphie* (Leipzig, Douffet, 1876).

E. DE BARANOVSKI : *L'Idéographie, une langue pour toutes les nations* (Kharkov, 1884).

Carl HAAG : *Versuch einer graphischen Sprache auf logischer Grundlage* (Stuttgart, Kohlhammer, 1902).

W. RIEGER : *Zifferngrammatik, welche mit Hilfe der Wörterbücher ein mechanisches Uebersetzen aus einer Sprache in alle anderen ermöglicht* (Graz, Styria, 1903) [1].

---

1. Ce dernier projet, comme son titre l'indique, ne traduit en chiffres que la partie grammaticale des mots, et emploie les radicaux nationaux. Ce n'est

On peut joindre aux Pasigraphies le langage mimique, préconisé comme langue universelle par quelques personnes,
notamment par Jean RAMBOSSON, auteur d'un livre sur l'*Origine
de la parole et du langage parlé*, qui publia en 1853 une *Étude philosophique et pratique du langage mimique comme langage universel*
(Hachette) [1]. Il est clair qu'il ne peut être question du langage
des sourds-muets, qui se compose de signes alphabétiques, et
qui suppose une langue écrite, soit nationale, soit internationale [2]; mais seulement d'un système de signes idéographiques
qui serait un développement et un perfectionnement de la
mimique naturelle, à laquelle on est obligé de recourir avec des
étrangers dont on ignore la langue. Or il importe peu que ces
signes soient des dessins écrits ou des gestes : tout ce que nous
dirons des langues idéographiques (ou philosophiques) s'appliquera à un tel système.

Quoi qu'il en soit, l'immense majorité des hommes trouvera
toujours plus commode l'emploi des signes vocaux et écrits
habituels que celui des signes manuels; et cela est si vrai, que
l'on apprend à présent aux sourds-muets à parler et à *lire* la
parole, et que cette nouvelle méthode est considérée comme
un progrès par rapport à la méthode de l'abbé de l'Épée, si
utile et si ingénieuse qu'elle soit. Dans tous les cas, on voit
que les sourds-muets, auxquels certains inventeurs de L. I.
ont pensé avec une sollicitude fort louable, mais trop exclusive, ne seront nullement privés des bienfaits d'une L. I. écrite
et parlée, et pourront s'en servir par la méthode qui leur sera
familière.

donc que la moitié d'une pasigraphie numérique analogue à celles de PAIC
et de BACHMAIER.
1. Voir aussi le journal *La Science*, 1855.
2. Cette remarque suffit à montrer que les sourds-muets pourront parler
par gestes une langue internationale quelconque aussi bien qu'une langue
nationale.

SECTION I

SYSTÈMES « A PRIORI »

CHAPITRE I

DESCARTES

Le grand philosophe français a exprimé son opinion sur le problème de la Langue universelle dans une *Lettre au P. Mersenne* du 20 novembre 1629 [1]. Son ami et correspondant lui avait envoyé un placard ou prospectus imprimé, en latin, d'un auteur inconnu, contenant six propositions relatives à une langue universelle. DESCARTES commence par discuter ces propositions, en essayant de deviner leur sens, avec une tendance visible (qui est un trait de son caractère) à n'y trouver rien de merveilleux, rien qu'il n'eût pu inventer lui-même sans peine. Nous citons le passage le plus intéressant de cette discussion, parce qu'il contient un programme de langue artificielle qui a été réalisé de nos jours :

« Pour la signification des mots, il n'y promet rien de particulier; car il dit dans la quatrième proposition : *linguam illam interpretari ex dictionario,* qui est ce qu'un homme un peu versé aux langues peut faire sans luy en toutes les langues communes... Ce qui empesche que tout le monde ne le pourroit pas faire, c'est la difficulté de la grammaire; et je devine que c'est

1. Edition Clerselier, t. I, n° 111, p. 498; éd. Cousin, t. VI, p. 61; éd. Adam-Tannery, t. I, p. 76 (Paris, Cerf, 1898).

tout le secret de vostre homme. Mais ce n'est rien qui ne soit
tres-aisé; car faisant une langue, où il n'y ait qu'une façon de
conjuguer, de decliner, et de construire les mots, qu'il n'y en ait
point de defectifs ny d'irreguliers, qui sont toutes choses venues
de la corruption de l'usage, et mesme que l'inflexion des noms
ou des verbes et la construction[1] se fassent par affixes, ou devant
ou apres les mots primitifs, lesquelles affixes soient toutes spe-
cifiées dans le dictionnaire, ce ne sera pas merveille que les
esprits vulgaires apprennent en moins de six heures à composer
en cette langue avec l'aide du dictionnaire, qui est le sujet de la
premiere proposition. »

Dans ces lignes, Descartes esquisse le plan d'une langue régulière et pratique, que l'on puisse comprendre immédiatement
à l'aide du seul dictionnaire. C'est précisément là ce que le
Dr Zamenhof a voulu et réalisé en créant l'*Esperanto*. Mais Descartes paraît dédaigner une telle langue utilitaire, faite pour les
« esprits vulgaires »; il rêve d'une *langue philosophique* qu'il définit
en ces termes :

« Au reste, je trouve qu'on pourroit adjouter à cecy une invention, tant pour composer les mots primitifs de cette langue, que
pour leurs caracteres, en sorte qu'elle pourroit estre enseignée
en fort peu de tems, et ce par le moyen de l'ordre, c'est-à-dire,
etablissant un ordre entre toutes les pensées qui peuvent entrer
en l'Esprit humain, de mesme qu'il y en a un naturellement
etabli entre les nombres; et comme on peut apprendre en un
jour à nommer tous les nombres jusques à l'infini, et à les ecrire,
en une langue inconnue, qui sont toutesfois une infinité de mots
differens; qu'on pust faire le mesme de tous les autres mots
necessaires pour exprimer toutes les autres choses qui tombent
en l'esprit des hommes; si cela estoit trouvé, je ne doute point
que cette langue n'eust bien tost cours parmy le monde, car il y
a force gens qui employeroient volontiers cinq ou six jours de
tems pour se pouvoir faire entendre par tous les hommes. L'invention de cette langue depend de la vraye Philosophie; car il
est impossible autrement de denombrer toutes les pensées des
hommes, et de les mettre par ordre, ny seulement de les distinguer en sorte qu'elles soient claires et simples; qui est à mon
advis le plus grand secret qu'on puisse avoir pour acquerir la

---

1. Sous-entendu : *des mots.*

bonne science; et si quelqu'un avoit bien expliqué quelles sont les idées simples qui sont en l'imagination des hommes, desquelles se compose tout ce qu'ils pensent [1] et que cela fust receu par tout le monde, j'oserois esperer ensuite une langue universelle fort aisée à apprendre, à prononcer et à ecrire, et, ce qui est le principal, qui ayderoit au jugement, luy representant si distinctement toutes choses, qu'il luy seroit presque impossible de se tromper; au lieu que tout au rebours, les mots que nous avons n'ont quasi que des significations confuses, ausquelles l'esprit des hommes s'estant acoutumé de longue main, cela est cause qu'il n'entend presque rien parfaitement. Or je tiens que cette langue est possible, et qu'on peut trouver la Science de qui elle depend, par le moyen de laquelle les paysans pourroient mieux juger de la verité des choses, que ne font maintenant les philosophes [2]. »

Nous avons tenu à citer en entier ce passage, car il formule avec une clarté magistrale le programme de toutes les langues philosophiques nées depuis lors, et en exprime les idées directrices : l'analogie de toutes les idées avec les notions de nombre; la recherche des idées simples qui forment par leurs combinaisons toutes les autres idées; l'analogie de ces combinaisons avec des opérations arithmétiques, et par suite l'assimilation du raisonnement à un calcul mécanique et infaillible. De là suit que chaque mot doit envelopper et symboliser la définition de l'idée; que la langue ainsi créée « dépend de la vraie philosophie », et que, inversement, elle l'incarne, de sorte que l'ap-

1. Ce *quelqu'un*, c'est Descartes lui-même, qui vouloit fonder toute la philosophie sur les « idées claires et distinctes ». Ainsi son idée de la langue universelle se rattache directement aux principes de sa philosophie.

2. Une copie de ce passage se trouve dans les papiers de Leibniz, qui y a ajouté la remarque suivante :

« Cependant quoyque cette langue depende de la vraye philosophie, elle ne depend pas de sa perfection. C'est-à-dire cette langue peut estre etablie, quoyque la philosophie ne soit pas parfaite : et à mesure que la science des hommes croistra, cette langue croistra aussi. En attendant elle sera d'un secours merveilleux et pour se servir de ce que nous sçavons, et pour voir ce qui nous manque, et pour inventer les moyens d'y arriver, mais sur tout pour exterminer les controverses dans les matieres qui dependent du raisonnement. Car alors raisonner et calculer sera la même chose. » (*Opuscules et fragments inédits de Leibniz*, éd. Couturat, p. 27-28; Paris, Alcan, 1903.)

Cette remarque est intéressante : 1° parce qu'elle tend à réfuter une objection adressée aux langues philosophiques; 2° en ce qu'elle montre le lien qui rattache le projet de Leibniz à celui de Descartes.

prendre, c'est apprendre à penser. Toutes ces idées se trouveront développées et appliquées chez les successeurs de Descartes.
Mais, à côté de ces idées qui constituent le principe d'un *vocabulaire* philosophique tout différent de celui de nos langues,
et qui caractérisent les langues *a priori*, il ne faut pas oublier
que Descartes a émis des vues d'une justesse et d'une précision
admirables sur la constitution d'une *grammaire* régulière et
logique, applicable aux radicaux des langues *a posteriori*. On
peut donc dire que, dans cette seule lettre, le père de la philosophie moderne a conçu et prévu les deux principaux systèmes
de langue universelle que nous allons étudier tour à tour.

CHAPITRE II

DALGARNO [1]

La langue philosophique de George DALGARNO est surtout un vocabulaire fondé sur une classification logique de toutes les idées[2]. Les 17 classes suprêmes sont désignées par 17 lettres dont chacune sera l'initiale de tous les mots de la classe correspondante. En voici la liste, qui donne en même temps l'alphabet de la langue :

A *Êtres, choses.*
H [3] *Substances.*
E *Accidents.*
I *Êtres concrets* (composés de substance et d'accident).
O *Corps.*
Y [4] *Esprit.*
U *Homme* (composé de corps et d'esprit).
M *Concrets mathématiques.*

1. *Ars Signorum, vulgo Character universalis et Lingua philosophica* (London, 1661). Le sous-titre est significatif : *Qua poterunt homines diversissimorum Idiomatum, spatio duarum septimanarum, omnia Animi sua sensa* (in *Rebus familiaribus*) *non minus intelligibiliter, sive scribendo sive loquendo, mutuo communicare, quam Linguis propriis vernaculis. Præterea hinc etiam poterunt Juvenes Philosophiæ Principia et veram Logicæ Praxin citius et facilius multo imbibere, quam ex vulgaribus Philosophorum scriptis.* Cf. *Lexicon grammatico-philosophicum*, dans les papiers de LEIBNIZ (PHIL., VII, D, I, 1). George DALGARNO, né à Old-Aberdeen vers 1626, fut directeur d'école privée à Guernesey, puis à Oxford, et mourut en 1687. Il est l'auteur du *Didascalocophus* (1680), c'est-à-dire d'une méthode d'instruction pour les sourds-muets, et l'inventeur d'un alphabet de signes manuels. C'est, comme on voit, un précurseur de l'abbé de l'Épée.
2. Cette classification a eu l'honneur de servir de guide et de modèle à LEIBNIZ dans les tables de définitions qu'il dressait en vue de son Encyclopédie: Voir COUTURAT, *La Logique de Leibniz*, ch. V, § 24 ; et *Opuscules et fragments inédits de Leibniz* (PHIL., VII, D, II, 1-2, 3).
3. Voyelle grecque : η (*éta*).
4. Voyelle grecque : υ (*upsilon*).

N *Concrets physiques.*
F *Concrets artificiels.*
B *Accidents mathématiques.*
D *Accidents physiques généraux.*
G *Qualités sensibles.*
P *Accidents sensitifs.*
T *Accidents rationnels* (intellectuels).
K *Accidents politiques.*
S *Accidents communs.*

La lettre **S**, quand elle n'est pas initiale, est une lettre *servile* ou auxiliaire, c'est-à-dire qui concourt à la formation des mots sans avoir un sens logique déterminé. Trois autres lettres sont également *serviles* :

r, qui signifie l'opposition (le contraire) ;
l, qui signifie le milieu entre les extrêmes ;
v, qui est l'initiale caractéristique des noms de nombre.

Chacune des 17 classes se divise en *sous-classes*, qui se distinguent par la variation de la seconde lettre. Voici, par exemple, les sous-classes de la classe K (accidents politiques) :

Ka- *Relations d'office (de fonction).*
Kr- *Relations judiciaires.*
Ke- *Matière judiciaire.*
Ki- *Rôle des parties.*
Ko- *Rôle du juge.*
Ku- *Délits.*
Ku- *Guerre.*
Ska- *Religion.*   **r** : *Superstition.*

Enfin, chaque sous-classe comprend un certain nombre de mots qui se distinguent par la variation de la dernière lettre. Voici, par exemple, les mots rangés dans la dernière sous-classe (**Ska-**) :

Skam *grâce.*   **r** : *nature.*
Skan *félicité.*   **r** : *misère.*
Skaf *adorer.*   **r** : *profaner.*
Skab *juger.*
Skad *prier.*   **r** : *louer.*
Skag *sacrifice.*
Skap *sacrement.*
Skat *mystère.*
Skak *miracle.*

On voit que cette classification comprend a la fois les noms et les verbes. L'auteur avait inventé des mots spéciaux pour servir de pronoms, de particules et de flexions grammaticales.

On a pu remarquer que dans cette liste les mots se succèdent dans un ordre déterminé, correspondant à l'ordre constant des voyelles et des consonnes. Lorsqu'il n'y a pas assez de voyelles ou de consonnes simples, on emploie à leur suite des voyelles ou consonnes doubles.

Cet ordre constant établi entre les voyelles, d'une part, et les consonnes, d'autre part, correspond à leurs valeurs numériques. En effet, DALGARNO a inventé, pour traduire les nombres en mots, la méthode suivante. A chacun des 10 chiffres il fait correspondre une voyelle (ou diphtongue) et une consonne :

1	A	M
2	H	N
3	E	F
4	O	B
5	Y	D
6	U	G
7	AI	P
8	EI	T
9	OI	K
0	I	L

Un nombre écrit dans le système décimal se traduira par un mot contenant autant de lettres (voyelles et consonnes, alternativement) qu'il a de chiffres, chaque lettre correspondant au chiffre de même rang (toutes ces lettres sont précédées de l'initiale caractéristique V). Ainsi :

Vel	signifie	30
Vado	—	154
Vendo	—	3254
Ventum	—	32861

Dans les mots ordinaires de cette langue, chaque lettre n'a pas un sens logique déterminé, attendu que ce sens varie du tout au tout d'une classe à l'autre; elle n'a qu'un sens numérique : elle indique le numéro d'ordre de la sous-classe dans la classe, ou du mot dans la sous-classe. Mais comme, d'autre part, l'ordre des sous-classes et celui des mots est presque toujours absolument arbitraire, il en résulte que pour connaître ou retrouver le sens d'un mot il faut savoir par cœur toute la classification logique, c'est-à-dire tout le dictionnaire. Par exemple :

Nηka signifie *Éléphant.*

Nηkη   —   *Cheval.*

Nηke   —   *Ane.*

Nηko   —   *Mulet.*

Pour retenir le sens de chacun de ces mots, si semblables de forme, il faut se rappeler exactement l'ordre dans lequel les animaux correspondants sont rangés, sans en omettre un seul. On voit par cet exemple combien une telle langue est artificielle, et par suite difficile à apprendre, à retenir et à pratiquer.

P.-S. — DALGARNO avait eu pour précurseur un autre Écossais, sir Thomas URQUHART (ou URCHARD) de Cromarty (1611-1660), connu surtout par sa traduction de Rabelais, devenue classique en Angleterre, qui avait publié *Logopandecteision, or an Introduction to the Universal Language* (London, in-4°, 1653). Ce projet tout théorique ne comprenait ni vocabulaire ni grammaire. Il y avait 12 parties du discours; les noms avaient 11 genres, 11 cas et 4 nombres; les verbes, 4 voix, 7 modes et 11 temps; enfin chaque mot devait avoir au moins 10 synonymes. L'indication la plus intéressante est celle-ci : chacune des lettres d'un mot devait avoir un sens, de sorte qu'on pourrait les intervertir sans inconvénient. Cela suffit à caractériser une langue philosophique analogue à celle de LEIBNIZ. — Un autre projet a été conçu vers le même temps par le marquis de WORCESTER (*Century of the Names and Scantling of... Inventions*, 1663); mais ce n'était qu'un « caractère universel », c'est-à-dire une pasigraphie que chacun pourrait lire dans sa propre langue. V. John WILLCOCK, *Sir Thomas Urquhart of Cromartie* (Edinburgh and London, 1899).

CHAPITRE III

WILKINS [1]

John WILKINS (1614-1672), évêque de Chester, était un des savants les plus éminents de l'Angleterre. Il fut un des fondateurs de la Société Royale de Londres, et son premier secrétaire. Il avait publié, vingt ans avant l'ouvrage de DALGARNO, un *Mercure* qui paraît n'être qu'un traité de Cryptographie ou de correspondance secrète [2]. Le projet de DALGARNO fut probablement inspiré par ce premier essai; WILKINS entreprit à son tour de le perfectionner. Son projet, très complet et très développé, comprend à la fois une langue philosophique et une pasigraphie idéographique (*Caractère réel*) qui traduit les mots de la langue par des espèces d'hiéroglyphes. Mais, comme ces mots peuvent aussi s'écrire avec les lettres ordinaires, nous ne parlerons pas de cette pasigraphie, que Leibniz jugeait entièrement inutile, et plutôt rebutante [3].

Le principe du système de WILKINS est le même que celui du système de DALGARNO. Le vocabulaire est fondé sur une classification logique de toutes les idées, réparties en 40 genres, que caractérisent les deux premières lettres de chaque mot. En voici la liste :

> **Bx** *Idées transcendentales générales.*
> **Ba** *Relations transcendentales mixtes.*
> **Be** *Relations transcendentales d'action.*

1. *An Essay towards a Real Character and a Philosophical Language* (infolio, London, 1668).
2. *Mercury, or the secret and swift Messenger, shewing how a Man may with Privacy and Speed communicate his Thoughts to a Friend at a Distance* (London, 1641).
3. Voir COUTURAT, *La Logique de Leibniz*, p. 59.

Bi *Discours* (Langage).

Dα *Dieu.*

Da *Le monde.*

De *Les éléments.*

Di *Les pierres.*

Do *Les métaux.*

Gα *Les plantes :*   *feuilles.*

Ga   —   *fleurs.*

Ge   —   *fruits.*

Gi   —   *arbustes.*

Go   —   *arbres.*

Zα *Les animaux :* *exsangues.*

Za   —   *poissons.*

Ze   —   *oiseaux.*

Zi   —   *bêtes* (quadrupèdes).

Pα *Parties particulières.*

Pa *Parties générales.*

Pe *Quantité : Grandeur.*

Pi   —   *Espace.*

Po   —   *Mesure.*

Tα *Qualité :*   *Pouvoir naturel.*

Ta   —   *Habitude.*

Te   —   *Manières.*

Ti   —   *Qualités sensibles.*

To   —   *Maladies.*

Cα *Action spirituelle.*

Ca *Action corporelle.*

Ce *Mouvement.*

Ci *Opération.*

Co *Relations économiques.*

Cy *Possessions.*

Sα *Provisions.*

Sa *Relations civiles.*

Se *Relations judiciaires.*

Si *Relations militaires.*

So *Relations navales.*

Sy *Relations ecclésiastiques.*

Chacun de ces 40 *genres* se divise en un certain nombre de *différences*, et chaque différence en un certain nombre d'*espèces*. Ces différences et ces espèces étant rangées par ordre, on leur fait correspondre respectivement les 9 consonnes et les 9 voyelles suivantes, qui représentent leurs numéros d'ordre :

	1	2	3	4	5	6	7	8	9
Différences :	b	d	g	p	t	c	z	s	n
Espèces :	α	a	e	i	o	u	y	yi	yu[1]

Un *radical* se compose des deux premières lettres correspondant à son genre, de la consonne correspondant à sa différence, et de la voyelle correspondant à son espèce. Par exemple, **De** signifie *Élément*; **Deb** indique la 1re différence du genre *Élément*, à savoir *Feu*; et **Debα** indique la 1re espèce de *Feu*, à savoir *Flamme*.

Aux radicaux ainsi constitués il faut ajouter les *dérivations* et les *flexions*.

Les dérivations par *affinité* et par *opposition* sont indiquées par la répétition de certaines lettres du radical, ou par la substitution des lettres opposées[2].

Les *adjectifs* se forment en changeant la 1re consonne du radical suivant une certaine règle.

Les *abstraits* se forment en changeant (suivant la même règle) la 2e consonne du radical. Par exemple, **Saba** signifie *roi*; **Sava** signifiera *royauté*[3].

Les *adverbes* se forment en changeant la voyelle radicale en diphtongue (en lui ajoutant un i).

Dans les substantifs, le *pluriel* s'indique en ajoutant -u à la fin du radical.

Dans les verbes, l'*actif* et le *passif* s'indiquent en insérant respectivement **l** ou **m** après la première voyelle du radical.

Les *radicaux*, modifiés au besoin par les *dérivations* et les *flexions* précédentes, constituent les *mots* proprement dits. Restent les *particules*, qui sont de deux sortes : les *particules grammaticales* et les *particules transcendentales*.

Les *particules grammaticales* sont

1° La *copule* (le verbe *être*);

2° Les *pronoms*;

1. Nous remplaçons par u le caractère grec composite (cursif) qui représente la diphtongue ου. Wilkins a prévu le cas où il y aurait plus de 9 différences dans un genre ou plus de 9 espèces dans une différence, et inventé un artifice pour continuer la numération avec des lettres.

2. Un tableau spécial indique les couples de lettres qui seront par convention considérées comme opposées.

3. Ces substitutions de consonnes sont rendues possibles par le fait que la moitié seulement (9) sont employées à former les radicaux.

3º Les *interjections* ;

4º Les *prépositions* (monosyllabes commençant par **L** ou **R**) ;

5º Les *adverbes* (monosyllabes en **M**-) ;

6º Les *conjonctions* (monosyllabes en **N**-) ;

7º Les *articles* ;

8º, 9º Les *modes* et les *temps* des verbes[1].

Les *particules transcendentales* sont des syllabes (préfixes ou suffixes) qui contiennent les voyelles α, **a**, ou **e**, et qui expriment les relations suivantes par rapport à l'idée du radical :

Métaphore. Similitude.	Espèce. Manière.	Chose. Personne.	Lieu. Temps.	Cause. Signe.	Agrégat. Ségrégat.
Lame. Aiguille.	Outil. Vase.	Instrument. Machine.	Cloison. Armement.	Vêtement. Armure.	Maison. Chambre.
Habitude. Art.	Officier. Artiste.	Artisan. Marchand.	Faculté. Penchant.	Commencement. Répétition.	Entreprise. Élan.
Augmentation. Diminution.	Excès. Défaut.	Perfection. Corruption.	Voix. Langage.	Mâle. Femelle.	Jeune. Partie.

WILKINS a un procédé analogue à celui de DALGARNO pour traduire les nombres en mots : il ajoute à la syllabe **Pob** (caractéristique des noms de nombre) les voyelles ou consonnes qui correspondent, dans le tableau donné plus haut, aux chiffres consécutifs du nombre à énoncer.

L'ouvrage de WILKINS se termine par un Dictionnaire où les mots anglais sont rangés par ordre alphabétique ; en regard de chaque mot se trouve, soit l'indication des numéros de son *genre*, de sa *différence* et de son *espèce* (au cas où ce mot est catalogué dans la classification logique), soit la définition du mot au moyen de radicaux catalogués (et, au besoin, de dérivations ou de flexions).

Ce système a le même défaut fondamental que celui de DALGARNO, quoiqu'il soit théoriquement plus parfait. C'est celui que LEIBNIZ jugeait le meilleur de tous ceux qui avaient été proposés de son temps ; il faisait grand cas de l'œuvre de WILKINS, et s'en inspirait fréquemment, tout en la discutant.

1. On voit par là que cette langue est tout à fait *analytique*.

CHAPITRE IV

LEIBNIZ [1]

Leibniz reprochait aux systèmes de DALGARNO et de WILKINS de n'être pas encore assez philosophiques. Il rêvait d'une langue qui fût non seulement l'expression adéquate de la pensée, mais un « instrument de la raison ». L'usage international devait être le moindre avantage de cette langue : non seulement les mots devaient traduire la définition des idées, mais ils devaient rendre sensibles aux yeux leurs connexions, et par suite les vérités relatives à ces idées, de telle sorte qu'on pût les déduire par des transformations algébriques, et remplacer le raisonnement par le calcul. Cette langue procédait directement de la conception de la *Caractéristique universelle*, c'est-à-dire d'une Algèbre logique applicable à toutes les idées et à tous les objets de la pensée.

Le principe de la Caractéristique était celui-ci : toutes les idées complexes sont des combinaisons d'idées simples, de même que tous les nombres non premiers sont des produits de nombres premiers. La composition des idées entre elles est analogue à la multiplication arithmétique, et la décomposition d'une idée en ses éléments simples est analogue à la décomposition d'un nombre en ses facteurs premiers. Cela admis, il est naturel de représenter les idées simples par les nombres premiers, et les idées composées de telles ou telles idées simples par le produit des nombres premiers correspondants. Peu importe d'ailleurs

---

1. L'illustre philosophe (1646-1716) n'a composé aucun ouvrage spécial touchant la Langue universelle. Il a pensé à ce sujet pendant toute sa vie, depuis l'âge de 18 ans; mais il s'en est surtout occupé vers 1679. Les nombreux textes relatifs à son projet sont dispersés dans plusieurs éditions, et la plus grande partie est encore inédite. Les principaux sont cités ap. COU-TURAT, *La Logique de Leibniz*, ch. III, et *Opuscules et fragments inédits de Leibniz*, notamment PHIL. VII, B, III.

que le nombre des idées simples soit petit ou grand, ou même
infini : elles trouveront toujours assez de symboles dans la suite
des nombres premiers, qui est infinie. Toutes les vérités logiques
seront représentées par des vérités arithmétiques relatives à la
multiplication et à la division, comme celles de la table de
Pythagore (Ex. : $2 \times 3 = 6$), et tout raisonnement se réduira à
un calcul numérique.

· Pour transformer ce calcul logique en une langue, il suffit de
traduire les nombres par des mots prononçables, suivant une
méthode analogue à celles de DALGARNO et de WILKINS. On représentera les 9 chiffres significatifs par les 9 premières consonnes :
b, c, d, f, g, h, l, m, n; et les unités décimales successives (1, 10,
100, 1 000, 10 000) par les 5 voyelles : **a, e, i, o, u.** Les unités d'ordre
supérieur pourront être représentées par des diphtongues. Dès
lors, pour énoncer ou pour écrire un nombre, il suffit d'énoncer
le nombre des unités de chaque ordre décimal, en associant la
consonne correspondant au chiffre et la voyelle correspondant
à l'ordre décimal. Par exemple, le nombre 81 374 s'écrira et se
prononcera : **Mubodilefa.**

Cette notation a sur celle de DALGARNO cet avantage, que la
valeur numérique des lettres est indépendante de sa position (de
son rang), de sorte qu'on peut intervertir sans inconvénient les
syllabes du mot, chacune d'elles indiquant par sa voyelle l'ordre
d'unités qu'elle représente. Ainsi le même nombre pourra aussi
bien s'énoncer : **Bodifalemu**, c'est-à-dire :

$$1\,000 + 300 + 4 + 70 + 80\,000 = 81\,374.$$

Leibniz voit dans cette faculté de permuter les syllabes d'un
mot une grande commodité, et croit qu'elle offrira des ressources
merveilleuses pour la poésie et le chant. Il entrevoit même la
possibilité de traduire cette langue en musique.

Telle était l'idée première de sa Langue universelle. Mais pour
la réaliser, il fallait élaborer un vocabulaire et une grammaire.
Pour former le vocabulaire, il fallait analyser toutes les idées
de l'esprit humain, les réduire à leurs éléments simples, et dresser
le catalogue complet de ceux-ci, c'est-à-dire des idées premières.
D'autre part, pour composer une grammaire « rationnelle », il
convenait d'étudier les grammaires des langues naturelles, pour
démêler et dénombrer les diverses relations des idées, exprimées
par les particules et par les flexions. Ce double travail d'analyse
logique des mots et des formes grammaticales, qui devait néces-

sairement prendre pour base l'étude comparative des langues et
des grammaires, a beaucoup occupé Leibniz, et n'a jamais été
achevé. Aussi sa Langue philosophique est-elle restée à l'état de
projet théorique.

Toutefois, pour faciliter la transition des langues naturelles à
la langue « rationnelle », Leibniz fut amené à admettre un intermédiaire et un substitut provisoire. L'élaboration de la grammaire devait précéder celle du vocabulaire; par suite, en attendant qu'on eût inventé les mots véritables, il était bon d'appliquer
les règles grammaticales à un substratum concret, qui ne pouvait être emprunté qu'à une langue naturelle. Leibniz choisit
naturellement le latin, qui était la langue savante de son temps.
C'est donc au vocabulaire latin qu'il veut appliquer provisoirement la grammaire philosophique. Celle-ci doit être, d'une
part, *universelle*, c'est-à-dire réunir toutes les ressources et tous
les avantages des grammaires naturelles, de manière à pouvoir
exprimer toutes les distinctions et toutes les nuances qu'offrent
les diverses langues; mais, d'autre part, elle doit être absolument *régulière*, c'est-à-dire exempte des exceptions, des anomalies
et des illogismes qui entachent toutes les grammaires naturelles.
De cette manière, elle sera à la fois plus riche et plus simple
qu'aucune d'elles; d'autant plus que Leibniz s'attache à en
bannir toute complication superflue. Cette partie de son œuvre
étant celle qui offre aujourd'hui le plus d'intérêt pratique, nous
allons l'exposer avec quelque détail.

En premier lieu, Leibniz déclare inutile et illogique la pluralité des déclinaisons et des conjugaisons. Il ne devra donc y
avoir qu'une seule déclinaison et qu'une seule conjugaison,
toutes deux absolument régulières et sans exception. De plus,
la distinction des genres est complètement inutile : on la supprimera. Cette triple simplification rend déjà la langue rationnelle
bien plus facile qu'aucune langue naturelle; car, comme le
remarque expressément Leibniz, la partie la plus difficile de la
grammaire est la diversité des genres, des déclinaisons et des
conjugaisons. Mais la conjugaison peut se simplifier encore : la
variation du verbe suivant les personnes et les nombres est
inutile, car cette distinction est déjà indiquée par le sujet; c'est
là une sorte de pléonasme ou de double emploi, comme la variation du verbe suivant le genre, qui a lieu en hébreu. Même dans
le substantif, la distinction du nombre est inutile, car elle sera

suffisamment indiquée par l'article ou l'adjectif démonstratif qui le précède. De même l'adjectif épithète n'a besoin d'aucune flexion, puisque ses flexions ne font que répéter celles du substantif.

D'ailleurs, Leibniz tend à supprimer le plus possible les flexions[1]. En effet, elles font double emploi avec les particules : les prépositions régissent les cas ; les conjonctions régissent les modes. Par conséquent, ou bien les cas et les modes dispensent des particules, ou bien les particules dispensent des cas et des modes. Cette dernière alternative est évidemment préférable, car les particules sont bien plus nombreuses et plus variées que les flexions ; il serait impossible d'avoir autant de cas que de prépositions, et autant de modes que de conjonctions. Il faut donc remplacer tous les cas par le nominatif précédé de diverses prépositions, et tous les modes par l'indicatif précédé de diverses conjonctions. Il ne reste plus que la distinction des temps, qui est essentielle au verbe, mais que Leibniz propose d'étendre aux adjectifs (les participes l'ont déjà), aux adverbes, et même aux substantifs (qui peuvent désigner une action passée, présente ou future)[2]. De même, il applique les degrés de comparaison, non seulement aux adjectifs et aux adverbes, mais aux verbes et aux substantifs[3].

Ces quatre classes de *mots* proprement dits (par opposition aux particules) sont du reste intimement unies par la dérivation. D'abord, il n'y a pas de différence entre les adjectifs et les adverbes : l'adverbe est l'adjectif du verbe. D'autre part, la distinction du substantif et de l'adjectif n'a pas grande importance logique : le substantif est un adjectif joint à l'idée de *chose* ou d'*être* ; aussi tout adjectif peut-il devenir un substantif. Il n'y a donc en définitive que deux classes de mots réellement distinctes : les *noms* et les *verbes*. Mais les uns peuvent dériver des autres : l'hébreu fait dériver les noms des verbes ; Leibniz aime mieux faire dériver les verbes des noms, qui expriment des idées plus simples. Un verbe n'est souvent qu'un nom (un adjectif notamment) accompagné du verbe *être* ; celui-ci est donc le seul verbe essen-

1. En général, il préfère les langues *analytiques* (comme le français) aux langues *synthétiques* (comme le latin).
2. Exemples : l'adjectif *ridiculurus*, pour qualifier une chose qui sera ou deviendra ridicule (voir une jolie anecdote à ce propos dans les *Opuscules inédits*, p. 289) ; les substantifs *amavitio* et *amaturitio*, pour désigner le fait d'avoir aimé ou de devoir aimer, l'amour passé ou futur (*ibid.*).
3. Cf. la *règle de la marguerite* de M. Bollack.

tiel, et l'on pourrait former tous les autres en l'employant comme auxiliaire ou comme affixe. Ainsi, une fois qu'on aura établi la liste des mots-racines, on devra dresser une liste des affixes qui serviront à former les mots dérivés ; chaque affixe devra avoir un sens déterminé et absolument uniforme.

Si les *mots* proprement dits constituent la matière du discours, les *particules* en constituent la forme ; aussi Leibniz attache-t-il une grande importance à l'analyse de leur sens et de leur rôle grammatical, non seulement pour la constitution d'une « langue rationnelle », mais encore pour la connaissance des « diverses formes de l'entendement » [1]. Nous ne suivrons pas Leibniz dans le détail de son « analyse des particules » (à laquelle il a consacré de nombreuses pages inédites), justement parce qu'elle avait, selon lui, une portée logique bien plus que philologique. Nous indiquerons seulement qu'il avait une théorie ingénieuse au sujet des prépositions : toutes les prépositions signifieraient primitivement des relations de lieu, et c'est par des métaphores spatiales qu'elles arriveraient à signifier des relations d'un tout autre genre.

Nous n'insisterons pas non plus sur les défauts de ce projet, qui sont ceux de toute langue philosophique. Nous avons indiqué ailleurs [2] le vice capital du système de Leibniz : les idées ne se combinent pas entre elles suivant un mode de composition symétrique et uniforme comme la multiplication arithmétique ; elles ont entre elles des relations hétérogènes et très variées, qui correspondent précisément aux particules, et qui devraient s'exprimer par autant d'opérations différentes. De plus, le nombre des idées simples est beaucoup plus grand que ne le croyait Leibniz, de sorte que l'*Alphabet des pensées humaines* comprendrait des centaines et peut-être des milliers de caractères ; en leur ajoutant la multitude de signes nécessaires pour traduire les relations des idées, on obtiendrait une idéographie extrêmement compliquée, et pratiquement inutilisable (lors même qu'on réussirait à la rendre énonçable sous une forme suffisamment concise et claire). Enfin, la richesse même que Leibniz prévoyait pour sa langue serait un grand défaut, car elle constituerait pour la mémoire une surcharge effrayante. Non seulement, en effet, il

1. Voir les *Nouveaux Essais*, livre III, ch. vii.
2. L. COUTURAT, *La Logique de Leibniz*, Conclusion ; *Pour la Langu internationale*, p. 13-14.

faudrait reconnaître à l'œil et à l'oreille le même mot dans les diverses permutations de ses syllabes; mais la même idée serait exprimée par une foule de mots différents, correspondant à autant de décompositions différentes du nombre correspondant en facteurs (non premiers)[1]. Pour comprendre une telle langue et pour la parler, il faudrait, de l'aveu même de Leibniz, avoir constamment à l'esprit la table de Pythagore, c'est-à-dire effectuer sans cesse des multiplications et divisions mentales. On ne peut rien dire de plus décisif pour prouver qu'une telle langue serait impraticable.

1. Par exemple, le nombre 120 est susceptible de 7 décompositions en 2 facteurs: 2×60, 4×30, 8×15, 3×40, 6×20, 12×10, 24×5; de 8 en 3 facteurs, de 4 en 4 facteurs, et d'une en 5 facteurs (qui sont ses facteurs premiers).

CHAPITRE V

DELORMEL [1]

L'auteur de ce projet, inspiré des idées humanitaires de la Révolution, se propose « de rapprocher les hommes et les peuples par le doux lien de la fraternité » au moyen d'une langue universelle logique et régulière, tandis que nos langues « présentent à chaque instant des irrégularités qui les rendent difficiles et longues à apprendre ». Il importe d'autant plus de remarquer qu'il « n'entend point par là une langue qui supprime et remplace les autres ». Il reconnaît qu'une telle langue ne peut être instituée que par le gouvernement : car autrement « chacun y travaillera à sa manière », et « le défaut d'uniformité en empêchera le succès ». D'ailleurs, « jamais homme ne s'avisera d'apprendre une langue, quelque aisé qu'il soit de s'en instruire, s'il ne sait que d'autres l'apprennent comme lui ». On ne peut formuler avec plus de force et de justesse les raisons qui rendent nécessaire l'œuvre entreprise par la *Délégation*; et pour cela seul, DELORMEL mériterait de n'être pas oublié dans cette *Histoire*.

Nous n'entrerons pas dans le détail de sa grammaire, toute *a priori* et embarrassée de néologismes qu'il faudrait définir et expliquer. Nous nous contenterons de donner une idée de son vocabulaire. Celui-ci repose, en deux mots, sur une classification logique des idées à base décimale [2]. C'est pourquoi l'alphabet comprend 10 voyelles :

a, é, i, o, u, au, ê, ei, eu, ou,

---

1. *Projet d'une Langue universelle, présenté à la Convention nationale*, par le Citoyen DELORMEL. A Paris, chez l'auteur, au ci-devant Collège de la Marche, rue et Montagne Geneviève (*sic*). An 3 (1795). 50 p. in-8°.

2. On pourrait donc voir en DELORMEL un précurseur de la classification bibliographique décimale (Voir le Chapitre préliminaire).

et 20 consonnes :

>   labiales :   **v, f, m, b, p**;
>   dentales :   **d, t**;
>   linguales : **z, s, r, j, c** (*ch*);
>   palatales : **n, l, y**;
>   gutturales : **g** (dur), **k**;
>   pectorale : **h**;
>   auxiliaires : **q** (*gn*), **x**.

Cela posé, les radicaux (tous substantifs), d'où l'on tire par dérivation les adjectifs, les verbes et les adverbes, sont distribués dans les classes suivantes, caractérisées par des *indicatives initiales* :

a	Grammaire.	**au**	Agréables.
e	Art de parler.	**ê**	Morale.
i	État des choses.	**ei**	Sensations.
o	Corrélatifs.	**eu**	Perception, jugement.
u	Utiles.	**ou**	Affections, passions.

v	Mathématique.	**r**	Commerce.
f	Géographie.	**j**	Marine.
m	Chronologie.	**c**	Art militaire.
b	Physique.	**n**	Arts et métiers.
p	Astronomie.	**l**	Sciences.
d	Minéraux.	**y**	Législation.
t	Végétaux.	**g**	Religion.
z	Animaux.	**k**	Gouvernement.
s	Médecine.		

Les subdivisions de chacune de ces classes s'obtiennent en ajoutant à l'initiale une 2e et une 3e lettre. On forme ainsi des *radicaux* de 3 lettres et de 2 syllabes. Les *dérivés directs* se forment en intercalant une lettre entre ces 2 syllabes; et les *dérivés secondaires*, en intercalant 2 ou plusieurs lettres. Des exemples feront comprendre ce système :

>   **Ava** = *Grammaire.*
>   **Ave** = *Lettre.*
>   **Alve** = *voyelle.*
>   **Adve** = *consonne.*
>   **Avi** = *syllabe.*
>   **Avo** = *accent.*
>   **Avau** = *mot.*

Alvau = *nom.*

Alavau = *nom commun.*

Alevau = *nom propre.*

Alivau = *radical.*

Alidvau = *dérivé.*

Alizvau = *composé.*

et ainsi de suite, les subdivisions étant marquées par de nouvelles lettres intercalaires.

Les particules sont formées tout aussi régulièrement : les pronoms personnels sont a, e, i; les nombres : **za, ze, zi, zo, zu,...** pour les unités, **da, de, di, do, du,..** pour les dizaines, **fa, fe, fi, fo, fu,...** pour les centaines (**ba, be, bi, bo, bu** désignant les unités décimales d'ordre ternaire : *mille, million...*); les prépositions : **la, le, li, lo, lu,...** les conjonctions : **ta, te, ti, to, tu,...**; et même les interjections : **ha, he, hi, ho, hu...**

Les mots dérivés d'un radical et ses diverses flexions se forment au moyen des 15 *indicatives finales* suivantes :

   z marque le pluriel dans les articles et les pronoms;

   v l'adjectif et le nombre ordinal;

   b le plus-que-parfait du verbe;

   p le passé   —

   d le présent   —

   s le futur antérieur   —

   r le futur   --

   t l'adverbe;

   l le diminutif;

   n   —   comparatif;

   g   —   superlatif;

   m l'augmentatif;

   f   —   comparatif;

   c   —   superlatif;

   k la négation, ou plutôt le contraire; exemples : **le** = *près de,* **lek** = *loin de;* **li** = *dans,* **lik** = *hors de;* **lau** = *devant,* **lauk** = *derrière;* **na** = *avec,* **nak** = *sans.*

Enfin les *mots composés* se forment aussi par intercalation du radical déterminant au milieu du radical déterminé; par exemple, de **alve** = *voyelle* et **ze** = *deux* on forme : **alzeve** = *diphtongue.*

Nous n'insisterons pas sur la critique de ce projet, qui n'a qu'un intérêt historique. Il suffira de remarquer qu'il a les mêmes défauts que toutes les langues philosophiques, car il

repose comme elles sur « un tableau réfléchi des connaissances
humaines ». Toutes les flexions y sont également arbitraires. Il a
un défaut propre, qui est la formation des dérivés et composés
par intercalation : c'est là un procédé tout à fait contraire à
l'esprit des langues européennes, et qu'on ne saurait trop éviter,
car il dénature le radical et le rend méconnaissable; dans nos
langues, un radical est un bloc, dont les extrémités peuvent sans
doute s'altérer, mais dont le centre est immuable, et surtout insé-
parable.

CHAPITRE VI

SUDRE : *SOLRÉSOL* [1]

Jean-François Sudre, né à Albi en 1787, était professeur à l'école de Sorèze lorsqu'il eut (en 1817) l'idée de prendre pour éléments d'une langue universelle, au lieu des sons divers et variables de nos langues, les sept notes de la musique, signes uniformes, invariables et vraiment universels. Ces notes pouvaient d'ailleurs s'employer de sept manières différentes, qui constituent autant de formes de la *Langue musicale* : 1º on peut énoncer ou écrire les noms internationaux de ces notes, ou seulement leurs initiales (s = si, so = sol); 2º on peut les chanter ou les jouer sur un instrument de musique quelconque; 3º on peut les écrire sur une portée comme de la musique; 4º on peut les représenter par 7 signes sténographiques spéciaux, soit écrits, soit dessinés en l'air avec le doigt [2]; 5º on peut les figurer par les 7 premiers chiffres arabes, ou par les nombres correspondants de coups sonores, de pressions tactiles, etc.; 6º on peut les représenter par les 7 couleurs du spectre (feux, lanternes, fusées, etc.); 7º enfin on peut les désigner en touchant avec l'index de la main droite les 4 doigts de la main gauche ou leurs intervalles (qui remplacent ainsi la *portée* musicale). Plusieurs de ces modes de transmission peuvent servir aux aveugles et aux sourds-muets, à qui l'auteur espérait ainsi faciliter les relations sociales; d'autres conviennent aux communications à distance, optiques ou acoustiques, sur terre ou sur mer, de jour ou de nuit, ou à la corres-

---

1. *Langue musicale universelle,* inventée par François Sudre, également inventeur de la *Téléphonie.* Double dictionnaire. 2ᵉ éd. xxxi + xxiv + 147 + 317 + 16 p. in-4º (Paris, 1866). *Grammaire du Solrésol ou Langue universelle de Fr. Sudre,* par Boleslas Gajewski, 44 p. in-16 (Paris, 1902).
2. Inventés par Vincent Gajewski (1813-1881).

pondance secrète. Cette langue est donc à la fois *parlée, écrite, muette* et *occulte*. Il n'est d'ailleurs pas nécessaire d'être musicien pour l'apprendre.

VOCABULAIRE.

Le lexique est naturellement combiné tout entier *a priori*; mais il ne repose pas, comme dans les langues philosophiques, sur une classification logique des idées. Les mots sont de 1, 2, 3, 4 ou 5 syllabes suivant qu'ils sont formés par la combinaison de 1, 2, 3, 4 ou 5 notes [1].

Les combinaisons de 1 et 2 notes sont les particules et les pronoms : **si** = *oui*, **do** = *non*; **re** = *et*; **mi** = *ou*; **sol** = *si* (conj.); **dore** = *je*; **domi** = *tu*; **dofa** = *il*; **redo** = *mon*; **remi** = *ton*; **refa** = *son*, etc.

Les combinaisons de 3 notes sont les mots les plus usités : **doredo** = *temps*; **doremi** = *jour*; **dorefa** = *semaine*; **doresol** = *mois*; **dorela** = *année*; **doresi** = *siècle*, etc.

Les combinaisons de 4 notes sont distribuées en 7 classes (assez improprement appelées *clefs*) d'après la note initiale : la clef de **do** appartient à l'homme physique et moral; celle de **re**, à la famille, au ménage et à la toilette; celle de **mi**, aux actions de l'homme et à ses défauts; celle de **fa**, à la campagne, aux voyages, à la guerre et à la marine; celle de **sol**, aux arts et aux sciences; celle de **la**, à l'industrie et au commerce; celle de **si**, aux rapports politiques et sociaux [2].

Enfin les combinaisons de 5 notes fournissent la nomenclature des trois règnes : animal, végétal et minéral.

Les dérivations s'effectuent de trois manières :

1º Quand un mot représente un verbe, le nom de chose, le nom de personne, l'adjectif et l'adverbe qui procèdent de l'idée verbale se forment en accentuant respectivement la 1re, la 2e, la 3e ou la 4e syllabe du mot. Par exemple :

    sirelasi (sans accent) = *constituer*.

    sirelasi = *constitution*.

---

1. Il y a 7 mots de 1 syllabe; 49 de 2; 336 de 3; 2 268 de 4, et 9 072 de 5.
2. Nous ne parlons pas, pour simplifier, de la 2e partie du vocabulaire, contenant les *notes répétées*, et dont les divisions ne correspondent pas exactement aux 7 *clefs* précédentes. Par exemple, la clef de **mi** y comprend les *adverbes* et les *prépositions*.

sirêlasi	= *constituant.*
sirelâsi	= *constitutionnel.*
sirelasí	= *constitutionnellement.*

2° Le *contraire* d'une idée s'exprime en renversant l'ordre des syllabes du mot correspondant : Ex. : **domisol** (accord parfait) = *Dieu*, **solmido** = *Satan*; **misol** = *le bien*, **solmi** = *le mal*; **sollasi** = *monter*, **silasol** = *descendre.*

3° Les *degrés* d'une idée (d'un adjectif ou d'un subs!antif) se marquent par les particules **fasi** (augmentative) et **sifa** (diminutive); on obtient le 1er degré (comparatif) en la plaçant avant, et le 2e degré (superlatif) en la plaçant après le mot modifié.

Enfin, pour pouvoir incorporer au besoin les noms propres, termes géographiques, etc., l'auteur a prévu une transcription en notes des lettres de l'alphabet.

GRAMMAIRE.

On a vu comment se distinguent les diverses « parties du discours » qui correspondent à une même idée : à savoir par le renforcement d'une note, marquée d'un accent circonflexe.

Deux autres flexions grammaticales, dans les substantifs, se marquent aussi par des accents : le *féminin* (naturel), exprimé par la répétition de la voyelle de la note finale (marquée d'une barre supérieure); et le *pluriel*, exprimé par la répétition de la consonne initiale de la note finale (marquée d'un accent aigu). Ex. : **sisol** = *monsieur*; **sisōl** (prononcez **sisool**) = *madame*; **dofaa** = *elle*; **doffaa** = *elles.*

Le substantif ne prend ces marques du féminin et du pluriel que lorsqu'il est isolé; autrement, il reste invariable, et c'est l'article qui les prend. Il n'y a qu'un *article défini*; et pas d'article indéfini ou partitif.

L'article sert encore à marquer les cas, réduits à trois : le *nominatif-accusatif* **la**; le *datif* (*à, au, à la, aux*) **fa**; et le *génitif-ablatif* (*de, du, de la, des*) **lasi.**

L'*adjectif* est invariable, et suit toujours son substantif. On a vu comment se forment ses degrés de signification.

Le *verbe* est invariable; l'infinitif sert aussi d'indicatif présent. La conjugaison se fait au moyen de particules auxiliaires qui indiquent le temps et le mode (le nombre et la personne étant indiqués par le pronom-sujet). Ce sont :

dodo	pour l'*indicatif imparfait;*	
rere	—	*plus-que-parfait;*
mimi	—	*futur;*
fafa	pour le *conditionnel présent;*	
solsol	—	l'*impératif;*
lala	—	le *participe actif;*
sisi	—	le *participe passif.*

Le *passif* se forme au moyen du verbe auxiliaire *être* = **faremi.**

L'*interrogation* s'indique en mettant le pronom-sujet après le verbe; la *négation* s'exprime par **do.**

Historique.

C'est dix ans seulement après avoir conçu la première idée de sa langue musicale universelle que Sudre présenta son travail, encore incomplet, à l'Académie des Beaux-Arts de Paris (1827). Il travailla pendant quarante-cinq ans à le compléter et à le perfectionner. A sa mort (2 octobre 1862), son vocabulaire n'était pas encore imprimé. Il fut publié par sa veuve en 1866, et c'est alors seulement que le *Solrésol* fit son entrée dans le monde. Toutefois, il avait déjà reçu les plus hautes et les plus flatteuses approbations : et d'abord, celle de plusieurs commissions successives de l'*Institut de France* (1827, 1833, 1839, 1856), où figuraient des savants comme Prony, Arago, Fourier, Flourens, des musiciens comme Cherubini, Lesueur, Auber, Boïeldieu, Halévy, et l'illustre philologue Emile Burnouf; puis celle de nombreuses sociétés savantes, notamment des *Académies de Metz* (1844), *de Rouen* (1845), *de Bordeaux* (1860). Le *Solrésol* fut récompensé tour à tour par le *Cercle des Arts* (1841), la *Société libre des Beaux-Arts* (1842), l'*Athénée de Paris* (1845), la *Société d'encouragement* (1855); il fut honoré à l'Exposition universelle de Paris (1855) d'une récompense exceptionnelle de dix mille francs, et à l'Exposition de Londres (1862) d'une médaille d'honneur[1]. Enfin il fit l'objet de rapports, tous favorables, de plusieurs commissions d'officiers généraux nommées par les ministres de la guerre et

---

1. Sur le rapport du physicien Lissajoux.

de la marine en 1829, 1843, 1853, 1864 [1]. Le maréchal Soult mit à l'étude la *Téléphonie* dans l'armée de terre, et l'amiral de La Roncière Le Noury proposait de l'adopter dans la marine de guerre. L'auteur reçut des encouragements et des témoignages de sympathie de Victor Hugo, de Lamartine et d'Alexandre de Humboldt; il fut présenté à Napoléon III à Plombières (1857) et invité à expérimenter sa méthode devant l'Empereur. Il parcourut pendant de longues années la France et l'Angleterre pour faire connaître son système; et, après sa mort, sa veuve continua courageusement son apostolat. Elle fonda, avec le concours de Vincent Gajewski, la *Société pour la propagation de la Langue universelle Solrésol*, qui existe toujours [2].

CRITIQUE.

On a peine à s'expliquer le succès relatif de cette langue, la plus pauvre, la plus artificielle et la plus impraticable de toutes les langues *a priori*. Il n'est pas besoin de longues réflexions pour s'apercevoir combien est vaine la tentative d'exprimer toutes les idées humaines au moyen de 7 syllabes seulement, toujours les mêmes. Avec une base aussi étroite, on comprend aisément que la langue soit d'une rebutante monotonie; en outre, les mots, tous semblables, défient la mémoire la plus sûre. En somme, le *Solrésol* présente, à un degré suprême, tous les défauts pratiques des langues philosophiques, sans en avoir les avantages théoriques.

En effet, la logique est la moindre qualité de ce système. Il suffit, pour s'en convaincre, d'examiner la numération : elle procède par périodes de 6 nombres, ce qui jure avec le système décimal; on nomme successivement les nombres de 1 à 20, puis : 30, 40, 50, 60, 80, 100, 1000, 1 million, en omettant 70 et 90, ce qui est un pur gallicisme. Autre exemple : il n'y a aucun lien de dérivation entre les pronoms personnels et les pronoms possessifs; **dore** (*je*) n'est pas non plus le contraire de **redo**

---

1. A la suite d'un rapport du général baron Marbot (1839), une récompense nationale de 50 000 francs fut allouée à SUDRE; mais elle ne fut jamais payée.

2. Son secrétaire général est M. Boleslas Gajewski, fils de Vincent Gajewski (113, avenue de Saint-Mandé, Paris).

(*mon*), ni **remi** (*ton*) celui de **mire** (*qui*); tandis que **misi** (*bonsoir*) est le contraire de **simi** (*bonjour*).

La règle de dérivation des quatre ou cinq sens du même mot dont on change l'accentuation n'est pas non plus appliquée uniformément. A côté de la série suivante : **lafalami** = *Géométrie, géomètre, géométrique, géométriquement*, on trouve celle-ci : **fasollasol** = *Vaisseau, navire, brick, corvette, frégate*, qui comprend des espèces différentes du même genre, et non pas le substantif (*navigateur*), l'adjectif (*naval*), le verbe (*naviguer* [1]) et l'adverbe (*navalement*) dérivés de l'idée de *vaisseau*. D'ailleurs, la classification des idées correspondant aux combinaisons successives de notes n'est pas plus régulière, et est faite sans aucun principe logique; elles sont rangées dans un ordre à peu près arbitraire, et en tout cas absolument empirique [2].

Mais, lors même que cette classification serait régulière, elle subirait de nombreuses infractions par suite de la règle d'inversion. En effet, quand on retourne un mot pour exprimer l'idée contraire, la dernière syllabe devient la première, et ne correspond plus à la clef à laquelle le mot devrait appartenir. Le mot vient donc s'insérer, dans l'ordre « alphabétique », entre les mots d'une tout autre classe d'idées. C'est ainsi qu'entre **redore** = *philosophie* et **redofa** = *morale* s'intercale **redomi** = *répugnance*, contraire de **midore** = *sympathie*. Inversement, le mot qui signifie *démoraliser* (**fadore**) se trouvera, bien loin de son inverse **redofa**, dans la clef de **fa**. Le contraire de **domiresi** = *entendre*, est **siremido** = *être sourd*, et se trouve égaré dans la clef de **si** parmi les idées relatives au gouvernement des Etats (*député, dynastie, empire, royauté*). Ces mots (imprimés en italiques dans le dictionnaire) constituent des lacunes choquantes et trompeuses dans l'ordre établi tant bien que mal entre les idées analogues [3].

Il y a pis encore : certains mots sont l'inverse l'un de l'autre sans exprimer le moins du monde des idées contraires. Ex. : **dosidomi** = *légume*, **midosido** = *sacrifice* [4].

1. Traduit par **faladore**.
2. Entre **faladore** = *naviguer* et **faladosol** = *ramer* se trouvent intercalés **faladomi** = *espace* et **faladofa** = *lieue*.
3. D'ailleurs, cette idée de l'inversion, théoriquement ingénieuse et séduisante, n'est pas du tout pratique; car la relation entre un mot et son inverse est bien peu sensible, et demande un effort de réflexion pour être aperçue. Cela tient à ce que le temps n'est pas réversible, ou que la succession n'est pas une relation symétrique.
4. Critique due à M. DORMOY, auteur du *Balta*.

Enfin une source d'équivoques encore plus grave est la fusion possible entre plusieurs mots consécutifs : la même phrase (succession de notes) peut avoir des sens tout différents suivant la manière de couper les mots : **famisi domido** = *porter l'univers*; mais **fami sidomido** = *cette place* [1]. On voit que les amateurs de calembours et de logogriphes auraient beau jeu dans une telle langue. Aussi est-il recommandé aux adeptes de bien séparer les mots dans la prononciation. Mais ce précepte, bon tout au plus pour les novices, est la condamnation de la langue, comme langue parlée; car il revient à dire que la conversation courante y est impraticable.

Nous n'insisterions pas tant sur la critique de ce système, s'il n'avait pas reçu des approbations si nombreuses et si autorisées. On a même peine à se les expliquer, tant elles contrastent avec la défiance, le scepticisme et surtout l'inertie auxquels des projets infiniment supérieurs se heurtent encore de nos jours dans le monde savant. Nous croyons toutefois en découvrir deux raisons. D'une part, Sudre paraît avoir été guidé par la pensée, éminemment philanthropique, d'étendre les bienfaits de la langue universelle aux aveugles et aux sourds-muets; et cette pensée a pu toucher les savants, les artistes et les lettrés dont nous avons cité les noms. D'autre part, l'application de son système (la *Téléphonie*) aux communications (optiques ou acoustiques) à grande distance ou de nuit a pu séduire à bon droit les autorités militaires et navales qui l'ont apprécié favorablement; et en effet, ce sont des combinaisons analogues qui constituent le *Code international des signaux maritimes*, adopté depuis lors. Ainsi le système peut recevoir des applications pratiques dans certaines circonstances spéciales. Mais il n'est pas raisonnable de s'astreindre à des conditions aussi gênantes et aussi restrictives pour élaborer une langue d'un usage universel et courant. Autant vaudrait chercher à construire une bicyclette qui pût servir même aux boiteux.

1. Autre exemple : **la fadomi** = *la lettre*; **lafadomi** = *additionner*.

CHAPITRE VII

GROSSELIN [1]

La langue universelle de Grosselin se compose de 1500 mots, dits *racines*, et de 100 suffixes de dérivation (*terminaisons modificatrices*). « Chaque racine correspond à un numéro qui est l'expression écrite de l'idée. » Les nombres de 1 à 100 représentent les particules et les noms de nombre; de 101 à 200, les parties des animaux; de 201 à 300, les espèces animales; de 301 à 500, les végétaux et leurs parties; la 6e centaine est consacrée aux phénomènes et aux corps naturels, la 7e à l'habitation de l'homme, la 8e aux vêtements, jeux, armes, la 9e aux machines et outils, la 10e à la métaphysique et à la littérature. Les 11e et 12e contiennent les *qualités* (adjectifs); les 3 dernières contiennent les *actions* (verbes).

De même, les suffixes sont numérotés de 1 à 100, et dans l'écriture ils se mettent en exposant du radical. Ex. : $1091 = roi$, $1 =$ qualité abstraite : $1091^1 = royauté$; $30 =$ opinion, parti, secte : $1091^{30} = royalisme$; $1047 = vieux$, $9 =$ devenir : $1047^9 = vieillir$, et ainsi de suite. Les flexions grammaticales sont indiquées par des préfixes analogues.

Jusqu'ici, rien ne distingue le système de Grosselin d'une pasigraphie par chiffres [2]. Pour en faire une langue, l'auteur n'a eu qu'à assigner des sons à ses chiffres. Les petits chiffres correspondent aux voyelles ou diphtongues :

a, è, o, ou, eu, i, ai, ei, oi, é,

et les grands chiffres aux consonnes :

p, f, m, t, s, ch, k, n, l, r,

---

1. *Système de Langue universelle*, par A. GROSSELIN : Grammaire abrégée de la Langue universelle, précédée d'un discours de l'auteur. 11 + 24 p. in-8°. Paris, Roret, 1836.

2. Comme celles de PAIC et de BACHMAIER, qui lui sont postérieures.

qui peuvent indifféremment être remplacées par les douces correspondantes, ce qui donne une certaine latitude à la prononciation. Ainsi les affixes sont des groupes de voyelles, et les radicaux des groupes de consonnes. Pour rendre ceux-ci prononçables, l'auteur y intercale des voyelles (non significatives) suivant une règle assez compliquée. Ex. : 201 = **frap** = *homme*. La *conjugaison* s'effectue au moyen de voyelles : celle qui indique la *personne* (avec le nombre et le genre) se met avant le radical; celle qui indique le mode s'intercale après la 1re consonne du radical; et celle qui indique le temps, après la 2e consonne.

On le voit, dans ce système, « c'est l'écriture qui représente directement les idées, et la parole devient une traduction de l'écriture ». C'est pour ainsi dire une *pasigraphie parlée*.

Nous passons sous silence les signes sténographiques par lesquels l'auteur remplace ses chiffres ou ses lettres; et les procédés mnémotechniques qu'il a imaginés pour apprendre plus facilement le vocabulaire, c'est-à-dire les séries d'idées qui correspondent aux nombres successifs. Ces procédés nous paraissent d'une efficacité douteuse; mais, loin d'en blâmer l'auteur, nous lui ferons un mérite d'avoir aperçu la difficulté, et d'avoir cherché à y remédier.

Nous ne nous attarderons pas à critiquer la grammaire, absolument contraire à l'esprit de nos langues, on l'a vu, puisqu'elle emploie des préfixes et, qui pis est, des *infixes* [1]. Nous voulons seulement faire-remarquer une illusion de l'auteur (illusion très fréquente), qui consiste à prétendre qu'avec 1500 racines et 100 affixes de dérivation on peut former 150 000 mots, et obtenir ainsi un dictionnaire très riche [2]. C'est que, en réalité, l'immense majorité des combinaisons ainsi obtenues n'aurait aucun sens. Soit 101 = *tête* : que signifierait 101^1 = qualité de tête; 101^{30} = parti de la tête; 101^9 = devenir tête, etc.?

En revanche, il y a quelque outrecuidance, et beaucoup de naïveté, à prétendre que 1500 racines suffisent à former tous les mots dont on a besoin, et à réserver, en tout et pour tout, 20 racines aux espèces de mammifères, 30 aux oiseaux, 20 aux poissons, et ainsi de suite. Comment désignera-t-on les espèces qui ne figurent pas dans le catalogue trop sommaire de l'auteur?

1. Cf. la critique de DELORMEL (ch. v).
2. Et même 15 millions de mots, en ajoutant 2 affixes au même radical.

Par des dérivés sans doute! De même, il est puéril de réserver
100 racines, pas une de plus, aux machines : n'en invente-t-on
pas tous les jours de nouvelles? Comment l'auteur eût-il traduit
wagon, locomotive, télégraphe, téléphone, phonographe, qui manquent
(et pour cause) à son vocabulaire, et qui ne trouveraient pas de
place dans sa classification? On voit par ces exemples combien il
est vain de prétendre dresser une fois pour toutes le catalogue
de nos idées, et en faire une énumération et une classification
complètes. Il faut toutefois reconnaître que Grosselin a fort
judicieusement fait place dans son lexique à des radicaux adjectifs et même verbes, alors que tant d'auteurs de langues *a priori*
et même mixtes (*Volapük, Bolak.* etc.), veulent systématiquement
prendre pour racines les substantifs seuls. Il emploie même
comme racines les particules, ce qui est logique et ingénieux[1].
Par exemple, les adverbes de temps et de lieu (*quand? où?*)
dérivent des pronoms (*quel?*); de 53 = *auprès* dérive l'adjectif
53³ = *voisin*; de 33 = *chez* dérive le verbe fréquentatif 33⁸⁴ =
fréquenter.

1. Cf. l'*Esperanto*.

CHAPITRE VIII

VIDAL: *LANGUE UNIVERSELLE ET ANALYTIQUE*[1]

L'*alphabet* comprend 22 consonnes et 13 voyelles, classées comme suit :

d	t	u
g	k	2 (*ou*)
b	p	é
v	f	a
j	x	i
6 (*r* lingual)	l	o
z	s	7 (*oui*)
ç (*dñ*)	c (*lñ*)	8 (*ei*)
y	ñ (*gn*)	9 (*ai*)
n	r (guttural)	œ
m		â
h		ó
		ê

Les 9 premières lettres de chaque colonne ont la valeur numérique qui correspond à leur rang (et pour certaines à leur figure). « Dans ce système, les chiffres et les lettres sont une seule et même chose » (p. 54). Aussi nous dispenserons-nous d'exposer le système de numération, à la fois compliqué et illogique.

Voici la *classification des parties du discours* d'après leur forme :

Tout mot d'*une* lettre, si c'est une consonne, est un *pronom personnel*; si c'est une voyelle, c'est un *verbe*.

1. *Langue universelle et analytique*, par E.-T.-T. VIDAL, auteur de la Sténographie verticale. 414 p. in-16 (Paris, Sirou, 1844).

Tout mot de *deux* lettres (forme **ev**) est une forme personnelle du verbe *être* (pronom et verbe).

Tout mot de *trois* lettres terminé par un **a** est un *article*; terminé par **i** ou **o**, est un *pronom*; par **è**, une *préposition*; par **2** ou **œ**, un *adverbe*; par **n**, une *conjonction*.

Tout mot de *plus de trois* lettres terminé par une voyelle est un *substantif*; terminé par une consonne, un *adjectif*.

Les *pronoms personnels* sont :

	1ʳᵉ p.	2ᵉ p.	3ᵉ p. m.	3ᵉ p. f.
Sing.	v	b	g	d
Plur.	f	p	k	t

Ces consonnes se combinent avec les voyelles qui constituent les divers temps du verbe *être* : **i**, indicatif présent; **a**, imparfait; **è**, passé; **u**, plus-que-parfait; **o**, futur; **on**, futur antérieur, etc. Ainsi l'indicatif présent se conjugue comme suit : **vi**, **bi**, **gi**; **fi**, **pi**, **ki**; l'imparfait : **va**, **ba**, **ga**,... et ainsi de suite.

Le *vocabulaire* ne comprend que des radicaux substantifs, identiques aux nombres; ils sont rangés par ordre alphabétique ou numérique, et correspondent à une classification logique des idées. Les initiales désignent les vingt classes suprêmes :

N : mesure, matière, forme, mouvement.

Z : végétaux.

B : animaux.

T : homme physique.

D : homme moral.

F : homme social.

FL : métiers.

P : agriculture, arts alimentaires.

K : arts-sciences, langue, etc.

R : temps, transports.

BL, PL : dignitaires et dignités.

G : lieux, géographie.

S : Dieu, physique et métaphysique.

J : homme sensible.

L : homme intelligent.

V : homme pieux (religion).

KL : homme civilisé.

X : industrie, commerce.

GL : arts libéraux.

M   : arts, sciences[1].

Si l'on ajoute à chacune de ces consonnes une voyelle, on obtient le nom des premières subdivisions. Ex. : **bu** = *quadru-pède*; **b2** = *oiseau*; **bé** = *poisson*; **ba** = *insecte*. Ensuite, à chacune de ces syllabes on peut ajouter 20 consonnes, puis 6 voyelles, ce qui donne pour chacune 120 mots de 4 lettres. Ex. : **ga** = *géogra-phie*; **gan2** = *Europe*; **gané** = *Asie*; **gana** = *Afrique*; **gani** = *Amé-rique*; **garu** = *Russie*; **gar2** = *Saint-Pétersbourg*; de même : **ginu** = *France*, **gin2** = *Paris*, etc. On voit que, comme l'auteur s'en vante (p. 12), l'ordre numérique, l'ordre alphabétique et l'ordre des matières ne font qu'un.

Avec ces radicaux on forme des substantifs dérivés au moyen de 96 syllabes-préfixes. On en tire également les adjectifs : « il suffit d'ajouter une de ces 5 lettres : **n, s, l, x, ñ** à une voyelle d'un substantif pour le changer en adjectif » (p. 351).

Ces indications suffisent à montrer combien un tel système est peu pratique, et contraire à toutes les habitudes et à toutes les lois du langage naturel.

---

1. Les 12 premières classes sont identiques aux 12 classes suprèmes de la *Pasigraphie* de MAIMIEUX (1797). C'est ce qui explique (sans le justifier) le désordre de cette classification, où les 8 dernières classes font visiblement double emploi avec les premières.

CHAPITRE IX

LETELLIER [1]

L'auteur de ce projet de langue, qui lui avait coûté quinze ans de travail, et qui était achevé en 1850, est parti de cette idée, que la langue universelle ne doit être ni une langue morte, ni une langue vivante, ni une langue inventée sur le modèle des langues vivantes. Elle doit être fondée, selon lui, sur la *théorie du langage*, dont voici le principal axiome : « Les lettres ou caractères dont se compose le *mot théorique* doivent représenter quelque analyse de l'idée qu'il prétend communiquer »; la théorie du langage n'est donc pas autre chose qu'un inventaire de toutes nos idées,

---

1. *Cours complet de Langue universelle*, offrant en même temps une méthode facile et sûre pour apprendre les langues, et pour comparer, en quelques mois, toutes les littératures mortes et vivantes, par C.-L.-A. LETELLIER, ex-régent de rhétorique à Lisieux, ex-inspecteur des écoles du Calvados. 4 vol. in-8° (Caen, Chesnel, 1852-55) t. I (XLVIII + 372 p.) : *Grammaire*; t. II (IX + 466 p.) : *Radicaux*; t. III (III + 515 p.) : *Applications aux Sciences*; t. IV (X + 539 p.) : *Applications aux Lettres*. — *Clef de la théorie du langage qui donne naissance à la Langue universelle*, par LETELLIER, 23 p. in-8° (Paris, Duprat, 1856). — *Etablissement immédiat de la Langue universelle*, par LETELLIER, 52 p. in-8°, introduction à la 2ᵉ édition du t. I du *Cours complet* (Paris, Duprat, 1861). — *Méthode du mot théorique grammatical pour apprendre en quelques mois une langue morte ou vivante...* 2ᵉ éd. V + 87 p. 8° (Caen, 1870). — *Théorie des langues maternelles et du langage international*, 2ᵉ éd. XXXI + 265 p. 8° (Caen, 1883). — *Dictionnaire de 30.000 mots internationaux définis par les lettres qui les composent et par la classification des idées*, XIV + 315 + 19 p. 8° (Caen, 1886). — *Petit Atlas de classification pour toutes les idées jusqu'à la 4ᵉ division, ou pour tous les mots internationaux jusqu'à la 4ᵉ lettre*, VII + 101 p. 8° (Caen, 1886). Mentionnons aussi les autres ouvrages de l'auteur, qui se rapportent au même sujet : *Les Lois de la parole, examen critique des bases sur lesquelles reposent les langues orientales et occidentales* (1861); — *Le mot, base de la raison et source de ses progrès* (1875); — *Le mot Dieu, étude philosophique sur la pensée, la raison et la vérité relative* (1880). Tous ces ouvrages se trouvent chez le Dʳ Letellier (fils de l'auteur), 41, rue de Bayeux, à Caen.

soumises à une analyse logique que doit traduire la nomenclature. Or nos idées se répartissent en deux grandes classes : les
idées de rapport, exprimées par les flexions grammaticales; et
les concepts absolus, exprimés par les radicaux. L'analyse de
chaque mot du discours doit donc être double : l'*analyse grammaticale* (déjà connue) détermine le sens des flexions, et par suite les
relations du mot et son rôle dans la phrase. Il faut y joindre
l'*analyse radicale* (que l'auteur croit avoir inventée), qui détermine
le sens du radical et sa place dans la classification logique.

Cette *théorie du langage*, qui n'implique pas nécessairement
l'établissement de la Langue universelle, bien qu'elle y conduise
directement, a sa valeur et son utilité propres; on peut et on
doit la juger en elle-même, selon l'auteur, indépendamment de
toute application pratique. C'est même là, selon lui, le criterium
d'après lequel on doit juger tout projet de langue universelle :
il faut demander aux principes proposés ce qu'ils apportent
d'utile au milieu des éléments de la langue que l'on parle, c'est-à-
dire s'ils font mieux comprendre et mieux analyser nos langues
naturelles. L'auteur ne désire nullement supprimer ou remplacer
les langues vivantes; il ne prétend même pas créer à lui seul la
langue universelle. Il demande seulement que des savants réunis
en Congrès ou en Académie se pénètrent de la théorie du langage, et créent eux-mêmes la langue universelle qui est une
conséquence de cette théorie. Pour que la théorie du langage
engendrât la langue universelle, il suffirait que les principes de
cette théorie fussent adoptés par les délégués de quatre ou cinq
grandes nations européennes. L'auteur soumet d'avance son
système à « la commission internationale » ou à l' « académie
formée des délégués de tous les idiomes » (t. II, p. 329).

GRAMMAIRE.

Suivant les principes mêmes de la langue, son exposition est
divisée en deux parties (dont chacune forme un volume de son
grand ouvrage) : l'une concerne les *Grammaticaux*, c'est-à-dire
les éléments grammaticaux des mots et de la phrase (flexions
et particules); l'autre concerne les *Radicaux* (éléments invariables des mots).

Cette distinction est si importante, qu'elle règne même dans l'alphabet, où les lettres sont divisées en *radicales* et *grammaticales*. Voici le tableau des 15 voyelles et 16 consonnes (nous ajoutons la prononciation entre parenthèses) :

VOYELLES

Radicales { Douces : a,   e,   i,   o,   u.
{ Fortes : ā (*â*), ē (*ê*), ī (*in*), ō (*ô*), ū (*ou*).

Grammaticales :   à (*an*), é (*e* muet), ê (*eu*), ô (*on*), û (*un*)

CONSONNES

Radicales { Douces : b, g (dur), d, v, j.
{ Fortes : p, c (*k*),   t, f, h (*ch*).

Grammaticales :   l, m, n, r, s, z.

L'*accent* n'est d'aucune utilité, suivant l'auteur (II, 332); c'est une richesse de sa langue de n'avoir aucune accentuation propre; elle se prête ainsi à tous les systèmes de versification (II, 334-5).

Tout radical est substantif et commence par une voyelle. Par suite, la première voyelle d'un mot est la première lettre de son radical; et toute consonne initiale est *grammaticale*. C'est ainsi que la consonne initiale

b- caractérise un *adjectif qualificatif,*
p-   —   un *adjectif déterminatif,*
g-   —   un *verbe,*
c-   —   un *participe,*
j-   —   un *adverbe simple,*
h-   —   un *adverbe dérivé,*
d-   —   un *pronom,*
t-   —   une *préposition,*
v-   —   une *conjonction,*
f-   —   une *interjection.*

Les *substantifs* se déclinent comme suit. On ajoute au radical, au singulier :

-a pour former le *nominatif;*
-e   —   l'*accusatif;*
-i   —   le *génitif;*
-o   —   l'*ablatif;*
-u   —   le *datif.*

Au pluriel, on remplace chacune de ces voyelles douces par la voyelle forte correspondante (voir l'*Alphabet*). Le radical substantif est masculin en principe. Pour former le féminin et le neutre, il suffit d'intercaler respectivement **r** ou **s** entre le radical et la désinence casuelle.

L'*article défini* n'est pas autre chose que le *grammatical* de son substantif, placé avant lui. Ainsi : **a** = *le*, **ra** = *la* (au nominatif).

Les *adjectifs* s'accordent avec leur substantif, c'est-à-dire prennent le même *grammatical*.

Les *pronoms personnels* (caractéristique d-) sont : **da** (1ʳᵉ pers.), **de** (2ᵉ pers.), **di** (3ᵉ pers.). Ils se déclinent comme les substantifs : les pronoms du pluriel sont le pluriel des pronoms du singulier.

Les *pronoms possessifs* sont : **d̄a** (1ʳᵉ pers.), **d̄e** (2ᵉ pers.), **d̄i** (3ᵉ pers.).

Le *pronom démonstratif* est **do** ;

—   *indéfini*   **du** ;

—   *interrogatif*   **d̄o** ;

—   *relatif*   **d̄u** [1].

Les *adjectifs déterminatifs* (caractéristique p-) sont :

1° Les *adjectifs possessifs* : **pa** (*mon*), **pe** (*ton*), **pi** (*son*) ; **p̄a** (*notre*), **p̄e** (*votre*), **p̄i** (*leur*) [2].

2° L'*adjectif démonstratif* : **po** ;

3°   —   *indéfini :*   **pu** ;

4°   —   *interrogatif :*   **p̄o** ;

5°   —   *numéral cardinal :*   **p̄u-** ;

6°   —   *numéral ordinal :*   **pê-** [3].

L'*article indéfini* est formé par **pu-** et le grammatical du substantif.

Les *verbes* ont une conjugaison uniforme, qui s'effectue au moyen des lettres suivantes :

1° *Voix* : **g** pour l'*actif* ; **r** pour le *passif* ; **l** pour le *neutre* ; **s** pour l'*impersonnel* (lettres mises *avant* le radical) ;

2° *Modes* : **l** marque l'*indicatif* ; **m**, le *conditionnel-optatif* ; **n**, l'*impératif* ; **r**, le *subjonctif* ; **s**, l'*infinitif* (lettres mises *après* le radical) ;

3° *Temps* : **e** désigne l'*imparfait*, **i** le *passé*, **è** le *passé antérieur*, **ē** le

---

1. On remarquera l'uniformité de tous ces pronoms, bien propre à engendrer la confusion. Par exemple, dans cette phrase : « *C'est vous qui m'avez dit laquelle* », les cinq mots soulignés se traduiraient par : dosa, dea, d̄ua, dau et d̄ure.

2. On remarquera qu'ils ne correspondent nullement aux pronoms possessifs.

3. Voir la numération dans le *Vocabulaire*.

plus-que-parfait, o le *futur,* ō le *futur antérieur* (lettres mises après les précédentes) :

4º *Personnes :*   a   e,   i   au singulier;
                     o,   ū,   ō   au pluriel;
                     ā,   ē,   ī   au duel [1].

(lettres mises après les précédentes).

Voici, par exemple, les principales formes du verbe *être,* qui n'a pas de radical, et se réduit à la lettre g (caractéristique du verbe), suivie des flexions :

Indicatif présent :   **gla, gle, gli, glo, glū, glō**;
— *imparfait :* **glea, glee, glei,**.....
— *passé :*   **glia,**.....
— *futur :*   **gloa,**......
Subjonctif présent :   **gra, gre, gri,**.....
— *imparfait :* **grea,**.....
Infinitif présent :   **gsé** (*être*);
— *passé :*   **gsi** (*avoir été*).

Pour conjuguer n'importe quel verbe, il suffit d'intercaler son radical dans les formes du verbe *être* après le g initial.

Les *participes* sont caractérisés, comme on sait, par l'initiale c substituée à l'initiale g.

L'auteur forme les temps secondaires avec le participe passé du verbe conjugué joint à l'auxiliaire *avoir*; celui-ci se réduit au *grammatical* du verbe, c'est-à-dire au verbe *être* où l'on supprimerait l'initiale g.

La langue universelle de Letellier n'a pas de syntaxe propre et autonome. Et, en effet, l'auteur applique son analyse grammaticale à des exemples empruntés à diverses langues (même non-aryennes), en calquant mot à mot toutes les particularités de grammaire et de syntaxe de ces textes (I, ch. IV); et il la présente comme « une méthode pour apprendre les langues mortes ou vivantes, ou comme instrument pour établir une comparaison entre tous les idiomes connus [2] » (I, ch. V). C'est pourquoi il s'efforce d'enrichir sa grammaire de toutes les flexions et de toutes les nuances des langues naturelles : il regarde « ces divergences comme autant de richesses » (II, 330).

1. Facultatif, mais utile pour traduire les langues qui possèdent un duel (le grec, par ex.). Voir la *Critique.*
2. Cf. la *Méthode du mot théorique grammatical* (1870).

Vocabulaire.

L'*analyse radicale* d'un mot consiste à le définir et à le classer, en descendant par degrés de l'idée la plus générale dont il relève. La formation des radicaux présuppose donc une classification logique de toutes nos idées : « La classification donnera naissance à la nomenclature,… lorsque les classes, ordres, genres, etc., étant figurés par une lettre, voyelle ou consonne, ces caractères réunis pour analyser une même idée formeront un mot aussi facile à prononcer qu'à écrire ».

L'auteur adopte une classification décimale : il répartit toutes les idées en 10 grandes divisions ou catégories, dont chacune comprend 10 classes, dont chacune comprend 10 ordres, dont chacun comprend 10 genres, dont chacun comprend 10 espèces; ce qui fait 100 000 espèces.

On pourrait représenter ces espèces par les 100 000 premiers nombres (soit par tous les nombres de 5 chiffres). Pour les représenter par des mots prononçables, il suffit de remplacer chaque chiffre de rang impair par une voyelle, et chaque chiffre de rang pair par une consonne correspondante. On obtiendra ainsi 100 000 radicaux composés de voyelles et consonnes alternées, qui représenteront en même temps les 100 000 premiers nombres. Nous forçons un peu l'idée de l'auteur pour la mieux faire comprendre; mais nous y sommes autorisés par son propre aveu : « Nos radicaux sont en réalité des nombres » (t. I, p. XLIV).

Il convient donc d'exposer d'abord son système de numération, puisque la construction du lexique en découle tout entière.

Faisant abstraction du préfixe pu-, caractéristique des noms de nombres cardinaux, on obtiendra chacun d'eux en remplaçant le chiffre des unités par la voyelle, celui des dizaines par la consonne, celui des centaines par la voyelle, celui des mille par la consonne, etc., qui lui correspond dans le tableau suivant :

1	2	3	4	5	6	7	8	9	0
a	e	i	o	u	$\bar{a}$	$\bar{e}$	$\bar{i}$	$\bar{o}$	$\bar{u}$
b	g	d	v	j	p	c	t	f	h

Exemples : $b\bar{u}$ = 10; ba = 11; be = 12; bi = 13;…. $g\bar{u}$ = 20; ga = 21;…. fo = 99; $ah\bar{u}$ = 100;…. $\bar{o}f\bar{o}$ = 999; $bnh\bar{u}$ = 1000;… etc.

Ainsi un nom de nombre ne comprend pas plus de lettres que

ce nombre ne contient de chiffres (dans le système décimal);
o̅tufopo = 9 859 464. Par suite, il suffira de 5 lettres pour former
chacun des radicaux qui exprimeront les 100 000 espèces de la
classification. La 1ʳᵉ lettre (voyelle) sera le numéro de la division ;
la 2ᵉ lettre (consonne), le numéro de la classe ; la 3ᵉ (voyelle), le
numéro de l'ordre ; la 4ᵉ (consonne), le numéro du genre ; la
5ᵉ (voyelle), le numéro de l'espèce.

Exemple : a̅ = animal; a̅b = mammifère ; a̅bo = carnassier ; a̅boj =
félin (genre felis) ; a̅boje = chat. De même : chien = a̅bode, c'est-
à-dire animal mammifère carnassier du genre canis (d) et de l'espèce
chien (e).

Nous n'entrerons pas dans le détail de cette classification
logique ; nous nous bornerons à en indiquer les dix grandes
divisions, représentées par les 10 voyelles initiales :

Radicaux représentant les	Manières d'être des faits relatifs	aux individus pris	isolément....................	a
			dans leurs rapports mutuels	e
		aux objets	du monde moral.........	i
			du monde physique........	o
		à l'usage de la parole.....................		u
	Êtres	proprement dits............	animaux	a̅
			végétaux................	e̅
	ou objets	naturels.............................		i̅
		artificiels......	de nécessité primaire [1]...	o̅
			de nécessité secondaire [1]..	u̅

La *dérivation* s'effectue, soit au moyen de voyelles-préfixes : ô-
pour les augmentatifs, ê- pour les diminutifs, o̅- pour la
négation, etc. ; soit au moyen des consonnes grammaticales
intercalées entre les deux premières lettres du radical : r indique
la répétition, s le lieu, n la durée, m la possibilité ; l et z indiquent le genre, dans un être animé ; etc. Ainsi, si a̅bi̅v = *cheval*,
a̅lbi̅v = *étalon*, et a̅zbi̅v = *jument*.

Les *mots composés* se forment en juxtaposant les radicaux composants, et en intercalant entre eux un l quand leur séparation
n'est pas marquée (par deux voyelles ou deux consonnes consécutives). D'ailleurs, l'auteur les juge inutiles : dans son système,
la composition est remplacée par la formation logique des radi-

---

1. Par cette distinction peu claire, l'auteur entend la distinction des
besoins de l'homme individuel (logement, aliments, vêtement, mobilier) et
des besoins de l'homme social (monnaies et mesures, arts et jeux, médecine
et navigation, agriculture et industrie, culte, guerre).

caux, puisque, selon ses propres termes, chaque radical « renferme autant de radicaux qu'il contient de lettres. » (II, 309).

Pour donner une idée de cette langue, il suffit de citer la
traduction du vers connu de VOLTAIRE : « *Qui sert bien son pays
n'a pas besoin d'aïeux* » : **Dūa gibêli jī pié ivaé jé gali jéb ibâé té
elgaī**.

En résumé, l'auteur attribue à sa langue les qualités suivantes :
clarté (chaque mot ayant un sens unique, plus d'équivoques ni de
synonymes) ; *richesse* (formation indéfinie de nouveaux radicaux,
en ajoutant de nouvelles lettres aux anciens); *facilité* mnémo-
nique (chaque mot traduisant sa propre définition). Il prétend
même s'en servir « pour favoriser l'intelligence des enfants et la
mémoire des hommes mûrs » (t. II, ch. IV).

Nous n'insisterons pas sur les *Applications de la théorie du langage aux Sciences et aux Lettres* qui remplissent les deux derniers
volumes de son grand ouvrage. Le lecteur devinera aisément
en quoi consistent les « applications aux sciences arithmétique,
zoologique, botanique, minéralogique, chimique, médicale, géographique, etc.; à des notions toutes nouvelles sur la parenté,
les registres de l'état civil, les rues des villes, les monnaies, les
poids et mesures; aux signes représentatifs de la parole par
l'écriture sténographique, par les mouvements du corps humain,
et par la télégraphie électrique ». Il suffit de se rappeler que
dans cette langue la nomenclature équivaut à une classification
logique, d'une part, et à la numération décimale, d'autre part,
pour comprendre qu'elle est applicable à tous les ordres d'objets
que l'on peut classer ou numéroter (comme les rues d'une ville,
par exemple); et qu'elle peut se traduire par toutes sortes de
signes conventionnels correspondant soit aux lettres, soit aux
chiffres [1].

De même, quand on connaît tous les avantages que l'auteur
revendiquait pour sa langue, on ne sera pas étonné qu'il pro-
posât d'appliquer sa théorie du langage : « 1º à la production de
la pensée; 2º à l'étude de la langue maternelle; 3º à la traduction
des auteurs étrangers dans la langue maternelle; 4º à la connaissance des littératures de tous les peuples; 5º à l'étude approfondie
d'une langue morte ou vivante; 6º au meilleur système d'instruction publique ou privée chez tous les peuples ». Et en effet, sa

1. Cf. les signes du télégraphe Morse, ceux du *Code international des
signaux maritimes* et ceux de la *Langue musicale* de SUDRE.

théorie du langage comprenait à la fois, par sa partie formelle
(grammaire) toute la Logique, et par sa partie matérielle (vocabulaire) toute une Encyclopédie. Il aurait pu dire, comme son
prédécesseur LEIBNIZ : « Qui linguam hanc discet, simul et
discet Encyclopædiam » [1].

CRITIQUE.

Outre les défauts communs à toutes les langues philosophiques,
que nous étudierons plus loin, le projet de Letellier a ses défauts
propres, les seuls que nous ayons à discuter ici. Nous n'insisterons pas sur les défectuosités de la grammaire, sur le choix
absolument arbitraire des désinences, et sur la place bizarre
assignée aux consonnes caractéristiques des diverses parties du
discours; ni sur le nombre vraiment excessif des voyelles (où
l'auteur fait figurer les voyelles nasales, si peu internationales),
qui ne s'explique que par le besoin d'avoir autant de voyelles
que de consonnes pour représenter les subdivisions décimales
de la classification. Le défaut fondamental de la grammaire
consiste dans la prétendue richesse que l'auteur a voulu lui
donner, pour lui permettre de traduire mot à mot toutes les
langues avec leurs particularités de style et leurs anomalies de
syntaxe. Il suffit, pour le montrer, d'analyser le court exemple
cité plus haut : on y voit *ne... pas* traduit par deux négations :
je... jéb, ce qui est un gallicisme. En outre, la locution *avoir besoin
de*, qui constitue logiquement un verbe simple (et même un verbe
actif), est traduite littéralement par trois mots : c'est encore un
gallicisme. Ainsi la langue de Letellier, n'ayant pas de syntaxe
propre, serait le rendez-vous de tous les idiotismes nationaux,
et n'aurait pas l'intelligibilité internationale qu'on doit exiger
d'une langue universelle.

De même, nous nous bornerons à remarquer que les lettres
affectées à la dérivation sont choisies arbitrairement, et que
certaines sont étrangement placées à l'intérieur du radical,

1. *Lettre à Oldenburg (Phil. Schriften, VII, 13). Cf. De Arte combina-
toria* : « simulque imbibetur omnium rerum fundamentalis cognitio » (*Phil.
Schr.*, IV, 73). Voir aussi le titre de l'*Ars Signorum* de DALGARNO : « hinc
etiam poterunt Juvenes Philosophiæ principia et veram Logicæ praxin...
imbibere ».

qu'elles viennent ainsi défigurer [1]. Nous voulons seulement
insister sur le principe de la formation des radicaux. c'est-à-dire
sur la nomenclature soi-disant logique de l'auteur. Il dit lui-
même : « Chaque lettre d'un radical émet une idée » (I, p. XXXVI).
Cela est vrai, à la rigueur; mais il faut ajouter que (sauf la
voyelle initiale, qui représente la division suprême) chaque lettre
d'un mot a un sens tout différent suivant les lettres qui la précèdent. C'est ainsi que, dans les mots **āboje** et **ābode**, qui ne diffèrent que par la 4ᵉ lettre, la dernière lettre **e** signifie l'espèce
chat dans le genre *felis* (j) et l'espèce *chien* dans le genre *canis* (d).
D'autre part, on voit que le changement d'*une seule* lettre du
mot fait passer d'un genre à l'autre, d'un ordre à l'autre, d'une
classe à l'autre, de sorte que si l'on prononce mal ou si l'on
entend mal (ce qui arriverait aisément, surtout entre étrangers)
on ne s'entend plus ou l'on commet d'énormes quiproquos. Ainsi
āgode sera un nom d'oiseau, **ādode** un nom de reptile; bien pis,
comme certains peuples confondent aisément les douces et les
fortes, on pourra entendre, au lieu des mots précédents, **āpode**,
qui est un nom d'annélide, **ācode**, qui est un nom d'arachnide, et
ātode, qui est un nom d'insecte. Une telle nomenclature est une
source de perpétuelles confusions, tant entre des espèces voisines qu'entre des espèces très éloignées.

Si le sens des lettres varie d'un mot à l'autre et d'une place à
l'autre, c'est qu'en réalité les lettres ne correspondent pas à des
idées, mais uniquement à des nombres : ce sont de simples
numéros d'ordre, de sorte que, pour les comprendre et les
employer correctement, il faut avoir présente à l'esprit la classification entière, soit 100 000 espèces, *avec leur ordre*, sans en
oublier ou intervertir une seule, autrement on est perdu [2].

Ce qui confirme cette critique, c'est la corrélation que l'auteur
essaie d'établir entre les subdivisions d'une classe et celles d'une

---

1. Cf. la critique de DELORMEL (ch. v).
2. Pour se rendre compte de l'effort de mémoire que suppose la reconnaissance d'un mot, il suffit de lire la définition suivante (textuelle) :
« ēvēbo définirait le laurier, puisque ē figure le végétal ; v indique qu'il a
deux cotylédones, que la fleur est sans corolle, et que ses étamines sont
sur le calice; ē, qu'il a les caractères des laurinées; b annonce qu'on va
compter le nombre des étamines; ô (9 en arithmétique) détermine le
nombre 9 de ces étamines. Ainsi ēvē plaçait avec Jussieu les laurinées
parmi les dicotylédones apétales périgynes; bô a fait rentrer ce végétal
dans l'ennéandrie de Linné. » On a pu remarquer que le sens du second ē
n'a rien de commun avec celui du premier.

autre, notamment entre certains êtres et certaines manières d'être. Ainsi les objets naturels relatifs à l'homme forment la classe īj, et ceux relatifs à l'animal, la classe īp. Telles sont notamment les parties du corps : ījo sera la *tête* (ensemble), ījod *l'œil*, et ījodé la *paupière* de l'homme; īpo, īpod et īpodé seront les mêmes parties chez un animal. Or, d'autre part, les maladies (manières d'être) forment la classe af : ainsi afodé signifiera la maladie de la paupière, ou *blépharite*.

Cette corrélation est assez satisfaisante, parce qu'elle est *sensible*. Mais que dire de la suivante? « ī (*objet naturel*) suivi de la consonne qui équivaut comme ā (*animal*) au nombre 6, représentera l'objet naturel qui appartient à l'animal ». Ainsi, c'est parce que $p = \bar{a} = 6$ que īp représente les parties des animaux; de même, c'est parce que $k = \bar{e} = 7$ que īk représente les parties des végétaux ($\bar{e}$). On admet ainsi une corrélation entre voyelles et consonnes; et cette corrélation, qui n'a rien de naturel ni de sensible, n'existe que par l'intermédiaire du nombre. N'avions-nous pas raison de dire que les lettres ne sont que des numéros?

On pourrait encore faire bon marché d'une telle corrélation; mais voici un cas où elle est bien plus nécessaire. L'auteur se flatte d'avoir trouvé des expressions claires et concises pour toutes les relations de parenté (classe eg). Il fait correspondre les voyelles et consonnes suivantes aux relations de parenté écrites au dessous :

e	i	o	u	ā	ē	ī	ō
g	d	v	j	p	c	t	f
père	*fils*	*frère*	*mari*	*épouse*	*mère*	*fille*	*sœur* [1]

Il représente les relations simples en ajoutant la voyelle correspondante au radical générique eg : ainsi :

ege	indique la condition de	*père;*
egi	—	*fils;*
ego	—	*frère;*
egu	—	*mari;*
egā	—	*épouse;*
egē	—	*mère;*
egī	—	*fille;*
egō	—	*sœur.*

1. On remarque que les titres masculins et féminins se correspondent

Puis il représente les relations composées en ajoutant aux mots précédents la *consonne* qui représente la première relation simple qui entre en composition ; ainsi :

egeg = *grand-père paternel* (père du père)
egēg =   —   *maternel* (père de la mère)
egec = *grand'mère paternelle* (mère du père)
egēc =   —   *maternelle* (mère de la mère)
egev = *oncle paternel* (frère du père)
egēv =   —   *maternel*
egef = *tante paternelle*
egēf =   —   *maternelle*

De sorte que l'on pourra distinguer 4 espèces de *cousins germains* au moyen des 4 mots : **egevi, egēvi, egefi, egēfi**, ce qui permet de définir en 5 lettres une relation de parenté précise du 4ᵉ degré [1]. C'est assurément très ingénieux ; mais on voit à quel prix est achetée cette apparente simplicité : c'est à la condition de représenter la même idée (*père*, *fils*, etc.) par deux lettres, une voyelle et une consonne, qui n'ont qu'une correspondance conventionnelle et arbitraire, de sorte qu'elles masquent l'identité de l'idée, au lieu de la manifester.

Cet inconvénient, que nous venons d'expliquer dans un cas spécial, est absolument général ; il entache même la grammaire, car on a pu voir que les mêmes lettres grammaticales ont des sens tout différents comme désinences casuelles, comme désinences personnelles, comme indices des genres, des voix, des modes, des temps, comme affixes de dérivation, etc. L'auteur peut donc se vanter que, dans sa langue, chaque mot renferme autant de radicaux que de lettres, mais à la condition d'ajouter que chacune de ces lettres ne signifie rien par elle-même, car elle a dans chaque mot un sens différent. Il donne de la parole une définition qui caractérise à merveille sa conception du langage : « la parole, cette algèbre de la pensée » (p. III). Mais sa langue ne répond que très imparfaitement à cet idéal, car la première condition d'un symbolisme est l'*uniformité* du sens de chaque symbole. Il est certes permis d'admirer la somme de science, de réflexion, d'érudition et de patience que représente

comme les voyelles douces et fortes, sauf ceux de *mari* et d'*épouse*, ce qui est une irrégularité.

1. En général, le nombre des lettres sera supérieur d'une unité au degré.

ce grand et consciencieux ouvrage ; mais on est obligé de reconnaître que les idées directrices en étaient absolument chimériques, et que tout ce travail a été dépensé en pure perte [1].

1. On peut ajouter que, s'il était vrai que la *Méthode du mot théorique grammatical* permît, comme le promet son titre, d' « apprendre en quelques mois une langue morte ou vivante, avec ou sans le secours d'un maître, sans être astreint aux exercices des *thèmes*, des *versions* et des leçons de mémoire », la langue universelle deviendrait inutile.

CHAPITRE X

SOTOS OCHANDO [1]

L'idée mère de cette langue philosophique est, selon l'auteur lui-même, d' « établir une parfaite correspondance entre l'ordre naturel et logique des choses signifiées et l'ordre alphabétique des mots employés pour les exprimer ». Ce fut là pour lui l' « inspiration subite » qui lui suggéra tout son projet, et le décida, à un âge avancé, à élaborer une langue universelle à laquelle il n'avait jamais encore songé. Par « langue universelle », il n'entend nullement une langue destinée à devenir commune à tous les peuples (qu'il croit actuellement impossible), mais seulement une langue scientifique internationale [2] destinée beaucoup plus à l'usage écrit qu'à l'usage oral. Aussi va-t-il jusqu'à la qualifier de « langue morte » ou « presque morte » [3].

GRAMMAIRE.

L'alphabet se compose de 20 lettres : 5 voyelles : a, e, i, o, u ; et 15 consonnes : b, c, d, f, g, j, l, m, n, p, r, s, t, y, z. Il faut y ajouter l'h et l'e muet, lettres auxiliaires facultatives et purement

---

1. *Projet d'une Langue universelle*, par l'abbé Bonifacio SOTOS OCHANDO, docteur en théologie, traduit de l'espagnol par l'abbé Touzé (Paris, Lecoffre, 1855). L'original espagnol avait paru à Madrid en 1852. Comme nous l'apprend une note jointe au titre de ce volume, « l'auteur a été supérieur du grand séminaire de Murcie, député aux Cortès de 1822, maître d'espagnol des enfants de Louis-Philippe, membre du Conseil d'instruction publique en Espagne, professeur de son Université centrale, directeur du Collège polytechnique de Madrid, etc., etc. » L'invention du projet remontait à 1845 (voir le *Heraldo* de juillet 1845).

2. Section II, chap. VII : *Universalité de cette langue pour toutes les personnes d'une médiocre instruction.*

3. §§ 60 et 62.

euphoniques. Chacune de ces lettres se prononcera comme en français, « dans les cas ordinaires », sauf la voyelle **u** qui se prononcera *ou*. Cette indication est un peu vague, notamment pour **c** et **g** : doit-on prononcer **ca, ce, ci, co, cu** comme en français (*ka, se, si, ko, kou*), ou doit-on donner au **c** un son uniforme, et lequel des deux? L'auteur ne le dit pas; il se borne à édicter que chaque lettre se prononcera toujours et partout de la même manière, comme si elle était isolée.

L'auteur propose pour les vingt lettres de nouvelles figures plus simples et plus géométriques (des barres avec crochets diversement orientées comme des L); mais il reconnaît que cela rendrait la langue plus difficile à apprendre et à adopter, et se résigne prudemment à « conserver, pour le moment, les caractères actuels ».

L'*accent* devra porter sur l'avant-dernière syllabe dans les mots terminés par une voyelle (c'est-à-dire dans les *substantifs*), et sur la dernière dans tous les autres. L'auteur hésite toutefois entre cette règle et une autre plus simple, qui ferait porter l'accent toujours sur l'avant-dernière syllabe.

Il attache une grande importance à la ponctuation, qu'il voudrait réformer, enrichir et compléter.

Les différentes espèces de mots (parties du discours) sont distinguées par leur lettre finale.

L'auteur admet l'*article défini* pour éviter les équivoques du latin (ex. : *filius regis*). Il en admet même *quatre*, dont les rôles sont différents : **al, el, il, ol**. Ces articles précèdent le substantif, mais ils peuvent être remplacés par les voyelles a, e, i, o ajoutées à la fin du substantif.

Les *substantifs* sont des polysyllabes finissant par une voyelle.

La déclinaison se fait au moyen des cinq syllabes :

la   le   li   lo   lu

qui correspondent respectivement aux cas suivants :

Nominatif, Accusatif, Datif, Génitif, Vocatif,

et qui se mettent, soit avant le substantif, séparées, soit après, en suffixes. Par exemple, le radical **ibaca** (*homme*) se décline ainsi : **ibacala, ibacale, ibacali,....** ou : **la ibaca, le ibaca,...... ** *L'homme* se dit : **il ibacala** ou **ibacalai.**

Les *adjectifs* se terminent tous par un n. Ils se déclinent au moyen des terminaisons **na, ne, ni, no, nu,** ou bien au moyen des particules **la, le, li, lo, lu** qui les précèdent.

Le *pluriel* des substantifs et des adjectifs se forme en ajoutant un s final au singulier, après la désinence du cas.

Le *genre* des substantifs s'exprime par les trois syllabes :

	an	en	in
pour le	Masculin	Féminin	Neutre

mises devant le substantif.

Pour transformer un adjectif en substantif, on le fait précéder de la syllabe **un**, ou encore on ajoute un **u** avant l'**n** final. Ex. : **acuban**, *beau*; **un acuban** ou **acubaun** (*le beau*). « Dans une langue philosophique », le genre doit être naturel, c'est-à-dire correspondre au sexe [1].

Les *verbes* sont des polysyllabes qui se terminent en **vr**. A cette forme radicale on ajoute successivement,
pour indiquer les *voix* :

active, réciproque, neutre, impersonnelle, passive,
les voyelles :   a,   e,   i,   o,   u;
pour indiquer les *modes* :

indicatif, conditionnel, subjonctif, volitif, infinitif, gérondif,
les consonnes : **b,**   **c,**   **d,**   **f,**   **g,**   **j;**
pour indiquer les *temps* :

passé, présent, futur,
les voyelles :   a,   e,   i;
et pour indiquer les *personnes* :

1re sing.,   2e s.,   3e s.,   1re pl.,   2e pl.,   3e pl.,
les consonnes : *néant*,   **l,**   **n,**   **r,**   **s,**   **t.**

Par exemple, soit **ucerar** le radical du verbe *aimer*; on traduira par exemple :

j'aimai	par	**ucerarba**
j'aime	—	**ucerarbe**
tu aimes	—	**ucerarbel**
il aime	—	**ucerarben**
j'aimerai	—	**ucerarbi**
j'aimerais	—	**ucerarce**
que j'aime	—	**ucerarde**
en aimant	—	**ucerarje**
etc.		etc. [2]

Les *temps indirects* s'expriment en ajoutant à la voyelle qui

---

1. Pour les noms de nombre et les pronoms, voir le *Vocabulaire.*
2. Dans ce paradigme n'apparaît pas la lettre caractéristique de la *voix.*

indique le temps absolu celle qui indique le temps relatif; ainsi
l'on traduira :

le passé antérieur : *j'avais aimé*　par **ucerarbaa**
l'imparfait :　　　　　*j'aimais*　　— **ucerarbea**
le futur antérieur : *j'aurai aimé*　— **ucerarbia**

et ainsi de suite [1].

Certains *modes* demandent quelques explications. Le *volitif* se
subdivise en cinq autres modes :

le *volitif en général : aime,* **ucerarfal**;
l'*impératif :*　　　　— **ucerarfel**;
le *supplicatif :*　　　— **ucerarfil**;
l'*excitatif :*　　　　— **ucerarfol**;
le *permissif :*　　　　— **ucerarful**.

L'l finale indique la 2e personne du singulier; et la voyelle
précédente indique ici le *mode spécial*, et non plus le *temps*. (Le
volitif est toujours *présent*).

L'*infinitif*, ou mieux l'*impersonnel*, est le substantif du verbe. Il
est susceptible de temps; le gérondif également.

Le *participe* est l'adjectif du verbe. Il se forme par suite en
ajoutant un -**n** à l'infinitif. Ex. :

avoir aimé :　**ucerarga,**　*qui a aimé :* **ucerargan**;
aimer :　　　**ucerarge,**　*aimant :*　**ucerargen**;
devoir aimer : **ucerargi,**　*qui aimera :* **ucerargin**.

L'infinitif sert également à former les *noms verbaux*, au moyen
de divers suffixes : -**ma** désigne l'agent (l'auteur de l'action
exprimée par le verbe); -**me**, l'action (exercée); -**min**, la qualité
active; -**na**, la chose faite (résultat de l'action); -**ne**, l'action
reçue ou subie; -**ni**, la capacité d'agir; -**no**, la facilité à agir; -**nu**,
le mérite (comme le suffixe -*able* dans les mots : *aimable, admirable*); enfin -**pa** désigne le lieu de l'action; -**pe**, le temps de
l'action; -**pi**, l'objet où se passe l'action; et -**po**, l'instrument de
l'action.

Tous les *adverbes* (monosyllabes ou polysyllabes) se terminent
par **c**.

L'auteur institue en outre une série de *modificatifs* de la forme

---

1. Dans l'Appendice I (*Théorie philosophique des verbes*), l'auteur juxtapose
les voyelles pour exprimer la jonction des temps correspondants : « -**bea**
exprimera le présent avec le passé; -**bei**, le présent avec le futur », et -**beai**,
les trois temps réunis (ce qu'on pourrait appeler l'*éternel*), comme dans cet
exemple : « Dieu est bon ».

evn : les *comparatifs en plus*, qui sont : **ban**, *un peu plus* ; **ben**, *plus* ; **bin**, *beaucoup plus* ; **bon**, *beaucoup beaucoup plus* ; les *comparatifs en moins* (de la forme : **cvn**), qui correspondent aux mêmes degrés ; les *comparatifs d'égalité* (**dvn**) et *de proportion* (**fvn**) ; les *superlatifs en plus* (**gvn**) et les *augmentatifs* (**jvn**) ; les *superlatifs en moins* (**lvn**) et les *diminutifs* (**mvn**) ; enfin les *négatifs* (**nvn**) et les *graduels* (**pvn**), qui indiquent le commencement, la répétition ou l'achèvement d'une action.

Les *prépositions* sont des monosyllabes de la forme **ev** ou **cev**. Elles sont formées suivant une classification logique : celles qui expriment des rapports de *proximité* ont l'initiale **b** ; l'initiale **c** correspond aux rapports de *position* ; **d**, aux rapports de *présence* ; **f**, aux rapports de *cause*, d'*influence* et d'*exclusion* ; **g**, aux rapports de *ressemblance* et aux rapports généraux [1].

Les *conjonctions* sont des monosyllabes de la forme **evl**. Les conjonctions *copulatives* et *disjonctives* commencent par **b** ; les *extensives*, par **c** ; les *argumentatives*, par **d** ; les *ampliatives*, par **f** ; les *adversatives*, par **g** ; les *comparatives*, par **j** ; les *causales*, par **l** ; les *finales* (indiquant la finalité), par **m** ; les *conditionnelles*, par **n** ; les *temporelles*, par **p**, etc.

Les *interjections* mêmes sont soumises à une forme régulière : elles se terminent toutes par **f**.

L'auteur invente encore des particules de la forme **evr** pour annoncer les mots techniques ; **evs** pour annoncer les expressions métaphoriques ; et des diphtongues-préfixes **vv** pour annoncer les mots étrangers à la langue, qu'on ne peut ou ne veut pas traduire (noms propres, géographiques, de mesures, de monnaies, etc.) [2].

Voici les principales règles de la *syntaxe* :

Les *substantifs* en apposition s'accordent en cas, sinon en nombre.

L'*adjectif* s'accorde avec son substantif en nombre et en cas. Il n'a pas de genre.

Le *relatif* (adjectif ou pronom) s'accorde avec son antécédent en nombre, mais non en cas.

Enfin le *verbe* s'accorde en nombre et en personne avec son sujet.

1. Aux prépositions se rattachent les particules grammaticales, qui ont la même forme (**ev**), par exemple les particules de déclinaison (à initiale **l**).
2. Cf. les « mots-cadres » de la *Langue Bleue*.

Les règles concernant les *régimes* sont les suivantes :

Le régime direct du verbe se met à l'*accusatif*. En général, le régime principal ou unique du verbe se met à l'accusatif *autant que possible*, à moins d'équivoque [1].

Le régime indirect du verbe se met au *datif*, lors même qu'il a en latin un autre cas.

Le régime des substantifs se met au *génitif* quand il exprime un rapport de possession. Dans les autres cas, on emploie la préposition convenable.

Le régime des prépositions ne se décline pas [2].

Les verbes ne régissent pas d'autres verbes (comme en latin); chaque verbe prend le temps et le mode qui convient au sens de la proposition. On n'emploiera la proposition infinitive que lorsque le sujet de cette proposition est le même que celui de la proposition principale; on dira, comme en français : *Je veux aller....* et : *Je veux qu'il aille....*

Enfin, pour les cas de régime qui ne rentrent dans aucun des précédents, l'auteur réserve cinq prépositions : **na, ne, ni, no, nu.** En général, du reste, il réserve dans sa morphologie des places et formes vacantes pour les cas imprévus.

Pour la *construction*, il ne donne aucune règle, parce que la syntaxe permet toutes les inversions, comme en latin. Il recommande seulement de ne pas abuser de cette faculté, et de suivre autant que possible l'ordre logique. En général, il admet beaucoup de licences grammaticales, pour donner au style plus de souplesse et de liberté, mais il conseille d'en user discrètement, surtout dans le langage courant.

Pour la *formation des mots*, l'auteur donne peu d'indications. Il pose en règle générale que les radicaux ne devront jamais être altérés par la dérivation et la composition.

On a déjà vu les suffixes **-n, -c**, qui servent à former les adjectifs et les adverbes, et d'autres suffixes qui servent à former les noms dérivés des verbes. L'auteur classe un certain nombre de *syllabes finales servant à la dérivation* : de la forme **lev** pour les substantifs dérivés de substantifs (**-lba** désigne le *fabricant de*, **-lca**, le *propriétaire de*, **-lda**, la *science de*, **-lfa**, la *collection de*, etc.); de la forme **levn** pour les adjectifs dérivés de substantifs

---

1. Cf. l'*Espéranto*.
2. Cela veut-il dire que les prépositions ne régissent aucun cas, ou qu'elles régissent le nominatif?

(lbvn pour les dérivés par ressemblance; lcvn pour les dérivés comme cause, etc.); et de la forme levr pour les verbes dérivés des substantifs et adjectifs (lbvr pour la matière employée, lcvr pour l'emploi ou usage qu'on en fait, etc.). On remarquera que les premières lettres le ne correspondent nullement au même sens dans ces trois séries.

VOCABULAIRE.

Le vocabulaire ne comprend que les radicaux (en général des substantifs) dont on sait dériver les adjectifs, les verbes et les adverbes.

Le principe de ce vocabulaire étant le « rapport constant entre l'ordre alphabétique des mots et l'ordre naturel et logique des choses signifiées », le lexique a pour base une classification logique de toutes les idées.

La première lettre d'un radical indiquera la classe la plus générale à laquelle il appartient; la 2e lettre indiquera la classe du 2e ordre, la 3e celle du 3e ordre, et ainsi de suite jusqu'à la fin du radical, qui résume ainsi la définition logique de l'idée correspondante. Des exemples feront mieux comprendre ce système.

L'initiale A désigne les *choses matérielles inorganiques* (classe du 1er ordre). Les lettres Ab désignent les *objets matériels* (classe du 2e ordre). Les classes du 3e ordre sont caractérisées par les lettres suivantes :

Aba *Corps simples ou éléments.*
Abe *Matière, corps en général.*
Abi *Dimensions.*
Abo *Forme du corps.*
Abu *Figure du corps.*

Les autres classes du 2e ordre (dans la classe A) sont les suivantes :

Ac *Propriétés absolues des corps.*
Ad *Propriétés relatives des corps.*
Af *Circonstances des corps.*
(Afe *Adverbes de lieu*
Afi *Mesures)*
Ag *Actions relatives au mouvement.*
Aj *Actions modificatrices des corps.*

Al   *Actions des corps sur d'autres corps.*
Am   *Astronomie.*
An   *Géographie physique.*
Ap   *Géographie civile.*
Ar-Az   *Règne minéral.*

L'initiale **E** caractérise la classe des *Corps vivants*, qui comprend les classes du second ordre suivantes : ...

Eb   *Vie en général.*
Ec-El   *Règne végétal.*
(**Ef**   *Nomenclature botanique*)
Em-Ez   *Règne animal.*
(**Er, Es** *Nomenclature zoologique;*
Ez *Chimie organique*)

L'initiale **I** caractérise les idées relatives à l'homme corporel.

L'initiale **O** caractérise les idées relatives aux facultés intellectuelles de l'homme.

L'initiale **U** caractérise les idées relatives aux facultés actives de l'homme (à la volonté, à la moralité).

Les classes précédentes contiennent l'ensemble des êtres ou *substances*; les classes suivantes comprennent ce que l'Ecole appelle les *accidents* [1].

L'initiale **B** caractérise la classe des *Arts libéraux*, qui se divise en cinq classes du 2e ordre :

Ba *Enseignement.*
Be *Imprimerie.*
Bi *Librairie.*
Bo *Beaux-arts.*
Bu *Musique.*

L'initiale **C** désigne les *Arts mécaniques*; **D**, la *Société politique*; **F**, la *Justice* et les *Finances*; **G**, l'*Art militaire*; **J**, la *Marine* et le *Commerce*; **L**, les *Rapports sociaux*; **M**, les *Divertissements et Jeux*; **N**, la *Religion*; **P**, le *Culte*. Enfin les initiales **R, S, T** désignent des idées très générales (**R**, des idées d'objets, de qualités et d'actions; **T**, des idées de rapports). L'initiale **S** contient des subdivisions particulièrement intéressantes : **Sa** caractérise les *pronoms* (**saba** = *je*, **sabe** = *tu*, **sabi** = *il*, etc.). **Se** caractérise les idées de *quantité*; **Si**, les idées de *nombre*; **So**, les idées de *temps*.

Nous allons donner quelques exemples détaillés de ce vocabu-

---

1. Cf. la classification de DALGARNO.

laire, pour montrer comment la nomenclature y est calquée sur la classification logique des idées.

Le premier sera emprunté à la nomenclature botanique, caractérisée par les premières lettres **Ef**. **Efa** désignera l'ordre des *thalamiflores*. Dans cet ordre, **Efaba** désignera la famille des *renonculacées*. Dans cette famille, **Efababe** désignera la *renoncule*, **Efabade** l'*anémone*, etc. De même, **Efage** désignera la famille des *crucifères*; et dans cette famille, **Efageca** désignera le *radis*, **Efageco** la *moutarde*, **Efagedi** le *chou*, etc. Veut-on enfin distinguer les diverses espèces ou variétés de chou? Il suffit d'ajouter une nouvelle syllabe : **Efagedica** désignera le *chou cabus*, **Efagedico** le *chou de Lombardie*, **Efagedimo** le *brocoli*, et ainsi de suite.

Voici un autre exemple de nomenclature, qui dérive d'un autre genre de classification : c'est la nomenclature des *vents*. **An** étant la caractéristique de la Géographie physique, **Anca** sera le type des noms des points cardinaux : **Anba** = *nord*; **Anca** = *est*: **Anda** = *sud*; **Anfa** = *ouest*. Les points intermédiaires se nommeront en variant la voyelle finale : **anbe** = *nord-nord-est*; **anbi** = *nord-est*; **anbo** = *est-nord-est*. Enfin les « quarts » seront désignés en ajoutant une voyelle (**u**) aux noms précédents : **anbau** = *nord-quart-est*; **anbeu** = *nord-est-quart-nord*, **anbiu** = *nord-est-quart-est*; **anbou** = *est-quart-nord*. Les trois autres quadrants de la rose des vents portent des noms analogues, qu'on obtient en remplaçant dans les précédents la consonne **b** par **c**, **d** ou **f**.

Une nomenclature particulièrement intéressante est celle des *nombres* (initiales : **Si**) :

Siba = 1	**Sibra** = 6
Sibe = 2	**Sibre** = 7
Sibi = 3	**Sibri** = 8
Sibo = 4	**Sibro** = 9
Sibu = 5	**Sibru** = 10
Sica = 10[1]	**Sicra** = 60
Sice = 20	**Sicre** = 70
....	....
Sida = 100	**Sidra** = 600
Side = 200	**Sidre** = 700

1. On remarquera que 10, 100, 1000, ... ont deux noms.

....

Sifa = 1.000   **Sifra** = 6.000

....

Siga = 10.000   **Sigra** = 60.000

....

Sija = 100.000

....

Sila = 1 *million*
Sile = 1 *billion*
Sili = 1 *trillion*

....

Pour énoncer un nombre composé, on nomme successivement ses éléments, en supprimant le préfixe **Si-**, sauf pour le premier. Ex. : **Sifadicibo** = 1 334, **Silajidecibo** = 1 300 234.

Des noms de nombre on dérive les *adjectifs* et *adverbes ordinaux* au moyen des suffixes **-n** et **-c**, suivant la règle générale; les *multiples* (*double, triple*....) au moyen du suffixe **-ma**; les parties aliquotes (*moitié, tiers, quart*...), au moyen du suffixe **-me**; les *adjectifs distributifs* (L. *bini, terni*...) par le suffixe **-mins**; les adverbes qui indiquent le *nombre de fois* (L. *bis, ter*...), par le suffixe **-moc**, et ceux qui indiquent le nombre d'espèces ou de manières (L. *dupliciter, tripliciter*...) par le suffixe **-muc**.

La nomenclature chimique est un échantillon typique du système de l'auteur. Tous les corps simples étant rangés suivant une classification naturelle, on formera leurs noms en ajoutant à **Aba** (caractéristique des corps simples) une syllabe variable; on obtient ainsi :

Ababa = *oxygène*   **Abaca** = *tellure*
Ababe = *hydrogène*   **Abace** = *chlore*
Ababi = *azote*   **Abaci** = *brome*
Ababo = *soufre*   **Abaco** = *iode*
Ababu = *sélénium*   **Abacu** = *fluor*

et ainsi de suite, jusqu'à :

Abata = *ruthenium*   **Abate** = *osmium*[1]

Pour nommer les composés, on énoncera leur formule de composition en ajoutant à la syllabe caractéristique de chaque

1. La nomenclature indiquée dans l'Appendice II est un peu différente.

élément la syllabe caractéristique du nombre qui lui sert d'exposant. Soit, par exemple, à nommer le corps Pb⁸Sb² :

Pb (*plomb*) = **abase**   Sb (*antimoine*) = **abamu**
8 = **sibri**   2 = **sibe**
Pb⁸Sb² = **Se (bri) mu (be)**.

Ainsi le nom d'un corps est la traduction exacte et complète de sa formule chimique. L'auteur propose pour la Chimie organique un autre système de nomenclature, qui consiste aussi à traduire la formule, mais plus simplement, en supprimant les noms des 4 éléments (toujours les mêmes), et en convenant que la 1ʳᵉ syllabe après le préfixe commun **ez** indiquera la proportion d'*oxygène*; la 2ᵉ, celle d'*hydrogène*; la 3ᵉ celle de *carbone*, et la 4ᵉ, celle d'*azote*.

Enfin, un dernier exemple achèvera de caractériser l'esprit du système. L'auteur prétend qu'on peut « apprendre en moins d'une heure la signification de plus de 6 millions de noms », par exemple les noms de tous les soldats d'une nation [1]. Pour cela, il établit une liste de 100 syllabes de 2 lettres correspondant aux 100 premiers nombres. On peut en former un million de noms de 3 syllabes : la 1ʳᵉ syllabe indiquera l'une des 100 classes du 1ᵉʳ ordre; la 2ᵉ syllabe indiquera l'une des 100 classes du 2ᵉ ordre que contient chaque classe du 1ᵉʳ; et la 3ᵉ indiquera l'une des 100 classes du 3ᵉ ordre que contient chaque classe du 2ᵉ. On a ainsi nommé un million de subdivisions. Supposons que chacune d'elles contienne 6 individus, on les désignera en ajoutant une des voyelles **a, e, i, o, u**. Ainsi avec des mots de 7 lettres on peut nommer 6 millions d'individus ou d'objets classés.

CRITIQUE.

Cette dernière indication révèle à plein l'erreur ou l'illusion de l'auteur (et de tout auteur de langue philosophique) : il fournit bien le moyen de former 6 millions de noms, ou plutôt de numéros; mais il ne fournit pas, et ne peut pas fournir, le moyen d'apprendre et de retenir *leur signification*, c'est-à-dire la correspondance établie entre eux et les idées qu'ils doivent exprimer. Il faudrait une mémoire prodigieuse pour se rappeler exacte-

1. Appendice III.

ment et à point nommé le nom de chaque idée, c'est-à-dire son numéro d'ordre ; car cela suppose qu'on a constamment présent à l'esprit l'ensemble de la classification avec ses innombrables subdivisions, *et dans leur ordre.* Cette remarque suffit à montrer que la langue de Sotos Ochando serait absolument impraticable. Elle donne lieu, d'ailleurs, aux mêmes critiques que toutes les langues philosophiques, parmi lesquelles elle se distingue pourtant, il faut le reconnaître, par sa simplicité relative et sa régularité logique.

CHAPITRE XI

LA SOCIÉTÉ DE LINGUISTIQUE; M. RENOUVIER

Il n'est pas sans intérêt de savoir que la question de la langue universelle a fait l'objet, en France, vers 1855, d'une étude critique impartiale destinée à choisir et à faire prévaloir le meilleur système. L'honneur de cette initiative revient à la *Société internationale de Linguistique*, qui, « dès sa fondation, a déclaré vouloir s'occuper de toutes les matières qui se rattachent à la philologie et à la linguistique considérées dans leur plus grande extension, et surtout au point de vue pratique ». Aussi se proposait-elle, « tout en procédant à une réforme plus ou moins radicale de l'orthographe de la langue française, de répandre dans les esprits l'idée d'une langue universelle, dont le besoin commence à se faire généralement sentir, de chercher les bases de cette langue, d'en définir les conditions, d'en grouper les éléments, et de préparer les voies à son établissement [1] ». Elle nomma à cette fin un Comité de 23 membres, dont les travaux furent résumés dans deux rapports par M. Casimir Henricy, secrétaire général de la Société. Celui-ci les publia dans la *Tribune des Linguistes*, dont il était le directeur [2].

Il avait fondé cette revue surtout dans l'intention de vulgariser l'idée de la langue universelle. L'*Introduction* est consacrée à exposer la nécessité d'une telle langue; l'auteur y invoque déjà des arguments qui ont été b...n souvent répétés depuis lors, et qui n'ont rien perdu de leur force, bien au contraire [3].

---

1. *Premier rapport du Comité de la Langue universelle*, lu à la *Société de Linguistique* le 3 juillet 1856.
2. Première année, 1855, p. 17-30, 65-105, 120-169.
3. Citons-en quelques-uns : P. 8 : « On a rapproché les corps; on n'a rien fait pour rapprocher les esprits ». P. 14 : « Nul ne peut contester que

Le Comité commença par formuler les conditions théoriques de la langue universelle : il « reconnut unanimement... qu'elle devait avoir un caractère scientifique. Il reconnut également qu'elle devait être tout à la fois claire, simple, facile, rationnelle, logique, philosophique, riche, harmonieuse, et en outre élastique, afin de se prêter à tous les progrès futurs. Or il est évident qu'aucune des langues anciennes et modernes n'a ce caractère et ne remplit ces conditions. En conséquence, elles furent repoussées les unes et les autres à l'unanimité. »

« On examina ensuite s'il ne serait pas possible d'adopter l'une des langues vivantes les plus répandues des peuples civilisés, après l'avoir améliorée, enrichie, complétée, et lui avoir fait subir de grandes modifications. Ce système eut quelques partisans ; mais le Comité se convainquit bientôt qu'il ne valait rien », parce qu'une langue ainsi perfectionnée serait « méconnaissable », et « n'en continuerait pas moins à être irrationnelle, illogique, arbitraire, difficile. »

« Il ne restait donc plus en présence que deux systèmes de langues : celui d'une langue *a posteriori*, c'est-à-dire faite de pièces et de morceaux, avec des radicaux, des onomatopées, des mots pris dans toutes les langues mortes et vivantes, d'après les idées des étymologistes tels que Volney, Burnouf, Ampère, etc. ; et celui d'une langue *a priori*, c'est-à-dire entièrement neuve. »

« On n'eut pas de peine à reconnaître que tous les systèmes » (*a posteriori*) « qui s'appuient sur les radicaux sont mauvais », parce que les langues naturelles correspondent, non à l'état actuel des sciences, mais à un état de civilisation primitif et rudimentaire. Le Comité rejeta donc « toutes les langues anciennes et modernes, mortes ou vivantes, ainsi que tous les systèmes bâtis à leur imitation ou fondés sur les mêmes principes[1] », et se prononça « pour la création d'une langue *a priori* » ;

le besoin d'une langue universelle ne se fasse vivement sentir aujourd'hui... C'est le complément nécessaire, fatal, des chemins de fer, des télégraphes électriques, des grandes expositions, de toutes les découvertes scientifiques, de toutes les créations industrielles de notre époque. » Et l'auteur comparait les sceptiques à « ce célèbre ingénieur français qui, à l'aide de raisons puisées dans les mathématiques en général et dans la statique et la dynamique en particulier, démontra fort savamment que les locomotives ne pourraient pas marcher ». Les mêmes idées et presque les mêmes phrases se retrouvent dans la brochure *Pour la Langue internationale* de M. Cou-TURAT, qui ne connaissait pas encore *la Tribune des Linguistes*.

1. *Tribune des Linguistes*, p. 105.

à son avis, « une langue, au point de vue rationnel, ne doit être qu'une nomenclature correspondant à une classification universelle. » En un mot, il concevait la langue universelle idéale comme une *langue philosophique.* Par suite, il considérait que sa première tâche était d'établir « une classification générale des choses », et il adopta un tableau dressé par un de ses membres, le Dr CHOUIPPE, sous le titre : *Origine et lien des connaissances humaines* [1].

D'autre part, il se mit en devoir de faire une revue critique de tous les projets antérieurs ou contemporains, qu'il jugea, naturellement, d'après son idéal de langue *philosophique* et *analytique.* Le second rapport rappelle les idées théoriques émises à ce sujet par BACON, DESCARTES, LEIBNIZ, VOLTAIRE [2], le président DE BROSSES [3], COURT DE GÉBELIN [4], lord MUNBODDO [5], CONDILLAC surtout [6], qui « a fait ressortir... les avantages d'une langue bien faite, d'une langue philosophique et analytique » ; CONDORCET, qui assimilait la langue à une algèbre ; DESTUTT DE TRACY, qui déclarait la langue universelle impossible, parce qu'elle devrait être parfaite [7] ; VOLNEY [8] et Charles NODIER [9]. D'autre part, il expose et discute les projets de DALGARNO et de WILKINS, le « ridicule projet » de l'*Encyclopédie* [10], qui n'est « qu'un travestissement grotesque de la langue française » ; puis le « premier projet sérieux » et « pratique », celui de DELORMEL, dont « la marche était bonne », car il était « fondé sur les principes qui doivent servir de base à la langue universelle » ; la *Pasigraphie* de MAIMIEUX (1797) et la *Polygraphie* de HOURWITZ (1801) ; le projet théorique de LE MESL, président du Tribunal de commerce de Saint-Pol-de-Léon [11], « la

1. Cette classification, inspirée du sensualisme condillacien, est résumée dans la *Tribune des Linguistes,* p. 33-34.
2. Qui disait de la diversité des langues : « C'est un des plus grands fléaux de la vie. »
3. *Traité de la formation mécanique des langues et principes physiques de l'étymologie.*
4. *Histoire naturelle de la parole, ou grammaire universelle* (1776).
5. *Essai sur l'origine et les progrès du langage* (Edinburgh, 1774).
6. *L'Art de penser* ; *La Langue des Calculs.*
7. Cette critique est péremptoire, mais elle ne porte que sur les langues philosophiques.
8. *Discours sur l'étude philosophique des langues* (1819).
9. *Notions élémentaires de Linguistique* (1834).
10. V. Section III, ch. I : FAIGUET.
11. *Considérations philosophiques sur la langue française, suivies de l'Esquisse d'une langue bien faite* (1834).

meilleure théorie de la langue universelle qui ait été publiée
jusqu'à ce jour », et dont les principes et les idées « sont absolument ceux du Comité » ; la *Génigraphie* de MATRAYA (Lucques,
1831) ; deux projets anonymes (1837, 1838) de langues *a posteriori*,
à base de latin, que le rapport considère comme « grotesques »
et « ridicules », et traite de « mauvaise plaisanterie » et de « latin
de cuisine »[1] ; enfin, la *Langue universelle* de VIDAL (1844), qui « n'est
qu'un audacieux plagiat » de la *Pasigraphie* de MAIMIEUX, sauf
pour son système de numération, dont on fait l'éloge.

Le premier rapport rend compte de quelques projets ou propositions émanés de membres du Comité, et qui n'ont pas trouvé
grâce à ses yeux : il condamne également LETELLIER (d'Amiens),
qui croyait que la langue primitive est le celte, et qui prétendait
retrouver le sens d'un mot en le décomposant en ses lettres[2] ;
VAILLANT (de Bucharest), qui soutenait « que la langue universelle
existe, et qu'il n'y a qu'à en réunir les éléments épars », et dont
le système « reposait exclusivement sur les racines, les onomatopées, les étymologies et les symboles, c'est-à-dire sur tout ce
que le Comité avait rejeté », et GAGNE, dont la *Monopanglotte*,
qualifiée de « grotesque idiome », était « composée de mots pris
dans toutes les langues mortes ou vivantes, proportionnellement
à l'importance des peuples qui les ont parlées ou qui les parlent,
afin de ne pas froisser leur susceptibilité et de les faire tous
concourir d'une manière équitable à l'édifice universel. » Tous
les noms devaient se décliner sur *dominus* ou *rosa*, tous les adjectifs sur *prudens*, et tous les verbes se conjuguer sur *amare*[3].

Enfin le rapport étudie « deux projets sérieux et complets de
langue universelle *a priori*, projets conformes aux idées du
comité », à savoir ceux de LETELLIER (de Caen) et de SOTOS
OCHANDO. Il critique le premier comme trop artificiel et trop
compliqué, quoique excellent en théorie[4]; et il manifeste sa

---

1. Par exemple, l'auteur du second de ces projets proposait les néologismes *pyroballum* (obusier) et *aeronauta*, que le rapport trouve pourtant
préférables aux périphrases : *tormentum bellicum majus*, et *per aera pere-
grinator folle suspensus*. L'auteur conservait d'ailleurs « les déclinaisons,
les conjugaisons avec leurs désinences, ainsi que les règles grammaticales ».
2. Par exemple, *rat* = animal taré et rongeur; *chat* = animal charmant
et attachant.
3. Exemples de mots : *femmea*; *hommeus, arbreus, templumus*; *gran-
dens*; *aimerare*. Cf. les projets de latin simplifié de MM. ISLY et FRÖHLICH
(Chapitre final).
4. Citons cette remarque judicieuse : « On dirait que la *Langue universelle*

préférence pour le second, « qui pourrait presque être considéré comme la réalisation de la savante et judicieuse théorie de M. Le Mesl »[1], et qui est « conforme aux idées du Comité »[2]. Il conclut que, sans être parfait, le projet de Sotos Ochando est supérieur à tous les autres, et que, en attendant mieux, le Comité doit travailler « à l'améliorer, à le vulgariser et à le faire adopter ».

Nous n'entreprendrons pas de critiquer à notre tour les vues théoriques du Comité et ses conclusions : il suffit d'avoir montré qu'il est systématiquement hostile à tout projet de langue *a posteriori*, et que son idéal est une langue philosophique et analytique telle que, comme le disait SOTOS OCHANDO[3], « tous ceux qui l'apprendraient apprendraient en même temps les connaissances analysées ». Nous exposerons plus loin (dans la Critique générale) les raisons pour lesquelles cet idéal nous paraît chimérique et illusoire. Ce qui explique et excuse l'erreur du Comité de la *Société de Linguistique*, c'est qu'à l'époque où il faisait son enquête il n'existait guère que des projets *a priori*, et que l'idée d'une langue philosophique, si en faveur au XVIII⁰ siècle, avait conservé encore tout son prestige.

Toutefois, il est intéressant de constater qu'à cette même époque, un penseur qui devait exercer une influence durable et profonde sur la philosophie française, M. Charles RENOU-VIER[4], émettait sur le problème de la langue universelle des vues plus justes et plus profondes, que l'avenir devait vérifier et réaliser[5]. Partisan de la langue universelle pour des raisons philosophiques[6], et ne connaissant que des projets de langues

de M. Letellier n'a pas été faite pour être parlée, mais seulement pour analyser les langues connues, mortes et vivantes, d'une manière plus complète qu'on ne l'a fait jusqu'à ce jour, et permettre de saisir leurs moindres différences. » *Tribune*, p. 146.

1. Remarquons, à ce propos, avec le rapport, que ni Letellier ni Sotos Ochando ne connaissaient aucun de leurs prédécesseurs.

2. Cette rencontre involontaire et imprévue des idées de Le Mesl, de Sotos Ochando et du Comité paraît à celui-ci une marque de vérité.

3. Dans le journal *El Heraldo* (1845); cité ap. *La Tribune*, p. 158.

4. Aujourd'hui membre de l'Académie des sciences morales et politiques.

5. *De la question de la langue universelle au XIX⁰ siècle*, ap. *La Revue*, t. II, p. 56-85 (août 1855).

6. « Le *signe* est l'instrument nécessaire des développements de la raison.... De là cette conséquence, que la raison en pleine possession d'elle-même peut instituer un langage réfléchi pour exprimer des idées correctes et positives, au lieu de se contenter des symboles imparfaits et variables, souvent

philosophiques (ou prétendues telles), il dénonçait avec clair-
voyance leur caractère factice, superficiel et précaire, et leur
opposait un autre programme, qu'il formulait ainsi : La langue
universelle doit être « philosophique par sa grammaire, empirique par son vocabulaire »; c'est-à-dire que la grammaire devait
être fondée sur l'analyse logique de la pensée, et le vocabulaire
emprunté aux langues vivantes (par exemple, composé de racines
romanes). Cette langue serait constituée *définitivement* quant à sa
forme, qui est la grammaire, attendu que celle-ci répond aux
formes invariables de la pensée; et *provisoirement* quant à sa
matière, qui est le vocabulaire, attendu que l'esprit humain
forme sans cesse des idées nouvelles et crée des objets nouveaux.
Ainsi la langue serait indéfiniment perfectible, et ouverte à tous
les progrès. M. Renouvier traçait même le plan du manuel de
cette langue; il devait comprendre : 1º une syntaxe générale
(analyse de la parole); 2º une explication des signes *catégoriques* [1]
des rapports grammaticaux, suivie de l'emploi de ces signes
pour composer les mots dérivés de chaque famille et construire
régulièrement la phrase; 3º un vocabulaire de racines usuelles.

Dans ces quelques lignes, passées inaperçues et depuis longtemps oubliées, M. Renouvier avait, avec sa pénétration de philosophe logicien, dressé d'avance le plan des langues *a posteriori*,
qu'il ne connaissait pas, et dont il n'existait à cette époque que
des projets informes; d'autres sont venues depuis illustrer et
justifier ce programme prophétique.

faux, et toujours puérils, qui formèrent le fond des langues primitives, et
qui bientôt affaiblis, altérés, mêlés, effacés, n'ont laissé après eux que
désordre et arbitraire dans nos idiomes les plus vantés. »
  1. C'est-à-dire : qui expriment les *catégories* ou formes générales de la
pensée.

CHAPITRE XII

DYER : *LINGUALUMINA* [1]

Le *Lingualumina* prétend être à la fois une langue philosophique et une langue internationale. Son nom (*langue de la lumière*) veut dire qu'elle sera une langue instructive par elle-même, un véhicule des connaissances scientifiques et philosophiques, parce qu'elle est « fondée sur les éléments logiques de la pensée humaine ». En fait, voici comment l'auteur trace le programme de son œuvre :

1º Classification logique-scientifique de tous les objets (concrets et abstraits) de l'esprit humain ;

2º Classification systématique de tous les sons (voyelles et consonnes), et formation de toutes les combinaisons monosyllabiques prononçables ;

3º Application des syllabes aux idées, les idées semblables étant représentées par des syllabes semblables ;

4º Représentation des idées complexes par des combinaisons de monosyllabes (représentant des idées simples).

Ainsi les monosyllabes représenteront les idées générales et principales, et le nombre de leurs lettres (2 à 5) sera proportionnel à la complexité des idées correspondantes. Inutile d'ajouter que cette langue sera absolument différente et indépendante de toutes les langues connues, ce qui, selon l'auteur, garantit sa *neutralité*.

1. *The Lingualumina, or language of light, a philosophical language for international communication.* A new vehicle of scientific and philosophical expression, and of intercommunication between all the nations and varied peoples of the earth. Founded on the Logical Elements of Human Thought, by Frederick William Dyer. Part. I : General and Introductory. 27 p. in-8º (London, 1889). Conférence donnée le 9 juillet 1887 ; mais la 1ʳᵉ édition de de ce projet date de 1875.

Nous n'entrerons pas dans le détail de la classification, ingénieuse mais compliquée, que l'auteur donne des idées et des mots correspondants. Qu'il suffise de savoir qu'il attribue aux 16 consonnes les significations suivantes :

M : quantité;	**L** : espace;
S : existence;	**B** : état;
Z : personnalité;	**K** : relation;
V : espèce ou classe;	**J** : « interchange »;
Pf : qualité;	**D** : variation;
Th : ordre;	**G** : aspect;
P : association;	**W** : objet de désir;
R : action;	**Y** : objet de connaissance.

On forme les radicaux en adjoignant à ces consonnes diverses voyelles, soit avant, soit après. En particulier, les mots obtenus en intervertissant l'ordre de la consonne et de la voyelle désignent des idées contraires. (N. B. Les lettres **n** et **a** sont purement euphoniques, et ne comptent pas pour la signification du mot.) Exemples :

li = *espace;*	**eil** = *limite;*
lee = *ligne;*	**eela** = *point;*
lai = *angle;*	**aila** = *côté;*
lah = *aire;*	**ahla** = *contour;*
loh = *volume;*	**ohla** = *surface;*
loo = *surface* (comme **ohla**).	

Il y a trois manières de combiner les radicaux pour former des dérivés et des composés :

1° L'*agglutination.* Exemples : Etant donnés les pronoms personnels : **inza** = *je,* **anza** = *tu,* **onza** = *il;* **eeza** = *nous,* **arza** = *vous,* **orza** = *ils,* on forme : **izanza** = *moi et toi;* **izarza** = *moi et vous;* et ainsi de suite.

2° La *coalescence.* Ex. : **delta** = *mouvement* (parce que **d** = *variation,* **l** = *espace,* **t** = *temps*).

3° L'*inflexion,* au moyen de suffixes. Ainsi, **man** signifiant *beaucoup,* et **min** *peu,* de **ri** = *pouvoir* on forme **rimang** = *fort,* et **rimin** = *faible.*

Les *verbes* se composent de 3 lettres significatives : la 1ʳᵉ indique si le sujet est une personne ou une chose (rappelons que **z** = *personnalité*); la 2ᵉ indique la personne (les brèves **i, a, o,** pour le singulier, les longues **ee, ah, au** pour le pluriel); la 3ᵉ indique le temps : **b,** le passé; **d,** le présent; **g,** le futur. Ainsi le verbe *être*

se conjugue au présent : **zinda, zanda, zonda**; **zeeda, zahda, zauda** :
je suis, tu es, etc. Au passé : **zimba, zamba, zomba**, etc. Au futur :
zinga, zanga, zonga, etc. Il y a en outre un *parfait*, obtenu en
durcissant la consonne du temps : **zimpa, zampa, zompa**; **zeepa,
zarpa, zorpa**.

L'auteur complique encore cette conjugaison par d'autres
« subtilités ». Comme on le voit, ce système soi-disant logique
est le comble de l'arbitraire, de la fantaisie et de l'irrégularité.
Il a en outre un défaut qui tient à la nationalité de l'auteur :
jamais un Anglais ne pourra concevoir une phonétique correcte
et internationale, à cause de la détestable prononciation à
laquelle sa langue l'habitue. Quoi de plus absurde que de prononcer une lettre simple *i* comme 2 voyelles (*aï*), et de rendre un
son simple *i* par 2 lettres (*ea, ee*)?

CHAPITRE XIII

REIMANN : *LANGUE INTERNATIONALE ÉTYMOLOGIQUE* [1]

L'*alphabet* de ce projet comprend 20 consonnes, 12 voyelles simples, 6 voyelles longues, 4 voyelles nasales et 44 diphtongues. Les consonnes seront figurées par des lignes droites, les voyelles par des lignes courbes [2].

Au moyen de ces lettres, on formera des radicaux vraiment *étymologiques*, c'est-à-dire qui exprimeront l'idée par la seule construction du mot.

Le radical est toujours le substantif. On en tire l'adjectif, le verbe et l'adverbe. Le verbe, en particulier, dérive du substantif par l'adjonction d'une des voyelles a (pour le présent), i (passé), o (futur).

Les substantifs seront classés par ordre logique : tous les quadrupèdes, tous les oiseaux, etc., seront caractérisés respectivement par la même initiale. Le dictionnaire constituera ainsi une véritable encyclopédie.

Le système de numération, entièrement *a priori*, rappelle celui de LEIBNIZ. Les neuf chiffres sont représentés par des consonnes :

$$1 \quad 2 \quad 3 \quad 4 \quad 5 \quad 6 \quad 7 \quad 8 \quad 9$$
$$d \quad v \quad l \quad m \quad k \quad r \quad t \quad n \quad j$$

et les ordres d'unités décimales par des voyelles :

$$1 \quad 10 \quad 100 \quad 1.000 \quad 10.000 \quad 100.000$$
$$i \quad é \quad a \quad o \quad ou \quad u$$

Un nombre s'énonce donc comme il suit :

$$74.638.250 = \text{bémi, rulouno vaké.}$$

---

1. LAROUSSE, *Grand Dictionnaire universel*, 1er supplément, t. XVI, p. 1035 (Paris, 1877).
2. Cf. le *Chabé aban* de MALDANT.

Les voyelles numériques servent aussi à exprimer les divers degrés d'une idée; par exemple, les différentes nuances de bleu s'appelleront :

blion : *bleu le plus foncé.*
blio :   *bleu très foncé.*
blia :   *bleu plus foncé.*
blié :   *bleu foncé.*
blii :   *bleu moyen.*
blien : *bleu clair.*
blian : *bleu plus clair.*
blion : *bleu très clair.*
blioun : *bleu le plus clair* [1].

Ce projet, simple esquisse théorique, a tous les caractères et tous les défauts des langues philosophiques. Il se distingue par son alphabet, le plus compliqué que nous connaissions.

1. Cf. la *règle de la marguerite* de M. BOLLACK.

CHAPITRE XIV

MALDANT : *LA LANGUE NATURELLE*[1]

L'auteur de ce projet a commencé par comparer entre elles les langues vivantes pour en extraire une langue simple et régulière : « procédant d'abord par analyse, *il* essayait laborieusement de supprimer dans ces langues tous les illogismes et les irrégularités. Mais *il* s'apercevait bientôt qu'en supprimant ainsi,... il ne *lui* restait plus rien du tout[2]! » Il arriva ainsi à cette conclusion, « que la L. I. ne pourrait être, logiquement, qu'une langue *rationnelle*, absolument *neuve* et faisant résolument table rase du passé ». C'est dire que la *Langue naturelle* est entièrement *a priori*, et n'a de « naturel » que le titre.

GRAMMAIRE.

L'alphabet se compose de 21 lettres : 5 voyelles : a, e, i, o, u (*ou*), et 16 consonnes : b, c (*ch*), d, f, g, j, k, l, m, n, p, r, s, t, v, z.

L'auteur, constatant qu'il y a « presque autant d'écritures que de langages », a cru qu' « il fallait logiquement résister à l'entraînement d'adopter les caractères latins ». Il a été ainsi conduit à inventer un alphabet, où les voyelles sont représentées par des lignes courbes O et C, et les consonnes par des lignes droites : I, ⌐ et L, différemment orientées[3]. Nous nous abstiendrons (et pour cause) d'employer cet alphabet.

---

1. *La langue naturelle (Chabé Aban), langue internationale.* Grammaire avec exercices et vocabulaires, par Eugène MALDANT, ingénieur civil. 136 p. in-8°. 0⁴ éd., Paris, 1887.
2. P. 3. On verra que le Dʳ ZAMENHOF a procédé de même pour construire l'*Esperanto*. Si deux auteurs partant du même principe ont abouti à des résultats si différents, c'est apparemment que l'un d'eux s'est trompé.
3. Cf. SOTOS OCHANDO et REIMANN.

L'auteur ajoute à ses lettres une demi-douzaine de signes dia-critiques (points, accents) pour modifier le son des voyelles. Deux de ces signes sont les symboles, l'un de la répétition, l'autre du contraire : de sorte que, par exemple, **imi** = *bu*, **iomi** = *rebu*, et **youmi** = (débu) *vomi*.

L'*article* sert à déterminer le genre, le nombre et le cas des substantifs. Il a par suite 12 formes :

	Masculin		Féminin	
	Sing.	Plur.	Sing.	Plur.
Nom. :	a	as	e	es
Gén. :	ad	ads	ed	eds
Dat. :	af	afs	ef	efs

L'accusatif est semblable au nominatif. Le génitif sert d'article partitif, ce qui est un gallicisme illogique. L'article n'est pas plus défini qu'indéfini, car il doit accompagner tous les sub-stantifs.

Le *substantif* est invariable en genre, en nombre et en cas ; il est toujours précédé de l'article. Tous les substantifs sont masculins, excepté les noms de femmes et de femelles.

Les *adjectifs* sont simples ou dérivés.

Les adjectifs *dérivés* sont les *qualificatifs* ; ils sont invariables. Leurs degrés s'indiquent au moyen de **ai** = *plus*, **ia** = *moins*, et de **a ai** = *le plus*, **a ia** = *le moins* [1]; **o** = *très*.

Les adjectifs *simples* sont les adjectifs-pronoms ; ils varient en genre et en nombre, comme les articles (en remplaçant **a** par **e** au féminin, et en prenant **s** au pluriel). Ils sont de la forme **vc**. Exemples : **ac** = *le même*; **ag** = *ce, cette*; **aj** = *ceci, cela*; **am** = *celui ci, celui-là*; **an** = *tel*; **ap** = *quel*; **ar** = *aucun*; **av** = *tout*; **az** = *chaque*; **iv** = *qui*; **iz** = *que, quoi* [2].

Les *noms de nombre cardinaux* sont : **u** = *zéro*; **o** = 1; **ob** = 2; **oc** = 3; **od** = 4; **of** = 5; **og** = 6; **oj** = 7; **ok** = 8; **ol** = 9; **oa** = 10; **oac** = 11; **oab** = 12; **oag** = 13;... **oba** = 20; **oga** = 30,... **oe** = 100; **obe** = 200; **oge** = 300;... **oi** = 1.000; **obi** = 2.000;... **oai** = 10.000; **obai** = 20.000;... **oei** = 100.000; **obei** = 200 000;... **ou** = 1 *million*; **oau** = 10 *millions*; **ceu** = 100 *millions*; **oub** = 1 *billion*, etc.

Pour montrer la concision de ce système de numération, l'au-

---

1. Encore un gallicisme illogique.
2. Le même mot **iz** est employé pour traduire la conjonction *que* et le *que* qui suit un comparatif. C'est le comble du gallicisme !

teur donne l'exemple suivant : 469 882 544 = **odegalukekabefedad.**

Les *pronoms personnels* sont :

	Masculin Sing.	Plur.	Féminin Sing.	Plur.
1e pers.	ab	abs	eb	ebs
2e pers.	ak	aks	ek	eks
3e pers.	al	als	el	els

Le seul *verbe* conjugué est le verbe *être*, qui sert à conjuguer tous les autres verbes en se joignant à leurs participes présents et passés, actifs et passifs [1]. Il est invariable en nombre et en personne. Voici ses différents temps et modes :

Indicatif présent :	**ib**
— imparfait :	**ic**
— passé :	**id**
— plus-que-parfait :	**if**
— futur :	**ig**
— futur antérieur :	**ij**
Impératif :	**ik**
Conditionnel présent :	**il**
— passé :	**im**
Infinitif présent :	**i**
— passé :	**in**
— futur :	**ip**
— futur passé :	**ir**
Participe présent :	**is**
— passé :	**it.**

Il n'y a pas de subjonctif.

Les *adverbes simples* ont la forme **vv** : **aa** = *aujourd'hui* ; **ee** = *maintenant* ; **ii** = *tôt* ; **uu** = *tard* ; **ae** = *hier* ; **ea** = *demain* ; **ao** = *beaucoup* ; **oa** = *peu.*

Les *prépositions* ont la forme **v** ou **vv** (voyelles accentuées) : **â** = *à* ; **ê** = *de* ; **î** = *par*, etc.

Les *conjonctions* ont la forme **vc** : **om** = *et* ; **on** = *ou* ; **op** = *oui* ; **or** = *non* ; **ot** = *car* ; **oz** = *mais* ; **ub** = *donc*, etc.

Même les *interjections* sont fixées *a priori* : **a** ! signifie la joie, **e** !

---

1. *Sic.* Mais en fait, l'auteur n'admet que deux participes : le *présent actif* et le *passé passif* (comme en français). Il dit textuellement : « Les participes sont actifs ou passifs ; mais ils sont en même temps (?) *présents* ou *passés*. »

la douleur; i! la colère ou le mépris; o! l'admiration; u! le désir ou la crainte.

SYNTAXE. Le substantif est précédé de l'article et des adjectifs déterminatifs, et suivi des adjectifs qualificatifs.

Le sujet précède le verbe, excepté dans le cas de l'interrogation, où il le suit.

Voici quelques exemples de construction : *Je ne crois pas qu'il vienne* = *je ne suis pas croyant qu'il sera venant. Celui qui dirige l'État doit savoir se diriger soi-même* = *celui qui est dirigeant l'État est devant sachant dirigeant lui-même* [1].

VOCABULAIRE.

Le vocabulaire de la *Langue naturelle* est constitué par l'ensemble des combinaisons prononçables de 2, 3, 4 et 5 lettres (au nombre de plus de 200 000). Tous les substantifs commencent par une consonne, tous les autres mots par une voyelle. Au reste, voici la règle générale de la formation des mots : étant donné un radical substantif,

le préfixe **a-** forme l'adjectif qualificatif;
— **e-** — le participe présent;
— **i-** — le participe passé;
— **o-** — l'adverbe (dérivé de l'adjectif);
— **u-** — l'adjectif négatif.

Exemple : **di** = *intelligence*; **adi** = *intelligent*; **edi** = *comprenant*; **idi** = *compris*; **odi** = *intelligemment*; **udi** = *inintelligent*.

Les 80 radicaux de 2 lettres (forme **cv**) de **ba** à **zu**, servent, selon l'auteur, de *racines*; chacun engendre (par l'adjonction d'une des consonnes) 16 *radicaux* dérivés de 3 lettres (forme **cvc**) et peut engendrer 80 radicaux (substantifs) de 4 lettres (forme **cvcv**).

L'auteur forme ainsi un lexique de 3700 substantifs, dont chacun peut engendrer, comme on l'a vu, 5 dérivés.

Nous n'entrerons pas dans le détail de la classification de ces mots, qui est purement empirique : **ba** = *dieu*, **be** = *religion*, **bi** = *temps*, **bo** = *homme*, **bu** = *famille*, etc., jusqu'à : **za** = *arbres*, **ze** = *fleurs*, **zi** = *fruits*, **zo** = *légumes*, **zu** = *plantes diverses*.

1. L'auteur paraît ne pas distinguer le participe actif du participe passif, ni l'auxiliaire *avoir* de l'auxiliaire *être* : ainsi il traduit littéralement : *Je serais venu* (au lieu de : *J'aurais été venant*).

CRITIQUE.

Il est à peine utile de critiquer ce projet : il suffit d'en
exposer les principes pour mettre en évidence le vice fondamental d'un tel système. Nous avons relevé en passant quelques
idiotismes qui prouvent chez l'auteur une méconnaissance complète de la logique et de la grammaire. Le manque de logique
se trahit à chaque pas dans le vocabulaire : d'abord dans
la classification des idées, ensuite dans ce fait que le sens des
prétendues *racines* ne se retrouve nullement dans les radicaux
qui en dérivent par l'adjonction d'une ou deux lettres [1]. Cette
classification n'a guère plus de valeur qu'un numérotage arbitraire des mots du dictionnaire. Nous n'avons cité ce système
que pour montrer où peut aboutir, sous prétexte de logique et
de neutralité, la prétention de construire une langue entièrement *a priori* sur des combinaisons mathématiques soi-disant
régulières et simples [2].

1. La preuve en est fournie par le nom même de la langue : **cabe aban**
= *langue naturelle*, car **cabe** = *langage*, et **ban** = *nature*. Or on l'écrit
partout : *Chabé abané*, ce qui n'a pas de sens, car **bane** = *exaucement!*
2. Depuis la mort de l'auteur, M. Bourgoint-Lagrange s'est occupé de la
propagation et du perfectionnement de cette langue; il s'est notamment
efforcé d'en bannir les voyelles accentuées. On relève dans sa brochure de
propagande *Le Chabé* (1894) deux assertions inconciliables : après avoir dit
que la L. I. « ne doit emprunter ni ses règles, ni ses mots, ni ses lettres
à aucune langue, morte ou vivante », il affirme que « quelques heures
d'étude, à peine, suffisent pour apprendre à rédiger dans cette langue »,
alors qu'elles ne suffiraient même pas à en apprendre l'alphabet! Notons,
à titre de curiosité, que le *Petit Journal* du 22 sept. 1885 consacrait (sous la
signature Th. Grimm) un article très élogieux à la *Langue naturelle*, en
invitant ses lecteurs « à y réclamer une participation patriotique » (! ?). Maldant a eu pour collaborateur, dans la confection du dictionnaire, M. CHAN-
CEREL, qui a lui-même élaboré un projet de L. I. nommé l'*Oïdapa* (1889).
Nous ne connaissons pas celui-ci, mais, d'après l'analyse qu'en donne
M. DORMOY (*Le Balta*), il paraît tout à fait analogue au *Chabé*.

CHAPITRE XV

Dᴿ NICOLAS : *SPOKIL* [1]

Le Dʳ NICOLAS a commencé par être un adepte et même un dignitaire du *Volapük* : il était vice-président du Comité central de l'*Association française pour la propagation du Volapük*. Mais dès 1889 il avait conçu un projet indépendant [2], que depuis lors « il a remanié de fond en comble, jusqu'à 34 fois », tout en restant fidèle à son principe, qu'il formule lui-même comme suit :

« Combiner l'euphonie, la mnémotechnie, l'analogie, l'étymologie, l'idéographie, sur le principe de l'*invariabilité du mot*, au moyen d'expressions synthétiques, plutôt simplement catégorisées qu'explicitement significatives, susceptibles d'*évolution* et indéfiniment *perfectibles* sans que la clarté du langage en soit compromise. »

Il reconnaît l'impossibilité de construire une langue philosophique fondée sur une classification logique des idées; mais il croit pouvoir créer des vocables en combinant des éléments (voyelles et consonnes) qui ont chacun un sens symbolique, et qui déterminent le sens du mot composé moins par une définition formelle que par des associations d'idées. La grammaire repose sur le même système que le lexique, c'est-à-dire sur l'agglutination d'éléments invariables.

1. *Spokil, langue systématique pour les usages internationaux*, par le Dʳ Ad. NICOLAS, médecin de 1ʳᵉ classe de la marine, en retraite, lauréat de l'Institut, etc. Extrait des *Mémoires de la Société nationale d'Agriculture, Sciences et Arts d'Angers*, janv. 1900, 48 p. in-8° (Angers, Lachèse, 1900). Nous ajoutons à cet opuscule quelques circulaires envoyées par l'auteur.

2. *Rapport sur un projet de langue scientifique internationale*, ap. *Bulletin de la Société de Médecine pratique de Paris* (février 1889).

GRAMMAIRE.

L'*alphabet* comprend 21 lettres : 5 voyelles : **a, e, i, o, u** (*ou*); et
16 consonnes, douces : **b, d, g** (dur), **v, z, r, m, j**; fortes : **p, t, k,
f, s** (dur), **l, n, h** (*ch*). Leur prononciation est invariable.

L'*accent tonique* est facultatif; mais on conseille de le placer sur
la dernière syllabe des mots terminés en **l** et sur l'avant-dernière
des autres mots.

Les principales parties du discours sont distinguées par des
voyelles suffixes, qui sont : **a** pour les substantifs; **e** pour les
verbes (à l'infinitif); **i** pour les prépositions et conjonctions dérivées; **o** pour les adjectifs; **u** pour les adverbes [1].

Il y a trois *articles* : *défini* : **le**; *indéfini* : **ne**; *partitif* : **me**.

Les *substantifs* ne se déclinent pas : le génitif et le datif sont
remplacés par les prépositions **di** (*de*) et **da** (*à*).

La marque du *pluriel* est un **s** final qu'on peut appliquer, soit
au substantif, soit (de préférence) à l'article ou à l'adjectif possessif ou démonstratif qui le précède. Ex. : **di les moda** = *des
maisons*; **da les grula** = *aux livres*.

Les *adjectifs* qualificatifs sont invariables.

Les *noms de nombre* sont formés systématiquement : **ba**, 1; **ge**, 2;
di, 3; **vo**, 4; **mu**, 5; **fa**, 6; **te**, 7; **ki**, 8; **po**, 9; **nu**, 0.

Pour énoncer un nombre de plusieurs chiffres, on énonce successivement tous ses chiffres, de gauche à droite, en intercalant
un **l** euphonique à la place du point ou de la virgule qui sépare
les tranches de trois chiffres. Ex. : 1.345.796 = **bal divomul tepofal**.

Les unités décimales successives s'appellent : **ha**, 10; **he**, 100;
hi, 1.000; **ho**, 10.000; **hu**, 100.000. Puis viennent **baal** = *million*;
geal = *billion*; **dial** = *trillion*, etc.

L'auteur indique certaines variantes destinées à éviter la répétition monotone d'une même syllabe.

Pour former les *nombres multiplicatifs, fractionnaires*, etc., l'auteur incorpore simplement les racines qui traduisent les signes
d'opérations : **im** = *plus*, **in** = *moins*, **irm** = *multiplié par*, **iks** =
divisé par. Ex. : **gilirmo** = *double*; **diliksa** = *le tiers*.

Les *pronoms personnels* sont : **mi** = *je*; **ti** = *tu*; **el** = *il*; **ella** =
elle; **ni** = *nous*; **vi** = *vous*; **li** = *ils*; **ellas** = *elles*.

1. Cf. l'*Esperanto*.

Le *pronom réfléchi* est **si** = *soi*.

Les *adjectifs possessifs* dérivent des pronoms personnels : **mio, tio, sio : nio, vio, lio**.

Les *pronoms possessifs* sont : **le mio, le tio**, etc.

Le *pronom relatif* est : **koe**.

L'*adjectif démonstratif* est : **lu** (3 genres).

Les *pronoms démonstratifs* sont : **el** ou **lo** = *celui*, **ella** ou **la** = *celle*, **los** ou **ellos** = *ceux*, **las** ou **ellas** = *celles*; **lo do** = *celui-ci*, **lo fo** = *celui-là*, etc.

Le *verbe* est invariable en personne et en nombre; il varie suivant le temps, le mode et la voix.

Les *temps* principaux se distinguent par les suffixes **-ai** (présent), **-ei** (passé), **-oi** (futur) et **-ui** (conditionnel) soit ajoutés au radical verbal, soit mis à la suite de l'infinitif et précédés de **l-**: dans ce dernier cas, ils forment une sorte de verbe auxiliaire. Exemple : **arbe** = *travailler*.

Indicatif présent :	**mi arbai** ou **arbe lai**.	
— passé :	**mi arbei** ou **arbe lei**.	
— futur :	**mi arboi** ou **arbe loi**.	
Conditionnel présent :	**mi arbui** ou **arbe lui**.	

Les temps secondaires se forment au moyen du suffixe **-iz** (du participe passé actif) précédant le suffixe temporel :

Imparfait :	**mi arbizai** ou **arbe lizai**.
Plus-que-parfait :	**mi arbizei** ou **arbe lizei**.
Futur antérieur :	**mi arbizoi** ou **arbe lizoi**.
Conditionnel passé :	**mi arbizui** ou **arbe lizui**.

On peut aussi les former au moyen de l'auxiliaire **de** (*avoir*) aux temps principaux, suivi du participe passé (**arbiz**).

L'*impératif* ne diffère de l'indicatif qu'en ce que le pronom se place après le verbe, excepté à la 2ᵉ personne sing. où on le supprime : **arbai** = *travaille*; **arbai vi** = *travaillez*.

Le *subjonctif* ne diffère de l'indicatif que par la conjonction **ko** (*que*) qui le précède.

Le *participe présent* se forme au moyen du suffixe **-az** : **arbaz** = *travaillant*; il devient adjectif quand on y ajoute un **-o**; adverbe quand on ajoute un **-u** : **arbazu** = *en travaillant*.

La *voix passive* diffère de l'active par le suffixe **-en** intercalé entre le radical verbal et les suffixes temporels. Ex. : **move** = *aimer*, **movene** = *être aimé*; **mi movenai** = *je suis aimé*; **mi movenizoi** = *j'aurai été aimé*. Le *participe passif* est **moveno** = *aimé*.

On peut aussi former le passif en substituant ce participe passif à l'infinitif de l'actif : **mi moveno lai, mi moveno lizoi.**

On peut enfin former le passif au moyen du verbe auxiliaire **ve** (*être*) suivi du participe passif : **mi vai moveno, mi vizoi moveno.**

L'*interrogation* se marque en plaçant le pronom après le verbe, et surtout par le ton.

Pour la *syntaxe*, il n'y a pas de règle absolue : l'adjectif peut se placer avant ou après le substantif, l'adverbe avant ou après le verbe. Il y a seulement un ordre normal recommandable : sujet, verbe, régime direct, régimes indirects.

VOCABULAIRE.

Le vocabulaire est construit presque entièrement *a priori.* « Les mots du *Spokil* ne sont pas formés en vue de synthétiser une définition de l'objet..., mais simplement... d'en rappeler la nature, en en faisant ressortir telle ou telle propriété saillante, et en choisissant des traductions qui, autant que possible, *ne conviennent qu'à l'objet...* que rappelle le mot » (p. 11).

Tout le vocabulaire est fondé sur la « valeur conventionnelle attribuée aux consonnes ou doubles consonnes, et précisée par la voyelle ou double voyelle ».

Si l'on met à part la consonne l et la voyelle i qui ont surtout un rôle euphonique, et les consonnes m et n, qui désignent les contraires (le positif et le négatif), toutes les autres voyelles et consonnes ont un sens symbolique plus ou moins vague, consigné dans deux tableaux. Citons-en seulement quelques-unes, comme exemples.

La lettre i, seule, correspond aux idées suivantes : *occlusion, cacher, vêtement, peau, couverture, autour*; la lettre s, aux idées suivantes : *notion, science, encéphale, raison, pensée, donc*; la lettre k, aux idées suivantes : *division, outil, main, pouvoir, mécanique, avant.*

Parmi les consonnes doubles ou triples, on remarque rb, qui correspond à l'idée de *travail*; rg, à l'idée d'*énergie*; rk, à l'idée de *cercle*; gn, à l'idée de *feu*; dr, à l'idée d'*eau*; br, à l'idée d'*aliment*; gr, aux idées de *gravure* et d'*imprimerie*; pn, à l'idée d'*air*; kl, à l'idée d'*éclatement*; kr, à l'idée de *guerre*; ktr, à l'idée d'*électricité*; tr, à l'idée de *richesse*; fr, à l'idée de *fruit*; sp, à l'idée de *parole*; skr, à l'idée d'*écriture*; str, à l'idée de *voyage.*

Les voyelles, soit simples, soit associées à d'autres voyelles ou à des consonnes, expriment à leur tour des nuances de pensée très générales.

Cela posé, voici comment on forme les mots. Les *racines* s'obtiennent en juxtaposant une voyelle (simple ou double) et une consonne (simple ou double). Ex. : **ikr** exprime l'idée d'*arme* parce que **kr** = *guerre*, et que i indique le *moyen*; de même **ikl** signifie *explosif*; **iktr**, *aimant*; **istr**, *véhicule*, etc.

Les *mots primitifs* s'obtiennent en préposant à une racine une consonne (simple ou double). Ainsi **ov** signifiant *affection, inclination*, **mov** signifiera l'*amour*, et **nov** la *haine*.

Ces mots se complètent par les *suffixes grammaticaux* : **ikra** = *arme*; **ikro** = *armé*; **mova** = *amour*, **move** = *aimer*. De **ab** = *haut* on forme : **aba** = *le haut*; **abe** = *hausser*; **abi** = *en haut*; **abo** = *haut* (adj.); **abu** = *hautement*.

Les *mots dérivés* se forment à l'aide de *suffixes lexicologiques*, dont les principaux sont :

-**al**, qui désigne la *généralité* ou *collectivité*;

-**el**,   —   l'auteur de l'action : **arbel** = *travailleur*;

-**il**,   —   l'instrument de l'action : **kabe** = *lever*, **kabil** = *levier*;

-**ol**,   —   la condition de l'action, les corps (en chimie), les arbres;

-**ul**,   —   le résultat de l'action, les produits, les fruits : **grul** = *livre*.

-**ella** sert à former les féminins, et -**inna** les diminutifs : **felisella** = *chatte*, **lupusinna** = *louveteau*.

Il n'y a pas de différence entre les mots dérivés et les *mots composés*, puisque chaque élément de mot a sa signification propre et indépendante. Par exemple, si l'on combine **str** (idée de *voyage*) avec **igd** (idée d'*enduit*), on forme le mot **strigda** = *asphalte*. De même, en combinant **ga** (*sol*) avec **stab** (*niveau haut*) on obtient **galstaba** = *plateau* (avec un l euphonique).

Enfin le *Spokil* s'incorpore les *mots étrangers*, quand ils sont internationaux, ou les mots latins qui appartiennent à la nomenclature scientifique (comme **felis**, **lupus**). Mais pour les distinguer des mots propres au *Spokil*, on leur réserve les suffixes *exotiques* : **is**, **es**, **os**, **us**, **ais**, **eis**. Les mots ainsi incorporés engendreront régulièrement leurs dérivés. Ainsi de l'italien *flauto* on fait le mot **flautis** = *flûte*, d'où **flautise** = *jouer de la flûte*; **flautisel** = *flûtiste*.

Pour donner une idée de la physionomie du *Spokil*, il suffit
d'en citer une phrase : **Meona vai le tsael di le veol** = *l'homme est
le roi de la nature.*

CRITIQUE.

Le *Spokil* est, comme on le voit, une langue *a priori*, mais non
une langue philosophique. C'est, suivant l'expression même de
l'auteur, « une langue absolument artificielle, c'est-à-dire qui,
faisant table rase de tous les vocabulaires actuels, crée de toutes
pièces ses racines et ses dérivés ». Il a par suite le défaut capital
de toutes les langues *a priori*, qui est, d'un seul mot, l'*arbitraire*.
La grammaire est arbitraire, et n'a même pas le bénéfice de la
simplicité et de la régularité absolues : témoin la place facultative de la marque du pluriel, et les formes doubles ou triples
dans la conjugaison.

Le vocabulaire aussi est arbitraire, tant dans ses éléments que
dans sa composition. En vain alléguerait-on que les sens choisis
pour les consonnes sont plus ou moins suggérés par elles, soit
par une association d'idées naturelle [1], soit par l'évocation de
racines naturelles où elles figurent (nous avons cité précisément
celles de ces consonnes pour lesquelles cette suggestion est la
plus manifeste). Dans les langues aryennes, tout au moins,
jamais une idée n'est associée à une consonne ou combinaison
de consonnes, mais toujours à une syllabe complète. L'idée
d'écrire n'est pas attachée à la combinaison (imprononçable
séparément) **skr**, mais à la syllabe **skrib**. La voyelle a beau
changer et quelques-unes des consonnes aussi, la syllabe
demeure l'élément fixe et irréductible du mot. Il en est de même
des affixes de dérivation : ce ne sont jamais de simples lettres
(voyelles ou consonnes), mais des syllabes; l'instrument pour
écrire ne se dira pas **iskr**, mais *écritoire* ou *Schreibzeug* (D.).

Ainsi le *Spokil* a le même vice rédhibitoire que les langues
philosophiques : ses racines sont composées de lettres dont
chacune a un sens propre; mais *pratiquement*, elles se présentent

1. Dans la recherche de ces significations, l'auteur ne craint pas de faire
appel à des considérations de symbolisme ou d'occultisme fort peu scientifiques, comme pour z, qui évoque par sa forme l'idée de sinuosité, de zigzag.
On remarquera qu'il est fâcheux de choisir deux lettres aussi aisées à confondre que m et n pour désigner et distinguer les contraires.

comme des combinaisons arbitraires dont le sens purement
conventionnel est imposé à la mémoire. En veut-on un exemple?
Soit le mot primitif **jeb** : **j** signifie *privation, vide, lacune, absence,
sans*; **e** indique le sens fondamental du symbole suivant;
b exprime les idées de *priorité, volonté, tête, causalité, en haut,
d'abord*. Qu'on essaie, d'après cela, de construire le sens du mot
jeb... Il signifie *hésiter*!

L'auteur prétend que son système offre des ressources mnémotechniques particulières et possède une grande facilité d'assimilation. C'est là une étrange illusion, que nous avons déjà
signalée pour les langues philosophiques. Nous allons en faire
le lecteur juge par quelques exemples. **Pne** = *respirer*; **pna** =
soupir; **pni** = *haleine*; **pno** = *souffle*; **pnu** = *branchie* (pourquoi pas
poumon?). **Stre** = *parcourir*; **stra** = *voie*; **stri** = *charrette*; **stro** =
pavage; **stru** = *gare* (**stra** signifie-t-il donc *chemin de fer*?). **Eilj**
= *cube*; **eimj** = *prisme*, **einj** = *pyramide*; **eilz** = *cercle*, **eimz** =
cylindre, **einz** = *cône*; **eilp** = *carré*. Le lecteur est-il bien sûr de
ne jamais confondre le *cylindre* avec le *cône*, ou le *cube* avec le
carré, ou même de ne pas confondre ces figures géométriques
avec les *vers* (**eilb**), les *pierres brillantes* (**eild**), les *aromes* (**eilf**) ou
le *sucre* (**eilv**)? Nous le laissons répondre à cette question de
l'auteur : « Ne pensez-vous pas que la série de ces mots du
Spokil s'assimilera plus facilement et se fixera mieux dans la
mémoire... que les mots correspondants de n'importe quel
Sabir[1]? »

Enfin l'auteur revendique pour son système le privilège de
donner à tous les éléments du mot un sens propre et indépendant : son principal avantage, dit-il, est que toutes ses racines
peuvent servir d'affixes. Nous croyons pouvoir affirmer qu'il se
trompe sur cette question de fait. Nous n'avons pas à discuter
ici les critiques qu'il adresse aux langues *a posteriori*, qualifiées
dédaigneusement de *Sabirs*; mais il les méconnaît, quand il
avance que les « *Sabirs* n'ont pas de racines et n'incorporent
que des mots »[2]. Il oublie que l'*Esperanto* (qu'il paraît viser particulièrement) emploie précisément comme affixes des racines
qui possèdent un sens individuel et qui peuvent devenir des mots.
Que si l'auteur veut dire que dans les mots de sa langue chaque

1. Circulaire intitulée : *Sabir or not sabir* (1901).
2. *Circulaire* de novembre 1901 (*Le mot et la chose*).

lettre a un sens, c'est là un caractère commun à toutes les langues philosophiques (voir notamment LETELLIER et SOTOS OCHANDO).

Nous ne nions pas l'ingéniosité de ce système, ni la science de son auteur : ses théories sur le sens naturel primitif des lettres, sur la correspondance symbolique des mots et des idées sont séduisantes et curieuses; elles rappellent certaines spéculations de PLATON et de LEIBNIZ; elles peuvent être intéressantes pour la philosophie du langage, pour son histoire ou plutôt sa paléontologie; mais elles ne peuvent servir de base à une langue internationale *pratique*.

CHAPITRE XVI

HILBE : *ZAHLENSPRACHE* [1]

Le projet de M. Hilbe est double. Il comprend, d'abord, une langue *a priori* fondée sur une traduction des concepts en nombres; ensuite, une langue *a posteriori*, succédané provisoire et transitoire de l'autre. Ces deux langues auraient la même grammaire, et ne différeraient que par le vocabulaire.

L'idée directrice de l'auteur a été de fonder la langue universelle sur une base scientifique inébranlable. Or, dans tout le domaine des sciences, « nous ne trouvons rien qui reste éternellement invariable, *en dehors du nombre* ». Pour construire une langue universelle définitive et immuable, il faut donc lui donner pour base le système des nombres.

I

La première idée de l'auteur était de former, par la combinaison systématique des voyelles et des consonnes, des noms de nombre internationaux, comme le sont déjà les nombres écrits en chiffres. Les 10 chiffres sont traduits par des voyelles :

0	1	2	3	4	5	6	7	8	9
è	a	e	i	o	u	ā	ŏ	ò	à

Prononcez : *aï a é i ŏ ou è eu o bref aou*
Ces voyelles représenteront le chiffre des unités.

---

1. *Die Zahlensprache. Neue Weltsprache auf Grund des Zahlensystems, mit einem unabhängigen Wortschatze, von Millionen unveränderlicher Grundwörter*, par Ferdinand Hilbe. 32 p. in-8° (Feldkirch, 1901). Voici la traduction du titre : *Nummerlingve, mundlingve neod sull base enummersisteme koll vårbrike lindepûndûnted laverem-lu fundamûntvårben linvariabled multe millióne*. L'auteur est « Kaiserlicher königlicher Kanzlei-Direktor ».

Le chiffre des dizaines sera représenté par une des consonnes :

10   20   30   40   50   60   70   80   90

b   d   f   g   k   m   n   p   v

Ainsi l'on dira : 10, **bè**; 11, **ba**; 12, **be**; 13, **bi**; ..... 20, **dè**; 21, **da**; .... 30, **fè**; ... 40, **gè**; .... 90, **vè**; ... 99, **và**.

Les centaines seront représentées par les syllabes :

100   200   300   400   500   600   700   800   900

la   **le**   **li**   **lo**   **lu**   **là**   **lō**   **lò**   **là**

de sorte qu'on dira : 101, **laa**; 102, **lae**; ..... 110, **labè**; .... 999, **làvà**.

Le chiffre des mille sera représenté par les syllabes :

sa, se, si, so, su, sā, sō, sò, sà.

Par exemple : **sala** = 1.100; **salạbè** = 1.110; **saline** = 1.372; **salòno** = 1.874.

Les nombres de *mille* se représenteront comme les nombres d'unités, en y ajoutant la lettre s. Ainsi : **bès** = 10.000; **das** = 21.000; **fes** = 32.000; **las** = 100.000; **laas** = 101.000; **laasa** = 101.001; **lakusdi** = 155.023; **lapislage** = 183.142. De même : **les** = 200.000; **lis** = 300.000; **los** = 400.000, etc., jusqu'à : **làvàs làvà** = 999.999.

Après cela, **rar** = 1 *million*; **rear** = 2 *millions*; **riar** = 3 *millions*, etc. A partir de 10 millions, les nombres de millions s'expriment comme les nombres d'unités, en y ajoutant -**rar** : **laspirare** = 100.083.000.002.

rer = 1 *billion* [1]. On compte les billions comme les millions, de 1 à 999.999.

rir = 1 *trillion* ou le cube d'un million ($1.000.000^3$); et ainsi de suite : le nombre encadré entre les deux r désigne la *puissance* du million. On va ainsi jusqu'à la millionième puissance du million, qu'on désigne par **qar**. Ce nombre serait représenté par 1 suivi de 6 millions de zéros; c'est-à-dire qu'une personne qui écrirait un chiffre à la seconde sans s'arrêter mettrait 167 jours à écrire ce nombre dans le système décimal.

L'auteur invente un nom, **xar**, pour la qar[ième] puissance de **qar**; un autre pour la xar[ième] puissance de xar, et ainsi de suite. Cette nomenclature des nombres est *pratiquement* illimitée.

Cette nomenclature fournit en même temps un répertoire indé-

1. C'est-à-dire, comme l'entendent (fort logiquement d'ailleurs) les Allemands : 1 million de millions, ou $1.000.000^2$.

fini de vocables. Au.lieu de traduire les concepts par des « mots
sans contenu » comme les langues naturelles, voici comment la
langue des nombres les traduira : on fera correspondre par exemple
les 50 premiers nombres aux idées fondamentales ou catégories
(*Urbegriffe*). Ceux de 51 à 100 correspondront aux mêmes idées
(dans le même ordre); ils sont réservés pour combler les lacunes
de la première nomenclature. Pour les autres concepts, on déter-
minera leur degré d'affinité (*Verwandtschaftsgrad*) par rapport à
l'une des catégories. On rangera ceux qui dépendent d'une même
catégorie en série linéaire, suivant leur degré d'affinité, et on
les numérotera. Soit U le numéro de la catégorie, g le numéro
du concept (mesurant son degré d'affinité avec la catégorie);
son expression numérique sera déterminée par la formule :

$$U + 101\,g$$

et du même coup sera trouvée son expression verbale, grâce à
la traduction des nombres en mots. Soit, par exemple, un concept
qui ait le degré d'affinité 15 avec la catégorie 47 (gö), son nom
sera :

$$47 + 15 \times 101 = 1562 = \textbf{salume}.$$

Grâce à cette formule, deux concepts différents ne peuvent pas
avoir le même nombre, parce que U est toujours inférieur à 101.
Et réciproquement, un nom, c'est-à-dire un nombre donné, ne
peut appartenir qu'à une seule catégorie, par rapport à laquelle
il représente un degré d'affinité déterminé.

On obtiendrait ainsi le répertoire des *radicaux*, dont la valeur
numérique serait toujours inférieure à **qar**. Pour former les
mots dérivés, on aurait besoin d'une centaine d'affixes de 3
lettres, qu'on choisirait parmi les noms de nombres supérieurs
à **qar**. Bien entendu, dans le choix de toutes ces racines, tant
principales qu'accessoires, on ne tiendrait aucun compte des
sens qu'elles peuvent avoir dans telle langue naturelle. La *langue
des nombres* peut et doit être bien plus parfaite que les langues
naturelles, et son vocabulaire sera construit entièrement *a priori*.

Pour l'instituer, l'auteur appelle de ses vœux une « commission internationale » de savants compétents de toutes les spé-
cialités, qui auraient : 1º à dresser la liste des 50 ou 100 catégories; 2º à déterminer le degré d'affinité de tous les concepts par
rapport à leurs catégories respectives; 3º à choisir et à définir
une centaine d'affixes.

Pour apprendre la *langue des nombres*, il suffirait de connaître
ces trois séries de données, ... et de savoir additionner et multiplier les nombres. Un dictionnaire serait inutile à qui possé-
derait la *science du calcul linguistique* (die sprachliche Rechnungs-
wissenschaft), qui s'enseignerait dans les écoles comme aujour-
d'hui la grammaire.

II

En attendant que cette science soit constituée, l'auteur propose une langue *a posteriori* dont voici les principes. Dans le
vocabulaire immense formé par tous les noms de nombre
(jusqu'à **qar**) on choisira les radicaux qui ressemblent à des
mots des langues naturelles, et on leur attribuera le sens qu'ils
ont déjà dans ces langues. On adoptera : 1° les radicaux *inter-*
nationaux (communs à toutes les langues européennes); 2° les
radicaux communs à 2 ou 3 langues européennes; 3° les radicaux
latins; 4° les radicaux qui rappellent des mots romans ou germaniques, de préférence les plus courts et les plus harmonieux.
Ce choix n'aura naturellement aucun égard à la valeur numérique des radicaux. Seulement, tous ces radicaux seront soumis
à certaines conditions de forme, parce que *tout mot doit corres-*
pondre à un nombre entier. Par suite, tous les radicaux (substantifs)
commenceront par une consonne [1]; aucun ne sera terminé par
une consonne des dizaines (**b**—**v**) et aux autres on ajoutera un **e**,
de manière que tous les radicaux finissent par une voyelle. On
emploiera les voyelles comme préfixes et les consonnes comme
suffixes grammaticaux; en sorte que tout mot qui commence par
une voyelle ou finit par une consonne est un mot modifié.

L'alphabet comprend les 10 voyelles que nous connaissons, et
22 consonnes, qui sont : **b**, **d**, **f**, **g** (dur), **k**, **m**, **n**, **p**, **v**; **l**, **y** (**j** allemand), **s** (z), **ss**, **sz**, **szs** [2], **j** (français), **c** (*dj*) [3], **t**; **r**, **q** (*kv*), **h** (*ch* allemand), **x**; plus deux lettres, **ü** et **z** (*ts*), qui n'entrent pas dans les
radicaux et ne servent qu'à la grammaire.

---

1. Aux radicaux naturels qui commencent par une voyelle, on ajoute un
l initial. Ex. : **linvántoro**, **lindepãndãnted**.
2. Nous n'entrons pas dans le détail de la prononciation de ces trois *s*,
parce que leur son, d'ailleurs peu différent, dépend de leur position ou de
leur voisinage.
3. Le double **cc** se prononce *tch*, ce qui viole la règle de l'uniformité du
son des lettres.

Nous ne reproduirons pas les règles d'accent, qui sont trop compliquées.

Les *substantifs* (radicaux) se terminent par une voyelle qui est en général -e. Pour indiquer le genre (naturel), on la change en -o (masc.) ou en -a (féminin). Les mêmes lettres servent aussi à distinguer le fruit (-o) de l'arbre (-a)[1]. Ex. : **filyie**, *enfant*; **filyio**, *fils*; **filyia**, *fille*; **sinyoro**, *monsieur*; **sinyora**, *madame*; **pomo**, *pomme*; **poma**, *pommier*.

L'article défini est **lo**, **la**, **le**; *l'article indéfini* est **luno**, **luna**, **lune**.

La déclinaison s'effectue au moyen des *préfixes* **e-** (génitif), **i-** (datif), **o-** (accusatif), attachés soit au substantif, soit à l'article ou au pronom qui le précède.

Ex. : **pane** (*pain*), **epane**, **ipane**, **opane**; **la pane**, **ela pane**, **ila pane**, **ola pane**.

Le *pluriel* est indiqué par le suffixe **-n** ajouté, soit au substantif, soit à l'article. Ex. : **lan filyie** = *les filles*.

Du substantif on dérive l'adjectif, le verbe, l'adverbe et la préposition au moyen des suffixes respectifs **-d**, **-m**, **-k**, **-p**. Ex. : **lamore**, *amour*; **lamored**, *cher*; **lamorem**, *aimer*; **lamorek**, *avec amour*; **lamorep**, *pour l'amour de*.

L'adjectif est donc terminé par **-d**. Il est invariable, et se place après le substantif.

Le *comparatif* se forme en répétant la dernière syllabe (**-ed** devient **-eded**), et le *superlatif* en la remplaçant par **-essed**. On peut aussi employer les préfixes **plu** et **most** : **boned**, *bon*, **plu boned**, **most boned**.

Nous connaissons déjà les *noms de nombre*. Les *nombres ordinaux* en dérivent par l'adjonction de **-d** (**-ûd**, **-zûd**); les *adverbes ordinaux* par l'adjonction de **-k** (**-ûk**, **-zûk**); les *nombres de fois*, par l'adjonction de **-f** (**-ûf**, **-zûf**); les *nombres multiplicatifs*, par l'adjonction de **-g** (**-ûg**, **-zûg**); les *nombres d'espèces*, par l'adjonction de **-m** (**-ûm**, **-zûm**); les *fractions*, par l'adjonction de **-n**; les *nombres distributifs*, par l'adjonction de **-p**; les *verbes multiplicatifs* (ex. : *décupler*) par le suffixe **-ûmirem**; et les *substantifs numéraux* (ex. : *dizaine*) par le suffixe **-ûmare**.

Les *pronoms personnels* sont : **mi**, **ti**, **hi** ou **luy**; **noy**, **voy**, **soy**. Le pronom de politesse (*vous*) est **vu** (sing.) et **vuy** (plur.). Le pronom

---

1. Comme dans le *Mundolingue* de Julíus Lott.

de la 3e pers. sing. est, au féminin (*elle*) **hia** ou **lua**; au neutre, **hie** ou **lue**.

Les pronoms personnels se déclinent comme les substantifs, au moyen des préfixes **e-, i-, o-**.

Les *pronoms possessifs* sont : **mo, to, so** (**soa, soe**); **nos, vos, lor** (**lora, lore**).

Les *pronoms démonstratifs* sont : **qãsto**, *celui-ci*; **qãllo**, *celui-là*; **stésso**, *même* (*L. ipse*); **medesmo**, le *même* (*L. idem*) [1], etc.

Les *pronoms relatifs, interrogatifs* et *corrélatifs* sont formés systématiquement, ainsi que les adverbes analogues. Les pronoms relatifs commencent en général par **k-**; les pronoms interrogatifs en dérivent au moyen du préfixe (interrogatif) **li** [2], et les pronoms corrélatifs au moyen du préfixe **so-**. Ex. :

soki, *celui*;	**ki**, *qui*;	**li ki**, *qui?*
soqale [3], *tel*;	**kale**, *quel*;	**li qale**, *quel?*
sokome, *ainsi*;	**kome**, *comme*;	**li kome**, *comment?*

Citons quelques autres adverbes relatifs : **kur**, *pourquoi*; **dove**, *où*; **dadove**, *d'où*; **didove**, *vers où*; **qande**, *quand*; **dall qande**, *depuis quand*; **bis qande**, *jusqu'à quand*.

Les *verbes*, dont le radical se termine toujours par **m**, et forme l'infinitif, sont invariables en personne et en nombre. Les *temps* se forment au moyen de préfixes, et les *modes* au moyen de suffixes. Le *présent* de l'indicatif est semblable à l'infinitif. L'*imparfait* est marqué par le préfixe **a-**; le *parfait*, par **e-**; le *plus-que-parfait*, par **i-**; le *futur*, par **o-**; le *futur antérieur*, par **u-** [4]. Ex. : **noy lamorem**, *nous aimons*; **mi ãlamorem**, *j'aimais*; **ti elamorem**, *tu as aimé*; **hi ilamorem**, *il avait aimé*; **hia olamorem**, *elle aimera*; **vu ulamorem**, *vous aurez aimé*.

Les mêmes préfixes servent à former les temps des autres modes, qui sont caractérisés :

Le *subjonctif*,	par le suffixe	**-la**;
Le *conditionnel*,	—	**-le**;
L'*impératif*,	—	**-lo**;
Le *participe*,	—	**-lu**.

L'impératif a une autre forme : **lamorez** (sing.), **lamorezet**

---

1. Empruntés à l'italien.
2. Emprunté au *Volapük*.
3. Ou : **tale**.
4. A peu près comme en *Volapük*.

(plur.). Le participe a une autre forme : **lamoranto** (subst.), **lamo-ranted** (adj.), **lamorantek** (adverbe).

Le *passif* se forme avec le verbe auxiliaire **sumum** (*être*), suivi immédiatement de l'infinitif auquel on a retranché la finale **-m** : **mi sumum lamore**, *je suis aimé.*

L'infinitif passif (présent) est : **zalamorem.**

Les participes passifs (présent, passé, futur) sont : **zalamoro, zelamoro, zolamoro** (substantif); **zolamored**, etc. (adjectif): **zala-morek** (adverbe).

L'*interrogation* est marquée par **li**, la *négation* par **no** placé devant le verbe.

Les *adverbes* sont, soit primitifs (**bāne**, *bien*), soit dérivés de radicaux substantifs au moyen de **-k** (**bonek**, *avec bonté*). Leur comparatif se forme en redoublant la finale **-ek** (**bonekek**).

Les *prépositions* sont, soit primitives, soit dérivées de substan-tifs au moyen de **-p**. Les primitives sont en général empruntées au latin, à l'italien ou au français : **per, prope, propter; sotto, sopre; par, parmi, durante.**

Les *conjonctions* sont empruntées aux mêmes langues : **qia** (*parce que*); **ma, pero; lorske, e** (*et*), **u** (*ou*), **si, lossi** (*aussi*).

De même la plupart des formules de politesse sont empruntées au français : **mosyō** (*monsieur*), **madame; māsyō, mādame; monami, bonami**, etc.

La *syntaxe* se borne à prescrire l'ordre naturel de la proposi-tion : sujet, verbe, régimes direct et indirect. Quand le régime direct est un pronom, il ne se met après le verbe que s'il est seul; autrement, on le met avant, et les régimes indirects après. Cela dispense de décliner les pronoms. Ex. : **mi luy donem ti**, *je le le donne;* **mi ti donem luy**, *je te donne à lui.* On peut même se dispenser de décliner les substantifs, quand leur place détermine suffisamment leur rôle : **mi edonem luy pane**, *je lui ai donné du pain.* Les prépositions régissent toujours le nominatif.

La formation des *mots dérivés* se fait à l'aide de préfixes et suf-fixes. Nous connaissons déjà les suffixes **-d, -k, -m, -p** et leur rôle. Le suffixe **-b** indique le *possesseur*; **-f**, le *temps*; **-g**, le *lieu.*

Les voyelles servent de préfixes adverbiaux et marquent une graduation. Ainsi **serek** = *le soir*; **aserek**, *ce soir* (aujourd'hui); **āserek**, *hier soir*; **eserek**, *avant-hier soir*; **iserek**, *avant-avant-hier soir*; **oserek**, *demain soir*; **userek**, *après-demain soir.*

L'auteur admet une foule d'autres préfixes et suffixes servant à la composition ; par exemple : le préfixe **no**-indique le contraire [1], **nolamore**, *haine*. Le suffixe **-ie** caractérise les noms de pays ; on le remplace par **-o**, **-a** pour désigner les habitants (masculins, féminins), et par **-e** pour désigner la langue. Ex. : **Gärmanie**, *l'Allemagne* ; **gärmano**, **gärmana**, *allemand, allemande* ; **gärmane**, *l'allemand* (la langue). Le suffixe **-ya** désigne *la femme de* … Le suffixe **tä** (**-itä**) marque la *qualité* (substantif dérivé d'adjectif) : **bonitä** ; le suffixe **-ö**, *l'agent* : **battö**, *batteur* ; le suffixe **-bli**, la *possibilité* : **deklinablid**, *déclinable* ; les suffixes **-ose**, **-tive**, la tendance active ; le suffixe **-fikarer**, l'action de rendre (tel ou tel) : **lärifikarer**, *action de dorer* ; et **-fikare**, le résultat de cette action : **lärifikare**, *dorure*. Enfin les suffixes **-ete** et **-one** sont respectivement *diminutif* et *augmentatif* [2].

Parmi les mots cités par l'auteur, on remarque des formations systématiques bizarres : les quatre points cardinaux sont appelés **norde** (N), **nurde** (E), **närde** (S), **nörde** (O) ; et *minuit* est traduit par **nordef** (par opposition sans doute à *midi*, qui se dit pourtant : **midi**). Mais, en général, les mots sont empruntés au latin ou au français et plus ou moins déformés. Voici, à titre d'échantillon de cette langue, les premières phrases de l'opuscule de M. Hilbe.

« **Nummerlingve sum produkte leffektuirep lideye, tu kreirem lossi luna nóminare lintärnassiónaled par kömbinassióne natured e regulared elättern pro nummersinyen ca lexistänted. Resultate emónstrarem, kö värben multed zenated talek sum simled u lidänted koll värben enaturlingven ; dunqe lideye äsum vicinek, tu lusem qästa värbrike lenormed pro luna nummerlingve.** »

CRITIQUE.

Comme le projet, la critique doit être double.

I

La langue *a priori* de M. Hilbe prétend échapper aux inconvénients des langues philosophiques ; mais elle en a d'autres équivalents. D'abord, l'auteur croit pouvoir se dispenser de l'analyse logique des concepts, en se bornant à leur assigner un ordre

---

1. Tandis qu'isolé il indique simplement la négation.
2. Comme chez Julius Lott.

logique; mais celui-ci suppose celle-là. Ensuite, comment établir cet ordre logique, entre les catégories d'une part, et entre les concepts dérivés de chaque catégorie, d'autre part ? Entre ces catégories, qui sont par hypothèse les idées primitives et irréductibles, il n'y a pas de degré hiérarchique ni d'ordre généalogique. Entre les concepts dérivés d'une même catégorie, il est en général impossible de trouver un ordre linéaire naturel ; quel que soit le principe d'une classification logique (que ce soit la relation de genre à espèce, ou celle de tout à partie, ou celle de supérieur à inférieur, etc.), chaque idée a presque toujours plusieurs idées *subordonnées*, qui sont *coordonnées* entre elles, et dont par suite l'ordre ne peut être qu'arbitraire. Par exemple, soit la catégorie de *corps* (vivant); énumère-t-on les espèces : *homme*, *singe*,... ou les parties : *tête*, *bras*, *jambe*, *main*, *pied*,...? Dans l'un et l'autre cas, quelle espèce ou quelle partie sera la 1re, la 2e,... si ce n'est par une pure convention? En outre, où est, dans ces séries, le *degré d'affinité*? Peut-on dire que, dans la gamme des couleurs, le rouge a plus d'affinité que le violet avec le genre *couleur*? cela n'a pas de sens. Et puis, même dans les classes comme celles-là, où l'on peut du moins reconnaître un ordre linéaire, les notions classées forment le plus souvent une série *continue*, de sorte qu'on ne peut pas dire quelle est la première après une autre, et qu'entre deux quelconques on peut toujours en intercaler une troisième. Il est donc impossible de leur assigner un ordre numérique qui ne soit pas arbitraire.

Enfin, lors même que la classification des idées serait naturelle et logiquement irréprochable, les mots correspondants n'exprimeraient nullement leurs rapports de dépendance, ce qui constitue un désavantage de la *Zahlensprache* par rapport aux langues philosophiques (où le nom du genre sert de radical aux noms de ses espèces). Par exemple, il n'y a aucun rapport sensible (de forme) entre la catégorie gō et son dérivé **salume**. Cela vient de ce que les nombres qui correspondent aux dérivés d'une même catégorie forment une progression arithmétique de raison 101. Exemple : **fo** (34), **lafu** (135), **lefā** (236), **lifō** (337),... L'auteur aurait pu diminuer cette disparate en prenant 100 pour raison de la progression (pour coefficient de g), ou mieux encore en adoptant la formule : $100\,U + g$; mais il ne l'a pas voulu, dit-il, pour éviter la monotonie; comme si les mots correspondant à des concepts voisins se trouvaient toujours rapprochés dans le discours! Ainsi la relation entre les concepts est purement arithmétique, et pour la découvrir il faut faire un calcul mental. On dira peut-être qu'il suffit de retenir de mémoire le résultat du calcul fait une fois pour toutes (comme dans la table de Pythagore). Mais alors ce n'est plus qu'une série de mots conventionnels à apprendre mécaniquement. En résumé, ou bien il faut savoir par cœur toute la classification logique des idées et effectuer des opérations de calcul mental, ou bien il faut savoir par cœur tout un dictionnaire de mots dont le sens est absolument arbitraire (en apparence du moins). Mieux vaut évidemment une langue *a posteriori*.

II

C'est ce qu'a bien compris l'auteur, et c'est pourquoi il a inventé sa *Nummerlingve*, comme succédané provisoire et intermédiaire. Seulement cette langue *a posteriori* a, par rapport aux autres, l'inconvénient d'être soumise à des conditions restrictives, qui dérivent de cette règle arbitraire : Tout mot doit être un nombre. De là vient que l'on est obligé de déformer les radicaux empruntés aux langues naturelles, notamment en leur préfixant des consonnes. En outre, les flexions grammaticales et les affixes de dérivation sont en général arbitrairement choisis, ce qui achève de défigurer les mots naturels. L'alphabet est trop compliqué, et cela vient en partie de ce que l'auteur a dû adopter 10 voyelles pour les besoins de sa numération : plusieurs d'entre elles sont difficiles à distinguer : ä, ö, e; o, ô; il en est de même des quatre *s*; il y a des diphtongues : à, è, qui prêtent à confusion. L'auteur semble hésiter entre le synthétisme et l'analytisme : après avoir permis de décliner à volonté l'article ou le substantif, il essaie de remplacer les cas par la position des mots. D'ailleurs, l'emploi des voyelles-préfixes pour la déclinaison et la conjugaison est malencontreux; non seulement il choque les habitudes de la plupart des langues européennes, mais il rend le radical méconnaissable, ou tout au moins plus difficile à trouver dans un dictionnaire.

En général, l'auteur oscille entre la méthode *a priori* et la méthode *a posteriori* (par exemple dans la formation du participe). Bien que son vocabulaire soit en principe *a posteriori*, il construit *a priori*, non seulement les noms de nombre (c'est la base de son système), mais les pronoms et adverbes interrogatifs, et même certains noms (comme ceux des points cardinaux). En somme, la physionomie et la structure de cette langue sont trop éloignées de celles des langues naturelles pour offrir la facilité qu'on est en droit d'attendre d'une langue *a posteriori*. Retenons seulement ce fait, que l'auteur, voulant choisir les radicaux *les plus internationaux*, a adopté presque exclusivement des radicaux latins. C'est en ce sens seulement qu'on peut souscrire à sa devise : « **Nulla kulture sine nummerlingve.** »

CHAPITRE XVII

DIETRICH : *VÖLKERVERKEHRSSPRACHE* [1]

Tandis que d'autres reprochent au *Volapük* de trop s'éloigner des langues nationales et de leurs usages grammaticaux, M. Dietrich lui reproche au contraire d'avoir gardé quelques restes des grammaires et des vocabulaires naturels [2]. A plus forte raison il juge sévèrement les langues *a posteriori* : elles se bornent à copier servilement les langues naturelles, et n'en sont que des imitations ou des contrefaçons. Selon lui, la rivalité des peuples et leur amour-propre linguistique n'admettront jamais une « langue de compromis » ; chacun voudra avoir la part du lion [3]. La langue internationale ne doit pas être une compilation faite de pièces et de morceaux, mais un « organisme » logique homogène et indépendant. La *langue commerciale* [4] *des peuples* doit être neutre, et pour cela, elle ne doit pas être *internationale*, mais « extérieure à toutes les nations » ; elle « exclura tous les éléments nationaux ». En s'affranchissant de l'imitation des langues naturelles, elle pourra être bien plus logique et plus parfaite qu'elles. Elle doit avoir pour base, non l'usage, qui varie d'un peuple à l'autre, mais la logique. Les concepts seuls

---

1. *Grundlagen der Völkerverkehrssprache. Entwürfe für den Auf- und Ausbau einer denkrichtigen, neutralen Kunstsprache als zukünftige Schriftsprache, eventuell auch Sprechsprache für den internationalen Verkehr, von Carl Dietrich. 70 p. 8° (Dresden, G. Kühtmann, 1902).

2. La gr⸱mmaire du *Volapük* « ne se sépare pas assez nettement des grammaires les langues naturelles » (p. 3).

3. *Endresultate meiner Volapükstudien*, ap. *Volapükagazed valemik*, 1895 (Kniele, Allmendingen, Württemberg).

4. Il faut entendre le mot *commerce* (*D. Verkehr*) dans son sens le plus général de *communication*.

sont internationaux, et non les mots et les formes grammaticales. Les mots divisent les peuples; seul le bon sens les unit. Il faut donc fonder la L. I. sur l'analyse logique des langues et sur la classification des idées; on revêtira ensuite celles-ci de formes verbales obtenues par la combinaison systématique des voyelles et des consonnes. Cette langue purement artificielle (surtout destinée à l'usage écrit) sera une libre construction de l'esprit humain, un « chef-d'œuvre par la multiplicité de ses parties, l'unité de ses éléments, l'unité et la finalité de ses fonctions ». Elle ne peut être l'œuvre d'un seul homme; elle exige la collaboration d'une « corporation de logiciens ». Il faudra d'abord définir et classer les principaux concepts, établir la grammaire, puis les règles de dérivation, et enfin le lexique. La formation du vocabulaire doit être entièrement subordonnée à la grammaire, car c'est celle-ci qui réglera la forme des mots. Une telle langue répondra non seulement aux besoins pratiques du commerce, mais encore à toutes les exigences des sciences. Elle ne remplacera d'ailleurs jamais les langues naturelles, parce qu'elle ne sera pas une langue *maternelle*.

GRAMMAIRE.

Voici la classification « scientifique » des lettres (7 voyelles, 22 consonnes) :

1° *Voyelles* : i, e, a, o, u(*ou*), e (*eu*), h ;

2° *Consonnes* (par paires) : b, p; d, t; g (toujours dur), k; z, s; j (français), c (*ch*), y (*j* allemand), q (*ch* allemand); v, f; deux m; deux n; deux r; deux l. Chaque lettre a toujours le même son. Pour que les prononciations nationales ne risquent pas d'altérer les sons, on inventera des lettres nouvelles.

Avec ces lettres on formera tous les mots par des combinaisons systématiques, dont l'auteur dresse le tableau. On obtient ainsi facilement 50 000 radicaux monosyllabiques des formes v, vc, cv et cvc. Cette dernière forme (syllabe fermée) est le type des radicaux substantifs, d'où dérivent les autres espèces de mots.

Les *substantifs* se déclinent : le nominatif singulier se réduit au radical; le nominatif pluriel se forme en y ajoutant un s. Les autres cas (génitif, datif, accusatif) se forment en ajoutant respectivement -a, -e, -i au nominatif (singulier ou pluriel) [1]. Il n'y a pas d'articles, ni défini, ni indéfini, l'auteur les jugeant inutiles.

Les *adjectifs* dérivent des radicaux substantifs au moyen du suffixe -o. Employés comme épithètes, ils sont invariables ; isolés, ils se déclinent comme les substantifs : ils prennent au singulier les désinences -oa, -oe, -oi ; au pluriel les désinences -osa, -ose, -osi.

Les degrés de comparaison se forment en remplaçant la désinence -o par -zo (comparatif) ou par -jo (superlatif). Ils se déclinent comme les adjectifs au positif.

Les *adverbes* dérivent des substantifs au moyen du suffixe -yo, et les *prépositions* au moyen du suffixe -u.

Les *noms de nombre* se composent au moyen des noms des dix chiffres :

> **tiz**, 1 ; **tez**, 2 ; **taz**, 3 ; **toz**, 4 ; **tuz**, 5 ;
> **tij**, 6 ; **tej**, 7 ; **taj**, 8 ; **toj**, 9 ; **tuj**, 0 ;

chacun étant suivi du nom des unités décimales qu'il représente :

> **mi**, 10 ; **me**, 100 ; **ma**, 1000 ; **mo**, 1 *million* ; **mu**, 1 *billion* [2].

Par exemple, 1897 s'écrira et s'énoncera :

> **tiz ma taj me toj mi tej.**

Les *adjectifs ordinaux* dérivent des noms de nombre par l'adjonction du suffixe -to, et, quand ils sont employés substantivement, du suffixe -tem.

Les *adverbes ordinaux* se forment de même au moyen du suffixe -tyo (**tiztyo**, *premièrement*).

Les *pronoms personnels* sont : **im**, *je* ; **em**, *tu* ; **am**, *il* ; **om**, *on* ; **um**, *soi*. Ils prennent le pluriel ; les 3 premiers donnent : **ims**, *nous*, **ems**, *vous* ; **ams**, *ils* [3].

Ils se déclinent comme les substantifs : **ima**, **ime**, **imi** ; **imsa**, **imse**, **imsi**.

Ils prennent tous un *genre* au moyen des préfixes i- (masc.) et e- (fém.). Ex. **iam**, *il* ; **eam**, *elle*.

Les *adjectifs-pronoms possessifs* dérivent des pronoms personnels au moyen du suffixe -o : **imo**, *mon* ; **emo**, *ton* ; **amo**, *son* (en général) ; **iamo**, *son* (à lui) ; **eamo**, *son* (à elle), etc.

---

1. C'est la déclinaison du *Volapük*, à cela près que l's du pluriel est interverti.
2. C'est-à-dire 1 million de millions.
3. Comme en *Volapük*.

Ils se déclinent comme les adjectifs quand ils sont pronoms.

Les autres *pronoms* sont aussi de la forme **vc**, et se déclinent de même.

Tous ces *pronoms* engendrent des adverbes dérivés au moyen du suffixe -**yo** : **imyo**, *à ma manière*, etc.

Les *verbes* se conjuguent sans aucun auxiliaire ; ils ne varient ni en nombre, ni en personne, ces indications étant fournies par les pronoms.

Les *temps* sont marqués par des *préfixes*, les *modes* par des *suffixes*.

La gamme des cinq voyelles sert à marquer les temps : i-, le *plus-que-parfait* ; e-, le *parfait* ; a-, le *présent* ; o-, le *futur* simple ; u-, le *second futur* (futur antérieur). A ces temps on peut ajouter l'*imparfait*, marqué par ae- ou ea- ; et le *duratif* (passé, présent, futur), marqué par la répétition des voyelles respectives : ee-, aa-, oo-.

Dans la *forme active simple*, le radical verbal (de la forme **cvc**) ne prend aucun suffixe. Les autres formes du verbe signifient :

1° L'existence (du sujet) dans l'état (exprimé par le verbe) : *je suis malade*. Suffixe : -i ;

2° Le passage à l'état : *je deviens malade*. Suffixe : -e ;

3° L'action qui cause l'état : *je rends malade*. Suffixe : -a ;

4° Le fait de subir l'action exprimée par le verbe : *je suis battu* (on me bat). Suffixe : -u ;

5° Le fait de subir l'état exprimé par le verbe : *je suis rendu tel ou tel*. Suffixe : -au.

Ces deux dernières formes correspondent au *passif*.

Les *modes* proprement dits sont :

1° L'*infinitif*, qui dérive des formes précédentes par l'adjonction de -ez ;

2° L'*optatif*, qui se forme de même par l'adjonction de -ze. C'est un impératif poli : *Veuillez écrire, s'il vous plaît* ;

3° L'*impératif*, qui se forme de même par l'adjonction de -se ;

4° Le *conditionnel*, qui se forme de même par l'adjonction de ce ;

5° Le *potentiel* (mode de la possibilité), qui se forme de même par l'adjonction de -je.

Comme on le voit, la lettre e est caractéristique des modes.

Enfin le verbe est susceptible de *degrés de comparaison* : le 1er est marqué par la lettre s, le 2e par la lettre j intercalée entre le

radical et les autres suffixes. Ex. : soit R le radical qui signifie
bon; R-iez = *être bon*; R-ziez = *être meilleur*; R-jiz = *être le meilleur,
être très bon.* De même à n'importe quels temps et mode : e-R-za =
(il) *a rendu meilleur*; o-R-je = (il) *deviendra très bon.*

L'infinitif étant le substantif du verbe, le *participe* en dérive par
l'adjonction du suffixe -o, caractéristique de l'adjectif. Il a donc
la forme : R-ezo.

. Les *prépositions* ont la forme ev. L'auteur les classe et les construit comme suit :

I. Prépositions indiquant des *rapports spatiaux* :

A. *La direction* : forme zv. Les deux voyelles i, e indiquent respectivement le lieu où l'on va et celui d'où l'on vient.

B. *Le lieu et la direction* : forme bv. Ex. : bi, *sur* (en repos); bii,
(aller) *sur*; bie, (venir) *de dessus*; bri, *sous* (en repos); brii, (aller)
sous; brie, (venir) *de dessous*.

II. Prépositions indiquant des rapports non spatiaux. Ex. : gi,
avec; gri, *sans* [1].

III. Prépositions dérivées. Nous savons déjà qu'elles se forment
au moyen du suffixe -u. Elles traduisent les locutions : *au lieu
de, au moyen de, sur l'ordre de, pour l'amour de, au nord de,* etc.

Les prépositions ne régissent aucun cas et se mettent toujours
devant le substantif régi.

Les prépositions non dérivées peuvent servir en même temps
de *préfixes* en composition.

Les *conjonctions* sont aussi de la forme ev; mais elles diffèrent
des prépositions par la consonne.

VOCABULAIRE.

Par le même procédé combinatoire, l'auteur construit les
radicaux (de la forme eve) et les suffixes de dérivation (de la
forme ve). Pour commencer par ceux-ci, -il indique un *diminutif,*
-el un *augmentatif;* -ib exprime le mérite (*honorabilité*), -ab la ressemblance, -ub l'opposition ; -im désigne les personnes de qualité ; -em
les hommes et les femmes (avec les voyelles génériques i, e); -am le
fabricant de...; -om les animaux, et -um les plantes; -iv désigne les
sciences, -ev les arts, -av les métiers, -ov le commerce, -uv le trans-

---

i. La consonne r paraît marquer l'opposition, comme chez DALGARNO.

port; -in désigne les éléments chimiques; -en les solides; -an les liquides; -on, les gaz; -un, les fluides hypothétiques (électricité, magnétisme).

Suffixes de lieu : -ig, lieu en général; -eg, parties de la terre; -ag, états, provinces; -og, villes et villages; -ug, lieu avec direction (régions du ciel).

Suffixes de temps : -ir, temps en général; -er, année; -ar, mois; -or, jour; -ur, heure; -iur, minute; -eur, seconde. Exemple : *le 3 mai 1894, à 4 heures du soir* = 1894-er, 5-ar, 3-or, 16-ur (voir les noms de nombre).

Enfin certains suffixes servent à former les substantifs dérivés de verbes : -id indique l'état; -ed le devenir; -ad, l'action, le « faire »; -od, l'action abstraite; -ud, la chose concrète, résultat de l'action.

Quant à la formation des radicaux, elle présuppose la classification complète des concepts, en vertu de ce principe : A des groupes de concepts logiquement voisins doivent correspondre des groupes de mots phonétiquement voisins; autrement dit, l'affinité des sons doit exprimer l'affinité des sens. Voici, à titre d'exemple, la classification et la nomenclature des couleurs.

Supposons que la racine **vit** désigne le *blanc*. Les radicaux **vitil, vital, vitol, vitul**.... désigneront les diverses espèces de blanc (substantifs; les adjectifs prennent -o). On aura de même : **vet** = *le rouge*, **vieto** = *rose*; **vaeto** = *vermillon*; **voeto** = *ultra-violet*; **vueto** = *rouge sombre*. Puis : **vat** = *le jaune*; **viato** = *blond*; **veato** = *orange*; **voato** = *vert*; **vuato** = *brun*. Ensuite : **vot** = *le bleu*; **vioto** = *azur*; **veoto** = *violet* (plus bleu que **voeto**); **vaoto** = *vert* (plus bleu que **voato**); **vuoto** = *indigo*. Enfin : **vut** = *le noir*; **vuito** ou **viuto** = *gris*; **veuto** = *noir rouge*; **vauto** = *noir jaune*; **vouto** = *noir bleu*.

CRITIQUE.

Cette langue mérite les mêmes critiques que les langues philosophiques proprement dites : son défaut capital consiste dans la formation arbitraire des radicaux, des préfixes et des suffixes. Selon l'auteur, « la langue artificielle ne doit employer aucun mot naturel pour ce qu'elle peut exprimer elle-même plus facilement, plus simplement et plus logiquement ». Mais si la correspondance des mots aux idées est arbitraire dans nos langues, en quoi sera-t-elle plus logique et moins arbitraire, si à des syllabes mécaniquement formées en vertu d'un ordre *absolument conven-tionnel* assigné aux lettres, on fait correspondre des idées classées dans un ordre plus ou moins naturel et logique? Quant à la facilité d'une telle nomenclature, l'exemple des noms de nombre et celui des noms de couleurs permettent d'en juger. Ils montrent bien plutôt la difficulté énorme, pour ne pas dire l'impossibilité, qu'il y aurait à retenir le sens de ces combinaisons phonétiques si semblables; et la seule facilité qu'elles offrent est la facilité de les confondre entre elles.

La grammaire est entachée du même défaut. D'abord, elle est trop synthétique, surtout dans la conjugaison, où chaque lettre a une signification propre (temps, mode, voix, degré), ce qui exige une analyse logique impossible à la simple audition. En outre, toutes les flexions se ressemblent, et se réduisent aux 5 voyelles; il faudrait une mémoire exceptionnelle pour se rappeler les sens que la même voyelle reçoit; 1° dans la déclinaison; 2° comme préfixe verbal; 3° comme suffixe verbal; et cette multiplicité de sens ne paraît guère conforme à la logique [1]. D'ailleurs, pour rester fidèle à la logique, il n'est pas indispensable de prendre le contre-pied des langues naturelles, et d'indiquer les temps par des préfixes, plutôt que par des terminaisons. On ne voit pas non plus pourquoi la logique exigerait la perpétuelle succession des mêmes lettres, et imposerait aux mots une classification alphabétique. Enfin l'alphabet lui-même est trop compliqué et trop peu international : combien de peuples, combien de personnes même seraient capables de distinguer dans la prononciation et à l'audition deux m, deux n, deux l et deux r? Rendons du moins cette justice à l'auteur, qu'il ne prétend pas créer à lui seul la L. I., et se borne à proposer un projet ou plutôt un plan à une « corporation de logiciens ».

---

1. De même, les voyelles e, i, qui marquent le genre dans les noms, marquent la direction dans les prépositions.

CRITIQUE GÉNÉRALE

Les langues *a priori* ont pour défaut capital d'être... *a priori*, c'est-à-dire de ne tenir aucun compte des langues vivantes, ni dans leur matière, ni dans leur forme. Dans leur matière, attendu qu'elles adoptent des radicaux entièrement nouveaux et forgés de toutes pièces, qui ne rappellent, même de loin, aucun mot connu; dans leur forme, car elles adoptent pour leur grammaire des flexions tout à fait arbitraires et systématiques, qui ne ressemblent nullement aux flexions des langues indo-européennes, même pas par leur place. Il en résulte que chacun de ces projets s'offre comme une langue *absolument nouvelle*, et par conséquent très difficile à apprendre, aussi difficile, pour le moins, qu'une langue étrangère quelconque, car si elle a sur celle-ci (en général) l'avantage énorme de la régularité (sinon toujours de la simplicité), elle a en revanche le désavantage, aussi considérable, de dérouter toutes nos habitudes de langage et même d'esprit. Ces langues sont donc condamnées d'avance par leur principe même, au point de vue *pratique*, car pour réussir à se faire adopter, la L. I. doit être notablement plus facile que les langues naturelles (européennes).

Peut-être toutefois serait-on tenté de passer sur ce grave inconvénient, si l'une de ces langues présentait un avantage théorique immense et incontestable, si elle pouvait fournir l'expression parfaite de nos idées et devenir un auxiliaire de l'esprit, une « algèbre de la pensée » (LETELLIER). Mais il n'en est rien; et c'est ce qu'il importe de montrer, moins pour réfuter des systèmes qui n'ont aucune chance de succès que pour décourager les futurs inventeurs qui seraient tentés d'en élaborer de semblables.

Les langues philosophiques reposent toutes sur une classifica-

tion logique de nos idées, sur une analyse complète de nos connaissances; elles présupposent donc une connaissance parfaite
du monde physique et moral, ou, comme disaient DESCARTES et
LEIBNIZ, elles dépendent de la vraie philosophie [1]. Or il est clair
que les sciences et la philosophie ne seront jamais achevées; il
est même douteux qu'elles soient jamais assises sur des principes fixes et inébranlables, car les progrès qu'elles font amènent
une revision et une réforme de ces principes. Même les mathématiques, que les profanes considèrent comme la science certaine
et immuable, ont subi une refonte complète depuis un demi-
siècle, et commencent seulement à découvrir leurs propres principes logiques, qu'on ne peut encore considérer comme définitivement formulés. S'il en est ainsi des sciences « exactes », que
dire des sciences expérimentales, où des découvertes nouvelles
peuvent bouleverser les cadres anciens, amener à identifier ce
qui était distinct, à distinguer ce qui paraissait identique, ouvrir
des domaines inconnus et créer des sciences nouvelles? Une
classification logique serait à la merci de tous ces progrès; et il
ne suffirait pas, pour l'y adapter, de réserver, comme quelques
auteurs prudents, mais naïfs, des cases vides pour les concepts
nouveaux; il faudrait la remanier de fond en comble, et avec elle
la nomenclature qui en dépendrait. Pour montrer combien il est
téméraire de prétendre fixer une nomenclature logique, il suffit
d'un exemple bien simple. Les auteurs de la nomenclature
chimique créée à la fin du XVIIIe siècle croyaient énoncer des propriétés essentielles et incontestables de l'*oxygène* et de l'*azote* en
attribuant ces deux noms aux principaux gaz de l'atmosphère.
Or ces noms sont devenus des contresens en moins d'un siècle :
pour la chimie moderne, c'est l'hydrogène qui devrait s'appeler
oxygène, car c'est lui qui caractérise les acides; et quant à l'azote,
on lui donnerait un nom tout contraire, car c'est l'élément le plus
essentiel des êtres vivants. Tel est le danger des nomenclatures
idéologiques, qui essaient d'incorporer la définition de l'objet
dans le nom qu'on lui donne.

Ce genre de nomenclature a un autre inconvénient : c'est la
longueur et la complication des mots qu'on est amené à former
pour désigner les notions tant soit peu complexes. Ici encore,

1. Il convient de rappeler que pour ces auteurs la philosophie représentait
l'ensemble des sciences.

la nomenclature chimique nous fournit un exemple et un argument; on sait que cette nomenclature, justement parce qu'elle prétend traduire la composition d'un corps par son nom, aboutit à former des mots d'une longueur fantastique, qui, difficiles à retenir, impossibles à énoncer, rebutent les savants eux-mêmes et condamnent à leurs yeux ce système de nomenclature, qui ne date pas de vingt ans.

Ce que nous venons de dire ne s'applique qu'aux langues philosophiques, c'est-à-dire fondées sur une classification logique. Mais cette critique vaut, à plus forte raison, pour les langues a priori non philosophiques (Solrésol, Chabé, etc.), car elles reposent sur une classification empirique et arbitraire des idées; elles n'ont donc même pas l'excuse de la recherche logique et de l'apparence scientifique.

Si nous voulons préciser un peu, nous trouvons que la plupart des langues philosophiques (en tout cas, les plus complètes : LETELLIER, SOTOS OCHANDO) reposent sur une classification par genres et par espèces. Or c'est une erreur de croire que toutes nos idées puissent être classées de cette manière; et il faut bien dénoncer cette erreur, puisque, malgré ou à cause de son antiquité (elle remonte à ARISTOTE), elle règne encore dans les cours de philosophie. En effet, il y a bien d'autres principes de classification que la relation de l'espèce au genre; citons, par exemple, la classification qui procède du tout aux parties, la classification généalogique, la classification hiérarchique, etc. [1]. La relation du corps humain à ses parties n'est pas celle du genre humain aux diverses races humaines qui en sont les « espèces » logiques; elle n'est pas non plus celle de l'aïeul à ses descendants, ni celle du colonel aux commandants et aux capitaines qui sont sous ses ordres. En réalité, les classifications soi-disant logiques font intervenir tour à tour ces diverses relations; mais elles admettent ainsi une hétérogénéité qui ruine leur uniformité et leur symétrie apparentes [2].

Sans doute, certains projets (Lingualumina, Spokil) semblent

1. Cf. DURAND (DE GROS) : Aperçus de taxinomie générale (Paris, Alcan, 1899).
2. On pourrait sans doute imaginer des caractéristiques grammaticales qui permettent de distinguer ces divers principes de classification; mais en fait aucun auteur ne s'en est avisé jusqu'ici, et cela compliquerait encore la formation des mots.

éviter cet écueil, en composant leurs mots d'éléments caractéristiques (lettres ou combinaisons de lettres) qui correspondent à des idées simples. Mais (outre qu'aucun de ces projets
ne comporte une classification complète des idées suivant ce
principe), ils supposent que toutes nos idées se forment par
des combinaisons *homogènes* d'idées simples, ce qui est faux.
Lorsque DYER, par exemple, forme le mot **delta** = *mouvement*
au moyen des éléments **d** = *variation*, **l** = *espace* et **t** = *temps*, il
suppose cette définition du mouvement : « variation *dans* l'espace
et dans le temps »; or si, dans cette formule, on supprime les
mots en italiques, on la rend inintelligible, parce qu'on supprime
la relation spéciale qui unit les trois éléments; et cette relation
n'est pas symétrique, car si l'on permute ces trois termes, la
formule devient un non-sens. Par conséquent, combiner des
idées par simple juxtaposition, comme si elles étaient homogènes, c'est négliger la diversité des relations qui les unissent,
c'est-à-dire l'élément le plus important de l'idée composée, car
c'est lui qui détermine le sens de celle-ci. Ainsi ces systèmes
méconnaissent, comme les systèmes à classification logique,
l'hétérogénéité réelle des relations qui existent entre nos idées[1].

Nous venons de discuter les principes logico-philosophiques
des langues *a priori*. Mais lors même que ces principes seraient
excellents, ces langues seraient encore sujettes à critique par la
manière dont elles les appliquent, c'est-à-dire par leur morphologie. En effet, comment les langues *a priori* traduisent-elles en
mots leurs classifications, bonnes ou mauvaises? C'est toujours
par des combinaisons systématiques de lettres qui équivalent,

---

1. Ces relations sont exprimées, dans nos langues, d'une part, par les
particules (prépositions, conjonctions, adverbes simples), d'autre part, par
la dérivation et la composition. On remarquera que ce défaut des langues
a priori concorde avec le peu d'importance que leurs auteurs attachent aux
particules, à la dérivation et à la composition. On peut, il est vrai, concevoir
un système de signes propres à représenter les différentes relations des idées
qui entrent dans la composition d'une idée complexe. On trouve par exemple
un tel symbolisme, appliqué aux mathématiques, dans le *Formulaire de
Mathématiques* de M. PEANO. Mais cet exemple même montre à quelle complication atteindrait une telle *pasigraphie*, étendue à tous les ordres d'idées,
puisque, pour les idées mathématiques seulement, on est obligé d'employer
une *centaine* de symboles différents. En outre, s'il est vrai qu'on peut,
théoriquement, inventer une traduction phonétique de ce symbolisme pour
transformer cette pasigraphie en une langue universelle, on voit que celle-ci
serait bien peu pratique, car il faudrait probablement des milliers de *phonèmes* différents, correspondant à autant d'idées élémentaires.

au fond, à des numéros d'ordre : dans tous ces systèmes, les lettres sont des nombres, et l'ordre alphabétique correspond à l'ordre numérique (VIDAL). Il y a une grande analogie entre ces langues et les pasigraphies : les unes et les autres *numérotent* les idées préalablement classées; seulement les numéros des unes sont prononçables, tandis que ceux des autres ne le sont pas [1]. Mais le principe est le même : c'est la formation du vocabulaire au moyen de combinaisons mathématiques.

Or ce principe a des conséquences très fâcheuses. Chaque lettre n'étant, au fond, qu'un chiffre, n'a pas de sens par elle-même : elle n'en a que par la place qu'elle occupe dans le mot, et par les lettres qui l'y précèdent. Deux mots peuvent avoir en commun une syllabe, et même être semblables à l'initiale près, et avoir des sens tout différents, sans aucun rapport et sans aucune analogie. Cela est contraire à l'esprit de nos langues, et même, semble-t-il, de toute langue. En effet, le langage repose sur l'association, conventionnelle et plus ou moins arbitraire, sans doute, mais constante et habituelle, d'une idée à un son (et par *son* il ne faut pas entendre une simple lettre, ni surtout une consonne ou combinaison de consonnes, mais une *syllabe*; car c'est là le véritable élément phonétique). Apprendre une langue (par l'usage surtout), c'est principalement acquérir les associations qui donnent à ses radicaux leur sens, de telle sorte qu'un radical, vu ou entendu, évoque automatiquement l'idée qu'il exprime. Or cette correspondance uniforme et fixe du sens au *son* n'existe pas dans les langues philosophiques, et cela seul permet d'affirmer que de telles langues seraient extrêmement difficiles, sinon impossibles à apprendre. Leur constitution méconnaît donc les lois fondamentales de la linguistique et de la psychologie.

Elles les méconnaissent encore par un autre de leurs principes, qui est celui-ci. Des idées voisines doivent être représentées par des mots voisins; plus les idées sont analogues, plus les sons doivent l'être [2]. Or l'on peut soutenir, sans aucun paradoxe, le principe contraire : plus deux idées sont semblables, plus les

1. C'est ce que montre bien le projet de GROSSELIN.
2. Remarquons en passant que la réciproque n'est pas vraie; comme nous venons de le dire, deux mots qui ne diffèrent que par leur initiale peuvent n'avoir rien de commun pour le sens. Cela enlève toute valeur *pratique* au principe en question.

mots qui les expriment doivent être différents. En effet, plus le
sens de deux mots est voisin, plus on est porté à les confondre;
et, au contraire, il y a moins de danger à avoir deux mots semblables pour désigner deux idées très différentes[1]. Si, comme
dans les langues philosophiques, on désigne les idées d'un
même genre par des mots qui ne diffèrent que par une lettre,
cela les rend d'autant plus difficiles à apprendre, et d'autant
plus faciles à confondre. Sans doute on retiendra aisément leurs
formes; mais on se rappellera avec peine leurs sens. Pour se
retrouver, par exemple, dans la nomenclature des corps simples
d'après Sotos Ochando, il ne suffit pas de savoir la série de
vocables : **Ababa, ababe, ababi**,... mais il faut savoir par cœur la
suite des noms correspondants : *oxygène, hydrogène, azote*,... sans
en omettre ni intervertir un seul. Si l'on en oublie un, on est
perdu; le nom de chacun dépendant de son rang, on se trompera fatalement sur tous les suivants. Il y a donc fort peu de
chances pour qu'on arrive au bout sans erreur, et il y en a
beaucoup pour que l'on confonde le *ruthenium* et l'*osmium*; d'autant plus que l'ordre assigné aux idées d'une même classe est
toujours plus ou moins arbitraire[2]. D'ailleurs, l'ordre assigné
aux lettres de l'alphabet est également arbitraire, et, dans certains systèmes, diffère de l'ordre alphabétique, de sorte qu'il
prête, lui aussi, à des erreurs de mémoire. Et c'est en juxtaposant, par une correspondance arbitraire, deux ordres dont
chacun est déjà par lui-même arbitraire, que l'on prétend constituer un vocabulaire logique et naturel!

Aussi, quand les auteurs de ces langues prétendent que leur
vocabulaire n'est pas plus long ni plus difficile à apprendre que
la numération, ils se trompent lourdement : apprendre un tel
vocabulaire, c'est sans doute apprendre *d'abord* un système de
numération; mais c'est *ensuite* apprendre le *sens* de milliers de
nombres, c'est-à-dire les idées qui leur sont associées en vertu
d'une correspondance doublement arbitraire.

En résumé, les langues *a priori* supposent, comme fondement

1. C'est ce qui permet, dans nos langues, de distinguer les homonymes
et les paronymes d'après le contexte, c'est-à-dire par le sens général de la
phrase; cela diminue tout au moins les risques d'équivoque et de confusion.
2. C'est ici qu'on voit combien l'analogie des nombres est trompeuse; le
sens de chaque nombre est exactement déterminé par son rang même dans
la suite, ce qui n'est pas vrai pour toutes les autres séries.

logique, un état d'achèvement ou tout au moins d'avancement des sciences qui est et sera longtemps encore chimérique; et dans l'application de la classification des idées (fût-elle parfaite) à la formation des mots, elles procèdent par un arbitraire complet, que cache mal l'emploi systématique et monotone de combinaisons mathématiques. Ainsi, d'une part, elles reposent sur un principe tout subjectif, essentiellement précaire et caduc; et d'autre part elles offrent un vocabulaire entièrement conventionnel, et par suite extrêmement difficile à apprendre. Elles n'ont donc ni valeur scientifique, ni utilité pratique.

SECTION II

SYSTÈMES MIXTES

CHAPITRE I

LE PROGRAMME DE J. von GRIMM

Les systèmes mixtes comprennent, principalement le *Volapük* et ses dérivés. Toutefois, bien avant l'apparition du *Volapük*, l'illustre philologue Jacob von GRIMM avait publié, non pas un projet, mais le plan d'élaboration d'une langue universelle que nous croyons devoir classer dans cette section, car, comme on va le voir, si par beaucoup de points la langue idéale qu'il conçoit est *a posteriori*, par quelques-uns elle se rapproche des systèmes *a priori*. Comme ce document est très intéressant et assez court, nous le traduisons *in extenso* [1].

PROGRAMME POUR LA FORMATION D'UNE LANGUE UNIVERSELLE

A l'égard du grand public, il sera utile d'exposer :
1° Les avantages extraordinaires qui résulteraient pour tout le genre humain de la formation et de l'adoption d'une langue universelle ;

2° Les raisons pour lesquelles aucune des langues connues jusqu'ici ne peut être employée à cette fin ;

1. EICHHORN, *Die Weltsprache*, p. 8-15 (Bamberg, 1887); Hans MOSER, *Grundriss einer Geschichte der Weltsprache*, p. 20-24 (Berlin-Neuwied, 1888).

3° Les causes pour lesquelles tous les essais faits jusqu'ici dans ce sens ont nécessairement échoué ;

4° Les difficultés attachées à l'exécution de ce projet.

A l'égard des penseurs, ce serait prendre leur temps et perdre son temps, et comme le présent écrit leur est exclusivement destiné, je commence sans autre préambule l'exposé de mon plan.

Le programme devrait poser à peu près les principes suivants :

Quelles propriétés doit posséder la langue universelle ?

I. Elle doit être rigoureusement logique, c'est-à-dire :

A. Chaque mot doit désigner précisément et sans équivoque le concept correspondant (quand la langue universelle n'aurait pas d'autre avantage que de remédier aux confusions d'idées qui naissent, dans toutes les langues, de la signification vague de tant de mots, la peine qu'on y aurait dépensée serait amplement payée).

B. La formation des mots, la dérivation et la composition doivent avoir lieu d'après des règles déterminées, aussi simples que possible, de sorte qu'aucun doute ne puisse s'élever sur la signification des mots dérivés ou composés.

II. Elle doit être d'une richesse illimitée.

A. La richesse du vocabulaire résulte déjà naturellement de la condition précédente. Car ce serait une superfluité fâcheuse que d'avoir plusieurs mots pour le même concept; mais si chaque mot doit désigner exactement le concept correspondant, il va de soi que chaque nuance du même concept doit être désignée par un autre mot, ou par une syllabe de dérivation, ou par une épithète.

B. La variété de l'ordre des mots est indispensable pour l'expression juste de la pensée. L'ordre des mots de la langue universelle doit être également éloigné de la dispersion arbitraire des mots en latin et des règles restrictives de beaucoup de langues vivantes. Il doit permettre toutes les inversions; mais chacune de ces inversions doit avoir un sens et une intention.

C. Une conséquence nécessaire de la richesse est la grande flexibilité et maniabilité.

III. Elle doit être harmonieuse, et également appropriée à la poésie et au chant.

La langue italienne est généralement reconnue comme la plus

harmonieuse, et si nous cherchons la cause de cette qualité, nous la trouvons dans cette propriété, que la plupart des syllabes se composent seulement d'une consonne suivie d'une voyelle, et que presque tous les mots se terminent par une voyelle.

Nous trouvons aussi la première propriété dans le hongrois et dans le turc, qui pourraient être rangés après l'italien à l'égard de l'harmonie. Mais beaucoup de finales de ces deux langues se terminent par une consonne. Cela peut donner à la langue un caractère plus robuste et plus mâle; cela paraît aussi désirable pour la variété des rimes. Mais en hongrois, par exemple, la dernière lettre est très fréquemment un *k*, lettre dont la répétition est dure à l'oreille. Il sera facile de choisir un juste milieu et de réunir ainsi tous les avantages.

IV. Elle doit être extrêmement facile à apprendre, à parler et à écrire.

A. Pour qu'elle soit facile à apprendre, il faut que non seulement les flexions, dérivations et compositions se fassent suivant des règles déterminées, mais encore que l'arbitraire soit exclu autant que possible de la formation des racines; et là même où cet arbitraire est inévitable, il faut qu'on puisse au moins donner la raison pour laquelle on choisit telle expression et non une autre.

Par exemple, chaque lettre devra posséder un certain caractère, ou plutôt certains caractères. En dehors des lettres qui peignent les sons, je ne connais que deux lettres qui me paraissent avoir un certain caractère : R pour ce qui est rond, et L pour ce qui est fluide, ce qui coule. On devra donc assigner arbitrairement un caractère aux lettres. Mais cela pourrait et devrait se faire toujours d'après certaines lois; par exemple, de la manière suivante.

Le latin paraît être la langue la plus propre à servir de fil conducteur dans la formation des racines primordiales. Elle a l'avantage :

1° D'être une langue morte;

2° D'être étroitement apparentée à toutes les familles de langues indo-européennes;

3° D'être connue au moins des savants de toutes les nations.

Si maintenant je choisis le mot latin *spatium* pour en former le mot de la langue universelle qui doit exprimer l'idée d'espace, j'en formerai *sapat*, que je justifierai comme suit. J'emploie dans ce mot une voyelle qui représente l'idée d'étendue. J'emploie de plus trois consonnes, dont la première représente l'idée de longueur, la seconde celle de largeur, et la troisième celle de hauteur. Quiconque aura entendu cela une fois ne l'oubliera jamais de sa vie. La circonstance que *s* forme le contraire de *t* devra être érigée en règle pour tous les autres cas où l'on attribuera à *s* un autre caractère. La formation des mots sera extraordinairement simplifiée et facilitée par le fait que chaque lettre aura son opposée [1].

Si par exemple je veux former d'après le mot *tempus* le mot qui doit représenter l'idée de temps dans la langue universelle, je choisirai *temes*. Ici la lettre *e* reçoit le caractère de la succession; *t* celui du passé, *m* celui du présent, et *s* celui de l'avenir; par où *s* forme encore l'opposé de *t*.

On ne disconvient pas que l'exécution conséquente d'un tel système est extraordinairement difficile, peut-être même impossible; mais il ne s'agit pas d'exprimer les idées par des formules algébriques; il s'agit seulement de se rapprocher de cette expression autant que possible, et autant que l'euphonie le comporte, pour régler la formation des racines et en faciliter l'apprentissage.

B. Pour qu'elle soit facile à parler, elle doit exclure tous les sons difficiles à prononcer pour telle ou telle nation, par exemple les nasales, *ch* [2], *mn*, *sm*, etc. J'excepterais *sch* [3], bien que les Grecs ne le prononcent pas; parce que : 1º ce son est très caractéristique; 2º il apporte beaucoup de variété dans le son de la parole; 3º il est indispensable pour beaucoup de mots qui peignent le son; et 4º il est si facile à prononcer, que les gens en apprendront aisément la prononciation, avec un peu de bonne volonté.

C. Pour qu'elle soit facile à écrire, il suffit que chaque lettre ait sa prononciation invariable, et que chaque mot s'écrive exactement comme il se prononce.

Les travaux devraient probablement être entrepris dans l'ordre suivant :

1. Cette idée de lettres opposées (par convention) se trouve déjà chez WILKINS.
2. Le *ch* allemand (aspiration gutturale).
3. Le *ch* français (chuintante).

1º Fixation des parties du discours et de leurs domaines. Par exemple, il faudra bien étudier les questions suivantes : L'article doit-il être employé, quand et comment? Doit-on employer des prépositions ou des suffixes, ou, si l'on a les deux, dans quels cas? Le gérondif est-il nécessaire? A-t-on besoin de verbes auxiliaires, et desquels?

2º Fixation des flexions et variations que doit subir chaque partie du discours.

Ici on devra procéder d'une manière critique, par exemple, comparer le verbe anglais au verbe latin et arabe, peser les avantages et inconvénients de chacun, etc.

3º Fixation des règles suivant lesquelles on devra former une partie du discours en partant d'une autre.

Par exemple, le nom doit-il toujours être formé du verbe, ou inversement? Ou bien : La racine doit-elle être toujours formée du concept primitif, ou peut-être du concept abstrait?

C'est la partie du travail que je regarde comme la plus difficile. Élaborer un tel système d'une manière indépendante et d'un seul jet ne peut être que l'œuvre d'un seul, et surpasse les forces humaines. Par suite il ne restera plus qu'un moyen : rechercher la marche que l'esprit humain a suivie dans le développement des langues. Mais dans le développement de toutes les langues civilisées, les influences extérieures accidentelles et l'arbitraire injustifié ont eu tant de pouvoir, qu'une telle étude peut tout au plus servir à montrer les écueils qu'il faut éviter. De toutes les langues que je connais, le hongrois est celle qui a le mieux conservé son originalité. Aussi l'étude de ses dérivations (qui sont presque toujours remarquablement logiques), ainsi que l'histoire de la transformation qu'elle a subie dans les années 1820-1840, seront ici de grande utilité.

4º Fixation des règles suivant lesquelles les racines devront être formées.

5º Formation de ces racines.

Ce qui reste alors à faire ne me paraît qu'un jeu d'enfant en comparaison avec ce qui précède; et si ces cinq questions sont résolues à la satisfaction générale, il ne reste à mon avis aucun doute sur le succès complet de cette grande œuvre.

Pera, le 10 janvier 1860.

J. VON GRIMM.

CRITIQUE.

Presque toutes les conditions que GRIMM impose à la langue universelle idéale nous paraissent fort judicieuses et fort pratiques, et les langues *a posteriori* n'ont guère fait que réaliser ce programme, dans la mesure même de leur degré de perfection. Il n'y a qu'une seule prescription qui soit regrettable, parce que son application détruirait tous les avantages qui seraient la conséquence des autres : c'est celle qui tend à constituer les racines en « assignant *arbitrairement* un caractère » à chaque lettre. Sans doute, on ne peut nier qu'à l'origine des langues indo-européennes il n'y ait eu une correspondance naturelle, plus ou moins latente, entre les sons et les objets; que, par exemple, r semble exprimer le mouvement, la rapidité, le roulement, l (ou plutôt fl) la fluidité, st le repos, l'arrêt, etc. [1]. Mais ces analogies sont si lointaines et si flottantes que l'on n'est même pas d'accord sur la signification de telle lettre (nous en donnons un exemple pour r, que nous interprétons, avec PLATON, autrement que GRIMM). Et les idées ainsi associées aux lettres sont si vagues et si confuses qu'on ne peut espérer constituer avec elles ce que LEIBNIZ appelait l'*Alphabet des pensées humaines*. Comment veut-on qu'avec 25 ou 30 idées très générales on compose toutes les idées particulières que l'esprit le plus vulgaire emploie journellement? GRIMM lui-même entrevoit que ce système est d'une exécution impossible. D'ailleurs, il avoue que cela introduirait l'arbitraire dans la formation des racines, alors qu'il veut l'en exclure autant que possible, et obligerait à assigner plusieurs sens à chaque lettre. Les exemples mêmes qu'il donne confirment cette critique. Les 3 consonnes du mot **sapat** représenteront respectivement les trois dimensions de l'espace, dit-il. Mais, d'autre part, deux d'entre elles figurent dans le mot **temes** [2], où elles représentent le passé et l'avenir. En outre, ces consonnes ont des sens *opposés* dans un cas, mais non dans l'autre : est-ce que la longueur est l'opposé de la profondeur? D'ailleurs, ce n'est que par des conventions arbitraires que l'on peut ainsi accoupler les con-

---

1. Cf. *Opuscules et fragments inédits de Leibniz*, éd. Couturat, p. 151 ; LEIBNIZ, *Nouveaux Essais*, III, II, § 1, et le *Cratyle* de PLATON.
2. Pourquoi **temes** plutôt que **temp** ou **tempor**?

sonnes en antithèses. De même pour les voyelles : lorsqu'on n'a
que 5 ou 6 voyelles à sa disposition, peut-on en consacrer une à
signifier l'*étendue*, et une autre à signifier la *succession*? Évidemment non. Il en résulte que chaque lettre changera de sens d'un
mot à l'autre, de sorte que son sens sera, pratiquement, déterminé par le sens de la racine où elle figure, et non celui de la
racine par celui des lettres qui la constituent [1]. Concluons donc
que les véritables véhicules des idées ne sont pas les lettres,
mais les syllabes et les racines. Dès lors, si l'on veut « exclure
tout arbitraire » du choix des racines, on n'a qu'à les emprunter
aux langues naturelles, au latin, si l'on veut. Avec cette correc-
tion capitale et indispensable, on peut dire que le programme
de GRIMM est parfait. Mais en même temps on le purge de tout
principe *a priori*, et il devient le programme d'une langue *a posteriori*. On verra qu'il existe de telles langues qui se rapprochent
en effet beaucoup de l'idéal de GRIMM, et qui remplissent toutes
les conditions de son programme, excepté celle que nous venons
de critiquer.

1. On remarquera que ce système de formation des racines a été adopté
par le *Spokil*. Aussi la critique que nous en faisons porte-t-elle contre le
Spokil et contre tout système analogue.

CHAPITRE II

SCHLEYER : *VOLAPÜK* [1]

L'auteur du *Volapük* est Monseigneur SCHLEYER, né le 18 juillet 1831 à Oberlauda (Bade), curé de Litzelstetten, près Constance, et prélat romain [2]. Ses admirateurs lui attribuent la connaissance de plus de 50 langues [3]. Ils vantent aussi ses talents de poète et de musicien. L'invention du *Volapük* serait, à ce qu'on raconte, le fruit d'une inspiration soudaine et presque miraculeuse, survenue dans une nuit d'insomnie, le 31 mars 1879. Mgr SCHLEYER a été inspiré par les mobiles philanthropiques les plus élevés : il s'est proposé de contribuer à l'union et à la fraternité des hommes; il considère son invention comme une « grande œuvre de paix », comme « un des meilleurs moyens de réaliser l'union des peuples », et il la destine à « tous les habitants cultivés de la terre ». La devise du *Volapük* : **Menade bal püki bal** : *A une humanité une langue!* a été souvent mal comprise; on a cru à tort qu'elle visait l'unité de langue dans l'humanité. L'auteur déclare expressément, dans la *Préface* de la 1ʳᵉ édition de sa *Grammatik*, qu'on peut fort bien concilier l'amour de sa patrie et l'amour de l'humanité. Il avait d'abord inventé un

---

1. *Grammatik der Universalsprache für alle Erdbewohner*, vom Erfinder derselben, Johann Martin SCHLEYER, 5ᵉ éd., Konstanz, 1885 (contient un lexique double). La 3ᵉ éd. (1883) est la plus complète. *Wörterbuch der Universalsprache*, etc. — Aug. KERCKHOFFS : *Cours complet de Volapük* (1885). *Grammaire abrégée de Volapük* (1886). *Dictionnaire Volapük-Français et Français-Volapük*, précédé d'une grammaire complète de la langue (1887). Paris, Le Soudier.

2. Depuis la fondation du *Bureau central du Volapük* (1885), Mgr SCHLEYER habite Constance, où il vit toujours, bien que les journaux aient annoncé trois fois sa mort. Il a reçu en 1884 le titre de camérier secret du pape.

3. Ce nombre s'élève maintenant à 83, d'après des prospectus que nous avons reçus récemment du *Bureau central du Volapük* à Constance.

alphabet universel pour la correspondance internationale et la transcription des noms étrangers (1878), et c'est ainsi qu'il fut amené à concevoir et à réaliser une langue universelle, pour dispenser les hommes de science, les voyageurs et les commerçants de l'étude longue et difficile des langues étrangères. Le développement des moyens de communication, l'union postale universelle, etc., lui paraissaient entraîner nécessairement l'adoption d'une écriture, d'une langue et d'une grammaire universelles. Toutes les langues nationales ont de graves défauts et des difficultés sans nombre [1]. Il faut au contraire que la langue universelle ait une grammaire absolument régulière et rationnelle. Quant à la source à laquelle ses éléments ont été puisés, elle est indiquée expressément dans le premier paragraphe des *Généralités* de la *Grammaire* (§ 38, 5ᵉ éd.) : « La langue universelle a pour base la langue anglaise populaire, parce que celle-ci est la plus répandue de toutes les langues des peuples *civilisés* (abstraction faite de son orthographe trop embrouillée). »

GRAMMAIRE.

L'alphabet du *Volapük* comprend 28 lettres, 8 voyelles : a, e, i, o, u (*ou*), ä (*è*), ö (*eu*), ü (*u* français); et 20 consonnes : b, c (*tch*), d, f, g (toujours dur), h (*ch* allemand), j (*ch* français), k, l, m, n, p, r, s, t, v, x (toujours *ks*), y (comme dans *yeux*), z (*ts*); auxquelles il faut ajouter l'*esprit rude* ' (G. ; *h* aspirée) [2].

Chaque lettre a toujours un seul et même son; les voyelles sont toujours longues. Il n'y a pas de diphtongues. Pour régler l'orthographe et la prononciation, l'auteur prévoit l'institution d'une *Académie internationale de langue universelle* [3].

L'*accent* porte toujours sur la dernière syllabe de chaque mot.

Il y a un *article défini* el, et un *article indéfini* un, mais on ne doit les employer qu'en cas d'absolue nécessité, ou dans une traduction littérale. Ex. : **no vilob eli buki, sod uni buki** = *je ne veux pas*

1. Dans sa *Grammaire*, Mgr SCHLEYER énumère les principaux défauts des langues naturelles (vivantes ou mortes), et les avantages de sa langue artificielle.

2. Cet alphabet fait partie de l'*Alphabet universel*, qui comprend 10 lettres de plus (soit 38 en tout), et qui devait servir à la transcription phonétique des noms propres de toutes les langues (Voir le *Vocabulaire*).

3. Voir l'*Historique*.

le livre, mais un livre. Les articles se déclinent comme les substantifs. Dans la pratique, ces deux articles sont inusités; l'*article indéfini* se traduit en cas de nécessité par **sembal** (*quelqu'un*).

Les *substantifs* se déclinent au moyen des voyelles-suffixes -a (génitif) [1], -e (datif), -i (accusatif). Ils prennent en outre -s au pluriel. Exemple : **dom**, *la maison.*

	Singulier.	Pluriel.
N.	dom	doms
G.	doma	domas
D.	dome	domes
A.	domi	domis

Le *vocatif* est indiqué par un o mis devant le nom.

Les substantifs ont le *genre naturel.* Le genre ne s'indique que par dérivation. Le substantif pur et simple a le sens du *masculin.* Le *féminin* se forme au moyen du préfixe ji- (E. *she*), et le *neutre* au moyen du suffixe -os. Ex. **son** = *fils*, **ji-son** = *fille*; **blod** = *frère*, **ji-blod** = *sœur*; **ji-dog** = *chienne*; **ji-gok** = *poule.*

Il y a un autre préfixe féminin, le pronom **of** (*elle*).

Les *adjectifs* ont tous la terminaison caractéristique -ik : **gudik** = *bon* (**gud** = *bonté*), **gletik** = *grand* (**glet** = *grandeur*).

Le *comparatif* se forme au moyen du suffixe -**um**, et le *superlatif* (relatif) au moyen du suffixe -**ûn** [2] : **gudikum**, *meilleur*; **gudikûn**, *le meilleur.* Le *que* qui suit un comparatif se traduit par **ka.**

Le *superlatif* absolu est marqué par l'adverbe **vemo** = *très.* Ex. : **vemo gletik**, *très grand.*

Les degrés de comparaison peuvent s'appliquer au besoin aux substantifs [3]. Ex. : **fam**, *gloire*; **famum**, *une plus grande gloire*; **famûn**, *la plus grande gloire.*

Les *noms de nombre* cardinaux sont : **bal**, 1; **tel**, 2; **kil**, 3; **fol**, 4; **lul**, 5; **mâl**, 6; **vel**, 7; **jôl**, 8; **zûl**, 9. Les dizaines se forment en ajoutant un -s aux unités : **bals**, 10; **tels**, 20; **kils**, 30;... Les nombres intermédiaires sont : **balsebal**, 11; **balsetel**, 12; **balsekil**, 13;... Puis : **tum** = 100; **mil** = 1.000; **balion** = 1.000.000 [4].

---

1. Comme en russe.
2. Ces suffixes peuvent s'employer séparément comme adverbes (*plus* et *le plus*).
3. Comme en magyar.
4. Pour substantifier les nombres cardinaux, on leur ajoute le suffixe -**el** (D. -*er*) : **balel**, *unité*; **balsel**, *dizaine.*

Les 9 premiers noms de nombre varient en genre, en nombre et en cas.

Les *adjectifs ordinaux* se forment en ajoutant aux nombres cardinaux le suffixe -id : **balid**, *premier*; **telid**, *second*.

Les *adverbes ordinaux* dérivent de ces adjectifs par l'adjonction de -o (suffixe adverbial) : **balido**, *premièrement*.

Les *nombres multiplicatifs* se forment en ajoutant aux nombres cardinaux le suffixe -ik : **balik**, *simple*; **telik**, *double*.

Les *nombres fractionnaires* se forment au moyen du suffixe **dil** (D. -*tel*) : **kildil**, *tiers*; **foldil**, *quart*.

Les *nombres répétitifs* se forment au moyen du suffixe -**na** : **kilna**, *3 fois*; **telsna** (ou **telsena**), *20 fois* [1].

Les *nombres distributifs* se forment en mettant devant le nombre cardinal un a (comme en F.) : **a tel**, *à deux*; **a tels**, *à vingt*; **a folid**, *chaque quatrième*.

Enfin les *verbes multiplicatifs* ont simplement pour radical le nombre cardinal correspondant : **balön**, *unir*; **telön**, *doubler*; **kilön**, *tripler*.

Les *pronoms personnels* sont, au singulier : **ob**, *je*; **ol**, *tu*; **om**, *il*; **of**, *elle*; **os**, *il* (neutre); et au pluriel : **obs**, *nous*; **ols**, *vous*; **oms**, *ils*; **ofs**, *elles*.

On y ajoute le pronom réfléchi **ok** (pl. **oks**), *se, soi*; et le pronom indéfini **on** (pl. **ons**), *on*. **Ons** sert aussi de 2ᵉ personne de politesse (*vous* F., *Sie* D.).

Ils se déclinent comme les substantifs : **oba, obe, obi**; **obas, obes, obis** (ou **obsa, obse, obsi**).

Les *adjectifs possessifs* dérivent des pronoms personnels par l'adjonction du suffixe -**ik** : **obik**, *mon*; **olik**, *ton*; **omik**, *son* (à lui); **ofik**, *son* (à elle); **osik**, *son* (à une chose); de même : **obsik, olsik, omsik, ofsik**; **okik, onik, onsik**.

Ces adjectifs varient en nombre et en cas, comme les substantifs.

Ils sont souvent remplacés (pour l'euphonie) par le génitif des pronoms personnels (**oba, ola, oma, ofa**; **obas,...**).

Les *pronoms possessifs* dérivent des adjectifs possessifs par l'adjonction de -**el** au radical : **obikel**, *le mien*; **obsikel**, *les nôtres*. Ils se déclinent et forment leur pluriel comme les substantifs [2].

1. De ces nombres dérivent des adjectifs en -**nalik** (= -*malig* D.).
2. La distinction des adjectifs et des pronoms possessifs est une innovation de la 5ᵉ édition (1885).

Les *pronoms démonstratifs* sont : at, *celui-ci*; et, *celui-là*; it, *même* (L. *ipse*); ot, *le même* (L. *idem*); ut, *celui* (qui); som, *tel* [1]; votik, *autre*. D'où : balimik..., votimik..., *l'un...*, *l'autre...*; balim votimi ou balvotik, *l'un l'autre.*

Les *pronoms interrogatifs* sont :

Masc.	Fém.	Neutre.	
kim,	ji-kim (of-kim, kif),	kis,	*qui, quoi?*
kiom,	kiof,	kios,	*quel, quelle?*
kimik,	*quelle espèce de...?*		

Les *pronoms relatifs* sont :

kel, ji-kel, kelos, *qui.*

Les principaux *pronoms indéfinis* sont : sembal, *un* (quelconque); ek, *quelqu'un*; nek, *personne*; alik, *chaque;* alim, *chacun*; noŋik, *aucun*; valik, *tout (tous)*; bos, *quelque chose*; nos, *rien.*

Les *verbes* ont une conjugaison unique et absolument régulière. La *voix* (active ou passive) et le *temps* sont indiqués par des préfixes; la *personne* par le pronom personnel suffixé, et le *mode* par un suffixe placé à la fin, *même après le pronom.* Voici d'abord l'*indicatif présent* du verbe lŏfŏn, *aimer* (radical lŏf) :

lŏfob,	*j'aime.*	lŏfobs,	*nous aimons.*
lŏfol,	*tu aimes.*	lŏfols,	*vous aimez.*
lŏfom,	*il aime.*	lŏfoms,	*ils aiment.*
lofof,	*elle aime.*	lŏfofs,	*elles aiment.*
lŏfos,	*il (cela) aime.*	lŏfon,	*on aime.*

Les autres *temps* de l'*indicatif* se forment en préfixant au présent : ä- (*imparfait*), e- (*parfait*), i- (*plus-que-parfait*), o- (*futur*) et u- (*futur antérieur*). Ainsi l'on a :

älŏfob,	*j'aimais.*	olŏfob,	*j'aimerai.*
elŏfob,	*j'ai aimé.*	ulŏfob,	*j'aurai aimé.*
ilŏfob,	*j'avais aimé.*		

Les autres *modes* se forment en ajoutant à *toutes* les formes de l'indicatif les suffixes: -la [2] (*subjonctif*) [3], -ŏs (*optatif*), -ŏd (*impératif*) -ŏz (*jussif*) [4], -ŏn (*infinitif*) et- ŏl (*participe*) : elŏfom-la, *qu'il ait aimé.*

1. Ces *six* pronoms ont des formes différentes quand on veut insister ou préciser (comme en D. par *eben*) : ät, eit, iet, öt, üt, söm. Ils varient en genre.
2. Le suffixe -la garde son tiret, pour marquer qu'il ne prend pas l'accent.
3. L'imparfait et le plus-que-parfait du subjonctif remplacent les conditionnels présent et passé (comme en D.).
4. Impératif plus ... impérieux.

Ainsi chaque mode a (ou peut avoir) autant de temps que l'indicatif. Exemple : **löfom-la**, *qu'il aime*; **ālöfob-la**, *j'aimerais*; **ilöfobs-la**, *nous aurions aimé*; **löfomös**, *qu'il aime* [1]! **löfölsöd**, *aimez!* **löfolöz**, *aime* (impérieusement); **löfön**, *aimer*; **elöfön**, *avoir aimé*; **loföl**, *aimant*; **elöfol**, *ayant aimé*; **oloföl**, *devant aimer* [2].

Les temps et modes du *passif* se forment en préfixant aux formes de l'actif la lettre p- (ou, au présent, la syllabe pa-) [3]. Exemple : **palöfön**, *être aimé*; **pālöfol**, *tu étais aimé*; **palöföl**, *aimé* (présentement); **pelöfol**, *qui a été aimé*; **polöföl**, *qui sera aimé*; **pulöföl**, *qui aura été aimé* [4].

Chacun des temps et modes énumérés peut se mettre au *duratif* (qui exprime la durée ou la continuité de l'action); pour cela, on intercale un i après le préfixe qui marque le temps : **ailöfob** = *j'aime* (continuellement); **peilöfof** = *elle a* (toujours) *été aimée*.

Les *verbes réfléchis* se forment en suffixant à toutes les personnes le pronom réfléchi -ok : **löfobok**, *je m'aime*; **löfobsok** bu **löfoboks**, *nous nous aimons* [5].

Les *verbes réciproques* se forment avec le pronom réfléchi ok séparé, à l'accusatif : **löfobs okis** = *nous nous aimons* (l'un l'autre).

Les *verbes impersonnels* se conjuguent avec le pronom neutre -os : **nifos**, *il neige*; **lömibos**, *il pleut*.

L'*interrogation* est marquée par le préfixe ou suffixe li (avec un trait d'union) : **li-löfom** ou **löfom-li**, *aime-t-il*? Quand -li se trouve réuni au suffixe -la (du subjonctif), il le précède. La *négation* s'exprime par **no** placé devant le verbe. Ex. : **no elöfons-li-la**, ou : **no-li elöfons-la**, *est-ce que vous n'auriez pas aimé*?

Les *adverbes dérivés* d'adjectifs se terminent en -ik, comme les adjectifs (auxquels ils sont identiques) et ont les mêmes degrés; ils prennent en outre la désinence -o quand ils sont séparés du verbe, ou que la clarté l'exige : **gudiko**, *bien*; **gudikumo**, *mieux*;

---

1. **Volapük lifomös** = *vive le Volapük*! (**lif** = *vie*).
2. L'infinitif et le participe peuvent prendre des désinences personnelles; l'infinitif peut se décliner.
3. Mgr SCHLEYER traduit par le passif (3ᵉ pers. neutre -os) les verbes actifs dont le sujet est on : **pafopos**, *on raconte*; **pofutelos**, *on ira à pied*. C'est un idiotisme latin et allemand.
4. Il y a en outre un *gérondif* formé du participe et du préfixe pö- : **pölöföl**, *aimable* (qui doit être aimé; L. *amandus*).
5. Le pronom ok peut s'intercaler entre le radical et le pronom personnel : **löfokom**, *il s'aime*; **löfönok** ou **löfokön**, *s'aimer*.

gudikūno, *au mieux*. Les adverbes dérivés de substantifs prennent
-o : **neito**, *de nuit* (neit, *nuit*).

Les principaux *adverbes primitifs* sont : **si**, *oui*; **no**, *non*; **te**, *seulement*; **ti**, *presque*; **za**, *à peu près*; **nu**, *maintenant*; **is**, *ici*; **us**, *là*; **ya**, *déjà*; **ofen**, *souvent*; **nevelo**, *jamais*; **suno**, *tôt*; **nesuno**, *tard*; **kiōp**, *où?* **kiūp**, *quand?* **kikod**, *pourquoi* (**kod** = *cause*)? **liko**, *comment?* **lio**, *combien?*

Les *adverbes de lieu* prennent l'-i de l'accusatif quand ils marquent le mouvement vers le lieu : **golob usi**, *j'y vais*. Ils prennent l'-a du génitif quand ils marquent l'éloignement du lieu : **komob usa**, *je viens de là*.

Les principales *prépositions* sont : **al**, *à, vers* (et *pour* devant un infinitif); **de**, *de*; **in**, *dans*; **se**, *hors de*; **su**, *sur*; **dis**, *sous*; **bifū**, *devant*; **po**, *derrière*; **pos**, *après*; **ko**, *avec*; **nen**, *sans*; **ta**, *contre*; **fa**, *par*; **plo**, *pour* [1], etc.

Dix-huit prépositions de lieu régissent l'accusatif, quand elles marquent *mouvement vers*, ou bien le prennent elles-mêmes : **golob al zifi** ou **ali zif**, *je vais à la ville*. Dans les autres cas, elles régissent le nominatif, ainsi que les autres : **in zif**, *dans la ville*.

Les *prépositions* dérivées prennent le suffixe -ū : **būdū**, *sur l'ordre de* (**būd**, *ordre*); **nemū**, *au nom de* (**nem**, *nom*).

Les principales *conjonctions* sont : **e**, *et*; **i**, *aussi*; **u**, *ou* [2]; **nü**, *ni*; **ab**; *mais*; **das** (D.), *que*; **dat** (E.), *afin que*; **do**, *quoique*; **bi**, *puisque*; **if** (E.), *si*; **ven** (D.), *lorsque*; **ibo**, *car*; **kludo**, *donc*.

Syntaxe. L'adjectif reste invariable quand il suit immédiatement le nom qu'il qualifie, ce qui est sa place normale; dans les autres cas, il s'accorde avec lui. Il en est de même des pronoms et des noms de nombre [3].

En principe, la construction est libre. Mais l'ordre normal est sujet (suivi de pronom, nom de nombre et qualificatif); verbe (suivi d'adverbe); complément direct, compléments indirects.

Le subjonctif est très fréquemment employé dans les propositions subordonnées, et notamment dans le style indirect (comme

1. En composition, **ko** et **plo** deviennent **ke** et **ple**.
2. Les conjonctions **e**, **i**, **u** prennent un -**d** euphonique devant une voyelle : **ed** (I.), **id**, **ud**.
3. Cette règle se comprend pour les adjectifs et pronoms isolés. Elle se justifie pour les adjectifs et pronoms qui *précèdent* le substantif, parce que, selon Max Schleyer, on ne saurait pas alors s'ils se rapportent au substantif qui précède ou à celui qui suit.

en allemand et en latin); aussi Mgr SCHLEYER conseille-t-il de
préférer le style direct.

VOCABULAIRE.

« Le Lexique du *Volapük* a pour base, en première ligne, la
langue *anglaise*, parce qu'elle est parlée par 100 millions
d'hommes environ.... Après l'anglais, on tient compte particulièrement de l'allemand et du français, et aussi de l'espagnol et
de l'italien [1]. »

Toutefois, comme l'auteur l'indique aussitôt, « beaucoup de
mots doivent être *transformés*, notamment ceux qui finissent par
des *sifflantes* ». En effet, aucun mot déclinable ne peut se terminer
par une des sifflantes (ou chuintantes) c, j, s, x, z, afin de pouvoir
prendre l's du pluriel. De plus, « les radicaux des substantifs doivent être autant que possible monosyllabiques », afin de ne pas
engendrer des mots dérivés (surtout des verbes) trop longs.

En outre, Mgr SCHLEYER impose aux radicaux certaines règles
de structure : il en exclut les lettres ', h, et presque entièrement la
lettre r (en considération des Chinois, ainsi que des vieillards et
des enfants). Il ne doit pas y avoir plus de deux consonnes ni de
deux voyelles de suite. Et même, autant que possible, l'auteur fait
alterner les voyelles et les consonnes. Enfin, tous les radicaux
doivent commencer et finir par une consonne.

Il en résulte que les radicaux empruntés aux langues vivantes
subissent des déformations et des mutilations souvent considérables, qui ont pour effet de les réduire à leur syllabe centrale.

Exemples :

Latin :	bundan,	abondance.
	dol (dolor),	douleur.
	mag (imago),	image.
	nim,	animal.
	rig,	origine.
	sap (sapientia),	sagesse.
	tal (terra),	terre.
Allemand :	fel (feld),	champ.
	lit (licht),	lumière.
	vun (wunde),	blessure.

1. Grammatik, 5e édition, § 73.

Anglais : beg,   prière.
           bim   (beam [1]),   arbre.
           lif   (life),   vie.
           mun   (moon),   lune.
           nol   (knowledge),   science.
           pük   (speak),   langage.
           tim   (time),   temps.
           vol   (world),   monde.

Français : fikul,   difficulté.
            kadem,   académie.
            makab,   (chose)   remarquable.
            plim,   compliment.
            pak,   propagation.

« Comme l'orthographe du *Volapük* est essentiellement phonétique, les mots d'origine anglaise y sont quelquefois méconnaissables [2] » :

            cem   (chamber),   chambre.
            cif   (chief),   chef.
            flen   (friend),   ami.
            sel   (sale),   vente.
            tut   (tooth),   dent.

La lettre r est remplacée tantôt par un l :

            bel   (berg D.),   mont.
            fil   (fire E.),   feu.
            klon   (krone D.),   couronne.
            led   (red E.),   rouge.
            lol,   rose.
            pal,   paire.
            plogam,   programme.
            tlup,   troupe.
            yol   (year E.),   année.

tantôt par une autre consonne :

            nuf   (roof E.),   toit.
            zigad,   cigare.

ou bien elle est supprimée :

       fem, fermentation.   fot, forêt.
       fom, forme.   fum, fourmi.

---

1. N. B. : *beam* veut dire *arbre de couche* (*mécanique*).
2. Kirckhoffs, *Dictionnaire*, p. 24.

mab, *marbre.* telegaf, *télégraphe.*

pat, *particularité.* fotogaf, *photographie.*

Enfin, pour obtenir des monosyllabes fermés, les radicaux qui commencent par une voyelle prennent un l initial :

lab, *avoir;* lil (*ear* E.), *oreille.*

lan, *âme;* lof, *offre.*

lek, *écho;* lop, *opéra.*

lep (*ape* E.), *singe;* log (*auge* D.), *œil.*

Ils subissent encore d'autres modifications, notamment en vue de l's du pluriel :

xol (*ochs* D.), *bœuf;* pot, *poste.*

Les *noms propres* doivent être transcrits phonétiquement au moyen de l'alphabet universel, suivant la prononciation de leur langue nationale (les prénoms après le nom). Ainsi l'auteur du *Volapük* signe : **Jleyer Yo'ann Martin**, et traduit *James Johnson* par **Consn Cems.**

Les *noms géographiques* sont transformés systématiquement au moyen de suffixes caractéristiques (voir plus bas).

Mots dérivés. Nous connaissons déjà les principales dérivations grammaticales : formation du féminin et du neutre; formation des noms de nombre dérivés; formation de l'adjectif, du verbe et de l'adverbe. En règle générale, les radicaux sont des substantifs [1].

Parmi les flexions grammaticales, les préfixes de temps entrent dans la composition des mots qui indiquent une idée de temps : adelo, *aujourd'hui* (del = *jour*); ädelo, *hier;* edelo, *avant-hier;* odelo, *demain;* udelo, *après-demain;* ayel, *cette année,* etc.

Les autres dérivations se font au moyen d'affixes, les uns à sens déterminé, les autres à sens indéterminé. Voici d'abord les principaux *suffixes* à sens déterminé :

-il marque le diminutif : bod = *pain,* bodil = *petit pain;* kat = *chat,* katil = *petit chat.*

av indique une science : ntel = *étoile,* stelav = *astronomie;* lit = *lumière,* litav = *optique;* God = *Dieu,* godav = *théologie.*

---

1. Mgr SCHLEYER remarque que les désinences caractérisent en quelque mesure les parties du discours : les voyelles a, e, i distinguent les substantifs; les voyelles ä et ü appartiennent aux adjectifs; et les voyelles o et ö caractérisent les verbes et les adverbes (*Grammatik,* § 73). Les verbes dérivés de noms d'organes indiquent l'action de percevoir par ces organes : logön = *voir;* lilön = *entendre.*

-äl indique un « concept spirituel ou abstrait » : **kap** = *tête*, **kapäl** = *intelligence*; **lad** = *cœur*, **ladäl** = *cordialité*; **men** = *homme*, **menäl** = *humanité* (sentiment); **jön** = *beauté*, **jönäl** = *beauté d'esprit* (?); **tik** = *pensée*, **tikäl** = *esprit*.

-el indique les habitants de — ou les personnes qui s'occupent de — : **Pärisel** (sic) = *Parisien*; **mit** = *viande*, **mitel** = *boucher*. Il sert aussi (avec un radical verbal) à désigner l'acteur ou agent.

-al indique la même idée, avec une nuance de supériorité : **san** signifiant à la fois le *salut* physique et moral, **sanel** = *médecin*, et **Sanal** = le *Sauveur* (**sanäl** = *sainteté*); **datuvel** = *inventeur*, mais Mgr SCHLEYER a le titre de **Datuval**.

-an forme des noms de personnes, sans impliquer une idée d'activité [1] : **flutan**, *flûtiste*; **gelan**, *organiste* (**gel** = *orgue* F., *orgel* D).

-am indique l'action : **fom** = *forme*, **fomam** = *formation*; **finam** = *achèvement*. Les suffixes -ed, -od ont le même sens.

-än (**län** = *pays*) désigne les noms (propres et communs) de pays : **reg** = *roi*, **regän** = *royaume*; **limep** = *empereur*, **limepän** = *empire*; **fat** = *père*, **fatän** = *patrie*.

-en indique le métier ou l'industrie : **bil** = *bière*, **bilen** = *brasserie*; **glät** = *verre*, **gläten** = *verrerie*.

-öp indique le lieu de — : **bilöp** = *brasserie*; **kaföp** = *café* (établissement).

-ef indique une réunion de personnes : **musig** = *musique*, **musigef** = *orchestre* (**musigel** = *musicien*).

-em indique une collection de choses : **päk** = *paquet*, **päkem** = *bagage*; **flol** = *fleur*, **flolem** = *bouquet*; **kän** = *canon*, **känem** = *artillerie*.

-öf indique une qualité abstraite : **dun** = *acte*, **dunöf** = *activité*; **giv** = *don*, **givöf** = *générosité*.

-af sert à former les noms d'animaux : **spul** = *tissu*, **spulaf** = *araignée*; **jal** = *carapace*, **jalaf** = *crustacé*.

-it est le suffixe spécial des noms d'oiseaux : **gal** = *veillée*, **galit** = *rossignol*.

-in sert à former les noms d'éléments matériels : **vat** = *eau*, **vatin** = *hydrogène*; **xüd** = *acide*, **xüdin** = *oxygène*.

-ip sert à former les noms de maladies : **vatip** = *hydropisie*; **ladip** = *maladie de cœur*.

Enfin, les deux suffixes -**lik** et -**nik** servent à former des adjectifs

1. *Sic* : KERCKHOVE, *Dictionnaire*, p. 37.

qui expriment la nature ou la ressemblance : **led** = *rouge*, **ledlik** = *rougeâtre*; **leül** = *huile*, **leülnik** = *oléagineux*.

A ces suffixes il faut joindre 17 suffixes sans signification déterminée : **ab, ad, ap, at, ât, ed, et, ib, im, it, od, ub, üb, ud, uf, ug, üg**. Ex. : **menad** = *humanité* (ensemble des hommes).

Les principaux *préfixes* sont :

be- (D.), qui renforce l'idée du radical (verbal), ou transforme un verbe neutre en verbe actif : **givön** = *donner*, **begivön** = *doter*; **lifön** = *vivre*, **belifön** = *animer*.

da- étend ou complète l'idée du radical (verbal) : **tuvön** = *trouver*, **datuvön** = *inventer*; **lilön** = *écouter*, **dalilön** = *exaucer*.

ge- indique l'action en retour (D. *zurück*) : **gegivön** = *rendre*.

gi- indique la répétition de l'action (D. *wieder*) : **mekön** = *faire*, **gimekön** = *refaire*.

le- indique la supériorité, c'est un augmentatif : **ledom** = *palais*; **bijop** = *évêque*, **lebijop** = *archevêque*.

lu- indique l'infériorité, c'est un péjoratif : **ludom** = *cabane*; **lugod** = *idole*; **luvat** = *urine*.

ne- indique soit la négation, soit le contraire : **pükön** = *parler*, **nepükön** = *se taire*; **flen** = *ami*, **neflen** = *ennemi*.

D'autres préfixes sont des radicaux plus ou moins modifiés :

gle- ajoute l'idée de *grandeur* (**glet**) : **zif** = *ville*, **glezif** = *capitale*.

sma- implique l'idée de *petitesse* (**smal**) : **bel** = *montagne*, **smabel** = *colline*[1].

Le pronom **of** sert à former les noms féminins qui marquent une situation indépendante, par opposition au préfixe **ji-** qui marque le féminin naturel (**ji-kat** = *chatte*; **ji-jeval** = *jument*) : ainsi **of-tidel** = *institutrice*, tandis que **ji-tidel** = *femme d'instituteur*; **ji-blod** = *sœur*, mais **of-blod** = *sœur* (religieuse).

On emploie encore comme préfixes : l'adverbe **beno** = *bien* : **smel** = *odeur*, **benosmel** = *parfum*; — et les prépositions :

bevü = *entre* : **net** = *nation*, **bevünetik** = *international*;

bi = *devant* : **nem** = *nom*, **binem** = *prénom*;

disa = *sous* : **penön** = *écrire*, **disapenön** = *souscrire*;

denu = *de nouveau* : **denupükön**, *reparler*;

du = *à travers* : **dugolön**, *traverser*;

love = *trans-* : **polön** = *porter*, **levepolön** = *traduire*;

nin ou **ni** = *dans* : **sedön** = *envoyer*, **ninsedön** = *importer*;

---

1. **Smakap** devrait alors signifier *petite tête*, et non *microcéphale*.

zi = *autour* : **logam** = *vue*, **zilogam** = *circonspection* ;

mo, de et **se** indiquent éloignement ou sortie : **flumön** = *couler*, **deflumön** = *découler* ; **mopolön**, *emporter* ; **segolön** = *sortir* ;

ko indique réunion : **komön** = *venir*, **kokomön** = *s'assembler* ;

ta indique action contraire, opposition : **tapükön** = *contredire*.

Il y a d'autres préfixes qui n'ont pas de sens déterminé, comme **fö, fe, lä, len**.

Tous les mots cités jusqu'ici sont formés par l'adjonction d'un affixe à un radical ayant déjà un sens déterminé par lui-même. Mais le *Volapük* emploie les mêmes affixes, et d'autres encore, comme *affixes caractéristiques* de certaines classes d'idées ; ils font alors partie intégrante du radical, qui sans eux n'aurait pas de sens. Nous allons en citer quelques exemples pour chaque suffixe :

-**el** (personnes) : **apostel** = *apôtre ;* **zuafel** = *zouave*.

-**af** (animaux) : **leaf** = *léopard ;* **moaf** = *taupe*.

-**ip** (maladies) : **kolerip** = *choléra ;* **snötip** = *rhume*.

-**ef** (réunions) : **kongef** = *congrès*.

-**än** (pays) : **Lusän** = *Russie ;* **Nugän** = *Hongrie ;* **Rilän** = *Irlande ;* **Nidän** = *Inde* [1].

-**in** (éléments) : **lömin** = *élément ;* **diamin** = *diamant ;* **gasin** = *gaz ;* **golin** = *or ;* **kupin** = *cuivre ;* **svefin** = *soufre*.

-**op** est la désinence caractéristique des 5 parties du monde : **Yulop** = *Europe*, **Silop** = *Asie*, **Fikop** = *Afrique*, **Melop** = *Amérique*, **Talop** = *Australie* [2].

-**üd** est la désinence caractéristique des 4 points cardinaux : **nolüd** = *nord*, **sulüd** = *sud*, **vesüd** = *ouest*, **lefüd** = *est*.

Les *mots composés* se forment en général au moyen du génitif singulier du mot déterminant, qui se met le premier, de sorte que les radicaux composants se trouvent unis par la voyelle **a**. Ex. : **volapük** = *langue de l'univers* (**vol** = *monde*, **pük** = *langage*) ; **filahel** = *volcan* ; **Ledamel** = *Mer Rouge*.

Ce n'est que pour éviter des équivoques que l'on forme les mots composés au moyen du génitif pluriel (**-as**) ou au moyen des désinences de l'accusatif (**-i**) ou de l'adverbe (**-o**). Ex. : **netas-fetan** = *union des peuples* (**net** = *nation* ; **fetan** = *union*) ; **vödasbuk**

---

1. Exceptions : **Flent** = *France* ; **Nelij** = *Angleterre* ; **Deut** = *Allemagne* ; **Täl** = *Italie* ; **Jveiz** = *Suisse* ; **Löstakin** = *Autriche* (**kin** = *empire*) ; **Norveg, Sved**.

2. M. Kerckhoffs y a ajouté : **Seanop** = *Océanie*.

= *dictionnaire* (**vōd** = *mot*, **buk** = *livre*); **vōdipiad** = *place aes mots*.

Certains mots composés font exception à cette règle, notamment les noms des jours et des mois, formés avec les noms de nombre et les terminaisons -**ūdel** et -**ul** (**del** = *jour*; **mul** = *mois*) :

balūdel = *dimanche*, **balul** = *janvier*,

talūdel = *lundi*, **telul** = *février*,

kilūdel = *mardi*, **kilul** = *mars*,

. . . .

balsul = *octobre*,

babul ou **balsebalul** = *novembre*,

balsetelul = *décembre* [1].

Comme exemples de mots composés, citons encore les noms des saisons : **flolatim** = *printemps* (**flol** = *fleur*); **'itatim** = *été* (**'it** = *chaleur*); **flukatim** = *automne* (**fluk** = *fruit*); **nifatim** = *hiver* (**nif** = *neige*).

Mgr SCHLEYER admet des mots composés de trois racines, comme : **Volapūkatidel** = *professeur de Volapūk*; **tedatidastid** = *école de commerce* (**ted** = *commerce*, **tid** = *enseignement*, **stid** = *institution*); **klonalitakip** = *lustre* (**klon** = *couronne*, **lit** = *lumière*, **kip** = *garde-, porte-*) [2]; **nobastonaçan**, *joaillerie* (**çan** = *marchandise*, **ston** = *pierre*, **nob** = *noblesse*); **Fotaxifalak** = *lac des 4 Cantons* (*Waldstädtersee* D.).

Voici, à titre de spécimen, la traduction du *Pater* en *Volapūk* [3] :

O Fat obas, kel binol in sūls, paisaludomōz nem ola! Kōmomōd monargān ola! Jenomōs vil olik, äs in sūl, i su tal! Bodi obsik vädelik givolōs obes adelo! E pardolōs obes debis obsik, äs id obs aipardobs debeles obas. E no obis nindukolōs in tentadi; sod aidalivolōs obis de bad. Jenosōd!

HISTORIQUE.

Le *Volapük* parut à la fin de 1880; il se répandit d'abord dans l'Allemagne du Sud, puis en France, vers 1885, et de là dans

---

1. Mgr SCHLEYER avait aussi admis d'abord les noms suivants : pour les jours : soldel, mundel, tusdel, vesdel, dödel, flidel, sädel; et pour les mois : yanul, febul, mäzul, apul, mayul, yunul, yalul, gustul, setul, otul, novul, dekul.

2. Ce mot est d'ailleurs mal formé : il signifie *chandelier de couronne*, et non pas *couronne de chandeliers* (Germanisme : *Kronleuchter*).

3. On remarquera que cette traduction est calquée mot pour mot sur le texte latin.

tous les pays civilisés des deux continents. Son principal propagateur en France fut le Dr Auguste KERCKHOFFS, professeur de langues vivantes à l'École des hautes études commerciales de Paris, qui publia en français les manuels de *Volapük* (cités plus haut), et fonda l'*Association française pour la propagation du Volapük* (autorisée par arrêté du 8 avril 1886). Le *Comité central* de cette Association comprenait des notabilités des lettres et des sciences, du commerce et de l'industrie, de la politique et du journalisme, comme MM. Lourdelet et Hiélard, les Drs Nicolas et Allaire, les ingénieurs Dormoy et Max de Nansouty, le député Raoul Duval, les libraires Le Soudier et Pedone-Lauriel, MM. Kœchlin-Schwartz, Kastler et Beurdeley, et jusqu'à Francisque Sarcey, l'incarnation populaire du bon sens national. L'*Association* faisait à Paris simultanément 14 cours publics et gratuits, suivis par « des officiers supérieurs de l'armée et des inspecteurs d'académie ». Un cours spécial organisé par les Grands Magasins du Printemps comptait à lui seul 121 auditeurs. En un mot, le *Volapük* fit chez nous des progrès rapides et eut un succès inouï. Il en était de même dans les autres pays : toutes les grandes villes d'Europe et d'Amérique avaient leurs cours de *Volapük*. Le ministre de l'instruction publique en Italie autorisait des cours libres aux Instituts techniques de Turin et de Reggio d'Emilie. L'année 1888 marqua l'apogée de ce mouvement. On comptait, en 1889, 283 sociétés ou clubs volapükistes, répartis sur tout le globe, jusqu'au Cap, à Melbourne, à Sydney et à San Francisco. Le nombre des diplômés dépassait 1600 [1] (dont 950 par Mgr SCHLEYER et 650 par l'*Association française*). On évaluait à 1 million le nombre total des Volapükistes. Le nombre des ouvrages publiés pour l'étude du *Volapük* était de 316 (dont 182 parus dans la seule année 1888); ils étaient écrits dans 25 langues (85 en allemand et 60 en *Volapük*). Enfin on comptait 25 journaux consacrés au *Volapük* (dont 7 entièrement rédigés en *Volapük*) [2]. C'est en 1889 que se tint à Paris le troisième et le plus important des Congrès volapükistes, où l'on parla exclusivement

1. Voir le *Yelabuk pedipedelas* (Annuaire des diplômés) de 1889, Paris, Le Soudier, 1889.
2. 1 à Paris, 1 à Anvers, 1 à Londres, 1 à Arnhem, 1 à Haarlem, 1 à Copenhague, 1 à Stockholm, 1 à Berlin, 1 à Hambourg, 1 à Breslau, 2 à Munich, 1 à Constance (Schleyer), 1 à Saint-Gall, 2 à Vienne, 1 à Milan, 1 à Turin, 1 à Naples, 1 à Girgenti, 1 à Guadalajara, 1 à New York, 1 à Boston, et 2 à Amoy (Chine).

en *Volapük*, et qui semblait consacrer le triomphe universel et définitif de la langue. Mais la même année vit commencer son déclin, qui fut plus rapide encore que son progrès. Pour expliquer ce phénomène étrange, il faut entrer dans l'histoire intérieure de la langue elle-même

Mgr Schleyer avait voulu doter sa langue de toutes les ressources que peut offrir une langue vivante quelconque; il prétendait la rendre capable de traduire les nuances les plus complexes et les plus subtiles de la pensée. M. Kerckhoffs, au contraire, la considérait surtout comme une « langue commerciale », et, en fait, c'est à ce titre qu'elle fut surtout pratiquée. Or, pour cet usage, les Volapükistes de France et des autres pays (sauf l'Allemagne) trouvaient la langue trop compliquée et trop difficile. Et lorsque M. Karl Lentze, le 1er **volapükatidel** du monde, vantait les 505.440 formes différentes que peut prendre un verbe en *Volapük*, M. Kerckhoffs répondait que cette richesse prétendue était un défaut, et qu'elle « conduirait infailliblement le *Volapük* à sa perte »[1]. En un mot, Mgr Schleyer avait voulu créer la langue la plus riche et la plus parfaite (littérairement); M. Kerckhoffs et la plupart des Volapükistes réclamaient la langue la plus simple et la plus pratique. De cette divergence de conceptions devait naître un conflit inévitable[2].

Tout d'abord, M. Kerckhoffs s'efforça d'introduire dans ses manuels de *Volapük* quelques simplifications; adoptant et respectant les principes du *Volapük*, il se borna à supprimer les formes grammaticales qu'il jugeait superflues, et à régulariser le vocabulaire[3]. Nous allons énumérer les principales des corrections introduites ou des réformes proposées par M. Kerckhoffs.

Dans l'*alphabet*, suppression de l'esprit rude ', remplacé par **h**, et par suite remplacement de **h** par **k** : ' **it** devient **hit** (*chaleur*); **hem** devient **kiemav** (*chimie*).

Suppression de la transcription des *noms propres* au moyen de l'alphabet universel (d'ailleurs insuffisant). Chaque nom propre devra s'écrire et se prononcer comme dans sa langue d'origine.

1. Revue mensuelle *Le Volapük*, p. 48 (août 1886).
2. Certains Volapükistes raillaient, non sans raison, les *trois styles* dont le *Volapükabled Zenodik* (n° 95) donnait des modèles : le style vulgaire ou chinois, le style commercial et le style classique (*Le Volapük*, p. 266).
3. « Il n'y a rien à changer au *Volapük* : pour le rendre parfait, il suffit d'en retrancher le superflu. » *Le Volapük*, n° 9 (mai-juin 1887).

Il ne devra pas se décliner ; le génitif et le datif seront marqués par les prépositions **de** et **al** : on dira **de Schleyer, al Schleyer**, au lieu de **Jleyera, Jleyere**.

La question se pose de savoir si l'on ne devra pas appliquer, par analogie, cette déclinaison analytique aux noms communs, ou tout au moins l'admettre à côté de la déclinaison synthétique de Schleyer.

. Suppression des articles **el** et **un** ; l'article indéfini (et partitif) serait, au pluriel comme au singulier, **sembal** placé après le substantif.

Suppression de la déclinaison des noms de nombre. Uniformité de la déclinaison des pronoms personnels : **obas, obes, obis** (et non **obsa, obse, obsi**).

Suppression du pronom de politesse **ons** (pluriel de **on**), emploi du pronom singulier **ol** quand on s'adresse à une seule personne.

Suppression de la déclinaison des infinitifs, et des désinences personnelles des infinitifs et des participes : **löfobön**, *moi aimer* ; **löfoböl**, *moi aimant*. M. KERCKHOFFS proteste contre des formes, comme celle-ci : **olöfonsofsön** = *le futur aimer de vous autres femmes*.

Suppression de quatre des six temps du conditionnel ; on conserverait seulement : **älöfoböv** = *j'aimerais*, et **ilöfoböv** = *j'aurais aimé*[1].

Suppression du *jussif* (-**ös**) et de l'*optatif* (-**óx**).

Restriction de l'usage du subjonctif, qui devra être distingué du conditionnel[2].

Remplacement du pronom réfléchi **ok** par le pronom personnel à l'accusatif : **vatükob obi**, *je me lave*, au lieu de : **vatükokob**.

Suppression de la déclinaison des adverbes de lieu et des prépositions ; suppression de l'accusatif « de mouvement », la direction devant être indiquée par des prépositions différentes ; **golob al jul** = *je vais à l'école* ; **golob in jul** = *je marche dans l'école*.

Suppression de la double orthographe de certaines prépositions et conjonctions (**ko, ke ; plo, ple ; e, ed ; i, id**).

---

1. Pourquoi assimiler le conditionnel *présent* à un *imparfait*, et le conditionnel *passé* à un *plus-que-parfait* ? L'exemple des langues vivantes, qu'invoque M. KERCKHOFFS, ne suffit pas à justifier cette infraction à la logique.
2. M. KERCKHOFFS veut réserver le subjonctif pour les propositions commençant par un *si*, c'est-à-dire là où le conditionnel semble s'imposer plus que jamais.

Enfin et surtout, adoption de la construction normale, au moins dans le style commercial, pour éviter les phrases confuses et parfois même inintelligibles des Volapükistes allemands. On mettra l'adjectif toujours après le substantif, de sorte qu'il restera toujours invariable. L'adverbe aura toujours la désinence -o, pour se distinguer de l'adjectif.

Quant au vocabulaire, M. Kerckhoffs l'accepte tel quel, sauf quelques corrections en vue de l'uniformité et de l'analogie [1]. Mais il critique vivement l'abus (germanique) des mots composés, la formation irrégulière et illogique de certains mots. Sur le premier point, il réprouve des mots comme **klonalitakip**, et n'admet pas de mots composés de plus de deux radicaux [2]. Il remplace **tedatidastid** par **tedastid** ou **tedajul** (*école de commerce*); **Lemotöfazäl** par **Kritazäl** (*Noël*) et **Lesustanazäl** par **Lezäl** (*Pâques*). Sur le second point, il fait ressortir l'inconséquence de mots composés comme **vödasbuk** (*dictionnaire*) comparé à **bukakonlet** (*bibliothèque*), **bukatedam** (*librairie*), **bukatanel** (*relieur*). Pourquoi mettre le signe du pluriel à **vöd** dans le premier plutôt qu'à **buk** dans les autres [3]? M. Kerckhoffs rappelait la devise du *Volapük* : Volapük binom pük nen sesum = *Le Volapük est une langue sans exception*. Il relevait dans les dérivés d'innombrables illogismes, parfois même de véritables contre-sens, comme **tikälin** = *esprit-de-vin* (**tikäl** = *esprit*... qui pense!) et il employait ce mot malencontreux pour désigner tous les coqs-à-l'âne ou quiproquos commis par Schleyer et ses disciples en traduisant littéralement les idiotismes des langues vivantes [4]. Par exemple (comme pour com-

---

1. Par exemple, pour les noms de pays, qu'il affecte tous de la désinence caractéristique -än : **Flentän, Nelijän, Deutän, Tälän, Jveisän, Löstän, Svedän, Novegän**.
2. Un Marseillais facétieux parodia ce procédé de composition illimitée en s'intitulant :

klonalitakipafabludacifalöpasekretan

c'est-à-dire : *secrétaire de la direction d'une fabrique de lustres* (*Le Volapük*, p. 266 et 340). Le **Cegabled** (journal amusant) de Munich avait déjà proposé à ses lecteurs ce logogriphe : **löpükalarevidasekretel** = *secrétaire en chef de la cour des comptes*, que 2 Volapükistes seulement purent déchiffrer (*Le Volapük*, p. 30 et 95).
3. Cette inconséquence est un simple germanisme : elle vient de ce que l'auteur a calqué les mots *Wörterbuch* d'une part, et *Buchbinder*, *Buchhändler*, d'autre part.
4. Article publié dans *Le Volapük* (p. 186), sous le pseudonyme de *Glügayad*, qui est lui-même un échantillon ironique de *Tikälin* (**Glüg** = *église*, **jad** = *cour* : traduction littérale de Kerckhoffs).

penser l'illogisme précédent), **spit** = *spiritueux* et **spitim** = *spiritisme*. De même : **filabel** = *volcan*, **filabelōn** = *vulcaniser* (le caoutchouc); **badōn** = *être méchant* (**bad**), mais **gudōn** = *dédommager* (et non : *être bon*, **gud**); **deutōn** = *parler allemand*, mais **flentōn** = *singer les Français*, et **nelijōn** = *courtauder* (un cheval) [D. *englisıren*]!

La plupart de ces illogismes viennent de ce que Mgr Schleyer a tout bonnement traduit mot à mot les expressions allemandes, sans en analyser le sens. Par exemple : **star** = *étourneau*, **starip** = *cataracte* (*staar* en D. a ces deux sens); **jafan** = *conducteur*, D. *Schaffner* (de **jaf** = *créer*, D. *schaffen*[1]); **sebalvoto** = *séparément* (**se** = *hors de*; **bal** = *un*; **vot** = *autre*) est la transcription pure et simple du mot D. *auseinander*. De même : **posbalvoto** = *à la suite* (D. *nacheinander*). M. Kerckhoffs critiquait aussi **vifafut** = *vélocipède*, et **ditavat** = *eau-forte* (traduction littérale de *Scheidewasser*, D.). L'auteur faisait correspondre ses préfixes et suffixes, non à des idées déterminées, mais aux préfixes et suffixes de l'allemand, dont le sens est souvent vague ou équivoque, ce qui transporte en *Volapük* toutes les inconséquences de la dérivation allemande[2]. Ainsi le préfixe **len-** traduit le préfixe D. *an-* (L. *ad-*)[3]; **fe-** et **fō-** traduisent le préfixe D. *ver-* (L. *per-*, F. *par-*), d'où : **fetan** = *liaison*, D. *Verbindung* (**tan** = *lien*, D. *band*); **feleigam** = *comparaison*, D. *Vergleichung* (**leig** = *égal*, D. *gleich*); **fegivōn** = *pardonner* (**givōn** = *donner*); **fegolōn** = *périr*, L. *perire* (**golōn** = *aller*, L. *ire*), etc.

Les corrections proposées par M. Kerckhoffs étaient en général adoptées par la majorité des Volapükistes[4]; certains d'entre eux allaient même plus loin, et réclamaient notamment la suppression des voyelles infléchies (ä, ō, ü)[5]. Mais ces projets de réformes se heurtaient à l'opposition de Mgr Schleyer et de la plupart des Volapükistes allemands. C'est en partie pour juger ces questions et mettre fin aux différends que furent convoqués trois Congrès successifs.

---

1. Cf. : **itasük** = *amour-propre*, D. *Selbstsucht* (**ita** = *selbst*, **sük** = *suchen*!).
2. M. Kerckhoffs remarque que chacun des préfixes **len-**, **lä-**, **fe-**, **sä-** a une dizaine de sens au moins (*Le Volapük*, p. 151 et 238).
3. *Le Volapük*, p. 151.
4. *Id.*, p. 153.
5. Propositions de l'Association des Volapükistes espagnols (présidée par M. Iparraguirre) et de M. Ferretti, membre italien de l'Académie du *Volapük* (*Le Volapük*, p. 153 et 237).

Le premier, convoqué par Mgr SCHLEYER, avait eu lieu à Friedrichshafen (sur le lac de Constance) les 25-28 août 1884. Il ne comprenait guère (et pour cause) que des Allemands, et les désaccords auxquels nous venons de faire allusion ne s'étaient pas encore produits. Il élut un comité chargé de préparer un second Congrès, plus international. Celui-ci se tint à Munich, les 6-9 août 1887, sous la présidence de M. KIRCHHOFF, professeur de géologie à l'Université de Halle : il réunit plus de 200 Volapükistes de diverses nations. Il fonda le *Volapükaklub valemik* (Association universelle des Volapükistes), et institua une *Académie internationale de Volapük* « chargée de veiller au développement régulier de la langue, à la conservation de son unité, et à l'élaboration du dictionnaire ». L'Académie devait comprendre des **Kademals** (membres du grand conseil), des **Kademels** (simples académiciens) et des **Kademans** (membres correspondants). Le Congrès élut 17 **Kademals** représentant 15 pays[1]. Mgr SCHLEYER devait être grand-maître (**Cifal**) à vie; M. KERCKHOFFS fut élu à l'unanimité directeur (**Dilekel**). Quant aux réformes à introduire dans la langue, le Congrès ne les étudia pas en détail, et s'en remit à l'Académie[2]. Celle-ci n'avait que des statuts provisoires; elle devait élaborer ses statuts définitifs et les soumettre au Congrès suivant.

M. KERCKHOFFS proposa à l'Académie le programme de travail suivant :

« I. Alphabet : 1° Sons; 2° Lettres.

« II. Formation des mots : 1° radicaux; 2° dérivés; 3° composés.

« III. Place des mots (syntaxe).

« IV. Grammaire : 1° déclinaison; 2° conjugaison; 3° usage et signification des particules.

« V. Examen des mots défectueux du vocabulaire.

« VI. Admission de mots nouveaux. »

Mgr SCHLEYER paraît avoir reconnu en principe l'autorité de l'Académie, puisqu'il fut le premier à lui poser plusieurs questions, dont voici les principales :

---

1. Ils se complétèrent ensuite par cooptation, ce qui porta leur nombre à 26 (*Le Volapük*, p. 178).

2. Toutefois, le Congrès de Munich décida de substituer partout le préfixe féminin **ji-** à **of-**, et Mgr SCHLEYER introduisit cette réforme dans l'édition de 1888 de son *Dictionnaire*. M. KERCKHOFFS était, au contraire, d'avis de remplacer partout **ji-** par **of-**.

« Que doit-on le plus rechercher dans la formation des mots nouveaux, la brièveté ou la clarté?

La lettre initiale des radicaux peut-elle être une voyelle?

Peut-on et doit-on établir une règle fixe pour l'emploi du conditionnel et du subjonctif? »

Par les deux premières questions, il remettait en discussion deux des principes essentiels de son vocabulaire, et par la troisième il avouait un des vices de sa grammaire.

M. KERCKHOFFS posa à son tour diverses questions à l'Académie, et la première (conformément au programme) fut celle-ci : « Doit-on admettre les sons ä, ö, ü; h, r, x, z; dl, tl? » Comme on le voit, il ne s'agissait pas là de corrections de détail; car, ainsi que M. KERCKHOFFS lui-même l'avait fait observer [1], l'exclusion des voyelles infléchies devait entraîner un « remaniement complet » de la grammaire et du vocabulaire [2]. M. KERCKHOFFS hésitait à les bannir; mais il était d'avis d'exclure entièrement le son h (ch allemand), les doubles consonnes dl, tl, et de remplacer x et z par ks, ts. L'Académie décida (à la majorité) de conserver ä, ö, ü, mais d'en éviter l'emploi à l'avenir; de conserver r et z; et de rejeter h, x, dl, tl.

M. KERCKHOFFS posa ensuite une série de questions sur le choix des radicaux et la formation des dérivés. L'Académie répondit par les décisions suivantes : « Il est permis d'adopter des radicaux quelconques, mais, quand il est possible, on doit préférer les radicaux courts existant déjà dans des langues nationales. » « Il n'est pas indispensable de conserver la forme originaire des radicaux. Mais la meilleure forme est celle qui ressemble le plus à la forme originaire (Ex. : baromet, telegraf) [3]. » En outre, « on doit éviter des radicaux trisyllabiques; tous les radicaux qui appartiennent aux principales classes de mots doivent prendre les désinences caractéristiques » de ces classes (par exemple les noms de pays en -än); enfin, « les radicaux polysyllabiques ne doivent pas avoir des terminaisons qui sont employées comme suffixes. »

1. *Le Volapük*, p. 154, 197.
2. Mgr SCHLEYER fit ses réserves sur des modifications aussi fondamentales, en rappelant que M. KERCKHOFFS avait déclaré qu'il n'y avait rien à changer du fond de la langue (voir p. 143, note 3).
3. On remarquera que, par ces deux décisions capitales, l'Académie rompait implicitement avec les principes essentiels du *Volapük*, pour adopter une méthode *a posteriori*.

En même temps, M. KERKCHOFFS faisait adopter par ses collègues un règlement qui conférait à Mgr SCHLEYER triple voix dans les votes, mais lui refusait tout droit de veto. Naturellement, Mgr SCHLEYER protesta et menaça de destituer M. KERCKHOFFS, comme si celui-ci eût tenu ses pouvoirs de l'Inventeur. Il considérait le *Volapük* comme sa propriété, parce qu'il en était le père ; mais on lui répondait que le *Volapük* appartenait au public, tout au moins au public volapükiste, et qu'étant fait pour son usage, il devait subir les améliorations jugées nécessaires pour l'emploi et la diffusion de la langue.

L'Académie n'en continua pas moins à approuver la plupart des réformes proposées par M. KERCKHOFFS. Elle adopta pour la construction la règle fondamentale suivante : « Le mot ou la proposition déterminante suit le mot ou la proposition déterminée », et toutes les règles spéciales qui en découlent. Elle prépara en outre le Congrès de 1889, et, pour lui assurer un caractère international et neutre, elle décida que chaque pays y serait représenté par un nombre de délégués proportionnel à sa population, et que ces délégués seraient choisis à raison de 3 par chaque académicien.

Le Congrès devait avoir une double tâche : 1º.ratifier les statuts définitifs de l'Académie ; 2º promulguer les règles de la grammaire. M. KERCKHOFFS se proposait de lui soumettre un *Projet de Grammaire normale* résumant ses propositions, dont la plupart avaient déjà été adoptées par l'Académie. Le Congrès eut lieu à Paris les 19-21 août 1889. Il réunit des Volapükistes de 13 pays différents (y compris la Turquie et la Chine), et élut pour président M. KERCKHOFFS. La langue officielle du Congrès fut le *Volapük*. On n'eut pas le temps d'étudier en détail les questions de grammaire ; le *Congrès* se borna à décider que l'Académie rédigerait « une grammaire normale simple, d'où l'on bannirait toute règle inutile ». Son œuvre principale fut la discussion et l'adoption des statuts définitifs de l'Académie (en 21 paragraphes) ; le Congrès approuva en outre la composition de l'Académie et tous ses actes antérieurs. Voici les principaux statuts de l'Académie :

« 1. L'Académie s'occupe uniquement de compléter et de perfectionner la grammaire et le vocabulaire de l'Inventeur.

» 2. L'Académie est l'autorité unique dans les questions linguistiques.

» 3. Les académiciens sont choisis parmi les Volapükistes[1] les plus distingués des différents pays de la terre. . . . . . .

» 7. L'élection des académiciens a lieu sur la proposition du directeur, et à la majorité des votants.

» 8. Le directeur de l'Académie doit proposer comme académiciens les personnes qui lui sont proposées par les cercles [Volapükistes] des pays respectifs. . . . .

» 11. L'Académie est administrée par un bureau qui comprend : 1° l'Inventeur; 2° le directeur; 3° le sous-directeur; 4° deux secrétaires.

» 12. Le directeur et le sous-directeur sont élus pour cinq ans par les académiciens; ils sont rééligibles. . . . .

» 15. Les décisions de l'Académie doivent être aussitôt soumises à l'Inventeur. Si l'Inventeur n'a pas protesté avant trente jours contre les décisions, celles-ci sont valables. Les décisions que l'Inventeur n'aura pas approuvées sont soumises de nouveau à l'Académie, et ne deviennent valables qu'après avoir été adoptées à la majorité des deux tiers. . . . .

» 21. Ces statuts ne peuvent être modifiés que par un Congrès international[2]. »

Mgr SCHLEYER fit ses réserves sur les articles qui le concernaient, et prétendit s'attribuer un droit de veto absolu (et non pas seulement suspensif).

Le Congrès remit à l'Académie le soin de convoquer le prochain Congrès, et de décider où et quand il se réunirait. Il n'y a pas eu d'autre Congrès jusqu'ici.

Après le Congrès de Paris, le directeur de l'Académie, au lieu de poser à ses collègues une série de questions détaillées sur les différents points du programme, leur proposa en bloc un projet complet de grammaire. De leur côté, divers académiciens[3] proposèrent d'autres projets de grammaire, de sorte qu'on ne put s'entendre. M. KERCKHOFFS donna sa démission de directeur le 20 juillet 1891, et l'Académie chargea un Comité de trois mem-

1. Le mot **Volapük** donne lieu en *Volapük* à une perpétuelle équivoque : on ne sait pas s'il désigne la *Langue universelle* en général ou le *Volapük* en particulier.
2. Le texte original de ces statuts (en *Volapük*) est signé de M. Champ-Rigot, Volapükiste français.
3. MM. Day et Holden, Guigues, Heyligers, Knuth, Krüger, Lederer et von Rylski, Plum, Rosenberger.

bres [1] de préparer l'élection d'un nouveau directeur. Ce Comité
fit paraître une *Grammaire normale* (**Glamat nomik**) conforme aux
décisions déjà prises par l'Académie. Celle-ci élut directeur
M. ROSENBERGER, de Saint-Pétersbourg (15 mai 1893).

A partir de ce jour, les travaux de l'Académie entrèrent dans
une phase nouvelle; on fit table rase du *Volapük*, et l'on aboutit à
la constitution d'une langue toute différente, l'*Idiom neutral*, que
nous étudierons plus loin.

On comprend que ces dissensions entre les Volapükistes, et
notamment le conflit, d'abord latent, puis déclaré, entre l'Inventeur et l'Académie aient été funestes à la langue. Dès 1889, la
propagande se ralentissait, bientôt elle s'arrêtait complètement, et dès lors le *Volapük* perdait rapidement ses adeptes.
D'autre part, de nombreux professeurs et propagateurs du
Volapük, ayant conscience de ses défauts et n'ayant pu faire
accepter leurs projets de réformes, soit par Mgr SCHLEYER, soit
par le Congrès et l'Académie, se mirent à élaborer des langues
nouvelles, ce qui acheva de diviser le monde volapükiste et de
ruiner le *Volapük*. Nous retrouverons ces projets dans la suite
de cet ouvrage.

Aujourd'hui, le *Volapük* est à peu près mort. Il ne conserve
plus qu'un petit nombre de fidèles [2]. Il subsiste encore 4 clubs
volapükistes : 2 en Autriche, 1 en Allemagne et 1 aux Pays-Bas.
Le principal est le **Volapükaklub zenodik plo Stirän** de Graz
(*Club volapükiste central pour la Styrie*), présidé par le Prof. Karl
ZETTER. Celui-ci continue à publier le **Volapükabled lezenodik**
(*Journal central du Volapük*, 22ᵉ année, 1902), organe officiel de
Mgr SCHLEYER, qui est le seul journal volapükiste survivant.
M. Zetter est le président de l'Académie fondée en 1893 par
Mgr SCHLEYER quand il rompit avec l'Académie instituée par les
Congrès; et il prétend représenter « le monde volapükiste », en
tout cas bien réduit.

En résumé, l'histoire du *Volapük*, de ses progrès rapides et de
sa prompte décadence, est extrêmement instructive. Il a dû son
succès prodigieux à ce fait que, confondant le principe et l'app-
plication, tous les partisans d'une langue internationale se sont

---

1. MM. Champ-Rigot, Guigues et Heyligers.
2. La *Liste des correspondants* (**Lised spodelas**) pour 1901 contenait
159 noms.

ralliés à lui dans l'espoir qu'il incarnerait et ferait triompher leur idéal. Puis la difficulté et les défauts de l'idiome sont apparus peu à peu, à la pratique; la désillusion est venue; toutes les propositions de réformes et d'amendements se sont heurtées à l'intransigeance obstinée de Mgr SCHLEYER, et alors chacun reprit sa liberté : ce fut la discorde, l'anarchie et la dissolution finale. Ainsi le *Volapük* a réussi, parce qu'il paraissait répondre à un besoin très vivement ressenti, surtout dans le monde commercial; et il a échoué à cause de ses vices intrinsèques, du dogmatisme inflexible de son inventeur, et de la désunion de ses adhérents.

CRITIQUE.

Il semble au premier abord qu'on ne puisse pas faire du *Volapük* une critique plus complète et plus sévère que celle qu'en ont faite M. KERCKHOFFS et bien d'autres Volapükistes. Mais c'est là une illusion. En réalité, ils ne critiquaient que des détails d'application, et restaient fidèles aux principes de la langue. Quand ils blâmaient les inconséquences et les idiotismes de l'auteur, ils lui reprochaient de violer ses propres règles, et quand ils s'efforçaient de réformer et de corriger le *Volapük*, c'était en en conservant le plan et les caractères essentiels. Ce sont ces caractères que nous avons maintenant à dégager pour découvrir les vices fondamentaux du système, vices qui se seraient fatalement retrouvés même dans le *Volapük* simplifié et amendé de M. KERCKHOFFS. Ils se ramènent à deux : la grammaire est trop synthétique; le vocabulaire manque d'internationalité.

La grammaire est trop synthétique : M. KERCKHOFFS l'avait bien senti, puisqu'il essayait de substituer à la déclinaison par flexions une déclinaison analytique (par prépositions). Mais c'est surtout la conjugaison qui offrait ce défaut à un degré exorbitant. Lors même qu'on eût supprimé une bonne moitié des modes et des temps inventés par Mgr SCHLEYER, ce vice irrémédiable eût subsisté. M. KERCKHOFFS a beau dire que cette conjugaison « est essentiellement grecque »; il répugne à l'esprit analytique des langues modernes d'accoler au radical verbal comme suffixe le pronom personnel (qui fait d'ailleurs double emploi avec le sujet), et comme préfixe la caractéristique des temps (imitée de l'augment grec). Peu importe que ce soit là « le procédé de toutes les langues primitives de l'Europe et de l'Inde »; la L. I. n'a pas besoin d'être une langue primitive, et une structure savante et archaïque ne peut que lui nuire. On aboutit, par l'accumulation des préfixes et des suffixes, à des formes tellement longues et compliquées, que le radical verbal y devient méconnaissable, au point que l'Inventeur lui-même avait pris l'habitude de l'imprimer en italiques [1]. En outre, le p initial du passif ne suffit pas à le caractériser, d'autant plus qu'il y a des mots commençant par p suivi d'une voyelle qui ne sont nullement des verbes au passif (Ex. : pen = *plume* et ses nombreux dérivés).

On peut ajouter que toutes les flexions grammaticales sont entièrement arbitraires [2]; elles sont empruntées le plus souvent à l'ordre alphabétique des voyelles, et n'ont aucune ressemblance ni même aucune analogie avec les flexions des langues naturelles [3]. C'est un mécanisme monotone et tout *a priori* qui déroute la mémoire au lieu de l'aider.

Cet arbitraire règne également dans le choix des radicaux et dans la formation des mots. Aux restrictions imposées par la grammaire, l'auteur en ajoutait d'autres par les règles de structure et par son alphabet. Tandis qu'il admettait les sons ä, ö, ü, difficiles à prononcer pour beaucoup de peuples européens, il excluait presque entièrement la consonne r, en considération des Chinois; mais bientôt il apprenait du Dr FEYERABEND que les Japonais possèdent au contraire l'r et manquent de l, et dans sa *Kurze chinesisch-weltsprachliche Grammatik* (1885), il reconnaissait que les Chinois ont un r. C'était bien la peine de défigurer une multitude de radicaux européens, et même de noms propres comme **Bodügän** = *Portugal* [4]!

---

1. Exemples tirés d'une lettre de Mgr SCHLEYER dans *Le Volapük* (p. 259) : pale*nsum*oms, pape*l*omsöd, pabe*l*onom, peda*l*iköls, pade*ja*fön, pane*tuv*ön, pase*pük*omöv, po*ge*bomöd,....... M. KERCKHOFFS cite (*ibid.*, p. 262) les formes : älovepolob-la, li-älovepolob-öv, qu'il essaie de rendre plus claires par des traits d'unions.

2. Ex. : les suffixes de comparaison -*üm* et -*ün*, trop semblables d'ailleurs.

3. Les *temps* du verbe se nomment eux-mêmes par ce procédé : patüp, *présent*; pätüp, *imparfait*; petüp, *parfait*; pitüp, *plus-que-parfait*; potüp, *futur*; putüp, *futur antérieur*. De même les cas s'appellent (à l'imitation de l'allemand) : kimfal, *nominatif*; kimafal, *génitif*; kimefal, *datif*; kimifal, *accusatif*. Ces mots sont trop aisés à confondre.

4. Tout en conservant l'r, par une inconséquence singulière, dans un

Mais ce qui contribuait le plus à rendre les racines nationales méconnaissables, c'est la tendance au monosyllabisme, qui limitait à l'excès le nombre des combinaisons. Aussi certaines de ces racines ont-elles subi une série de déformations invraisemblables. Par exemple, jim (*ciseaux*) vient de *Schere* (D.) qui, transcrit phonétiquement, donne jer, donc jel, par substitution de l à r. Mais jel signifie *protection*; on change la voyelle, et l'on obtient jil. Mais jil exprime déjà l'idée de *femelle*; on change alors la consonne, et l'on trouve enfin jim. De même, lel provient de *fer* : en effet, cette racine romane devient d'abord fel, mais fel signifie *champ*; fil, fol, ful ont également des sens déterminés. On remplace alors la consonne initiale par celles qui la suivent dans l'alphabet : on trouve ainsi gel (*orgue*), hel (*cheveu*), jel (que nous venons de voir), kel (*qui*), et enfin lel, qui n'a pas encore de sens. Et voilà pourquoi lel = *fer* [1] !

On comprend, après cela, que la plupart des radicaux du *Volapük*, quelle que soit leur origine naturelle, soient pratiquement méconnaissables, et paraissent être uniquement le produit du caprice et de la fantaisie. Pourquoi, dans le mot latin *centum*, garder précisément la terminaison tum, qui est commune à des centaines de mots latins? D'où vient que pet signifie *parole*; ped, *presse*; pel, *paiement*, etc.? D'ailleurs, les noms de nombre, les pronoms personnels et démonstratifs, sont construits entièrement *a priori*, et sur un type uniforme qui les rend encore plus difficiles à retenir et à distinguer. On peut aisément confondre entre eux les pronoms at, et, it, ot, ut, ou les nombres mäl, vel, jöl [2]. Là encore l'auteur n'a pas eu d'autre principe que l'ordre conventionnel des voyelles dans l'alphabet.

Cette tendance au monosyllabisme était d'ailleurs approuvée

certain nombre de noms de pays comme Rilän, Räbän, Ramän, Rumän, Algerän et ... Berberän!

1. Ces deux exemples sont empruntés à M. Julius Lott (op. I), qui fut professeur et propagateur de *Volapük* en Autriche.

2. Pourquoi terminer tous les noms de nombre par un l, alors que cette lettre n'est nullement caractéristique des nombres? Ex. : väl (*choix*), mel (*mer*), tal (*terre*), til (*chardon*), köl (*couleur*); nouvelle source de confusions! En outre, l'idée de représenter les dizaines en ajoutant l's du pluriel aux unités est tout à fait malencontreuse (bien qu'elle se retrouve dans la plupart des projets issus du *Volapük*) : bals devrait signifier *des uns, plusieurs uns*, et non pas *dix*. Cela prête d'ailleurs à confusion : il est difficile de distinguer à l'audition : maks tel segivön et maks tels segivön (*payer deux ou vingt marks*), et l'on voit que l'erreur est considérable.

et partagée par M. KERCKHOFFS; il la justifiait en disant qu'il fallait
adopter des racines très courtes, afin de né pas avoir des mots
(surtout des verbes) trop longs, et il proposait de remplacer **literat**
par **lirat, balomet** par **lomet, lotogaf** par **togaf, filosop** par **fisop,**
ce qui eût rendu ces mots tout à fait méconnaissables [1]. N'eût-il
pas mieux valu sacrifier le synthétisme de la grammaire à l'intelligibilité des radicaux? On a vu que l'Académie recherchait aussi
la brièveté des radicaux : mais elle ne lui sacrifiait pas aussi
complètement l'internationalité, puisqu'elle préférait **baromet** à
balomet, et **telegraf** à **telegaf.** On verra plus tard qu'elle a fini
par faire triompher le principe de l'internationalité dans l'*Idiom*
neutral.

Au contraire, Mgr SCHLEYER ne s'est jamais inquiété de l'internationalité des radicaux [2]; il les choisissait au hasard, surtout dans
les langues germaniques, quitte à les déformer ensuite de manière
à les rendre inintelligibles même au peuple auquel il les empruntait. Les exemples sont innombrables : *fire* (E.) devient **fil,** qui
rappelle aux peuples romans les idées de *fil,* de *fils* ou de *file*;
mais **fir** existe, et il signifie *sapin.* **Bel** évoque chez les peuples romans l'idée de *beauté,* sans rappeler *berg* aux peuples germaniques. **Glob** signifiera *grossièreté* (D. *grob*), tandis que *globe* se
traduira par **glōp. Kanad** signifiera *canal,* tandis que **kanal** signifiera
grand artiste. **Logik** signifiera *visible,* et la *logique* s'appellera **tikav.**
Quel nom est plus universellement connu que celui des Alpes?
En vertu de règles de structure inexorables, il devient **lap.** Le
mot exclusivement allemand *Degen* (*épée*) devient **den.** Qui recon-
naîtrait les mots *ochs* (D.) dans **xol** (*bœuf*), *graf* (D.) dans **gab**
(*comte*), *ink* (E.) dans **nig** (*encre*), *roof* (E.) dans **nuf** (*toit*), *travel* (E.)
dans **tăv** (*voyage*), *trinken* (D.) dans **dlinōn** (*boire*)? Qui devinerait
le sens des mots **dip** (*diplomatie*), **pat** (*particularité*), **pal** (*parent*),
fat (*père*), **mat** (*mariage*), **mot** (*mère*), **blod** (*frère*), **net** (*nation*), **plin**
(*prince*)? A quoi bon emprunter des radicaux à l'anglais, si on
les rend méconnaissables aux Anglais eux-mêmes?

A cette erreur s'en ajoute une autre qui l'aggrave : c'est de préférer le phonétisme au graphisme, alors que celui-ci est plus

1. La meilleure preuve en est que **togaf** représente ailleurs pour lui le
mot **fotogaf** (voir *Le Volapük,* p. 179 et 243.)
2. M. KERCKHOFFS non plus : « Quant à conserver plus ou moins fidèlement
la forme du radical, telle qu'elle est fournie par la langue naturelle, nous
ne devons y attacher aucune importance ». (*Le Volapük,* p. 243).

international que celui-là, et d'adopter le phonétisme anglais, qui est, comme on sait, absolument national. C'est ainsi que le mot international *station* devient **stajen** ou **stejen**, qui n'est plus reconnaissable que pour les Anglais. Un exemple plus typique encore est le suivant : il y a une racine internationale pour l'idée de *chambre*, c'est *kamer* (L. *camera*, D. *Kammer*, etc.) Mgr SCHLEYER la prend, déjà déformée, dans l'anglais (*chamber*) et la déforme encore en **cem**. On voit quel est l'inconvénient d'emprunter des racines à l'anglais : ces racines, qu'elles soient d'origine romane ou germanique, sont généralement déformées par l'écriture, et bien plus encore par la prononciation ; de sorte que des racines internationales en elles-mêmes y perdent leur internationalité [1].

D'ailleurs, si monosyllabiques que soient les racines, cela n'empêche pas d'avoir des radicaux composés, donc polysyllabiques, notamment dans les verbes. Ex. : **lovepolōn** = *traduire* (**love** = *trans*, **polōn** = *porter*). On ne peut donc éviter de former de longs mots, à moins de renoncer à la conjugaison synthétique.

Enfin l'on fait valoir la concision du *Volapük*, qui permet de dire en 6 mots ce que les langues naturelles disent en 12 ou 15 mots et le latin en 9. Ex. : **Itisevam eibinom stabin gudikün tugas valik.** = *La connaissance de soi-même a toujours été le meilleur fondement de toutes les vertus.* Mais à quoi bon, si chacun de ces mots complexes exige une *analyse* qui se présente toute faite dans les langues *analytiques*? On allègue que cette concision est très économique pour les télégrammes ; sans doute, mais ce n'est ni une économie de pensée, ni une économie de temps, et cette considération doit l'emporter sur la précédente, étant d'une application beaucoup plus générale.

Les Volapükistes essaient aujourd'hui de justifier leur vocabulaire en disant que son auteur n'a pas recherché l'*internationalité*, qui est selon eux une chimère, mais bien l'*anationalité*, la neutralité absolue. Que l'internationalité des radicaux ne soit nullement une chimère, c'est ce que prouvent tous les projets de langues

---

1. Disons, à ce propos, que certains Anglais, voulant faire de leur idiome la langue internationale, et constatant que le principal obstacle est le désaccord complet entre le graphisme et le phonétisme, ont proposé, non pas de réformer la prononciation anglaise, mais au contraire de rendre l'orthographe anglaise phonétique. Ils ne réussiraient ainsi qu'à rendre l'anglais *illisible* pour les étrangers, et à enlever à beaucoup de mots anglais leur internationalité, qui réside uniquement dans le graphisme. Voir MELVILLE BELL, *World-English, the universal language* (London, Trübner, 1888).

a posteriori, et notamment l'*Idiom neutral*, élaboré par d'anciens Volapükistes. Quant à la prétendue neutralité du *Volapük*, elle est démentie par l'assertion formelle et répétée de Mgr SCHLEYER, qu'il a emprunté ses racines en première ligne à l'anglais. Au fond, l'aversion des Volapükistes pour les radicaux internationaux (dont la plupart sont d'origine latine) paraît venir du préjugé germanique contre les « mots étrangers ».

En tout cas, cette aversion semble avoir guidé l'auteur dans le choix de ses racines, et plus encore dans la formation de ses mots composés. Au lieu d'adopter les termes techniques et scientifiques internationaux (composés de racines grecques ou latines), il a tenu à former ses mots composés d'une manière autonome (à l'imitation de l'allemand), en traduisant séparément les racines composantes. C'est ainsi que *thermomètre* se dit **vamamafel** (**vam** = *chaleur*, **mafel** = *mesureur*); *presbyte* = **fagalogamik** (**fag** = *loin*, **logam** = *vue*); *tramway* = **klautavab** (**klaut** = *rail*, **vab** = *voiture*); **lelod** = *chemin de fer* (**lel** = *fer*, **od** = *chemin*), *wagon* = **lelodavab**; *automobile* = **itomufik** (**it** = *même*, **muf** = *mouvement*); *photographie* = **litamag** (**lit** = *lumière*, **mag** = *image*); *anonyme* = **nenemöf**, etc. Il est vrai que l'auteur capitule quelquefois avec les mots grecs : il admet **fotogaf** comme synonyme de **litamag**, et **balomet** à côté de **vamamafel**, ce qui est une inconséquence.

Il commet bien d'autres illogismes dans la formation des mots dérivés. Et d'abord, il admet de nombreuses *isoméries*, c'est-à-dire des mots qui peuvent se décomposer de diverses manières et avoir par suite des sens tout différents. Exemples :

le-dom	= *palais*;	led-om	= *il rougit*.
le-lod	= *forte charge*;	lel-od	= *chemin de fer*.
le-mel	= *océan*;	lem-el	= *acheteur*.
le-nad	= *grande aiguille*;	len-ad	= *apprentissage*.
ko-nam	= *collaboration*;	kon-am	= *récit*.
mi-ten	= *gauchissement*;	mit-en	= *boucherie*.
gle-tip	= *pointe principale*;	glet-ip	= *folie des grandeurs*.
bi-nom	= *règle préliminaire*;	bin-om	= *il est*.
ti-del	= *presque jour*;	tid-el	= *professeur* [1].

Sans doute, les deux sens sont si hétérogènes que le contexte suffit en général à déterminer le vrai sens; mais il n'est pas moins fâcheux qu'on puisse hésiter, même un instant, entre deux

---

1. D'après BAUER et STEMPFL.

sens, et qu'on soit obligé de choisir. De plus, il est dangereux de s'en remettre toujours au contexte, car si le contexte est obscur ou mal compris, le sens peut dépendre précisément du mot douteux. C'est commettre un cercle vicieux que de prétendre que les mots s'expliquent et s'éclairent les uns par les autres. Il est assurément préférable qu'ils aient chacun par soi un sens bien déterminé.

· Un inconvénient plus grave encore que les isoméries est la multitude des dérivations apparentes qui peuvent donner lieu à des contresens. Ainsi **balip** = *barbe* semble signifier : *maladie* (manie) *de l'unité*; **plepalōn** = *préparer* ne vient ni de **ple** ni de **pal**; **fibaf** (*amphibie*) ne vient pas de **fib** (*faiblesse*), ni **fetan** (*liaison*) de **fet** (*fertilité*). Beaucoup de radicaux commencent par **de-** sans contenir le préfixe **de-** ni en avoir le sens (**depad, demad, desid**, etc.). De même **pŏtet** = *pomme de terre*, et **pŏtit** = *appétit* ont l'air de dériver de **pŏt** = *occasion* (cf. **pŏtek** = *pharmacie*, et **pŏtüt** = *faim*) [1]. Souvent même on ne sait pas comment analyser un mot composé où l'on croit reconnaître tel radical connu. Ainsi **kobotonōn** se décompose en **kobo** = *ensemble*, **ton** = *accord* (*s'accorder*). **Pedipedel** semble contenir deux fois le radical **ped** : or il a pour radical **diped** (*diplôme*) et signifie *diplômé* [2].

D'ailleurs, beaucoup de mots dérivés sont formés contrairement à la logique et même au bon sens. Sans revenir sur les nombreux cas de *Tikālin* cités par M. KERCKHOFFS, pourquoi employer le suffixe **-el** dans des mots comme **fatel** = *grand-père paternel*, **motel** = *grand-père maternel*? Si **mūf** signifie *locomobile*, comment son augmentatif **lemūf** signifie-t-il *locomotive*? Pourquoi la *mouche* s'appelle-t-elle **flitaf** (litt. : *animal qui vole*), comme s'il n'y avait pas d'autres animaux ailés et volants? Pourquoi la *guêpe* s'appelle-t-elle **lubien**, péjoratif de **bien** = *abeille*? **Luvat**, péjoratif de **vat** = *eau*, pourrait à la rigueur désigner les *eaux sales*; il signifie... *urine*! De **pab** = *papillon* dérive **lupab** = *chenille*; est-ce de la même manière que **lugil** = *vautour* dérive de **gil** = *aigle*, ou que **luspog** = *champignon* dérive de **spog** = *éponge*? De telles dénominations sont aussi peu scientifiques que la locu-

---

1. Autres exemples : **kat** = *chat*, **katad** = *capital*, **katan** = *capitaine*; **din** = *chose*, **dinit** = *dignité*.
2. D'une manière générale, il est fâcheux d'employer les préfixes du passif dans des mots qui ne sont ni verbes ni même participes. Ex. : **Pabaltats** = *États-Unis*.

tion *mauvaise herbe*, ou que la classification des insectes en *utiles* et *nuisibles*. Comment de **lom** = *pays natal* (E. *home*) peut-on déduire **lomön** = *s'établir en pays étranger*, et de **mag** = *image* tirer **lumag** = *faste* [1]? D'autres dérivations sont vagues ou, comme on dit, tirées par les cheveux : **lusölel** = *tyran* (litt. : *mauvais maître*); **lulisälel** = *sophiste* (**lisäl** = *raison*; **lisälel** = *raisonneur*). **Düfaston** (*pierre dure*) désigne le *granite*, comme s'il n'y avait pas d'autres pierres dures; **bigovaet** (*suc épais*) signifie *gélatine*; **flumapöp**, *papier buvard* (litt. : *papier de fleuve*, cf. : **flumabed** = *lit de fleuve*), etc. D'autres sont des périphrases inexactes ou équivoques : **smabed** = *nid* (litt. : *petit lit*; pourquoi pas : *berceau*?) [2]; **silavat** = *pluie* (*eau du ciel*); **vatalubel** = *flot* (*petite montagne d'eau*); **lustelavel** = *astrologue* (litt. : *mauvais astronome* : **stel** = *étoile*, **stelav** = *astronomie*) [3]; **logamagil** = *pupille* (litt. : *petite image de l'œil*; D. *Augenstern*).

Ces défauts viennent de ce que le *Volapük* est une langue trop synthétique et trop *a priori*; sans être une langue philosophique, il prétend analyser les notions et les reconstituer suivant la méthode philosophique; de sorte qu'il a les défauts *pratiques* d'une telle langue sans en avoir les avantages *logiques*. Cette tendance se manifeste surtout par l'emploi des *affixes caractéristiques* pour certaines classes d'idées. Autant il est naturel et nécessaire d'employer des affixes de dérivation d'un sens déterminé pour former les mots dont le sens *dérive* réellement de celui d'un mot primitif, autant il est inutile et incommode d'imposer à tous les mots d'une même catégorie *logique* la même terminaison, comme un faux-nez qui ne sert qu'à les rendre méconnaissables et à les faire confondre [4]. Pourquoi appeler le *choléra* **kolerip**, les *vacances* **vakanüp**, l'*argent* **silin**, etc.? Ou bien on connaît le sens de ces radicaux (que le suffixe ne fait que défigurer), et alors on sait quelle espèce d'objets ils désignent; ou bien on ne les connaît pas, et alors il est inutile de savoir qu'il s'agit

1. Nous ne parlons pas de certaines dérivations obtenues par la simple inflexion de la voyelle du radical (transformation de verbes neutres en actifs, comme en allemand), que M. KERCKHOFFS a critiquées d'autant plus justement, qu'il existait déjà des couples de radicaux qui ne différaient que par l'inflexion d'une voyelle, et qui n'étaient nullement dérivés l'un de l'autre (*Le Volapük*, p. 171-172).

2. Pourquoi, **bov** signifiant *plat*, **smabov** signifie-t-il *assiette*, et **bovil** *tasse*?

3. Cf. : **lu-se-vestig-el** = *espion*.

4. Cf. STEMPFL, *Myrana*, p. 111-120.

d'une *maladie*, d'une notion de *temps* ou d'un *élément* chimique.

Mais, qui pis est, ces terminaisons *ne sont même pas caractéristiques des classes d'idées* auxquelles on les a attribuées : -**af** est la désinence caractéristique des animaux ; or, à côté du *tigre*, qui s'appelle **tiaf**, on a le *lion* (**lain**), le *chien* (**dog**), le *cheval* (**jeval**), le *bœuf* (**xol**), le *porc* (**svin**), le *serpent* (**snek**), le *ver* (**vum**), l'*éléphant* (**nelfan**), etc., et, d'autre part : **bagaf** (*paragraphe*), **lemaf** (*barque*), **lotogaf**, etc. [1]. Et comment expliquer que de **nim** = *animal* dérive **nimaf** = *mammifère*? De même, bien que -**it** soit le suffixe caractéristique des oiseaux (pourquoi un suffixe spécial aux oiseaux? ne sont-ce pas des animaux?), on a : **laud** = *alouette*, **sval** = *hirondelle*, **spär** = *moineau* ; et en revanche : **neit** = *nuit*, **negit** = *tort*, **pulit** = *poulie*, **visit** = *visite*, **vindit** = *vengeance*. **In** est le suffixe des éléments chimiques ; mais l'auteur admet **silef** à côté de **silin** (*argent*), **golüd** à côté de **golin** (*or*), **plum** à côté de **plumin** (*plomb*) ; et en revanche : **fein** = *finesse*, **lein** = *lion*, **pein** = *pin*, **pejin** = *pigeon*, **fogin** = *pays étranger*, **lastin** = *élasticité*, **latin** = *latin*, **lapin** = *rapine*, **butin** = *tire-bottes* (**but** = *botte*), **spatin** = *canne* (**spat** = *promenade*) [2]. **Ip** caractérise les maladies ; mais **komip** = *combat*. **Av** désigne toutes les sciences ; mais *géométrie* = **geomet**, *algèbre* = **lageb**, et *physique* = **füsüd** (**natav** = *histoire naturelle*). Etc., etc.

M. KERCKHOFFS reconnaissait sans doute cet abus du principe des langues philosophiques : « Il sera bien difficile... de donner à tous les radicaux des terminaisons caractéristiques ; il faudrait établir, au préalable, une classification systématique de toutes les connaissances humaines, chose impossible dans l'état actuel de la science. » Il avouait que « M. Schleyer a un peu prodigué ses premiers suffixes », en affectant par exemple une désinence spéciale aux cinq parties du monde, alors qu'il avait déjà le suffixe -**än** pour les noms de pays [3]. Mais il n'en restait pas moins fidèle au principe, et voulait surtout en régulariser l'application [4]. C'est ainsi qu'il proposait une nomenclature des corps simples de la chimie, en leur donnant à tous des noms de deux syllabes contenant leurs lettres symboliques et finissant par -**in**, ce qui

1. Critique empruntée à M. DORMOY.
2. Citons encore les radicaux : **begin, deklin, desin, disin, medin, plovin, satin, violin**, tous étrangers à la chimie.
3. *Le Volapük*, p. 243.
4. Un savant danois, M. AAEN, renchérissant sur l'Inventeur, proposait les désinences caractéristiques -**eb** pour les phanérogames et -**ep** pour les cryptogames (*Le Volapük*, p. 183).

n'allait pas sans de graves altérations de leurs noms tradition-
nels : **agin** = *argent*, **cabin** = *carbone*, **colin** = *chlore*, **felin** = *fer*,
hüdin = *hydrogène*, **hügin** = *mercure* (Hg), **oxin** = *oxygène*, **natin** =
sodium (Na), **nogin** = *azote* (N), etc [1].

Par une singulière inconséquence, tandis que Mgr Schleyer
poussait à l'extrême l'emploi de la dérivation et de la composition, il ne les employait pas toujours là où le sens paraît l'exiger :
il n'établissait aucune relation entre **klot** = *habit* et **teladel** = *tailleur* ; entre **deil** = *la mort*, **nelifik** = *le mort* (litt. : *non vivant*) et
funön = *tuer* (litt. : *rendre cadavre*).

Enfin, bien que l'harmonie ne soit qu'une qualité secondaire
d'une langue internationale, le *Volapük* en est vraiment trop
dépourvu. Ce n'est pas, certes, qu'il soit difficile à prononcer,
au contraire : mais l'alternance trop régulière des voyelles et
des consonnes, et le retour trop fréquent des mêmes lettres
lui donnent un caractère monotone qui n'est pas seulement
ennuyeux, mais qui rend les mots indistincts. Des mots comme
kobotonomöd (*qu'il s'accorde*), **nomamáfiko** (*régulièrement*), **Lefudä-
natäv** (*voyage en Orient*), **balidomotöl** (*primogéniture*), **potananam**
(*remboursement par la poste*), ne disent rien à l'esprit ni à l'oreille.
Qu'on ajoute à cela la fréquence des voyelles infléchies, disgra-
cieuses et difficiles à prononcer : **tävät, sönül, sülo, säslüpön,
pöligü, pükölün, säläd, Tälän, Tükän, Päris** (!), surtout de **ö** qui a
été prodigué dans la conjugaison : **penecödätöl, pematibömetöl** ;
la fréquence du **k** [2] : **ninkikik** = *inclusif*; la fréquence du **l** sub
stitué à **r**, même dans les combinaisons pénibles **dl, tl** : **lululik**
(*de mai*), **dlänüb, dledäl, dlinön, tlätön,** etc. Tout cela, et surtout
l'absence de **r**, donne au *Volapük* le caractère d'un balbutiement
enfantin : **täif** (*tarif*), **bagaf** (*paragraphe*), **telesop** (*télescope*), **plogam**
(*programme*), **banoam** (*panorama*).

Mais ce défaut d'harmonie n'est rien au prix de l'aspect
étrange et rébarbatif d'une page de *Volapük* où tout déconcerte
l'œil et l'esprit, où rien ne rappelle les langues européennes et
ne vient au secours de la mémoire. On croit avoir affaire à une
langue barbare, analogue au malgache ou au mexicain. Cet
aspect ne fait que traduire le manque d'internationalité des
éléments constitutifs de la langue. On se demande à quoi a pu

---

1. *Dictionnaire*, p. 10-11. Cf. un projet de Nomenclature chimique ap. *Le
Volapük*, p. 51 sqq.
2. M. Bauer a compté en moyenne 116 **k** dans 100 mots volapük.

servir à l'auteur son polyglottisme tant vanté (et invraisemblable, s'il n'était nécessairement superficiel), puisqu'il ne lui a
même pas permis d'éviter les nombreux germanismes qu'il a
introduits dans la grammaire et la formation des mots[1]. M. KERCK-
HOFFS semble avoir touché juste quand il disait : « M. Schleyer
est un polyglotte distingué, il est même un poète de talent, mais il
n'est pas assez linguiste, et surtout il n'est pas homme pratique[2]. »
On peut ajouter qu'il n'est pas non plus logicien[3].

Le défaut capital du *Volapük* est de n'avoir pas de principes
fixes et consistants[4]. Ce n'est pas une langue *a posteriori*, puisqu'elle ne se soucie nullement de l'internationalité de ses éléments; et ce n'est pas une langue *a priori*, puisqu'elle les
emprunte au hasard aux langues vivantes. Elle a tous les inconvénients des langues philosophiques, sans en avoir les avantages.
D'une part, en visant l'humanité tout entière, elle a dépassé le
but pratique et immédiat d'une langue auxiliaire, et s'est privée
de l'internationalité *européenne* dans l'intérêt (problématique) des
Chinois, qui seraient trop heureux déjà de n'avoir à apprendre
qu'*une seule* langue *européenne*, même avec un r; c'est le cas de
dire que « Qui trop embrasse, mal étreint ». Et d'autre part,
elle n'a même pas le bénéfice de la neutralité, car elle repose, en
fait, sur une base presque exclusivement germanique, avec cette
circonstance atténuante, qu'elle a rendu les racines germaniques
méconnaissables.

Au point de vue historique, le *Volapük* a eu le mérite de fournir
la première preuve expérimentale de la possibilité pratique d'une
langue artificielle écrite et parlée; mais, d'un autre côté, son
échec final a engendré dans l'opinion publique un préjugé (absolument injuste) contre tout projet de langue internationale. Son
nom a eu l'honneur de devenir le nom commun et générique de
toutes les langues artificielles; on dit : « un nouveau *Volapük* ».

---

1. Exemple : **flan** = *page* (D. *Seile* = F. *flanc, côté*); **flledapün** = *foyer*
(en physique), litt. : *point d'incendie* (D. *Brennpunkt*). L'auteur était dupe
des idiotismes germaniques au point de calquer : **deutiko-volapük**
vödasbuk sur : *deutsch-französisches Wörterbuch*, c'est-à-dire de prendre
l'adjectif *deutsch* pour un adverbe! (*Le Volapük*, p. 151.)
2. *Le Volapük*, p. 248.
3. M. KERCKHOFFS lui reprochait d'ailleurs sans cesse de violer la « logique
grammaticale ».
4. M. Eugen LAUDA a pu dire, sans trop de sévérité, que le seul principe
du *Volapük* était de n'avoir pas de principe; qu'il était une œuvre de fantaisie, de caprice et d'arbitraire (*Kosmos*, 1888).

Mais il a aussi l'inconvénient de servir d'injure, et d'impliquer un jugement défavorable, sinon une condamnation. En somme, on ne peut pas encore savoir si le *Volapük* a plus servi à la cause de la langue internationale qu'il ne lui a nui.

En tout cas, on peut tirer de son histoire une double conclusion. En premier lieu, elle fournit aux partisans d'une langue artificielle un puissant argument *a fortiori*. Si le *Volapük*, malgré ses difficultés et ses graves défauts, a pu être pratiqué avec succès, voire avec enthousiasme, par des milliers de personnes de toutes les nations, c'est une preuve de fait irréfutable qu'une langue artificielle plus simple, plus facile, et surtout plus internationale, peut être universellement adoptée. En second lieu, elle prouve que, quel que soit le zèle de ses propagateurs et l'engouement de ses adeptes, une langue internationale ne sera sûre du triomphe final et définitif que lorsqu'elle aura reçu une sanction officielle par une entente internationale. Jusque-là, elle est à la merci des hérésies et des schismes, et peut toujours craindre la concurrence d'une rivale plus parfaite, *ou même moins parfaite.* En deux mots, dans l'histoire du *Volapük*, les partisans d'une langue artificielle peuvent puiser à la fois des motifs de confiance et des motifs de modestie.

CHAPITRE III

VERHEGGEN : *NAL BINO*[1]

L'*alphabet* du *Nal Bino* comprend 24 consonnes et 24 voyelles : chaque voyelle est en effet brève ou longue, et la brève est figurée par le caractère de la longue renversée.

Tous les radicaux sont des monosyllabes terminés par une consonne.

Les *substantifs* forment leur pluriel en -e.

Les *pronoms personnels* sont, au nominatif :

	1re p.	2e p.	3e p. m.	3e p. f.
Sing.	ma	pa	sa	va
Plur.	ne	re	te	we

et à l'accusatif :

	1re p.	2e p.	3e p. m.	3e p. f.
Sing.	mia	pia	sia	via
Plur.	nie	rie	tie	wie

Les *pronoms possessifs* sont :

	1re p.	2e p.	3e p. m.	3e p. f.
Sing.	mo	po	so	vo
Plur.	no	ro	to	wo

Ils forment leur pluriel en changeant o en i : mi, pi, si,...

Le *verbe* a pour terminaisons : -av à l'infinitif, -a au présent, -ia au passé, -ava au futur, -ave au conditionnel, -la au participe présent, -ya au participe passé.

Il y a deux verbes auxiliaires : **bov** (*avoir*) pour les verbes actifs, neutres et impersonnels; **fov** (*être*) pour les verbes passifs et réfléchis[2].

1. *Nal Bino. Projet d'une langue universelle simple, facile et harmonieuse. Grammaire*, par Séb. VERHEGGEN. 42 p. in-8° (Liège, 1886).
2. Gallicisme illogique : *je me suis lavé* = *j'ai lavé moi*; on devrait donc dire (comme les enfants) : *je m'ai lavé*.

Nous n'aurions pas parlé de ce projet informe, si son auteur n'avait pas écrit les lignes suivantes, qui sont ce qu'il y a de plus raisonnable dans son opuscule :

« Si les Gouvernements veulent bien prendre l'initiative, l'Union linguistique suivra de près, en notre époque, l'Union postale et l'Union télégraphique; il suffirait que les Gouvernements s'entendissent pour élaborer un programme et pour organiser un concours international. Un Congrès, composé de délégués des principaux pays civilisés, choisirait le meilleur projet qu'on adoptera, soit intégralement, soit en y faisant les améliorations que l'autorité compétente jugera nécessaires. A peine le jury se sera-t-il prononcé que dans toutes les localités policées du monde, on apprendra avec confiance le nouvel idiome... A défaut de l'initiative des Gouvernements, les partisans d'une langue universelle pourraient organiser eux-mêmes un concours international. »

En considération de ce vœu désintéressé, on pardonnera à l'auteur de ne pas nous avoir donné la « langue simple, facile et harmonieuse » qu'il a rêvée.

CHAPITRE IV

CH. MENET : *LANGUE UNIVERSELLE* [1]

Ce projet est une imitation du *Volapük*. Nous l'analyserons brièvement. L'*article défini* est **zi** (the E?). Le pluriel des *substantifs* se forme au moyen de la terminaison -**is**, et le féminin au moyen du préfixe **é-** : **dom** = *homme*, **édom** = *femme*.

Les *adjectifs* se forment au moyen du suffixe -**il** : **dag** = *montagne*, **dagil** = *montagneux*. Leurs degrés se forment comme suit [2] :

sapil	= *sage*.
sapila	= *moins sage*.
sapile	= *aussi sage*.
sapilo	= *plus sage*.
sapilio	= *le plus sage*.
sapilu	= *très sage*.
sapily [3]	= *trop sage*.

L'*adverbe* se forme en ajoutant -**é** à l'adjectif.

Les 9 premiers nombres sont : **bo, be, bu, do, de, du, fo, fe, fu**; les dizaines sont : **bos, bes, bus**, etc.; les centaines : **bost, best, bust**, etc.

Les *pronoms personnels* sont, au singulier : 1re p. **o**, 2e p. **e**, polie : **y**; 3e p. m. : **i**, f. : **a**, n. : **é**. Au pluriel, on ajoute **s**. *On* = **u** (pl. **us**).

Les *adjectifs possessifs* sont : **om, em, ym**... pour les personnes du singulier, **on, en, yn**... pour celles du pluriel.

Les *verbes* ont l'infinitif présent terminé en -**ar** : **men** = *langage*.

---

1. *Grammaire élémentaire de la langue universelle*, par Charles MENET, 15 p. in-8° (Paris, Bonhoure, 1886).
2. Cf. la *Règle de la Marguerite* de M. BOLLACK.
3. **u** se prononce *u*; **y** se prononce *ou*.

menar = *parler*. Invariables en nombre et en personne, ils forment tous leurs temps et modes au moyen de suffixes voyelles :

	Indicatif.	Subjonctif.	Conditionnel.
Présent :	mena	menya	menua
Imparfait :	meni	menyi	
Passé défini :	mené	} menye	menue
Passé indéfini :	menè		
Passé antérieur :	meno		
Plus-que-parfait :	menu	menyu	
Futur :	menia		
Futur antérieur :	menie		

Participes présent : **menas**, passé : **menes**, futur : **menias**. Infinitif passé : **mener**.

Les temps et modes du *passif* se forment en ajoutant -t à ceux de l'actif.

Les *radicaux* sont tous des monosyllabes composés de 3 ou 4 lettres, depuis **bab** = *porte* jusqu'à : **zib** = *villa pour la belle saison*. Exemples : **brod** = *gué*, **cas** = *mariage*, **fel** = *cheval*, **gar** = *sortie*, **mat** = *meurtre*, **pal** = *certitude*, **rig** = *épingle*, **teg** = *télégraphe*, **Tos** = *Dieu*, **vot** = *mot*, **zem** = *terre*. Comme on le voit, le vocabulaire est presque entièrement arbitraire, ainsi que la grammaire.

CHAPITRE V

Le *Bopal* est encore une imitation du *Volapük*, que nous résumerons en quelques mots. Voici le paradigme de la déclinaison (pad = *père*) avec l'*article défini* :

	Singulier.	Pluriel.
Nom.	el pad	el pad's
Voc.	o pad	o pad's
Gén.	del pada	del padas
Dat.	lel pade	lel pades
Acc.	el padi	el padis
Abl.	lè padè	lè padès

Font exception à la déclinaison les noms terminés en -a, -e, -f, -v, -l, -m, -n, -r. Le féminin s'indique par un des 4 affixes : fa-, -of, -if, -iv; le neutre par -os.

Tous les adjectifs se terminent en -ik. Ils changent le k final en gu au comparatif, et en x au superlatif.

Les 9 premiers nombres sont : en, de, te, fe, ve, ge, ce[2], pe, ne; les dizaines sont : o, deo, teo, etc.

Les *pronoms personnels* sont :

	1re p.	2e p.	3e p. m.	3e p. f.
Sing.	ma	ta	la	fa
Plur.	nas	vas	las	fas

Les *adjectifs possessifs* sont :

	1re p.	2e p.	3e p. m.	3e p. f.
Sing.	mi	ti	li	fi
Plur.	ni	vi	las	fas

Les *verbes* varient suivant les personnes. Voici, par exemple,

---

1. *Le Bopal, langue universelle, Grammaire, textes et vocabulaire*, par ST. DE MAX (STREIFF), 54 p. in-24 (Paris, Val et Baudry, 1887).
2. c se prononce *ch*.

l'indicatif présent du verbe **fil'n** = *aimer* : **filo, filol, filom** ; **filomas, filovas, filolas**. La 1re pers. des autres temps est :

Imparfait : **èfilo**.
Parfait : **efilo**.
Plus-que-parfait : **ifilo**.
Futur : **ofilo**.
Futur antérieur : **ufilo**.
Subjonctif présent : **filema**.
Conditionnel présent : **filœma**.
Impératif : **filoma**.
Participe présent : **filôn**.

Les autres temps du subjonctif, du conditionnel, de l'infinitif et du participe se forment au moyen des voyelle préfixes è-, e-, i-, o-, u-. Il y a en outre un optatif et un participe conditionnel.

Les temps correspondants du passif se forment au moyen des préfixes **pa-, pè-, pe-, pi-, po-, pu-**.

Il y a 18 verbes auxiliaires de la forme **eo**, qui s'emploient comme suffixes.

Le *vocabulaire* se compose de radicaux monosyllabiques, qui engendrent des dérivés au moyen d'affixes. Exemple : **bar** = *ville*, **baril** = *faubourg* ; **cab** = *perfection* ; **cob** = *cheval*, **ricob** = *jument* [1] ; **dom** = *maison* ; **gal** = *terre*, **galop** = *continent*, **galopar** = *habitant de la terre* ; **galav** = *géographie*, **galavist** = *géographe* ; **mat** = *expérience* ; **max** = *industrie* ; **nil** = *assemblée* ; **pab** = *prière* ; **pet** = *mensonge* ; **rab** = *attention* ; **sal** = *mer*, **salop** = *île* ; **tad** = *réaction* ; **van** = *viande*, **vanop** = *boucherie*, **vanor** = *boucher* ; **xol** = *animal* ; **sudor** = *ouest* ; **xudor** = *est*.

Voici un échantillon de cette langue : « **In nitlid'n e domi keripol el pèmi ke toinopen ogibôl in dis'n les...** », ce qui veut dire : « *En entrant dans une maison vous pouvez saluer les gens que vous y rencontrerez en leur disant...* »

Il est évident qu'on peut fabriquer de telles langues à la douzaine, du moment que le choix des radicaux, des affixes et des flexions dépend de l'arbitraire et de la fantaisie individuelle. Ces systèmes se donnent pour des perfectionnements du *Volapük*, et en fait ils reposent sur les mêmes principes. Il faut avouer que si leurs auteurs ont eu l'intention de déconsidérer le *Volapük*, ils y ont parfaitement réussi.

1. Le préfixe **ri-** est donc à ajouter aux 4 affixes du féminin.

CHAPITRE VI

BAUER : *SPELIN*[1]

Le projet de M. Bauer est fondé sur une « Combinatoire linguistique » dont nous n'exposerons pas les principes : le lecteur
la comprendra et la jugera suffisamment d'après ses applications[2]. Il se présente comme un perfectionnement du *Volapük*,
dont il adopte les principes. Les deux idées qui lui assurent, selon
l'auteur, un avantage sur le *Volapük* sont les suivantes : 1° étendre
la loi de corrélation à toutes les formes grammaticales et à la
formation des mots[3]; 2° rapprocher la langue des trois langues
modernes les plus répandues : l'allemand, l'anglais et le français;
et cela, tant dans la grammaire que dans le vocabulaire. Celui-ci
sera emprunté en première ligne à l'anglais (comme dans le
Volapük), parce qu'il est le plus répandu, et qu'il unit les éléments romans et germaniques; ensuite à l'allemand et au français, et enfin aux autres langues indo-européennes. Selon l'auteur, la grammaire doit avoir le pas sur le vocabulaire, parce
qu'elle détermine d'avance les formes que doivent posséder les
racines, les flexions et les affixes. C'est une des raisons pour lesquelles Bauer n'admet pas de racines internationales (ou du moins
ne les recherche pas systématiquement); car il faudrait le plus sou-

1. Georg Bauer, professeur de mathématiques à l'école réale supérieure
d'Agram : I. *Sprachwissenschaftliche Kombinatorik*, xii + 36 p. (Agram,
1886). II. *Volapük und meine sprachw. Kombinatorik* (Agram, 1887). III.
*Spelin, eine Allsprache auf allgemeinen Grundlagen der sprachw. Kom-
binatorik*, vii + 72 p. 8° (Agram, 1888). IV. *Spelin-Wörterbuch; wider die
internationalen Wörter und die Möglichkeit eine Weltsprache aus sdge-
nannten internationalen Wörtern zu klauben* (Agram, 1892). L'auteur a été
pendant trois ans professeur de *Volapük*.
2. L'auteur dit même : « Le *Spelin* se présente comme une partie de la
Combinatoire mathématique » (IV, 40).
3. A l'exemple du croato-serbe, qui est la langue maternelle de l'auteur.

vent les déformer jusqu'à les rendre méconnaissables pour les faire
entrer dans les types exigés par la grammaire ; si on les adoptait
telles quelles, elles bouleverseraient toute la Combinatoire linguistique. En particulier, les racines doivent être autant que possible monosyllabiques, et avoir la forme d'une syllabe fermée
(eve, eeve, evee, eevee, evve, eevve, evvee, eevvee),
tandis que les particules et les affixes auront les formes : ev, ve.
La Combinatoire nous apprend qu'on peut former 180 racines de
2 lettres, 3684 de 3 lettres, 20980 de 4 lettres, etc.; qu'avec
20 racines, 20 préfixes et 20 suffixes on peut former 8380 mots, et
qu'avec 100 racines, 50 préfixes et 50 suffixes, on peut en former
dix fois plus que n'en contient aucune langue. L'idéal de l'auteur est en conséquence d'employer le plus petit nombre d'éléments, et de « pousser la combinatoire le plus loin possible » en
l'appliquant à la fois à la grammaire, à la formation des idées
et à la formation parallèle des mots.

GRAMMAIRE.

L'alphabet comprend 6 voyelles, rangées dans l'ordre « scientifique » (acoustique et physiologique) suivant : i, e, a, o, u (*ou*),
œ (*eu*); et 15 consonnes : b, c, d, f, g, k, l, m, n, p, s, t, v, y, z.
(L'auteur réserve h et r pour l'avenir, sans doute pour de nouvelles combinaisons.) c se prononce *ch*; g et s sont toujours durs.
L'auteur met à part 2 voyelles euphoniques : e et œ, et 2 consonnes euphoniques : y et z, destinées à éviter les rencontres de
voyelles et de consonnes, et exclues par suite de la formation des
racines.

L'*accent* suit la règle de l'espagnol : il est sur la dernière syllabe
des mots terminés par une consonne, et sur l'avant-dernière des
mots terminés par une voyelle.

La série scientifique des 5 voyelles i, e, a, o, u est la base de toute
la grammaire. Elle fournit d'abord les *pronoms personnels* : i, *je* ; e,
tu ; a, *il* ; o, *elle* ; u, *il* (neutre) ; auxquels s'ajoute œ = *on* (voyelle
mixte et terne, symbole de l'indifférence et de l'indétermination).

Les pronoms du pluriel sont les pluriels de ceux du singulier
(comme en *Volapük*) : is, *nous* ; es, *vous* ; as, *ils* ; os, *elles* ; us, *ils*
(neutre).

Le *pronom réfléchi* est zœ.

Les *pronoms relatifs-interrogatifs* sont : **ka** (m. f.), *qui*; **ku** (n.), *que*; **yœka** = *quiconque*.

Les principaux *pronoms indéfinis* sont : **da** (n. *du*), *quelqu'un* (*quelque chose*); **ga** (n. *gu*), *n'importe qui* (*quoi*); **nega** (**negu**), *personne* (*rien*); **ma**, *l'autre*; **gama**, *un autre*; **la**, *le même*; **pa** (**pu**), *chacun*.

Les *pronoms possessifs* dérivent des personnels par l'adjonction d'un l (signe de l'adjectif) : **il, el, al, ol, ul; œl; isel, esel, asel, osel, usel; zœl.** — **Kel** (*de qui*), **del** (*de quelqu'un*), **gel** (*de n'importe qui*), **negel** (*de personne*), **mel** (*de l'autre*), **gamel** (*d'un autre*), **lel** (*du même*), **pel** (*de chacun*), etc.

Les *adjectifs démonstratifs* sont formés de même au moyen de la finale f : **if**, *celui-ci*; **ef**, *celui-là*; **af**, *cet autre*; **zœf**, *même*; **kef**, *quel*; **yœkef**, *quelconque*; **def**, *un certain*; **gef**, *n'importe quel*; **negef**, *aucun*; **mef**, *l'autre*; **gamef**, *un autre*; **lef**, *le même*; **pef**, *chaque*.

Les *adverbes* correspondants dérivent des pronoms précédents par l'addition de -e (caractéristique des adverbes) : **kefe**, *comment*; **lefe**, *de la même manière*; **gamefe**, *autrement*; **negefe**, *d'aucune manière*, etc.

En ajoutant de même aux adverbes précédents un l, on forme des adjectifs-pronoms indiquant la manière ou l'espèce : **kefel**, *quel* (*de quelle espèce*); **ifel**, *tel* (*que celui-ci*); **efel**, *tel* (*que celui-là*); **pefel**, *de chaque espèce*; **gamefel**, *d'une autre espèce*; **negefel**, *d'aucune espèce*, etc.

On forme d'une manière analogue les *adverbes de temps*, au moyen de la consonne caractéristique t et du suffixe adverbial : **kete**, *quand?* **ite**, *maintenant*; **pete**, *en tout temps*; **negete**, *jamais*, etc.; les *adverbes de lieu*, au moyen de la consonne caractéristique v : **keva**, *où?* **ive**, *ici*; **eve**, **ave**, *là*; **peve**, *en tout lieu*; **negeve**, *nulle part*; **gameve**, *ailleurs*, etc.; d'où l'on déduit au moyen du suffixe -l des adjectifs de temps et de lieu : **itel**, *de maintenant*; **ivel**, *d'ici*.

On forme encore de la même manière les adverbes indiquant la *direction* : **kayle**, *où* (*allez-vous*)? le *chemin* : **kelve**, *par quel chemin?* les *pronoms de nombre* : **kem**, *combien?* et de *grandeur* : **kec** *combien grand-d'où* dérivent les adverbes correspondants : **keme**, *combien* (L. *quot*)? **kece**, *combien* (L. *quantum*)?

Les *noms de nombre* sont construits systématiquement par la combinaison de 3 voyelles et de 3 consonnes :

ik, 1; **ek**, 2; **ak**, 3;

in, 4; **en**, 5; **an**, 6;

ip, 7; **ep**, 8; **ap**, 9.

Les dizaines se forment en ajoutant un **s** (comme en *Volapük*) :
iks, 10; **eks**, 20; **aks**, 30; etc., **iksik** = 11, et ainsi de suite.

Puis viennent : **uc**, 100 [1]; **ekuc**, 200, etc.; **ok**, 1.000 [1]; **ekok**,
2.000;.... **iksok**, 10.000; **eksok**, 20.000;.... **ucok**, 100.000; **ekucok**,
200.000;.... **lion**, 1 *million*; **kelion**, 1 *milliard* (10^9); **elion**, 1 *billion*
(10^{12}); **alion**, 1 *trillion* (10^{18}), etc. Zéro se dit **nik**.

Les *adverbes ordinaux* dérivent des nombres cardinaux par
l'adjonction de **-e** : **ike**, *premièrement*; et les adjectifs ordinaux
par l'adjonction de **-el** : **ikel**, *premier*.

Les *adjectifs multiplicatifs* se forment au moyen du suffixe **-œl** :
ikœl, *simple*; **ekœl**, *double*.

Les *nombres de fois* se forment au moyen du suffixe **-(e)te** : **ikte**,
une fois; **eksete**, *20 fois*. On en dérive, au moyen du suffixe **-l**, les
adjectifs : **iktel**, **ektel**.

Les *nombres d'espèces* se forment au moyen du suffixe **-tœl** :
iktœl, *d'une seule espèce*.

Enfin les *nombres distributifs* sont indiqués, par la particule **pef** :
pef ek, *deux à deux*; d'où les adjectifs ordinaux : **pef ekel**, *chaque
deuxième*.

La gamme des 5 voyelles sert encore à la conjugaison des
verbes. Il suffit de les ajouter au radical verbal pour avoir les
5 temps de l'*infinitif*. Exemple :

<blockquote>
Présent :   **mili**, *aimer*.

Passé :   **mile**, *avoir aimé*.

Plus-que-parfait : **mila**.

Futur :   **milo**.

Futur antérieur : **milu**.
</blockquote>

Pour former les temps de l'*indicatif*, il suffit de mettre devant
l'infinitif correspondant les pronoms personnels : **i, e, a, o, u,** etc. :

<blockquote>
i mili, *j'aime*;   **is mili**, *nous aimons*;

e mili, *tu aimes*; **es mili**, *vous aimez*, etc.
</blockquote>

Il n'y a pas de *subjonctif*. Le *conditionnel* est marqué par le suffixe
-ui au présent, **-ua** au passé : **i milui**, *j'aimerais*; **a milua**, *il aurait
aimé*.

L'*impératif* est marqué par la particule **let** (E.) ou l'auxiliaire
el; l'*optatif* par l'auxiliaire **me** (E. *may*).

Le *participe présent* est marqué par **-in** : **milin**, *aimant*. Il n'est
pas question d'autres temps du participe.

---

1. Le lexique (IV) donne **oc** = 100, et **nk** = 1.000.

Le *passif* se forme au moyen de l'auxiliaire **bi** (E. *be*) et du participe passé (passif) terminé par -ed : **i bi miled**, *je suis aimé*.

Les *verbes réfléchis* se forment au moyen du pronom réfléchi **zœ**; les verbes *réciproques*, au moyen du pronom **pama** (*l'un l'autre*).

L'*interrogation* est marquée par la particule **kœ** mise au commencement de la proposition. Cette particule sert aussi à remplacer tous les relatifs, en tête des propositions relatives.

Nous arrivons au *substantif*. Il n'y a pas d'*article* : l'article indéfini est remplacé par le pronom **ga** (*quelque*), l'article défini par un pronom démonstratif.

Le *pluriel* des substantifs est marqué par le suffixe -**œs** : **mik**, *ami*; **mikœs** (rappelons que toute racine étant une syllabe fermée, tous les substantifs finissent par une consonne).

La *déclinaison* s'effectue au moyen des particules (prépositions) **dœ** (F.) pour le *génitif*, et **tu** (E.) pour le *datif*. L'*accusatif* est semblable au nominatif, et ne s'en distingue que par la position.

Ex. : **mik ka mili** = *l'ami qui aime*; **mik ka a mili**, *l'ami qu'il aime*; **ka mili**, *qui aime?* **ka a mili**, *qui aime-t-il?* **ka mili ya**, *qui l'aime?*

Le *genre* (naturel) est indiqué par les préfixes **ya** (masc.), **yo** (fém.), **yœ** (neutre). Le préfixe **yu** marque le jeune :

> **yabif** *taureau*. **yaz** *homme* (L. *vir*).
> **yobif** *vache*. **yoz** *femme*.
> **yœbif** *bœuf*. **yœz** *homme* (L. *homo*).
> **yubif** *veau*. **yuz** *enfant*.

L'auteur se félicite particulièrement de l'invention de ces préfixes; il distingue par exemple **yuyaz** = *jeune homme* de **yayuz** = *garçon*, et **yuyoz** = *jeune fille* de **yoyuz** = (petite) *fille*.

Les *adjectifs* sont invariables, et suivent toujours le substantif. Les *degrés de comparaison* se forment : 1° d'une manière synthétique, en variant la voyelle du suffixe : **gudik**, *bon*; **gudek**, *meilleur*; **gudak**, *le meilleur*; 2° d'une manière analytique, au moyen des particules **meo**, **mao** : **meo gudik**, **mao gudik**. Le *superlatif absolu* est marqué par la particule **mio** ou par l'adverbe **plavio** (*vraiment*, E. *very*).

Les *adverbes* dérivés d'adjectifs finissent en -**io**, qui se change en -**eo**, -**ao** aux degrés de comparaison.

Les *prépositions* ont la forme **ev** (**eev**, **evv**) pour pouvoir servir de préfixes (terminés en **e** ou **œ**).

Les *conjonctions* finissent au contraire par une consonne, elles ont donc les formes **ve**, **vve**, ou **eve** (dans ce dernier cas, v est e ou œ, car les autres voyelles sont réservées aux racines de substantifs).

La *syntaxe* se réduit à cette règle unique : adopter l'ordre le plus clair, qui est en général le suivant : sujet, verbe, compléments.

VOCABULAIRE.

« Le vocabulaire doit se rapprocher autant que possible de la langue anglaise, et ensuite des autres langues aryennes. » Toutefois, « on choisira d'abord dans le vocabulaire anglais les racines qui ont un caractère international (aryen). » Par exemple, on préférera la racine **pat** (dans *paternity*) à la racine **fat** (*father*, E. ; *vater*, D.), la racine **nud** (dans *nudity*) à la racine **bar**, la racine **lun** (dans *lunar*) à la racine **mon** ou **mun** (*moon*, E. ; *mond*, D.), la racine **nom** (E. *nominal, nomenclature*) à la racine **nem** (D. E. *name*), la racine **vol** (E. *volition, voluntary*) à la racine **vil** (D. *wille*), et ainsi de suite. Préférer (comme le *Volapük*) les secondes racines aux premières, c'est, selon l'auteur, « vouloir germaniser inutilement les racines internationales ». « Ce n'est que lorsqu'il n'y a aucune ressemblance entre les racines romanes et les anglaises, que celles-ci ont la préférence. » Ainsi l'auteur cherche à enrichir son vocabulaire de racines internationales.

Mais, d'autre part, ces racines sont soumises à des conditions restrictives qui viennent de la Combinatoire. Par exemple, la lettre s est, non seulement le signe du pluriel, mais le symbole de la totalité : c'est ainsi que le « pluriel » du verbe (formé par l'addition de **s**) signifie le *duratif*, si le verbe exprime un état, ou le *fréquentatif*, s'il exprime une action. Ex. : **me spelin vivis** = *vive le Spelin* (qu'il dure !) [1]. De même, étant donné que **pe** = *chaque*, **spe** veut dire *tout*; et comme **lin** = *langue*, **spelin** signifie : *la langue de tous* (D. *Allsprache*). De même encore, **spaz** désigne le *monde* (des hommes), **spuz** l'*univers* (des choses); **spuv**, l'*espace* (**speve** = *partout*); **sput**, l'*éternité* (**spete** = *toujours*), etc., etc.

Cela étant, on conçoit que la lettre s ne puisse pas être l'initiale d'une racine, comme **svin** (D. *schwein*); on est donc obligé

---

1. L'auteur se flatte d'économiser ainsi des racines : **luki**, *voir*; **lukis**, *regarder*.

de la remplacer par **may** (I. *majale*)[1]. Ainsi cette seule règle exclut toute une série de racines internationales.

Inversement, **stim** signifiant *honneur*, **tim** signifie simplement *estime* (l'honneur étant l' « intégrale » de l'estime). On en tire les préfixes honorifiques **te-** et **ste-** : **teyaz** = *monsieur*; **steyaz** = *sire*[2].

Mais ce n'est là qu'une des moindres applications de la Combinatoire à la lexicologie. La série des voyelles fournit une infinité de gammes variées, partout où il y a place pour des degrés ou des nuances diverses.

De même que les voyelles servent à marquer le temps dans les verbes, elles servent à former les adverbes qui indiquent les relations de temps. Ainsi, **dez** = *jour*, **lez** = *mois*, **yez** = *an*; par suite :

ide = *aujourd'hui*;	**ile** = *ce mois-ci*;	**iye** = *cette année-ci*.
ede = *hier*;	**ele**	**eye**
ade = *avant-hier*;	**ale**	**aye**
ode = *demain*;	**ole**	**oye**
ude = *après-demain*;	**ule**	**uye**

Si à ces mots on ajoute **-z** ou **-l**, on forme le substantif ou l'adjectif correspondant; et si on leur préfixe la lettre **s-**, on indique l'intégralité : **sidez** = *tout ce jour*; **seyez** = *toute l'année dernière*; **solez** = *tout le mois prochain*. On peut même former des intégrales doubles : **i labo sodese** = *je travaillerai continuellement toute la journée de demain*.

D'une manière analogue, les noms de nombre servent à nommer les jours de la semaine et les mois.[3] :

duik = *lundi*.	**luik** = *janvier*.
duek = *mardi*.	**luek** = *février*.
. . . .	. . . .
duin = *jeudi*.	**luin** = *avril*.
. . . .	. . . .
duip = *dimanche*.	**luip** = *juillet*.
. . . .	. . . .
	lusik = *octobre*.

1. III, 41. Dans le lexique (IV) on trouve la racine exclusivement anglaise **pig** (et non la racine romane *porc*).

2. De même : **stat** = *état*, donc : **tat** = *province*; **til** = *partie*, donc : **stil** = *totalité*.

3. L'auteur fait honneur de cette idée à M. C. SPRAGUE (de New York). Elle était déjà appliquée dans le *Volapük*.

lusek = *novembre.*
lusak = *décembre.*

On forme de même les mots :

kuik, kuek, kuak, kuin,... = *voiture à 1 cheval, à 2, 3, 4... chevaux* ; et même les grades militaires :

muit, *sous-lieutenant* ; **muet,** *lieutenant* ; **muat,** *capitaine* ; **muist,** *major* ; **muest,** *lieutenant-colonel* ; **muast,** *colonel* [1].

La Combinatoire s'étend jusqu'aux noms propres de pays. Perfectionnant le système du *Volapük*, l'auteur donne à tous les pays d'*Europe* le suffixe **-im**, à ceux d'*Amérique* le suffixe **-em**, à l'*Asie*, **-am**, à l'*Afrique*, **-om** et à l'*Australie* [2] **-um**. Les cinq parties du monde ont elles-mêmes les noms (formés avec l'*intégrale* **s**) : **sim, sem, sam, som, sum.** Ainsi : **Indem** = *Indes occidentales*, **Indim** = *Indes orientales* ; **Rusim** = *Russie d'Europe*, **Rusam** = *Russie d'Asie* ; **Rusiam** = la *Russie* entière. Enfin **pim** = *continent* ; et **spim** = *la terre* entière. Pour former l'adjectif d'un pays, il suffit de changer l'**m** final en **c** ; et pour désigner les habitants (mâles ou femelles) de ce pays, il suffit de préfixer **ya-** ou **yo-** : **yazinlic** = *un Anglais* ; **yoflansic** = *une Française.*

L'auteur établit beaucoup d'autres affixes de dérivation : « Plus il y a de préfixes et de suffixes, mieux cela vaut ». Il admet un certain nombre de préfixes destinés à modifier le sens des substantifs : **be-** exprime l'idée de *beau* ; **gre-**, celle de *grand* ; **le-**, celle de *rapidité* ; **me-**, celle d'*intensité* (renforcement de sens [3]) ; **muo-**, celle d'*excès* (**muo** = *trop*) ; **ne-** celle de *négation* ; **kō-** celle d'*infériorité* (péjoratif) ; **skō-** celle de *mépris* ; **glō-** celle d'(animal) *sauvage* ; **blō-** celle de *noir* (**blōdez** = *nuit* = *jour noir*). Les préfixes **ya-**, **yo-**, **yu-**, appliqués à une racine verbale, indiquent l'*homme,* la *femme* ou la *chose* qui fait l'action exprimée par cette racine. Le préfixe **ye-** indique un *castrat*. Citons encore les préfixes **de-** (marquant éloignement), **fō-** (signifiant *devant*), **pō-** (signifiant *autour*), **vœ-** (signifiant *avec*), **rei-** (indiquant la *répétition*).

Les principaux suffixes qui servent à former des substantifs sont : **-et**, diminutif ; **-ab** désigne un *art* ; **-ip** désigne une *science* ; **-ay** désigne un *métier* ; **-ak** désigne la *machine*, **-ef**, l'*instrument à*

---

1. Dans III, les grades étaient indiqués comme suit : **tuik, tuek, tuak;** tuin, tuen, tuan ; ... en suivant exactement la série des nombres. Dans IV, ces mots désignent les intervalles musicaux (*prime, seconde, tierce, ...*).
2. Pourquoi pas à l'Océanie tout entière?
3. D'où **sme-**, qui signifie *capital, principal, primordial.*

faire la chose indiquée par la racine; **-un** (D. *-ung*) désigne
l'*action* exprimée par la racine; **-ud**, le *résultat* de l'action; **-uv**, le
lieu, et **-ut**, le *temps* de l'action; **-uf**, la *qualité* abstraite. Certains de ces suffixes sont parfois de simples caractéristiques
logiques, comme **-ip** (nous connaissons déjà les suffixes **-im**,
-em,... caractéristiques des noms de pays). Tels sont aussi : **-an**,
qui désigne les choses spirituelles; et **-eg**, qui désigne les animaux, excepté les plus familiers, comme **dog** = *chien*, **kat** = *chat*,
kav = *cheval*, etc.; mais on « spélinise » les noms suivants :
kengeg = *kangourou*, **krokeg** = *crocodile*, **salmeg** = *salamandre*. On
en forme d'autres avec des racines abstraites : **mileg** = *colombe*
(de **mil** = *amour*); **kobeg** = *araignée* (de **kob** = *filer*). L'auteur
préfère les racines abstraites au point de proposer d'appeler **fic**
la *pêche* (action de pêcher), et **ficeg** le *poisson*. Ici encore, la variation des voyelles sert à exprimer divers degrés : ainsi de **nat** =
nature on forme d'abord **natip** = *histoire naturelle*, puis **natep** =
physique, et enfin **natap** = *métaphysique*.

Les principaux suffixes qui servent à former les adjectifs sont [1] :
-l (**-il**, **-el**) que nous avons vu appliquer aux pronoms et aux
noms de nombre; **-ik**, **-ir**; **-if**, qui signifie *plein de* (E. *-ful*); **-lik**,
qui signifie *semblable à* (D. *-lich*); **-nik**, qui signifie *privé de* (E. *less*);
-iv, qui indique la capacité d'agir (E. *-ive*, F. *-if*); **-œbil**, qui
exprime la possibilité ou la dignité (E. F. *-able*, *-ible*).

Les verbes se forment souvent en ajoutant simplement à une
racine substantive la voyelle caractéristique des temps (**-i** au
présent). Quand la racine désigne un animal, le verbe dérivé
indique le cri de cet animal : **dogi**, *aboyer*; **kati**, *miauler*, etc.
Si l'animal ne rend aucun son, le verbe dérivé indique une action
ou une propriété caractéristique. De même le verbe dérivé du
nom d'un organe indique sa fonction : **luk** = *œil*, **luki** = *voir*.

Les verbes qui signifient *faire* ou *rendre* tel ou tel se forment
au moyen du suffixe **-ig** : ex. : **dol**, *douleur*, **doligi**, *faire mal*; **lum**,
lumière, **lumigi**, *éclairer*. Mais cet emploi n'est pas général;
ex. : **klin**, *propreté*, **klini**, *nettoyer*; **nud**, *nudité*, **nudi**, *dénuder*, etc.

Les mots composés se forment en juxtaposant les racines,
séparées, s'il y a lieu, par la voyelle **-o**. Ex. : **vapobad**, *bain de
vapeur*; **vaponav**, *bateau à vapeur*; **vapovag**, *voiture à vapeur*;

---

1. Comme en *Volapük*, la racine est toujours le substantif : **klin**, *propreté*, **klinir**, *propre*; **nud**, *nudité*, **nudir**, *nu*.

natosap, *science de la nature*; **lumolog**, *fenêtre (trou à lumière)*; **spa-zolin**, *langue universelle*.

Certains mots dégénèrent en préfixes : ainsi **slak** = *électricité* devient en composition **sle-** : **slegaf**, *télégraphe*; **slefon**, *téléphone* (cf. **fonogaf** = *phonographe*).

Enfin l'auteur semble indiquer certains contraires en retournant la syllabe-racine : **gub** = *froid*, **bug** = *chaud* (d'où : **bugoyumiz** = *thermomètre*); **lin** = *langue* (d'où **lini** = *parler*), **nil** = *oreille* (d'où **nili** = *entendre*).

Voici, à titre d'échantillon, le *Pater* traduit en *Spelin* :

Pat isel, ka bi ni sielœs! Nom el zi bi santed! Klol el zi komi! Vol el zi bi faked, kefe ni siel, efe su sium! Givi ide bod isel desel is. Fegivi dobœs isel, kefe tet is fegivis tu yadobœs isel; et nen duki is ni tantœ, bœt libi is de mal.

L'auteur fait ressortir la brièveté de sa langue par rapport aux langues vivantes et même au *Volapük* : il constate que là où le *Volapük* emploie 100 lettres, le *Spelin* n'en emploie que 80; que le *Spelin* a 50 pour 100 de mots monosyllabes, tandis que le *Volapük* n'en a que 24 pour 100; et qu'en *Spelin* 62 pour 100 des mots se terminent par une voyelle, tandis qu'en *Volapük* on n'en trouve que 40 pour 100 au plus, ce qui rend le premier plus harmonieux que le second. Enfin il a établi certaines règles de formation des mots pour éviter les nombreuses *isoméries* du *Volapük*. Il conclut à la supériorité du *Spelin* sur le *Volapük*.

CRITIQUE.

Comme nous l'avons dit, nous laissons au lecteur le soin de juger la « Combinatoire linguistique » d'après ses résultats, dont nous avons cité de nombreux exemples. Nous nous bornerons à remarquer l'incompatibilité qui existe entre les deux principes adoptés à la fois par l'auteur : d'une part, le principe *a priori* de la Combinatoire et de la corrélation, c'est-à-dire de la construction logique des mots; d'autre part, le principe *a posteriori* de la conformité aux langues vivantes, et de l'adoption des racines internationales. Le conflit perpétuel de ces deux principes aboutit à une incohérence parfaite dans le vocabulaire et dans la grammaire; en définitive, c'est le principe *a posteriori* qui est sacrifié au principe *a priori*. Par exemple, le

fait de réserver 2 voyelles et 2 consonnes à la formation des
affixes et à l'euphonie oblige à les exclure des racines, et partant à dénaturer les racines qui les contiennent. Le retour
incessant de la gamme des voyelles, employée pour toutes les
flexions grammaticales, rend celles-ci entièrement artificielles
et arbitraires, et, de plus, difficiles à distinguer, car il faut un
effort de mémoire pour se rappeler ce que chaque voyelle
signifie dans tant de circonstances diverses [1]. Dans le vocabulaire, ce ne sont pas seulement les pronoms, les particules, les
noms de nombre qui sont formés *a priori* de toutes pièces [2]; ce
sont encore la plupart des noms et des verbes, composés suivant des règles logiques qui rappellent les langues philosophiques. L'usage des affixes caractéristiques exerce sur les
racines naturelles plus de ravages encore qu'en *Volapük* notamment dans les noms de pays). L'exemple le plus curieux de cet
abus est l'emploi de la lettre s comme « signe d'intégration »,
qui devrait aboutir logiquement à l'exclure de toutes les racines.
L'auteur n'a pas consenti à ce sacrifice héroïque, de sorte qu'à
côté de mots comme **spaz, side, sif,** ou de préfixes comme **sme-, sko-,**
où **s** a le sens défini, on a des mots comme **siel** (*ciel*), **sian** (*océan*),
sig (*cigare*), et des préfixes comme **sle-,** où s n'a pas du tout ce
sens. Enfin l'auteur aime mieux former des mots composés originaux que d'adopter les mots internationaux les plus connus;
et sa Combinatoire est si riche qu'elle lui fournit tous les synonymes suivants : **spesapuv, gresapuv, mesapuv, gresapokul, gre-
nocuv, grenocokul, stekul, stesapuv, speticuv, spelernuv,** etc.,
pour désigner ce que dans tous les pays civilisés on appelle...
Université.

---

1. Quelle corrélation y a-t-il, par exemple, entre *je, tu, il,* et *aujourd'hui,
hier, avant-hier*?
2. Peu importe que **ni** signifie *dans* en japonais, et que **ik** signifie *un*
en ... tchérémisse (!); ce sont là des rencontres fortuites qui n'empêchent
pas ces mots d'être construits *a priori.*

CHAPITRE VII

FIEWEGER : *DIL* [1]

Le *Dil* se présente manifestement comme un perfectionnement du *Volapük*. Il repose sur les mêmes principes, et nous permettra d'en mieux apprécier la valeur.

GRAMMAIRE.

L'*alphabet* se compose des 5 voyelles :

a, e, i, o, u (*ou*)

et des 17 consonnes :

b, p; d, t; g, k; v, f; z, s; c, j; y, l, m, n, r,

qui se prononcent comme en français, à part : g toujours dur; s toujours dur; c = *dch*; j = *ch* (comme en *Volapük*).

L'*accent* est sur la dernière syllabe (comme en *Volapük*).

Il n'y a pas d'*article*, ni défini ni indéfini.

Les *substantifs* se déclinent comme il suit :

Nom.	om	*l'homme*	omez	*les hommes*
Gén.	oma	*de l'homme*	omaz	*des hommes*
Dat.	omo	*à l'homme*	omoz	*aux hommes*
Acc.	omi	*l'homme*	omiz	*les hommes*

Les genres sont toujours naturels. Ils se distinguent par les désinences -ec (masc.) et -ev (fém.).

Les adjectifs sont invariables en genre et en nombre. Le com-

---

1. *Internationale Verkehrssprache* Dil *oder bestes Verständigungsmittel zwischen den Nationen nach dem System des Dr Gül in Bagdad : Grammatik*, par FIEWEGER (1893). — *Stammwörterbuch des Dil und stammähnliche Wörter*, par FIEWEGER (1894; Breslau, Aderholz). Il y a une traduction de la Grammaire en *Volapük*, et une autre en *Dil*, dont voici le titre : Dil o med gutun kaipeni fra nepez ze gloz doka Gül en Bagdad.

paratif et le *superlatif* se forment au moyen des suffixes -**ur** et -**un**. Ex. : **gut**, *bon*; **gutur**, *meilleur*; **gutun**, *le meilleur*.

Les *noms de nombre* sont :

un, 1; **tun**, 2; **zan**, 3; **fir**, 4; **bej**, 5; **siz**, 6; **sib**, 7; **sek**, 8; **nov**, 9.

Les dizaines se forment en ajoutant aux unités le suffixe du pluriel -**ez** (comme en *Volapük*) : **unez**, 10; **tunez**, 20; **zanez**, 30; **tunezzan**, 23; **zad** = 100; **mil** = 1.000; **unon** = 1 *million*; **tunon** = 1 *billion*, etc.

Les *nombres ordinaux* dérivent des précédents au moyen du suffixe -**un** (comme le superlatif).

Les *pronoms personnels* sont :

		Sing.	Plur.
1re	personne	**eb**, *je*,	**ebz**, *nous*.
2e	—	**el**, *tu*,	**elz**, *vous*.
3e	—	**em**, *il*,	**emz**, *ils*.

Ils se déclinent comme les substantifs. Les pronoms de la 3e personne prennent les désinences du genre.

Les *pronoms possessifs* dérivent des pronoms personnels par l'adjonction d'un -**e** : **ebe, ele, eme; ebze, elze, emze**. Ils sont souvent remplacés (comme en *Volapük*) par le génitif du pronom personnel : **eba, ela, ema**, etc.

Les *pronoms démonstratifs* sont : **id**, *ceci*; **ed**, *cela*; **kid**, *tel*; **did**, *le même*; **ded**, *celui (qui)*.

Les *pronoms relatifs-interrogatifs* sont : **ki** (masc. fém.) et **ke** (neutre); les mêmes à l'accusatif qu'au nominatif (comme en français). Ils servent aussi d'*adjectifs interrogatifs* : *quel?*

Tous ces pronoms prennent les désinences masculine et féminine.

Les *pronoms indéfinis* sont : **ik**, *quelqu'un*; **ek**, *personne*; **an**, *aucun*; **kik**, *chacun*; **ez**, *quelque chose*; **nez**, *rien*; **iz**, *tout*; **jak**, *peu*; **jok**, *beaucoup* [1].

Les *verbes* n'ont qu'une seule conjugaison. Soit le radical **lob** (*louer*, D.). L'indicatif présent se forme en lui ajoutant les pronoms personnels :

lobeb, lobel, lobem [2]; **lobebz, lobelz, lobemz**.

---

1. On remarquera l'opposition de sens entre **ek** et **ik**, **jak** et **jok** (voir le *Vocabulaire*).
2. Les 3es personnes (sing. et plur.) peuvent prendre au besoin les désinences de genre.

Le parfait (défini et indéfini), le plus-que-parfait, le futur et le futur antérieur se forment en remplaçant respectivement **ə** par **a, i, o, u** dans !a terminaison de l'indicatif. Ainsi : **lobab**, *j'ai loué*; **lobib**, *j'avais loué*; **lobob**, *je louerai*; **lobub**, *j'aurai loué*.

L'*infinitif* se forme en ajoutant au radical les terminaisons **-en** (présent) et **-an** (passé) : **loben**, *louer*; **loban**, *avoir loué*.

Les *participes* se forment en ajoutant au radical les terminaisons **ed** (présent) et **-ad** (passé) : **lobed**, *louant*; **lobad**, *ayant loué*.

Le *subjonctif* se forme en ajoutant les désinences personnelles à l'infinitif présent : **lobeneb**, *que je loue*; **lobenab**, *que j'aie loué*; **lobenib**, *que j'eusse loué*.

Le *conditionnel* (présent, passé) coïncide avec le subjonctif (imparfait, plus-que-parfait) comme en allemand.

L'*impératif* s'indique en ajoutant la désinence **-ed** [1] à l'indicatif : **lobeled**, *louez*; **lobebzed**, *louons*.

L'*optatif* (impératif poli) remplace cette désinence **-ed** par la désinence **-ez**.

Le *passif* se forme en intercalant **i** immédiatement après le radical à tous les modes et temps de l'actif : **lobien**, *être loué*; **lobian**, *avoir été loué*; **lobied**, *loué* (qu'on loue); **lobiad**, *loué* (qu'on a loué).

Le passif sert à suppléer l'absence du pronom *on*. On traduit *on loue* par **lobiem**, *est loué* (comme en latin).

La forme *réfléchie* est indiquée par un **i** placé après la désinence : **lobebi**, *je me loue*.

La forme *réciproque* est indiquée par un **u** placé après la désinence : **lobemzu**, *ils se louent l'un l'autre*.

Enfin on traduit certains auxiliaires (allemands) en intercalant après le radical les syllabes suivantes :

aj *pouvoir* (moralement); D. *dürfen*.
ej *devoir*; D. *sollen*.
ij *vouloir*.
oj *pouvoir* (physiquement); D. *können*.
uj *devoir, falloir*; D. *müssen*.

La *syntaxe* est très simple : les verbes régissent tous l'accusatif pour leur 1er complément (régime direct) et le datif pour les autres (régime indirect). Les prépositions régissent toutes le nominatif.

1. La même que pour le participe présent.

La construction régulière est la suivante : sujet, verbe, régime direct, régime indirect. L'adjectif, le nom de nombre, le génitif se mettent *après* le substantif, et la préposition *avant* lui ; l'adverbe se met après le verbe ou le mot qu'il détermine (y compris la *négation* ne). L'*interrogation* se traduit par la particule **li** en tête de la proposition (comme en *Volapük*).

— — —

VOCABULAIRE.

Le *Dil* n'a que des racines monosyllabiques, qui paraissent construites par combinaison ; les unes ont le sens des racines naturelles (surtout allemandes) qu'elles rappellent plus ou moins vaguement ; les autres ont des sens arbitrairement choisis. Le monosyllabisme n'épargne même pas les noms propres de pays : **rop**, *Europe* ; **sic**, *Asie* ; **frik**, *Afrique* ; **rik**, *Amérique* ; **rus**, *Russie* ; **sman**, *Turquie (Osmanlis)* ; **doit**, *Allemagne* (D. *Deutschland*) ; **dien**, *Inde* (D. *Indien*) ; **tien**, *Argentine* ; **ciar**, *Hongrie (magyar)* ; **cik**, *Belgique* ; **cip**, *Égypte* ; **sem**, *Luxembourg* ; **yer**, *Bavière* ; **veir**, *Württemberg* ; **nal**, *Anhalt* ; enfin : **meuk**, *Mecklembourg* ; **meak**, *Mecklembourg-Schwerin*, et **meok**, *Mecklembourg-Strelitz*.

De même, les noms des éléments chimiques sont réduits à une syllabe, qui rappelle plus ou moins leur notation abrégée : **ag**, *argent* ; **al**, *aluminium* ; **ok**, *oxygène* ; **col**, *chlore* ; **cor**, *chrome* ; **civ**, *mercure*.

Les racines empruntées aux langues anciennes sont traitées de même : **blem**, *problème* ; **blik**, *république* ; **dak**, *rédaction* ; **mem**, *mémoire* ; **mik**, *fourmi* (L. *formica*) ; **plom**, *diplôme* ; **nes**, *fenêtre* (L. *fenestra*), etc.

Certaines racines sont empruntées textuellement (phonétiquement) au français, comme : **blag**, **ble**, **brid**, **briz**, **dot**, **drol**, **foar**, **fuet**, **flej**, **goj**, **jat** (*achat*, et non *chat*), **jik**, **joz**, **kaj**, **kloj**, **koz**, **ku**, **kud**, **kut** (*coût*), **kuv** (*couverture*), **let** (*lettre*), **moan**, **mok**, **muj** (*moucher*, non *mouche*), **nec** (*neige*), **nos**, **pak** (*Pâques*), **pej** (*pêche*, fruit), **pus** (*pouce*), **roj**, **sac** (*sage*), **sir** (*cire*), **suj** (*souche*), **taj** (*tache*), **trus**, **truv** (*trouver*), **zit** (*visite*).

D'autres à l'anglais, comme : **beg** (*prière*), **bon** (*os*), **bim** (*rayon*), **bren** (*cerveau*), **dir** (*cher*), **diuk** (*duc*), **dor** (*porte*), **jep** (*forme*), **jev** (*raser*), **nait** (*chevalier*), **rul** (*règle*), **sev** (*sauver*), **spun** (*cuiller*), **ti** (*thé*), **vik** (*semaine*), **vit** (*blanc*), **vod** (*eau*).

D'autres enfin ont une origine obscure ou incertaine, et paraissent choisies arbitrairement, comme : **dil**, *langage*; **din**, *religion*; **fil**[1], *éléphant*; **gur**, *mont*; **mab**, *temple*; **nan**, *été*; **nib**, *voiture*; **nim**[2], *ichneumon*; **ran**, *orient*; **sag**, *santé*; **sed**, *coutume*; **siv**, *cœur*; **toj**, *encre*; **tul**, *longueur*; **ved**, *bois*; **yir**, *crainte*; **zor**, *force*. C'est le cas d'une bonne moitié des racines du lexique.

Les procédés de dérivation ne sont pas moins arbitraires. Le suffixe **-er** indique les personnes en général; **-ec** indique les personnes masculines, et **-ev** les féminines. Les mêmes suffixes précédés de **i** (signe du passif) marquent les personnes qui subissent une action. Les mêmes, précédés de **u**, marquent les personnes dégénérées (ex. : **omuec**, *eunuque*).

Le suffixe **-ir** marque les animaux, en général; **-ic** les animaux mâles, et **-iv** les femelles. Les mêmes, précédés de **u**, marquent les animaux châtrés. Ex. : **galuic**, *chapon*.

Le suffixe **-ar** marque les plantes (**-ac** les plantes mâles; **-av**, les plantes femelles).

Le suffixe **-id** marque les jeunes. Ex. : **loj**, *cheval*; **lojid**, *poulain*.

Le suffixe **-ef** marque les collectivités; **-if** marque les emplois, fonctions, dignités; **-of** marque le commerce; **-on**, le lieu, etc.

Les adjectifs se forment au moyen des suffixes **-ale**, qui marque la forme; **-ole**, la ressemblance; **-ile**, la manière; **-oce**, la dignité (*qui mérite de...*); **-ioje**, la possibilité; **-uoje**, la facilité; **-iuje**, la nécessité, etc.

Les verbes dérivés d'adjectifs se forment au moyen des suffixes **-en** = *être* (**guten**, *être bon*); et **-eten** = *rendre* (**guteten**, *rendre bon*). Nous avons vu les suffixes qui remplacent les auxiliaires. D'autres expriment : **-ap**, le commencement de l'action; **-ep**, la fin de l'action; **-ip**, l'achèvement de l'action; **-iep** la continuation de l'action; **-iap**, l'apprentissage. Ex. : **yazen**, *écrire*; **yazapen**, *commencer à écrire*;... **yaziapen**, *apprendre à écrire*.

Il y a aussi de nombreux *préfixes*, dont la plupart sont des particules (prépositions ou conjonctions). Certaines de ces particules sont empruntées au latin ou aux langues vivantes : **e**, *et*; **o**, *ou*; **ne**, *ni*; **si**, *si*; **ma**, *mais*; **fra**, *entre*; **gre**, *malgré*; d'autres sont composées *a priori*, et toujours monosyllabiques : **fu**, *à côté de*; **lu**, *le long de*; **bu**, *nonobstant*, etc.

---

1. Qui signifie *feu* en *Volapük*.
2. Qui signifie *animal* en *Volapük*.

Il y a encore d'autres procédés de dérivation, spéciaux au *Dil*, qui consistent, soit à ajouter une voyelle à l'intérieur du radical, soit à remplacer la voyelle radicale par une voyelle contraire (pour marquer les opposés). Les voyelles contraires sont : **a** et **e**; **e** et **i**; **a** et **o**; **a** et **u**.

Ce procédé de dérivation s'applique aux particules : ex. : **en** = *dans*, **in** = *hors de*; **u** = *près*, **a** = *loin*; **su** = *sur*, **sa** = *sous*; **le** = *avant*, **la** = *après*; **spe** = *tard*, **spi** = *tôt*; **ik** = *quelque part*, **ek** = *nulle part*; **ta** = *hier*, **te** = *aujourd'hui*, **to** = *demain* (cf. : **ti** = *thé*, **tu** = *trop*) : etc. (Voir aussi les pronoms indéfinis cités plus haut).

Il s'applique aussi aux grands mots. Voici les exemples cités par l'auteur : **geb** = *donner*, **geib** = *prendre*; **vig** = *berceau*, **vieg** = *tombe*; **fon** = *source*, **foan** = *embouchure*; **tul** = *longueur*, **tual** = *brièveté*. Ajoutons-en quelques autres non moins caractéristiques : **ne** = *non*, **nei** = *oui*; **nor** = *nord*, **noar** = *sud*; **goj** = *gauche*, **gaj** = *droite*; **soaf** = *soif*, **sof** = *faim*; **stad** = *ville*, **staed** = *campagne*; **laf** = *rire*, **laef** = *pleurer*; **rij** = *richesse*, **riej** = *pauvreté*; **ren** = *propreté*, **rein** = *malpropreté*; **poem** = *poésie*, **poim** = *prose*; **slaf** = *sommeil*, **slaef** = *veille*; **stel** = *étoile*, **steol** = *étoile fixe*, **steal** = *planète*; **top** = *canon*, **toip** = *obus*; **lek** = *électricité*, **lik** = *magnétisme*; **vit** = *blanc*, **viet** = *noir*; **ver** = *vers*, **vier** = *strophe* (**vir** = *tourbillon*); **vin** = *vin*, **vien** = *vinaigre* (**ven** = *veine*); **vor** = *printemps*, **voar** = *automne*; **nan** = *été*, **naen** = *hiver* (**non** = *none?*); enfin : **kriv** = *catholicisme*, et **kriev** = *protestantisme*. Citons aussi : **glev** = *glaive*, **glav** = *sabre*, **gliv** = *épée*.

CRITIQUE.

Le *Dil* a les mêmes défauts que le *Volapük*, notamment l'arbitraire du vocabulaire et de la grammaire. Comme lui, il déforme systématiquement les racines naturelles pour se conformer à certaines règles *a priori*, et surtout à l'exigence excessive de la brièveté et du monosyllabisme. Comme lui, il compose les flexions grammaticales et les affixes de dérivation par des combinaisons arbitraires de lettres (notamment de voyelles). Il a pourtant sur lui quelques avantages : son alphabet est plus complet; sa conjugaison est plus rationnelle (quoique tout aussi arbitraire), les temps étant indiqués, non plus par des préfixes qui défigurent le radical verbal, mais par des suffixes (comme dans les principales langues européennes). Mais ce qui est le plus intéressant et le plus instructif dans le *Dil*, c'est son vocabulaire, parce qu'il montre à quelles incohérences et à quelles fantaisies on peut aboutir par l'application simultanée de principes *a priori* et de principes *a posteriori*. Les nombreux exemples que nous avons cités nous dispensent de toute critique sur ce point, et montrent que le choix des racines ne tient aucun compte de leur internationalité : c'est ainsi que **sak**, le plus international des radicaux, ne signifie pas *sac*, mais *cuisse*! En somme, le *Dil* est à certains égards un perfectionnement du *Volapük*; mais, à d'autres égards, il en est la caricature.

CHAPITRE VIII

DORMOY : *BALTA* [1]

Le *Balta* est un perfectionnement du *Volapük*, dont l'auteur s'est efforcé de simplifier et de régulariser la grammaire.

GRAMMAIRE.

L'*alphabet* comprend 5 voyelles :

a, e, i, o, u (*ou*)

et 14 consonnes :

b, d, f, g, j, k, l, m, n, p, s, t, v, y.

g et **s** sont toujours durs; **j** se prononce *ch.* L'auteur rejette les voyelles infléchies du *Volapük*; il exclut les consonnes **c, q, h, r, x, z,** comme inutiles ou malaisées à prononcer. Toutes les syllabes devront être à peu près également accentuées; la dernière pourra l'être un peu plus.

Il n'y a pas d'*article*, ni défini, ni indéfini.

Les *substantifs* ont leur radical commençant et finissant par une consonne. Ils n'ont pas de genre propre; le féminin sera marqué par un préfixe (**ej-**). Ils ne se déclinent pas, et prennent simplement un **-s** au pluriel.

Les *adjectifs* se terminent tous en **-a**. Ils ne se déclinent pas plus que les substantifs, et ne prennent le **-s** du pluriel que lorsqu'il est nécessaire pour le sens.

1. *Le Balta, langage international conventionnel,* par Emile DORMOY, ingénieur en chef des mines (Tours, impr. Arrault, 1893). M. Dormoy a fait partie du Comité central de *l'Association française pour la propagation du Volapük.* Son ouvrage contient une revue historique des projets antérieurs. Ce projet avait paru en 1887 dans *Le Moniteur de l'Exposition.*

Les *degrés de comparaison* seront indiqués analytiquement par des particules spéciales (comme *plus, très* en français).

Les *noms de nombre* sont construits *a priori* par des combinaisons de voyelles et de consonnes :

ba, 1; **be,** 2; **bi** 3; **bo,** 4; **bu,** 5;

ja, 6; **je,** 7; **ji,** 8; **jo,** 9; **ju,** 0 [1].

Les dizaines sont indiquées par les mêmes syllabes suivies de -**s** : **bas,** 10; **bes,** 20; **bis,** 30, etc. Puis : **fol** = 100; **mil** = 1.000; **mion** = 1 *million*; **mimion** = 1 *milliard*. Par exemple :

Mijifoljisejo = 1889.

Les *nombres ordinaux* dérivent des nombres cardinaux au moyen du suffixe -**a** (des adjectifs) : **bala,** *premier*; **bela,** *second,* etc. ; **basa,** *dixième*; **besa,** *vingtième,* etc.

Les *adjectifs multiplicatifs* se forment au moyen du suffixe -**ta** : **balta,** *simple*; **belta,** *double,* etc.

Ainsi s'explique le nom du *Balta...*, grâce à une métaphore.

Les *adverbes numéraux* se forment (comme tous les adverbes dérivés d'adjectifs) en changeant -**a** en -**i** : **bali,** *premièrement*; **balti,** *simplement.*

Les *nombres partitifs* (dénominateurs de fractions) se forment au moyen du suffixe -**dil** : **beldil** = *demi, moitié*; **bildil** = *tiers*; **boldils bi** = *trois quarts.*

Les *nombres de fois* se forment au moyen du suffixe -**kemi** : **bel kemi** = *deux fois.*

Les *pronoms personnels* sont également formés *a priori.* L'auteur préfère (à l'inverse du *Volapük*) faire varier la voyelle et garder la même consonne : **al** = *je*; **el** = *tu*; **il** = *il, elle*; **ol** = *on*; **ul** = *ce (cela).*

Les pronoms du pluriel se forment au moyen de la consonne **s** : **as** = *nous*; **es** = *vous*; **is** = *ils, elles.* Même (L. *ipse*) se traduit par la répétition du pronom : **al-al,** *moi-même.*

Les *adjectifs-pronoms possessifs* dérivent des pronoms personnels par l'adjonction du suffixe -**a** : **ala,** *mon*; **ela,** *ton*; **ila,** *son*; **ola**; **ula**; **asa,** *notre*; **esa,** *votre*; **isa,** *leur.*

Les *pronoms-adjectifs démonstratifs* sont de la forme **vea** :

apa, *ce, ce... -ci, celui-ci.*

epa, *un certain.*

ata, *quelque, quelqu'un.*

---

1. La place assignée au *zéro* étonne, de la part d'un mathématicien.

eta, *chaque, chacun.*

ita, *l'autre, un autre.*

ota, *aucun, personne.*

uta, *le même.*

De même, les *pronoms relatifs* :

oka, *qui;*   okea, *que,*

qui deviennent *interrogatifs* à l'aide du préfixe li :

li-oka,   *qui? quel?*   li-okea,   *que? quoi?*

apaka = *celui qui;*   apakea = *celui que.*

ulka   = *ce qui;*   ulkea = *ce que* [1].

La *conjugaison* des *verbes* est réduite au minimum. L'auteur a été d'abord tenté de suivre l'exemple du *Volapük*, en soudant le pronom au radical verbal (par exemple : logal, *je vois*; logel, *tu vois*; logil, *il voit*, etc.). Mais il a préféré une conjugaison plus analytique, où le pronom (ou le sujet) précède le verbe, invariable en personne et en nombre.

Il n'admet que trois *temps*, marqués respectivement par les préfixes a- (*présent*), e- (*passé*), i- (*futur*). Ainsi :

al alog = *je vois.*

el elog = *tu as vu.*

il ilog = *il verra.*

Il ne prévoit pas de temps secondaires, ni de *modes*, sauf l'infinitif, marqué par le suffixe -e : loge, *voir*. Le participe passé passif se forme en ajoutant -a à l'infinitif : logea, *vu*. Le passif se forme au moyen du préfixe oj- : al oj-alog, *je suis vu.*

Les verbes impersonnels se conjuguent de même. Exemple : nife = *neiger*; ul nif = *il neige.*

Les verbes te (*être*) et fe (*avoir*) se conjuguent régulièrement : al at, *je suis*; al et, *je fus*; al it, *je serai*; al af, *j'ai*; al ef, *j'eus*; al if, *j'aurai.*

La *négation* et l'*interrogation* s'expriment respectivement par les préfixes ni et li- : al ni alog = *je ne vois pas*; el li-alog = *vois-tu?* el ni li-alog = *ne vois-tu pas?*

Les *adverbes* (primitifs), les *prépositions* et les *conjonctions* sont de la forme vev, et se terminent respectivement en -i, -o, -u. Ainsi : efi = *auparavant*; efo = *avant*; efu = *avant que*. Ces trois

1. Il semble que dans ulka, apaka, le changement de -a en -ea traduise l'accusatif, tandis que dans oka il traduit le neutre.

formes peuvent s'employer l'une pour l'autre, quand il n'y a pas lieu à équivoque.

La principale règle de syntaxe consiste (comme en *Volapük*) à placer le déterminant après le déterminé : **buk penea gudi** = *un livre bien écrit* (**buk** = *livre* ; **pen** = *plume* ; **gud** = *bonté*).

La construction régulière est la suivante : sujet, verbe, régimes direct et indirect. Seulement cet ordre peut être interverti pour rattacher les propositions subordonnées (relatives) à la principale.

VOCABULAIRE.

L'auteur a donné un lexique français-balta contenant 2200 mots usuels. Il a conservé autant que possible les radicaux du *Volapük*, excepté quand son alphabet ou les règles relatives à la forme des mots l'obligent à les changer.

Les radicaux sont tous des substantifs ; en leur ajoutant le suffixe -**a**, on forme des adjectifs ; -**e**, des verbes ; -**i**, des adverbes. Ainsi toutes les parties du discours se distinguent par leur forme : « Tous les mots qui finissent par une consonne autre que **s** sont des substantifs, s'ils commencent également par une consonne ; et des verbes conjugués, s'ils commencent par une voyelle », qui est a, e, i suivant le temps. « Tous les mots qui finissent en -**a** sont des adjectifs s'ils commencent par une consonne, et des pronoms s'ils commencent par une voyelle. Tous les mots qui finissent en -**ea** sont des adjectifs verbaux ; tous les mots qui finissent en -**e** sont des verbes à l'infinitif ; en -**i**, des adverbes ; en -**o**, des prépositions ; en -**u**, des conjonctions. »

Les dérivés se forment au moyen des suffixes :

-**am** qui indique l'action,
-**en** — l'industrie, et
-**el** — celui qui exerce l'industrie :
bir = *bière*, **biren** = *brasserie*, **birel** = *brasseur*.
-**il** qui indique un diminutif :
dom = *maison*, **domil** = *petite maison*.
-**av** qui indique la science :
God = *Dieu*, **godav** = *théologie*.

et des préfixes :

aj- qui indique le mâle : **aj-gok** = *coq*.
ej- — la femelle : **ej-gok** = *poule*.

ij-   qui indique le jeune :   **ij-gok** = *poulet.*

le-   —   la grandeur : **ledom** = *palais.*

lu-   —   l'humilité :

    beg = *prière,* **lubeg** = *mendicité.*

ko- qui indique l'idée d'avec, en commun

    vob = *travail;* **kovob** = *collaboration.*

disa- qui signifie *sous.*

de-   qui indique éloignement, séparation.

ge-   —   la répétition.

ta-   —   le contraire.

ne-   —   la négation.

Tous ces affixes sont empruntés au *Volapük.* Quant aux mots composés, ils se forment, comme en *Volapük,* en unissant les deux radicaux au moyen de la voyelle -a- (l'idée déterminante la première). Exemple : **ted** = *commerce;* **tedadom** = *maison de commerce.*

Pour donner une idée de la méthode de composition de l'auteur, citons les mots qu'il compose au moyen des noms de nombres. D'abord les heures : **jaltok** = *six heures;* **beldila dup** = *une demi-heure;* **basbedel** = *midi (douze-jour);* **basbeneit** = *minuit (douze-nuit).* Puis les jours de la semaine : **baldel** = *dimanche;* **beldel** = *lundi,* etc. Ensuite les mois : **balmul** = *janvier;* **belmul** = *février;*... **basbemul** = *décembre.* Enfin les saisons : **balsod** = *printemps;*.... **bolsod** = *hiver.* L'auteur applique encore ce système de numérotage aux sept couleurs de l'arc-en-ciel : **balkol** = *violet* (**kol** = *couleur*); **belkol** = *indigo;*.... **jalkol** = *orangé;* **jelkol** = *rouge;* et même aux cinq parties du monde : **Lebalen** = *Europe;* **Lebelen** = *Asie;* **Lebilen** = *Afrique;* **Lebolen** = *Amérique;* **Lebulen** = *Océanie.*

CRITIQUE.

Par rapport au *Volapük,* auquel il convient de le comparer, le *Balta* marque un progrès : sa grammaire est beaucoup plus simple; elle est aussi plus analytique, et par là plus conforme à l'esprit des langues modernes. Mais elle est trop simple, ou tout au moins incomplète (le *Balta* n'est d'ailleurs qu'un projet de langue, et non une langue toute faite). De plus elle emploie des flexions absolument arbitraires, fondées uniquement sur la succession conventionnelle des voyelles. De même les pronoms, les noms de nombre et les particules sont construits entièrement *a priori*, ce qui les rend fort difficiles à retenir et à distinguer. Enfin le vocabulaire, étant celui du *Volapük*, a tous les défauts que nous avons déjà signalés; il est même encore plus factice, par suite de l'introduction des combres dans la formation de certaines séries de mots, qui rappelle les pasigraphies les plus artificielles.

CHAPITRE IX

GUARDIOLA : *ORBA* [1]

L'*alphabet* de cette langue comprend 21 lettres, 5 voyelles : a, e, i, o, u (*ou*), et 16 consonnes : b, d, f, g, h (*tch*), k, l, m, n, p, r, s, t, v, x (*ch*), y (*i* consonne). Il n'y a pas de diphtongues.

L'*accent* porte en général sur la voyelle qui précède la dernière consonne du mot, excepté quand elle est une désinence grammaticale ; dans les autres cas, il est marqué dans l'écriture et l'impression. La déclinaison ne porte que sur les articles et les pronoms.

L'*article défini* est i, l'*article indéfini* u. Ils se déclinent comme suit :

	Sing.	Plur.	Sing.	Plur.
Nom.	i	is	u	us
Gén.	iti	isti	uti	usti
Dat.	ita	ista	uta	usta

L'accusatif et l'ablatif sont semblables au nominatif.

Les *substantifs* ont 3 genres (naturels) : le masculin caractérisé par -o, le féminin par -a ; le neutre n'a pas de désinence propre, mais le genre indéterminé (m. et f. à la fois) a pour désinence -ie.

Le pluriel se forme en ajoutant un -s.

Les *adjectifs* sont invariables, excepté quand on les transforme en substantifs, en leur ajoutant -io pour le masculin, -ia pour le féminin et -ie pour le genre indéterminé [2].

1. *Kosmal Idioma. Gramàtika uti nove prata kiamso Orba.* — *Universal-Sprache. Grammatik einer neuen Sprache, Orba genannt,* von José GUARDIOLA. 96 p. in-8° (Paris, Paul Schmidt, 1893).
2. Le neutre est identique au radical : **vek** = *une vieille chose* ; **vekio** = (*un*) *vieux* ; **vekia** = (*une*) *vieille* ; **vekies** = (*les*) *vieux*.

Les *degrés* s'indiquent par les suffixes -al (comparatif) et **alto** (superlatif) [1].

Les *pronoms personnels* sont, au nominatif :

	1re p.	2e p.	2e p. polie.	3e p. m.	3e p. f.	3e p. n.
Sing.	in	at	ul	il	el	ol
Plur.	ins	ats	uls	ils	els	ols

Ils forment leur génitif et leur datif comme les articles (-ti, -ta), et leur accusatif en préfixant l-. Ils prennent dans certains cas une forme abrégée.

Les *adjectifs possessifs* sont, au nominatif :

Sing.	din	dat	dul	dil	del	dol
Plur.	dins	dats	duls	dils	dels	dols

et les *pronoms possessifs* :

Sing.	inol	atol	ulol	ilol	elol	olol
Plur.	inols	atols	ulols	ilols	elols	olols

Les uns et les autres se déclinent comme les articles.

Les *pronoms démonstratifs* sont, au nominatif singulier :

den, *celui-ci;*   **len**, *celui-là.*

Les *pronoms relatifs* sont **ki** (m. et f.), **ke** (n.), et **kial** (**iki** = *celui qui*).

Tous ces pronoms forment leur pluriel et se déclinent comme les articles.

Les *nombres cardinaux* sont :

u, du, tre, kat, hin, sei, set, ot, neu, sen; puis : **usen, dusen,.... neusen; vin** = 20; **tren** = 30; **katten** = 40; **hinten** = 50;.... **senti** = 100; **du senti** = 200;.... **mil** = 1.000. Les unités précèdent toujours les dizaines [2] : 87 = **setotten**.

Les *nombres ordinaux* se forment en ajoutant aux cardinaux le suffixe -**lo**.

Les noms de nombre servent à former les noms des jours et des mois.

Les *verbes* n'ont qu'une conjugaison, qui est régulière. Bien qu'ils soient facultativement précédés des pronoms, ils varient suivant la personne. Les 6 personnes du singulier sont caractérisées respectivement par les voyelles : **o, a, ia, i, e, ie,** et les 6 personnes du pluriel par les mêmes voyelles suivies de -**a**.

---

1. Cependant, on trouve parmi les adverbes : **bene** = *bien*, et **esior** = *très bien*.

2. Suivant l'usage illogique de l'allemand (qui énonce les mille, les centaines, puis les unités et enfin les dizaines).

Les temps principaux sont caractérisés par diverses consonnes qui précèdent la désinence personnelle; savoir :

b pour l'indicatif présent;
d — imparfait;
f — parfait;
l — futur;
k — le subjonctif présent;
m — passé;
n — le conditionnel;
t — l'impératif;
s — l'infinitif et les participes :

{
-se désigne l'infinitif présent;
-sa — le participe présent;
-so — — passé (passif).
}

Exemple : **lem** = *amour*; **lemse** = *aimer*, **lemsa** = *aimant*, **lemso** = *aimé*.

Il y a deux auxiliaires : **ase** = *avoir*, **ese** = *être*. Le premier sert à former les temps indirects de l'actif; le second, tous les temps du passif. Ils peuvent perdre leur radical (a, e) et se réduire à leur terminaison qui s'accole au participe (avant pour *avoir*, après pour *être*). Exemple : **in abo lemso** ou **in bolemso**, *j'ai aimé*; **in ebo lemso** ou **in lemsobo**, *je suis aimé*. Les temps indirects du passif emploient les deux auxiliaires : *j'ai été aimé* = **in abo eso lemso**. Le verbe *être*, employé comme copule, peut aussi se réduire à un suffixe : **belbe** = *elle est belle*; **belfe** = *elle fut belle*.

Les *verbes réfléchis* se forment en ajoutant simplement un -l à toutes les formes de l'actif : **lemsel** = *s'aimer*.

Les *verbes réciproques* ont la forme réfléchie suivie de **uta** (pl. **utas**) = *l'un l'autre* (*les uns les autres*).

L'*interrogation* se marque par l'inversion du sujet.

La *syntaxe* se borne à quelques conseils généraux d'ordre et de clarté, attendu que ce sont les grands écrivains qui forment le style.

Pour le *vocabulaire*, l'auteur n'admet pas l'utilité de racines internationales pour les termes usuels; il cite un exemple (*chemin*) où les mots équivalents dans les principales langues sont presque tous différents; il constate qu'aucun de ces mots ne dit rien à un étranger, remarque que la correspondance des mots aux idées est absolument arbitraire, et en conclut qu'il n'y a pas intérêt à emprunter les radicaux usuels aux langues vivantes. Aussi le choix de ces radicaux paraît-il, en fait, presque toujours arbitraire : **lan** = *chant*; **ser** = *pensée*; **bah** = *misère*; **bo** = *bon*, **nat** = *mauvais*; **nim** = *grand*; **kin** = *riche*, **meb** = *pauvre*; **kiel** = *rapide*; **yol** = *danse*; **nix** = *trompeur* (F. *niche?*); **xik** = *joli* (F. *chic?*).

En revanche, l'auteur reconnaît (par une heureuse inconséquence) que les termes scientifiques et techniques sont « cosmopolites » (ex. : *harmonie, philosophie, énergie, organisme*, etc.) et doivent par suite être admis dans sa langue avec des désinences appropriées.

Il indique en passant certains affixes de dérivation, par exemple :

-**el** (-**elka** au fém.) pour désigner l'acteur : **lanel** = *chanteur*, **lanelka** = *chanteuse*[1].

-**iol** pour former les diminutifs, et -**iont** pour former les augmentatifs, auxquels on ajoute -**oh** pour leur donner un sens péjoratif.

-**il** pour indiquer la qualité : **boil** = *bonté*.

-**ile** pour former l'adjectif dérivé d'un substantif : **seda** = *soie*, **sedile** = *soyeux*.

-**ti** pour former l'adjectif qui indique la matière : **aryenti loxka** = *cuiller d'argent*.

-**ix** pour former l'adjectif de pays : **frankix** = *français*.

-**ay** pour former l'adjectif de ville : **Parisay** = *parisien*.

-**su** pour former l'adjectif qui signifie *plein de* — : **met** = *peur*, **metsu** = *peureux*[2].

-**nu** pour former l'adjectif qui signifie *privé de* — : **val** = *courage*, **valnu** = *sans courage, lâche*.

En somme, l'*Orba* est une langue aussi artificielle que le *Volapük*; il a les mêmes défauts essentiels. Les radicaux sont choisis aussi arbitrairement que ses flexions grammaticales (sauf pour la numération). La grammaire est inutilement compliquée, et les formes n'ont rien qui rappelle les langues européennes. La langue n'est pas pour cela plus logique, et nous avons relevé en passant plusieurs fortes inconséquences. C'est un projet purement fantaisiste, et qui n'a rien de pratique ni de séduisant.

1. Suivant cette règle, **lemel** devrait signifier *l'amant*; il signifie *l'aimé*.
2. Mais **lab** = *bord*, et **labsu** = *plein jusqu'au bord*.

CHAPITRE X

W. VON ARNIM : *VELTPARL*[1]

Le *Veltparl* procède du *Volapük*, de l'aveu même de son auteur, qui déclare emprunter à celui-ci des mots et des formes grammaticales (comme on pourra en juger bientôt) pour rendre aux Volapükistes la transition plus facile. Comme le *Volapük*, il rejette les mots dits étrangers, « devenus presque internationaux », et prétend qu'on ne peut pas construire avec ces mots une langue internationale : 1º parce qu'ils n'y suffisent pas; 2º parce qu'ils sont polysyllabiques; 3º parce qu'ils sont prononcés et même compris différemment par les diverses nations. L'auteur déclare s'être inspiré des projets et des critiques de MM. Beermann, Lederer et von Rylski[2]. Il prévoit l'institution d'une Académie chargée de conserver, de développer et de perfectionner sa langue,... au cas où elle serait adoptée.

Grammaire.

L'*alphabet* se compose de 24 lettres, 6 voyelles :

a, e (*é*), i, o, u (*ou*), y (*u* français)

et 18 consonnes :

b, c (*tch*), d, f, g (toujours dur), h (*dj*), j (*j* allemand), k, l, m, n, p, r, s (*z*), ŝ (*s* dur, *ss*), t, v, z (*ts*). Il faut y ajouter la combinaison de consonnes sh, qui se prononce comme *ch* F., *sh* E. ou *sch* D.[3]

---

1. *Entwurf einer internationalen Verkehrs-Sprache, genannt « Veltparl »*, enthaltend 1º die Grammatik, 2º einen Teil des Verzeichnisses der Wurzelwörter mit den wichtigsten Ableitungen, par Wilhelm von Arnim, 36 p. in-8º (Oppeln [Silésie], Maske, 1896).

2. Voir Section III, chap. xxii et xxiii.

3. L'auteur édicte touchant la quantité (longueur ou brièveté) des syllabes finales des règles assez compliquées, qu'il est inutile de rapporter ici.

L'accent, dans les mots polysyllabiques, porte sur l'avant-dernière syllabe.

Il y a un *article défini* **el** et un *article indéfini* **un**.

Les *substantifs* prennent au pluriel **-y**. Ils ne se déclinent pas ; ce sont les articles, les pronoms et les noms de nombre qui se déclinent, en prenant **-a** au génitif, **-e** au datif et **-i** à l'accusatif ; ils ont la même forme au pluriel qu'au singulier. Exemple :

	Sing.		Plur.
N.	**el dog**,	*le chien*	**el dogy**
G.	**ela dog**,	*du chien*	**ela dogy**
D.	**ele dog**,	*au chien*	**ele dogy**
A.	**eli dog**,	*le chien*	**eli dogy**

L'*adjectif* (avec lequel l'auteur confond l'*adverbe* [1]) est caractérisé par la désinence **-o**, qui sert à former les adjectifs et adverbes dérivés. Ex. : **gret** = *grandeur*, **greto** = *grand* et *grandement*.

Les *degrés de comparaison* se forment au moyen des préfixes **plur, plir** ; **min, mir** ; **gleig** (égalité) : **minpresto ka** = *moins rapide que*.

Les *nombres cardinaux* sont :

zer, 0 ; **prim**, 1 ; **tven**, 2 ; **tril**, 3 ; **kar**, 4 ; **fiv**, 5 ; **seks**, 6 ; **sev**, 7 ; **tam**, 8 ; **nov**, 9. Les dizaines se forment en ajoutant **-og** aux unités : **primog**, 10 ; **tvenog**, 20 ; **trilog**, 30... Puis viennent : **zent**, 100 ; **mil**, 1.000 ; **mion**, 1 *million*. Les puissances successives du million se nomment : **primion, tvenion, trilion**...

Les *nombres ordinaux* dérivent des nombres cardinaux au moyen du suffixe **-id** : **primid**, 1er ; **tvenid**, 2e ; **trilid**, 3e.

Les *nombres multiplicatifs* dérivent des mêmes au moyen du suffixe **-ik** : **primik**, *simple* ; **tvenik**, *double* ; **trilik**, *triple* ;... On leur ajoute le préfixe **dif** (*différence*) pour former les *nombres d'espèces* : **diffivik**, *de cinq espèces*.

Les *nombres fractionnaires* se forment au moyen du suffixe **-iv** : **tril kariv** = *trois quarts*.

Les *nombres de fois* s'indiquent par le suffixe **-nal** : **novnal** = *neuf fois* ; **al primid nal** = *pour la première fois*.

On forme les *adverbes numéraux* en ajoutant **-o** aux adjectifs précédents : **primido** = *premièrement* ; **kariko** = *quadruplement* ; **difseviko**, *de sept manières*.

---

1. C'est un germanisme. L'auteur croit que l'adjectif attribut est un adverbe, parce qu'il est invariable en allemand ; et il en conclut que la distinction de l'adjectif et de l'adverbe est un idiotisme national.

Les *pronoms personnels* sont :

og = *je*	**ogy** = *nous*
ov = *tu*	**ovy** = *vous*
om = *il* (m.)	**omy** = *ils* (m.)
ol = *elle* (f.)	**oly** = *elles* (f.)
od = *il* (n.)	**ody** = *ils* (n.)

auxquels on peut ajouter **on** = *on* (pl. **ony** = *tout le monde*), **self** = *même* (pl. **selfy**), qui sert de pronom réfléchi.

Les substantifs n'ont pas de *genre* par eux-mêmes. Quand on veut indiquer leur genre, on leur ajoute en suffixes les pronoms -**om** et -**ol**. Ex. : **shvalom** = *étalon*; **shvalol** = *jument*.

En parlant des animaux, on emploie toujours le pronom neutre **od**.

Les *pronoms possessifs* dérivent des pronoms personnels au moyen du suffixe -**un**.

Les principaux *pronoms démonstratifs* sont :

at = *celui-là*.
ir = *celui-ci*.
id = *celui* (*qui*).
soj = *tel*.

Les *pronoms interrogatifs-relatifs* sont :

kel = *qui?* **kak** = *quelle espèce de?*

Les principaux *pronoms indéfinis* sont :

manj = *maint*; **mult** = *beaucoup*; **nul** = *aucun*; **val** = *tout* (L. *omnis*); **tot** = *tout entier* (L. *totus*).

Les *verbes* se conjuguent suivant les principes du *Volapük*. Les *temps* sont indiqués par les préfixes : a- (présent), e- (passé), o- (futur) [1]; les *modes* par les suffixes : -al (indicatif), -aj (subjonctif-conditionnel), -af (impératif), -at (optatif), -ar (infinitif), -an (participe), -and (participe de nécessité [gérondif]). Le *passif* est indiqué simplement par un i intercalé entre le radical et la désinence du mode. Exemple :

filar = *aimer*.	**filiar** = *être aimé*.
og afilal = *j'aime*.	**og afilial** = *je suis aimé*.
og ofilal = *j'aimerai*.	**og efilial** = *j'ai été aimé*.
ov filaf = *aime!*	**og afiliaj** = *je serais aimé*.
filan = *aimant*.	**filian** = *qui est aimé*.
filand = *qui doit aimer*.	**filiand** = *qui doit être aimé*.

1. L'on n'emploie ces préfixes que pour marquer un temps bien déterminé.

Les *verbes réfléchis* prennent pour régime le pronom **self** à toutes les personnes : **og filal selfi** = *je m'aime*.

Les *verbes impersonnels* ne prennent aucun pronom : **apluval** = *il pleut*.

L'*interrogation*, même indirecte, est marquée par la particule **li**, à moins qu'il n'y ait un mot interrogatif dans la proposition.

La *négation* est marquée par la particule **no**. Ces deux particules se placent entre le sujet et le verbe.

On remarquera qu'il n'y a pas de *temps secondaires*. La relation du temps de la proposition subordonnée au temps de la proposition principale est suffisamment marquée par la conjonction qui les relie (*pendant que, avant que, après que*, etc.). Exemple : **og oslipal, na ov edesviagal** = *je dormirai quand tu seras parti* (litt. : *après que tu es parti*).

Les *adverbes dérivés* se confondent, on l'a vu, avec les adjectifs. Les principaux *adverbes primitifs* sont : **ci** = *ici*; **da** = *là*; **ha** = *déjà*; **im** = *toujours*; **ka** = *comme*; **ra** = *très*; **ur** = *seulement*; **fre** = *presque*.

Les *adverbes de temps* prennent les préfixes verbaux **a, e, o** : **adelo** = *aujourd'hui*, **edelo** = *hier*, **odelo** = *demain*. De même : **osmeno** = *la semaine prochaine*; **ejaro** = *l'an passé*.

Les *prépositions* dérivent des autres espèces de mots au moyen de la désinence **-u** : **danku** = *grâce à*; **favu** = *en faveur de*; **mandu** = *par l'ordre de*; **stimu** = *en l'honneur de*.

Les principales *prépositions* ont deux formes, une longue terminée en **-u** (2 syllabes, 4 ou 5 lettres), et une courte (1 syllabe, 2 ou 3 lettres). Nous ne citerons que celle-ci : **en** = *sans*, **fo** = *avant*, **in** = *dans*, **ko** = *avec*, **ni** = *près*, **su** = *sous*, **up** = *sur*, **ut** = *hors de*.

Les principales *conjonctions* sont : **et** = *et*, **ud** = *ou*, **ab** = *mais*, **erg** = *donc*, **uz** = *aussi*, **ib** = *car*, **eh** = *que*, **if** = *si*, **bi** = *parce que*.

Certaines conjonctions sont composées d'une préposition suivie de **eh** (*que*) : **en-eh** = *sans que*, **fo-eh** = *avant que*, etc.

Les *interjections* dérivées se terminent par **oe**.

Syntaxe. Un substantif est précédé des prépositions, pronoms et noms de nombre, suivi des adjectifs, participes et appositions.

Un verbe est précédé des adverbes monosyllabiques, suivi des adverbes polysyllabiques et des autres compléments.

L'ordre normal de la phrase est : sujet, verbe, régime direct, régime indirect.

La proposition subordonnée doit suivre en général la proposition principale. On doit éviter d'emboîter les propositions les unes dans les autres, et d'employer les tournures indirectes.

VOCABULAIRE.

Le vocabulaire comprend environ 3750 radicaux. Les radicaux et les affixes sont tous monosyllabiques; les radicaux des noms et verbes ont la forme de syllabe *fermée* (**cvc**); les radicaux des particules et les affixes ont les formes **vv**, **vc** ou **vcc**, **cv** ou **cvv**.

Les radicaux sont empruntés : 1º aux langues des principaux peuples civilisés; 2º aux autres langues nationales; 3º au latin et au grec; 4º au *Volapük*.

Les *mots dérivés* se forment au moyen de 46 suffixes (de la forme **vc**) qui correspondent à des classes d'idées; par exemple :

- **-ed** désigne les métiers;
- **-eg** — les choses;
- **-ep** — les plantes;
- **-up** — les arbres;
- **-or** — les fleurs;
- **-uk** — les fruits;
- **-op** — les matériaux;
- **-in** — les corps chimiques;
- **-ir** — les mammifères;
- **-if** — les oiseaux;
- **-ib** — les amphibies et reptiles;
- **-ish** — les poissons;
- **-iz** — les insectes;
- **-it** — les maladies;
- **-od** — les parties du corps;
- **-on** — les pierres;
- **-op** — les lieux;
- **-im** — les temps;
- **-ot** — les aliments préparés;
- **-oz** — les sciences, etc.

Ces suffixes caractéristiques servent à former même les noms non dérivés des classes correspondantes; ils sont séparés alors du radical par une apostrophe : cela signifie que leur

emploi est facultatif, et qu'ils ne passent pas dans les mots
dérivés et composés. Ils servent aussi à préciser le sens d'un
radical et à en exprimer les diverses nuances. Ex. : **slad** = *salade*
(en général); **sladep** = *salade* (comme plante); **sladot** = *salade*
(comme mets). **Sulf** = *soufre* (vulgaire); **sulfin** = *soufre* (élément
chimique).

A ces suffixes il faut ajouter les suffixes **-om** et **-ol**, caractéristiques du genre; et les suffixes **-ad**, **-ak** et **-am**, qui servent à former
des *substantifs verbaux* : **-am** indique l'action exprimée par le
radical verbal : **benetar** = *bénir*, **benetam** = *bénédiction*; **-ak**
désigne le *résultat* de l'action : **piktar** = *peindre*, **piktak** = (une)
peinture, (un) *tableau*; **-ad** signifie la *causation* de l'état exprimé
par le radical : **gaud** = *joie*, **gaudad** = *action de causer la joie*; d'où
les verbes : **gaudar** = *se réjouir*; **gaudadar**, *réjouir* (act.).

Le suffixe **-io** (i passif, o adjectif) sert à dériver des verbes les
adjectifs exprimant la possibilité passive de l'action. Ex. : **sanad**
= *guérison*, **sanadio** = *curable*; **nontruvio** = *introuvable*.

Le suffixe **-eo** forme les adjectifs indiquant la matière : **un glob
silveo** = *un globe d'argent* (**silv**).

Il n'y a pas de *préfixes* proprement dits. Mais il y a une trentaine de radicaux monosyllabiques qui en tiennent lieu, et apportent leur sens dans les mots où ils entrent en composition. Ex. :
des (idée de *séparation*), **kon** (*union*), **mal** (*mal*), **non** (*négation*), **nin**
(*intérieur*), **nir** (*proximité*), etc. La plupart de ces radicaux servent
aussi à former des prépositions. Ex. : **for** (*devant*), **neb** (*à côté*), **sub**
(*sous*), **trans** (*au delà*) [1].

Enfin les *mots composés* se forment par simple juxtaposition des
radicaux : **jungshval** = *poulain*. Mais, « pour éviter des formations
monstrueuses », il est préférable de mettre le radical déterminant
(complémentaire) sous forme d'adjectif (comme en polonais), et
de dire par exemple : **cem nebo** au lieu de **nebcem** (*chambre à côté*).

Nous n'avons pas d'autre échantillon du *Veltparl* que le titre
même de l'ouvrage de M. von ARNIM :

**Jekt una zovparl bevnazo namian « Veltparl », ninan I. eli greb;
II. uni kvot ela liŝt rizebo ko destvigamy plirvijdo.**

---

1. En somme, ces préfixes constituent une 3ᵉ forme des prépositions,
celle sous laquelle elles entrent en composition.

CRITIQUE.

Le *Veltparl* est un *Volapük* plus régulier et plus logique; mais il a les mêmes défauts fondamentaux : l'abus de l'arbitraire et de l'*a priori*. L'arbitraire se manifeste déjà dans la composition de l'alphabet, notamment dans le son assigné aux lettres **c, h, y** ; dans la déclinaison (empruntée au *Volapük*) et la formation du pluriel; dans la conjugaison, trop synthétique; dans la formation des noms de nombre, dans le choix des pronoms, des particules et des flexions. Il faut toutefois reconnaître qu'il sévit un peu moins que dans le *Volapük*, d'abord parce que la grammaire est plus simple, ensuite parce que le *Veltparl* a une tendance (partielle et intermittente) à emprunter ses formes aux langues naturelles, par exemple la plupart des noms de nombre, et les désinences de l'infinitif (**-ar**), du participe (**-an**) et du gérondif (**-and**). De même, le *Veltparl* s'efforce de constituer un vocabulaire *a posteriori*, mais il n'y réussit pas pour deux raisons, dont une seule suffirait : 1° le monosyllabisme imposé aux racines; 2° la méconnaissance du principe de l'internationalité. C'est ainsi que **ven** signifie *événement*, tandis que *veine* se dit **vein**; *roue* se traduit par **vil**, *richesse* par **vils**, qui rappellent (de loin) les mots anglais *wheel* et *wealth*; au lieu de *district* (D. E. F.) on dira **vier** (D. *revier*) qui n'évoque pour un Français que l'idée de *rivière*. *Villa* devient **vial**; *vision*, **vios**; *voisinage*, **voas**; *vanille*, **vail**; *histoire*, **stior**. Le mot français *avouer* devient **vaur**. Le latin *vallis* donne **vais**, et non **val**, qui conserve le sens que le *Volapük* lui avait arbitrairement assigné; de même **vob** = *travail*, simplement en vertu d'un caprice de Mgr SCHLEYER. On emprunte des mots au hasard, au danois : **vejr** = *temps qu'il fait* (D. *wetter*); au polonais : **vilk** = *loup* (D. *wolf*). On en emprunte même aux langues non-aryennes : non seulement des mots devenus internationaux comme *algèbre, gong, islam, pacha, caravane*, et même à la rigueur *bakchich* (*pourboire*), mais des mots magyars comme **kert** (*jardin*) et **tys** (*feu*), des mots hindoust ni comme **seb** (*pomme*), chinois comme **taol** (D. *thaler*), japonais comme **tok** (*horloge*), annamites comme **tam** (*huit*). De telles fantaisies dénotent une indifférence absolue à l'égard de l'internationalité.

De même, le dédain des mots internationaux aboutit (comme

en *Volapük*) à traduire les termes scientifiques connus par les composés « autochtones » les plus bizarres; exemple : **vavshifram** = *calcul des fluxions* [1]. Pourquoi? Parce que **vav** = *fluctuation* (E. *wave* = *ondulation*); **shifr** = *chiffre,* et **-am** est le suffixe qui marque l'action.Celui qui voudrait comprendre ce mot par sa seule étymologie (or à quoi servirait l'étymologie, si ce n'est à révéler le sens des mots?) arriverait à cette traduction : *action de chiffrer des ondulations.* Cela est apparemment plus clair et plus simple que la locution internationale : *Calcul différentiel.*

Enfin le *Veltparl* a, autant et plus que le *Volapük,* la prétention, propre aux systèmes *a priori,* de distinguer les principales classes d'idées par la forme des mots, par des suffixes caractéristiques; et si sa classification logique est plus complète et plus systématique, le principe n'en est pas autre ni meilleur. A côté de suffixes de dérivation proprement dits (comme **-em** pour les noms collectifs, **-il** pour les diminutifs), on trouve des suffixes purement logiques, comme **-us** pour les termes musicaux, **-ev** pour les termes poétiques, **-eb** pour les termes grammaticaux; de sorte que, par exemple, les noms de toutes les parties du discours riment en **-eb** : **Kapeb, ladeb, numeb, vizeb, releb, lazeb, klameb** (excepté **verb** et **adverb**). Bien plus : il y a un suffixe spécial pour les bouquets : **-eup** (**roseup** = *bouquet de roses*) et un autre pour les mois (**-er**). Il ne manque plus que les désinences caractéristiques des cinq parties du monde et des quatre points cardinaux.

Ce système, joint au monosyllabisme des radicaux, oblige à défigurer la plupart des mots : à côté de **vamp'ir** (*vampire*) et de **vasl'in** (*vaseline*) qui par un heureux hasard peuvent garder leur désinence, on trouve **vult'if** pour *vautour* et **vandl'ep** pour *lavande.*

En résumé, le *Veltparl* est un *Volapük* perfectionné à certains égards, et aggravé à d'autres : il est plus *a posteriori* par certains côtés, mais par d'autres il est plus *a priori.* Comme le *Volapük,* c'est un système bâtard : ni philosophique, ni international.

---

1. *Calcul des variations,* ou *calcul différentiel,* ou *calcul infinitésimal* en général?

CHAPITRE XI

MARCHAND : *DILPOK*[1]

L'*alphabet* du *Dilpok* comprend 28 lettres, notamment les 3 voyelles infléchies ä, ö, ü, la diphtongue y (*ei*), et la consonne ñ (*gn*); c = *s*, ç = *ch*, et z = *th* anglais doux.

Il n'y a pas d'*article défini*; l'*article indéfini* est an, invariable.

Les *substantifs* forment leur pluriel en -s.

Les *adjectifs* se forment au moyen du suffixe -id.

La *numération* est la partie la plus originale du système. Les 9 premiers nombres sont : ja, dä, ge, fi, lü, su, pö, to, ny; les dizaines sont : jar, där, zer,... les centaines : jak, däk, zek,... et les mille : jam, däm, zem... Ainsi : 1898 = jamtok nyro. Cet exemple montre la concision de ce procédé de numération [2].

Les *adjectifs ordinaux* se forment en ajoutant aux cardinaux -d ou -id. Les *adverbes ordinaux* en dérivent par l'adjonction d'un -e.

Les *nombres fractionnaires* se forment en ajoutant -t aux cardinaux; ils prennent -s au pluriel. Ex. : 2/3 = dä zets; 3/4 = ze fits.

Les noms des jours et des mois sont formés au moyen des nombres.

Les *pronoms personnels* sont, au nominatif :

	1re p.	2e p.	2e p. polie.	3e p. m.	3e p. f.	3e p. n.
Sing.	mi	ti	vi	si	ri	it
Plur.	nis	vis		lis	ris	

---

1. *Dilpok, manuel de conversation renfermant sous forme de phrases usuelles les radicaux de 25.000 mots*, par l'abbé MARCHAND (Besançon, Jacquin, 1898).

2. L'auteur fait remarquer que le nombre 1898 prend 35 lettres en D., 34 en E., 29 en F., 21 en *Volapük*, 17 en *Esperanto*, et 10 en *Dilpok*, ... d'où il conclut à la supériorité de celui-ci.

à l'accusatif :

Sing.	me	te	ve	se	re	it
Plur.	nes	ves		les	res	

et au datif :

Sing.	mei	tei	vei	sei	rei	eit
Plur.	neis	veis		leis	reis	

Les *pronoms possessifs* sont :

	min	tin	vin	sin	rin	din

Le *verbe* est invariable en personne et en nombre. Voici le paradigme de la conjugaison (verbe *avoir* = **avi**) :

Indicatif présent :   **ave** (e mi-muet).

— passé :   **ava.**

— futur :   **avo.**

— parfait :   **avu.**

— plus-que-parfait : **ava aved.**

— futur antérieur : **avo aved.**

Subjonctif présent :   **avie.**

— passé :   **avia.**

Conditionnel présent : **avio.**

— passé :   **aviu.**

Impératif : **ave, avem, avet.**

Infinitif présent :   **avi.**

— passé :   **avai.**

— futur :   **avoi.**

Participe présent :   **avend.**

— passé :   **avand.**

— futur :   **avond.**

Gérondif (*en ayant*) :   **avende.**

Participe passif :   **aved.**

Le passif se forme avec l'auxiliaire **eri** (*être*) et le participe passif : **mi ere loved** = *je suis aimé.*

Le verbe (copule) *être* est **esi** : **mi ese glad** = *je suis content.*

L'auteur ne donne aucune indication sur la méthode par laquelle il a construit son vocabulaire, et il est difficile de s'en faire une idée, vu la forme de manuel de conversation qu'il a donnée à son ouvrage. Ce manuel renferme environ 500 radicaux, presque tous monosyllabiques, qui semblent empruntés surtout au latin et à l'anglais. Ex. : **Al nam of Got** = *au nom de Dieu.*

En revanche, l'auteur donne une longue liste d'affixes de dérivation. Nous n'en citerons que quelques-uns :

Le suffixe -in indique la *femme de* —.

—   -e (accompagné d'une inflexion du radical) indique le

—   *féminin :* sar = *monsieur,* säre = *madame* ; bul = *taureau,*

—   büle = *vache.*

—   -an indique l'origine, l'appartenance : urban, ruran.

—   -ar   —   le métier.

—   -el   —   l'instrument[1].

—   -er   —   l'agent : paner = *boulanger.*

—   -ery   —   le métier : panery = *boulangerie.*

—   -et et -il forment les diminutifs.

—   -ard forme les adjectifs péjoratifs.

—   -ul indique un lieu clos, un étui : monetul = *porte-*

—   *monnaie.*

—   -ili forme les verbes fréquentatifs : mordili = *mordiller.*

—   -iri   —   les verbes signifiant *devenir* (*pâlir, grandir,* etc.).

—   -uri   —   les verbes signifiant un besoin : edi = *manger,*

          eduri = *avoir faim* (L. *esurire).*

—   -ivi   —   les verbes signifiant *faire* — : activi = *faire*

          agir.

Le préfixe en-   —   les verbes inchoatifs : enslipi = *s'endormir.*

—   re- ou red- indique la répétition ou le retour ;

—   ro- signifie *en arrière* (L. *retro).*

—   mes-, mis- sont des péjoratifs de nuance diverse.

          mesuti = *mésuser ;* misuti = *abuser.*

—   ne- est négatif[2].

Citons encore les préfixes ad-, bi-, co-, de-, dis-, e-, in-, ob-, per-, por-, pro-, sur-, tra-, qui ont le même sens que dans les langues romanes. Ex. : bifut = *bipède.*

Dans les *mots composés,* le radical déterminant précède le déterminé.

La *nomenclature chimique* est une ingénieuse application de la numération : le nom de chaque corps simple indique son poids atomique, grâce à la valeur numérique assignée aux voyelles.

En résumé, le *Dilpok* est un *Volapük* simplifié et perfectionné. Les flexions grammaticales et les affixes de dérivation se rap-

---

1. Seulement, si arel = *charrue* (instrument à labourer), vapel ne peut signifier *machine à vapeur,* mais *vaporisateur.*

2. L'auteur admet des formations irrégulières : voli = *vouloir,* noli = *ne pas vouloir ;* keni = *connaître,* neni = *ne pas connaître ;* cali = *savoir* (un art), naii = *ne pas savoir.*

prochent des langues naturelles; mais le vocabulaire est aussi
arbitraire, et manifeste la même tendance au monosyllabisme.
L'alphabet est trop compliqué et trop peu international (*th*
anglais!). C'est un projet ingénieux et à prétentions scientifiques
(numération et nomenclature chimique), mais par là même fort
peu pratique.

CHAPITRE XII

BOLLACK : *LA LANGUE BLEUE* [1]

La *Langue bleue* [2] ou *Bolak* est l'œuvre de M. Léon BOLLACK, commerçant, de Paris. Elle est destinée surtout aux relations commerciales et usuelles. Elle décline toute prétention littéraire, et vise à être un moyen de communication facile, simple et pratique [3]. Elle s'adresse uniquement aux peuples de civilisation européenne, et surtout aux peuples germaniques et latins. Les qualités que l'auteur a cherché à lui donner sont : la *concision*, la *précision*, la *clarté* et la *rigidité*, d'où doit résulter la facilité d'acquisition de cette langue. Pour y parvenir, il a posé quatre règles-bases résumées dans la *Loi des huit 1* :

1 lettre, 1 son : d'où concision.

1 mot, 1 sens : d'où précision.

1 classe (de mots), 1 aspect : d'où clarté.

1 phrase, 1 construction : d'où rigidité.

C'est sur ces quatre règles que reposent la grammaire et le vocabulaire de la *Langue bleue*; le vocabulaire est d'ailleurs

---

1. Lib. 1 : *La Langue bleue (Bolak), Langue internationale pratique,* 180 p. (1899). — Lib. 2 : *Grammaire abrégée de la Langue bleue,* 64 p. (1899). — Lib. 4 : *Méthode et Vocabulaire de la Langue bleue,* 304 p. (1900). — Lib. 7 : *Résumé théorique de la Langue bleue,* 124 p. (1899). — Lib. 3 : *Premier vocabulaire de la Langue bleue,* 90 p. (1902). — Lib. 8 : *Textes français traduits dans la Langue bleue,* 90 p. (1902). Tous ces ouvrages se trouvent chez l'auteur (147, avenue Malakoff, Paris, 16e). Le lib. 2 est aussi publié en allemand, en anglais, en italien et en espagnol. Un manuel de *Langue bleue* a été publié en tchèque par M. Gustav PERGL, de Pilsen : *Modra reč,* 28 p. (1902).

2. La *Langue bleue* est ainsi nommée de la couleur du ciel, « sur l'azur duquel il n'est pas de frontières », symbole de l'unité et de la fraternité des hommes, que la L. I. doit réaliser ou promouvoir; sa devise est : « *dovem pro tle* », *la deuxième pour tous.*

3. « La Langue bleue est un idiome terre à terre. » (Lib. 1, p. 11.)

entièrement subordonné à la grammaire, et celle-ci à une théorie
du langage.

L'*alphabet* ne comprend que 19 lettres, 5 voyelles : **a, e, i, o, u**
(*ou*) : et 14 consonnes : **b, q** (*tch* R.[1]), **d, f, g** (toujours dur), **k, l,
m, n, p, r, s** (toujours dur), **t, v**. Il n'y a pas de diphtongues :
deux voyelles consécutives se prononcent séparément. Il n'y a
aucun signe orthographique (accents, cédille, apostrophe, trait
d'union).

Il n'y a pas d'*accent tonique* : toutes les syllabes doivent être
émises avec une égale intensité, « martelées ». Une petite pause
marquera la séparation des mots; une plus grande, celle des
phrases.

La classification des parties du discours repose sur une *théorie
du langage* qui est propre à l'auteur, et qu'il expose sous la forme
d'un apologue : *le réveil d'Adam*. Dépouillée de toute parure
mythique, cette théorie se réduit aux propositions suivantes :

Il y a lieu de distinguer deux catégories d'idées, les *idées vagues*
(idées subjectives et de relation) et les *idées précises* (idées objectives, complètes et significatives par elles-mêmes). Conformément à l'usage général des langues européennes, les premières
seront représentées par des *Motules* (mots courts), les secondes
par des *Granmots* (mots longs).

Chacune de ces deux catégories comprend quatre classes de
mots, qui sont, par ordre de précision et d'objectivité croissante :

1º Les *Interjections*, simple expression des sentiments;

2º Les *Mots-cadres*, qui expriment les modalités de la pensée :
affirmation, négation, interrogation, et les idées générales de
relation : ressemblance, contrariété, supériorité, etc.;

3º Les *Connectifs*, qui expriment la connexion entre les idées et
les jugements (prépositions et conjonctions);

4º Les *Désignatifs*, qui indiquent déjà des objets, mais par leur
relation à la personne qui parle (pronoms et adjectifs relatifs,
interrogatifs, exclamatifs, indéfinis, démonstratifs, possessifs,
personnels). Les pronoms personnels forment la transition logique des idées vagues aux idées précises, des *Motules* aux *Granmots*;

1. Prononciation : *dch, dj,* ou simplement *ch.*

5° Les *Noms* et *Nombres*, représentant des idées objectives et précises, soit de classes d'objets, soit de multitude;

6° Les *Verbes*, qui expriment l'action des objets;

7° Les *Attributifs*, qui expriment les qualités des objets (adjectifs qualificatifs, participes);

8° Les *Modificatifs*, qui expriment la manière d'être des objets (adverbes qualificatifs, gérondifs).

En vertu de la 3ᵉ règle-base, chacune de ces classes de mots se distinguera par son *aspect* (à l'œil et à l'oreille), c'est-à-dire par sa longueur et par sa forme. Et d'abord, les *Motules* ont 3 lettres au plus, et s'ils ont 3 lettres, ils sont terminés par une voyelle; les *Granmots* ont 3 lettres au moins, et s'ils ont 3 lettres, ils sont terminés par une consonne.

Les *Interjections* se composent d'une seule voyelle, simple ou répétée.

Les *Mots-cadres* sont formés, soit de 2 voyelles dissemblables (**vv**), soit de 2 ou 3 lettres dont la dernière, seule voyelle, est **u** (**eu, ceu**).

Les *Connectifs* sont caractérisés par la présence des voyelles i et o.

Les *Désignatifs*, par la présence des voyelles a et e.

Les *Noms* et *Nombres* (en général d'une syllabe, rarement de deux) commencent et finissent par une consonne, la finale n'étant ni d ni **q** (**eve, ceve, evec, ecvec**). Les *noms* servent de radicaux aux mots des classes suivantes.

Les *Verbes* sont formés par l'adjonction d'une voyelle (a, e, i, o) à un radical (nom). Ils ont donc deux syllabes (4 lettres) au moins, et se terminent par une voyelle.

Les *Attributifs* sont formés par l'adjonction de -d à une forme verbale. Ils ont donc deux syllabes (5 lettres) au moins, et se terminent par un -d.

Les *Modificatifs* sont formés par l'adjonction de **q** à une forme verbale. Ils ont donc deux syllabes (5 lettres) au moins, et se terminent par un **q**[1].

De ces règles de structure dérivent des règles permettant de reconnaître à première vue (ou à première audition) la classe de chaque mot.

Elles ont pour conséquence nécessaire ce principe, que les

---

1. On remarquera que les Motules sont distingués par la sonorité, et les Granmots par la terminaison.

classes de mots sont « incommutables » : un mot de l'une ne peut jamais remplacer un mot d'une autre.

Les *aspects* définis ci-dessus sont ceux des mots « à l'état naturel » : nous allons voir ce qu'ils deviennent « à l'état formel », c'est-à-dire par suite des diverses variations grammaticales (flexions). Mais auparavant, il faut savoir que M. BOLLACK a eu l'idée[1] de réserver une lettre, la voyelle **u**, comme *outil grammatical*, et par suite de l'exclure de la formation des radicaux[2]. Les quatre autres voyelles servent aussi aux flexions, mais sans être exclues des radicaux.

L'*article indéfini* est **an** (E.), pluriel : **ane**. Il n'y a pas d'*article défini*; il est remplacé par les pronoms *démonstratifs*, ou par le mot-cadre **lu**, quand il s'agit d'une désignation précise.

L'article se décline, et ses cas indirects ont à la fois le sens défini et le sens indéfini :

	Sing.	Plur.
Génitif :	**ad**, *du, d'un*;	**ade**, *des, de*.
Datif :	**al**, *au, à un*;	**ale**, *aux, à des*.

L'accusatif ne se distingue pas du nominatif.

Les *substantifs* ne se déclinent pas. Leurs cas sont marqués par l'article qui les précède. Ex. : **feg ad reks**, *la fille du (d'un) roi*; et **givo al pobr**, *donne au (à un) pauvre*.

Le *pluriel* est marqué par la finale -u : **fegu ade reksu**, *les filles des (de) rois*.

Le *genre* des substantifs est naturel. Le *féminin* se forme en préfixant **u**- : **kval**, *cheval*, **ukval**, *jument*; **bov**, *bœuf*, **ubov**, *vache*; au pluriel : **ubovu**, *vaches*.

Toutefois, il y a une trentaine de noms qui ont des formes distinctes pour les deux genres :

per, *père*,	**mer**, *mère*.
les, *fils*,	**feg**, *fille*.
rer, *frère*,	**sar**, *sœur*.
sir, **sor**, *monsieur*,	**mam**, **dam**, *madame*[3].

Les *noms de nombre cardinaux* sont (forme **eve**) : **nol**, 0; **ven**, 1;

---

1. Idée moins originale que ne le croit l'auteur, car elle se trouve déjà dans d'autres projets, notamment dans la langue de LETELLIER, qui réservait toute une série de lettres grammaticales.

2. Excepté de 45 mots-cadres, où elle est la finale (**eu**, **eeu**).

3. Voir Lib. 2, p. 45. Voir aux mots dérivés le *féminin de situation*.

dov, 2 ; **ter**, 3 ; **far**, 4 ; **kel**, 5 ; **gab**, 6 ; ɥ**ep**, 7 ; **lok**, 8 ; **nif**, 9 ; **dis**, 10 ; **diven**, 11 ; **didov**, 12 ;.... **dovis**, 20 ; **teris**, 30 ; **nifis**, 90 ; (**ven**) **son**, 100 ; **dovson**, 200 ;... **mel**, 1.000 ; **mlon**, *un million* ; **mlar**, *un milliard* (mille millions).

Les nombres cardinaux prennent le signe du pluriel (-**u**) : 1º quand ils sont pris comme substantifs; 2º pour indiquer l'heure : **teru dis**, *3 heures 10*.

. Les *nombres ordinaux* dérivent des cardinaux au moyen du suffixe -**em** : **dovem**, *deuxième*.

Leur pluriel se forme en -**u** : **venemu**, *les premiers*.

Les *nombres multiplicatifs* se forment de même au moyen du suffixe -**ip** : **terip**, *triple*.

Les *nombres fractionnaires* se forment au moyen du suffixe -**om** : **farom**, *(le) quart*.

Les *nombres de fois*, au moyen du suffixe -**olt** : **nifolt**, *neuf fois*.

Les *nombres d'espèces*, au moyen du suffixe -**erl** : ɥ**eperl**, *de sept sortes*.

Les *nombres substantifs* (collectifs) au moyen du suffixe -**am** : **lokam**, *huitaine*.

Les *pronoms personnels* sont au nombre de 12 (6 personnes distinctes), caractérisés par autant de consonnes différentes :

	1ʳᵉ pers.	2ᵉ pers. familière	2ᵉ pers. respectueuse	3ᵉ pers. masc.	3ᵉ pers. fém.	3ᵉ pers. neutre
Sing.	me	te	ve	se	le	ɥe
Plur.	ne	pe	ge	be	fe	de

Tel est du moins leur *nominatif*, car ils se déclinent. Ils deviennent à l'*accusatif* :

ma, ta, va, sa, la, ...

au *datif* :

ama, ata, ava, asa, ...

au *génitif-ablatif* :

ema, eta, eva, esa, ...

au *vocatif* :

em, et, ev, es, ...

Les pronoms *emphatiques* (*moi-même*, etc.) sont : **eme, ete, eve, ese**,.... Ils se déclinent au moyen des particules **ad** et **al**.

Les *pronoms possessifs* correspondants sont, au *singulier* :

mea, tea, vea, sea, lea, ...

et au *pluriel* :

mae, tae, vae, sae, lae, ...

Les *pronoms relatifs* sont caractérisés par la consonne r : **ra** sing.; **re** plur.

Les *pronoms interrogatifs-exclamatifs* sont caractérisés par la consonne k : **ka** sing.; **ke** plur.

Les uns et les autres se déclinent comme les pronoms personnels (excepté que l'accusatif est semblable au nominatif).

Les *pronoms démonstratifs* sont : **aꭒ**, *ce, celui*; **ag**, *celui-ci*; **af**, *celui-là*; au pluriel : **aꭒe, age, afe**.

Comme les précédents, ils ne varient pas en genre. Ils se déclinent au moyen des particules **ad** et **al** (au sing.), **ade, ale** (au plur.).

Pour une désignation précise (d'un objet individuel), on emploie le mot-cadre **lu** : **ꭒo lu man**, *voilà l'homme* (en question).

Les principaux *pronoms indéfinis* (formes **ve** ou **cev**) sont : **ab**, *tel*; **am**, *le même*; **ap**, *quelconque*; **as**, *certain*; **at**, *tout*; **av**, *autre*; **sta**, *on*; **spa**, *chaque, chacun*; **ske**, *plusieurs*; **kla**, *quelqu'un*; **mra**, *personne*; **tle**, *tous*; **pna**, *rien*. Les premiers forment leur pluriel en ajoutant un -e; les seconds, en changeant -a en -e.

Il y a deux désignatifs généraux ou indéterminés : **ea** sing.; **ae**, plur.

Les *verbes* sont invariables en personne : la personne est indiquée par le nom ou le pronom sujet qui précède.

Ils ont quatre *temps* : l'*éternel*, le *présent*, le *passé* et le *futur*, caractérisés respectivement par les quatre voyelles i, o, e, a, qui, ajoutées au radical verbal (nom), forment les *infinitifs* correspondants. Ex. : **lov** (*amour*) engendre les quatre infinitifs du verbe *aimer* :

lovi, *aimer* (toujours).
lovo, *aimer* (présentement).
love, *avoir aimé*.
lova, *devoir aimer*.

De l'infinitif dérivent les autres modes, sans altération de la forme verbale :

L'*indicatif* est l'infinitif précédé d'un pronom personnel au nominatif (ou du nom sujet).

L'*exclamatif* (comprenant l'*impératif*) est l'*infinitif* précédé d'un pronom personnel au vocatif : **et lovo**, *aime!*

Le *subjonctif* est l'indicatif précédé du mot-cadre de subordination (conjonction) **ku**.

Il n'y a pas de *conditionnel*; il est remplacé par l'indicatif présent ou futur.

Les quatre temps principaux donnent naissance à des temps secondaires (antérieurs) au moyen du préfixe **u-** : cela donne au total 8 temps, qui sont, pour l'indicatif :

Éternel :	**me lovi,**	*j'aime* (toujours).
Imparfait :	**me ulovi,**	*j'aimais.*
Présent :	**me lovo,**	*j'aime* (à présent).
Parfait :	**me ulovo,**	*j'ai aimé.*
Passé défini :	**me love,**	*j'aimai.*
Plus-que-parfait :	**me ulove,**	*j'avais aimé.*
Futur :	**me lova,**	*j'aimerai.*
Futur antérieur :	**me ulova,**	*j'aurai aimé.*

La *voix passive* dérive de la voix active par l'intercalation de la voyelle-outil **u** entre le radical verbal et la voyelle finale :

> **me lovui,** *je suis aimé* (toujours).
> **me lovuo,** *je suis aimé* (à présent).

La *voix réfléchie* se forme au moyen du mot-cadre **su** (pronom réfléchi de toutes personnes) placé entre le sujet (pronom) et le verbe : **me su lovo,** *je m'aime* ; **te su lovo,** *tu t'aimes,* etc.

L'*interrogation* est marquée par le mot-cadre **du** (E. *do*) placé devant le verbe (sans changer l'ordre invariable des mots) : **te du lovo ?** *aimes-tu ?*

La *négation* est marquée par le mot-cadre **nu** placé devant le verbe : **te nu lovo,** *tu n'aimes pas.*

Ce mot se combine avec les particules **ku, su, du** pour former les particules **knu, snu, tnu.** Ex. :

knu te lovo,	*que tu n'aimes pas.*
me snu lovo,	*je ne m'aime pas.*
te tnu lovo ?	*n'aimes-tu pas ?*
me du snu lovo ?	*est-ce que je ne m'aime pas ?*

Les *verbes impersonnels* se forment avec le pronom de la 3ᵉ pers. sing. neutre : **ꝗe plovo,** *il pleut* ; **ꝗe belto,** *il fait beau* ; **ꝗe malto,** *il fait laid.*

Il convient de rattacher à la *conjugaison* 8 mots-cadres qui servent d'*auxiliaires* et expriment les idées de modalité suivantes :

oa	*commencer de.*
eo	*finir de.*
ia	*vouloir.*

ai	*désirer, aimer* (*à*).
oe	*devoir.*
ei	*pouvoir.*
ie	*fréquemment.*
ao	*rarement.*

Les *Attributifs* comprennent les *adjectifs* qualificatifs et les *participes*. Les premiers ont tous la terminaison caractéristique **-ed**. Ex. : **boned** = *bon* (**bon** signifiant *bonté*); **viked** = *méchant*.

Les seconds ont les terminaisons **ad, ed, id, od**, qui signifient respectivement :

-**id**, le participe éternel actif.

-**od**, le participe présent actif.

-**ed**, le participe présent passif.

-**ad**, le participe futur passif (avec idée de possibilité ou de dignité).

Ex. : **lovod**, *aimant* (à présent); **lovid**, *aimant* (habituellement : *un enfant aimant*); **loved**, *aimé* ; **lovad**, *aimable*.

Les Attributifs ne subissent pas d'autre variation que les degrés de comparaison (voir plus bas).

Les *Modificatifs* ne diffèrent des Attributifs que par le changement du -**d** en -**ꞯ**. Ceux qui dérivent des adjectifs ont le sens d'adverbes de qualité ou de manière : **boneꞯ**, *avec bonté*. Ceux qui dérivent des participes ont le sens du gérondif : **loviꞯ, lovoꞯ**, *en aimant*; **loveꞯ**, *avec amour* ; **lovaꞯ**, *aimablement*.

Quelques Modificatifs dérivent directement d'un substantif. Ex. : **relꞯ**, *par chemin de fer* (de **rel**).

Enfin certains Modificatifs ne sont pas dérivés : ce sont les adverbes primitifs ou simples (monosyllabes de 4 lettres au plus), comme [1] : **geꞯ** (D. *gestern*), *hier*; **daꞯ** (E. *day*), *aujourd'hui*; **morꞯ** (D. *morgen*), *demain*; **toꞯ**, *tôt*; **tarꞯ**, *tard*; **steꞯ** (D. *stets*), *toujours*; **moꞯ**, *surtout*; **maꞯ**, *beaucoup* (E. *much*); **pliꞯ**, *plus*; **leꞯ**, *moins* (E. *less*). *Oui* se dit **si**; *non*, **no**.

Les *degrés de comparaison* des Attributifs et des Modificatifs se forment par la *Règle de la Marguerite*, qui consiste à employer les voyelles **a, e, i, o**, comme préfixes indiquant le degré. Ex. :

          aloved = *le moins aimé.*

          oloved = *moins aimé.*

          eloved = *plus aimé.*

          iloved = *le plus aimé.*

---

1. Lib. 1, p. 449-452. Lib. 4, p. 190-1.

La voyelle **u** s'emploie de la même manière pour indiquer l'égalité : **uloved** = *aussi aimé.* ·

La « margueritation » s'applique aussi, facultativement, aux substantifs et aux verbes (exprimant une idée *abstraite*). Elle a alors un sens un peu différent. Ex. :

> **alov** = *indifférence* (*manque* d'amour).
> **olov** = *penchant* (*un peu* —).
> **elov** = *passion* (*beaucoup* —).
> **ilov** = *idolâtrie* (*excès* —)[1].

Ces voyelles servent aussi comme *interjections* pour exprimer respectivement :

> **a** l'indifférence, le découragement.
> **o** le doute, l'avertissement.
> **e** l'exubérance, l'approbation.
> **i** le paroxysme, la joie.
> **u** le consentement.

Répétées, ces 5 voyelles ont encore un autre sens comme interjections[2].

Les *prépositions* ont la forme des connectifs : elles gouvernent toujours le nominatif. Chacune d'elles a un sens unique et précis, de sorte que plusieurs correspondent à la même préposition française (ou nationale). Ex. :

di = *de* (composition) : **vaks di lor**, *montre d'or.*

of = *de* (provenance morale) : **meg of verkor**, *hommage de l'auteur.*

om = *de* (provenance physique) : **venki om sit**, *venir de la ville.*

in = *à* (dans) : **stiri in Paris**, *être à Paris.*

to = *à* (vers) : **govi to sit**, *aller à la ville.*

id = *à* (fixation) : **id ventag**, *à lundi.*

· Dans les cas de doute ou d'embarras, on peut employer la préposition générale (mot-cadre) **io**.

Les *prépositions de lieu* (forme **ve**) prennent respectivement un **-i** ou un **-o** final pour marquer l'*éloignement* ou la *direction* vers. Ex. :

ib = *sur*, **ibi** = *de dessus*, **ibo** = *dessus* (avec mouvement *vers*).

ot = *dehors*, **oti** = *de dehors*, **oto** = *au dehors* (sortir).

ol = *auprès*, **oli** = *d'auprès*, **olo** = (aller) *auprès.*

---

1. Lorsqu'un degré de comparaison s'applique à un mot déjà « margue-rité », on est obligé d'employer un adverbe. Ex. : **pliq iloved**, *plus ido-lâtré* (Lib. 7, p. 28, note 4).

2. Lib. 1, p. 325.

Les prépositions s'emploient également comme adverbes : **ib** signifie *sur et dessus*; **in**, *dans* et *dedans*, etc.

Les mots **si** = *oui* et **no** = *non* (ordinairement classés comme adverbes) ont la forme des connectifs.

Les *conjonctions* sont également des connectifs, et donnent lieu aux mêmes remarques que les prépositions. Les principales sont : **it**, *et*; **or**, *ou*; **ni**, *ni*; **if**, *si*; **bo**, *mais*; **gi**, *donc*; **ko**, *que*; **ob**, *car*; **ꝗo**, *parce que*; **po**, *pour que*; **so**, *de même ꝗue*; **fi**, *quoique*; **fo**, *lorsque*. En cas d'incertitude, on peut employer la conjonction générale (mot-cadre) **oi**. La conjonction **ko** est seulement coordinative : **me sago ko ꝗe sero**, *je dis què cela est*. La conjonction subordinative se traduit par le mot-cadre **ku** : **me vilo ku ꝗe sero**, *je veux que cela soit*, qui remplace ainsi le subjonctif.

Les *connectifs* (prépositions et conjonctions) n'entrent jamais dans la composition des autres mots.

Telles sont les règles synthétiques de la grammaire *Bolak*. Elles engendrent naturellement les règles analytiques, qui servent à décomposer les mots à l'état formel et à reconnaître leur rôle grammatical. Celles-ci peuvent servir à résumer toute la morphologie du *Bolak*[1].

Laissant de côté les *Motules*, qui se trouvent tous dans le dictionnaire, un *Granmot* peut présenter les formes suivantes :

1° S'il commence et finit par une consonne autre que **d** et **ꝗ**, c'est un substantif singulier masculin ou neutre;

2° S'il commence par une voyelle autre que **u**, c'est un mot *marguerité*;

3° S'il commence par **u**, c'est un substantif féminin, ou un temps secondaire de verbe, ou un attributif ou modificatif au degré d'égalité;

4° S'il finit par la consonne **d** ou **ꝗ**, c'est un attributif ou modificatif;

5° S'il finit par une voyelle autre que **u**, c'est un verbe;

6° S'il finit par **u**, c'est un substantif au pluriel[2].

Syntaxe. En vertu de la 4e règle-base, la syntaxe impose aux mots de la phrase un ordre rigide et invariable : sujet, verbe, régime direct, compléments. Le désignatif se met avant le nom; l'attributif se met après le nom; le modificatif se met après le

1. Voir les Tableaux récapitulatifs généraux de l'aspect de la *Langue bleue* et les Tableaux-gaufriers complets (Lib. 1, p. 263-265, 62-64; lib. 7, p. 34-36).
2. Voir le tableau de l'outil **U** (lib. 1, p. 262; lib. 2, p. 5; lib. 7, p. 52).

verbe et avant l'adjectif ou l'adverbe qu'il modifie. Enfin la proposition subordonnée vient après la proposition principale. Seuls, l'ordre des régimes indirects et la place du gérondif sont facultatifs.

M. Bollack illustre ces règles par un exemple amusant. M. Jourdain n'eût pas été embarrassé dans la *Langue bleue* pour savoir dans quel ordre ranger les mots de cette phrase : « Belle marquise, vos beaux yeux me font mourir d'amour [1] ». Il n'aurait pu dire que ceci : *Marquise belle, vos yeux beaux font mourir moi par amour* : **Markesin beled, vae logu beled mortigo ma fri lov** [2].

VOCABULAIRE.

Le vocabulaire du *Bolak* a été construit entièrement *a priori*, conformément aux règles de structure des diverses classes de mots, auxquelles il faut joindre les suivantes :

1° Dans aucun mot ne se trouvent 3 consonnes ou 3 voyelles consécutives, ni 2 consonnes consécutives semblables;

2° Dans aucun *Granmot* ne se trouvent la voyelle **u** ni 2 voyelles consécutives;

3° Aucun *Motule* n'a la forme **vve** ou **vec**.

Enfin l'auteur a dressé la liste des 31 consonnes doubles initiales et des 59 consonnes doubles finales phonétiquement admissibles [3].

Cela posé, le nombre des mots théoriquement possibles

de 1 lettre est	5
2 lettres	151
3 —	1051
4 —	12420
5 —	130512
soit un nombre total de	144139

formes obtenues par la combinaison de 5 lettres au plus, et que

1. Molière, *Le Bourgeois gentilhomme*, acte II, scène VI.
2. Lib. 7, p. 98; lib. 4, p. 60.
3. Lib. 1, p. 299, 301-2. L'auteur pose les règles suivantes, pour éviter de former des mots qui, ne différant que par une consonne dure ou douce, pourraient se confondre dans une mauvaise prononciation : « Dans toute consonne double initiale, la première sera dure; dans toute consonne double finale, la seconde sera douce » (Lib. 1, p. 298).

l'auteur préfère à toutes les autres, dans l'intérêt de la concision [1]. « *Tout* le dictionnaire de la *Langue bleue* a été constitué
sans que l'auteur ait connu *un seul* des sens que ces formes...
allaient avoir par la suite [2]. »

Pour les *Motules*, l'auteur a ainsi obtenu 475 formes différentes,
et comme le nombre des *Motules* est de 400 environ, « les significations données à cette catégorie de mots ont été attribuées
arbitrairement », sauf de rares exceptions [3].

Pour les *Granmots*, c'est-à-dire pour les *Noms-souches*, l'auteur
« lut à haute voix ces phonèmes inertes » et leur assigna le
sens que lui suggérait leur ressemblance phonétique plus ou
moins éloignée avec les mots des diverses langues européennes.
Ainsi « ce sont les vocables des langues vivantes *qui viennent se
mouler* dans les formes du dictionnaire », non sans subir parfois
de notables déformations, à cause de la brièveté monosyllabique
de ces formes : ex. : **bolv** = *boulevard*; **tlaf** = *télégraphe*; **stit** =
constitution; **flist** = *félicitation*. Faute de mieux, l'auteur fait
appel à l'argot : **pif** = *nez*; **paf** = *ivrognerie* [4]. Enfin cette ressource fait assez souvent défaut, et alors, « en dernier lieu
seulement, l'arbitraire est intervenu dans les attributions de
sens [5] ». Cet arbitraire est d'ailleurs guidé par des associations d'idées souvent spirituelles, que nous laissons au lecteur le plaisir de deviner dans les exemples suivants : **plin**,
histoire naturelle; **lalm**, *université*; **vivl**, *chauvinisme*. C'est ainsi
encore que le dernier mot du dictionnaire, **vovs**, signifie : *achèvement, clôture, fin*.

Les *noms propres* sont « hors la langue »; toutefois, l'auteur
propose certaines traductions pour les noms géographiques, en

1. Lib. 1, p. 263-267.
2. Article de M. Léon BOLLACK dans la *Revue internationale de Sociologie*,
déc. 1900 (p. 865). Cf. Lib. 4, p. 61.
3. Lib. 1, p. 426.
4. Lib. 1, p. 429. Pour obtenir des « syllabes closes », le *Bolak* ajoute
parfois un l initial aux mots des langues vivantes (comme le *Volapük*) : **lor**,
or; **lart**, *art*.
5. Lib. 2, p. 54. L'auteur avoue « que les règles orthographiques de la
Langue bleue, ainsi que l'aspect *syllabe close* que doivent forcément posséder les noms ... lui imposent de très grandes déformations dans la con-
texture de vocables existant dans certaines langues »; mais il allègue, pour
se justifier, que « ces déformations sont de même nature que celles des
mots des langues vivantes », au cours d'une évolution séculaire (Lib. 1,
p. 429). Ainsi **bisp** signifiera *évêque* (L. *episcopus*, D. *bischof*, E. *bishop*)
comme en danois.

se conformant autant que possible au phonétisme du pays d'origine, et pour les prénoms [1].

Les noms des jours et des mois sont composés avec des noms de nombre (comme en *Volapük*) :

ventag, *lundi.*	**venmes**, *janvier.*
dovtag, *mardi.*	**dovmes**, *février.*
tertag, *mercredi.*	**termes**, *mars.*
etc.	etc.

Mots dérivés. — Il y a d'abord un mode grammatical de dérivation : c'est celui qui sert à tirer des noms-souches les verbes, les adjectifs et les adverbes.

On sait que chaque substantif peut former un verbe par la simple adjonction d'une des voyelles a, e, i, o caractéristiques des temps. Le sens de ce verbe dérivé est fixé par les règles suivantes :

1° Il signifie *être à l'état de* — ou *avoir* —. Ex. : **fami**, *avoir faim*; **lovi**, *aimer*;

2° A défaut de ce premier sens, il signifie : *accomplir l'action* indiquée par le radical. Ex. : **bet** = *pari*, **beti** = *parier*;

3° A défaut des deux premiers sens, il signifie : *faire usage de* —. Ex. : **bilb** = *bilboquet*, **bilbi** = *jouer au bilboquet*[2].

Par exception, le verbe dérivé d'un nom d'animal signifie le cri de cet animal : **dogi** = *aboyer*; **kati** = *miauler*[3]; **kvali** = *hennir* (et non pas : *monter à cheval, chevaucher,* suivant la 3e règle).

En vertu de ces règles, on peut employer un verbe simple pour dire : *être —* (tel ou tel). Ex. : **bono**, *être bon*; **benso**, *être bien portant*; **malso**, *être mal portant*; **lalgo**, *être malade* (**lalg** = *maladie*).

Cela permet de traduire simplement certains idiotismes : **Ve du sano**, *vous portez-vous bien?* (litt. : *Êtes-vous sain?*) **Ve du lago kaų**, *quel âge avez-vous?* (litt. : *Vous êtes âgé combien?*)

Les autres dérivations s'effectuent au moyen des terminaisons *absolues* et *secondaires.*

Les 25 *terminaisons absolues* sont celles qu'on doit employer *obligatoirement* en vertu des règles de grammaire. Ce sont : les désinences du pluriel et des temps actifs et passifs; les 6 terminaisons des noms de nombre dérivés; les terminaisons régulières des *attributifs* (-**ad**, -**ed**, -**id**, -**od**) et des modificatifs (-**aų**, -**eų**, -**ių**, **oų**); enfin, les deux suffixes suivants, applicables aux noms :

1. Lib. 4, p. 274-5.
2. Lib. 4, p. 47.
3. Cf. le *Spelin.*

-an, qui indique l'*habitant de* — : **Parian** = *Parisien* (car, phonétiquement, *Paris* = *Pari*).

-in, qui indique l'*épouse de* — : **reks** = *roi*, **reksin** = *reine* [1]. Ce féminin de situation sociale ne doit pas être confondu avec le féminin naturel marqué par **u-** (**uParian** = *Parisienne*). Ainsi **umedsor** = *femme-médecin*, et **medsorin** = *femme de médecin*.

Les 33 *terminaisons secondaires* sont des suffixes qu'on peut employer *facultativement* pour former des mots dérivés, en l'absence de mots primitifs ayant le même sens. Ces suffixes ne sont pas des mots indépendants, et n'ont aucun sens par eux-mêmes [2]. Voici les principaux de ces suffixes :

-as, augmentatif : **mesr** = *couteau*, **mesras** = *coutelas*.

-et, diminutif : **mesret**, *petit couteau*; **kvalet**, *poulain* (de même tous les petits d'animaux).

-ist, désigne l'ouvrier : **panist**, *boulanger*.

-ost, le patron : **panost**, *patron boulanger*.

-erk, le commerce : **birerk**, *commerce de bière*.

-ik, la fabrique, la science ou l'art : **birik**, *brasserie* (fabrique ou art); **montik**, *orographie*; **gerik**, *stratégie*.

-ort, le lieu où l'on fait ou vend quelque chose : **birort**, *brasserie* (débit).

-or, l'acteur ou agent : **tansor**, *danseur*; **geror**, *belligérant*.

-il, l'outil ou l'instrument : **banil**, *baignoire*; **tintil**, *encrier*.

-ef, le résultat de l'action : **dogef**, *aboiement*.

-ig, l'action de faire ou rendre (tel ou tel) : **krantigi**, *agrandir*.

-ir, l'action de devenir (tel ou tel) : **krantiri**, *grandir*.

-enk, le commencement de l'action : **dormenki**, *s'endormir*.

-art, un morceau de — (**part** = *partie*) : **panart**, *morceau de pain*.

-alg, une maladie (**lalg** = *maladie*) : **kopvalg**, *mal de tête* (**kopv** = *tête*, D.).

-olb, un coup de — (**kolb** = *coup*) : **fotolb**, *coup de pied*.

-olm, l'arbre qui porte — (**bolm** = *arbre*) : **rosolm**, *rosier*.

-olv, le lieu planté de — : **rosolv**, *roseraie*.

-osm, une collection matérielle : **libosm**, *bibliothèque*.

-ism, un système d'idées : **librism**, *libéralisme*.

---

1. Mais une reine régnante s'appelle **kvin** (E. *queen*).

2. Néanmoins, l'auteur les associe (au moins comme moyen mnémotechnique) à certains noms-souches dont ils ne diffèrent que par la suppression de la consonne initiale (Lib. 1, p. 109; lib. 4, p. 194; lib. 2, p. 52; lib. 7, p. 108).

A ces suffixes il faut ajouter certains *mots-cadres* qui servent de préfixes pour exprimer :

stu, le mâle : **stu kval,** *étalon*; **stu bov,** *taureau.*

pu, la supériorité hiérarchique : **pu bisp,** *archevêque.*

qu, l'infériorité hiérarchique : **qu mest,** *sous-maître.*

plu, la pluralité : **plu gon,** *polygone.*

tu, la totalité : **tu slavism,** *panslavisme.*

fku, le contraire, l'opposition : **fku lov,** *haine*; **fku virt,** *vice* [1].

ru, la répétition ;

sru, le retour en arrière ;

pru, la suppléance ;

sku, la ressemblance ;

pnu, la dissemblance, etc.

Le *Bolak* a même des *mots-cadres* pour exprimer sommairement certains sentiments ou jugements :

> **gu,** qui indique un goût physique ;
>
> **kvu,** — un goût moral ;
>
> **pfu,** — un dégoût physique ;
>
> **mu,** — un dégoût moral.

Ainsi, pour indiquer qu'une femme vous plaît, vous n'avez qu'à dire : **gu fem** [2].

Les *mots composés* se forment par la juxtaposition de deux radicaux (le principal étant le dernier) réunis par l'outil **u** : **dormukar** = *wagon-lit*; **vintumilv,** *moulin à vent.*

Voici, à titre d'exemple, la traduction du *Pater* en *Langue bleue* :

Nea per, ev ra seri in silu, vea nom eq santigui ; vea reqn eq komi ; vea vil eq makui ib gev so in sil ; ev givo daq nea pan taged ana, it ev solvi nae fansu ana so ne solvo aqe re ufanso na ; it ev nu lefti na to temt, bo ev bevri ná om mal [3].

Voici encore un autre échantillon :

> **Aq ra poni an fren al tsorm ade vevu,**
> **Se savi soq stopi plotn ade vikoru** [4].

1. Lib. 1, p. 138.
2. Lib. 1, p. 139.
3. Lib. 8, p. 76. L'auteur fait remarquer la concision de sa langue, qui emploie 58 mots et 177 lettres là où le français emploie 63 mots et 289 lettres.
4. Traduction de ces vers de RACINE (*Athalie,* acte I, scène 1) :

> Celui qui met un frein à la fureur des flots,
> Sait aussi des méchants arrêter les complots.

(Lib. 2, p. 58; lib. 7, p. 113.)

CRITIQUE.

On ne peut refuser de souscrire à l'éloge que l'auteur de la *Langue bleue* décerne à son œuvre par cette étymologie fantaisiste : **bol** = *ingéniosité*, **-ak** = *fait avec*; donc : **bolak** = *fait avec ingéniosité* [1]. Mais cette ingéniosité parfois excessive aboutit trop souvent à des règles compliquées ou à des formations aussi arbitraires que celle que nous venons de citer. On peut reconnaître que sa *théorie du langage* a une grande part de vérité; mais elle n'a pas pour résultat pratique de simplifier la grammaire, tout au contraire.

Un premier défaut de cette grammaire est l'absence d'*article défini*. S'il y a un article dont on puisse se passer, c'est l'article indéfini, et non l'article défini. L'auteur l'a si bien senti qu'il a rétabli celui-ci, confondu avec l'article indéfini, aux cas indirects [2]; ce qui est une inconséquence logique.

Un autre défaut grave est la pluralité des déclinaisons. Les noms ont une déclinaison analytique et un pluriel en -**u**; les pronoms personnels ont une déclinaison synthétique; les pronoms relatifs, interrogatifs, etc., ont *une autre* déclinaison synthétique, et l'article une autre encore. De plus, certains pronoms (et l'article) forment leur pluriel en ajoutant -**e** au singulier; d'autres, en changeant l'-**a** du singulier en -**e**; d'autres encore, en changeant **ea** en **ae** [3]. Ce sont là des complications inutiles, faites pour embrouiller et dérouter le novice. Ajoutons que le nominatif et l'accusatif se confondent dans les pronoms relatifs, c'est-à-dire là où justement il est le plus utile de les distinguer.

La *conjugaison* n'est pas non plus à l'abri de toute critique. La formation des temps secondaires au moyen du préfixe **u**, et surtout celle du passif au moyen du suffixe **u** est arbitraire, et ne les distingue pas suffisamment, soit à l'œil, soit à l'oreille.

En général, du reste, l'idée de faire de la voyelle **u** un outil grammatical est malencontreuse : cet outil-omnibus a des rôles très divers suivant qu'il est au commencement, à la fin ou au milieu

---

1. Lib. 4, p. 165.
2. Lib. 4, p. 27.
3. Ces deux dernières flexions violent le principe de l'invariabilité des radicaux, adopté par l'auteur.

des mots, et, même au commencement d'un mot, il a un sens tout
différent suivant la nature de ce mot. De même, les autres
voyelles (a, e, i, o) ont un rôle grammatical différent comme
suffixes et comme préfixes. Or il est très difficile de savoir, à
l'audition, si une voyelle est l'initiale d'un mot ou la finale du
mot précédent.

Sans doute, l'auteur édicte pour la prononciation des règles
très sévères; mais elles sont inapplicables dans la pratique.
« Marteler » les syllabes, séparer tous les mots par des pauses,
c'est bon pour des novices qui épellent et ânonnent; mais pour
peu qu'on soit familiarisé avec une langue, on est irrésistiblement entraîné à lier les mots entre eux. Seul, l'accent peut marquer et conserver l'individualité des mots, et par suite les distinguer dans la prononciation courante. Aussi est-il chimérique
de vouloir le supprimer : on ne peut pas parler, et penser ce
qu'on parle, sans accentuer involontairement les mots principaux du discours[1]. Une telle suppression n'aurait qu'un résultat :
c'est que chaque peuple placerait inconsciemment l'accent suivant ses habitudes nationales, ce qui aboutirait à une confusion
complète.

Quant à la *règle de la Marguerite*, outre qu'elle est sans exemple
dans nos langues[2], elle est très équivoque dans son application :
les 4 voyelles signifient tantôt un degré de comparaison (*plus, le
plus, moins, le moins*), tantôt un degré absolu (*beaucoup, très, peu, pas
du tout*)[3], tantôt enfin un sentiment plus ou moins quantitatif.
C'est là une cause d'équivoque et d'obscurité.

La formation des participes contient une grave inconséquence.
Alors que les 4 voyelles (a, e, i, o) servent à former les temps de
l'actif, les terminaisons correspondantes (ad, ed, id, od) ont,
deux le sens actif, deux le sens passif; et chacune des deux voix
est ainsi privée des participes de certains temps, contrairement
à l'analogie et à la symétrie[4].

1. M. BOLLACK veut même supprimer l'intonation spéciale des phrases
interrogatives et exclamatives.
2. Quoi qu'en dise M. BOLLACK : le préfixe a- (*anormal, acéphale*) est l'α
privatif grec; et le préfixe e- (dans *échauffer, élever*) est la préposition
latine e ou *ex*.
3. M. BOLLACK pourrait citer à son appui l'exemple du latin, qui emploie
le comparatif et le superlatif dans les deux sens, relatif et absolu. Mais si le
latin est équivoque, ce n'est pas une raison suffisante pour que la L. I.
le soit.
4. Ajoutons que la terminaison -ad confond deux idées bien différentes.

D'autre part, le *Bolak* a, comme le *Volapük*, le tort de former tous ses adjectifs au moyen d'un suffixe de dérivation uniforme : comme lui aussi, il n'admet comme racines que les substantifs. Cela est contraire à l'ordre naturel des idées : *bonté, beauté* dérivent de *bon* et *beau*, et non pas *bon* et *beau* de *bonté* et *beauté*. Un autre inconvénient est l'incommutabilité des parties du discours (par exemple, l'interdiction de dire : *le boire et le manger, les bons et les méchants*), alors que toutes les langues naturelles l'admettent, et cela d'autant plus qu'elles sont plus riches et plus souples.

Mais l'erreur la plus grave consiste à subordonner le vocabulaire à la grammaire, et à édicter *a priori* des règles de structure restrictives pour chaque classe de mots. Rien ne montre mieux à quels résultats détestables peut conduire un principe excellent, quand l'application en est arbitraire. L'idée de distinguer les parties du discours par la forme (idée qui n'appartient pas en propre au *Bolak*, comme on l'a vu et le verra dans cet ouvrage) est assurément louable ; mais il y a bien des moyens de réaliser cette distinction, et l'auteur a choisi les plus mauvais. D'abord la longueur : si l'on peut compter à l'œil les lettres d'un mot, peut-on distinguer à l'audition un mot de 3 lettres et un mot de 4, et a-t-on le temps de remarquer si le mot de 3 lettres se termine par une voyelle ou par une consonne ? Ensuite la sonorité : assigner aux *mots-cadres* la voyelle u, aux *connectifs* les voyelles i et o, et aux *désignatifs* les voyelles a et e, c'est faire tout ce qu'on peut pour confondre tous les mots-cadres entre eux, tous les connectifs entre eux et tous les désignatifs entre eux, d'autant qu'ils ne se distinguent plus entre eux que par une ou deux consonnes. Le lecteur le plus attentif se rappelle-t-il en ce moment les sens de **stu, sku, fku**, ou ceux de **ib, to, sti, flo**, ou ceux de **spa, ste, kla, ske**? Il est vrai qu'il a la ressource d'employer, dans l'embarras, les connectifs généraux **io, oi**, et les désignatifs généraux **ae, ea**; heureux encore s'il se souvient exactement de leurs rôles respectifs !

Il est inutile d'insister sur l'arbitraire qui a présidé au choix des motules : l'auteur le reconnaît lui-même ; mais il importe de montrer qu'il ne règne guère moins dans le choix des gran-

la possibilité et la dignité : **spegad** = *respectable* veut dire : *qu'on doit...*, et non : *qu'on peut respecter*. Autre inconséquence : **speged** = *respecté* (sens passif); et **spegeu** = *respectueusement* (sens actif).

mots. Ici encore, les règles de structure et l'exclusion de la
voyelle **u** l'ont empêché d'adopter la plupart des radicaux internationaux comme *théâtre, université*, etc. L'idéal de la *syllabe close*
constitue un lit de Procuste d'où les mots les plus connus sortent
mutilés et défigurés, comme **stit** qui provient de *constitution* (pourquoi pas d'*instilut, institution, instituteur,* etc. [1]?). L'auteur allègue, il
est vrai, que les prétendus mots internationaux ne le sont pas
autant qu'on le croit, du moins par la prononciation : ainsi le
mot *théâtre*, que les Anglais prononcent à peu près *ziteuh* [2].
Mais en quoi cela rend-il le mot **tatr** préférable à **teatr**? Celui-ci
se rapproche davantage du mot international *théâtre*, au moins
par le graphisme.

Cela nous amène à signaler une autre erreur de M. BOLLACK :
dans le choix des sens de ses mots fabriqués d'avance, il a tenu
compte uniquement du phonétisme, et nullement du graphisme;
il a érigé cette préférence arbitraire en principe [3]. Or c'est là
tourner le dos à l'internationalité, car le graphisme est bien plus
international que le phonétisme [4].

Aussi l'auteur fait-il bon marché du « vocabulaire soi-disant
international »; il prétend en revanche à la neutralité absolue.
Son vocabulaire n'est pas *inter-national*, mais bien *extra-national*,
et par là il croit supprimer toute question d'amour-propre
national. Et en effet, « le dictionnaire de la *Langue bleue* a pu être
construit TOUT ENTIER sans connaître AUCUN des sens attribués
aux fantômes de mots hypothétiquement créés [5] »; et c'est, l'auteur s'en flatte, « la plus grande originalité » de ce vocabulaire,
et probablement de la langue elle-même. Fâcheuse originalité,
si elle interdit à l'auteur d'emprunter ses vocables aux langues
existantes, et le force à former arbitrairement des mots, pour
leur imposer ensuite, non moins arbitrairement, un sens. Ce procédé est d'ailleurs moins original que ne le croit l'auteur : car
toutes les langues *a priori* construisent, elles aussi, leurs mots par
des combinaisons régulières de lettres; et par là, le *Bolak* se

---

1. Pourquoi *philosophie* devient-il **flof**, et non **flosf**, qui signifie *voleur*?
2. Lib. 4, p. 67.
3. Un psychologue conclurait de ce fait que M. BOLLACK est un *auditif* et
non un *visuel* : c'est en *lisant à haute voix* ses fantômes de mots qu'il
essayait d'évoquer leur sens.
4. L'auteur reconnaît lui-même que « le mot *théâtre* s'écrit à peu près de
la même manière dans toutes les langues de l'Europe ».
5. Lib. 4, p. 61.

rapproche de ce genre de langues, et se sépare radicalement des langues *a posteriori*, bien qu'il semble emprunter, comme elles, ses matériaux aux langues vivantes [1].

Quoi qu'il en soit, cette neutralité même dont il se vante, ou dont il se contente, n'est nullement assurée par sa méthode *a priori*, qui consiste à couler des sens dans des moules préparés à l'avance; car le sens choisi dépend des langues que l'auteur connaît. Il ignore, dit-il, le russe: qui répond que beaucoup de mots russes ne seraient pas venus se couler dans certains moules qu'il a remplis arbitrairement ou avec des mots d'autres langues? S'il n'avait su que le français, il aurait simplement rempli ses moules avec des mots français plus ou moins dénaturés; sa langue n'en serait ni plus ni moins neutre.

L'auteur se soucie si peu de l'internationalité de ses radicaux, qu'il emprunte parfois leur sens à l'argot, qui est essentiellement national, et, qui pis est, incompréhensible pour les autres nations. Quel autre qu'un Français devinerait jamais que **bigr** signifie *admiration*, **flik**, *mouchard*, et **frim**, *faux-semblant* [2]?

Mais souvent on n'a même pas cette ressource, car la plupart des mots ont des sens aussi arbitraires que leur forme, et ne rappellent, même de loin, aucun vocable d'une langue connue. Pour le prouver, il suffira de citer une vingtaine de mots pris à la suite au commencement du dictionnaire Français-Bolak :

Abaissement (moral)	**snarp**
Abaisser (action d')	**basp**
Abandon	**left**
Abandonner (action de s')	**mlasp**
Abat-jour	**kosn**
Abattement (moral)	**knir**
Abattre (action d')	**fkarf**

1. L'auteur tient à distinguer sa méthode lexicologique de celle du *Volapük* qu'il qualifie d'*arbitraire* (Lib. 1, p. 430); et, en effet, Mgr SCHLEYER commençait par emprunter ses mots aux langues vivantes, quitte à les estropier ensuite; tandis que M. BOLLACK commence par créer des mots sans savoir s'ils existent dans une langue quelconque, et leur donne ensuite un sens d'après leur analogie plus ou moins lointaine avec des mots existants, ce qui défigure bien davantage ceux-ci. Ainsi sa méthode est encore plus arbitraire et *a priori* que celle du *Volapük*. En revanche, elle ressemble étonnamment à la « Combinatoire » employée par BAUER. (Cf. le *Spelin* de celui-ci, p. 37 : *Mathematische Kombinatorik.*)

2. Voir, dans Lib. 4, le sens des mots **gob, gog, gos, gaf, gag, gars, kavl, pegr, begn, tof, bavr.**

Abcès	**flimt**
Abdication	**pnabs**
Abeille	**hepv**
Abîme	**pfos**
Abîmer (action d')	**dorp**
Abjuration	**smads**
Ablatif	**plavs**
Ablation	**krelv**
Ablution	**slalv**
Abnégation	**nirl**
Abois (être aux)	**spamt**
Abolition	**pivs**
Abominable (état)	**mnabl**
Abondance	**dab**
Abonder (action d')	**mrolm**
Abonnement	**bomt**

M. Bollack croit excuser le choix arbitraire du sens de la plupart de ses racines en déclarant avec désinvolture que « les mots sont indifférents par eux-mêmes, parce qu'ils sont les signes conventionnels de nos pensées », et il va jusqu'à dire qu'après tout, si les Français convenaient d'appeler désormais les fenêtres des portes et les portes des fenêtres, ils s'entendraient tout aussi bien qu'avant[1]. Pour réfuter ce paradoxe, il suffit de le pousser à l'extrême : on pourrait numéroter tous les mots du dictionnaire français : 1° en commençant par le commencement (A), 2° en commençant par la fin (Z), et convenir de donner désormais à chaque mot le sens du mot qui aurait le même numéro dans l'ordre inverse (au 1er le sens du dernier, au 2e le sens de l'avant-dernier, etc.). Croit-on que les Français arriveraient aisément à s'entendre dans cette nouvelle langue? C'est que, quand même il serait vrai (en gros et dans l'état actuel des langues) que le sens des mots est conventionnel, il est devenu *naturel* en vertu d'une association invétérée. En outre, l'auteur oublie tout bonnement qu'il n'a pas à créer « une langue nouvelle » de toutes pièces, sans tenir compte des langues existantes, mais une langue *internationale auxiliaire*, qui a intérêt à se rapprocher autant que possible des langues vivantes, et par suite à leur emprunter le plus grand nombre possible de ses élé-

1. Lib. 4, p. 61.

ments. Enfin M. Bollack dit, pour justifier son dédain des mots
internationaux : Qu'importe que tel mot soit commun à plusieurs nations? Pour quelqu'un qui ne sait que sa langue nationale, il est indifférent que ce mot se trouve dans une ou plusieurs langues étrangères, puisqu'il les ignore. Sans doute,
répondra-t-on; mais il ne lui est pas indifférent qu'il se trouve
ou non dans la sienne; or, plus la langue internationale contiendra de mots *internationaux*, moins elle présentera à chaque
nation de mots *étrangers* et inconnus à apprendre. Il y a donc une
nécessité, non seulement logique, mais pratique, à ce que la
langue *internationale* soit fondée sur le vocabulaire *international*, et
non sur un lexique arbitraire et fantaisiste comme celui du *Bolak*.

Dans la formation des termes scientifiques, l'auteur ne tient
naturellement aucun compte de l'étymologie : **krob** = *microbe*;
gelg = *géologie*; **gekv** = *géographie*; **gemv** = *géométrie*. Mais il ne
cherche pas davantage, on le voit, à composer des mots *analogues*,
c'est-à-dire ayant une étymologie semblable dans sa langue.

En général, l'auteur affiche un souverain mépris, non seulement de l'étymologie, mais de l'affinité ou de la filiation logique
des idées. Sans doute, il est bon de distinguer les sens d'un mot
quand ils sont si différents qu'ils constituent une sorte de calembour (Ex. : *action, charme, équipage, mousse*, etc.). Mais il est
excessif de représenter par des mots absolument différents des
sens voisins ou dérivés les uns des autres (*accent, accord*) ou
même diverses espèces d'un même genre : **lor** = *or* (métal); **golt**
= *or* (monnaie); *chapeau, chemise* (d'homme, de femme, de nuit);
bal (public, masqué); *bois* (à brûler, de construction); *bœuf* (animal,
viande : **bov, bif**); *cochon* (animal, viande : **pig, pork**). Bien plus :
l'auteur ne cherche nullement à dériver les uns des autres, ou à
rapprocher par la forme, des mots qui expriment des idées
connexes ou dérivées. Ainsi : **paks** = *paix*, **skalm** = *apaisement*;
klerk = *clergé*, **frar** = *état ecclésiastique*, **frok** = *cléricalisme*; **rar** =
frère, **frat** = *fraternité* (**frer** = *compagnon*, **fradr** = *solidarité*); **vern**
= *hiver*, **snemv** = *hivernage*; **lart** = *art*, **tist** = *artiste* [1], etc. De
même pour les mots composés : **kart** = *carte à jouer*; **kert** =
carte de visite; **psart** = *carte postale* (alors que tout Européen comprendrait : **post-kart**).

[1]. Cette dernière singularité est d'autant plus étonnante que le *Bolak* possède le suffixe -**ist**. Cela fait donc *deux* racines à apprendre au lieu d'une.

Toutefois, l'auteur *permet* de former un mot composé ou
dérivé, quand le mot simple manque ou est oublié. Par exemple,
on pourra dire **kotil** au lieu de **mesr** (*couteau*) et **kotilet** au lieu de
knif (*canif*)[1]. Mais si cela dispense de connaître le mot simple
quand on veut s'en servir soi-même, cela ne dispense pas de le
connaître quand on l'entend ou le lit ; et par conséquent cela fait
deux mots à apprendre, au lieu d'un. Toutes les critiques que
l'auteur adresse aux langues agglutinantes, auxquelles il reproche
« d'imposer à l'esprit le travail incessant de décomposition et de
recomposition de toutes les notions », retombent ainsi sur le
Bolak lui-même, d'autant plus que son dictionnaire ne donne
que les racines simples, et non les dérivés et les composés que
chacun peut en former *facultativement*. Il vaudrait mieux que ces
dérivés et composés fussent formés une fois pour toutes et
inscrits dans le dictionnaire, où iraient les chercher ceux qui
n'auraient pas l'esprit assez inventif pour les former d'eux-
mêmes.

Enfin, bien que l'harmonie ne soit qu'une qualité accessoire
d'une L. I., et bien que le *Bolak* décline toute prétention littéraire, il faut avouer qu'il manque par trop d'euphonie ; on a pu
en juger par tous les exemples que nous avons cités. Cela vient
de la forme de *syllabe close* que l'auteur donne systématiquement
à ses radicaux ; ce sont des monosyllabes durs et rocailleux qui
s'entrechoquent par leurs consonnes[2]. Sans doute, l'auteur
allègue que les voyelles qui servent de flexions jouent le rôle
de tampons entre ces monosyllabes ; mais ces flexions ne sont
pas assez fréquentes pour adoucir la prononciation (seuls les
substantifs au pluriel et les verbes se terminent par une voyelle[3]).

La rigidité de la construction est une gêne et une pauvreté :
une gêne, parce qu'elle empêcherait toute traduction exacte
d'une phrase tant soit peu compliquée ; une pauvreté, parce qu'elle
empêcherait de former une telle phrase, c'est-à-dire d'exprimer
des pensées un peu complexes et délicates. Aussi l'auteur recom-

---

1. De même, *coup de pied* se dit **kik** et **fotolb**, etc.
2. Le dictionnaire *Bolak* contient 103 mots commençant par **fk** (**fkab,
fkabs, fkaf,...**), 164 par **fn**, 122 par **ft**, 135 par **ml**, 144 par **mr**, 184 par
tl, etc. Un grand nombre de mots se terminent aussi par des consonnes
doubles aussi peu agréables à prononcer : **-pv, -tv**, etc.
3. « Si quelques consonnes *doubles initiales*... semblent trop dures à
émettre, on peut, sans inconvénient, les faire précéder d'un **e** ». (Lib. 4,
p. 9). L'auteur oublie que par là même les mots seront « margueritées ».

mande-t-il prudemment de faire des phrases courtes. Mais en imposant à sa langue toutes ces entraves, il l'exclut de l'usage scientifique et la confine dans les usages les plus modestes et les plus vulgaires.

En résumé, l'auteur de la *Langue bleue* a voulu créer une langue, non pas philosophique ni scientifique, mais pratique ; en fait, il a créé une langue aussi arbitraire et aussi difficile qu'une langue philosophique, et aussi peu pratique que possible. Il n'a pas voulu faire appel à l'intelligence des adeptes, mais seulement à leur mémoire ; mais il leur demande un tel travail de mémoire que personne ne pourrait jamais apprendre son vocabulaire. En subordonnant le vocabulaire à la grammaire, et en soumettant celle-ci à une foule de règles arbitraires et restrictives, il s'est privé comme à plaisir de tous les éléments qui peuvent rendre une L. I. facile à acquérir et agréable à parler ; il s'est condamné à exclure ou à défigurer les radicaux internationaux. Il a tout sacrifié à la concision, sous prétexte d'obéir à la *loi du moindre effort* ; il a ainsi obtenu des séries de monosyllabes rébarbatifs et indiscernables bien plus difficiles à retenir et à prononcer que les mots internationaux, et qui imposeraient à la fois à la mémoire et à l'intelligence de ses adeptes des efforts surhumains. Tous ces vices constitutionnels et rédhibitoires du *Bolak* viennent d'une seule cause : une méthode trop *a priori*.

CRITIQUE GENERALE

Il semble, au premier abord, que les langues que nous avons réunies dans la classe des systèmes mixtes n'aient entre elles rien de commun, si ce n'est ce double caractère négatif, de n'être ni des langues *a priori*, ni des langues *a posteriori*. Mais, à un examen plus attentif, on constate qu'elles ont toutes une analogie réelle, et forment une famille naturelle. Elles ont à la fois certains caractères des langues *a priori* et certains des langues *a posteriori*, et par là elles méritent l'épithète de *mixtes*. Comme les systèmes *a priori*, elles emploient la méthode *combinatoire* pour former les mots dérivés ou composés; mais elles ne fondent pas comme elles leur vocabulaire sur une classification logique de toutes les idées. Comme les langues *a posteriori*, elles empruntent leurs racines aux langues naturelles; mais elles les dénaturent pour les soumettre à certaines règles systématiques, et ne se soucient nullement de leur degré d'internationalité. Dans la grammaire aussi règne la *Combinatoire* : les flexions sont en général constituées par la gamme des voyelles, dont le retour monotone et incessant engendre l'uniformité et la confusion. En conséquence, ces langues n'ont ni l'avantage théorique (problématique) des langues philosophiques, qui sont (ou prétendent être) un calque fidèle de la pensée et l'expression des relations logiques des idées; ni l'avantage pratique (réel et immense) des langues *a posteriori*, dont les mots sont déjà connus, au moins en partie, de tout Européen un peu instruit, et qui, par suite, n'offrent pas la difficulté d'une langue toute nouvelle. En effet, ces systèmes ne visent en aucune façon à l'*internationalité*; plusieurs d'entre eux visent à la *neutralité* absolue, mais, pour ne favoriser aucun peuple, ils se montrent également difficiles et rébarbatifs pour tous. Aussi sont-ils plutôt *extra-nationaux* qu'*internationaux*, et certains d'entre eux s'en vantent. Nous aurons à discuter plus loin les objections qu'ils font aux systèmes vraiment *internationaux*. Bornons-nous ici à remarquer qu'ils parlent des « mots internationaux » comme le renard de la fable parle des raisins : « ils sont trop verts », c'est-à-dire qu'ils ne peuvent pas entrer dans les « moules » rigides et uniformes qu'ils construisent *a priori* et dans lesquels ils prétendent « couler » tous les mots. Cela vient de ce que la plupart de ces projets subordonnent le vocabulaire à la grammaire; comme ils composent celle-ci de décrets arbitraires, ils se lient les mains d'avance, et soumettent leur vocabulaire à une foule de conditions gênantes et de restrictions gratuites : et ils s'en prennent aux mots internationaux de ce qu'ils refusent d'entrer dans les cadres imposés par leurs caprices tyranniques [1].

Le mot qui caractérise le mieux ces systèmes bâtards et inconséquents, et qui résume tous leurs défauts, est celui qui revient sans cesse dans toutes nos critiques : c'est l'*arbitraire* : arbitraire dans le choix des racines, arbitraire dans la formation des mots, arbitraire dans les règles grammaticales, arbitraire dans le choix des flexions et des affixes de dérivation. Leurs auteurs se sont imaginés qu'ils pouvaient et devaient forger une langue de toutes pièces, sans consulter autre chose que leur goût ou leur fantaisie, et sans s'astreindre à d'autres règles que celle d'une symétrie superficielle et puérile. Ils se sont flattés que le monde européen s'empresserait d'adopter une langue dont le vocabulaire et la grammaire lui seraient également *étrangers*. Mais, comme chacun de ces projets était le produit d'une création individuelle et arbitraire, leur multiplicité même et leur diversité ont rebuté le public. Et, en effet, ils ne présentent à aucun degré la convergence et le progrès que nous aurons à constater parmi les langues *a posteriori*.

Enfin, il y aurait bien des réserves à faire sur les prétentions « scientifiques » de la plupart de ces systèmes. Ils se vantent d'être des langues très savantes et très modernes, conformes aux données de la philologie, à l'évolution des langues, etc. Ils se flattent aussi d'une richesse et d'une variété inépuisables, parce qu'ils peuvent former une infinité de mots par la juxtaposition

1. Qu'on puisse, notamment, établir une distinction formelle entre les parties du discours autrement qu'en leur imposant des conditions de longueur ou de forme qui défigurent les racines, c'est ce que prouve l'exemple de l'*Esperanto*.

de racines monosyllabiques. On peut réduire ces prétentions et ces avantages à leur juste valeur, mieux que par de longues et savantes dissertations, en comparant simplement ces projets à certaines langues barbares. Par exemple, il paraît que les Iroquois, qui ne connaissaient pas le vin avant la venue des Européens, le nommèrent d'un mot qui signifie : *boisson faite avec le jus du raisin*, et qui contient 27 lettres et 11 syllabes [1]. C'est le prototype des mots composés *autonomes* du *Volapük*. Un exemple plus frappant est fourni par le *pidgin-english*. On sait (et il convient de rappeler ici ces faits) qu'il s'est formé spontanément des langues auxiliaires, artificielles et composites, dans certains pays (surtout maritimes) où plusieurs langues se trouvent en concurrence ; la nécessité de s'entendre, entre gens de langues maternelles différentes, a donné naissance à ces jargons mélangés d'éléments empruntés à divers idiomes : le plus connu est le *sabir* ou la *lingua franca*, parlée depuis plusieurs siècles dans les ports de la Méditerranée orientale. Mais ce n'est pas le seul ; on cite encore le *pidgin-english*, qui est parlé dans les ports des mers de Chine ; le *chinook*, qui est employé sur la côte américaine du Pacifique ; le *benguela*, qui sert au Congo d'intermédiaire entre une foule de tribus de langues différentes, etc. [2] Le *pidgin-english* est une langue qui emprunte la plupart de ses éléments à l'anglais, mais qui les combine, semble-t-il, suivant le procédé des langues monosyllabiques comme le chinois. C'est ainsi que les bateaux à vapeur, suivant qu'ils sont à roues ou à hélice, sont appelés respectivement : « avance par l'extérieur on peut voir » (*outside-walkee-can-see*) et « avance par l'intérieur on ne peut pas voir » (*inside-walkee-no-can-see*) [3]. Ce procédé de composition est tout à fait semblable (à la naïveté près) à celui qu'emploient le *Volapük* et ses congénères ; et l'on voit que, loin d'être le privi-

---

1. Joseph DE MAIMIEUX, *Pasigraphie*, p. 41, note 1 (1797).
2. Peut-être faudrait-il y joindre le *taal*, déformation du hollandais, qui est parlé dans l'Afrique du Sud, même par les Anglais, quand ils veulent se faire comprendre des indigènes.
3. Article du *Daily Telegraph* du 6 novembre 1900. Naturellement, le rédacteur anglais tire de là cette conclusion, que c'est l'anglais qui est la langue prépondérante en Extrême-Orient. Il nous semble que l'existence du *pidgin-english* (comme celle du *taal*) est plutôt une preuve de la non-universalité de la langue anglaise, attendu que ce jargon n'est même pas de l'anglais corrompu, et n'a que les éléments de commun avec la langue de Shakespeare (et encore pas tous : il contient aussi de nombreux éléments portugais et chinois, d'après le même article).

lège des langues les plus savantes et les plus civilisées, il est
caractéristique d'un état d'esprit plutôt barbare ou enfantin. En
tout cas, il est tout ce qu'il y a de moins pratique, car il produit
des expressions extrêmement longues et compliquées, surtout
par opposition aux vocables concis et presque monosyllabiques
des langues européennes, et notamment de l'anglais. Cette simple
comparaison suffit à montrer que les langues artificielles qui
prétendent construire tous leurs mots par composition autonome
ne sont pas progressives, mais réellement rétrogrades. Elle
condamne le système de formation des mots du *Volapük* et des
projets analogues [1].

1. Il faut remarquer que, sur ce point, la *Langue bleue* se sépare des autres
projets, et même s'y oppose.

SECTION III

SYSTÈMES « A POSTERIORI »

CHAPITRE I

FAIGUET : *LANGUE NOUVELLE* [1]

La première idée d'une langue *a posteriori* se trouve dans la fameuse *Encyclopédie* du XVIIIe siècle. Ce projet n'est guère qu'une esquisse de grammaire régulière et simplifiée. L'auteur dit lui-même : « Mon dessein n'est pas au reste de former un langage universel à l'usage de plusieurs nations. Cette entreprise ne peut convenir qu'aux académies savantes que nous avons en Europe, supposé encore qu'elles travaillassent de concert et sous les auspices des puissances. »

Il n'y a pas d'*article*, ni aucune distinction de genre. Les *adjectifs* seront invariables : ce sont des « espèces d'adverbes ».

Les *substantifs* formeront leur pluriel en -s. Leurs cas sont remplacés par des prépositions. Les substantifs dérivés des verbes se forment au moyen du suffixe -ou (**donou** = *donation*); les *augmentatifs* au moyen de -lé, les *diminutifs* au moyen de -li.

Les *pronoms personnel* sont : **jo, to, lo; no, vo, zo.**

Les *verbes* sont invariables en personne et en nombre. Leurs temps et modes sont caractérisés par les terminaisons suivantes :

---

1. *Encyclopédie* de Diderot et d'Alembert, t. IX, article : *Langue nouvelle*, par M. Faiguet, trésorier de France (1765).

Infinitif présent :   **-as.**
—   passé :   **-is.**
—   futur :   **-os.**
Participe présent :   **-ont.**
Indicatif présent :   **-a.**
—   imparfait :   **-é.**
—   parfait :   **-i.**
—   plus-que-parfait :   **-o.**
—   futur :   **-u.**

Le *subjonctif* se forme en ajoutant **-r** à l'indicatif. L'imparfait et le plus-que-parfait du subjonctif servent de conditionnels présent et passé.

L'*impératif* emprunte sa 2ᵉ personne singulier à l'indicatif présent (sans pronom) ; les autres personnes au subjonctif présent (avec pronom).

Le *passif* se forme au moyen du verbe *être* (**sas**), suivi de l'indicatif présent.

L'*interrogation* s'indique en plaçant le sujet après le verbe.

La *numération* est presque entièrement *a priori*. Les 10 premiers nombres sont : **ba, co, de, ga, ji, lu, ma, ni, pa, vu**; puis : **vuba, vuco**,....; **covu** = 20; **sinta** = 100; **mila** = 1000.

Nous n'avons cité ce projet ancien que parce qu'il contient quelques indications intéressantes sur ce que peut et doit être une grammaire réduite au maximum de simplicité, et que certains détails se retrouvent chez des auteurs modernes qui ne connaissaient probablement pas ce précurseur [1].

1. Les terminaisons verbales **-as, -is, -os, -ont** se retrouvent en *Esperanto*.

CHAPITRE II

J. SCHIPFER : *COMMUNICATIONSSPRACHE* [1]

Le premier projet complet de langue *a posteriori* est, à notre connaissance, celui de SCHIPFER. L'auteur lui a donné pour base le vocabulaire français, « parce que la langue française est la plus connue, la plus répandue de tous côtés, et la plus usitée aussi bien comme langue de cour que comme langue de conversation dans la vie de la haute bourgeoisie », au point qu'il la regarde comme étant « déjà dans une certaine mesure une langue universelle ». Mais alors, s'objecte-t-il, pourquoi « estropier les mots de la belle langue française » ? Pour la rendre plus facile à apprendre, et plus régulière dans sa grammaire, dans son orthographe et dans sa prononciation. Pour apprendre sa langue artificielle, il n'est nullement nécessaire de savoir le français ; tout au plus est-il utile d'en connaître les éléments. L'auteur proteste énergiquement contre l'intention de remplacer les langues existantes par sa « langue universelle » : cette idée serait d'un fou. Il veut seulement fournir aux différents peuples un moyen de communication, qui sera particulièrement utile maintenant que « la nouvelle manière de voyager » (chemins de fer et bateaux à vapeur) amène à parcourir en peu de temps des pays de langues différentes. Cette langue facilitera en outre l'échange des idées et la diffusion des sciences, et mettra l'esprit humain tout entier à la portée d'un chacun ; enfin elle supprimera les barrières que la diversité des langues élève entre les peuples, et fera d'eux, en quelque mesure, une seule nation.

1. *Versuch einer Grammatik für eine allgemeine Communications-oder Weltsprache.* XIX + 165 p. 12°. (Wiesbaden, 1839). L'auteur, maître d'école à Niederwalluf (sur le Rhin), a conçu ce projet ayant près de 80 ans. Il annonce la publication d'un Dictionnaire et d'une Chrestomathie.

L'auteur présente d'ailleurs son projet sous les formes les plus modestes; ce n'est qu'un « embryon », mais toutes les inventions ont commencé par un état rudimentaire, y compris celle de Gutenberg. Aussi invite-t-il les savants de tous les pays à adopter son projet, à le développer et à le perfectionner.

Tous les mots de la langue sont empruntés au français, excepté les *pronoms* et les *noms de nombre*.

L'auteur commence par énoncer de nombreuses et minutieuses règles pour écrire *phonétiquement* les mots français. Voici quelques échantillons de son orthographe : **fasilman**, *facilement*; **rēna**, *reine*: **geanra**, *genre*; **penja**, *peigne*; **galita**, *qualité*; **roa**, *roi*; **bataiļja**, *bataille*: **ua**, *août*; **bōtea**, *beauté*; **masona**, *maçon*; **sesi**, *ceci*; **filosofia**; **cretiena**. Il adopte l'alphabet français, non compris *k*, et y compris *w* (u se prononce *ou*). Il y ajoute les voyelles infléchies **ā**, **ō**, **ü** de l'allemand : **pāa**, *paix*; **cūriō**, *curieux*.

Il n'y a pas d'*article*, défini, ni indéfini. *Un* ne se traduit que quand il signifie le nombre *un*.

Les *substantifs* se terminent *tous* par -a au nominatif-vocatif. On les décline en remplaçant cet -a par -e (génitif), -i (datif), -o (accusatif), et -u (ablatif) [1]. Le *pluriel* se forme en ajoutant un -s à la désinence de chaque cas.

Les *adjectifs* (transcrits du français suivant les règles générales) sont invariables en genre, en nombre et en cas. Les degrés de comparaison se forment, pour ceux terminés par une consonne, au moyen des suffixes -ior (comparatif) et -iost (superlatif); pour ceux terminés par une voyelle, au moyen des mots **mor** (*plus*) et **most** (*le plus*) placés devant. Ce dernier système prévaut toutes les fois que le premier viole l'euphonie [2].

Les *noms de nombre* se terminent tous par -a, comme les substantifs, et sont invariables : **Una, dua, tria, quatra, quina, sesta, setta, otta, nona, dia; undia, duadia, tredia, quaterdia....; venti; venti una,... tranti; tranti una,...; quaranti, quinti, sesti, setti, octi, nonti, senti; duasenti,.... nonasenti; mille; diamille,...**

Les *nombres ordinaux* dérivent des précédents au moyen du suffixe -nia. Ils se déclinent comme les substantifs.

Les *adverbes ordinaux* se forment en ajoutant aux noms de

---

1. C'est presque la déclinaison du *Volapük*.
2. Certaines lettres du radical reparaissent au comparatif et au superlatif. Ex. : **gran**, *grand*; **grandior, grandiost**.

nombre le suffixe -**ly** (caractéristique des adverbes) : **unaly**, *premièrement*; **dualy**, *deuxièmement*, etc.

Les *adjectifs multiplicatifs* sont : **sempel**, **dubel**, **tripel**, **quatrupel**, etc. Ils dérivent des noms de nombre en changeant -**a** en-**upel**.

Les *nombres de fois* s'expriment en ajoutant aux noms de nombre le suffixe -**foa** : **unafoa**, **duafoa**, etc.

Les *nombres collectifs* se forment en ajoutant aux noms de nombre le suffixe -**na** : **diana**, *une dizaine*; **duadiana**, *une douzaine*, etc.

Les *pronoms personnels* sont formés *a priori* des trois voyelles **a, e, i,** correspondant aux trois personnes (au nominatif); ils se déclinent comme les substantifs (**ae, ai, ao, au,** etc.) [1], et forment leur pluriel comme eux : **as,** *nous*; **es,** *vous*; **is,** *ils*. Le pronom de la 3° personne a un féminin : **ia,** *elle*; **ias,** *elles*, qui se décline de même : **ia, iae, iai,...; ias, iaes, iais,...** Il a aussi un neutre : **il,** dont les autres cas sont ceux du pronom réfléchi **se : see, sei, seo, seu; sees, seis, seos, seus.** Ils servent également à décliner **on** (comme en français).

Les *adjectifs possessifs* sont : **ma, ta, sa; no, vo, lora.** Ils sont invariables, mais peuvent prendre un -**s** euphonique.

Les *pronoms possessifs* en dérivent par l'adjonction de -**ia : maia** ou **masia,...** (*le mien*). Ils se déclinent comme les substantifs, y compris le pluriel.

Les *adjectifs démonstratifs* sont : **tis,** *ce... ci*; **tos,** *ce... là* [2]. Ils sont invariables.

Les *pronoms démonstratifs* en dérivent par l'adjonction de -**ia : tisia,** *celui-ci*; **tosia,** *celui-là*. Ils se déclinent comme les substantifs.

L'*adjectif interrogatif* est **wa** ou **was,** invariable; le *pronom interrogatif* est **waia** ou **wasia,** qui se décline comme un substantif.

Le *pronom relatif* est **wia,** invariable en genre, mais déclinable comme un substantif.

Enfin les *pronoms indéfinis* seuls sont empruntés au français, par exemple : **quelq, chac, quelcuna, chacuna, ocun, nul, plüsiör, tu, tel, tis mem** (*le même*), etc.

Les *verbes* se terminent tous à l'infinitif par -**er : parler, finer, recever, render.** Ils n'ont qu'une seule conjugaison, qui s'effectue

---

1. Toutefois, comme régime direct des verbes réfléchis, on emploie **me, te, se** (au singulier seulement).

2. Empruntés à l'anglais : *This* et *Those* (pl. de *That*).

entièrement au moyen des 5 voyelles. Les *personnes* sont indiquées par les syllabes terminales a, e, i (sing.), as, es, is (plur.) [1].

L'*indicatif présent* se forme en substituant ces 6 désinences à la terminaison -er de l'infinitif;

L'*imparfait* se forme en intercalant un e;

Le *parfait*   —   i;

Le *plus-que-parfait*   —   o;

Le *futur*   —   u,

entre le radical et les désinences personnelles.

Les temps du *subjonctif* se forment en intercalant un i avant la désinence personnelle dans les temps correspondants de l'indicatif.

L'*infinitif passé* se forme en changeant -er en -i dans l'infinitif présent.

Les *participes présent, passé, futur* (actif) se forment en changeant la terminaison -er de l'infinitif respectivement en -ang, -ing, -ung. Ex. : **āmang**, *qui aime*; **āming**, *qui a aimé*; **āmung**, *qui aimera* [2].

L'*infinitif présent passif* se forme en ajoutant un -i à l'infinitif actif : **āmeri**, *être aimé*.

Les temps de l'indicatif passif se forment en ajoutant à l'infinitif actif les désinences -a (présent), -ea (imparfait), -ia (parfait), -oa (plus-que-parfait), -ua (futur).

Les temps du subjonctif passif dérivent de ceux de l'indicatif suivant la même règle qu'à l'actif.

Les *participes présent, passé, futur* (passif) se forment en ajoutant à l'infinitif actif respectivement les terminaisons -ang, -ing, -ung. Ex. : **āmerang**, *qui est aimé*; **āmering**, *qui a été aimé*; **āmerung**, *qui sera aimé* (ou *qui doit être aimé*).

Les participes sont invariables, comme les adjectifs.

La *négation* s'exprime par **non**, mis avant le verbe; l'*interrogation* s'exprime par **an** en tête de la phrase, ou par **ne** enclitique après le premier mot de la phrase [3].

Les *adverbes primitifs* (et locutions adverbiales) sont empruntés littéralement au français.

Les *adverbes dérivés* se forment en ajoutant le suffixe -**ly** (E.) à l'adjectif : **höröly**, *heureusement*.

---

1. Par suite, le pronom sujet n'est jamais énoncé (comme en latin).
2. Cela ressemble beaucoup aux participes de l'*Esperanto*.
3. Comme en latin. De même, l'interrogation négative s'exprime par annou ou nonne.

Leur comparatif et leur superlatif se forment en ajoutant -ly au comparatif et au superlatif de l'adjectif : **profundiorly**, **profundiostly**; **mor agreabely**, **most agreabely**.

Les *prépositions* et *conjonctions* sont empruntées littéralement au français.

Pour la *Syntaxe*, l'auteur laisse toute liberté aux diverses nations de suivre leurs règles et leurs usages. Toutefois, il propose quelques règles, dont voici les principales.

Le nom du lieu où l'on va se mettra à l'accusatif, celui du lieu où l'on est ou d'où l'on vient, à l'ablatif. Ex. : **veni Pragu e alli Vienno**, *il vient de Prague et va à Vienne*.

L'auteur montre par des exemples la commodité des participes passé, présent et futur de l'actif et du passif, qui peuvent remplacer les propositions relatives et qui jouent le rôle de l'ablatif absolu du latin.

Il propose divers suffixes pour la formation des mots dérivés. Ainsi le suffixe **-ia** sert à former le féminin des substantifs : **amia**, *ami*; **amiaia**, *amie*.

Le suffixe **-er** sert à former les verbes dérivés de substantifs et d'adjectifs. Mais l'auteur ne donne aucune règle pour le sens de ces verbes; ainsi : **viner** = *boire du vin*; **egliser** = *aller à l'église*; **måsoner** = *rester à la maison*; **jardiner** = *travailler au jardin* (F. *jardiner*). De même, **grander** = *grandir* (devenir grand); mais **åser** = *rendre aisé*.

L'auteur imagine encore pour les verbes un suffixe augmentatif **-oner** (**vineroner** = *boire beaucoup de vin*), un suffixe diminutif **-iner**, et un suffixe péjoratif **-riser**. De plus, il applique aux verbes les degrés de comparaison : **morviner**, *boire plus de vin*; **mostviner**, *boire le plus possible de vin*; **menviner**, *boire moins de vin* Enfin il admet le préfixe négatif ou privatif **a-** pour tous les verbes : **aviner**, *ne pas boire de vin* [1].

D'ailleurs, l'auteur se défend de vouloir prescrire des *règles* définitives, et de se poser en « dictateur ». Il fait appel à la collaboration des philologues et grammairiens.

Son ouvrage se termine par divers textes (contes, lettres) écrits dans la « langue de communication », et traduits en allemand et en français. Nous en extrayons le *Pater* :

No Pera, wia ete Cielu, ia Noma sanctiferii; ta Royoma Ais

---

1. Cf. la *Marguéritation* de M. BOLLACK.

arrivii; ta volonta-färerii com Cielu änsi Terru. Donne Ais noa Päno quotidien; pardonne Ais noa offansos, com pardonnas Aos offanding; non permette que succombias tantationi; mä delivre Aos malu.

L'auteur constate que le *Pater* contient 237 lettres dans sa langue, tandis qu'il en contient 271 en anglais, 288 en latin, 331 en allemand, 333 en italien et 334 en français; ce qui prouve la concision de sa langue.

D'autre part, il donne diverses traductions des premières phrases du *Télémaque*, pour montrer la flexibilité de sa langue et la variété des inversions qu'elle permet.

Nous ne nous attarderons pas à critiquer ce projet curieux. Son principal défaut est de prendre pour base une seule langue nationale, et de lui emprunter tous ses mots : il les dénature assez pour rendre sa langue déplaisante aux Français, pas assez pour la rendre régulière et simple. On remarquera que SCHIPFER emploie comme flexions grammaticales et même comme pronoms la série des voyelles   c'est un procédé qui rappelle les langues *a priori* et mixtes, et qui, pour les pronoms surtout, produit une disparate choquante dans une langue *a posteriori*.

CHAPITRE III

L. DE RUDELLE : *PANTOS-DIMOU-GLOSSA*[1]

L'auteur, qui fut professeur de langues vivantes dans plusieurs lycées de France et à l'École polytechnique de Londres, ne propose nullement une langue universelle, c'est-à-dire unique pour tous les peuples, qu'il considère comme « le rêve du plus insensé des utopistes », mais simplement une langue cosmopolite, commerciale, « destinée à faciliter les relations internationales ». Il l'a imaginée en combinant les dix langues qu'il connaissait de manière à en former un idiome simple, logique et absolument régulier. Il a pris spécialement pour base de son vocabulaire le grec, le latin et les langues néo-latines; mais dans sa grammaire il s'est aussi inspiré de l'anglais, de l'allemand et du russe. Il se promettait, si la grammaire trouvait bon accueil, de publier un Dictionnaire, qui n'a jamais paru.

GRAMMAIRE.

L'*alphabet* comprend 23 lettres simples, 6 voyelles : a, e, i, o, y (ou), œ (eu); et 17 consonnes : b, c (s), d, f, g (dur), h, j, k, l, m, n, p, r, s, t, v, z; plus 5 lettres complexes : sh (ch), ch (tch), gh (g dur devant e, i); lh (ll mouillées); ñ (S., comme gn F.).

---

1. *Grammaire primitive d'une langue commune à tous les peuples (Pantos-dimou-glossa) destinée à faciliter les relations internationales dans les cinq parties du monde*, par LUCIEN DE RUDELLE, 68 p. in-8° (Bordeaux, chez l'auteur, rue des Trois-Conils, 43; Paris, Delalain, 1858). L'auteur, étant professeur de langues vivantes au collège Louis-le-Grand, à Paris, avait inventé en 1830 un système d'*ortho-phonographie* pour représenter la prononciation si difficile de l'anglais, et publié divers ouvrages scolaires : *Instructeur théorique et pratique de la prononciation anglaise* (1831, 1856), *Grammaire démonstrative de la langue anglaise* (1854).

L'auteur a exclu l'*u* français. La lettre **h** n'a pas de son propre, et ne sert qu'à composer les lettres complexes. Toutes les autres lettres ont partout et toujours le même son : le **c** n'est employé que devant **e** et **i**: le **g** doux est remplacé par **j** devant **e** et **i**.

L'*accent* porte sur la dernière syllabe du mot, s'il finit par une consonne: sur l'avant-dernière, s'il finit par une voyelle. On ne le marque que dans les verbes.

Certaines parties du discours se distinguent par leurs finales : les adverbes se terminent en **o**, les prépositions en **i**, les conjonctions en **y**, les interjections en **œ**. Les adjectifs sont caractérisés par la finale **z**.

Les *trois genres* se distinguent par trois voyelles caractéristiques : **e** (masc.), **a** (fém.), **o** (neutre).

Le *pluriel* est marqué par la finale **i**, et l'*accusatif* est caractérisé par la lettre **m**.

Les autres *cas* de la *déclinaison* sont indiqués par des prépositions : **di** (génitif), **zi** (datif), **fi** (ablatif).

Il y a trois *articles* : définitif, indéfinitif, partitif. Voici la déclinaison de l'*article définitif* :

		Masc.	Fém.	Neutre.
Sing.	Nom.	el	al	ol
	Acc.	lem	lam	lom
	Gén.	del	dal	dol
	Dat.	zel	zal	zol
	Abl.	fel	fal	fol
Plur.	Nom.	eli	ali	oli
	Acc.	lemi	lami	lomi
	Gén.	deli	dali	doli
	Dat.	zeli	zali	zoli
	Abl.	feli	fali	foli

L'*article indéfinitif* est (au nom. sing.) : **en, an, on**. Il se décline comme le précédent (remplacer partout l par n).

L'*article partitif* n'a que les formes suivantes : Gén. sing. neutre : **dol**, *du, de la, un peu de*; Gén. plur. : **deli** (m.), **dali** (f.), **doli** (n.), *des, quelques*.

Les *substantifs* se terminent tous par une des voyelles génériques **e, a, o**. Leur genre est toujours naturel. Pour les noms d'animaux, le neutre indique l'espèce en général : **el eko**, *le cheval*; **al eka**, *la jument*; **ol eko**, *le cheval, la race chevaline* (L. *equus*).

Le *pluriel* des substantifs se forme en ajoutant -ci au singulier :
eli ekeci, *les chevaux.*

Les substantifs ne se déclinent pas. Leur cas est indiqué par
l'article, par le pronom ou par la préposition qui les accompagne.

Ils sont susceptibles de *degrés* marqués par les suffixes suivants :

-mô, augmentatif mélioratif ;
-nô, augmentatif péjoratif ;
-tô, diminutif mélioratif ;
-dô, diminutif péjoratif.

Exemples :   oma-mô, *grande et belle femme ;*
ome-dô, *vilain petit homme ;*
oma-tô, *jolie petite femme.*

L'adjectif se termine toujours au singulier par un z, précédé
de la voyelle générique (e, a, o). Il prend un -i au pluriel. Il s'accorde en genre et en nombre avec le substantif.

Les degrés sont :

Le comparatif de supériorité, marqué par -pô (*plus*) ;
—   d'infériorité,   —   -mnô (*moins*) ;
—   d'égalité,   —   -tô (*autant*) ;
—   d'inégalité,   —   -nô-tô ;
Le superlatif de supériorité,   —   -gô ;
—   d'infériorité,   —   -mnô ;
—   absolu,   —   gô-.

Le *que* qui suit un comparatif se traduit par ky. Ex. : pry-
dentez-pô ky = *plus prudent que*; rikez-mnô ky = *moins riche que*;
altez-tô ky = *aussi haut que*; grandez-nô-tô ky = *pas si grand que*;
el rikez-gô = *le plus riche*; gô-belez = *très beau.*

Les *noms de nombres* cardinaux sont invariables et terminés
en o : ono, 1; dyo, 2; tro, 3; tetro, 4; pento, 5; ekso, 6; epto, 7;
okto, 8; nono, 9; deko, 10; ondeko, 11; dodeko, 12; trodeko, 13;...
venteko, 20; ventekono, 21; ventekdyo, 22;... trenteko, 30; tetrenko,
40; penteko, 50;... ekato, 100; dyekato, 200; trekato, 300;... kilo,
1.000; myro, 10.000; ekatokilo, 100.000; ekato-myro, *1 million.*

Les *nombres ordinaux* sont des adjectifs formés en remplaçant
l'o final des nombres cardinaux par les désinences -ez, -az, -oz
(suivant le genre) : onez (-az, -oz), *premier*; dyez, *deuxième*, etc.

Les *adverbes numéraux ordinaux* se forment en ajoutant -o aux nombres ordinaux neutres : **onozò**, *premièrement*: **dyozò**, *deuxiè-mement*, etc.

Les *nombres multiplicatifs* ont la désinence -**plez** (-**plaz**, -**ploz**) : **simplez, dyplez, triplez, kadryplez, kintyplez, sestyplez, oktyplez, nonyplez, dekyplez,… centyplez** [1]…

Les *nombres répétitifs* se forment en mettant un accent grave sur l'**o** final des nombres cardinaux : **onò**, *une fois*; **dyò**, *deux fois*, etc.

Les *nombres fractionnaires* sont les substantifs : **medio** ou **mezo**, *moitié*: **terzo**, *tiers*; **karto**, *quart*; **kinto, sesto, septimo, oktavo, nono, decimo, ondecimo,… centimo… milezimo…** On peut les remplacer par l'adjectif ordinal au neutre suivi de **parto** (*partie*) : **ol ekatoz parto**, *la centième partie*.

Enfin les *nombres distributifs* se forment au moyen de la préposition **zi** (*à*) : **dyo zi dyo** = *deux à deux*.

Les *pronoms personnels* n'ont que le masculin et le féminin aux 2 premières personnes. Ils ont deux cas : le *nominatif* et l'*accusatif*.

	Nominatif			Accusatif		
	m.	f.	n.	m.	f.	n.
1re pers. sing. (*je*) :	e	a	»	em	am	»
— plur. (*nous*):	eci	aci	»	emci	amci	»
2ª pers. sing. (*tu*) :	te	ta	»	tem	tam	»
— plur. (*vous*) :	teci	taci	»	temci	tamci	»
3e pers. sing. :	lhe	lha	lho	lhem	lham	lhom
— plur. :	lheci	lhaci	lhoci	lhemci	lhamci	lhomci.

Il y a en outre un *pronom réfléchi* et *indéfini* à la fois :

Sing. (*on*) :   **dzo; dzem, dzam, dzom.**
Plur. (*certains*) :   **dzoci; dzemci, dzamci, dzomci.**

Les cas indirects de ces pronoms se forment au moyen de l'accusatif et des prépositions.

Pour donner aux *pronoms personnels* un sens *emphatique*, on leur ajoute (au radical) -**dze**, -**dza**, -**dzo** (suivant le genre) : **edze**, *moi-même*; **lhadza**, *elle-même*.

Les *adjectifs-pronoms possessifs* sont les mêmes pour les personnes du pluriel que pour celles du singulier. Ils varient comme des adjectifs :

1. On remarquera qu'ils ne dérivent pas régulièrement des nombres cardinaux.

	Singulier			Pluriel		
	m.	f.	n.	m.	f.	n.
1er pers. :	emez,	emaz,	emoz.	emezi,	emazi,	emozi.
2e pers. :	tez,	taz,	toz.	tezi,	tazi,	tozi.
3e pers. :	lhez,	lhaz,	lhoz.	lhezi,	lhazi,	lhozi.

Au pronom réfléchi correspond le pronom possessif[1] :

    dzoz *(son)*   dzozi *(ses)*

Les *adjectifs-pronoms démonstratifs* sont :

   dez, daz, doz *(celui-ci)*;   dezi, dazi, dozi.

   stez, staz, stoz *(celui-là)*;   stezi, stazi, stozi.

   ktez, ktaz, ktoz *(celui* [qui]); ktezi, ktazi, ktozi.

Le *pronom relatif* est :

Nom. : ke,   ka,   ko;   keci,   kaci,   koci.

Acc. : kem, kam, kom;   kecimi, kacimi, kocimi.

Les *pronoms interrogatifs* sont au nombre de trois. Le premier sert uniquement de pronom *(qui)* :

Nom. : ke-ly, ka-ly, ko-ly;   keci-ly,   kaci-ly,   koci-ly.

Acc. : kem-ly, kam-ly, kom-ly; kecimi-ly, kacimi-ly, kocimi-ly.

Le second sert uniquement d'adjectif *(quel)* :

   kez, kaz, koz;   kezi,   kazi,   kozi.

Le troisième peut s'employer avec ou sans substantif :

   kedez, kadaz, kodoz; kedezi, kadazi, kodozi.

Le *pronom exclamatif (quel!)* est :

   ketez, kataz, kotoz; ketezi, katazi, kotozi.

Les principaux *pronoms indéfinis* sont : **alikez** *(quelque)*; **nylez** *(nul)*; **nenez** *(aucun, personne)*; **niloz** *(rien)*; **totez** *(tout)*; **omnez** *(tout, chaque)*; **talez** *(tel)*, etc.

Les *verbes* ont une conjugaison absolument uniforme. Ils sont invariables en nombre et en personne (étant précédés du pronom). Leur *infinitif* (qui se termine en -ar, -er ou -ir) constitue le radical verbal. A ce radical on ajoute les terminaisons suivantes :

-a   pour l'*indicatif présent;*

-e   —   —   *imparfait;*

-i   —   —   *passé défini;*

-o   —   —   *futur;*

-iy[2] —   le *conditionnel présent;*

-y   —   le *subjonctif présent;*

---

1. On peut remarquer qu'en français *son* est le pronom possessif correspondant au pronom indéfini *on.*

2. Auparavant l'*u* français.

-œ   pour le *subjonctif imparfait;*

-vê pour former les *temps secondaires passés;*

-sê   —   les temps et modes du *passif;*

-nô pour marquer la *négation;*

-ly   —   l'*interrogation;*

-sô   —   la *fréquence;*

-rô   —   la *répétition;*

-tô   —   la *restriction* (« *seulement* »);

-do pour former le *gérondif* (substantif verbal);

-dez, -daz, -doz — le *participe présent;*

-tez, -taz, -toz   —   *passé;*

-nez, -naz, noz   —   *futur.*

L'*impératif* se forme en suffixant à l'infinitif le pronom personnel. Exemple :

amar, *aimer.*	**amardo,** *en aimant.*
amara, *j'aime.*	**amara-ve,** *j'ai aimé.*
amare, *j'aimais.*	**amare-ve,** *j'avais aimé.*
amari, *j'aimai.*	**amari-ve,** *j'eus aimé.*
amaro, *j'aimerai.*	**amaro-ve,** *j'aurai aimé.*
amariy, *j'aimerais.*	**amariy-ve,** *j'aurais aimé.*
amary, *que j'aime.*	**amary-ve,** *que j'aie aimé.*
amarœ, *que j'aimasse.*	**amarœ-ve,** *que j'eusse aimé.*
amara-se, *je suis aimé.*	**amara-se-ve,** *j'ai été aimé.*
. . . .	. . . .

amara-nô, *je n'aime pas.*

amara-ly, *est-ce que j'aime?*

amara-nô-ly, *est-ce que je n'aime pas?*

amardez (-az, -oz), *aimant;* **amartez,** *aimé* [1]; **amarnez,** *qui aimera;*
amarnez-vê, *qui a dú aimer;* **amarnez-sê,** *qui sera aimé;*
amarnez-sê-vê, *qui a dú être aimé.*

Les verbes *impersonnels* se conjuguent sans pronom : **plyera =**
il pleut.

Les verbes *réfléchis* se forment à toutes les personnes au moyen
de l'accusatif du pronom réfléchi : **-dzem, -dzam, -dzom; dzemci,
dzamci, dzomci.**

Les verbes *réciproques* se forment au moyen des suffixes : **en-
-nem, -an-nam, -on-nom,** *l'un l'autre* (suivant le genre); au plur. :
-oni-nemci, -ani-namci, -oni-nomci, *les uns les autres.*

---

1. Remarquer cette inconséquence.

Tous les *adverbes*, primitifs ou dérivés, finissent en -ò. Citons-en quelques-uns : ito, *oui*; no, *non*; ko, *où*; kyndo, *quand*; kanto, *combien*; komodò, *comment*; kyro, *pourquoi*; orò, *maintenant*; nynkò, *jamais*; solò, *seulement*; satizo, *assez*; nimio, *trop*; spo, *souvent*; jò, *dedans*; eksò, *dehors*; syprò, *dessus*; sybo, *dessous*.

Toutes les *prépositions* se terminent en -i. Voici les principales (outre di, zi et fi) : ji, *dans*; eksi, *hors de*; sypri, *sur*; sybi, *sous*; anti, *avant*; posti, *après*; ki, *avec*; sini, *sans*; pi, *par*; pri, *pour*; obi, *à cause de*; fri, *de la part de*; lokdi, *au lieu de*.

Toutes les *conjonctions* se terminent en -y. Voici les principales : y, *et*; vely, *ou*; ny, *ni*; sedy, *mais*; atky, *or*; ergy, *donc*; kipy, *car, parce que*; ejy, *si* (conditionnel); ejazy, *si* (dubitatif); ky, *que, pour que*; yty, *afin de*; nyky, *de peur que*; kiy, *pourquoi*.

La *syntaxe* est réduite au minimum. L'adjectif se place *après* le substantif, quand il exprime une qualité naturelle et permanente; *avant*, quand il exprime une qualité passagère ou contestable, ou quand il est pris au figuré (*un homme grand, un grand homme*).

Les prépositions régissent toutes l'accusatif.

Le subjonctif est réservé aux cas où la pensée implique le doute ou l'incertitude.

L'ordre des mots, dans la phrase, est entièrement facultatif, comme en latin, la grammaire permettant toutes les inversions.

Pour éviter les hiatus, on peut ajouter un d euphonique à la fin des mots finissant par une voyelle. Cette addition est obligatoire avec les monosyllabes, et avec les polysyllabes dont la finale est semblable à l'initiale du mot suivant.

VOCABULAIRE.

Le *vocabulaire* (autant qu'on en peut juger par le glossaire de 4 pages que contient la *Grammaire*) est emprunté au latin, au grec et aux langues romanes. Ex. : substantifs : ako = *eau*; doloro = *douleur*; eksito = *sortie*; kalitato = *qualité*; lakrimo = *larme*; maro = *mer*; naturo = *nature*; palpebro = *paupière*; rejo = *roi*; verano = *printemps*; adjectifs : bonez = *bon*; eternez = *éternel*; fioritez = *fleuri*; infortynatez = *malheureux*; pylchrez = *beau*; verbes : ser = *être*; aver = *avoir*; dicer = *dire*; facer = *faire*;

evanecer = *disparaître*; **irigar** = *arroser*; **mirar** = *regarder*; **oder** = *oser*; **poter** = *pouvoir*; **seghir** = *suivre*; **trovar** = *trouver*; **verter** = *tourner*; **vider** = *voir*.

Pour la *dérivation*, l'auteur donne de brèves indications. Pour dériver un substantif d'un verbe, on ajoute au radical (infinitif) le suffixe **-de**, **-da**, **-do** (suivant le genre). Ex. : **parlarde** = *parleur*.

Pour dériver un adjectif d'un substantif, on emploie les suffixes **-dez** (**-daz**, **-doz**) et **-pez** (**-paz**, **-poz**) suivant la relation à exprimer. Ex : **marmorodez** = *de marbre*; **vaporopez** = *à vapeur*.

Pour dériver un verbe d'un substantif, on emploie les suffixes **-facer** (*changer en*), **-fikar** (*faire*), **-zir** (*entrer*), **-star** (*être*), **-fyjir** (*sortir, s'éloigner*). Ex. : **nidifacer**, *faire son nid de...*; **nidifikar**, *construire un nid*; **nidizir**, *entrer au nid*; **nidistar**, *se tenir dans le nid*; **nidifyjir**, *sortir du nid*.

De tout adjectif neutre on peut former un adverbe en y ajoutant la désinence **-ò**.

Voici, comme échantillon de la *Pantos-dimou-glossa*, la traduction de la première phrase du *Télémaque* :

Potére-nò konsolar-dzam Kalipsoa dol eksito did Ylise.

CRITIQUE.

Il nous a paru intéressant d'exposer avec quelque détail ce projet ancien et peu connu, parce qu'il est vraiment remarquable, eu égard à sa date, et qu'il peut soutenir la comparaison avec bon nombre de projets postérieurs, où l'on retrouve souvent les mêmes idées et parfois les mêmes formes. Les principes théoriques en sont presque irréprochables, la grammaire est presque entièrement régulière (sauf dans la numération); mais elle est plus compliquée qu'il n'est nécessaire : par exemple, on pourrait supprimer sans inconvénient la distinction formelle des genres. C'est surtout dans l'application qu'elle pèche : en particulier, le choix des flexions grammaticales est trop arbitraire, ce qui donne à la langue un aspect un peu baroque. Mais la conjugaison, quoique synthétique, n'est pas plus artificielle que celle du *Volapük*, qui n'a guère fait que changer en préfixes les voyelles qui servent de suffixes temporels. (Le fait de n'employer dans la conjugaison que des suffixes, et pas de préfixes, est même un avantage au point de vue de la clarté.) En revanche, le **d** euphonique et la faculté d'inversion presque illimitée nuisent beaucoup à la clarté. En somme, ce projet, évidemment défectueux, est certainement moins imparfait, plus simple et plus pratique que la plupart de ceux qui lui ont succédé, et c'est là un mérite singulier pour son inventeur. Il a eu le premier certaines idées qui ont été appliquées avec plus de rigueur et de bonheur dans d'autres systèmes : telles sont l'idée de distinguer les parties du discours par leurs désinences; l'idée de remplacer tous les cas, sauf l'accusatif, par des prépositions; celle de supprimer dans les verbes toute distinction de personnes; enfin l'idée de former régulièrement des dérivés avec des suffixes de sens déterminé. Tout cela fait honneur à l'ingéniosité et au jugement de l'auteur, et mérite que son nom et son système soient sauvés de l'oubli.

CHAPITRE IV

Dans une courte Préface, l'auteur expose d'abord la nécessité croissante d'une langue auxiliaire pour les relations internationales (surtout commerciales), et l'impossibilité d'adopter pour cela une langue nationale. « Nous n'adoptons donc aucune des langues connues, ou plutôt nous les adoptons toutes : car nous choisissons dans chaque langue les mots les plus connus et ceux dont la prononciation donne le moins de difficulté » ; par suite, « le latin fournit la plus grande partie de ces mots ». Telle est la base du vocabulaire. Quant à la grammaire, elle n'offrira aucune des difficultés propres aux langues nationales : « elle aura peu de règles, une seule conjugaison très simple », l'alphabet « se composera de sons communs à toutes les langues ». L'auteur avoue même que sa langue serait encore plus simple et plus régulière (par exemple dans la dérivation) s'il n'avait pas voulu tenir compte des langues naturelles. Les langues qu'il vise sont les cinq langues dans lesquelles son vocabulaire est traduit, et dans lesquelles il se proposait de publier son ouvrage, à savoir : le français, l'allemand, l'anglais, l'italien et l'espagnol.

GRAMMAIRE.

L'*alphabet* (en lettres latines) comprend 6 voyelles : a, e, i, o, u (*ou*), ü (*u*) ; et 20 consonnes : b, c (*ts*), d, f, g (dur), h, j (*y*), k, l, m, n, p, q, r, s, t, v, x, z (*ts*), plus la lettre grecque σ (*ch*).
Toutes les lettres se prononcent séparément.

---

1. *Universal-Sprache*, von PIRRO. 124 + 260 p. in-8° (Paris, Retaux, 1868). Il existe des traductions de cet ouvrage en français et en anglais.

L'*article défini* est **el** (sing.), **li** (plur.) sans distinction de genres.
L'*article indéfini* est **un** (sing. seulement).

Le *substantif* est invariable ; le nombre est indiqué par l'article [1].
Les cas sont indiqués par des prépositions : **de, ad, ex.**

Le *féminin* (naturel) est indiqué par le suffixe -**in** : **rex** = *roi*,
rexin = *reine*: **kavalin** = *jument*.

L'*adjectif* est également invariable en nombre, en genre et en
cas. Ses *degrés* sont indiqués, soit par les suffixes -**er** et -**est**, soit
par les particules **mer** et **mest**. Ex. : **riker** ou **mer rik**, *plus
riche*: **el rikest** ou **el mest rik**, *le plus riche.*

Les *nombres cardinaux* sont :

un, du, tri, quat, quint, sex, sept, okt, nov, dec ; **undec,** 11 ; **dudec,**
12 ;... **duta,** 20 : **duta un,** 21 ;... **trita,** 30 ;... **cent,** 100 ;... **mil,** 1.000 ;
milion : **miliar,** *mille millions.*

Les *adjectifs ordinaux* se forment (sauf le premier) au moyen du
suffixe (des adjectifs) -**li** : **prim,** 1er ; **duli,** 2e ; **trili,** 3e.

Les *adverbes ordinaux* dérivent des précédents par l'addition
d'un -**t** (suffixe des adverbes) : **primlit,** 1o ; **dulit,** 2°.

Les nombres ordinaux servent aussi de *nombres fractionnaires* :
du trili = 2/3.

Les *nombres de fois* s'expriment avec le mot **volt** = *fois*. On
substantifie les noms de nombre au moyen du suffixe -**in** : **septin,**
semaine.

Les *pronoms personnels* ont chacun deux formes, l'une pour le
nominatif, l'autre pour l'accusatif et les autres cas. Ce sont :

	1re p. s.	2e p. s.	3e p. s.	1re p. pl.	2e p. pl.	3e p. pl.
Nom.	**I**	**tu**	**li**	**nos**	**vos**	**ili**
Acc., etc.	**me**	**te**	**eil**	**enos**	**evos**	**eïli**

Il n'y a pas de distinction de genre, même à la 3e personne.
Le *pronom réfléchi* est **se** (acc.).
Les *adjectifs possessifs* sont :

	1re p. s.	2e p. s.	3e p. s.	1re p. pl.	2e p. pl.	3e p. pl.
Sing.	**men**	**ten**	**sen**	**nor**	**vor**	**lor**
Plur.	**meni**	**teni**	**seni**	**nori**	**vori**	**lori**

On voit qu'ils varient en nombre, mais non en cas.

---

1. Le pluriel indéfini est marqué par l'absence d'article : **I habe un
kaval,** *j'ai un cheval* ; **I habe kaval,** *j'ai des chevaux.*

Les *pronoms possessifs* sont les adjectifs possessifs précédés de l'article défini (**el**, **li**).

Les *adjectifs-pronoms démonstratifs* sont invariables en genre :

Sing. **dit**, *celui-ci;*   **dat**, *celui-là.*
Plur. **diti**,   **dati**.

Le *pronom relatif-interrogatif* unique est : **ke** (sing.), **kei** (plur.) invariable en cas.

Les principaux *pronoms indéfinis* sont : **ōn**, *on*; **jed**, *chaque*; **un**, *quelque*; **nul**, *aucun*; **tot**, *tout*; **tal**, *tel*; **alter**, *autre*; **self**, *même*. Ils prennent un -**i** au pluriel (sauf les 2 premiers).

Les *verbes* ont tous la même conjugaison. Ils sont invariables en personne et en nombre. On ajoute au radical verbal -**en** pour former l'infinitif, -**ant** pour le participe présent, -**ed** pour le participe passé; -**e** pour l'indicatif présent, -**ed** pour le passé, -**rai** pour le futur, et -**rais** pour le conditionnel présent. Les temps secondaires se forment au moyen de l'auxiliaire **haben** (*avoir*) et du participe passé. L'*impératif* se réduit au radical verbal. Exemple : **lob** (idée de *louange*).

loben = *louer*, **lobant** = *louant*, **lobed** = *loué*.

Indicatif présent :   **lobe.**
—   passé :   **lobed.**
—   futur :   **lobrai.**
—   futur antérieur :   **habrai lobed.**
Conditionnel présent :   **lobrais.**
—   passé :   **habrais lobed.**
Impératif :   **lob.**

Le *passif* se forme au moyen de l'auxiliaire **esen** (*être*) et du participe passé :

Infinitif :   **esen lobed**
Indicatif présent :   **ese lobed**
—   passé :   **esed lobed**
—   futur :   **esrai lobed**
—   futur antérieur :   **esrai esed lobed**
Conditionnel présent :   **esrais lobed**
—   passé :   **esrais esed lobed**
Impératif :   **es lobed**

Les *verbes réfléchis* se forment à l'aide du pronom réfléchi **se** à la 3° personne, et des pronoms personnels à l'accusatif aux autres personnes : **se loben**, *se louer*; **I lobe me**, *je me loue*.

Les *adverbes dérivés* d'adjectifs se forment par l'addition d'un

-t : **totlit**, *totalement*; **gradlit**, *graduellement*; **nuovlit**, *récemment*; **naturlit**, *naturellement*; **unlit**, *seulement*.

Les *adverbes primitifs* n'ont pas de forme spéciale. Les principaux sont : **jes**, *oui*; **non**, *non*; **di**, *ici*; **da**, *là*; **nun**, *maintenant*; **mai**, *jamais*; **semper**, *toujours*; **oft**, *souvent*; **jam**, *déjà*; **bald**, *bientôt*; **tant**, *autant*; **quant**, *combien*; **molt**, *beaucoup, très*; **sat**, *assez*; **trop**, *trop*; **vo**, *où?*

Les *prépositions* sont empruntées la plupart au latin : **ad, de, ex, in, per, pre, post, pro, sub, inter**; **kon**, *avec*; **sin**, *sans*; **kontra**, *contre*; **tra**, *à travers*; **til**, *jusqu'à*; **um**, *autour*; **up**, *sur*; **uper**, *au-dessus de*.

Les *conjonctions* sont formées de même : **e**, *et*; **o**, *ou*; **ed**, *aussi*; **ma**, *mais*; **den** (D.), *car*; **ferner** (D.), *en outre*; **si**, *si*; **quan**, *quand*; **ke**, *que*; **perke**, *parce que*; **exke**, *depuis que*; **postke**, *après que*; **tilke**, *jusqu'à ce que*.

La *Syntaxe* est extrêmement simple : l'auteur ne donne pas de règles de construction, et se borne à recommander de suivre l'ordre naturel et d'éviter les inversions. Dans les exemples qu'il donne, le régime direct suit toujours le verbe : **El man de ke vos habe vided el sonin** = *L'homme de qui vous avez vu la fille* [1].

VOCABULAIRE.

L'ouvrage de PIRRO contient un *Lexique allemand-universel* de 87 pages (à 3 colonnes), et un « **Verb-bibel** » universel-français-allemand-anglais-italien-espagnol de 236 pages, contenant au moins 7000 mots; plus un *Lexique géographique*, où les noms géographiques sont adoptés avec l'orthographe nationale. Les radicaux semblent empruntés un peu au hasard aux langues vivantes et surtout au latin. Les radicaux germaniques sont assez rares; on remarque : **hand** = *main*; **hund** = *chien*; **haus** = *maison*; **held** = *héros*; **help** = *aide*, **airn** = *cerveau*; **varm** = *chaud*; **vald** = *forêt*; **vang** = *joue*; **vaser** = *eau*; **vork** = *ouvrage*; **vund** = *blessure*; **vil** = *volonté*; **vild** = *sauvage*; **vind** = *vent*. Les noms des saisons sont mi-germaniques, mi-latins : **printemp, somer, vintemp, vinter**. Les noms des mois sont germano-latins : **Januar, Februar**,

---

1. Construction française; tandis que l'allemand dit : *Der Mann dessen Tochter ihr gesehen habet*.

Mars, April, Mai, Juni, Juli, August, September, Oktober, November, **December**; ceux des jours de la semaine sont plutôt latins : **Lundai, Mardai, Erdai, Jovdai, Vendai, Samdai, Diodai.** A côté de **pater** (*père*), **mater** (*mère*), on a : **son** (*fils*) et **sonin** (*fille*); **man** (*homme*) et **manin** (*femme*) [1].

La *dérivation* s'effectue régulièrement par l'adjonction de suffixes aux radicaux. Outre le suffixe du féminin **-in**, et le suffixe verbal **-en**, il y a un suffixe **-iet** pour former les diminutifs; un suffixe **-nes** (D., E.) pour former les substantifs (abstraits) dérivés d'adjectifs; des suffixes **-er** pour désigner l'agent, **-stan** le lieu, et **-tol** l'instrument de l'action; plus des suffixes indéterminés empruntés au latin : **-al, -el, -ur, -tat, -ion** ou **-sion**. Pour former les adjectifs, on a les suffixes **-li** pour les qualités passives (*-ly* E., *-lich* D.); **-iv** ou **-ant** pour les qualités actives; **-fol** (E. *-ful*, D. *-voll*) ou **-rik** pour désigner la plénitude ou l'abondance; le préfixe **an-** (G.) pour désigner le manque ou l'absence; enfin les suffixes indéterminés **-al** et **-ik**. Exemples : **viv** = *vie*, **viven** = *vivre*, **vivli** = *vif*, **vivlines** = *vivacité*; **visen** = *savoir*, **visnes** = *science*, **visli** = *scientifique*; **maniet** = *garçon*, **manietin** = *fille*, **manli** = *viril*, **maninli** = *féminin*; **kost** = *prix*, **kosten** = *coûter*, **kostli** = *précieux*; **anfidli** = *infidèle*; **anfirm** = *infirme*, **anfirmnes** = *infirmité*, **anfirmstan** = *infirmerie*; **observatnes** = *observation*, **observatstan** = *observatoire*; **anfinited** = *infini*, **anfinitiv** = *infinitif*; **monak, monakal**; **lir, lirik**; **spiritfol** = *spirituel*, etc.

Les *mots composés* se forment en juxtaposant les radicaux : **lobkant** = *hymne*; **vapornav** = *bateau à vapeur*; **Unedstat** = *États-Unis*.

Voici un échantillon de l'*Universal-Sprache* : « **Men senior, I sende evos un gramatik e un verb-bibel de un nuov glot nomed universal glot. In futur I scriptrai evos semper in dit glot. I pregate evos responden ad me in dit self glot.** »

CRITIQUE.

Pirro a eu le mérite de formuler le premier avec netteté les principes d'une langue *a posteriori* vraiment internationale et neutre. Sa grammaire est régulière et simple, trop simple peut-

_____

1. L'auteur n'a pas évité les homonymes : **post** = *après* et *poste*.

être (par exemple quand il supprime le pluriel des substantifs pour le transférer aux articles ou pronoms concomitants). Les formes de la conjugaison sont heureusement choisies; on n'en peut pas dire autant des flexions qui les traduisent : comme elles sont empruntées trop servilement aux langues vivantes, leur hétérogénéité ressort d'une façon choquante (-en D., -ant F., -ed E.: -rai, -rais F.). De plus, elles offrent un autre inconvénient : c'est que les peuples auxquels elles sont empruntées seraient tentés irrésistiblement de les prononcer à la manière nationale (-ant nasal; -rai, -rais comme ré, rè; -en D. non accentué, etc.). L'emploi de l'auxiliaire *être* pour le verbe *être* lui-même est une inconséquence (et un germanisme).

Le vocabulaire pèche aussi par l'hétérogénéité, non pas que nous blâmions l'introduction de racines germaniques, mais parce qu'elles ne sont pas suffisamment fondues avec les racines latines. C'est surtout dans les dérivations que cette hétérogénéité apparaît, et donne lieu à des doublets : ainsi à côté de **observatnes**, on a **observatsion**; de **violnes**, **violatsion**; de **transformnes**, **transfolmatsion**; de **ratsionli**, **ratsional**, etc. En outre, les suffixes de dérivation n'ont pas un sens assez précis, et spécialisé : **-nes** exprime à la fois l'état ou la qualité, l'action, le résultat de l'action : **vedovnes** = *veuvage*, **vildnes** = *sauvagerie* et *désert*, **viatnes** = *voyage*, **kennes** = *connaissance*, **manifestnes** = *manifestation*, **hasnes** = *hachis*. Cela vient de ce que l'auteur fait correspondre ses suffixes aux suffixes des langues naturelles, et non à une idée bien déterminée [1]. Ainsi, dans **velnes** = *voiture*, **piknes** = *piqûre*, **sodnes** = *soudure*, le même suffixe *-ure* répond à des idées bien différentes.

Malgré ces imperfections, le projet de Pirro a plus de qualités et moins de défauts que la plupart des projets postérieurs, et, vu l'époque où il a paru, il fait grand honneur à son inventeur.

1. Nous avons déjà remarqué ce défaut dans le *Volapük*.

CHAPITRE V

VOLK ET FUCHS : *WELTSPRACHE* [1]

Les auteurs de cette langue sont très sobres d'explications sur leur système. Ils ont pris pour base le vocabulaire latin, « parce que non seulement il est connu de tous les gens cultivés, mais encore parce qu'il est le fondement des langues romanes ».

GRAMMAIRE

L'*alphabet* comprend 7 voyelles, 5 pures : a, e, i, o, u, et 2 infléchies : ä, ö [2]; et 14 consonnes : b, c, d, f, g, j, l, m, n, p, r, s, t, v. Les voyelles u, ä, ö, se prononcent comme en allemand; c se prononce toujours *k*; g est toujours dur; j se prononce *y* (comme en D.).

L'accentuation est soumise à des règles assez compliquées qui tendent à faire coïncider l'accent avec l'accent latin, malgré l'altération (abréviation) des radicaux et des désinences.

Il y a un *article défini* le (plur. les) et un *article indéfini* un (sing. seulement) qui sont invariables en genre et se déclinent comme suit :

	Sing.	Plur.	Art. ind.
Nom.	le	les	un
Gén.	lis	lum	unis
Dat.	li	lib	uni
Acc.	la	las	una

---

1. *Die Weltsprache, entworfen auf Grundlage des Lateinischen, zum Selbstunterricht, von* A. VOLK und R. FUCHS, 105 p. 8° (Berlin, Kühl, 1883). La préface est datée de janvier 1882.
2. Qui correspondent aux *ae, oe* du latin.

Les *substantifs* n'ont pas de genre non plus. La différence de genre est indiquée, soit par des mots différents : **pater, mater**; **frater, soror**; **leon** = *lion*, **leän** = *lionne*; soit par le suffixe féminin -in : **fil** = *fils*, **filin** = *fille*; **lup** = *loup*, **lupin** = *louve*.

Ils ont deux déclinaisons, une « organique » (synthétique) et une « mécanique » (analytique).

Les substantifs dont le radical se termine par une consonne (c'est la grande majorité) suivent la déclinaison synthétique, marquée par les désinences suivantes (— représente le radical) [1] :

	Singulier		Pluriel
Nom.	—		— **es**
Gén.	— **is**		— **um**
Dat.	— **i**		— **ib**
Acc.	— **a**		— **as**

Les substantifs dont le radical se termine par une voyelle (mots étrangers) sont invariables; seul l'article se décline (comme avec les autres substantifs, d'ailleurs).

Enfin les noms propres, n'ayant pas d'article, sont simplement précédés des particules **de** au génitif et **a** au datif.

Les *adjectifs* sont invariables, soit comme épithètes, soit comme attributs (prédicats). Ils ne varient que lorsqu'ils sont employés substantivement (avec l'article). Ils prennent alors les suffixes -a au féminin [2] et -ot au neutre.

Les *degrés de comparaison* s'indiquent, soit d'une manière synthétique, soit d'une manière analytique, comme le montre l'exemple suivant :

    grand;   **grandio**, *plus grand*;   **grandisso**, *le plus grand* [3];
    ou :   **mage grand**, —   **magisse grand**, —

Les *noms de nombre* sont :

un, du, tres, cvart, cvint, secs, sept, oct, nov, dec; **undec**, 11 ; **dudec**, 12, **tresdec**, 13;... **vigin**, 20; **unvigin**, 21;... **tresgin**, 30; **cvargin**, 40; **cvingin**, 50; **secgin**, 60; **sepgin**, 70; **ocgin**, 80; **nogin**, 90; **cent**, 100; **cent un**, 101;... **ducent**, 200, etc. (comme les dizaines); **mil**, 1.000; **du mil**, 2.000, etc. ; **million**.

---

1. Les désinences **is, i, es, um, ib** rappellent la 3ᵉ déclinaison latine; les désinences **a** et **as** rappellent la 3ᵉ déclinaison grecque.

2. On remarquera que ce suffixe n'est pas le même que le suffixe des substantifs féminins (-in).

3. Les adjectifs (assez nombreux) en -iv perdent cette terminaison aux degrés de comparaison : **diligentiv, diligentio, diligentisso**.

Ils sont tous invariables, sauf **un**, qui se décline et peut s'employer substantivement.

Les *adjectifs ordinaux* dérivent des nombres cardinaux au moyen du suffixe **-iv**, sauf les deux premiers : **primiv, secundiv, tresiv, cvartiv,** etc. ; **centiv, cent primiv,** etc.

Les *adverbes ordinaux* dérivent des nombres ordinaux par le changement de **-iv** en **-o** : **primo, secundo, treso, cvarto,...**

Les *nombres multiplicatifs* sont : **simplo, duplo,... decplo...**

Les *nombres de fois* (répétitifs) sont : **semel, dumel...**

Les *fractions* s'énoncent comme suit : **un dupart,** 1/2; **du trespart,** 2/3.

Enfin les noms de nombre se substantifient au moyen du suffixe **-ad** : **tresad,** *la triade*; **tresunad,** *la Trinité*.

Les *pronoms personnels* sont, au nominatif et au singulier :

1er p.	2e p.	3e p. m.	3e p. f.	3e p. n.
em	**at**	**il**	**el**	**it**

Ils se déclinent comme les substantifs, seulement le radical des 2 premiers se réduit aux cas obliques à **m, t** : **mis, mi, ma ; mum, mib, mas.** Ainsi les pronoms du pluriel sont, au nominatif : **ems,** *nous*; **ets,** *vous*; **ils,** *ils*; **els,** *elles*; **its,** *ils* (neutre).

Il y a en outre un *pronom de politesse* : **vos** (*vous*) qui se décline comme un substantif et fait par suite au nom. pluriel : **voses**; un *pronom réfléchi* [1] **se** (**sis, si, sa; ses,**...) et un *pronom indéfini* **on** (**onis, oni, ona; ons...,**).

Les *adjectifs possessifs* sont, pour les personnes du singulier : **mon, ton, von, son** (m.), **san** (f.), **son** (n.).
et pour les personnes du pluriel :
not, vot, vosot, lot (m.), **lat** (f.), **lot** (n.).

Ils se transforment en pronoms possessifs quand ils sont précédés de l'article **le.** Ils sont invariables comme les adjectifs. Ils peuvent se remplacer par le génitif du pronom personnel correspondant (comme en *Volapük*); cela est même obligatoire pour celui de la 3e personne, quand il n'est pas réfléchi.

Les *pronoms démonstratifs* sont :
dic (m.), **dac** (f.), **doc** (n.), *celui-ci, celle-ci, ceci*;
lic (m.), **lac** (f.), **loc** (n.), *celui-là, celle-là, cela*;

1. Le pronom réfléchi s'emploie pour désigner le sujet de la proposition (ou de la proposition principale, lorsqu'il se trouve dans une proposition subordonnée).

dicil, dicel, dicot, *celui (qui)* ;

lemet, lemat, lemot, *le même.*

Ils se déclinent comme des substantifs.

Le *pronom relatif* est :

vel (m. f.), **vet** (n.), *qui, que.*

Le *pronom interrogatif* est :

vil (m. f.), **vit** (n.), *qui? que?*

Les principaux *pronoms indéfinis* sont :

onal (m. f.),	**onot** (n.),	*maint.*
alon —	**alot** —	*quelque.*
nalon —	**nalot** —	*aucun.*
tal —	**talot** —	*tel.*
alvel —	**alvelot** —	*chaque.*
velon —	**velot** —	*tout.*

Les *verbes* ont tous l'infinitif actif terminé en -**an.** Ils ont deux conjugaisons, suivant qu'ils sont monosyllabiques ou polysyllabiques. Les deux conjugaisons se distinguent par ce que les premiers prennent comme *préfixes* et les seconds comme *suffixes* les caractéristiques des temps, qui sont :

pour le *présent :* néant.

— l'*imparfait :* **a.**

— le *parfait :* **e.**

— le *plus-que-parfait :* **i.**

— le *futur :* **o.**

— le *futur antérieur :* **u** [1].

Les *modes* sont indiqués par les suffixes **a** (*indicatif*) et **ā** (*subjonctif, optatif et conditionnel*). Les temps du *subjonctif* correspondent au présent et au parfait ; ceux de l'*optatif*, à l'imparfait et au plus-que-parfait ; et ceux du *conditionnel,* aux deux futurs de l'indicatif.

La *voix passive* ne diffère de la voix active que par le changement des voyelles des modes **a** et **ā** en **o** et **ō**.

La conjugaison des modes personnels s'effectue au moyen des désinences personnelles suivantes [2] :

1ᵉ p. s.	2ᵉ p. s.	3ᵉ p. s.	1ᵉ p. pl.	2ᵉ p. pl.	3ᵉ p. pl.
-m	-s	-t	-mi	-si	-ti

---

1. Quand ces voyelles sont suffixes, elles sont suivies d'un **z** qui les sépare du suffixe caractéristique des modes (voir plus bas).

2. Empruntées aux langues anciennes, surtout au grec.

Voici par exemple l'indicatif présent du verbe **diligan**, *aimer* :

em diligam, *j'aime.*
at diligas, *tu aimes.*
il diligat, *il aime.*
ems diligami, *nous aimons.*
ats diligasi, *vous aimez.*
ils diligati, *ils aiment.*

Il faudrait conjuguer de même tous les temps, dont voici le tableau complet :

ACTIF

INDICATIF	SUBJONCTIF
Présent : em diligam	em diligăm.
Parfait : em diligesam	em diligesăm.
	OPTATIF
Imparfait : em diligasam	em diligasăm.
Plus-que-parfait : em diligisam	em diligisăm.
	CONDITIONNEL
Futur ; em diligosam	em diligosăm.
Futur antérieur : em diligusam	em diligusăm.

IMPÉRATIF (présent) :

2ᵉ pers. sing. : **diliga**   plur. : **diligate.**

INFINITIF	PARTICIPE
Présent : diligan.	diligant.
Passé : diligesan.	diligesant.
Futur : diligosan.	diligosant.

Pour obtenir les temps correspondants du passif, il suffit de remplacer partout dans la dernière syllabe a et ă respectivement par o et ŏ.

Le verbe **san**, *être*, étant monosyllabique, a les formes suivantes (correspondantes) :

em sam	em săm
em esam	em esăm
em asam	em asăm
em isam	em isăm
em osam	em osăm
em usam	em usăm
sa	sate
san	sant
esan	esant
osan	osant

On conjugue de même le verbe **son**, *devenir*; il suffit de remplacer partout a et ä par o et ō. Le verbe *avoir* se dit **lan**.

Les verbes impersonnels se mettent à la 3ᵉ pers. sing. avec le sujet **it** (neutre) : **it oportat**, *il faut*; **it decat**, *il convient*.

Les auteurs vont jusqu'à conserver les faux *impersonnels* du latin avec leur construction bizarre : **it pōnitat ta ton negligentitis** = *tu te repens de ta négligence* (L. *te pœnitet tuæ negligentiæ*).

La *négation* s'exprime par **non** devant le verbe.

L'*interrogation* s'exprime en plaçant après le verbe, soit son sujet, soit l'enclitique **-ne** (L.).

Les *adverbes dérivés* se terminent généralement en **-e**: **bon, bone**; **diligentiv, diligente** [1]. Leurs degrés de comparaison se forment comme ceux des adjectifs : **bone, bonie, bonisse**. Ceux des *adverbes primitifs* se forment analytiquement (au moyen de **mage, magisse**).

Ces derniers sont empruntés en général au latin. Mais les adverbes démonstratifs, relatifs-interrogatifs et indéfinis sont construits *a priori*, en corrélation entre eux et avec les pronoms analogues. Ainsi aux adverbes *relatifs-interrogatifs* suivants :

vo	**vinde**	**cvo**	**van**	**cvote**	**vam**
où	*d'où*	*où*	*quand*	*combien*	*comment*

correspondent les *adverbes indéfinis* :

alvo	**alvinde**	**alcvo**	**alvan**	**alcvote**	**alvam**

n'importe où.....

et les *adverbes démonstratifs* :

ic	**line**	**lo**	**nunc**	**tote**	**tam**
ici	*d'ici*	*vers ici*	*maintenant*	*autant de fois*	*autant*

Les *prépositions* et les *conjonctions* sont presque toutes empruntées au latin.

La *Syntaxe* est particulièrement soignée et détaillée, et illustrée de nombreux exemples. Toutes les prépositions régissent le nominatif (la distinction du lieu où l'on va est marquée par la variation de la préposition : **in, ini**). Le genre (dans les pronoms notamment) est toujours naturel. Le complément *essentiel* d'un adjectif (son *objet*) se met à l'accusatif (comme parfois en latin et en grec) : **le vent sat util la notora**, *le vent est utile au navigateur*; **le sim sat simil la gomona**, *le singe est semblable à l'homme*.

De même, le complément *direct* (ou *unique*) du verbe se met

---

1. Ici encore la terminaison **-iv** disparaît.

toujours à l'accusatif : le frig nocat las arboras, *le froid nuit aux arbres*; le puer ludat la mendica, *l'enfant se moque du mendiant*.

Le complément *indirect* se met au génitif ou au datif, suivant le sens : em gloram ma lis amicis, *je me vante de mon ami*; em gloram ma li amici, *je me vante à mon ami*.

Pour la correspondance des temps et modes des propositions principales et subordonnées, les auteurs adoptent les règles compliquées du latin. Le subjonctif s'emploie dans tous les cas d'incertitude, d'interrogation, d'intention, de discours indirect, etc. [1]. On admet même la proposition infinitive avec le sujet à l'accusatif : at scias, ma diligan ta = *tu sais que je l'aime*.

D'autre part, l'infinitif s'emploie à l'actif ou au passif suivant le sens : il sat terribil specton, *il est terrible à voir* (litt. : *à être vu*). Le participe, avec ses trois temps, peut souvent remplacer toute une proposition relative. Ex. : la vira, timanta nalota in le mund, non terrosat le mort, *la mort n'effraiera pas l'homme qui ne craint rien au monde*.

Le *conditionnel* est employé (fort logiquement) dans la proposition conditionnelle aussi bien que dans la principale : si em olãm tempa, scribosãm una epistola, *si j'avais* (litt. : *j'aurais*) *lé temps, j'écrirais une lettre*.

Pour la *construction*, l'adjectif-épithète, le nombre et le pronom se mettent en général devant le substantif; le génitif se met après. Le sujet se met avant le verbe; l'adverbe et les compléments après. Mais cet ordre normal peut être interverti sans inconvénient, grâce aux cas (à l'accusatif surtout), comme le montre l'exemple cité plus haut (la vira timanta...).

VOCABULAIRE.

Le *vocabulaire* est emprunté en grande partie au latin. Les mots latins doivent subir quelques altérations, d'abord à cause de l'absence de certaines lettres : *au* se change en o, *eu* en e, *y* en i, *k*, *ch* et *sch* en c, *qu* en cv, *z* en s, *x* en cs, *th* en t, *ph* en f, et *h* en g; ensuite, parce que, pour se soumettre à la déclinaison unique,

---

[1]. Les auteurs sont surtout guidés par l'usage allemand. Ex. : it sat bon, ce at venas, *il est bon que tu viennes* (D. : *dass du kommst*, indic.); em credasam, ce il sciasât ita, *je croyais qu'il le savait* (*dass er es wüsste*, subj.).

les substantifs doivent avoir le radical terminé par une consonne.

Les désinences -*a* et -*us* sont supprimées ; les noms de la 3ᵃ déclinaison sont réduits à leur radical (obtenu en supprimant la désinence -*is* du génitif). Ex. : **fin, pan, mar, flor, milit, lact, pac, bov, greg, nub, mont, cord, itiner, carn** (exception **temp**, de *tempus*). Les mots en -*o* prennent un **n** : **carbon, virgon, ordon, gomon** (*homme*). Les noms de la 5ᵉ déclinaison prennent aussi un **n** au lieu de *s* final : **spen** = *espoir* (*spes*), **din** = *jour* (*dies*), **facin** = *face* (*facies*).

Certains mots sont plus altérés : **fil** = *fils* (*filius*) ; **vict** = *victoire* (*victoria*) ; **avac** = *eau* (*aqua*) ; **igen** = *feu* (*ignis*) ; **fant** = *enfant*.

Les adjectifs sont modifiés suivant les mêmes règles ; ils prennent souvent la désinence -**iv**.

Les verbes prennent à l'infinitif la désinence -**an**, qu'on substitue à l'-*o* final du présent latin (à -*or* dans les déponents) : **dan**, *donner* : **ridan**, *rire* ; **locvan**, *parler*.

Outre les mots latins, la langue adopte tous les « mots étrangers » internationaux : **dogma** ; **rapport** ; **telescop** ; **cemi** (*chimie*) ; **basar** ; **pot** ; **gans** ; **firma** ; **tallor** (*tailleur*) ; **etablan** (*établir*). Quelques mots allemands sont employés pour éviter l'équivoque des racines latines : **glas** = *verre* (à boire) ; **buc** = *livre* ; **monat** = *mois* (**mens** = *table*)[1]. Pour la même raison, quelques racines latines sont légèrement altérées : **judec** = *juge* (*judic-is*) ; **judic** = *jugement* (*judicium*).

Les auteurs forgent même des mots à racines latines, comme **antores**, *prédécesseurs, ancêtres*, et **postores**, *successeurs, postérité*.

Les auteurs admettent, outre les désinences caractéristiques que l'on connaît déjà (-**iv** pour les adjectifs, -**e** pour les adverbes) quelques suffixes de dérivation : -**in** pour les êtres féminins ; -**or** pour les êtres masculins ; -**ol** pour les diminutifs : **filol** = *filiolus* (L.) ; -**on** pour les fruits et diverses autres *choses* : **malon** = *pomme* ; **ovon** = *œuf*[2].

Voici, à titre d'échantillon de cette langue, la traduction du *Pater* :

Not pater, vel sas in les côles, ton nomen sanctôt, ton regnon venät, ton voluntat sôt vam in le côl, tam in le ter. Not diniv pana da mib godie. Condona mib not culpa, vam ems condonami not

---

1. Cf. l'*Esperanto*.
2. Cet -**on** correspond à la désinence neutre -*um* (L.) ou -*on* (G.).

debitorib. **Non duca mas in tentation, sed libera mas lis malot** (ou : **ab le malot**).

<h2 style="text-align:center">CRITIQUE.</h2>

Ce projet est intéressant et bien étudié. Mais sa grammaire est encore trop compliquée. D'une part, la déclinaison de l'article fait double emploi avec celle du substantif; d'autre part, la variation du verbe suivant les personnes fait double emploi avec les pronoms. La déclinaison et la conjugaison font un effort louable pour se rapprocher des langues connues, du latin surtout; mais les désinences des cas sont peu harmonieuses et manquent d'homogénéité, tandis que les désinences personnelles ont trop de symétrie et d'uniformité. Malgré la tendance *a posteriori* de l'ensemble du projet, la méthode *a priori* y a une part excessive, d'abord dans les caractéristiques des temps (a, e, i, o, u), ensuite dans la construction des pronoms et adverbes démonstratifs et autres. La syntaxe est également trop compliquée, et inutilement, comme le montrent les exemples où le même verbe est à l'indicatif en français et au subjonctif en allemand, ou inversement. En revanche, elle offre certains avantages de souplesse et de brièveté (grâce à l'accusatif et aux trois temps du participe).

Dans le vocabulaire, les mots latins sont trop souvent déformés par suite du manque de lettres, ou par certaines tendances *a priori* assez peu conformes à l'esprit du système. Ex. : **libiv** = *libre* (cf. **liberal, liberan, liberalität, libertät**); **patrut** = *patrie* (cf. **patriv** = *de la patrie*, adjectif).

D'autre part, malgré le petit nombre des suffixes caractéristiques, les auteurs admettent beaucoup de radicaux qui se terminent comme ces suffixes, ce qui est fait pour induire en erreur; notamment, il y a beaucoup de noms terminés en -an et -on, comme des infinitifs : **veteran, gortulan** (*jardinier*), **guman** (*humain*); **gomon, coron** (*couronne*), **curon** (*soin*), **laton** (*côté*), **turbon** (*tourbillon*); **girundon** (*hirondelle*), **imagon, altitudon** (et tous les mots latins en -*itudo*), **materion, latron, brigand** (cf. **latran**, *aboyer*). De même, il y a une foule de mots qui ont l'air de dérivés, et qui n'en sont pas. Ex. : **indig** = *indigne*, **indigan** = *avoir besoin de*, **ir** = *colère*, **iran** = *aller*; **jur** = *droit*, **juran** = *jurer*; **juv** = *jeune* (**juven** = *jeune homme*), **juvan** = *aider*; **leg** = *loi*, **legan** = *lire*; **nub**

= *nuage,* **nuban** = *se marier;* **vest** = *ouest,* **vestan** = *vêtir* (**vestit**
= *vêtement,* L. *vestis*).

En revanche, il y a des mots qui ne dérivent pas (régulièrement) de ceux dont ils devraient dériver : **gomon** = *homme,*
guman = *humain;* **niv** = *neige,* **ningan** = *neiger;* **div** = *dieu,* **dean**
= *déesse;* **matelot, notor** et **nofrag** ne dérivent pas de **nav** =
navire. De **pir** = *poirier* dérive **piron** = *poire;* mais **malon** =
pomme ne dérive pas de **mal,** et si **vin** signifie la *vigne,* **vinon** ne
désigne pas le *raisin* (son fruit), mais le *vin.* Cette même finale
-**on** sert encore à distinguer (assez ingénieusement d'ailleurs) des
mots dont les radicaux se confondraient : **sal** = *sel* et **salon; ov**
= *brebis* (L. *ovis*) et **ovon** = *œuf* (L. *ovum*); **or** = *bouche* (L. *oris*),
oron = *or* (L. *aurum*), **orel** = *oreille* (L. *auris*)[1]. Enfin les auteurs
admettent des homonymes qui ne se distinguent que par la
quantité, comme les pronoms possessifs **son** et **san** (brefs) et les
verbes **son** et **san** (longs). Et il arrive qu'un même mot ait plusieurs sens, comme **gumanitat** = *humanité.*

1. *Heure* (*hora*) se dit **gor,** d'où **gorlog** = *horloge.*

CHAPITRE VI

COURTONNE : *LANGUE INTERNATIONALE NÉO-LATINE*[1]

Depuis 1867, mais surtout de 1875 à 1881, l'auteur avait conçu le projet d'une langue internationale ayant pour base le latin. Il se proposait de réduire au minimum le nombre des radicaux, et de remplacer les autres par des mots dérivés et composés régulièrement formés[2]. Mais, au commencement de 1881, il fut frappé du grand nombre des radicaux communs aux langues romanes, et dès lors il résolut de les employer comme matériaux d'une « langue auxiliaire néo-latine », qui pût servir d'intermédiaire entre les peuples de langue romane. Par là, il sortait du domaine du latin classique, où il s'était primitivement confiné, et tendait à l'enrichir d'éléments plus modernes empruntés aux langues romanes, aux « langues-sœurs » (français, anglais, italien, espagnol, portugais).

La matière de la langue étant ainsi déterminée, l'auteur en soumit la forme aux règles suivantes : 1° *Monosyllabisme absolu* des éléments lexicologiques ; 2° Uniformité de sens des radicaux et des affixes ; 3° Uniformité de son des lettres, d'où orthographe phonétique.

1. E. COURTONNE, *Langue internationale néo-latine, ou langage auxiliaire simplifié destiné à rendre possibles et faciles les relations directes entre tous les peuples civilisés d'origine latine* (48 p. in-8°). Extrait du *Bulletin de la Société niçoise des sciences naturelles, historiques et géographiques* (Nice, Visconti, 1885). — *Manuel populaire et abrégé de la langue néo-latine usuelle*, etc. 48 p. 8° (Nice, 1885). C'est, à notre connaissance, COURTONNE qui a le premier employé l'épithète *auxiliaire* pour caractériser une langue internationale.

2. Ç'a été justement l'idée directrice du Dr ZAMENHOF dans l'élaboration de l'*Esperanto*.

GRAMMAIRE.

L'*alphabet* comprend 25 lettres : 6 voyelles : a, e, i, o, u (*ou*), ə ₍*eu*₎; et 19 consonnes : b, c (*ch*), d, f, g (toujours dur), h ou ñ ₍*gn*₎, ç (*j* français), j (*y*), l, m, n, p, q (*k*), r, s, t, v, w (*w* anglais), z. L'*accent* porte sur l'avant-dernière syllabe du mot entier.

L'*article défini* est le, invariable en genre et en nombre ; l'*article indéfini* est un au sing. et una au pluriel (sens de *quelques*).

Les *substantifs* se terminent tous en -o ou en -a. Ces deux désinences correspondent, quand il y a lieu, au genre naturel : o au masculin, a au féminin : padro, *père*; matra, *mère*; fijo, *fils*; fija, *fille*. Le *pluriel* se forme par l'adjonction de -s au singulier.

Les *adjectifs* se terminent tous en ə; ils sont invariables (sauf en degré; voir le *Vocabulaire*).

Les *nombres cardinaux* simples sont : jun, 1; du, 2; rê, 3; qat, 4; cin, 5; sis, 6; pê, 7; to, 8; non, 9; zer, 0.

Les nombres cardinaux composés de plusieurs chiffres s'énoncent par tranches de trois chiffres : on nomme les 3 chiffres successifs, et on les fait suivre du nom de l'ordre d'unités correspondant, qui est ûn pour les unités, il pour les mille, ôn pour les millions, dôn pour les billions, rôn pour les trillions, et ainsi de suite. Ainsi 1 s'énoncera : zer-zer-jun ûn.

Les *nombres ordinaux* (adjectifs) se forment de la première lettre des nombres cardinaux et du suffixe -ema. Ce sont : jema, dema, rema, qema, cema,....

Les *nombres multiplicatifs* se forment de même avec le suffixe -uple : juple, duple, ruple, quple, cuple,...

Les *nombres fractionnaires* ou *partitifs* (substantifs) se forment de même avec le suffixe -iza : jiza, diza, riza, qiza, ciza,...

Enfin les *substantifs numéraux* (la *paire*, la *dizaine*) se forment en ajoutant -a ou -ita aux nombres cardinaux : juna, dua, rêa,... ou : junita, duita, rêita,....

Les *pronoms personnels* sont :

	1re p.	2e p.	3e p. m.	f.	n.
Sing. :	mi,	ti,	li ou lo,	la,	lu;
Plur. :	mis,	tis,	lis ou los,	las,	lus.

Le *pronom réfléchi* est si.

Les *pronoms possessifs* ont les 3 désinences -o, -a, -u suivant les genres et prennent -s au pluriel. Ils sont au masculin sing.

1re p. s. : miô ou mô;   1re p. pl. : misô ou msô;

2e p. s. : tio ou tô;   2e p. pl. tisô ou tsô;

3e p. s. : lio ou lô;   3e p. pl. : lisô ou lsô.

Le pronom possessif correspondant au pronom réfléchi est : siô ou sô.

Les *adjectifs possessifs* diffèrent des pronoms possessifs en ce qu'ils sont invariables, et ont pour désinence ə : miə, tiə, liə, misə, tisə, lisə, siə; ou : mə, tə, lə, msə, tsə, lsə, sə.

Le *pronom relatif* (*qui*) est : qi ou qeli, qui prend les désinences des 3 genres au singulier et au pluriel.

L'*adjectif relatif* (*quel*) est : qel, pluriel : qelə.

Les *adjectifs démonstratifs* sont : ste, *celui-ci*; sle, *celui-là*. Ils prennent ə au pluriel.

Les *pronoms démonstratifs* correspondants sont :

Sing. :   sti, sto, sta, stu;   sli, slo, sla, slu;

Plur. :   stis, stos, stas, stus;   slis, slos, slas, slus.

De même, les *pronoms indéfinis* se distinguent des *adjectifs indéfinis* correspondants par la variabilité de leur désinence; ceux-ci ne varient qu'en nombre (pluriel en -ə). Citons-en quelques-uns : tal = *tel*; qeq = *chaque*; qelq = *quelque*; ned = *aucun*; omn = *tout*; âl = *autre*, etc.

Les *verbes* se terminent tous en -ar à l'infinitif, et se conjuguent tous comme le verbe ar (*être*), de sorte qu'il suffit d'ajouter celui-ci au radical d'un autre verbe pour conjuguer celui-ci.

Les *personnes* sont indiquées par les désinences m, s, t; mo, te, no. Ainsi l'indicatif présent du verbe *aimer* se conjugue ainsi :

amam, amas, amat; amamo, amate, amano.

Les autres temps et modes se conjuguant de même, nous n'en donnerons que la 1re pers. sing.

Indicatif imparfait :   amem.

—   futur :   amom.

Conditionnel présent :   amum.

Subjonctif présent : (qe) amem.

—   imparfait : (qe) amim.

Tels sont les temps principaux ou simples; à chacun d'eux correspondent deux temps composés (antérieurs) indiquant deux degrés dans le passé :

amavam, *j'ai aimé;*   amevam, *j'ai eu aimé.*
amavem, *j'avais aimé;*   amevem, *j'avais eu aimé.*
amavom, *j'aurai aimé;*   amevom, *j'aurai eu aimé.*
amavum. *j'aurais aimé;*   amevum, *j'aurais eu aimé.*

. . . .

L'*impératif* est semblable au subjonctif présent (à part la 1ʳᵉ pers. sing.) : **amə̄s, amə̄t; amə̄mo, amə̄te, amə̄no.**

Les *infinitifs* sont :

      présent : **amar;**   passé : **amavar**;
      futur : **amor;**   futur antérieur : **amavor.**

Il y a des *participes* correspondant à tous les temps, et même au conditionnel et à l'impératif :

      présent :   **amantə;** parfait :   **amavantə;**
      imparfait : **amentə;** plus-que-parfait : **amaventə;**
      futur :   **amontə;** futur antérieur : **amavontə;**

. . . .

Le *passif* se forme en intercalant un **w** (*ou*) avant la désinence verbale (formée par le verbe *être*) : **amwar** = *être aimé.* De même, la forme *doublement active* s'obtient en intercalant à la même place un **j** : **amjar** = *faire aimer.*

Les *participes passifs* sont aussi nombreux que les participes actifs et leur correspondent. Ce sont, par exemple :

      présent :   **amâtə;** parfait :   **amavâtə;**
      imparfait : **amêtə;** plus-que-parfait : **amavêtə;**
      futur :   **amôtə;** futur antérieur : **amavôtə;**

. . . .

Les adverbes, les prépositions et les conjonctions sont empruntés pour la plupart au latin. Il y a une corrélation entre certains mots appartenant à ces trois classes. Les adverbes sont caractérisés par la terminaison -i.

Il n'y a pas de syntaxe : l'auteur prescrit de traduire mot à mot les textes des langues nationales.

                    Vocabulaire.

Les radicaux simples sont empruntés aux 5 langues-sœurs (E., F., I., P., S.); ils sont tous communs à plusieurs d'entre elles; et 8 ou 9 sur 10 sont communs à toutes les cinq. Mais la plupart sont déformés ou contractés pour obéir à la règle du monosyllabisme : **fmilla** = *famille;* **nfanto** = *enfant;* **svrano** = *souvè-*

rain; **marvla** = *merveille*; **psiente** = *patient*; **qtente** = *content*; **ndiffrə** = *indifférent*; **rjozə** = *curieux*; **rpetwə** = *perpétuel*; **qvernar** = *gouverner*; **qmandar** = *commander*; **qtinwar** = *continuer*.

Dans les substantifs, les désinences -o et -a ne désignent pas seulement le genre; dans les idées qui n'ont pas de genre, -o indique un être physique ou déterminé (concret); -a un être idéal ou collectif (abstrait).

Les *mots dérivés* se forment en ajoutant aux radicaux une des *terminaisons significatives*, dont voici les principales :

-**anza** désigne une manière d'être;
-**aça**, -**jona**, -**asjona**, l'action;
-**uro**, -**ura**, le résultat de l'action;
-**aro**, -**atoro**, l'opérateur ou l'agent.

Les suffixes suivants servent à former des adjectifs :

-**ozə** signifie rempli de —;
-**imlə** — qui est en apparence — (qui ressemble à —);
-**essə** — qui est en réalité —;
-**iqə** — de la nature de —;
-**isqə** — qui devient —;

-**ablə**, -**eblə**, -**iblə**, -**ublə**, -**əblə** : *qui peut, pouvait, pourra, pourrait,* ou *doit être* — (on reconnaît le rôle des voyelles dans la conjugaison). D'autres suffixes servent à former les degrés des adjectifs, et plus généralement les *diminutifs* et *augmentatifs*. Il y en a deux séries, suivant qu'il s'agit de désigner un degré *quantitatif* ou un degré *qualitatif* (qui change la nature de l'objet). Ce sont :

		Qualitatifs	Quantitatifs
Superlatif d'infériorité :		-ulmo	-inno
Comparatif	—	-ulo	-ino
—	de supériorité :	-oro	-imo
Superlatif	—	-ormo	-immo

Exemple : **lago** = *lac*; **lagulo** = *étang*; **lagulmo** = *mare*; **lagoro** = *mer*; **lagormo** = *océan*. Tandis que : **lagino** = *petit lac*; **laginno** *très petit lac*; **lagimo** = *grand lac*; **lagimmo** = *très grand lac*.

On emploie comme préfixes les *consonnes privatives* s, n, et sn, pour indiquer l'idée contraire à celle qu'exprime le radical. Ex. : **propə** = *proche*, **spropə** = *éloigné*; **sepi** = *souvent*, **nsepi** = *rarement*; **amo** = *ami*, **snamo** = *ennemi*; **islo** = *île*, **snislo** = *continent*; **qom** = *avec*, **sqom** = *sans*.

On emploie le préfixe **no-** pour désigner la simple négation : **noqtente** = *mécontent.*

Enfin on emploie des *voyelles intercalaires* (qui s'insèrent entre le radical et la désinence) pour exprimer certaines nuances ou modifications d'idée. Ainsi :

e indique un *sens figuré* (**azno** = *âne*; **azneo** = *âne* au sens figuré d'*ignorant*).

u indique une *spécialité*;

ê   —   une *chose morale*;

ù   —   une *chose religieuse.* Ainsi :

bea = *bien-être*, **beêa** = *bonheur*, **beûa** = *béatitude*; **lega** = *loi* (civile), **leêa** = *loi morale*, **leûa** = *loi religieuse*; **virta** = *force*, **virtêa** = *courage*, **virtûa** = *vertu.*

Les prépositions entrent en composition comme préfixes, par exemple avec le verbe **itar** (*aller*) pour former les verbes suivants : **âbitar** = *partir*; **ibitar** = *venir*; **initar** = *entrer*, **exitar** = *sortir*; **qomitar** = *se réunir*, **disitar** = *se disperser*, **seitar** = *s'isoler* (se = *à part*); **sumitar** = *monter*, **jumitar** = *descendre*; **preitar** = *précéder*; **traitar** = *traverser*; **transitar** = *passer*, etc.

Tous les éléments lexicologiques peuvent servir de radicaux, et engendrer des dérivés. Ainsi les mêmes prépositions peuvent servir de racines à des verbes, comme : **âbar** = *ôter*, **âdar** = *mettre*; **inar** = *introduire*, **exar** = *extraire*; **qomar** = *réunir*, **disar** = *disperser*; **prôar** = *remplacer* (pro = *à la place de*), etc.

Même les désinences peuvent devenir à des radicaux : **aa** = *être*, **snaa** = *néant*; **oa** = *matière*, **snoa** = *esprit*; **ea** = *métaphore*; **ua** = *spécialité*; **essa** = *réalité*, **imla** = *apparence.*

Les *mots composés* se forment en juxtaposant des syllabes significatives, le déterminant précédant toujours le déterminé, suivant l'exemple de l'allemand et de l'anglais. Ainsi : *Pacific mail steam ship Company* se traduira mot à mot : **pax-mar-mall-vap-nav-compña.** C'est là, selon l'auteur, le modèle des mots composés. Il emploie ce système de composition pour désigner les relations de parenté. Par exemple : **mifratfijuxa** = *ma nièce par alliance* (litt. : la femme du fils du frère de moi).

HISTORIQUE.

La *langue néo-latine* fut présentée par son auteur à la *Société niçoise des sciences* le 7 mai 1883; la commission nommée pour l'étudier fit son rapport le 7 juin 1883; la *Société* décida d'envoyer ce rapport à toutes les Sociétés savantes des pays de langues romanes, en les priant d'examiner et d'apprécier le projet de M. COURTONNE et ses chances de succès. Elle reçut des réponses de la *Société des Sciences de Pau*, de la *Société d'archéologie de Sens* et de l'*Académie de Nîmes*. En présence de ce maigre résultat, la commission proposa de convoquer un *Congrès international néo-latin* pour adopter et propager dans les pays de langue romane la « langue auxiliaire néo-latine ». Ce projet ne paraît pas avoir eu de suite.

CRITIQUE.

Le plus grave défaut du projet de COURTONNE est son internationalité trop restreinte. Il ne vise que les peuples néo-latins, et il prend pour base les cinq langues romanes, ce qui est une base trop étroite, même quand on y comprend l'anglais. La langue internationale doit viser le monde européen (c'est-à-dire : de civilisation européenne) tout entier, et l'on ne peut en exclure les peuples germaniques et slaves. Cette réserve faite, on peut reconnaître que la base adoptée est celle qui offre le plus d'internationalité *relative*, en ce sens qu'un mot ou radical commun aux cinq « langues-sœurs » (y compris l'anglais) sera toujours plus international que le mot germanique ou slave correspondant; de sorte qu'une grande partie du vocabulaire de COURTONNE conserve sa valeur.

Malheureusement, l'auteur a associé à ce principe excellent de l'internationalité (au moins néo-latine) un principe tout différent, celui du monosyllabisme des radicaux, qui est adopté par la plupart des systèmes *a priori* ou mixtes, et qui est inconciliable avec le précédent. Il s'est vu ainsi obligé de mutiler les radicaux latins les plus connus au point de les rendre méconnaissables et imprononçables. Pour la même raison, il a été amené à admettre des mots dérivés ou composés dont le sens ne s'explique nullement par celui des éléments : **ab-pell-ar**, *appeler*: **ab-prend-ar**, *apprendre*: **qom-prend-ar**, *comprendre*: **qon-qluz-jona**, *conclusion*; **qon-vers-asjona**, *conversation*; **eq-speqt-ar**, *attendre*: **cirqin-speqs-jona**, *circonspection*.

Ajoutons à cela que, comme le montrent déjà les exemples précédents, le mauvais choix des lettres de l'alphabet l'oblige à défigurer les mots d'origine latine et à leur donner un aspect barbare (Ex. : **qonçunqsjona** = *conjonction*). D'autre part, si le choix des suffixes de dérivation est assez heureux, et conforme à l'esprit de nos langues, l'emploi des consonnes privatives (dont le sens est mal défini) et surtout des voyelles intercalaires est une invention ingénieuse, mais malencontreuse, car elle est tout à fait contraire à ce même esprit, et tend encore à dénaturer les radicaux internationaux et à les rendre inintelligibles.

Quant à la grammaire, elle est assez raisonnable, mais elle manque de simplicité : elle pèche par une abondance inutile de formes : telles sont, par exemple, les formes différentes adoptées pour les pronoms et adjectifs possessifs, démonstratifs, relatifs et indéfinis, et la diversité des genres; les deux séries de temps antérieurs, alors qu'une seule suffirait largement (la seconde est inusitée dans la pratique), et la multiplicité des infinitifs et des participes.

Malgré tous ces défauts, le projet de COURTONNE est intéressant, vu sa date, parce qu'il contient beaucoup d'indications judicieuses que nous retrouverons dans les systèmes ultérieurs.

CHAPITRE VII

STEINER : *PASILINGUA*[1]

La *Pasilingua*, inventée en 1885 par Paul STEINER, professeur de gymnase à Zabern (Saverne), se présente comme l'antipode du *Volapük* et le représentant de la méthode *a posteriori*. L'auteur veut, autant que possible, ne rien inventer (arbitrairement), mais tout emprunter aux langues naturelles, la grammaire comme le vocabulaire. Il se propose d'imiter ces langues artificielles de formation spontanée, la *lingua franca*, le *pidgin-english* et le *chinook*, qui sont nées naturellement du besoin de mutuelle compréhension. Il ne vise pas ambitieusement toute l'humanité, comme le *Volapük*; il prend pour base les langues européennes, plus spécialement les idiomes germaniques et romans, et parmi ceux-ci les trois principaux : *anglais, allemand et français*, qu'il considère comme les représentants de tous les autres (en y joignant subsidiairement le *latin*). Le vocabulaire devra se composer des radicaux communs à plusieurs langues, au moins à deux des trois langues fondamentales. En cas de divergence complète entre les trois langues, on aura recours au latin. Pour déterminer la forme internationale des radicaux adoptés, on

1. *Elementargrammatik nebst Uebungsstücken zur Gemein- oder Weltsprache* (Pasilingua), von P. STEINER, 80 p. in-16 (Neuwied, Heuser, 1885). — *Kurzgefasstes Deutsch-Pasilingua-Wörterbuch mit Regeln der Wortbildung und Wortbiegung*, von P. STEINER. 88 p. in-16 (*ibid.*, 1887). — *Eine Gemein- oder Weltsprache*, Vortrag gehalten von P. STEINER (*ibid.*, 1885). — *Drei Weltsprache-Systeme : Pasilingua, Volapük, La lingvo internacia*, von P. STEINER. 30 p. 8° (*ibid.*, 1889). — *Pasilingua contra Volapük*, von einem Freunde der Pasilingua : Dr. Felix LENZ, 15 p. 8° (*ibid.*, 1887). — *Zur Universal-Sprache, kritische Studie über Volapük und Pasilingua*, von Hans MOSER. 32 p. 8° (*ibid.*, 1887) — *Grundriss einer Geschichte der Weltsprache*, von Hans MOSER. 70 p. 8° (*ibid.*, 1888). — *Die Weltsprache*, von H. MOSER, cp. *Sammlung gemeinnütziger Vorträge*, n° 130 (Prag, 1888).

suivra le graphisme et non pas le phonétisme : la prononciation sera conforme à l'orthographe. Les radicaux seront absolument invariables. On y accolera des flexions grammaticales et des affixes de dérivation qui seront, eux aussi, empruntés aux langues aryennes (vivantes ou mortes), et non arbitraires. Ainsi la *Pasilingua* sera constituée presque entièrement d'éléments connus, et sera par suite plus facile qu'aucune langue naturelle. En particulier, quiconque saura l'une des trois langues fondamentales connaîtra d'avance les deux tiers environ des mots [1] : on pourra ainsi se servir de cette langue même avec les étrangers qui ne la connaîtront pas.

Pour mettre en relief cette dernière propriété, l'auteur propose d'appliquer sa grammaire neutre [2] aux radicaux de chaque langue, et montre qu'il suffirait alors de chercher ces radicaux dans le dictionnaire de la langue employée pour pouvoir comprendre ou composer un texte. Cette proposition, émise à titre d'essai, a induit en erreur certains critiques : ils ont cru que la *Pasilingua* consistait uniquement dans une grammaire universelle qu'on devrait appliquer à toutes les langues nationales [3]. Mais ce n'était là tout au plus qu'un expédient provisoire, en attendant l'élaboration du lexique propre à la *Pasilingua*. Tout au contraire, l'auteur déclare que le vocabulaire est de beaucoup la partie la plus importante d'une langue, attendu qu'on peut à la rigueur se passer de grammaire, mais non pas de mots. Seulement, le vocabulaire ne sera pas artificiel et arbitraire comme celui du *Volapük* : puisé dans les principales langues européennes, il sera vivant comme elles ; il s'enrichira de tous les néologismes, déjà internationaux, du reste, rendus nécessaires par le progrès des sciences et de la civilisation. La langue sera donc susceptible d'un développement et d'une évolution indéfinie ; un *comité international* sera chargé de sanctionner les innovations et de conserver à la langue son unité et sa régularité, en éditant périodiquement la grammaire et le vocabulaire.

1. Voir l'explication de ce fait au *Vocabulaire* (p. 287).
2. C'est-à-dire l'ensemble des flexions, des particules et des affixes.
3. Ils n'ont pu qu'être confirmés dans cette erreur par le projet de *Pasilingua hebraica* exposé par Felix Lenz dans sa brochure : *l'asilingua contra Volapük.*

GRAMMAIRE [1].

L'*alphabet* comprend 31 lettres, 10 voyelles : a, ā (*è*), è, e (*é*), i, y (*i*), o, ö (*eu*), u (*ou*), ü (*u* français); et 21 consonnes : b, c, ç (*ss*), d, f, g, h, j, k, l, m, n, p, q, r, s, t, v, w, x, z: plus 2 combinaisons de consonnes : ch et sch. Pour la prononciation, l'auteur donne cette seule indication, qu'elle doit être « conforme au système phonétique simple et naturel de l'allemand ».

Toutes les syllabes doivent être également accentuées (du moins en prose).

L'*article défini* est : to (m.), te (f.),[1] ta (n.); et l'*article indéfini* : uno (m.), une (f.), una (n.), qu'on peut abréger en : no, ne, na [2]. Ces deux articles forment leur pluriel et se déclinent comme les substantifs.

Les *substantifs* ont le genre naturel. Les masculins se terminent en -o, les féminins en -e, les neutres concrets en -a, et les neutres abstraits en -u. Ex. : to homino, *l'homme*; te femine, *la femme*; ta cita, *la ville*; ta modestiu, *la modestie*.

Les substantifs prennent au pluriel la désinence -s. Chacune des deux formes (sing. et plur.) se décline en prenant comme suffixes les prépositions -de (génitif), -by (datif), -an (accusatif) [3]. Cette dernière se réduit à -n après une voyelle. Ex. :

Singulier	Pluriel
Nom. to kingo, *le roi.*	tos kingos.
Gén. tode kingode, *du roi.*	tosde kingosde.
Dat. toby kingoby, *au roi.*	tosby kingosby.
Acc. ton kingon, *le roi.*	tosan kingosan ou tos kingos [4].

A côté de cette déclinaison synthétique, l'auteur admet une déclinaison analytique dans laquelle les prépositions précèdent l'article et le substantif : de to kingo, by to kingo, an to kingo.

1. Il y a quelques différences entre les règles grammaticales formulées dans les deux ouvrages principaux de l'auteur. Dans les cas de divergence, nous suivons le second (le *Wörterbuch* de 1887).
2. Le 1er est emprunté au grec, le 2e au latin.
3. Ces prépositions marquent à l'origine des directions; de vient du latin; by de l'anglais; an de l'allemand. L'n de l'accusatif est aussi imité du grec.
4. Dans la *Grammaire* de 1885, l'accusatif pluriel était toujours identique au nominatif.

Cette déclinaison analytique est même obligatoire pour les substantifs terminés par une consonne, c'est-à-dire formés au moyen des suffixes péjoratifs -il, -el, -al (suivant le genre). Ex. : kingil = roitelet; to kingil, de to kingil, by to kingil, ton kingil, etc.

Les *adjectifs* prennent les désinences caractéristiques des genres : grando, grande, granda (*grand, grande*). Ils forment leur pluriel et se déclinent comme les substantifs, avec lesquels ils s'accordent.

On transforme un adjectif en substantif en le faisant précéder de l'article.

Les *degrés de comparaison* sont indiqués respectivement par les suffixes -ir et -ist intercalés entre le radical et la désinence du genre : ainsi bono, bone, bona (*bon*) devient au comparatif : boniro, bonire, bonira (*meilleur*), et au superlatif : bonisto, boniste, bonista (*le meilleur*). Les comparatifs et superlatifs se déclinent comme les adjectifs simples.

Les *noms de nombre cardinaux* (empruntés au latin) se terminent tous en -a (sauf nullo = *zéro*) et sont invariables :

una, 1; dua, 2; tria, 3; quadra, 4; quinqua, 5; sexa, 6; septa, 7; octa, 8; nova, 9; deka, 10; dekuna, 11; deka dua, 12; deka tria, 13;... bideka, 20; trideka, 30;... centa, 100;... milla, 1000;... una milliona, *1 million*; una milliarda, *1000 millions*.

Les *nombres ordinaux* dérivent des cardinaux en changeant la désinence -a en -io, -ie, -ia (suivant le genre), sauf les premiers : primo, secundo, tertio; quadrio, quinquio,... dekio; deka unio (11ᵉ), etc.

Les *nombres multiplicatifs* dérivent des cardinaux, en remplaçant -a par -is (désinence des adverbes) : unis, *une fois*; duis ou bis, *2 fois*; tris, *3 fois*, etc.

Les *adjectifs multiplicatifs* se forment en ajoutant aux précédents la désinence générique -o, -e, -a (des adjectifs) : duiso, *double*; triso, *triple*.

Les *nombres fractionnaires* se forment en ajoutant aux cardinaux le suffixe -tal (plur. tals) : una triatal, *un tiers*; dua dekatals, *deux dixièmes*.

Les *adjectifs distributifs* dérivent des cardinaux en remplaçant -a par le suffixe générique -eno, -ene, -ena : singuleno, *un à un*; dueno, *deux à deux*; trienos, *trois à trois*, etc.

Les *pronoms personnels* (empruntés au latin) sont, au singulier : mi, *je*; tu, *tu*; il, *il*; el, *elle*; al, *il* (neutre); et au pluriel : mis, *nous*; tûs, *vous*: ils, *ils*; els, *elles*; als, *ils* (n.). Ils se déclinent comme les substantifs : midə, miby, min; misde, misby, mis(an).

Lorsqu'ils ne sont pas suivis du verbe, ils prennent une autre forme : mice, tûce, misce, tûsce; lo, le, la; los, les, las [1].

Le *pronom réfléchi* est se. On se dit on.

Les *pronoms possessifs* se forment en ajoutant les désinences génériques des adjectifs -o, -e, -a, aux pronoms personnels des 2 premières personnes et à l'article défini pour la 3ᵉ personne. Ils sont donc au masculin singulier :

> mio, tûo, too, teo, tao;
>
> miso, tûso, toso, teso, taso.

Ils forment leur pluriel et se déclinent comme les substantifs.

Le *pronom possessif* suo correspond au pronom réfléchi se.

Les *pronoms démonstratifs* sont :

> illo, elle, alla : *celui-là, celle-là, cela;*
>
> isto, iste, ista : *celui-ci, celle-ci, ceci;*
>
> toce, tece, tace : (même sens);
>
> ipso, ipse, ipsa : (*lui, elle*) -*même.*

Le *pronom relatif* est : quo, que, qua : *qui.*

Les *pronoms interrogatifs* sont :

> quiso, quise, quisa : *qui, quoi?*
>
> quo, que, qua : *quel, quelle?*
>
> qualiso, qualise, qualisa : *quel* (de quelle espèce)?
>
> quanto, quante, quanta : *combien grand?*
>
> quota? *combien* (nombre)?

Les *pronoms indéfinis* sont :

> ullo, ulle, ulla : *quelque;*
>
> nullo, nulle, nulla : *aucun;*
>
> alio, alie, alia : *un autre;*
>
> quocumque, quecumque, quacumque : *quiconque;*
>
> eodem, eedem, eadem, *le (la) même;*
>
> omno, omne, omna : *chaque* (plur. *tous);*
>
> nihila, *rien*; aliquota, *un certain nombre.*

Tous ces pronoms se déclinent comme les substantifs.

La *conjugaison* comprend quatre formes ou *voix*, qui correspondent aux quatre verbes auxiliaires :

> er, *être*; ir, *aller*; har, *avoir*; hor, *être tenu.*

---

1. Ces deux formes des pronoms personnels de la 3ᵉ personne sont des abréviations différentes du pronom démonstratif : illo, elle, alla (voir plus bas).

Ces quatre verbes s'appliquent comme suffixes (en supprimant l'h des deux derniers) à un radical pour former quatre verbes différents. Ex. :

grander	grandir	grandar	grandor
être grand	*grandir*	*agrandir*	*être agrandi*
	(devenir grand)	(rendre grand)	(être rendu grand).

Les deux premières voix sont *neutres,* la 3e est *active* et la 4e *passive.*

Les temps de l'*indicatif* se forment en faisant précéder d'un pronom (ou sujet) les temps de l'infinitif; le présent est identique à la forme précédente; les autres temps sont :

Prétérit.

efer	ifir	hafar	hofor
(je) *fus*	(j') *allai*	(j') *eus*	(je) *fus tenu*
grandefer	grandifir	grandafar	grandofor
(je) *fus grand*	(je) *grandis*	(j') *agrandis*	(je) *fus agrandi*

Futur.

erer	irir	harar	horor
(je) *serai*	(j') *irai*	(j') *aurai*	(je) *serai tenu*
granderer	grandirir	grandarar	grandoror
(je) *serai grand*	(je) *grandirai*	(j') *agrandirai*	(je) *serai agrandi.*

Temps composés.

Parfait.

eter	itir	hatar	hotor
(j') *ai été*	(je) *suis allé*	(j') *ai eu*	(j') *ai été tenu.*
grandeter	granditir	grandatar	grandotor
(j') *ai été grand*	(j') *ai grandi*	(j') *ai agrandi*	(j') *ai été agrandi.*

Plus-que-parfait.

etefer	itifir	hatafar	hotofor
(j') *avais été*	(j') *étais allé*	(j') *avais eu*	(j') *avais été tenu*
grandetefer	granditifir	grandatafar	grandotofor
(j') *avais été grand*	(j') *avais grandi*	(j') *avais agrandi*	(j') *avais été agrandi.*

Futur antérieur.

eterer	itirir	hatarar	hotoror
(j') *aurai été*	(je) *serai allé*	(j') *aurai eu*	(j') *aurai été tenu*
grandeterer	granditirir	grandatarar	grandotoror
(j') *aurai été grand*	(j') *aurai grandi*	(j') *aurai agrandi*	(j') *aurai été agrandi* [1].

La forme verbale est invariable en personne, mais elle varie en nombre : elle prend un -s au pluriel : **mis ers, mis hars**, etc.

Les temps du *subjonctif* se forment en ajoutant simplement un -e aux temps correspondants de l'indicatif : **mi ere**, *que je sois*, etc.

L'*impératif* est identique au subjonctif à la 2ᵉ personne (sing. et plur.); aux autres personnes, il prend les pronoms comme suffixes :

2ᵉ p. s.	**grandire**	*grandis.*
3ᵉ p. s.	**grandireto** (-e, -a)	*qu'il (elle) grandisse.*
1ʳᵉ p. pl.	**grandiremis**	*grandissons.*
2ᵉ p. pl.	**grandires**	*grandissez.*
3ᵉ p. pl.	**grandiretos** (-es, -as)	*qu'ils (elles) grandissent.*

Les *participes présent* et *passé* se forment en ajoutant au radical : 1° la voyelle caractéristique de la voix; 2° respectivement la consonne **n** ou **t**; 3° la voyelle caractéristique du genre. Ex. :

grandeno (-e, -a)	**grandino**	**grandano**	**grandono**
qui est grand	*qui grandit*	*qui agrandit*	*qu'on agrandit*
grandeto (-e, -a)	**grandito**	**grandato**	**grandoto**
qui a été grand	*qui a grandi*	*agrandi* [2]	*qu'on a agrandi* [3].

Les temps composés peuvent être considérés comme formés du participe passé et du temps primitif de l'auxiliaire correspondant.

Les *adverbes* primitifs sont empruntés au latin. Les *adverbes* dérivés (et certains adverbes primitifs) sont formés au moyen

---

1. En résumé, **f** caractérise le passé, **r** le futur, et **t** les temps composés; la voyelle caractéristique de chaque voix se trouve répétée dans chaque syllabe.

2. On remarquera que le sens de ce participe passé est *passif*, alors que celui du participe présent correspondant est *actif*. Il devrait signifier : *qui a agrandi*. Cette erreur vient de l'exemple des langues naturelles.

3. La *Grammaire* de 1885 contient en outre un participe passé qu'on ne retrouve pas dans le *Vocabulaire* de 1887 :

grandeteno, granditeno, grandatano (*qui a agrandi*), grandoteno.

du suffixe -is : **kindis** = *puérilement*; **herzis** = *cordialement*; **jamis** = *déjà*; **tandemis** = *enfin*; **hodiis** = *aujourd'hui*; **crasis** = *demain* [1].

Les *prépositions* n'ont pas de désinence caractéristique; elles sont invariables et régissent toutes le nominatif. Elles sont presque toutes empruntées au latin : **ab, ad, ante, apud, cum, de, ex, in, inter, per, post, pro, sub...** excepté : **parmi, sūr, sous** (F.) et **since** = *depuis*, **by** = *à* (E.). Le *Vocabulaire* contient un grand nombre de prépositions allemandes qui doublent les précédentes, notamment comme préfixes.

Il en est exactement de même pour les *conjonctions*, dont les principales sont : **et, aut** (*ou*), **ni, sed, tamen, ergo, nam, car, quando, ubi, dum, si, ut.** La particule interrogative **an** s'emploie au commencement des propositions interrogatives qui ne contiennent pas de mot à sens interrogatif. Il n'y a pas besoin de syntaxe, selon l'auteur : elle est contenue dans les formes grammaticales des mots.

VOCABULAIRE [2].

« Le vocabulaire anglais forme la base » du vocabulaire de la *Pasilingua* : d'abord, parce que l'anglais est la langue la plus répandue; ensuite, parce que, étant mélangé d'éléments romans et germaniques, il constitue la transition et le trait d'union entre le français et l'allemand. En effet, les radicaux de la *Pasilingua*, devant être communs à deux des trois langues fondamentales, seront ou bien communs à l'anglais et au français (radicaux romans) ou bien communs à l'anglais et à l'allemand (radicaux germaniques), ou bien communs au français et à l'allemand; mais la plupart de ceux-ci se trouvent aussi en anglais, de sorte qu'un Anglais connaît déjà presque tous les radicaux de la *Pasilingua* [3]. Par exemple, le mot *brod*, commun à D. et à E., sera adopté pour *pain*; le mot *incendie*, commun à E. et à F. est préfé-

---

1. L'auteur prescrit d'employer l'adverbe (et non l'adjectif) comme attribut après le verbe *être* : **mi ěr grandis** = *je suis grand*. C'est un exemple remarquable de l'influence d'un idiotisme germanique : de ce que l'adjectif attribut est invariable en allemand, il ne s'ensuit pas qu'il ait le sens et le rôle d'un adverbe.

2. Le Vocabulaire Allemand-Pasilingua comprend plus de 5000 mots.

3. L'auteur va jusqu'à dire : « La *Pasilingua* est pour ainsi dire une langue anglaise avec une prononciation romane ou germanique, et des désinences propres à la *Pasilingua*. » (*Drei Weltsprache-Systeme*, p. 10).

rable à *brand* (D.). Pour l'idée d'*enfant*, les 3 langues ont des mots différents : *Kind, child*; on adoptera donc le radical latin *infant* [1]. Il y a même des cas où le radical latin est préférable au radical germanique commun à D. et à E.; notamment quand ces deux langues possèdent déjà des dérivés du radical latin. Ex. : le radical *patr* (*père*) comparé à *vater* (D.) = *father* (E.). Le vocabulaire comprend en outre tous les mots scientifiques ou techniques communs aux trois langues, et par suite internationaux, comme *esthétique, allégorie*, etc.

Les radicaux ainsi choisis prendront les désinences caractéristiques des substantifs, des adjectifs, des verbes et des adverbes, et les terminaisons de la déclinaison et de la conjugaison. Ensuite, ils serviront à former une foule de mots dérivés réguliers avec les affixes propres à la *Pasilingua*. Citons les principaux :

Dans les substantifs, **-ara** désigne le lieu : **bibliothekara** = *bibliothèque*; **-menta**, le moyen ou l'instrument : **nurrimenta** = *aliment*; **-mentu**, la manière ou méthode : **nurrimentu** = *alimentation*; **-osia, -esia, -asia**, la collectivité : **montasia** = *chaîne de montagnes*; **stellasia** = *constellation*.

Les participes deviennent des substantifs par la simple adjonction de l'article. De même, les infinitifs deviennent substantifs au moyen de l'article et des désinences **-o, -e, -a, -u**. Ainsi la terminaison **-ero** désigne un état, **-iro** un devenir, **-aro** une action (une profession) : **militero** = *militaire* (en général); **militiro** = *militaire* (de passage : celui qui fait son service); **militaro** = *militaire* (de profession : officier); **militeriu** = *l'état militaire*; **bibliothekaro** = *bibliothécaire*.

Les suffixes **-enissu** et **-inissu** désignent respectivement une qualité passive ou active : **maladenissu** = *état de maladie*; **tolerinissu** = *tolérance*. Le suffixe **-fero** signifie *qui porte*; il sert à former les noms d'arbres dérivés des noms de leurs fruits. Ex. : **pirafera** (**arbora**) = *poirier* [2].

Les substantifs et les adjectifs ont en commun les suffixes augmentatif **-oso** et diminutif **-illo**, ainsi que les suffixes péjoratifs **-il, -el, -al**, que nous connaissons déjà.

1. De même *spirit* (L.) pour *geist* (D.), *ghost* (E.), *esprit* (F.); *cred* (L.) pour *glauben* (D.), *believe* (E.), *croire* (F.).
2. Dans le *Vocabulaire*, on remarque que certains noms d'arbres ne diffèrent que par la désinence féminine (-e) des noms de fleurs ou de fruits, qui ont la désinence neutre (-a). Ex. : **nuca** = *noix*, **nuçe** = *noyer*.

Les adjectifs dérivés se forment au moyen des suffixes -io (-e, -a);
-ivo (-e, -a); -alio (-e, -a). Le suffixe -iso marque la ressemblance :
heroiso = *héroïque*; -isso, le renforcement : **timidisso** = *extrêmement timide*[1]; -**loso** (D.), l'absence ou privation de : **doloraloso** =
sans douleur; -ardo, l'excès blâmable : **trinkardo** = *ivrogne*; -iblo,
-ablo, -oblo, la possibilité active ou passive : **cantablo**, *qui peut
chanter*; **cantoblo**, *qu'on peut chanter*. Enfin on forme des adjectifs
au moyen des désinences du génitif et du datif : -**deo** = *qui vient
de*; -**bio** = *qui appartient à*.

On forme aussi des adverbes par ce même procédé : **citadeis** =
de la ville; **citabyis** = *à (dans) la ville*; **citanis** = *à (vers) la ville*.

Quant aux préfixes, l'auteur les emprunte indifféremment au
latin et à l'allemand (ad = an, con = mit, de = ab, ex = aus, in
= ein, post = nach, per = durch, etc.).

Voici un exemple des dérivés que peut engendrer un seul mot :
mortu = *la mort* : **mortir** = *mourir*; **morter** = *être mort*; **mortar** =
tuer; **mortor** = *être tué*; **morteno** = *le mort*; **mortino** = *le mourant*;
mortano ou **mortaro** = *le meurtrier*; **mortio** = *mortel* (de la mort);
mortablo = *mortel* (qui peut tuer); **mortiblo** = *mortel* (qui peut
mourir); **mortiso** = *semblable à la mort*; **mortis**, *mortellement*.

Enfin, voici le *Pater* traduit en *Pasilingua* :

**Patro miso, quo er in cœla, nama tūa sanctore, kingdoma tūa
kommire, tūa willu fairore sur erda ut in cœla. Donnare misbi
misan brodan taglian; pardonnare missas dettas uti mis pardonnars
misosbi debitorosbi...**
et un autre spécimen de cette langue :

**Ta Pasilingua ere una idiomu per tos populos ipsos findita, una
lingua, qua autoris de to spirito divino, informano tos hominos zu
parlir, er creita, et qua ideo facilis et nearistis sine explicatius
omnosby nationosby ere intelligobla et una banda amiciude pro tos
Anglios, Francios et Germanos suos parentos.**

La *Pasilingua* n'a pas d'histoire, et ne paraît pas avoir eu
d'adeptes, au point de vue pratique, mais seulement des approbateurs théoriques, comme Hans MOSER et Félix LENZ. L'auteur
essaya de lancer en 1889 un journal mensuel, **Ta Pasifolia**, sans
succès, semble-t-il.

---

1. C'est en somme le superlatif absolu.

CRITIQUE.

La *Pasilingua* a le mérite d'être le premier système qu'on ait fondé expressément sur le principe de l'internationalité « européenne ». Mais, dans l'application, l'auteur a restreint à l'excès la base de son vocabulaire en excluant d'avance les langues slaves, d'une part [1], et les langues italienne et espagnole, d'autre part, ce qui a pour effet de diminuer la part légitime du latin : car le français est seul à représenter les langues romanes en face de l'anglais et de l'allemand, et d'un autre côté les mots communs aux langues slaves et aux autres langues européennes sont pour la plupart d'origine latine ou grecque. De plus, c'est une erreur linguistique que de prendre pour base le vocabulaire anglais, attendu qu'il n'est pas primitif, et que les racines y sont plus ou moins déformées; il vaut mieux prendre les racines romanes sous leur forme latine, et les racines germaniques sous leur forme allemande. Ainsi, le fait même que l'anglais est une langue mixte (romano-germanique), loin de lui donner la prééminence que l'auteur lui attribue, doit le faire écarter comme source de radicaux [2]. Ce n'est là d'ailleurs qu'une question de mesure et de proportion; il reste vrai que la L. I. doit, pour être vraiment *internationale*, être un idiome *romano-germanique*.

Malheureusement, l'auteur n'a pas su choisir, d'après des règles générales et fixes, entre les deux familles de radicaux qui s'offraient à lui, et il s'est trop souvent contenté d'adopter à la fois les deux radicaux, germanique et roman, ce qui détruit l'unité de la langue. Les exemples de ces *doublets* sont innombrables; bornons-nous à citer les plus caractéristiques :

bono	= guto	Deo	= Gotto
malo	= ûbelo	tomba	= graba
anima	= seela	côla	= himila (*ciel*)

1. Pour des raisons politiques de « slavophobie » qu'on ne saurait approuver, et qui en tout cas sont contraires à la *neutralité* essentielle de la L. I.

2. Nous en dirions autant du français, considéré comme représentant des langues romanes; les racines latines sont plus pures en italien ou en espagnol. Nous ne voulons pas dire que la L. I. ne doit pas contenir beaucoup de radicaux anglais, mais qu'elle doit employer ces radicaux sous leur forme originale, et par là même la plus internationale.

lingua	= spracha	eglisa	= kirchara
vocabola	= worta	rego	= kingo
contrea	= landa	lumina	= lichta
mensu	= monatu	carbona	= kohla
malado	= sicko	petito	= littlo
caro	= theuro	nudo	= naketo
āmir	= liebir	esperir	= hoffir
abordir	= landir	vivir	= lebir
neminu	= niemannu	arrivir	= kommir

Cette duplicité est presque la règle dans les conjonctions :

dum	= während	cur	= warum
quando	= wann	quia	= weil
nam	= denn	tamen	= doch

dans les prépositions :

super	= auf	ex	= aus
sine	= ohne	pro	= für

et dans les adverbes :

jam	= shon	vix	= kaum
olim	= einstis	fere	= fastis
matinu	= morgenu	sæpe	= oftis

L'auteur n'a même pas pu se décider pour une particule d'affirmation ; il admet à la fois : ja, jes et oui. On ne peut pas être plus éclectique.

D'ailleurs, les radicaux germaniques prennent un aspect baroque ou méconnaissable avec les désinences latines dont on les affuble : einstweilis (= interdum), zeitis = tempis, perhapsis = vielleichtis (= fortasis) ; gernis, genugis, gesternis, alreadis, heutis, vormalis, wiedermalis, niemalis, ingleichenis, otherweisis, etc.

On remarquera que l'auteur n'a pas suffisamment pensé à la prononciation, en calquant l'orthographe nationale des mots[1] ; que deviendront, pour des oreilles allemandes ou anglaises, les mots que nous venons de citer, si on les prononce tels qu'ils sont écrits? De même les mots allemands : fleisha (*viande*), eidu (*serment*), breito (*large*), leuchtir (*éclairer*), feura (*feu*), freundo (*ami*) ; aussi bien que les mots français : tailliro, ecailla, bouteilla, perroqueto. En général, l'alphabet est inutilement compliqué ; certaines lettres font double emploi (ā, ə, ï, y ; k, q), et certains

---

1. Bien qu'il formule cette règle judicieuse, qu'on devra préférer la forme pour laquelle l'orthographe et la prononciation sont les plus voisines.

sons simples y sont traduits par des combinaisons de lettres, de sorte que la prononciation ne peut pas être conforme à l'orthographe. L'auteur a emprunté aux langues naturelles des combinaisons de lettres qui devraient être bannies d'une langue internationale, comme la diphtongue française **ou**, les diphtongues allemandes **ei**, **eu**, **iu** (*i* long), **ee** (*e* long : **seea**, **meera**), et les consonnes : **qu**, **ck**, **ch**, **sh**, **sch**, **th**, **ph**.

En revanche, il a dénaturé certains autres mots pour leur donner une orthographe phonétique (plus ou moins exacte), comme : **curroa** (*courroie*), **shŭrir** (*jurer*), **shanshir** (*changer*), **ashiu** (*âge*), **anrashir** (*enrager*), **shoayu** (*joie*), **annuiu** (*ennui*), **shuir**, **shuissir** (*jouir*).

Malgré la dualité d'origine des radicaux, on en trouve quelques-uns qui ont deux sens. Ex. : **weiso** = *sage* (D. *weise*) et *blanc* (D. *weiss*); **griso** = *gris* et *vieillard* (D. *greis*).

La formation des dérivés manque de régularité : ainsi **brauiru** (*brasserie*) ne vient pas de **biera** (*bière*), ni **akracŭltiru** (*agriculture*) de **akera** (*champ*). De même, **musiçiro** (*musicien*) ne vient de **musicu** (*musique*), et **vocabălaria** (*vocabulaire*) de **vocabola** (*mot*) que par une altération du radical. Certains composés sont bizarres : **currirtränu** = *train express* (D. *eilzug*); ou barbares : **unaŭfalteris** = *l'un sur l'autre*. Là comme ailleurs, l'auteur hésite entre les deux familles de radicaux; il admet à la fois **suspensaponta** et **hangbrŭcka** (*pont suspendu*).

En outre, il abuse des désinences péjoratives : **adulteriul**, **coquinil**, **poltronil**, **assassinul**, **fraudiul**, **egoismul**, **bankerotul**, **hypocrisil**, etc. Elles sont inutiles dans tous ces mots, dont le sens est déjà suffisamment appréciatif; on ne doit logiquement employer ces désinences que pour rendre péjoratif un mot qui ne l'est pas par lui-même[1]. A plus forte raison est-il inutile de les accoler à des noms d'animaux ou de choses qui n'en peuvent mais : **crapodil**, **cabinetal**, **bossal**, **decombral**, **dornal** (*épine*), **grassal** (*graisse*), **syringal** (*seringue*), ou qui ne méritent pas le mépris que l'auteur croit devoir leur témoigner : **boutiqual**, **buvardial**, **habresacal**, **pennyal** (*penny*), **droshkal** (*fiacre*), **vaporal**. Enfin il n'est pas permis de donner à des mots indifférents un sens péjoratif qui n'exprime qu'une opinion personnelle : **ambitiosil**, **celibateril**.

En somme, l'auteur n'a pas su trouver une méthode régulière

1. Exemple : **devotardo** ou **bigoto** = *bigot*; mais **bigotil** est superflu.

et *autonome* pour la formation des mots : c'est pourquoi il lui arrive d'accoler des affixes germaniques à des radicaux latins, comme dans **verlocar** et **erlocar** (*donner, prendre en location*), ou d'emprunter aux langues vivantes des dérivés tout faits, comme **ancurashar** (*encourager*).

Si le vocabulaire et l'alphabet pèchent par trop de servilité à l'égard des langues nationales, la grammaire en revanche s'éloigne trop des grammaires modernes, notamment par le synthétisme de la déclinaison et de la conjugaison. L'auteur aurait dû adopter partout la déclinaison analytique qu'il admet seulement par exception (**de to kingo** est plus simple que **tode kingode**). Quant à la conjugaison, il n'aurait dû admettre que les deux voix classiques (active et passive), et remplacer les autres (là où il y a lieu) par des verbes dérivés [1]. L'actif et le passif eux-mêmes ne sont pas suffisamment distingués par un simple changement de voyelle, et il est plus conforme à l'esprit des langues modernes de former *analytiquement* le passif (au moyen d'un verbe auxiliaire).

Enfin la grammaire présente quelques complications inutiles, comme la distinction formelle des genres (et surtout celle du neutre concret et du neutre abstrait), la déclinaison de l'article (d'ailleurs mal choisi, et qu'il vaudrait mieux emprunter au latin qu'au grec); le manque de régularité dans la formation des noms de nombre, des pronoms personnels et possessifs; la marque du pluriel dans les verbes, etc.

Tout cela fait de la *Pasilingua* une ébauche assez informe, bien inférieure aux projets de Rudelle et de Pirro. Elle n'en a pas moins eu le mérite de représenter, en face du *Volapük* triomphant, le principe des langues *a posteriori*, et de rouvrir la bonne voie, où d'autres projets allaient bientôt la dépasser.

---

1. Par exemple, le verbe dérivé directement de **grand** signifierait *être grand*, et l'on pourrait former par exemple les dérivés : **grandeskar** = *devenir grand*, **grandifikar** = *rendre grand*, comme dans l'*Idiom neutral*.

CHAPITRE VIII

EICHHORN : *WELTSPRACHE* [1].

Bien que ce projet n'ait paru qu'après le *Volapük*, l'idée-mère en remontait au 9 septembre 1861. L'auteur a eu ensuite connaissance du programme de GRIMM et s'en est inspiré. Convaincu, d'une part, de la nécessité d'une langue universelle, et, d'autre part, de l'impossibilité d'adopter comme telle une langue vivante ou morte, il croit, comme Max MÜLLER, qu'il cite, qu'une langue artificielle peut être bien plus parfaite, plus régulière et plus facile à apprendre. Par « langue universelle » il n'entend pas, d'ailleurs, une langue qui deviendrait la langue unique de l'humanité, ce qui serait « une folie », mais simplement un moyen de communication international ; il lui refuse même l'aptitude à la poésie et à l'expression sentimentale, que GRIMM ambitionnait pour elle. Cette langue ne peut être l'œuvre d'un seul ; tout au plus peut-il en dresser le plan ; l'exécution devra être confiée à une « Académie de langue universelle », qui veillera ensuite à la conservation de la langue et à son développement régulier.

Une condition essentielle de la langue universelle est de s'imprimer aisément dans la mémoire. Pour cette raison, le vocabulaire ne peut pas être construit arbitrairement ; il doit prendre pour base une langue existante et bien connue ; cette langue sera le latin, comme GRIMM le proposait. Seulement l'auteur se réserve le droit d'altérer « en toute liberté » les racines empruntées au latin, pour les faire cadrer avec les règles qu'il impose *a priori* à la formation des mots. Il part de ce principe, que

1. *Die Weltsprache. Ein neuer Versuch, eine Universal-Sprache mit Zugrundelegung des lateinischen Wort-Stammes zu bilden*, 177 p. 12° (Bamberg, Schmidt, 1887). Ce projet anonyme, dû au curé EICHHORN, est souvent cité sous le nom de « projet de Bamberg ».

chaque partie du discours doit être reconnaissable à sa forme, tant à la lecture qu'à l'audition. En conséquence, il édicte pour les diverses parties du discours les règles de structure suivantes :

Les *substantifs* auront en général 2 syllabes;

Les *adjectifs* auront en général 3 syllabes ;

Les *pronoms* auront en général 1 syllabe ; — ces trois espèces de mots commenceront par une consonne et finiront par une voyelle.

Les *verbes* auront en général une racine (un infinitif) d'une syllabe commençant et finissant par une consonne.

Les *adverbes* et les *prépositions* auront 2 syllabes; les *conjonctions* une seule. Les adverbes et les conjonctions commencent par une voyelle et finissent par une consonne; les prépositions commencent et finissent par une voyelle.

Les *interjections* auront 3 syllabes.

VOCABULAIRE.

L'*alphabet* comprend 8 voyelles simples :

> a, e, i, o, u, å, ō, û

prononcées comme en allemand; et 11 consonnes :

> b, d, v (*f*), k, l, m, n, r, s, sh (*ch*), w (*v*).

Le petit nombre de ces consonnes s'explique par ce fait que l'auteur n'a pas cru devoir admettre à la fois les douces et les fortes correspondantes, parce qu'on ne les distingue pas dans l'Allemagne du Sud et dans... les dialectes polynésiens. Dans chaque couple, il a choisi la lettre qui ne descend pas au-dessous de la ligne (pour la netteté de l'écriture). Par suite, il écrit b à la place de *p*, d à la place de *t* et *th*, v à la place de *f* et *ph*, k à la place de *g*; kw à la place de *qu*; sh au lieu du *j* français, ks au lieu de *x*, et ds au lieu de *z*. Il supprime les lettres ambiguës *c* et *g*, et les sons difficiles *h*, *ch* allemands; mais il conserve r, en dépit des Chinois, et sh en dépit des Grecs.

Il admet un certain nombre de voyelles doubles, qu'il considère comme monosyllabiques, bien qu'elles doivent se prononcer séparément; et des consonnes doubles ou même triples [1].

Il applique ce matériel phonétique à la transcription des racines

---

1. Consonnes triples (initiales) : bvr, sdr, skl, skr, skw.

latines, en suivant les règles énoncées. L'adjectif dérive constamment du substantif, et le substantif du verbe (comme le montrent déjà leurs nombres de syllabes). La racine, autant que possible monosyllabique, constitue donc d'abord l'infinitif verbal. Ex. : **dok** = *enseigner* (L. *docere*). Si elle commence par une voyelle, on lui prépose un **n** : **nam** = *aimer* (L. *amare*). Si la racine a plusieurs syllabes, on lui en retranche : **bed** = *obéir* (L. *obedire*). Si au contraire elle est trop courte, on lui laisse un rudiment de terminaison : **dar** = *donner* (L. *dare*); **vler** = *pleurer* (L. *flere*). Enfin, si plusieurs racines latines, dépouillées de terminaisons, deviennent semblables, on les distingue en altérant la voyelle : **muor** = *mourir* (L. *mori*); **mōr** = *demeurer* (L. *morari*); **mor** = *mœurs* (L. *mores*). Ce dernier exemple montre que la racine verbale peut être tirée de n'importe quelle partie du discours.

Les *substantifs* se forment en ajoutant à la racine les suffixes suivants :

1° **-o** pour les êtres mâles, **-a** pour les femelles : **wiro** = *homme* (L. *vir*); **wira** = *femme*;

2° **-io** pour les objets terrestres et matériels : **nakrio** = *champ* (L. *ager*); **nordio** = *jardin* (L. *hortus*);

3° **-eo** pour les éléments, pierres, métaux : **vereo** = *fer*; **naureo** = *or*;

4° **-ea** pour les plantes et leurs parties (sauf les fruits) : **blandea** = *plante*; **vlōrea** = *fleur*;

5° **-ā** pour les fruits : **birā** = *poire* (**birea** = *poirier*);

6° **-ū** pour les fluides : **nakwū** = *eau* (L. *aqua*); **birū** = *bière*; **kasū** = *gaz*; **naerū** = *air*;

7° **-e** pour les objets fabriqués par l'homme : **mense** = *table* (L. *mensa*); **kase** = *cabane* (L. *casa*);

8° **-ō** pour les parties du corps et les produits animaux : **kasō** = *fromage* (L. *caseus*).

9° **-au** pour les idées collectives : **nurbau** = *ville* (L. *urbs*); **krekau** = *troupeau* (L. *grex*).

10° **-uo** pour les réunions d'hommes : **miliduo** = *armée*; **nunuo** = *union*;

11° **-ai** pour les concepts concrets *élevés* (religieux, astronomiques) : **adonai** = *Dieu* (hébreu); **sdelai** = *étoile*; **blanedai** = *planète*;

12° **-oi** pour les fonctions sociales : **kuwernoi** = *gouvernement*; **shuroi** = *justice* (cf. **shuri** = *droit*; **shusdi** = *justice* (vertu); **shurai** = *justice divine*);

13° -u pour les infinitifs substantifiés : le skribu = l'écriture ;

14° -ua pour l'action indiquée par la racine verbale : bardua = division (l'action de partager) : cf. barde = division (partie);

15° -ia pour les idées demi-abstraites et les idées d'états : kuria = soin (L. cura); wokia = voix (L. vox); suria = faim (de sur = esurire; la racine vam = fama signifie renommée);

16° -i pour les purs abstraits : nami, amour; lokwi = langage (linkwō = langue); naudi = ouïe (naurō = oreille) ; et les idées de temps : dembi = temps; nani = année; nori = heure;

17° -ei pour les idées d'espace : sbadsei = espace (L. spatium);

18° -ui pour les choses répugnantes : shelui = crime (L. scelus); dekui = déshonneur (deki = honneur, L. decus);

19° -iu pour les maladies : vebriu = fièvre; vdisiu = phtisie; dsākiu = cécité.

Les noms propres de personnes prennent la désinence -o ou -a, suivant le sexe : Shubidro = Jupiter. Les autres noms propres sont transcrits phonétiquement.

Les adjectifs se forment en ajoutant le suffixe -le au substantif ou -ile à la racine. Ex. : bulkri = beauté, bulkrile = beau; bonile = bon, malile = mauvais; mankile = grand (magnus), nalbile = blanc (albus), nikrile = noir; vadsile = facile.

La voyelle finale du substantif subsiste avec son sens. Ainsi wiro = homme engendre wirole = viril, tandis que wiri = force engendre wirile = fort. Autres exemples : badrole = paternel, madrale = maternel; mikole = amical; vereole = de fer.

Inversement, l'adjectif devient substantif en perdant sa terminaison -le et en prenant les désinences -o, -a. Ex. : bulkro = un bel homme, bulkra = une belle (femme); l'idée abstraite (neutre) est caractérisée par la désinence -ia : bulkria = le beau.

Quand l'adjectif dérive d'un verbe avec l'idée du passif, il se forme au moyen du suffixe -ere (r étant la caractéristique du passif) : vakere = faisable; lekere = lisible; namere = aimable.

Les adverbes dérivés d'adjectifs se forment en changeant la finale -e en ie : vadsilie = facilement.

L'auteur distingue avec soin les vrais dérivés, dont le sens est réellement composé du sens du mot simple, et les faux dérivés, dont le sens ne peut pas se reconstituer à l'aide du sens des éléments simples. (Ex. : untergehen = périr (litt. : aller sous); de même qu'en latin perire signifie traverser). Naturellement, les vrais dérivés seuls seront traduits par des dérivés analogues.

Quant aux *mots composés*, l'auteur ne les admet pas, parce qu'ils sont difficiles à comprendre. Il préfère *chemin de fer* à *Eisenbahn* (D.), en vertu de ce principe général de syntaxe, que le déterminé doit précéder le déterminant (contrairement à l'usage allemand). Quand on entend *Weltspracheblatt*, on ne sait pas de quoi il s'agit avant la fin du mot; l'ordre naturel est au contraire *Blatt* (feuille) *der Sprache* (relative à la langue) *der Welt* (universelle). L'idée principale vient d'abord, elle se complète et se précise par les additions successives.

GRAMMAIRE.

L'auteur admet un *article défini*, qui est :
lo (masc.) la (fém.) le (neutre) au singulier;
lõ — lã — li — au pluriel.
L'*article indéfini* est nŭ, *un*; il est invariable. Employé comme pronom, il est précédé de l'article défini : lo nŭ, la nŭ, *l'un, l'une*.

L'article défini marque le *genre* et le *nombre* du substantif, tandis que le *cas* est indiqué par les particules : de (génitif), a (datif), da (accusatif) mises avant l'article. Ex. : lo badro *(le père)*, de lo badro, a lo badro, da lo badro. Le *pluriel* du substantif est marqué par un -s final : lõ badros, de lõ badros, a lõ badros, da lõ badros. La particule de l'accusatif ne sera employée que si elle est nécessaire pour éviter une équivoque. Les prépositions ne régissent aucun cas; c'est-à-dire que les autres cas se forment au moyen des diverses prépositions.

L'*adjectif* est invariable en genre, en nombre et en cas. Il se place toujours après le substantif, en vertu de la règle générale de syntaxe.

Les *degrés de comparaison* se forment au moyen des particules blu et blusd placées devant l'adjectif. Le superlatif (relatif) prend l'article devant blusd.

Les *noms de nombre* sont construits *a priori*, et caractérisés par la consonne k (sauf nuli = 0). Ce sont :
ak, 1; ek, 2; ik, 3; ok, 4; uk, 5; õk, 6; ûk, 7; auk, 8; aik, 9.
Les suivants sont composés en énonçant le chiffre des dizaines, puis celui des unités : akuli, 10; aka, 11; ake, 12; aki, 13; .... ekuli, 20; ..... ikuli, 30; ..... Puis viennent : dsend, 100; mil, 1000; milion, 1 000 000. Ainsi 1887 s'énonce : mil auk dsend aukû.
Les *nombres ordinaux* se forment au moyen du suffixe -dû.

Les *nombres de fois* s'expriment au moyen du suffixe -es ou -les.

Les *adjectifs multiplicatifs* se forment au moyen du suffixe -ble.

Les *pronoms personnels* sont : mo, do, ro; noi, voi, rō. Celui de la 3e personne varie en genre aux deux nombres : ro, ra, re; rō, rä, ri.

Les pronoms du singulier ont un accusatif : mi, di, ruo (rua, rue). Ceux du pluriel ont leur accusatif marqué par la particule da. *On* se traduit par meno.

Le *pronom réfléchi* est si (sing. et plur.).

Les *pronoms possessifs* sont dérivés des pronoms personnels par l'adjonction de -le (suffixe des adjectifs) : mole, dole, role (rale, rele); noile, voile, rōle (räle, rile). Ils sont invariables.

Les *pronoms démonstratifs* sont : sdo, *celui-ci*; klo, *celui-là*; lo sdo, *le même*; lo klo, *celui qui.*

Le *pronom relatif* et *interrogatif* est : kwo. Tous ces pronoms varient en genre et en nombre, et se déclinent comme les substantifs.

Les *pronoms indéfinis* sont : bse, *même*; liu, *autre*; dale, *tel*; male, *maint*; kwokwo, *quiconque*; nü-kwo, *quelque*; dudo, *tout*; non-nü, *aucun*; nemo, *personne.*

Le *verbe* ne varie pas suivant la personne. L'indicatif présent est l'infinitif présent, c'est-à-dire le radical verbal : mo dok, *j'enseigne.* Les autres temps sont marqués par les suffixes suivants (imités du latin ou du grec) :

Imparfait :	-aba :	mo dokaba.
Parfait :	-idi :	mo dokidi.
Plus-que-parfait :	-udu :	mo dokudu.
Futur :	-oso :	mo dokoso.
Futur antérieur :	-osho :	mo dokosho.

Le *subjonctif* (dont l'usage sera réduit au strict nécessaire) sera marqué par la particule invariable ikon ajoutée aux temps de l'indicatif.

Les *conditionnels* dérivent des futurs par l'insertion de i avant la terminaison : mo dokioso, *j'enseignerais*; mo dokiosho, *j'aurais enseigné.*

L'*optatif* s'exprime par le verbe auxiliaire maid (*might* E.), ou par daib quand il y a idée d'obligation.

Chose curieuse, le verbe varie en nombre : le pluriel est marqué par la désinence -n ou -en ajoutée aux formes précédentes, qui sont réservées au singulier.

L'*impératif* se forme en ajoutant le pronom personnel à l'infinitif, et en intercalant un **ū** ou un **i**, suivant que le sens est plus ou moins impérieux : **dokūdo**, *enseigne*; **dokūro**, *qu'il enseigne*; **dokūnoi**, *enseignons*, etc.

L'auteur croit indispensable de faire précéder l'infinitif de la particule **du** (*zu* D., *to* E.) : **du dok**, *enseigner*. L'infinitif passé est marqué par le suffixe -**isen** : **du dokisen**, *avoir enseigné*. Il n'y a pas d'infinitif futur.

L'actif n'a que les *participes présent* et *passé*, marqués respectivement par les suffixes -**and** et **ind**.

Le *passif* se forme en ajoutant -**r** (ou -**er**) aux temps de l'actif (à l'imitation du latin). Ex. : **doker, dokabar, dokidir, dokudur, dokosor, dokoshor**; infinitif passé : **dokiser**. Ce suffixe se place *après* le suffixe de temps et *avant* la marque du pluriel; ex. : **dokiosoren**.

Le passif n'a que le *participe passé* terminé en -**ard** : **dokard**, *instruit*. Il a aussi un *gérondif* en -**urd** : **dokurd**, *qui doit être instruit* (*docendus* L.).

Comme adjectifs, les participes sont invariables : ils deviennent substantifs par l'adjonction des suffixes -**o**, -**a**, etc. : **dokardo**, *un savant*; et adverbes par l'adjonction du suffixe -**ie** : **dokardie**, *savamment*.

Les *verbes réfléchis* (supprimés autant que possible) se conjuguent à l'aide des pronoms : **mi, di, si; ni, vi, si**.

L'auteur prévoit plusieurs *verbes auxiliaires* caractérisés par la diphtongue **ai** :

baid, *pouvoir* (physiquement), *können* (D.).
laid, *pouvoir* (moralement), *dürfen* (D.).
maid, *might* (E.), auxiliaire de l'*optatif*.
laik, *mögen* (D.), *like* (E.).
wail, *vouloir*.
daib, *devoir*.
dais, *être obligé de*, *müssen* (D.).
dsais, *être forcé de*, *müssen* (D.).

Les verbes *être* (**ser**) et *avoir* (**lam**) ne sont pas auxiliaires, et se conjuguent régulièrement, ainsi que les précédents.

Nous savons déjà comment se forment les *adverbes* dérivés d'adjectifs. Quant aux adverbes primitifs, ils sont empruntés au latin, mais déformés pour être coulés dans le moule uniforme (**v** — **e**). Exemples : **oras** = *dehors* (*foras*); **okul** = *loin* (*procul*); **onen** = *derrière* (*pone*); **oben** = *près* (*prope*); **eman** = *de bonne* heure (*mane*); **oser** = *tard* (*sero*); **imul** = *en même temps* (*simul*); **ember** = *toujours* (*semper*); **ever** = *presque* (*feré*); **orsan** = *peut-être* (*forsan*); **imis** = *trop* (*nimis*), etc.

Oui et *non* se disent **imin** (*imo*) et **enon**. *Ne... pas* se traduit par **non**, qui se place devant le verbe, et qui entre aussi en composition comme préfixe.

Les *prépositions*, devant avoir une forme déterminée, sont construites en partie *a priori*, sur le type : **vev**; dans celles qui doivent entrer en composition, les deux voyelles sont pareilles, afin qu'on puisse supprimer la première (**ana** devient **na-**).

Les prépositions qui indiquent le mouvement vers un lieu sont caractérisées par la consonne **n** : **ana**, *vers*; **ene**, *dans*; **ini**, *sur*; **unu**, *sous*; **ono**, *autour*. (N. B. Les voyelles **i** et **u** ont respectivement le sens d'*en haut*, d'*en bas*; la voyelle **o**, *circulaire*, a le sens d'*autour*.)

Les prépositions qui indiquent le repos en un lieu sont caractérisées par la consonne **m** : **ama**, *auprès de*; **eme**, *dans*; **imi**, *sur*; **umu**, *sous*; **omo**, *autour*.

Les prépositions qui indiquent le mouvement qui s'éloigne d'un lieu sont caractérisées par la consonne **s** : **asa**, *de*; **ese**, *hors de*, etc.

Les prépositions de temps ont en général pour seconde voyelle **i** : **eli**, *depuis*; **oli**, *pendant*; **ivi**, *avant*; **iswi**, *après* (**ovo**, **oswo** signifient *avant* et *après* dans l'espace [1]).

Les autres prépositions sont empruntées au latin, modifiées au besoin pour rentrer dans le type générique : **indra**, *dedans*; **eksdra**, *dehors*; **ubra**, *dessus* (*supra*); **invra**, *dessous*; **indre**, *entre*, etc.

Pour traduire *avec*, l'auteur emprunte **ko** au latin; mais il faut lui donner la forme **vev**. Or **oko** est un nom de nombre; il faut donc adopter **oiko**. De même, *pro* devient **obro**; *sine* (*sans*), **isne**; *contra*, **ondra**; *coram* (en présence de), **ora** (adverbe : **oran**). De même encore : **ausa** veut dire *à cause de*; **alkre**, *malgré*.

Les *conjonctions* sont empruntées au latin suivant le même système (type : **ve**). **Ed** = *et*; **aud** = *ou* (*aut*); **ad** = *mais* (*at*); **is** = *si*; **iak** = *parce que* (*quia*); **ask** = *comme si* (*quasi*); **eam** = *aussi* (*etiam*); **im** = *car* (*enim*); **erk** = *donc* (*ergo*); **um** = *quand* (*cum*); **und**, *pendant que* (*dum*); **osd**, *après que* (*postquam*), etc.

---

1. L'auteur fait remarquer ici ingénument que le choix de ces mots n'est nullement arbitraire. Et, en effet, il justifie **iswi**, **oswo**, en disant qu'il prend pour signifier *après* les deux *dernières* consonnes de l'alphabet!

L'auteur n'a indiqué qu'une fois une corrélation de forme entre les particules d'interrogation et de réponse : **ikur**, *pourquoi? (cur)*; **akur**, *pour cela* (cf. : *warum, darum* D.).

Enfin il a cru devoir inventer des interjections nouvelles (de la forme **vevev**) pour les divers sentiments : *joie*, **alila**; *douleur*, **owāwō**, etc.

Pour la *syntaxe*, il promulgue le principe que nous connaissons déjà; il remarque que le verbe placé à la fin de la phrase (comme il l'est souvent en grec, en latin et en allemand) rend la compréhension difficile. Il prescrit donc l'ordre français : sujet et ses compléments, verbe et adverbe, régime direct, régime indirect, autres compléments.

CRITIQUE.

Le projet de l'abbé EICHHORN repose sur des principes fort raisonnables; tel est notamment celui qui tend à distinguer les parties du discours par leur forme. Malheureusement, les règles par lesquelles il prétend appliquer ce principe apportent des restrictions arbitraires et fort gênantes; elles combattent et détruisent l'effet d'un autre principe, également excellent, qui consiste à emprunter les racines au latin et à d'autres langues, pour soulager la mémoire. Mais le vice capital de ce système est dans l'alphabet, dans la confusion *graphique* des consonnes douces et fortes. Lors même que certains peuples (peu nombreux, en somme) ne pourraient pas distinguer ces deux sortes de consonnes, il suffisait, pour tenir compte de cette... infirmité, d'éviter de former des mots qui ne diffèrent que par une de ces consonnes (comme *pompe* et *bombe*); mais il n'était nullement nécessaire de supprimer une consonne sur deux, ce qui rend les mots graphiquement méconnaissables[1]. Ces deux causes réunies ont concouru à dénaturer la plupart des racines et des particules adoptées par l'auteur. Sans doute, il déclare que la liberté qu'il prend de réformer les mots ne doit pas les rendre inintelligibles, et « que la racine latine doit toujours être encore

---

1. Pour juger de la nécessité ou de l'utilité de cette réforme, il suffit de se demander si les Allemands consentiraient à l'appliquer à leur propre langue, pour la rendre plus facile (?) à une partie d'entre eux (qui est une minorité).

reconnaissable ». Les nombreux exemples que nous avons cités permettent au lecteur de juger s'il a tenu parole[1].

D'autre part, il n'est pas resté jusqu'au bout fidèle au principe des langues *a posteriori*. Si sa conjugaison synthétique est assez heureusement inspirée du latin (à part le signe du pluriel, bien inutile), et si sa déclinaison analytique est conforme au génie des langues modernes, ses noms de nombre et une partie de ses prépositions sont formés *a priori*, suivant des idées théoriques ingénieuses, mais dont l'application pratique est, quoi qu'il en dise, absolument arbitraire. De même, les nombreux *suffixes caractéristiques* qu'il invente pour les substantifs, outre qu'ils sont pour la plupart arbitraires, appartiennent aux systèmes *a priori*, et contribuent encore à défigurer les radicaux empruntés aux langues naturelles[2]. En résumé, l'auteur n'a pas eu assez d'esprit de suite et n'a pas su développer son système d'une manière conséquente et cohérente. Son exemple prouve que l'application maladroite de principes excellents peut conduire à un résultat pratiquement inadmissible.

1. Voir la même critique chez J. STEMPFL, *Myrana*, p. 117 (cet auteur est justement un Allemand du Sud comme EICHHORN).
2. Voir notre critique du *Volapük*.

CHAPITRE IX

Dr ZAMENHOF : *LA LINGVO INTERNACIA DE DOKTORO ESPERANTO*[1]

L'auteur de la langue connue sous le nom d'*Esperanto* est un médecin russe, le Dr Louis-Lazare ZAMENHOF[2], né en 1859 à Bielostok (gouvernement de Grodno). Il a raconté lui-même la genèse de sa langue dans une admirable lettre que nous allons résumer brièvement[3]. Quand l'idée de la langue internationale lui est-elle

1. D° ESPERANTO : *Langue internationale, Préface et manuel complet*, en russe (Varsovie, Gebethner et Wolff, 1887). — *Die Weltsprache « Esperanto », vollständiges Lehrbuch nebst zwei Wörterbüchern*, nach der russ. Ausgabe von Dr. L. Samenhof, hrsg. von W. H. TROMPETER (Nürnberg, 1891). — *The international Language « Esperanto », complete Instruction-Book with two Vocabularies*, translated after the Russian of Dr. L. Zamenhof by R. H. GEOGHEGAN (Uppsala, 1898). — *Langue internationale « Esperanto », Manuel complet avec double dictionnaire*, traduit sur l'ouvrage russe du Dr Zamenhof par L. DE BEAUFRONT, 4° éd. (Paris, Le Soudier, 1899). — *Universala Vortaro de la lingvo internacia « Esperanto »* (en 5 langues), par L. ZAMENHOF, 3° éd. (Varsovie, 1900). — *Ekzercaro* (recueil d'exercices, en 5 langues), par L. ZAMENHOF, 2° éd. (Varsovie, 1898). — Depuis 1901, la librairie Hachette a le monopole (pour tous les pays) de la *Kolekto Esperanta aprobita de D° Zamenhof*, qui comprend : 1° *Grammaire et Exercices de la L. i. Esperanto*, par L. DE BEAUFRONT (contient l'*Ekzercaro*), 1902 ; 2° *Dictionnaire Esperanto-Français*, par L. DE BEAUFRONT, 2° éd.1902 ; 3° *Dictionnaire Français-Esperanto* (en préparation) ; 4° *Vocabulaire Français-Esperanto et Esperanto-Français*, par CART, MERCKENS et BERTHELOT (1903) ; 5° *Commentaire sur la Grammaire Esperanto*, par L. DE BEAUFRONT, 2° éd. (1902) ; 6° *L'Esperanto en dix leçons* (Cours du Touring-Club de France), par CART et PAGNIER (1902) ; 7° *Premières leçons d'Esperanto*, par CART. — Voir aussi *L'Espérantiste*, journal mensuel fondé en 1898 par M. DE BEAUFRONT (Epernay, Marne). — Enfin viennent de paraître : *Lehrbuch der int. Hilfssprache « Esperanto » mit Wörterbuch*, par A.-H. FRIED (Berlin, 1903), et *Esperanto, The Student's Complete Text-book*, par J.-C. O'CONNOR (London, 1903).

2. Prononcer Z à la française ; les Allemands écrivent : *Samenhof*.

3. Adressée à M. Borovkó ; traduite en *Esperanto* et publiée dans *La Lingvo internacia*, 1896, puis dans le *Jarlibro Esperantista* de 1897 et dans les *Esperantaj Prosajoj* (Hachette, 1902).

venue? Il ne saurait le dire : si loin que remontent ses souvenirs, il a vécu avec elle et pour elle. Les conditions où s'est passée son enfance en ont favorisé et hâté l'éclosion. Sa ville natale est divisée entre quatre races de langues différentes (Russes, Polonais, Allemands et Israélites) qui se haïssent et se maltraitent mutuellement. Le contraste de ces discordes, dues au moins en partie à la diversité de langues, avec une éducation « idéaliste » qui lui enseignait que tous les hommes sont frères, lui suggéra la pensée de remédier à ce mal par la création d'une langue *neutre*, prise en dehors des langues nationales vivantes.

Il pensa d'abord à ressusciter l'usage d'une des langues mortes de l'antiquité classique ; mais il renonça bientôt à ce rêve d'écolier, et en vint à concevoir une langue artificielle. En avançant dans ses études littéraires (au gymnase de Varsovie), il se convainquit que la complexité des grammaires naturelles était une richesse vaine et encombrante, et se mit à élaborer une grammaire simplifiée. Restait à construire le vocabulaire : l'énormité de la tâche l'effrayait, jusqu'à ce qu'il eût remarqué que l'emploi des affixes de dérivation permet de former beaucoup de mots avec un seul, et dispense par suite d'un travail de mémoire énorme. Seulement, il fallait que cette formation fût absolument régulière ; il se mit donc à cataloguer les diverses relations de sens qui existent entre les mots, et à chercher pour chacune d'elles un suffixe spécial et unique. Il réduisait ainsi de beaucoup le nombre des mots primitifs ou des radicaux.

Quant à la constitution de ces radicaux, le Dr Zamenhof avait d'abord songé à les fabriquer de toutes pièces par des combinaisons arbitraires de lettres, afin d'obéir à la « loi d'économie », et sous prétexte que le sens des racines est absolument conventionnel. Mais il y renonça bientôt, s'apercevant que ces racines artificielles étaient trop difficiles à apprendre et à retenir. Il remarqua qu'il y a dans les langues modernes un grand nombre de mots déjà internationaux ; il les adopta, et constitua ainsi un vocabulaire *romano-germanique*.

Il avait ainsi élaboré, dès l'année 1878, une « lingwe universala » qu'il se mit à pratiquer avec ses camarades (il était encore au gymnase). Mais ceux-ci, une fois séparés, oublièrent bientôt la langue et leurs promesses de propagande. Le Dr Zamenhof soumit son projet à une nouvelle incubation, pendant ses 6 années d'études à l'Université, sans en parler à personne ; il s'exerçait en

secret à traduire, à composer et à penser dans sa langue ; il la
perfectionnait et l'enrichissait peu à peu, l'assouplissait et lui donnait un « esprit » autonome, une physionomie propre. Enfin, il
découvrait le moyen de la rendre utile même à ceux qui ne la
connaîtraient pas, en construisant les mots avec des éléments
indépendants et invariables, de manière que la grammaire ren-
trât dans le vocabulaire, et qu'on pût déchiffrer un texte à l'aide
du lexique seul. Enfin, après avoir cherché en vain un éditeur
pendant deux ans, il se décida à publier en juillet 1887 sa première brochure sous le pseudonyme de *Doktoro Esperanto*, qui est
devenu le nom courant de la langue ; risquant dans cette aven-
ture, avec le sort de son projet, son avenir de médecin et celui
de sa famille.

Comme on vient de le voir par ce résumé, le projet du
Dr Zamenhof, inspiré par les mobiles humanitaires les plus
nobles, a traversé, en raccourci, les mêmes phases que l'idée
même de la langue universelle : restauration du latin, puis langue
a priori et purement combinatoire, enfin langue *a posteriori*. Il est
fondé sur deux principes essentiels : le principe du *maximum d'internationalité acquise* pour les racines ; et le principe de l'*invariabilité des éléments* lexicologiques, chacun d'eux étant une racine
indépendante et ayant un sens propre. Il réunit ainsi et fond
ensemble les propriétés et les avantages des langues agglutinatives et des langues à flexions.

GRAMMAIRE.

L'*alphabet* se compose de 27 lettres, 5 voyelles : a, e, i, o, u (*ou*) ;
et 22 consonnes : b, c (*ts*), ĉ (*tch*), d, f, g (toujours dur), ĝ (*dj*), h
(aspirée), ĥ (*ch* allemand dur), j (*y* de *yeux*), ĵ (*j* français), k, l, m, n,
p, r, s (toujours dur), ŝ (*ch*), t, v, z. Il faut ajouter la demi-consonne ŭ (*ou* bref), qui ne figure que dans les diphtongues aŭ, eŭ.
Il n'y a pas d'autres diphtongues : toutes les voyelles se prononcent séparément et forment autant de syllabes : traïri, soïfo, trouzi.
D'ailleurs, toutes les lettres se prononcent toujours de même,
quelle que soit leur place (notamment le c, qui a partout le son
ts, comme en polonais).

L'*accent* porte toujours sur l'avant-dernière syllabe de chaque
mot (une diphtongue compte pour une syllabe).

Les principales *parties du discours* sont distinguées par la voyelle finale : le substantif par -o, l'adjectif par -a, l'adverbe dérivé par -e, le verbe (à l'infinitif) par -i [1]. Beaucoup de prépositions et d'adverbes primitifs se terminent en -aŭ.

L'*article défini* est la, invariable en genre et en nombre [2]. Il n'y a pas d'article indéfini, ni d'article partitif.

Le *substantif* est terminé par -o au nominatif singulier. On forme le nominatif pluriel en ajoutant -j. On forme l'accusatif (sing. ou plur.) en ajoutant un -n au nominatif correspondant. Tous les autres cas sont remplacés par des prépositions.

L'*adjectif* est terminé en -a au nominatif singulier. Il est invariable en genre. Son pluriel et son accusatif se forment comme ceux du substantif, avec lequel il s'accorde toujours. La déclinaison du substantif et de l'adjectif se résume donc dans le paradigme suivant :

Sing.	Plur.
Nom. la bona patro, *le bon père.*	la bonaj patroj, *les bons pères.*
Acc. la bonan patron.	la bonajn patrojn.

Les *degrés* se forment analytiquement au moyen d'adverbes :

Le *comparatif d'égalité,*	au moyen de	tiel	... kiel, *autant... que.*
Le *comparatif de supériorité,*	—	pli	...ol, *plus ... que.*
— *d'infériorité,*	—	malpli ... ol, *moins ... que.*
Le *superlatif de supériorité,*	—	plej	... el, *le plus ... de.*
— *d'infériorité,*	—	malplej ... el, *le moins... de.*
Le *superlatif absolu,*	—	tre,	*très*

Les *noms de nombre cardinaux* sont invariables : unu, 1 ; du, 2 ; tri, 3 ; kvar, 4 ; kvin, 5 ; ses, 6 ; sep, 7 ; ok, 8 ; naŭ, 9 ; dek, 10 ; cent, 100 ; mil, 1000.

Un nombre exact de dizaines, centaines.... (inférieur à 10) s'exprime en faisant suivre le nom de ce nombre du mot *dix, cent,...* : dudek, 20 ; tridek, 30 ;... ducent, 200 ;...

Tout autre nombre s'exprime en énonçant successivement le nombre de ses unités des différents ordres (quand il n'est pas nul), en commençant par le plus élevé : 11 = dek unu ; 12 = dek du ; 21 = dudek unu ;.... 2457 = dumil kvarcent kvindek sep.

1. Comme ces caractéristiques s'ajoutent au radical, elles n'ont leur sens que dans les polysyllabes. Cela n'empêche pas d'avoir les prépositions monosyllabiques : da, de, pri, pro.

2. L'article la peut s'élider en l' après une préposition finissant par une voyelle.

Les *adjectifs ordinaux* se forment en ajoutant aux nombres cardinaux le suffixe -a (des adjectifs) : **unua**, 1er; **dua**, 2e.

Les *adverbes ordinaux* se forment de même au moyen du suffixe **-e** (des adverbes) : **unue**, *premièrement*; **due**, *deuxièmement*.

Pour substantifier les noms de nombre cardinaux, il suffit de leur ajouter le suffixe -o (des substantifs) : **unuo**, *unité*; **duo**, *couple*, *paire*; **deko**, *dizaine*.

Les *nombres multiplicatifs* se forment en ajoutant aux cardinaux le suffixe **-obl**, plus la caractéristique **-o**, **-a** ou **-e** suivant qu'il s'agit d'un substantif, d'un adjectif ou d'un adverbe : **duobla**, *double*; **la trioblo**, *le triple*; **kvaroble**, *quadruplement*.

Les *nombres fractionnaires* se forment de même au moyen du suffixe **-on** : **duona**, *demi-*; **la kvarono**, *le quart*; **duone**, *à demi*.

Les *nombres collectifs* se forment de même au moyen du suffixe **-op** : **duopa atako**, *attaque à deux*; **kvinope**, *à cinq*.

Les *nombres de fois* se forment de même au moyen du suffixe **foj(e)** : **unufoje**, *une fois*; **dufoje**, *deux fois*.

Les *nombres distributifs* s'expriment en faisant précéder le nombre cardinal de la préposition **po** : **po du**, *à deux* (*deux par deux, deux par tête, par pièce*, etc.).

Les *pronoms personnels* sont : **mi**, *je*; **vi**, *tu* et *vous* [1]; **li**, *il*; **ŝi**, *elle* [2]; **ĝi**, *il* (neutre); **ni**, *nous*; **ili**, *ils*, *elles* (3 genres).

On doit y ajouter le *pronom réfléchi* **si** et le pronom indéfini **oni** = *on*.

Tous ces pronoms prennent **-n** à l'accusatif. Ils ne varient pas autrement.

Les *pronoms-adjectifs possessifs* sont formés par l'addition de **-a** (suffixe des adjectifs) aux pronoms personnels correspondants : **mia**, **via**, **lia**, **ŝia**, **ĝia**; **nia**, **ilia**; **sia**. Ils forment leur pluriel et leur accusatif comme les adjectifs. Ils s'accordent avec le substantif, exprimé ou sous-entendu [3].

Les *pronoms démonstratifs, relatifs* et *indéfinis* présentent une corrélation élégante et commode, qui s'étend aux adverbes de lieu, de temps, de cause, de manière et de quantité, et que figure le tableau suivant.

---

1. Le pronom **ci** = *tu* est pratiquement inusité (comme en anglais).
2. Anglais : *she*.
3. En d'autres termes, il n'y a aucune différence entre les adjectifs possessifs et les pronoms possessifs.

	ADJECTIFS	PRONOMS			ADVERBES				
		DE PERSONNE	DE CHOSE	POSSESSIF	DE LIEU	DE TEMPS	DE CAUSE	DE MANIÈRE	DE QUANTITÉ
Indéfinis	ia *quelque*	iu *quelqu'un*	io *quelque chose*	ies *de quelqu'un*	ie *quelque part*	iam *un jour*	ial *pour une raison quelconque*	iel *d'une manière quelconque*	iom *quelque peu*
Interrogatifs relatifs	kia *quel*	kiu *qui*	kio *quoi*	kies *de qui*	kie *où*	kiam *quand*	kial *pourquoi*	kiel *comment*	kiom *combien*
Démonstratifs	tia *tel*	tin *celui (là)*	tio *cela*	ties *d'un tel*	tie *là*	tiam *alors*	tial *pour cette raison*	tiel *ainsi*	tiom *autant*
Universels	ĉia *tout chaque*	ĉiu *chacun*	ĉio *tout*	ĉies *de chacun*	ĉie *partout*	ĉiam *toujours*	ĉial *pour toutes les raisons*	ĉiel *de toutes les manières*	ĉiom *le tout*
Négatifs	nenia *aucun*	neniu *personne*	nenio *rien*	nenies *de personne*	nenie *nulle part*	neniam *jamais*	nenial *pour aucune raison*	neniel *d'aucune manière*	neniom *rien du tout*

Les adjectifs et pronoms des 3 premières colonnes prennent la marque du pluriel et celle de l'accusatif; tous les autres mots sont invariables.

Les mots de la 3ᵉ ligne sont tantôt les antécédents des mots de la 2ᵉ, quand ceux-ci sont relatifs, et tantôt leurs répondants, quand ils sont interrogatifs. On leur ajoute **ĉi** quand on veut désigner un objet rapproché : **tiu-ĉi**, *celui-ci*; **tio-ĉi**, *ceci*; **ĉi**, **tie-ĉi**, *ici*. Pour donner aux relatifs le sens indéterminé, il suffit de leur ajouter **aja** : **kiu ajn**, *qui que ce soit*; **kia ajn**, *quel que soit*; **kie ajn**, *n'importe où*; **kiam ajn**, *n'importe quand*.

Les principaux *pronoms indéfinis* sont :

alia, *autre*; **ceteraj**, *les autres*; **kelka**, *quelque*; **multa**, *nombreux* (**multe**, *beaucoup*); **tuta**, *tout entier*; **sama**, *le même* (L. *idem*). *Même* (L. *ipse*) se traduit par **mem** (adverbe invariable).

Le *verbe* est invariable en personne et en nombre. Il a une con-jugaison absolument uniforme, qui s'effectue tout entière au moyen de *six* terminaisons : **-as** pour le *présent*, **-is** pour le *passé*, **os** pour le *futur*, **-us** pour le *conditionnel*, **-u** pour l'*impératif-subjonctif*, et **-i** pour l'*infinitif*. On doit y ajouter *six* autres terminaisons pour les participes actifs et passifs :

	Actif.	Passif.
Présent :	-ant	-at
Passé :	-int	-it
Futur :	-ont	-ot

Comme on le voit, les voyelles **a, i, o** caractérisent respective-ment les trois temps principaux, de sorte que les 12 terminaisons verbales se réduisent en définitive à 9 éléments :

$$a, i, o ; s, nt, t; us, u, i.$$

La conjugaison n'emploie qu'un seul auxiliaire, le verbe **esti** = *être*, qui sert à la fois à former les temps secondaires de l'actif (avec les participes actifs) et tous les temps du passif (avec les participes passifs), sans jamais être répété ou accompagné d'un autre auxiliaire [1].

---

1. Comme cela arrive dans toutes les langues vivantes : *ich würde geliebt worden sein* (D.) = *j'aurais été aimé* (F.) Le verbe esti se conjugue comme les autres, c'est-à-dire avec lui-même pour auxiliaire; mais ses formes com-posées ne servent pas d'auxiliaires aux autres verbes.

Voici le paradigme de la conjugaison :

Voix active.

Infinitif présent : **ami,**   *aimer.*
—   passé :   **esti aminta,** *avoir aimé.*
—   futur :   **esti amonta,** *devoir aimer.*
Participe présent :   **amanta,** *aimant.*
—   passé :   **aminta,** *ayant aimé.*
—   futur :   **amonta,** *qui aimera* [1].

Indicatif.

Présent : **amas.** Parfait :   **estas aminta.**
Passé : **amis.** Plus-que-parfait : **estis aminta.**
Futur : **amos.** Futur antérieur : **estos aminta.**

Conditionnel.

Présent : **amus.** Passé : **estus aminta.**

Impératif-subjonctif.

Présent : **amu.** Passé : **estu aminta.**

Voix passive.

Infinitif présent : **esti amata,** *être aimé.*
—   passé :   **esti amita,** *avoir été aimé.*
—   futur :   **esti amota,** *devoir être aimé.*
Participe présent :   **amata,** *qu'on aime.*
—   passé :   **amita,** *qu'on a aimé.*
—   futur :   **amota,** *qu'on aimera.*

Indicatif.

Présent : **estas amata.** Parfait :   **estas amita.**
Passé : **estis amata.** Plus-que-parfait : **estis amita.**
Futur : **estos amata.** Futur antérieur : **estos amita.**

Conditionnel.

Présent : **estus amata.** Passé : **estus amita.**

Impératif-Subjonctif.

Présent : **estu amata.** Passé : **estu amita.**

---

1. Les participes, considérés comme adjectifs, se terminent en -a ; mais on peut les transformer en substantifs ou en adverbes (gérondifs) en changeant cette désinence en -o ou en -e.

On remarquera que la combinaison du verbe *être* avec les divers participes permet d'exprimer bien d'autres nuances de temps ou de mode, notamment les aoristes anglais (*I am going* = **mi estas iranta**; *I was writing* = **mi estis skribanta**) et certains temps que le français ne peut rendre que par des périphrases. Ex. : **vi estis punota** = *vous deviez être puni* (sens de futur, et non d'obligation) : c'est un passé-futur, comme **vi estos punita** est un futur-passé, et **vi estis punita**, un passé-passé.

Quant au *passé rapproché* et au *futur rapproché*, ils s'expriment au moyen des adverbes **ĵus** (*justement, à l'instant*) et **tuj** (*tout de suite*) : *je viens de lire* = **mi ĵus legis**: *je vais écrire* = **mi tuj skribos**.

Les *verbes réfléchis* se construisent avec les pronoms personnels, aux 1re et 2e personnes, et avec le pronom réfléchi à la 3e ; tous ces pronoms sont mis à l'accusatif. Ex. : **mi lavas min,** *je me lave*; **vi lavas vin,** *tu te laves*; **li lavas sin,** *il se lave*; **ŝi lavas sin,** *elle se lave* (**li lavas lin** et **ŝi lavas ŝin** signifieraient : *il le lave, elle la lave*).

Les *verbes réciproques* se construisent soit en ajoutant au verbe réfléchi l'adverbe **reciproke,** soit en ajoutant au verbe actif : **unu la alian** (*l'un l'autre*). *Ils se battent* = **ili batas sin reciproke,** ou : **ili batas unu la alian.**

Les *verbes impersonnels* n'ont pas de sujet : **pluvas,** *il pleut*.

L'*interrogation,* directe ou indirecte, se marque par la particule **ĉu** mise au commencement de la phrase (sans entraîner aucune inversion), à moins que celle-ci ne contienne un mot interrogatif.

Les *adverbes dérivés* se forment en ajoutant la désinence caractéristique **-e** au radical, quel qu'il soit : **bone,** *bien*; **nokte,** *de nuit*; **kolere,** *avec colère*; **cetere,** *du reste*; **sekve,** *par conséquent*; **alie,** *autrement.* Leurs *degrés* de signification s'indiquent comme ceux des adjectifs.

Les principaux *adverbes primitifs* sont : **jes,** *oui*; **ne,** *non,* **ne...** *pas*; **nun,** *maintenant*; **nur,** *seulement*; **ankaŭ,** *aussi*; **ankoraŭ,** *encore*; **eĉ,** *même*; **jam,** *déjà*; **baldaŭ,** *bientôt*; **kvazaŭ,** *quasi*; **hieraŭ,** *hier*; **morgaŭ,** *demain*; **preskaŭ,** *presque*; **tro,** *trop*; **ju pli... des pli,** *plus... plus...*

Les principales *prépositions* sont : **al,** *à, vers*; **de,** *de* (origine, possession) [1]; **en,** *dans*; **el,** *hors de*; **ekster,** *en dehors de*; **sur,** *sur*;

---

1. Cette préposition traduit logiquement *par* après un verbe passif, comme *de* en français : *Il est aimé de tous.*

super, *au-dessus de*; sub, *sous*; antaŭ, *avant*; post, *après*; apud, *auprès de*; ĉe, *chez*; cirkaŭ, *autour de*; anstataŭ, *au lieu de*; dum, *pendant*; ĝis, *jusqu'à*; inter, *entre*; kontraŭ, *contre*; kun, *avec*; sen, *sans*; per, *au moyen de*; pri, *au sujet de*; pro, *à cause de*; por, *pour* (*afin de*); laŭ, *selon*; malgraŭ, *malgré*.

Enfin, dans les cas où l'on hésite entre plusieurs prépositions, ou lorsqu'aucune ne paraît convenable, on emploie la préposition *indéterminée* je, qui peut tenir lieu de toute autre. Ex. : *plein de sable* = plena je sablo; *la dernière fois* = je la lasta fojo [1].

Les principales *conjonctions* sont : kaj (G.), *et*; aŭ, *ou*; nek, *ni*; sed, *mais*; ja, *à la vérité*; jen, *voici*; jen... jen, *tantôt,... tantôt*; do, *donc*; tamen, *cependant*; se, *si*; ke, *que*; kiam, *lorsque*; kvankam (L.), *quoique*; ĉar, *car, parce que*; ĉu, *est-ce que?* *si* (interrogatif); ĉu... ĉu, *soit que... soit que*.

Quelques-unes sont aussi des prépositions : dum, *pendant que*; ĝis, *jusqu'à ce que*; anstataŭ, *au lieu que*.

D'autres sont composées avec des prépositions ou des adverbes : por ke, *pour que, afin que*; antaŭ ol [2], *avant que*; se nur, *pourvu que*; nur se, *à moins que*; eĉ se, *quand même*.

D'ailleurs il n'y a pas de distinction tranchée entre les adverbes, les prépositions et les conjonctions; chacune de ces particules peut jouer les trois rôles. Toutefois, elles prennent en général -e comme adverbes : dume, *ce-pendant*; antaŭe, *antérieurement*; kontraŭe, *au contraire*; plie, *de plus, en outre*.

Les particules sont en général invariables. Mais les adverbes en e prennent l'-n de l'accusatif dans certains cas définis par la syntaxe.

Parmi les *interjections*, citons : adiaŭ, *adieu*; ve (D., L.), *malheur*.

Syntaxe.

L'*article défini* s'emploie devant un nom générique pour marquer, soit qu'il désigne la totalité de ses objets, soit qu'il

1. Un philologue de nos collègues nous disait que l'invention de je est un trait de génie linguistique. En effet, peu importe, le plus souvent, le sens de la préposition, pourvu qu'il y en ait une, qui marque le lien de deux mots. La nature de ce lien est déterminée par le sens de ces mots.

2. Nous ne voyons pas de raison suffisante pour faire suivre antaŭ de ol, alors qu'on emploie anstataŭ comme conjonction.

désigne un objet déterminé [1]. Ex. : la **homo estas mortema** = *l'homme est mortel* ; la **homo kiu venis** = *l'homme qui est venu.*

Un ne l'emploie pas devant les noms propres ou singuliers (dont l'objet est unique) puisqu'ils sont entièrement déterminés par eux-mêmes. Ex. : **Doktoro Zamenhof, papo Pio IX[a], reĝo Henriko IV[a]** [2].

L'*accusatif* s'emploie :

1° Pour indiquer le régime direct du verbe. Il importe de remarquer que l'*Esperanto* considère, fort logiquement, tout régime unique comme un régime direct [3]. Ex. : **obei la patron**, *obéir au père* ; **kion vi bezonas**, *de quoi avez-vous besoin?*

2° Pour remplacer la préposition indéterminée je lorsqu'elle est inutile, notamment avec les compléments indiquant la date, la durée, la mesure et le prix : **la lastan fojon**, *la dernière fois* ; **alta kvin metrojn**, *haut de cinq mètres* ; **mi restos tri tagojn**, *je resterai trois jours* ; **tiu ĉi libro kostas ses frankojn**, *ce livre coûte six francs* [4].

3° Pour indiquer le but d'un mouvement (matériel ou idéal), *quand la préposition ne suffit pas à exprimer qu'il y a mouvement* : **Mi iras Parizon**, *je vais à Paris* [5]. **La kato saltas sur la tablon**, *le chat saute sur la table* (il s'y rend ; **sur la tablo** signifierait qu'il y est). On met à l'accusatif même les adverbes de lieu : **Kien vi iras**, *où allez-vous?* Réponses : **domen**, *à la maison* ; **hejmen**, *chez moi*. **Li falis teren**, *il tomba à terre* ; **antaŭen**, *en avant!*

En dehors des cas précédents, les prépositions gouvernent le nominatif. Par suite les prépositions al et ĝis le gouvernent toujours.

---

1. Le Dʳ ZAMENHOF lui-même dit de l'article : « Ĝi estas uzata tiam, kiam ni parolas pri objektoj konataj. » Il est vrai qu'il ajoute, pour les Slaves qui ne comprennent pas l'usage de l'article : « Se iu ne komprenas bone la uzon de la artikulo, li povas *tute ĝin ne uzi*, ĉar ĝi estas oportuna sed ne necesa. » *Dua Libro*, p. 17 ; cf. *Ekzercaro*, § 27.

2. Lire : **Pio naŭa, Henriko kvara.** Remarquons en passant que l'*Esperanto* ne remplace jamais le nombre ordinal par le nombre cardinal, comme cela a lieu fréquemment en français.

3. Quoi de plus absurde que nos verbes soi-disant *neutres* avec un régime indirect? Les verbes *nuire, jouir* ne sont-ils pas actifs? Pourquoi dire : *nuire à quelqu'un, jouir de quelque chose*, alors qu'on dit : *léser, offenser quelqu'un; goûter, savourer quelque chose?*

4. CART et PAGNIER : *L'Esperanto en dix leçons*, § 18.

5. Ce cas pourrait rentrer dans le 1ᵉʳ, car le verbe *aller* est réellement un verbe actif dont le régime direct est le lieu où l'on va. Ne dit-on pas : *César petivit Galliam* = *César gagna la Gaule?*

L'accusatif sert encore à éviter certaines équivoques fâcheuses des langues nationales. Par exemple, cette phrase : « *Je l'écoute mieux que vous* » peut signifier deux choses : « Je l'écoute mieux que je ne vous écoute », et : « Je l'écoute mieux que vous ne l'écoutez », de sorte qu'on est obligé d'employer l'une ou l'autre de ces périphrases si l'on veut éviter l'amphibologie. En *Esperanto*, on dira, dans le 1ᵉʳ cas : « **Mi aŭskultas lin pli bone ol vin** » (accusatif), et dans le second : « ... **pli bone ol vi** » (nominatif) [1].

Mais il y a encore d'autres causes d'équivoque : un adjectif peut jouer le rôle d'*épithète* ou celui d'*attribut*. Comme épithète, il qualifie ou détermine le nom qu'il accompagne, il fait partie de sa signification, ou la complète; comme attribut, il s'ajoute à sa signification. En français, on distingue quelquefois ces deux sens par la place de l'adjectif : *J'ai trouvé le bon vin*, ou : *J'ai trouvé le vin bon*. Mais cet expédient peu logique et subtil est insuffisant en français et ne peut convenir à une langue internationale [2]. L'*Esperanto* trouve dans l'accusatif un remède universel et infaillible à toutes ces équivoques : il met l'adjectif épithète à l'accusatif (comme son substantif), et l'adjectif attribut au nominatif. Exemple : « *J'ai trouvé la bouteille cassée.* » S'agit-il d'une bouteille cassée que vous cherchiez et que vous avez trouvée? Dites : « **Mi trovis la botelon rompitan.** » S'agit-il au contraire d'une bouteille que vous avez trouvée cassée? Dites : « **Mi trovis la botelon rompita** ». Le sens sera clair, quel que soit l'ordre des mots [3].

Le pronom réfléchi **si** et son possessif **sia** s'emploient uniquement quand ils se rapportent au sujet de la proposition où ils se trouvent [4] (on l'a déjà vu à propos des verbes réfléchis). Ex. : **la patro estas kun sia filo kaj siaj amikoj** (les amis du père); mais on dira : **liaj amikoj**, s'il s'agit des amis du fils. On voit qu'ici encore l'*Esperanto* réussit à éluder une équivoque fréquente dans nos langues; car on dit en français dans les deux cas : « *Le père est avec son fils et ses amis.* » Au surplus, l'*Esperanto* est bien

1. C'est exactement ce qui a lieu en latin, du moins toutes les fois que l'accusatif diffère du nominatif.
2. Non plus que les distinctions délicates : *brave homme* et *homme brave*, *galant homme* et *homme galant*, etc.
3. On remarquera qu'ici la syntaxe de l'*Esperanto* se distingue (avec avantage) de la syntaxe latine, où l'adjectif, épithète ou attribut, s'accorde toujours avec le substantif.
4. Comme *se* et *suus* en latin.

armé contre les équivoques de *son, sa, ses*, puisqu'il a *trois* (et même *quatre*, avec *sia*) pronoms possessifs de la 3° pers. sing. correspondant aux 3 genres, *lesquels sont naturels* [1].

L'emploi des temps et des modes n'est pas déterminé, comme dans nos langues, par des règles d'accord arbitraires et capricieuses, ni par les conjonctions, mais toujours et uniquement par le sens du verbe. Le choix du temps ne donne donc lieu à aucune difficulté : on dit, conformément à la logique : « S'il *viendra*, je serai content ».

Dans les propositions subordonnées, on emploie le présent, le passé ou le futur, suivant que le fait exprimé par le verbe est présent, passé ou futur *par rapport* à celui qu'exprime le verbe de la proposition principale. Ex. : *Je crains qu'il ne perde son procès*, mi timas ke li perdos (futur) sian proceson; *je n'espère pas qu'il vienne*, mi ne esperas ke li venos; *je croyais que vous étiez médecin*, mi kredis ke vi estas kuracisto.

Pour l'emploi des modes le Dr ZAMENHOF n'a énoncé aucune règle, ce qui ne laisse pas d'être embarrassant pour les novices, car cet emploi est très variable suivant les langues, et donne lieu à une foule d'idiotismes. M. DE BEAUFRONT s'est efforcé de régulariser cet emploi en formulant les préceptes suivants [2]. L'*indicatif* est le « mode de la certitude »; on doit l'appliquer à tout fait positif ou présenté comme tel. Ex. : *Je crois qu'il pleut*, mi kredas ke pluvas; *je ne crois pas qu'il pleuve* (maintenant), mi ne kredas ke pluvas; *je ne crois pas qu'il pleuve* (plus tard), mi ne kredas ke pluvos. Comme on le voit, la présence de la négation dans la proposition principale ne change pas le mode du verbe subordonné.

L'interrogation, soit directe, soit indirecte, n'influe pas davantage sur le mode : *Croyez-vous qu'il pleuve*, ĉu vi kredas ke pluvos? *Je doute qu'il vienne*, mi dubas ĉu li venos; *je ne doute pas qu'il ne vienne* [3], mi ne dubas ke li venos.

Le *conditionnel* est le mode de la condition et de la supposition :

---

1. En allemand, où la même distinction existe, les pronoms du masculin et du neutre sont identiques; et comme le genre n'est pas naturel (le mot *Weib* = *femme* est du neutre!), on ne sait jamais si *sein* se rapporte à une personne ou à une chose. Ajoutons que *ihr* peut signifier à la fois : *son* (à une femme), *votre* et *leur*!

2. *Commentaire sur la Grammaire Esperanto*, p. 84-99.

3. On ne saurait trop admirer l'illogisme de ce subjonctif, aggravé d'une négation, pour exprimer un fait positif considéré comme certain.

il s'applique donc aux faits ou assertions problématiques. Ex. : *Si vous vouliez, vous seriez heureux*, **se vi volus, vi estus feliĉa**. Par suite, il s'emploie pour atténuer une affirmation ou un ordre que l'indicatif rendrait trop tranchants : *Je voudrais que...*, **mi volus ke...**

L'*impératif-subjonctif* est le mode du désir et de la volonté, plus généralement, de la finalité (du but à atteindre). Il s'emploie donc, non seulement dans les propositions principales impératives (*Répondez, commençons, qu'il vienne,* etc.), mais encore dans les propositions subordonnées qui dépendent d'un impératif ou d'un verbe exprimant volonté, désir, nécessité, besoin, convenance ou mérite, ou qui commencent par la conjonction **por ke** (*afin que*). Ex. : *Je veux que vous écriviez*, **mi volas ke vi skribu**; *nous souhaitons que vous réussissiez*, **ni deziras ke vi sukcesu**; *il permet qu'on s'en aille*, **li permesas ke oni foriru**; *j'ai besoin qu'il vienne*, **mi bezonas ke li venu**; *il convient que vous lui rendiez visite*, **konvenas ke vi lin vizitu**; *vous méritez qu'on vous pende*, **vi meritas ke oni pendigu vin**; *je ferai tout pour que vous soyez content*, **mi faros ĉion por ke vi estu kontenta**. *Attendez qu'il vienne*, **atendu ke li venu**; *prenez garde de tomber*, **atentu ke vi ne falu**.

Dans beaucoup de cas où le français emploie l'infinitif, l'*Esperanto* emploie fort logiquement, soit un mode personnel, soit un participe : *Vous avez bien fait de venir*, **vi bone faris, ke vi venis**; *dites-lui de venir*, **diru al li, ke li venu**; *je l'ai entendue chanter* (une chanteuse), **mi aŭdis ŝin kantantan**; *je l'ai entendu chanter* (une chanson), **mi aŭdis ĝin kantatan** [1].

D'ailleurs les participes sont d'une grande ressource en *Esperanto*, notamment le participe-adverbe qui remplace à la fois le gérondif et le participe absolu du latin : *Il passe son temps à lire*, **li pasigas sian tempon legante** (en lisant); *vous faites bien de travailler*, **vi bone faras laborante**; *à les voir* (en les voyant), **ilin vidante**; *il est arrivé sans m'avertir*, **li alvenis ne avertinte min** (ne m'ayant pas averti).

La *construction* est libre, en principe : aussi ne trouve-t-on dans les manuels aucune règle à ce sujet [2]. Toutefois, l'*Esperanto*

---

1. On remarque que c'est là un moyen d'éviter les équivoques bien préférable aux règles des participes français, qui ne suffisent même pas toujours; car on dit : *j'ai entendu chanter la Patti*, comme : *j'ai entendu chanter la Marseillaise.*

2. Voir DE BEAUFRONT, *Commentaire sur la Grammaire*, p. 117-121, et *L'ordre des mots en Esperanto*, ap. *L'Espérantiste*, nᵒˢ 47, 49, 50 et 53.

n'admet ni les inversions capricieuses du latin, ni les inversions obligatoires de l'allemand. En général, il groupe ensemble **tous** les mots d'une proposition (au lieu d'emboîter ou d'enchevêtrer les propositions les unes dans les autres), et sépare toutes les propositions par des virgules (y compris les propositions relatives, à l'exemple de l'allemand). De plus, dans chaque proposition, il groupe autour de chaque terme essentiel (sujet, verbe, régime direct, régimes indirects) tous les mots qui le déterminent ou en dépendent, en un mot tous ses compléments. En particulier :

L'*adjectif* épithète se met soit avant, soit après le substantif qu'il qualifie; le *pronom* se met en général avant les deux : **mia kara amiko**, et l'*article* avant tous les trois : **la du bravaj soldatoj**.

Le participe qui forme un temps composé suit immédiatement l'auxiliaire *être* (comme dans la conjugaison), puisque tous deux réunis ne forment en réalité qu'un seul mot : le *verbe*.

L'*adverbe* se place avant ou après le mot qu'il détermine (le plus souvent après le verbe, et avant l'adjectif). Mais les adverbes **ne, pli, plej, tre** et autres (de quantité ou de comparaison) précèdent toujours le mot qu'ils déterminent.

La *préposition* précède toujours le substantif et tous ses compléments : **kun miaj tri plej bonaj amikoj**, *avec mes trois meilleurs amis*.

Le complément d'un substantif, d'un adjectif ou d'un participe le suit toujours immédiatement, comme l'exigent la logique et la clarté. Ex. : *la hauteur de cette montagne*, **la alteco de tiu monto**; *un vase plein d'eau*, **vazo plena je akvo**.

La *conjonction* vient toujours en tête de la proposition qu'elle domine [1].

Les mots interrogatifs ou exclamatifs commencent toujours la proposition (principale ou subordonnée).

Chacun des termes essentiels étant ainsi accompagné de tous ses compléments, leur ordre dans la proposition est facultatif, grâce à l'accusatif qui désigne le régime direct, et aux prépositions qui précèdent les régimes indirects. L'ordre habituel est : sujet, verbe, régime direct, régimes indirects. Mais il n'a rien d'obligatoire, et l'on peut le modifier dès qu'il y a pour le faire

[1]. On remarquera que la plupart de ces règles sont des limites à la liberté absolue de construction qui règne en latin, et qu'elles ne sont pas observées dans certaines langues vivantes, au détriment de la clarté.

une raison de clarté, d'ordre logique ou simplement d'euphonie. Ex. : *J'ai rencontré Pierre près de l'église.*

Mi renkontis Petron apud la preĝejo.

Petron mi renkontis apud la preĝejo.

Apud la preĝejo mi renkontis Petron.

« D'ordre logique », avons-nous dit : il ne faut pas croire en effet que l'ordre logique soit toujours l'ordre grammatical : sujet, verbe, attribut. Il y a bien des cas où le *sujet logique* de la proposition n'est pas du tout le *sujet grammatical*[1]. Le sujet logique, c'est le terme d'où part la pensée et sur lequel porte la proposition : dans la proposition précédente, ce sera suivant les cas, *moi*, *Pierre* ou *l'église*. Il est donc naturel de le mettre le premier, et, en général, de ranger les idées dans l'ordre où elles se présentent à l'esprit. M. de Beaufront cite comme exemple cette phrase de l'*Ekzercaro* (§ 29) : « **El la dirita regulo sekvas, ke se ni pri ia verbo ne scias, ĉu ĝi postulas post si la akuzativon..., ni povas ĉiam uzi la akuzativon.** » La pensée part « de la règle précédente », pour en tirer une conséquence. Dans la proposition subordonnée, il s'agit du verbe : aussi met-on d'abord « **pri ia verbo** ». Cet ordre permet en outre de rattacher immédiatement à chaque verbe la proposition subordonnée qui en dépend : « **sekvas, ke...** », « **ne scias, ĉu...** ». La phrase n'aurait plus la même élégance ni la même clarté logique si l'on avait suivi la construction normale et rigide : « **Sekvas el la dirita regulo, ke se ni ne scias pri ia verbo, ĉu ĝi postulas, etc.** »

En résumé, la construction en *Esperanto* est également éloignée de la liberté absolue du latin, qui engendre souvent l'obscurité ou l'équivoque, et de la rigidité du français et de l'allemand, qui est souvent nuisible, non seulement à l'élégance et à la variété, mais à la logique et à la clarté.

VOCABULAIRE.

Le Dr ZAMENHOF s'est efforcé de réduire le vocabulaire à un petit nombre de radicaux, grâce à une méthode régulière de formation des mots. Et ces radicaux ont été choisis en vertu du

1. Cf. HÖFFDING, *La base psychologique des jugements logiques*, ap. *Revue philosophique*, 1901, t. II.

principe de l'internationalité, afin de réduire au minimum le nombre de ceux que chaque peuple ignorerait et aurait par suite à apprendre. L'*Universala Vortaro* contient 2 642 radicaux traduits en D., E., F., Pol., R., de sorte qu'on aperçoit aussitôt le degré d'internationalité de chacun d'eux par rapport à ces cinq langues [1]. On peut les diviser en trois catégories.

Il y a d'abord les radicaux tout à fait internationaux (dans les langues européennes); l'*Esperanto* les adopte en leur imposant une orthographe phonétique aussi conforme que possible à l'étymologie [2]. Ex. : **atom, aksiom, bark, danc, form, flut, fosfor, panter, paraliz, poŝt, teatr, tabak, tualet, vagon.**

Cette catégorie de mots comprend la plupart des termes scientifiques (tirés du grec ou du latin), que l'*Universala Vortaro* ne contient même pas, comme : **filologio, filosofio, fiziko, poezio, poeto, profesoro, doktoro, komedio, literaturo, tragedio, telegrafo, lokomotivo,** etc.

Une seconde catégorie comprend les radicaux partiellement internationaux; pour chaque idée, le Dr ZAMENHOF a choisi le radical le plus international, c'est-à-dire celui qui est commun au plus grand nombre de langues européennes. En voici des exemples, avec l'indication de leur internationalité : **flam, marŝ, mast** (D., E., F., I., R., S.); **ankr** (I. E., F., I., R.), **benk** (D., E., F., I., S.), **marmor** (D., F., I., R., S.); **flor** (E., F., I., S.), **jun, artiŝok, fason** (D., E., F., R.), **anonc** (D., E., F., I.), **mus** (D., E., I., R.); **lam** (E., I., S.), **flag, ŝtal** (D., E., R.), **emajl, mebl, trotuar** ., F., R.); **man** (F., I., S.); **mon** (E., F.), **bind, blind, dank fajr, fiŝ, fingr, glas, help, jar, land, melk, rajt, ring, send ŝip, ŝu, sun, trink, varm, verk, vort** (D., E.).

La troisième catégorie comprend les mots qui ne sont nullement internationaux. Pour ceux-là, le Dr ZAMENHOF a emprunté les radicaux aux principales langues nationales, ou bien au latin, suivant que l'un ou l'autre de ces radicaux nationaux a plus de chance d'être connu des hommes instruits. Il en a aussi profité pour augmenter la part faite aux racines germaniques et slaves, car les racines latines sont prépondérantes dans les deux catégories précédentes, en vertu de leur internationalité supérieure. Par exemple, il a emprunté au latin un certain nombre de particules (**sed, tamen, apud, dum**) et des radicaux comme

1. Auxquelles il conviendrait d'ajouter l'italien et l'espagnol.
2. En particulier, on remplace toutes les lettres doubles par des lettres simples. Ex. : **adres** = *adresse* (D., F.) = *address* (E.).

aüd, brak, dors, dekstr, feliĉ, proksim; aux langues germaniques
les radicaux bedaǔr, bird, fraǔl, flug, flik, knab, kugl, ŝajn,
silk, ŝirm, ŝink, ŝraub, ŝut, taǔg, vip; aux langues slaves les
radicaux bulk, brov, prav, ŝelk, svat, vost. Il a ainsi tâché de
favoriser impartialement toutes les langues européennes, et de
les faire concourir toutes à la constitution de son vocabulaire,
afin de rendre sa langue vraiment internationale, et aussi facile
que possible pour chaque peuple de civilisation européenne.
Un tel vocabulaire, dit M. de Beaufront, n'est pas l'œuvre arbitraire d'un individu, mais en quelque sorte l'œuvre collective
des peuples européens, qui ont inconsciemment contribué à le
former en conférant à tel ou tel mot l'internationalité dont il
jouit, et dont l'*Esperanto* ne fait que profiter.

La *formation des mots* s'effectue par la juxtaposition d'éléments
lexicologiques *absolument invariables*, comme les radicaux. Les mots
se forment, soit au moyen des terminaisons grammaticales (*mots
simples*), soit au moyen d'affixes proprement dits (*mots dérivés*).

On connaît les terminaisons grammaticales; il suffit de montrer par un exemple comment elles servent à la dérivation :
parol-i, *parler*; parol-o, *parole*; parol-a, *oral*; parol-e, *verbalement*;
parol-ant-o, *orateur* [1].

Les principaux *affixes* de dérivation sont [2] :

mal-, qui indique le *contraire de-* : amiko = *ami*, malamiko =
ennemi; forta = *fort*, malforta — *faible*; fermi = *fermer*, mal-
fermi = *ouvrir*; frue = *tôt*, malfrue = *tard*.

-in, qui indique le *féminin* [3] : viro = *homme*, virino = *femme*;
patro = *père*, patrino = *mère*; bovo = *bœuf*, bovino = *vache* [4].

1. Cet exemple montre en même temps combien cette méthode de formation soulage la mémoire, puisqu'elle permet de former mécaniquement avec
un seul radical des mots dont les équivalents nationaux appartiennent souvent à des radicaux différents.

2. Bien que la plupart de ces affixes servent à la fois (comme on le verra
par les exemples) à former des substantifs, des adjectifs et des verbes, nous
énumérerons successivement ceux qui servent à former *principalement*
1° des substantifs; 2° des adjectifs; 3° des verbes. — Les affixes ne sont pas
plus choisis ou créés arbitrairement que les radicaux; ils sont presque tous
empruntés à quelque langue vivante ou morte (voir *Commentaire*, p. 172-
176). Par exemple, le préfixe mal- est emprunté au français (*maladroit,
malhonnête, malheureux*, etc.)

3. Les suffixes se mettent immédiatement après le radical, et avant la terminaison grammaticale.

4. Quand on veut désigner expressément le *mâle* d'une espèce animale,
on ajoute à son nom : -viro.

ge-, qui indique la réunion du masculin et du féminin : **gepatroj**, *père et mère, parents*; **gefratoj**, *frère et sœur, ou frères et sœurs.*

-edz indique le *conjoint* de- : **-edzo** = *mari de*, **-edzino** = *femme de*; **doktoredzino** = *femme de docteur*, **doktorinedzo** = *mari de doctoresse.*

bo- indique la parenté résultant du mariage : **bopatro**, *beau-père*; **bofilo**, *gendre.*

-id indique l'*enfant*, le *petit* ou le *descendant* de — : **bovido**, *veau* **Napoleonidoj**, *descendants de Napoléon.*

-et indique le *diminutif* : **monto** = *montagne*, **monteto** = *colline*; **varma** = *chaud*, **varmeta** = *tiède*; **ridi** = *rire*, **rideti** = *sourire.*

-eg indique l'*augmentatif* : **pordo** = *porte*, **pordego** = *porche*, *portail*; **varmega** = *brûlant*; **peti** = *prier*, **petegi** = *supplier* [1].

-ad indique la durée ou la répétition de l'action : **pafo** = *coup de fusil*, **pafado** = *fusillade*; **parolado** = *discours* [2].

-an indique une personne qui appartient à (un pays, une société, un parti) : **Parizano** = *Parisien*; **kristano** = *chrétien.*

-ar indique une réunion ou collection : **arbo** = *arbre*, **arbaro** = *forêt*; **vorto** = *mot*, **vortaro** = *dictionnaire*; **vagonaro** = *train*; (de chemin de fer).

-ej indique le *lieu affecté à* — : **preĝo** = *prière*, **preĝejo** = *église*; **kuiri** = *faire cuire*, **kuirejo** = *cuisine.*

-uj indique ce qui porte ou renferme — (par extension, l'arbre et le pays) : **mono** = *monnaie*, **monujo** = *porte-monnaie*; **pomo** = *pomme*, **pomujo** = *pommier*; **Franco** = (un) *Français*, **Francujo** = *la France.*

-ing indique l'*objet où l'on met* (la chose exprimée par le radical) : **plumo** = *plume*, **plumingo** = *porte-plume.*

-ist indique celui qui s'occupe de — : **boto** = *botte*, **botisto** = *cordonnier*; **maro** = *mer*, **maristo** = *marin*; **pentri** = *peindre*, **pentristo** = *peintre.*

-il indique l'outil ou l'instrument : **kudri** = *coudre*, **kudrilo** = *aiguille*; **pafilo** = *fusil.*

---

1. On fait remarquer que les suffixes -eg et -et ne font nullement double emploi avec les degrés de comparaison : ils les dépassent, au point de changer qualitativement la notion. Par exemple, soit **rivero** = *rivière, cours d'eau*; **malgranda rivero** = *petite rivière*, **rivereto** = *ruisseau*; **granda rivero** = *grande rivière*, **riverego** = *grand fleuve* (comme l'Amazone). De même, **varmega** dit plus que **tre varma**; **grandega** = *énorme*, **grandegulo** = *géant*; **malgrandega** = *minuscule*, **malgrandegulo** = *nain*.

2. Dans certains cas, ce suffixe paraît désigner simplement l'action : **fabrikado** = *fabrication*.

-ec indique la qualité abstraite : **juna** *= jeune,* **juneco** *= jeunesse;* **infano** *= enfant,* **infaneco** *= enfance.*

-aĵ indique au contraire la chose concrète qui possède telle qualité : **infanaĵo** *= enfantillage;* **pentraĵo** *= peinture* (tableau); **malnova** *= ancien,* **malnovaĵo** *=* (une *antiquité*).

-ul indique la personne caractérisée par (telle qualité) : **junulo** *= jeune homme;* **timo** *= crainte,* **timulo** *= poltron.*

-er indique l'unité élémentaire (d'une chose collective) : **monero** *= pièce de monnaie;* **sablero** *= grain de sable.*

-estr indique le chef ou maître : **ŝipo** *= vaisseau,* **ŝipestro** *= capitaine.*

-em indique le penchant à — : **timema** *= timide;* **kredi** *= croire,* **kredema** *= crédule* [1].

-ebl signifie *qu'on peut* — : **kredebla** *= croyable;* **legi** *= lire,* **legebla** *= lisible* (**legeble** *= lisiblement*).

-ind signifie *digne de —, qui mérite* — : **kredinda** *= digne de foi;* **bedaŭri** *= regretter,* **bedaŭrinda** *= regrettable* (**bedaŭrinde** *= regrettablement, malheureusement*).

dis- indique *séparation, dispersion :* **semi** *= semer,* **dissemi** *= disséminer;* **iri** *= aller,* **disiri** *= se séparer* (aller chacun de son côté).

ek- indique le commencement de l'action : **vidi** *= voir,* **ekvidi** *= apercevoir;* **dormi** *= dormir,* **ekdormi** *= s'endormir* [2].

re- indique le *retour* ou la *répétition :* **reiri** *= retourner;* **revidi** *= revoir* [3].

-ig signifie *rendre, faire* — : **pura** *= propre,* **purigi** *= nettoyer;* **scii** *= savoir,* **sciigi** *= faire savoir,* **sciigo** *= nouvelle.*

-iĝ signifie *devenir, se faire* —: **pala** *= pâle,* **paliĝi** *= pâlir;* **levi** *= lever,* **leviĝi** *= se lever,* **leviĝo** *=* (le) *lever* [4].

---

1. Par exception, le substantif de qualité se forme en -emo (au lieu de -emeco) : **timemo** *= timidité;* **kredemo** *= crédulité.*

2. Ce préfixe sert donc à former les verbes dits *inchoatifs.*

3. Il nous semble qu'il y aurait intérêt à distinguer ces deux sens, bien différents, du préfixe latin re-, que l'allemand distingue parfaitement (*zurück, wieder*). Le Dr Zamenhof essaie de justifier ce double sens en disant que, dans les deux cas, re- signifie retour à l'état initial (*Grammaire et Exercices*, p. 109-110). Cela est inexact. *Revenir* signifie tantôt venir *en retour* d'où l'on est allé, et tantôt venir *de nouveau.* De même, *reprendre* c'est prendre en retour, et non prendre une seconde fois; mais *refaire* c'est recommencer, et non faire en sens inverse, qui est *défaire.* Il faudrait deux préfixes distincts comme re- (*retro*) et ru- (*rursus*; bien que *rursus* présente la même équivoque en latin : on trouve dans Cicéron : « rursus retro », et dans Plaute : « rursus denuo ». L'adverbe non équivoque est *iterum.*)

4. Ce suffixe sert à former beaucoup de verbes réfléchis ou *moyens* (comme en grec).

Enfin il y a un suffixe indéterminé -um, qui joue un rôle analogue à celui de je parmi les prépositions. Il sert à former certains dérivés auxquels ne conviendrait aucun des autres suffixes ; le sens de ces dérivés est fixé dans le dictionnaire et doit être appris comme celui des radicaux. Ex. : kolumo = col ; manumo = manchette ; plenumi = remplir (au fig.), accomplir (un devoir) ; ventumi = éventer.

Les suffixes peuvent se superposer, le principal, c'est-à-dire celui qui détermine le sens du mot, étant le dernier (comme on l'a vu dans doktoredzino et doktorinedzo). Ex. : arbareto = petite forêt, bosquet ; arbetaro = groupe de petits arbres, buisson ; pafilego = canon ; manĝilaro = couvert (ensemble des instruments pour manger) ; ventumilo = éventail ; lavistinedzo = mari de blanchisseuse ; maljunulo = vieillard ; belulino = (une) belle ; remalsaniĝo = rechute (de maladie) : action de devenir (iĝ) de nouveau (re) malade (malsana).

Les mots composés se forment en juxtaposant les radicaux (séparés au besoin par un -o- pour l'euphonie), le principal étant toujours le dernier ; c'est celui-là seul qui prend la terminaison grammaticale. Ex. : fervojo = chemin de fer ; vaporŝipo = bateau à vapeur ; skribtablo ou skribotablo = table à écrire ; tagmezo = midi [1].

Les particules entrent aussi en composition : antaŭiri = précéder ; eniri = entrer ; eliri = sortir [2] ; alporti = apporter ; kontraŭdiri = contredire ; tralegi = lire d'un bout à l'autre ; senfina = infini (sans fin).

La négation ne-, notamment, sert de préfixe pour indiquer la contradiction pure et simple. Ex. : neutila = inutile (cf. malutila = nuisible). La préposition sen- a à peu près le même rôle : elle indique surtout la privation : senvestigi = dévêtir ; senmaskigi = démasquer ; senkapigi = décapiter.

Au fond, il n'y a pas de différence entre les mots dérivés et les mots composés, non plus qu'entre les affixes et les particules ; les uns et les autres sont des éléments indépendants et invariables, à sens constant et bien déterminé, de sorte qu'ils peuvent

1. Ordre logique : milieu du jour, contraire à celui de l'allemand : Mittag.
2. La préposition el nous semble mal choisie : elle risque trop de se confondre, pour l'oreille, avec ses contraires al et en, surtout en composition. Il vaudrait mieux employer la préposition ek (G. L.), et remplacer le préfixe inchoatif ek- par le suffixe -esk (G. L.).

eux-mêmes servir de radicaux à des mots simples ou composés. Ainsi : **edzo** = *mari*, **edzino** = *épouse*; **geedzoj** = (les) *époux*, (un) *couple*; **edzigi** = *marier*, **edziĝi** = *se marier*, **edziĝo** = *mariage* (noces). De même : **eco** = *qualité*; **indo** = *mérite*, **inda** = *digne de*; **ano** = *habitant* ou *partisan*; **ebla** = *possible*, **eble** = *peut-être* (« possiblement »): **igi** = *faire* (suivi d'un infinitif); **iĝi** = *devenir*; **kune** = *ensemble*; **ree** = *en retour* ou *derechef*. Exemples de mots composés : **aliĝi** = *adhérer*; **kunigi** = *réunir*; **disigi** = *désunir*; **senigi** = *dépouiller*; **reigi** = *rétablir*, etc.

Cette possibilité de décomposer tous les mots en éléments invariables, de les désarticuler, concourt à rendre l'*Esperanto* extrêmement facile à comprendre et à manier. Elle fait qu'on peut traduire un texte *Esperanto* sans savoir un mot de la langue, uniquement à l'aide du dictionnaire, ce qui n'est possible dans aucune langue vivante [1]. Il suffit de séparer typographiquement, pour les commençants, les divers éléments de chaque mot; ils n'ont qu'à les chercher séparément dans un lexique pour reconstituer infailliblement le sens du texte. Par là, la grammaire rentre en quelque sorte dans le dictionnaire, et l'*Esperanto* peut servir immédiatement, même auprès de ceux qui l'ignorent.

Pour avoir une idée de la puissance de prolification des radicaux de l'*Esperanto*, il faut lire dans l'*Ekzercaro* (§ 42 et dernier) la suite des dérivés de la racine **san** = *santé*. Contentons-nous ici d'énumérer quelques-uns de ceux de la racine **mort** : **morti** = *mourir*; **morto** = (la) *mort*; **mortanto** = (le) *mourant*; **mortinto** = (le) *mort*; **morta** = *mortel, de mort* (pâleur mortelle); **mortado** = *mortalité* (statistique); **morteco** = *mortalité* (condition); **mortema** = *mortel* (sujet à la mort); **mortigi** = *tuer* (faire mourir); **mortigo** = *meurtre*; **mortiga** = *mortel, mortifère* (coup mortel); **mortiganto** = *meurtrier*; **senmorta** = *immortel*, **senmorteco** = *immortalité*; **memmortigo** = *suicide*, etc.

Enfin, pour faire connaître la physionomie de la langue, nous citerons le *Pater*, traduit par le Dᵣ ZAMENHOF [2]; on remarquera qu'il suit mot à mot le texte latin :

1. Le Dᵣ Zamenhof en donne comme exemple cette phrase allemande si simple : *Ich weiss nicht, wo ich den Stock gelassen habe; haben Sie ihn nicht gesehen?* (*Commentaire*, p. 152-153.) On remarquera qu'il a ainsi réalisé les conditions prévues par DESCARTES pour qu'on puisse comprendre une langue au moyen du dictionnaire seul.

2. DE BEAUFRONT, *Preĝareto por Katolikoj*, p. 11 (approuvé par l'autorité ecclésiastique).

Patro nia, kiu estas en la ĉielo, sankta estu via nomo; venu regeco via; estu volo via, kiel en la ĉielo, tiel ankaŭ sur la tero. Panon nian ĉiutagan donu al ni hodiaŭ; kaj pardonu al ni ŝuldojn niajn, kiel ni ánkaŭ pardonas al niaj ŝuldantoj; kaj ne konduku nin en tenton, sed liberigu nin de la malbono.

Si l'on veut un spécimen plus profane et plus pratique, on peut lire les lignes suivantes :

Estimata Sinjoro. — Per tiu ĉi libreto mi havas la honoron prezenti al vi la lingvo internacian Esperanto... Esperanto tute ne havas la intencon malfortigi la lingvon naturan de ia popolo. Ĝi devas nur servi por la rilatoj internaciaj kaj por tiuj verkoj aŭ produktoj, kiuj interesas egale la tutan mondon[1]...

HISTORIQUE.

Bien que le Dᵣ ZAMENHOF eût éprouvé lui-même sa langue par une pratique de plusieurs années, il décida de la soumettre pendant un an au jugement du monde savant. « Il ne voulait pas être le *créateur*, mais seulement l'*initiateur* » de la L. I.; il reconnaissait volontiers que l'œuvre d'un seul homme ne peut pas être parfaite, il ne prétendait donc apporter que le germe de la future langue internationale, et il laissait au public et à l'usage le soin de la développer[2]. Il décida donc de ne rien changer à sa langue pendant toute l'année 1888, au cours de laquelle il appelait sur elle les critiques; il se proposait de les publier, de les discuter, puis de corriger sa langue en conséquence, et de la fixer définitivement. Il offrait même de confier ce travail à telle Académie qui voudrait s'en charger, et de s'effacer complètement devant ses arrêts. Il proposait aussi une sorte de plébiscite universel touchant le choix de la L. I., qui devait être clos le jour où il aurait reçu 10 millions de votes[3].

Plus tard encore, en 1896, le Dᵣ ZAMENHOF proposait un « *Congrès par opinions écrites* pour traiter et décider la question

1. Extrait des Textes Esperanto insérés dans le *Manuel complet* (p. 15) et dans la *Grammaire* (p. 11).
2. On ne peut s'empêcher de remarquer que cette attitude contraste vivement avec celle de Mgr SCHLEYER, qui prétendait rester seul maître du *Volapük*.
3. *Dua libro de l' lingvo internacia* (Varsovie, 1888).

d'une langue internationale [1] ». Il constatait que la solution du
problème ne faisait pas de progrès, parce que les partisans
d'une langue internationale étaient divisés sur la question de
savoir laquelle adopter; il demandait qu'au lieu de se combattre
ils s'unissent pour choisir une seule langue et pour la propager
d'un accord unanime. Pour cela, il proposait d'abord une
enquête où chacun indiquerait le projet de son choix en exposant les raisons de sa préférence; l'ensemble des opinions ainsi
recueillies serait publié et distribué aux participants, qui, après
en avoir pris connaissance, voteraient définitivement; et le
Dᴿ ZAMENHOF se déclarait prêt à s'incliner devant la décision de
la majorité. Mais tous ces projets, si modestes et si désinté-
ressés, semblent avoir échoué devant le scepticisme et l'inertie
du public.

La « langue du Dʳ *Esperanto* » se propagea lentement, d'abord
en Russie, où la Société *Espero* fut fondée à Saint-Pétersbourg
en 1892; puis en Allemagne, grâce à Léopold EINSTEIN, qui en
devint un apôtre fervent [2], et qui y convertit le club volapükiste
de Nürnberg, fondé en 1885. Celui-ci publia un manuel allemand
d'*Esperanto* [3], le premier journal espérantiste (*La Esperantisto*,
1ᵉʳ sept. 1889), et devint le foyer de l'*Esperanto* dans les pays
allemands. Puis des manuels et brochures de propagande furent
publiés en anglais par M. Henry PHILLIPS, secrétaire de l'*American
Philosophical Society* [4] et par M. R. GEOGHEGAN, consul britannique
à Tacoma (Wash., U. S. A.) [5]. D'autres adeptes publiaient des
manuels en d'autres langues (suédois, polonais, lette, danois,
tchèque, bulgare, italien, espagnol, portugais, hébreu) et
publiaient des traductions d'œuvres classiques en *Esperanto*
(*Hamlet*, par ZAMENHOF; l'*Iliade*, le *Caïn* de BYRON, et le *Mariage de
Figaro*, par A. KOFMAN; *Boris Godunov*, de POUCHKINE, par DEVIA-
TNINE; *Le Convive de pierre*, du même, par BOROVKO; *la Tempête de*

---

1. L. ZAMENHOF, *Choix d'une Langue internationale*, 7 p. in-8° (1896).
2. *La Lingvo Internacia als beste Lösung des internationalen Weltsprache-
problems : Vorwort, Grammatik und Styl nebst Stammwörter-verzeichniss*
(Nürnberg, Stein, 1888); *Weltsprachliche Zeit- und Streitfragen : Volapük
und Lingvo internacia* (Nürnberg, Stein, 1889).
3. *La Lingvo internacia. Vollständiger Lehrgang der internationalen
Sprache nebst Wörterbuch zum Gebrauche für Deutsche*.
4. *An Attempt towards an International Language*, by Dr. Esperanto
(1890). Voir le chapitre X, relatif à l'*American Philosophical Society*.
5. Voir page 304, note 1.

neige, du même, par A. GRABOWSKI; *la Princesse Mary*, de LER-
MONTOV, par E. DE WAHL, etc., etc.). On fit aussi des traductions
en vers (*La Liro de la esperantistoj*, par GRABOWSKI) et l'on com-
posa même des œuvres originales en prose et en vers (comme
l'hymne *Espero*, du Dr ZAMENHOF, qui se trouve dans tous les
manuels).

La propagation de l'*Esperanto* fut longtemps retardée par le
manque de capitaux. *La Esperantisto* ne put durer que grâce au
dévouement financier de TROMPETER (1892-95), à qui est due
aussi l'édition du premier manuel français (1892). Dès 1890, le
Dr ZAMENHOF avait entrepris de former une Ligue espérantiste.
Cette ligue ne servit qu'à susciter des projets de réformes plus
ou moins bien inspirés, qui faillirent amener la dissolution et la
ruine de la langue. Mais les Espérantistes orthodoxes main-
tinrent la langue sous sa forme primitive, et la ligue fut dis-
soute (1894).

En 1895, *La Esperantisto*, ayant été interdit par la censure russe
pour avoir publié un article de Tolstoï, disparut, et fut remplacé
par *La Lingvo internacia*, éditée par le club espérantiste d'Upsala [1].

En 1896, l'*Esperanto* commença à se répandre en France, grâce
à *L'Étranger*, revue internationale [2], et à M. Gaston MOCH, rédacteur de l'*Indépendance belge* [3]. Mais le propagateur le plus actif et
le plus dévoué fut et est M. Louis DE BEAUFRONT. Son adhésion
constitue un fait probablement unique dans l'histoire de la
langue universelle, et elle lui fait trop d'honneur, ainsi qu'à
l'*Esperanto*, pour que nous n'en rapportions pas les circonstances. Ce philologue distingué travaillait depuis douze ans à
construire une *Lingvo internaciona*, nommée l'*Adjuvanto*, qui se
trouvait avoir une ressemblance étonnante avec l'*Esperanto*; cette
langue était achevée, et il avait, prêt à paraître, un lexique con
tenant la traduction de tous les mots du Dictionnaire Gazier.

1. Depuis le 1er janvier 1902, le rédacteur en chef de ce journal mensuel
(entièrement en *Esperanto*) est M. Paul FRUICTIER, à Paris (27, boulevard
Arago).
2. Aujourd'hui : *Concordia, organe de la Société d'études et de correspondance internationales*, directeur-fondateur : feu Emile LOMBARD, professeur au Lycée Montaigne.
3. *La question de la Langue internationale et sa solution par l'Esperanto*,
53 p. in-8°, extrait de la *Revue internationale de Sociologie* (Paris, Giard
et Brière, 1897). Cf. le *Rapport sur la question de la langue internationale*
présenté par M. G. MOCH au VIIIe Congrès universel de la Paix, 18 p. in-8°
(Hamburg, août 1897).

Mais quand il eut connaissance de l'*Esperanto*, il reconnut que
son projet lui était inférieur sur quelques points [1], et il renonça
à le publier pour se consacrer dès lors entièrement, avec un
admirable désintéressement, à la propagation de l'*Esperanto* [2]. Il
fonda en 1898 (à Épernay) le journal mensuel *L'Espérantiste* et la
Société pour la propagation de l'Esperanto, et publia en français des
brochures de propagande et les manuels que nous avons cités.

Malgré son zèle, le fait que le chef du mouvement espérantiste
en France n'habitait pas Paris et n'avait pas d'attaches officielles n'était guère favorable à l'expansion de la langue. En
juin 1900 fut fondé le groupe espérantiste de Paris; la même
année naquit celui de Dijon, grâce au prosélytisme ardent de
M. Charles Méray, professeur de mathématiques à l'Université,
correspondant de l'Institut. D'autres se sont fondés à Amiens,
Annecy, Beaune, Besançon, Bordeaux, Boulogne-sur-Mer, Chau-
mont, Grenoble, Le Havre, Lille, Lyon, Marseille, Montpellier,
Nancy, Nice, Reims, Roubaix, Saint-Claude, Saint-Omer,
Tournon. Pendant l'hiver 1902-1903, 19 cours d'*Esperanto* ont été
professés simultanément à Paris.

Au Canada, un groupe espérantiste s'est formé à Montréal;
il a fondé *L'Espérantiste Canadien*, bientôt transformé en *La Lumo*.
Un groupe espérantiste s'est récemment fondé en Autriche (son
siège est à Brünn). Il y a des Espérantistes dans la plupart des
pays d'Europe, et ils appartiennent à toutes les classes de la
société. Il est remarquable que les pays latins soient précisément ceux où s'est le moins répandue jusqu'ici cette langue, à
qui on reproche d'être trop néo-latine. Le mouvement de diffusion, lent aux débuts, paraît s'accélérer de plus en plus et ne
semble pas près de s'arrêter.

A l'heure qu'il est, il existe des manuels d'*Esperanto* en

1. Ces points étaient : 1° la place de l'accent; 2° l'absence d'accusatif;
3° le pluriel par substitution de i à la finale (o, a) du singulier.
2. Pour permettre de juger de la ressemblance de l'*Adjuvanto* avec
l'*Esperanto*, et rendre hommage à ce projet, qui eût mérité sans doute une
place honorable dans cette *Histoire*, si son auteur ne l'avait pas géné-
reusement sacrifié, nous citerons la traduction du *Pater* dans cette langue
(que M. de Beaufront a bien voulu nous communiquer à notre prière) :
  Patro nua, kvu estas in el ôjelo, estez honorata tuz nomo; venez
regno tua; estez volo tua kome in el ôjelo, tale anke sur el tero; pano
nua časkajorna donez al nu hodje; ed pardonez al nu debi nua, kome nu
pardonas al nua debanti; ed ne konduktez nu en tento, ma liberifez nu
di el malbono.

22 langues. Le nombre des ouvrages publiés en *Esperanto* s'élève à 150. Outre les journaux que nous avons déjà cités (*La Lingvo internacia, L'Espérantiste, La Lumo*), il s'est fondé récemment plusieurs revues rédigées entièrement ou partiellement en *Esperanto* : l'*Espérantiste tchèque*, à Bystrice-Hostyn (Moravie) ; la *Belga Sonorilo*, à Bruges ; le *Holanda pioniro*, à Hilversum (Pays-Bas) ; le *Rondiranto*, à Philipople (Bulgarie) ; le *Svisa Espero*, à Genève ; l'*Esperantista*, à Turin. Des sociétés de propagande espérantiste viennent de se fonder en Angleterre, en Italie, en Espagne et en Suisse ; un groupe espérantiste vient de se former à Londres (janvier 1903). Quant au nombre des Espérantistes, il est difficile à évaluer : il y en avait 6 578 inscrits au commencement de 1902. Mais on fait remarquer que beaucoup d'adeptes, même pratiquants, négligent de se faire inscrire, d'autant plus que cette formalité leur impose l'obligation morale de répondre à toute lettre d'un confrère en *Esperanto*. On évalue à 50 000 au moins le nombre des Espérantistes pratiquants dans tous les pays. L'*Esperanto* a recueilli l'approbation et le patronage de plusieurs personnages illustres, notamment du comte Leo Tolstoï et du philologue Max Müller, qui, après avoir approuvé et encouragé d'autres projets, lui attribua « la première place parmi ses concurrents ».

CRITIQUE.

Ce n'est pas seulement parmi les savants impartiaux que l'*Esperanto* a trouvé des admirateurs ; il en a trouvé même parmi les auteurs de projets rivaux, et ces suffrages sont sans doute les plus précieux. Nous n'en citerons qu'un, celui de M. Henderson, l'auteur de l'*Anglo-Franca*, du *Lingua* et du *Latinesce*, qui a essayé de ressusciter le latin comme L. I., et qui reste partisan d'une langue néo-latine : « De tous les projets de langues artificielles, l'*Esperanto* est décidément le meilleur, et je suis convaincu que s'il avait paru avant le *Volapük*,... il aurait gagné l'adhésion non seulement de ceux qui adoptèrent le *Volapük*, mais de milliers d'autres [1] ».

Tant d'éloges, si autorisés, rendent notre tâche de critiques

1. Brochure : *A New Art; The construction of an international Language*, 1902.

particulièrement délicate. Pour nous en acquitter en conscience, nous rapporterons simplement les principales objections qui ont été adressées à la langue du Dʳ Zamenhof, et les réponses que leur ont faites les Espérantistes. Le lecteur verra ainsi le pour et le contre, et pourra juger en connaissance de cause.

C'est l'*alphabet* qui donne lieu aux plus fréquentes critiques. A quoi bon, dit-on, ces lettres surmontées d'accents, qui choquent l'œil, déroutent le lecteur, constituent des sons nouveaux à apprendre et qui offrent des difficultés spéciales pour l'écriture et l'impression? Il y en a une surtout qui déplaît aux Français : c'est la lettre ĥ, dont la prononciation est pour eux très difficile, et même impossible avant ou après r [1] : ex. : monarĥo, ĥronologio. Elle viole évidemment le principe d'après lequel la L. I. ne doit contenir que des sons faciles à prononcer pour tous les peuples européens. Aussi les Espérantistes français la sacrifieraient-ils aisément, et la remplaceraient par k [2].

Restent les 4 *chuintantes* : ĉ, ĝ, ĵ, ŝ. Et d'abord, il faut bien, disent les Espérantistes, avoir une ou deux chuintantes, comme la plupart des langues européennes. Admettons-en deux : la forte (*ch* français) et la douce (*j* français) [3]. Pour représenter celle-ci, puisque j représente l'i consonne, il faut bien un nouveau caractère; le plus commode est d'adopter la même lettre ĵ, mais distinguée par un accent. Quant à l'autre chuintante, qui est représentée dans les langues occidentales par des combinaisons de 2 ou 3 lettres (*sh* E., *sch* D., *sci* I.), elle constitue réellement un son simple et par suite doit être figurée par une seule lettre (comme en russe), d'autant plus que si on la représentait par une combinaison de lettres (*ch*, *sh*, etc.) ayant déjà un son propre, on violerait le principe de l'uniformité absolue du son de chaque lettre. On n'a donc d'autre ressource que d'employer une lettre déjà connue, en la distinguant par un accent. On a choisi ŝ, parce que c'est l'initiale des combinaisons anglaise, allemande et italienne, et parce que ĉ doit avoir un autre son.

---

1. Les Français ont déjà bien assez de peine à prononcer la simple h aspirée. On sait que l'*h* dite *aspirée* du français est aussi *muette* que l'autre, et se traduit uniquement par le manque de liaison.

2. On a remarqué que les Espérantistes slaves, pour prononcer le ĥ à côté de r, le remplacent inconsciemment, soit par k, soit par ch, ce qui prouve que cette lettre est impossible à prononcer en respectant le principe de l'invariabilité du son.

3. Le *Volapük* confondait ces deux lettres en j.

Maintenant, pourquoi adopter encore deux autres chuintantes, et complexes celles-ci, car elles sont précédées d'une dentale ? Pourquoi ne pas représenter les sons composés ĉ, ĝ par tŝ et dĵ ? De même, pourquoi attribuer au c le son complexe *ts*? On répond, d'abord, que ces sons composés existent dans plusieurs langues, et y correspondent même souvent à des lettres simples. C'est ce qui a lieu non seulement en russe et dans les autres langues slaves, mais en anglais (le *g* de *gin*, le *j* de *joke*, le *ch* de *church*), en italien (le *c* de *cena*, les combinaisons de lettres *cci, ggi*), en espagnol (*ch*), en roumain, etc. Il est donc utile de posséder de telles lettres, quand ce ne serait que pour pouvoir transcrire les noms propres et les noms géographiques de ces langues, et aussi pour altérer le moins possible les mots qu'on leur empruntera. Or, puisque en fait la plupart des langues européennes donnent aux lettres *c* et *g* deux sons différents (au moins), il importe de conserver à ces lettres ces deux sons, mais en les distinguant par l'écriture, pour respecter le principe essentiel de l'uniformité du son de chaque lettre. La lettre *c*, notamment, est le scandale de la phonétique romane [1]. Seuls, les Slaves qui emploient l'alphabet latin la prononcent toujours de même (*ts*) devant toutes les voyelles ; c'est pourquoi l'*Esperanto* lui assigne ce son (qui est aussi celui du *c* allemand devant *e, i*, celui du *z* allemand, du *z* italien, etc.). De même, non seulement les sons ĉ et ĝ existent dans plusieurs langues européennes, mais ils y sont représentés par ces mêmes lettres. D'ailleurs, les sons ŝ et ĉ sont figurés précisément par les lettres š et č dans la transcription tchèque des noms slaves : or cette transcription est employée par les Allemands, et par suite connue dans toute l'Europe [2]. On trouve que ces lettres accentuées sont incommodes et retardent l'écriture : mais elles sont toujours plus faciles à écrire que les combinai-

---

1. Cf. CH. JORET : *Du C dans les langues romanes* (Paris, Franck, 1874). Ce philologue représente les deux chuintantes simples (*ch* et *j*) par *s* et *z* accentuées (comme en tchèque) ; et il adopte les lettres *c* et *g* accentuées pour représenter les chuintantes complexes (*tch* et *dj*), précisément comme l'*Esperanto*. Il justifie ces deux dernières lettres en constatant que ces sons « se rencontrent dans presque toutes les langues indo-européennes ». Il ajoute une remarque intéressante : ces sons composés sont d'origine relativement récente : ils tiennent le plus souvent la place de sons primitivement simples (le *c* et le *g* durs du latin) ; et c'est pourquoi ils sont représentés dans les langues romanes par des lettres simples (p. 13 et 14). Ainsi ces lettres sont amplement justifiées par l'histoire des langues et par la philologie.
2. Voir par exemple *Minerva* et les atlas allemands. Voici un tableau des

sons de deux ou trois lettres qui les traduisent en d'autres langues,
ou que des lettres d'une forme nouvelle, étrangères à l'alphabet
latin, qui dérouteraient l'œil et la main [1]. Ainsi ces lettres
accentuées sont nécessaires, et elles ne sont nullement arbitraires, ni par leur forme, ni par leur son, comme sont tentés
de le croire les Français peu polyglottes [2].

Elles se justifient encore par une autre raison, qui va nous
faire pénétrer dans la constitution du vocabulaire. Les lettres c,
ĉ et ŝ servent à concilier le « phonétisme » et le « graphisme »
dans l'orthographe des mots internationaux. Certains projets
s'attachent exclusivement à reproduire le graphisme, c'est-à-dire
l'orthographe des mots internationaux, au risque d'en altérer la
prononciation ; d'autres ne s'inquiètent que de reproduire la
prononciation, au risque de défigurer l'aspect des mots [3]. L'*Esperanto* a visé, et, la plupart du temps, a réussi à concilier ces
deux tendances contraires, en apparence incompatibles. Quelques exemples feront comprendre l'ingénieuse méthode qu'il a
employée pour cela. Soit le mot ĝardeno = *jardin* (D. *garten* ; E.
garden ; I. *giardino*). Si le ĝ n'existait pas, on serait obligé d'écrire
gardeno, qui ne serait compris que des Anglais et des Allemands,
ou bien **jardino** (ou **djardino**), qui ne serait compris que des peu-

consonnes spéciales aux langues de l'Europe orientale qui emploient l'alphabet latin, avec leur équivalence phonétique en *Esperanto* :

Tchèque :	c = c,	ĉ = ĉ,	ř = rŝ,	š = ŝ,	ž = ĵ
Polonais :	c = c,	cz = ĉ,	rz = rŝ,	sz = ŝ,	ž = ĵ
Slaves du sud :	c = c,	ĉ = ĉ,		š = ŝ,	ž = ĵ
Magyar :	cz = c,	cs = ĉ,	sz = s, s	= ŝ,	zs = ĵ
Roumain :	c (devant a, o, u) = k, c (devant e, i) = ĉ.				
—	g	—	= g, ĝ	—	= ĝ.

On remarquera que dans les langues slaves le son ĵ (*j* français) est représenté par *z* accentué (et par *z* dans *azure* E.). Ainsi le fait de représenter ce
son par un *j* est une concession faite par l'*Esperanto* au français. Ajoutons
que l'*Esperanto* permet de transcrire exactement tous les mots russes, y
compris la lettre que les Polonais représentent par *szcz* (dans *Leszczinsky*)
et les Allemands par *schtsch* (7 lettres !)

1. Préférerait-on emprunter des lettres au grec, comme Pɪʀʀᴏ, ou au
russe, comme M. Bᴏʟʟᴀᴄᴋ ?

2. On peut ajouter que les *signes diacritiques* (accents, etc.) sont bien
moins fréquents en *Esperanto* que dans les langues slaves, et ne le sont
pas plus qu'en français (*à, â, é, è, ê, é, î, ô, û, é, ï, ü*) ou en allemand (*ä, ö, ü*).

3. Telle était, on l'a vu, la tendance du *Volapük*, aggravée par le fait
qu'elle prenait pour modèle la prononciation anglaise, la moins internationale et la moins conforme à l'orthographe.

ples latins. Grâce au son du ĝ, ĝardeno atteint à la fois les premiers, par le graphisme, et les seconds, par le phonétisme ; ce
qui donne à ce mot le maximum d'internationalité. Il en est de
même pour ĉasta = *chaste* : si l'on écrivait casta, on dénaturerait
la prononciation ; si l'on écrivait kasta, on défigurerait le mot ;
tandis que ĉasta atteint par le graphisme les personnes qui
savent le latin, l'italien ou l'espagnol, et par le phonétisme celles
qui savent le français ou l'anglais [1].

Mais si ces considérations justifient des lettres à son complexe
comme c, ĉ, ĝ, il n'y a plus de raison pour exclure de l'alphabet
la lettre *x*, qui est bien aussi internationale, et pour la remplacer
(comme font les Slaves) par ks. En tout cas, il ne faudrait pas la
remplacer par kz (comme dans ekzerco, ekzemplo), combinaison
impossible à prononcer, et contraire aux lois de la phonétique.
La lettre *x* a dans nos langues tantôt le son *ks*, tantôt le son *gz*.
Il faudrait l'adopter dans la L. I., soit avec un son uniforme (*ks*),
soit en admettant facultativement le son *gz*, ce qui ne prêterait à
aucune équivoque.

Malgré l'harmonie qu'on lui reconnaît unanimement, et qui est
un de ses avantages les plus sensibles, l'*Esperanto* admet des combinaisons de consonnes difficiles à prononcer, et qui ne seront
jamais bien prononcées par certains peuples. Telles sont les
combinaisons sc (*sts*) et kc (*kts*), dans scienco, sukceso, sekcio, etc.,
à plus forte raison dans eksciti, funkcio. On aura beau édicter
des règles sévères et précises : les Français auront une tendance
irrésistible à prononcer : *sienco, seksio, funksio*. Ils prononceront
régulièrement « à l'école », en s'appliquant ; mais dans la conversation le naturel reprendra fatalement le dessus, en vertu de
la *loi du moindre effort*. Il serait prudent, pour préserver la L. I.
de toute déformation future, de tenir compte de cette loi et de
« faire la part du feu ». On peut pour cela adopter deux méthodes : ou bien sacrifier le graphisme et suivre le phonétisme
français en écrivant : aksepti, aksento, funksio [2] ; ou bien, ce qui

---

1. L. DE BEAUFRONT, *Commentaire sur la Grammaire Esperanto*, p. 171-172.
Autre exemple : le mot ĉokolado est complètement international (D. *Cho-
kolade* ; E. *chocolate* ; F. *chocolat* ; I. *cioccolata* ; S. *chocolate*). On ne pouvait pas l'écrire cokolado sans altérer le phonétisme, ŝokolado sans altérer
le graphisme, encore moins kokolado, qui altère les deux ; on ne pouvait
l'écrire que ĉokolado, ce qui est d'ailleurs conforme à la prononciation
en E., I., S.

2. C'est ce que fait, par exemple, l'*Idiom neutral*.

paraît préférable, conserver à peu près le graphisme en simplifiant le phonétisme, et écrire : **acepti, acento, funcio.** On obtiendrait ainsi des mots également agréables à l'œil et à l'oreille,
et souvent, qui plus est, conformes aux mots espagnols ou italiens, c'est-à-dire à l'évolution *naturelle* que les mots latins ont
subie dans les langues où l'orthographe est la plus phonétique
(Exemple : I. *funzione*, S. *funcion*). Quel inconvénient y aurait-il,
par exemple, à écrire et à prononcer **cienco** comme en espagnol? Les adversaires des langues « artificielles » ne pourraient
pas taxer d'arbitraire de telles formes, puisqu'elles se trouvent
dans une langue *naturelle* [1].

On trouve aussi que le j revient trop souvent et produit un
effet peu harmonieux. Certes, il convient de reconnaître que cette
demi-consonne est fort heureusement choisie comme signe du
pluriel, car seule elle peut se marier avec l'n de l'*accusatif* [2]. Mais
elle figure aussi dans certains mots d'un usage très fréquent,
comme **kaj** [3] et **plej**, de sorte qu'on rencontre des membres de
phrase comme celui-ci : **kaj la plej bonaj patroj.** De même, *tous
ceux qui* doit se dire : **ĉiuj tiuj kiuj** ou même, suivant les cas :
ĉiujn tiujn kiujn, ce qui n'est pas élégant ni même commode à
prononcer. De même encore les pronoms accompagnés d'**ajn** :
on peut avoir à dire : **kiuj ajn,** et même **kiajn ajn.**

On a critiqué la distinction formelle des parties du discours,
qu'on juge inutile. Il nous semble, au contraire, que c'est là un
avantage capital; il ne faut pas oublier, en effet, que la L. I. sera
pour tous une langue *étrangère*, et qu'elle ne peut offrir trop de
clarté et de commodité. La distinction des parties du discours
par la finale permet de reconnaître, à première vue ou à première audition, l'espèce d'un mot, par suite son rôle dans la
phrase, et de saisir immédiatement la construction d'une ma-

1. Pour les mêmes raisons, il vaudrait mieux écrire **punto** (comme en
I., S.) que **punkto,** trop difficile à bien prononcer. Sans doute, les peuples
germaniques et slaves sont habitués à ces accumulations de consonnes;
mais elles sont absentes des langues méridionales, et c'est à cela que tient
leur supériorité pour l'euphonie, reconnue par les peuples du Nord eux-
mêmes. Bien entendu, il ne faudrait pas pousser l'assimilation à l'extrême,
comme l'italien qui dit *esatto* pour *exact.*

2. Elle a aussi l'avantage d'être indifférente et neutre, et de ne choquer
ainsi aucune habitude et aucune tradition (voir la *Conclusion* et le chapitre
du *Linguist*).

3. Cette conjonction est empruntée au grec; mais en grec elle se prononçait *kè*, et non *kaj* (prononciation érasmienne).

nière infaillible, presque inconsciente et automatique. Rien
n'embarrasse plus les novices, dans une langue étrangère, que
la construction, rendue souvent obscure et ambiguë par la similitude de forme de mots d'espèces très différentes [1]. Cette distinction a un autre avantage, encore plus important peut-être :
elle permet de former régulièrement, mécaniquement, les mots
dont on a besoin, par exemple, l'adverbe d'un adjectif, ou le substantif d'un verbe. Combien de fois est-on gêné et arrêté court,
dans une langue naturelle, par l'absence d'un mot de telle
espèce, correspondant à une idée dont on a la racine, de sorte
qu'on est obligé souvent de changer la construction, au risque
de lui donner une tournure compliquée et forcée. Mais cet avantage concerne plutôt le vocabulaire, et nous y reviendrons.

Certains lettrés trouvent malencontreux l'emploi des finales -o
et -a pour caractériser respectivement le substantif et l'adjectif,
alors que dans les langues romanes elles caractérisent le masculin et le féminin du substantif; ils sont choqués par des juxta-
positions de mots comme : **la bona patro, mia kara amiko**; et plus
encore par des noms propres féminins comme **Berto, Heleno**. On
leur répond par l'exemple du latin, où beaucoup de substantifs
masculins se terminent en -*a*, et beaucoup de substantifs féminins
(notamment les noms d'arbres) se terminent en -*us* (qui est devenu
-o dans les langues romanes)[2]. Ces délicats sont bien malheureux; car ils doivent souffrir toutes les fois qu'ils lisent : *egregius
poeta, parva domus* ou *fagus sylvatica* (nom du *hêtre* en botanique).
Mais il y a plus : on trouve dans l'antiquité classique une foule
de noms féminins en -o (*Clio, Erato, Hero, Sappho*), et on en trouve
également dans les langues romanes (l'héroïne de Mistral s'appelle
Miréio en provençal). Ainsi les scrupules des lettrés n'ont même
pas de fondement philologique. En revanche, le suffixe du féminin,
en *Esperanto*, est international (L. *regina*; D. *königin*; F. *héroïne*)
surtout dans les noms propres (*Pauline, Victorine, Joséphine*).
Mieux vaut, sans doute, employer un suffixe spécial pour les
noms féminins (relativement rares) qui sont de véritables dérivés,
que d'y consacrer une voyelle finale, et d'immobiliser ainsi deux
caractéristiques (-o, -a) pour les substantifs seulement.

1. Cela a lieu surtout en latin, avec les particules à terminaisons de noms
(en -*us*, en -*o*, etc.) à ce point qu'on les distinguait autrefois par des accents.
  2. Ainsi ces désinences latines n'ont même pas l'avantage de marquer le
genre du substantif : *planeta* est du masculin, *atomus* est du féminin !

L'*article défini* paraît superflu à certaines personnes, surtout aux Slaves qui, ne l'ayant pas dans leurs langues, n'en comprennent pas l'utilité et n'en éprouvent pas le besoin. Il est pourtant indispensable à la clarté, et si le latin est si équivoque, c'est souvent faute de l'article défini : ainsi *palatium regis* peut signifier indifféremment : *le palais du roi, un palais du roi, le palais d'un roi et un palais de roi*. C'est par le contexte qu'on sait (pas toujours!) lequel de ces sens est 'e vrai; autrement dit, on est obligé de le deviner. Or une L. I. ne doit rien laisser à deviner; elle doit traduire explicitement tous les éléments de la pensée, et n'en laisser aucun sous-entendu. D'ailleurs, toutes les langues de l'Europe occidentale et centrale possèdent l'article défini, et cette raison de fait doit suffire, en vertu du principe de l'internationalité. Non seulement les langues romanes ont l'article, bien que le latin leur père n'en eût pas, mais le latin du moyen âge avait déjà un article; et le latin classique était obligé (dans les ouvrages de philosophie notamment) d'emprunter l'article... au grec! Tout cela prouve l'utilité, la nécessité même de cette particule.

La déclinaison, on l'a vu, est réduite au minimum, conformément à la remarque de LEIBNIZ, que les prépositions remplacent les cas, et même avec avantage, car elles sont plus nombreuses et de sens plus précis. Aussi n'a-t-on conservé que l'accusatif, le seul cas qu'on ne puisse suppléer par une préposition [1]. Certains critiques trouvent que ce cas est encore de trop, et contestent l'utilité de l'accusatif. Ils allèguent que les langues modernes tendent à la suppression des cas; que la plupart d'entre elles n'ont plus de déclinaison, et que dans celles mêmes qui en ont une, l'allemand par exemple, l'accusatif est souvent identique au nominatif. Ils en concluent que l'admission d'un accusatif est une complication inutile, qui va à rebours de l'évolution des langues.

Nous avouons que les arguments soi-disant scientifiques tirés de considérations générales sur l'évolution des langues nous touchent peu. Toute la question est de savoir si l'accusatif est utile ou non. Les Espérantistes soutiennent qu'il est utile; et pour répondre aux arguments de fait, ils montrent que si les

---

1. Il est vrai que l'espagnol désigne ce cas par la préposition *a*, mais une telle construction serait peu conforme à nos habitudes de langage.

langues modernes ont rejeté l'accusatif dans les noms, elles ont eu soin de le conserver dans les pronoms. Or il faut que la règle soit générale et unique; et les adversaires de l'accusatif le suppriment même dans les pronoms. Il s'ensuit qu'ils ne peuvent plus distinguer le sujet du régime direct que par la place : ils assujettissent la phrase à une construction rigide. C'en est fait de la souplesse de la phrase, si utile pourtant, ne serait-ce que dans les traductions. On peut donc poser ce dilemme : ou bien la L. I. aura un accusatif, ou bien elle n'aura pas de liberté de construction. Reste à savoir laquelle des deux alternatives offre le plus d'inconvénients. Nous croyons que c'est la seconde, car nous savons ce que le français perd en souplesse et parfois même en clarté par sa construction uniforme et soi-disant *logique*, qui l'empêche de mettre en vedette le mot le plus important d'une phrase, autrement que par la construction lourde et encombrante, et parfois même équivoque : *C'est... qui (que)...*

Mais il y a un cas au moins où la construction uniforme doit céder : c'est le cas des propositions relatives [1]. Quel que soit le « cas » du pronom relatif, il faut qu'il relie la proposition relative à la proposition principale, et par suite qu'il vienne en tête de la première. Et alors on est exposé à des amphibologies comme dans la phrase suivante, que nous n'avons pas inventée, mais extraite de nos lectures pendant que nous écrivions cet ouvrage : « On remarquera quelles habitudes de construction sérieuse imposent aux habitants du Mzab le creusement de puits aussi profonds que les leurs, et dont la partie supérieure est en général muraillée sur une hauteur de plusieurs mètres, ainsi que l'établissement des deux montants de maçonnerie sur lesquels doit reposer la poutre qui porte les poulies. » Si l'on veut, pour éviter l'amphibologie, rejeter le verbe à la fin, on rendra ces phrases inintelligibles, comme cela arrive fréquemment en allemand [2].

Enfin l'accusatif permet d'éviter d'autres équivoques qu'aucun arrangement des mots ne pourrait supprimer, comme dans les

---

1. Dans les propositions interrogatives, on peut à la rigueur se dispenser de mettre en tête le mot interrogatif, ou sur lequel porte l'interrogation.

2. Car il faut bien reconnaître que la construction allemande, soumise à des règles tyranniques d'inversion, est encore plus gênante et plus obscure que la construction soi-disant logique du français. Cf. sur la question de l'accusatif notre critique de l'*Idiom neutral*.

phrases : « Je l'écoute mieux que vous » ; « J'ai trouvé la bouteille
cassée ». Il permet encore de distinguer le lieu où l'on va du lieu
où l'on est, ce qu'on ne pourrait autrement obtenir qu'en faisant
varier la préposition, ce qui serait plus onéreux pour la mémoire.
Tous ces avantages plaident en faveur de l'accusatif. On peut
dire que, sans l'accusatif, la L. I. ne pourra posséder les qualités
de souplesse, de finesse et de précision qui lui permettront de
rendre fidèlement toutes les nuances de la pensée. Or il ne faut
pas oublier qu'un des principaux usages de la L. I., le plus
important peut-être au début, sera la traduction des ouvrages
scientifiques. Ceux qui réduisent l'emploi de la L. I. à la conversation d'affaires et à la correspondance commerciale peuvent
faire bon marché de la souplesse et préférer la rigidité; mais
pour traduire fidèlement des œuvres écrites en toutes sortes de
langues, la L I. doit au contraire posséder le plus de flexibilité
possible sans rien perdre de la clarté. A cet égard, l'*Esperanto* a
fait ses preuves par ses nombreuses traductions d'œuvres littéraires, qui sont calquées sur le texte original, même lorsque
celui-ci est en vers (l'*Iliade, Hamlet*).

Certains critiques trouvent que l'accord de l'adjectif épithète
avec le substantif est inutile, et par suite gênant pour les peuples
de langue anglaise, pour qui l'adjectif est invariable. Les uns
admettent la variation de l'adjectif (en nombre et en cas) lorsqu'il
est attribut [1] (Pierre et Paul sont *honnêtes*); les autres ne l'admettent que lorsqu'il est employé comme substantif (les *bons* et
les *méchants*). A cela les Espérantistes répondent qu'il est plus
simple d'avoir une seule règle générale que deux règles applicables en différents cas; du moment que l'idée du pluriel est
associée à un adjectif, il est naturel qu'il en porte la marque,
qu'il soit ou non accompagné d'un substantif. Et puis, est-il bien
sûr que l'accord de l'adjectif avec le substantif ne soit pas utile
à faire connaître que tel adjectif se rapporte à tel substantif?
N'y aura-t-il pas des cas où (ne serait-ce que par suite d'un
manque d'attention ou d'une mauvaise construction) l'auditeur
ou le lecteur ne saura pas si l'on attribue l'honnêteté à Pierre et
à Paul, ou seulement à Paul? De même, quand on dira : « Les
bonnes poires... et les mauvaises... » faudra-t-il se rappeler que

---

[1]. A l'inverse de l'allemand, qui fait accorder l'adjectif épithète et rend
invariable l'adjectif attribut.

l'adjectif *bon*, étant épithète, doit rester invariable, et que seul l'adjectif *mauvais*, étant isolé, doit varier? N'est-il pas plus simple, plus logique, plus conforme au sens et à l'analogie, de faire varier les deux de la même manière?

Pour les pronoms personnels et possess'fs, on a dû remarquer leur formation absolument régulière. Mais on regrette que le même pronom **vi** serve au singulier et au pluriel. Cela donne lieu à des ambiguïtés fréquentes (comme *vous, votre* en français). On ne sait pas si le discours s'adresse à une personne ou à plusieurs. Il est dommage que le tutoiement soit inusité en *Esperanto* : il serait utile, au moins dans les traductions.

La conjugaison est une merveille de simplicité et de régularité. Grâce à l'emploi parfaitement logique du seul auxiliaire *être*, tant à l'actif qu'au passif, elle se réduit à un très petit nombre de formes, et permet pourtant de rendre toutes les nuances usitées dans les diverses langues nationales[1]. Il semble impossible d'imaginer un système plus facile à comprendre et à apprendre, et en même temps plus conforme à nos habitudes de langage et de pensée. Certains critiques blâment le choix arbitraire des voyelles (**a, i, o**) qui caractérisent les 3 temps principaux. A cela on répond, d'abord, qu'il était impossible de procéder autrement, attendu qu'il n'y a pas de flexion verbale qui soit internationale (sauf pour le participe actif : D. *-nd*, E. *-ng*, F. *-nt*); et ensuite, que le Dr Zamenhof s'est inspiré de la 1re conjugaison latine, où l'*a* caractérise le présent (*amas, amat*, etc.), l'*i* le parfait (*amavi*), et l'*o* le futur (*amabo*). Il a surtout fort ingénieusement emprunté au latin la forme générale des participes actifs (**-ant, -int, -ont**) et passifs (**-at, -it, -ot**), de sorte qu'il a réduit l'arbitraire au minimum compatible avec la régularité et l'uniformité absolues[2].

1. On remarquera aussi que, grâce aux trois temps du participe, les formes verbales les plus compliquées se composent de *deux* mots seulement, un participe et un auxiliaire, ce qui n'a pas lieu dans les langues vivantes. Ex. : **Mi estos amita** = F. *J'aurai été aimé*; E. *I shall have been loved*; D. *Ich werde geliebt worden sein.*

2. Certains réformateurs de l'*Esperanto* voudraient rapprocher sa conjugaison de la conjugaison latine; mais ils sont alors amenés à admettre une triple forme pour chaque temps (*-ar, -er, -ir* à l'infinitif, etc.) et à sacrifier ainsi l'uniformité, qui est un avantage capital; ou bien à donner à tous les infinitifs la même terminaison (*-ar*, par exemple), ce qui ne vaut pas mieux, car il est profondément choquant de voir affecter de la terminaison de la 1re conjugaison les verbes des 3 autres (*finar, vidar, recipar, rendar*).

L'emploi des temps ne présente aucune difficulté. Il n'en est peut-être pas de même de celui des modes, malgré les efforts que M. DE BEAUFRONT a faits pour le préciser et le régulariser[1]. Par exemple, il est parfois difficile de distinguer l'indicatif du conditionnel. Ainsi l'on trouve cette phrase : **Mi timas ke li perdos sian proceson,** *Je crains qu'il ne perde son procès.* On emploie ici l'indicatif, bien qu'il ne s'agisse pas « d'un fait certain ou présenté comme tel ». M. de Beaufront explique que la forme dubitative de la proposition principale « n'a aucune action sur la réalité du fait énoncé » dans la proposition subordonnée. Fort bien; mais alors pourquoi traduire : *Je croyais qu'il refuserait* par : **Mi kredis, ke li rifuzus?** Le refus est ici un fait tout aussi positif que, dans l'exemple précédent, la perte du procès; et ma « croyance » n'a pas plus d'action sur lui que n'en avait ma « crainte » sur l'autre fait. En vertu du principe posé plus haut, il faudrait employer l'indicatif, et dire : **mi kredis, ke li estis rifuzonta** [2].

La distinction de l'indicatif et du subjonctif est encore plus délicate et subtile. On traduit : *Je souhaite que vous réussissie* par : **Mi deziras, ke vi sukcesu** (impératif-subjonctif). Le succès est-il ici plus « éventuel » que la perte du procès ou le refus de tout à l'heure? Ou mon « souhait » a-t-il plus d'influence sur ce fait positif que ma « crainte » ou ma « croyance »? Assurément non. Mais, nous dit-on, la règle veut qu'on mette à l'impératif-subjonctif les verbes exprimant un fait qui relève du désir ou de la volonté. Soit; mais alors la perte du procès relevait de mon désir, puisque je la *craignais,* ce qui équivaut à dire que je *désirais* le gain du procès. Donc, ou bien il faut employer l'indicatif après *souhaiter,* ou bien il faut employer le subjonctif après *craindre.* Et si on l'emploie après *craindre,* il faudra logiquement l'employer après *espérer, croire,* etc. Tout cela prouve qu'il est impossible d'établir une distinction claire et précise entre les cas où convient l'indicatif et ceux où le subjonctif est de mise; c'est-à-dire, au fond, qu'il n'y a pas lieu de distinguer et d'admettre ces deux modes. Leur existence est d'ailleurs une gêne et un embarras perpétuels. Elle empêche, par exemple, de

---

1. *Commentaire sur la grammaire Esperanto,* p. 84-99.
2. En réalité, le conditionnel français joue ici le rôle d'un imparfait du futur; de même qu'on dit au présent : « Je crois qu'il refusera », on dit à l'imparfait : « Je croyais qu'il refuserait ». C'est en somme un gallicisme.

dire, en français : « Je souhaite et j'espère que vous réussirez » ;
et pourtant, quoi de plus naturel et de plus logique que cette
phrase? Il faut qu'on puisse la dire en L. I., et en dire bien
d'autres semblables, sans aucune restriction. Concluons donc
que le subjonctif est une complication inutile dans une langue
logiquement construite.

On arriverait à la même conclusion en partant de ce principe
posé par LEIBNIZ : « De même que les prépositions dispensent
des cas, les conjonctions dispensent des modes. » De même donc
que le seul cas utile est l'accusatif, parce qu'on ne peut le remplacer par une préposition, de même les seuls modes nécessaires sont ceux qu'on ne peut indiquer ou remplacer par une
conjonction, à savoir : l'indicatif, l'impératif et le conditionnel.
Mais le subjonctif, étant essentiellement le mode de la subordination, est suffisamment indiqué par la conjonction, et son
sens est déterminé par le verbe de la proposition principale, qui
nous apprend s'il s'agit d'un désir, d'un ordre, d'une espérance,
d'une croyance, etc. : de sorte que l'emploi d'une forme spéciale
dans les cas « qui relèvent du désir ou de la volonté » est une
superfétation, au même titre que l'emploi des cas avec les prépositions. En réalité, c'est une fâcheuse imitation des langues
naturelles, qui conduirait à édicter des règles aussi confuses et
compliquées que celles qui hérissent nos syntaxes [1].

Pour le vocabulaire, on ne peut qu'approuver le *principe de
l'internationalité maxima* sur lequel il est fondé. Les critiques ne
peuvent porter que sur l'application de ce principe dans tel ou
tel cas particulier ; ce n'est plus alors que des questions d'espèce, dans la discussion desquelles nous ne pouvons pas entrer
ici [2].

A première vue, on est tenté de trouver que son vocabulaire

1. Inutile de dire que nous parlons ici, non seulement pour l'*Esperanto*,
mais pour une L. I. quelconque; et que, si nous émettons cette opinion à
propos de l'*Esperanto*, c'est qu'il nous en fournit l'occasion par le soin
avec lequel on a précisé et approfondi sa grammaire. Si l'emploi des modes
est peu logique en français, il l'est encore bien moins en allemand, où l'on
emploie (comme en latin) le subjonctif dans toute affirmation indirecte, et
en revanche l'indicatif après des conjonctions qui (comme *damit* = *afin que*)
marquent expressément le désir ou la finalité (Voir p. 268, note 1). Supprimer,
le subjonctif, c'est donc non seulement supprimer une complication inutile
et embarrassante, mais encore fermer la porte à une foule d'idiotismes
contraires à la logique.

2. On remarquera que les seuls mots construits *a priori* sont les pronoms
et adverbes du *Tableau des particules*. Cette exception se justifie par deux

manque de neutralité, qu'il est trop exclusivement latin : et certains critiques (volapükistes allemands) qualifient l'*Esperanto* de langue romane. Il y a là, d'abord, une part d'illusion, due aux finales voyelles, qui rappellent les terminaisons sonores de l'italien et de l'espagnol. Il n'en faut pas plus pour qu'un observateur superficiel se récrie : « C'est de l'espagnol » ou « C'est de l'italien ¹ ! » Or ces voyelles finales, outre qu'elles servent à caractériser les parties du discours, contribuent beaucoup à donner à l'*Esperanto* une prononciation facile, coulante et harmonieuse. C'était justement là une des conditions d'euphonie formulées par J. VON GRIMM dès 1860; et il proposait déjà, comme bien d'autres, l'italien comme le modèle de la future L. I. au point de vue de l'euphonie. Le Dʳ ZAMENHOF n'a donc fait que réaliser le vœu du philologue allemand.

Pour peu qu'on aille au fond des choses, on s'aperçoit bientôt que ces finales sont accolées à des radicaux d'origine diverse, germanique ou slave aussi bien que latine. Quelques puristes en sont choqués; ils trouvent que des désinences romanes ne peuvent être adjointes qu'à des racines romanes : et ils préféreraient une langue néo-latine. Ce sont là des arguments de goût et de sentiment qu'on ne discute pas, et qui, selon nous, ne doivent pas entrer en ligne de compte; il suffit de remarquer qu'une langue purement néo-latine serait moins internationale qu'une langue mixte comme l'*Esperanto*. Au surplus, nous n'avons qu'une chose à dire aux amateurs de néo-latin : qu'ils tâchent d'abord de convertir à leur idéal certains teutomanes intransigeants, qui poussent l'horreur des *mots étrangers* (c'est-à-dire internationaux) à un tel point, qu'ils déclarent ne pouvoir accepter une langue auxiliaire où figureraient de tels mots, parce que cela risquerait de les faire rentrer dans la pure langue germanique : ce qui revient à dire qu'ils n'accepteraient pour langue interna-

---

raisons : 1° la plupart de ces mots, si fréquents dans le langage, ne sont nullement internationaux (Ex.: *immer* D., *allways* E., *toujours* F., *sempre* I.); 2° les formes qu'on leur a données établissent entre eux une corrélation logique qui aide à les retenir. La première raison fait qu'il est indifférent d'adopter des formes exclusivement nationales (arbitrairement choisies) ou des formes *a priori*; la seconde fait que le second parti est plus avantageux.

1. Pour apprécier ce genre de critiques, le lecteur est prié de comparer l'*Esperanto* à la *Lingua Franca Nuova* de S. BERNHARD et au *Nuove-Roman* de PUCHNER, qui sont vraiment des langues imitées de l'italien et de l'espagnol.

tionale que l'allemand, et encore, un allemand expurgé de tout
mélange latin, qui n'est pas près d'être réalisé. Car on sait que
la guerre que les Allemands font aux mots étrangers aboutit
tout bonnement à remplacer *Succursale* par *Filiale* et *Coiffeur* par
Friseur [1].

En réalité, pour tout observateur impartial et de bonne foi,
l'*Esperanto* est une langue mixte « romano-germanique », suivant
l'expression et l'intention même de son auteur. Tout ce qu'on
peut discuter, c'est la proportion des éléments romans et des
éléments germaniques. Or elle est malaisée à apprécier à la
simple lecture, parce que chaque peuple s'attribue les racines
qu'il connaît. Par exemple, en lisant la phrase suivante :
« **Simpla, fleksebla, belsona, vere internacia en siaj elementoj, la
lingvo Esperanto prezentas al la mondo civilizita la sole veran
solvor de lingvo internacia** », un Français sera tenté de croire
que l'*Esperanto* n'est que du français; mais un Anglais pourrait
aussi bien prétendre que c'est de l'anglais : car il connaît les
mots : *simple, flexible, sound* (*sonorous*), *very, inter-* (comme préfixe),
nation, element, language, present, civilize, sole, solve, et par suite il
pourra comprendre cette phrase à première vue tout comme le
Français. On s'imagine que, parce qu'un Français connaît un
millier de racines (sur les 2 642 que contient l'*Universala Vortaro*),
il n'en reste plus que 1 642 pour les autres langues. On raisonne
implicitement comme si les racines devaient être réparties entre
les diverses langues européennes. C'est oublier qu'une même
racine peut appartenir à plusieurs langues, et que le vocabulaire
de l'*Esperanto* est composé précisément les racines qui appartiennent au plus grand nombre de langues possible. La plupart
de ses racines doivent donc être mises à l'actif de plusieurs
langues; et pour savoir dans quelle mesure chacune d'elles est
favorisée, il faut chercher combien de racines connaît un homme
de chaque nation *qui ne saurait que sa langue maternelle* [2].

---

1. Nous ne mentionnerions pas l'argument d'un teutomane, qui accuse
l'*Esperanto* de « romaniser » les radicaux germaniques en les affublant de
désinences voyelles, s'il ne prouvait que l'ombrageuse susceptibilité de certains Allemands confine à la manie de la persécution.

2. M. DE BEAUFRONT a publié une semblable statistique dans l'*Espérantiste*, nº 44-45 (sept. 1901). Mais elle est forcément incomplète, attendu que
l'*Universala Vortaro*, qui lui sert de base, est loin de contenir toutes les
racines de l'*Esperanto*. En particulier, il ne contient aucun de ces mots
techniques d'origine gréco-latine (*télégraphe, téléphone*, etc.), qui, étant

Ce qui reste vrai, c'est la prépondérance des éléments latins
sur les éléments germaniques et slaves, qui fait que les peuples
les plus favorisés sont ceux dont la langue procède du latin et
en est restée la plus voisine. Mais cette prépondérance, nullement
voulue par l'auteur, s'explique et se justifie par l'internationalité
supérieure des éléments latins, qui ont pénétré dans toutes les
langues de l'Europe, soit dans le lexique populaire et usuel, par
suite de la conquête romaine, soit dans le lexique scientifique et
technique, par suite de la « formation savante ». Le vocabulaire
Esperanto ne fait que constater cette prépondérance et profiter
de cette internationalité *acquise* pour « atteindre » le plus grand
nombre possible de personnes de civilisation européenne. S'il y
a des Allemands à l'esprit étroit qui réclament pour les racines
germaniques, sinon une part prépondérante et presque exclusive, du moins une place rigoureusement proportionnelle à l'importance scientifique et économique de leur pays (comme si la
constitution d'un vocabulaire international était une affaire de
partage, qu'on puisse régler par l'égalité brutale ou par le tirage
au sort!), la plupart des Allemands instruits et cultivés reconnaissent la place immense, trop souvent inaperçue du vulgaire,
que tient l'élément latin dans la langue, la littérature et la civilisation allemandes[1]. Il leur appartient de dissiper les préjugés,
nés de l'ignorance de l'histoire et de la philologie, qu'une
partie de leurs compatriotes nourrissent encore contre ce qu'ils
appellent les « mots étrangers », c'est-à-dire contre les mots
internationaux qui constituent, en tout état de cause, le noyau
solide et objectif du vocabulaire de la future L. I.

Au surplus, certains critiques, et notamment des savants et
philologues allemands, ont si bien conscience de ce que tous les
peuples européens doivent à la tradition latine, qu'ils préféreraient une langue internationale à base purement latine, non
seulement comme plus homogène, mais comme plus réellement
internationale. Ceux-là reprocheraient plutôt à l'*Esperanto* d'avoir
admis certains radicaux germaniques ou slaves qui ne sont
guère internationaux, ou même pas du tout. La même critique
lui est adressée par les auteurs et partisans de l'*Idiom neutral*,
et leur opinion ne peut être suspecte de partialité nationale,

tout à fait internationaux, font partie *de droit* du vocabulaire *Esperanto*,
en vertu de la règle 15 du Dᵣ ZAMENHOF (citée p. 347, note 2).
 1. Voir le chapitre XVIII (J. LOTT) et le chapitre final (*Les langues mortes*).

attendu que les auteurs de cette langue appartiennent aux principales nations européennes et américaines, *excepté la France.*
Pour juger de sa valeur, rien ne vaut quelques exemples. Voici
donc quelques-uns des cas où l'*Idiom neutral* adopte une racine
latine ou grecque là où l'*Esperanto* a choisi une racine germanique ou slave :

Esperanto	Idiom neutral	Français
tag	diurn	jour.
monat	mens	mois.
jar	anu	an.
fingr	digit	doigt.
graf	komt	comte.
har	kapil	cheveu.
haŭt	pel	peau.
hund	kani	chien.
kel	kav	cave.
najbar	visin	voisin.
najtingal	filomel	rossignol.
bird	ornit	oiseau.
ŝip	nav	vaisseau.
varm	kalid	chaud.
vip	flagel	fouet.
vort	parol	mot.
vost	kaud	queue.
vund	vulner	blessure.
bedaŭr(i)	regret(ar)	regretter.
dank(i)	mersi(ar)	remercier.
send(i)	mit(ar)	envoyer.
ŝajn(i)	sembl(ar)	sembler, paraître.
taŭg(i)	val(ar)	valoir.
trink(i)	bib(ar)	boire.
jes	si	oui.
kaj	e	et.
ju pli... des pli...	plu... plu...	plus... plus...
nur	sole	seulement.
nun	sitempe	maintenant.

Nous ne disons pas que les racines de l'*Idiom neutral* soient
plus ou moins internationales que celles de l'*Esperanto* : ce n'est
pas la question en ce moment, et ce serait d'ailleurs à discuter
dans chaque cas particulier. Ce que nous voulons montrer par

ces exemples, c'est simplement qu'une société *internationale*, guidée par le même *principe de l'internationalité*, a été amenée (à tort ou à raison) à adopter une série de racines latines là où l'*Esperanto* avait admis des racines germaniques ou slaves; et par suite à élaborer une langue dont la physionomie est encore plus latine (et plus française) que celle de l'*Esperanto*, et qui prétend être au moins aussi internationale que celui-ci. Cela prouve en tout cas que la prépondérance des éléments latins est légitime. au point de vue de l'internationalité; et que l'*Esperanto*, loin de leur faire une place trop large, ne leur fait peut-être pas encore toute la part à laquelle ils ont droit [1].

Dans la plupart des cas, la divergence de ces deux langues (fort analogues d'ailleurs) a une origine théorique qu'il est intéressant d'exposer. On dit, par exemple : les *mots* jar et ŝip sont bien sans doute aussi internationaux, sinon plus, que les mots latins *annus* et *navis*, puisqu'ils sont communs à l'anglais et à l'allemand. Mais il ne faut pas considérer chaque mot *à part*, il faut considérer toute une famille de mots (c'est-à-dire l'ensemble des mots qui dérivent *ou peuvent dériver* d'une même racine), et adopter, pour chaque famille, la racine la plus internationale. A ce point de vue, *annus* et *navis* sont plus internationaux que jar et ŝip, attendu que les Anglais et les Allemands en connaissent des dérivés (*annalen, annual; naval, navigation*), tandis que les peuples romans ne connaissent nullement jar et ŝip, même pas par leurs dérivés. Or c'est bien cette méthode que l'inventeur de l'*Esperanto* a dû suivre pour former son vocabulaire, puisque, préoccupé de réduire celui-ci au minimum, il a cherché, non pas les *mots*, mais les *radicaux* les plus internationaux [2]. Il semble

1. Voir un article de M. Kofman sur *l'Esperanto et les Russes*, dans *l'Espérantiste* d'août-sept. 1898, qui montre que le russe contient beaucoup plus de mots internationaux (surtout gréco-latins) qu'on ne croit. Citons-en quelques-uns seulement : *absolutisme, administration, amiral, adresse, avocat, agent, aphorisme, académie, agitateur, acte, actif, album, alchimie, alcool, amphithéâtre, amnistie, anarchie, anecdote, anonyme, antipathie, appétit, argument, architecte, aristocratie, artillerie, astronomie, audience, auteur, autorité, automate, autonomie, autobiographie.* (L'auteur en cite 228 pour la lettre A seulement.)

2. Il est intéressant de citer, à ce propos, la règle 15ᵉ du Dʳ ZAMENHOF : « Les mots dits *étrangers*, c'est-à-dire ceux que la plupart des langues ont empruntés à une même source, sont employés sans changement en *Esperanto*; ils prennent seulement l'orthographe internationale (et les terminaisons grammaticales). Mais quand plusieurs mots dérivent de la même racine, il vaut mieux n'employer sans altération que le mot fondamental,

donc que, dans les cas cités ci-dessus, il ait été infidèle à sa propre méthode.

A ces objections les Espérantistes répondent que, si le Dr ZAMENHOF a parfois commis des infractions au principe de l'internationalité, ce n'est pas sans de bonnes raisons. Le plus souvent, c'est pour éviter des homonymies ou pour distinguer des sens très différents d'un même mot, qu'il a eu recours à des radicaux germaniques moins internationaux que leurs correspondants latins. Un bel exemple de ce fait est le mot **vetero** (le *temps* qu'il fait), distinct du mot **tempo** (le *temps* qui dure); ou encore le mot **glaso** (*verre à boire*), distinct de **vitro** (le *verre* comme matière)[1]. Voici des exemples d'homonymie proprement dite : le radical latin *mens* évoque à la fois l'idée d'*esprit* (*mens*), celle de *table* (*mensa*) et celle de *mois* (*mensis*); il eût donc été fâcheux de l'adopter pour l'une quelconque de ces trois significations, par exemple pour la dernière; c'est pourquoi l'on a choisi le radical germanique **monat** (D., E.). De même, le radical latin *vol* peut signifier à la fois *vouloir* et *voler*; on lui a assigné le sens de *volonté*, et l'on a eu recours au radical germanique **flug** (D., E.) pour exprimer l'idée de *voler*[2]. De même encore la racine **di** (*dies*, *deus* L.) a été réservée à l'idée de *dieu*, et c'est pourquoi l'on a adopté **tag** (D.) pour *jour*; la racine **fil** (*filum*, *filius* L.) a été réservée pour *fils*, et l'on a pris **faden** (D.) pour *fil*; et ainsi de suite.

D'autres fois, le Dr ZAMENHOF a réussi à dissocier les divers sens d'une même racine en variant simplement la forme de cette racine. En voici un exemple frappant : **ordo** = *ordre* (sens général et propre); **ordeno** = *ordre* (religieux, de chevalerie); **ordono** = *ordre* (commandement). Il s'est servi parfois pour cela des lettres accentuées, ce qui est encore un argument en leur faveur : **stato** = *état* (manière d'être); **ŝtato** = *État* (politique). De même **post** (L.) signifiant *après*, la *poste* se dira **poŝto** (R., Pol.) et le *poste* (militaire) **posteno**[3]. Tous ces détails montrent, non seulement

---

et former les mots dérivés suivant les règles de la langue. Ex. : **teatro**, adjectif : **teatra** ».

1. De même on distingue **hundo**, *chien* (animal) et **ĉano**, *chien* (de fusil); **piedo**, *pied* (membre) et **futo**, *pied* (mesure).

2. Ajoutons que le mot *voler* présente en français un double sens intolérable, que l'*Esperanto* distingue aisément : **flugi** = *voler* (avec des ailes), **ŝteli** (D., E.) = *voler* (dérober).

3. Il est regrettable qu'on n'ait pas distingué de même l'adverbe **ĉiel** (*de*

que le vocabulaire de l'*Esperanto* a été combiné avec un soin et
une ingéniosité extrêmes, mais qu'il forme (avec l'alphabet et
l'ensemble des affixes) un véritable système, dont toutes les parties se tiennent comme les pièces d'un jeu de patience : on ne
peut toucher à l'une d'elles sans ébranler les autres, et les anomalies apparentes ont une raison d'être qu'on ne soupçonne pas
au premier abord.

On peut remarquer, à ce propos, que l'*Esperanto* évite de
donner aux radicaux des terminaisons semblables à ses suffixes
(ou des syllabes initiales semblables à ses préfixes), même là où
cela ne donnerait pas lieu à des calembours, parce que cela peut
dérouter un instant l'esprit du lecteur ou (surtout) de l'auditeur.
C'est ainsi que l'on dit **azeno**, **mateno**, **ĉagreno**, pour éviter la
désinence féminine -**ino**; **bufedo**, **bukedo**, pour éviter le suffixe
diminutif -**eto** [1]; **barelo** (*baril*) pour éviter le suffixe -**ilo**; **skrofolo**
pour éviter le suffixe -**ulo**, etc. En s'imposant cette condition,
dans l'intérêt de la clarté, le Dᵣ ZAMENHOF a énormément accru
la difficulté de sa tâche, puisque chaque suffixe exclut les radicaux qui riment avec lui, ou du moins oblige à les modifier. On
comprend, d'une part, qu'il y ait intérêt à réduire les suffixes au
plus petit nombre; et, d'autre part, que l'auteur n'ait pas toujours réussi à éviter ces sortes de rimes, et même des homonymies ou calembours possibles [2]. Cela prouve sans doute à quel
point il était difficile de les éviter partout et toujours. La plupart,
heureusement, ne peuvent pas prêter à des contresens sérieux
et raisonnables. En tout cas, on en trouve incomparablement
moins   dans les projets rivaux; et puis, comme disait
M. Kerckhoffs pour excuser les calembours du *Volapük*, il faut
bien laisser quelque liberté aux amateurs de plaisanteries faciles.

L'emploi systématique d'affixes invariables à sens bien déterminé, si utile pourtant pour réduire au minimum le nombre des

---

toute manière) du radical de **ĉielo** (*ciel*), qu'on aurait pu écrire simplement **cielo**.

1. **Cigaredo** = *cigarette* se distingue de **cigareto** = *petit cigare*.

2. Exemples : **ban** et **banan**; **bal** et **balad**; **barb**, **barbar**; **bat**, **batist**; **bet**,
betul; **bord**, **border**; **gaz**, **gazet**; **gren**, **grenad**; **har**, **haring**; **lek**, **lekant**;
son, **sonat**; **reg**, **regul**; **tur**, **turist**; **trik** (*tricoter*); **trikot** (*tricot* : participe
futur passif de **trik**); **vol**, **volont**; **vet**, **vetur**; sans parler de **tualet**, **trotuar**, **spegul**, **somer**, **orkestr**, etc., qui ne peuvent donner lieu à équivoque,
mais qu'on aurait pourtant dû éviter, pour rester fidèle au principe; comparer par exemple **fistulo** à **skrofolo**.

radicaux à apprendre, donne lieu à diverses objections que nous allons exposer.

La première est celle même que nous avons opposée aux langues philosophiques, à savoir qu'il est impossible, dans l'état actuel des sciences et de la philosophie, de décomposer toutes les notions en leurs éléments logiques. Par suite, l'*Esperanto* est conduit à donner de certaines notions des définitions imparfaites, donc arbitraires dans une certaine mesure. Il appelle l'*escalier* ŝtuparo, c'est-à-dire *collection de marches* (ou d'échelons); or, d'une part, ce mot peut tout aussi bien signifier une *échelle*; et d'autre part, l'escalier peut être conçu tout différemment, par exemple comme un « moyen de monter et de descendre », ce qui donnerait lieu à un tout autre dérivé.

A cela les Espérantistes répondent que, précisément, leur langue n'est pas une langue philosophique; elle ne prétend pas exprimer les définitions rigoureuses des choses, mais simplement les désigner (comme toutes les langues naturelles l'ont fait à l'origine) par quelque caractère saillant et distinctif qui en suggère l'idée. La dérivation n'est qu'un moyen de soulager la mémoire; elle permet de retenir aisément les mots, ou de les former au besoin quand on ne les sait pas. Par exemple, le préfixe **mal-** dispense d'apprendre séparément les mots contraires, et supprime à lui seul une bonne part du vocabulaire; le suffixe du féminin **-in** dispense d'apprendre deux mots différents pour la même idée (*homme, femme; frère, sœur; oncle, tante; bœuf, vache*, etc.). On objecte en outre que le choix du mot primitif est souvent arbitraire : par exemple, entre deux idées contraires, il n'y a pas de raison pour considérer l'une d'elles comme primitive et l'autre comme dérivée. — Sans doute, répondent les Espérantistes; mais encore une fois nous ne prétendons pas que notre langue exprime les relations logiques des idées. Il est commode d'employer le même radical pour désigner deux idées contraires, et c'est toujours plus naturel et plus logique que d'employer pour cela (comme nos langues) deux radicaux qui n'ont rien de commun (*grand, petit; long, court; large, étroit*, etc.). De plus, le choix du mot primitif n'est pas arbitraire; le plus souvent, l'un des deux termes contraires est considéré, par nature ou par convention, comme positif, et l'autre comme négatif; ainsi *grand, long, large*; de même *droit* opposé à *gauche*, *haut* opposé à *bas; riche* opposé à *pauvre*, etc. C'est celui-là qu'on prend

pour mot primitif. En outre, il arrive parfois que l'un des deux
termes est beaucoup plus international que l'autre : ainsi *grand*
(F., I., L., S.), *great* (E.), *gross* (D.) par comparaison à *petit* (F.),
little (E.), *klein* (D.), *parvus* (L.), *piccolo* (I.), *pequeno* (S.). Il est donc
tout indiqué de le prendre pour terme primitif, puisque l'autre
se trouve par là même profiter de l'internationalité de son contraire.

On reproche encore à cette méthode de formation des mots
d'obliger l'esprit à un travail incessant de décomposition et de
recomposition, dont seuls les lettrés seraient capables. Ce serait
demander un trop grand effort d'intelligence à la plupart des
personnes pour qui la L. I. doit être faite.

Les Espérantistes répondent, d'abord, qu'en admettant qu'il
y eût des esprits incapables de comprendre le mode de formation
des mots dérivés et composés, ils pourront toujours apprendre
ces mots dans les lexiques, comme ils seraient obligés, dans
n'importe quelle langue étrangère et dans certaines langues artificielles, d'apprendre des radicaux qui ne diraient absolument
rien à leur esprit. On n'impose à personne l'obligation de fabriquer lui-même les mots dont il a besoin ; on pourra toujours les
trouver tout faits dans le dictionnaire. Mais les mots dérivés de
l'*Esperanto* ont au moins cet avantage sur des radicaux inconnus
ou arbitrairement choisis, que leur structure même est un moyen
mnémotechnique pour les retenir. Il suffit de les avoir vus une
fois ; on ne les oublie plus. On n'a même pas besoin de se rappeler exactement leur mode de composition ; il suffit d'une analogie de son, d'une association d'idées pour en évoquer le sens.
D'ailleurs, il n'y a pas besoin d'une intelligence extraordinaire
pour comprendre un dérivé nouveau régulièrement formé ; et il
n'est nullement nécessaire d'être rompu à l'analyse logique. Peu
de personnes seraient sans doute capables de définir et de formuler le sens abstrait du suffixe -*able* ou -*ible* ; et néanmoins tout
le monde comprend des expressions comme *papable*, *ministrable*,
cyclable, qui ne se trouvent pourtant dans aucun dictionnaire ; et
cela, simplement en vertu de l'analogie, et du sens inconsciemment attaché par l'habitude et l'usage au suffixe en question, sans
qu'on soit obligé de décomposer ces mots et de chercher laborieusement le sens de chacun de ses éléments. En tout cas, le travail
d'esprit par lequel on comprend ou devine le sens d'un mot
dérivé ou composé est incomparablement moins pénible que le tra-

vail de mémoire qui consisterait à apprendre un à un, sous forme de radicaux bruts, les milliers de mots que remplacent les dérivés et composés de l'*Esperanto*. C'est plutôt un jeu, car il y a un véritable plaisir intellectuel à saisir instantanément le sens d'une phrase grâce à des affixes bien connus qui se greffent sur un petit nombre de radicaux.

Enfin on reproche à l'*Esperanto* de négliger un certain nombre de mots internationaux, et de leur préférer des dérivés ou composés systématiquement formés. Par exemple, il dira **senfina** pour *infini*, **antaŭjuĝo** pour *préjugé*. Cela est surtout remarquable dans les termes techniques, que les langues nationales ont empruntés au latin ou au grec : ex. : **ventolilo** pour *ventilateur*; **aliformiĝo**, pour *transformation*, etc.

Les Espérantistes répondent que l'essentiel n'est pas, pour leur langue, de comprendre *tous* les mots internationaux, mais de ne comprendre (autant que possible) que des racines internationales, avec lesquelles on puisse former régulièrement une multitude de mots immédiatement intelligibles. L'idéal, disent-ils, n'est pas de construire une langue compréhensible aux seuls savants : or, en supprimant des affixes, on augmenterait dans une proportion énorme le nombre des mots primitifs à apprendre. Pour contenter une poignée d'érudits, on sacrifierait tous les vrais intéressés (M. DE BEAUFRONT). Cette question est très délicate. Elle se pose, en somme, pour la L. I. comme elle s'est posée pour l'allemand : vaut-il mieux employer (comme termes scientifiques et techniques) des mots *internationaux* dérivés du grec et du latin et par suite compris de tous les savants, ou des *expressions nationales* formées d'une manière autonome, conformément au génie de la langue, et intelligibles à tous? La question a été fort débattue en Allemagne, et les avis sont partagés. Les savants, comme on pouvait s'y attendre, sont en général partisans des mots internationaux, avec lesquels ils s'entendent immédiatement avec leurs confrères étrangers : ils préfèrent, nous affirme-t-on, *Telephon* à *Fernsprecher*. Sans vouloir discuter et trancher ici cette grosse question, il nous semble que, pour les termes scientifiques et techniques tout au moins, et *pour la langue internationale*, les mots internationaux sont préférables, car la langue internationale est destinée à permettre aux savants de se comprendre *entre eux*; et elle ne les empêchera pas de rédiger dans la langue nationale les livres d'enseigne ment et de vulgarisation, pas plus que de professer dans la langue maternelle.

On dit que des composés autonomes sont mieux compris de tout le monde. Mais, pour retenir le mot *téléphone*, il n'est pas indispensable de connaître son étymologie grecque, pas plus qu'il n'est nécessaire de connaître la théorie de cet instrument pour pouvoir s'en servir. Le peuple emploie ces sortes de mots (comme le mot *microbe*, par exemple) sans se soucier de leur origine, et les savants mêmes qui la connaissent n'y pensent plus. Les composés autonomes ont, de leur côté, cet inconvénient qu'ils constituent plus ou moins une définition de l'idée qu'ils expriment, et cette définition est sujette à varier avec les progrès de la science. Nous en avons vu [1] un exemple dans les mots *oxygène* et *azote*, qui ne correspondent plus à l'état actuel de nos connaissances ; mais personne ne pense plus à leur sens étymologique, tandis que les noms allemands calqués sur eux (*Sauerstoff, Stickstoff*) le rappellent sans cesse, surtout aux personnes ignorantes de la Chimie, ce qui ne peut que les induire en erreur. De même, les grammairiens allemands appellent l'article *Geschlechtswort* et le verbe *Zeitwort*. Or ces deux mots composés impliquent toute une théorie grammaticale, fort contestable, sinon fausse [2]. Les termes latins *article* et *verbe* n'ont pas ce défaut : ils sont neutres, théoriquement. On voit par là que c'est souvent un avantage d'adopter des mots qui ne signifient rien, ou peu de chose.

En résumé, pour les mots de la langue usuelle, il est bon qu'ils soient formés d'une manière régulière et autonome ; mais pour tous les termes techniques, il vaut mieux qu'ils soient empruntés tout faits aux langues vivantes, qui les ont elles-mêmes tirés du latin ou du grec. Par exemple, on peut fort bien traduire *tire-bouchon* par **korktirilo**, et *éventail* par **ventumilo** ; mais en revanche *ventilator* est préférable à **ventolilo** [3]. Sans doute, le vocabulaire

1. Section I, Critique générale.
2. A savoir que l'article sert (principalement) à distinguer les genres, et que le verbe est, selon la définition d'Aristote, un mot qui implique une indication de temps ; définition que Leibniz discutait et rejetait déjà.
3. Que l'on pense à la multitude des mots en *-ateur* (L. *-ator*) qui désignent des instruments dans la science et dans l'industrie, et qui sont absolument internationaux, comme *accumulateur, moteur, transformateur*, etc. (notons en passant ce curieux doublet : *condensateur* électrique, et *condenseur* de machine à vapeur). Il est évident qu'un *conducteur* électrique devra s'appeler

technique de l'*Esperanto* n'est pas encore constitué ; mais on trouve déjà dans les vocabulaires des mots techniques qui sont des symptômes de la tendance fâcheuse que nous critiquons, comme **tagnoktegaleco** = *équinoxe*, et **âlosilosto** = *clavicule* (litt. : *os-clef*). Il est certain que les savants comprendront toujours mieux et retiendront plus aisément les mots *équinoxe* et *clavicule*, qui leur sont familiers. L'*Esperanto* ferait donc fausse route, s'il prétendait construire les mots techniques de toutes pièces et par ses propres moyens ; il risquerait, d'une part, de se heurter à l'écueil qui a fait échouer les langues philosophiques ; d'autre part, de tomber dans l'abus de la dérivation et de la composition, et de rappeler les logographes du *Volapük* [1].

Pour la formation même des dérivés, les affixes sont en général très heureusement choisis ; presque tous répondent, pour le sens et pour la forme, à des affixes de dérivation employés dans la plupart des langues européennes. Leur sens a été d'ailleurs précisé et fixé, ce qui n'a lieu dans aucune langue naturelle ; pour n'en citer qu'un exemple, les mots *aimable, estimable, hono-*

---

konduktor, et non **kondukisto**, comme le *conducteur*... de voitures. C'est même là un excellent moyen de distinguer le sens vulgaire et le sens technique d'un même mot.

1. Au surplus, voici textuellement les règles fort judicieuses formulées par le Dr ZAMENHOF pour le choix des termes techniques (d'après la méthode employée dans les langues vivantes) :

« 1° On se demande avant tout si le mot n'existe pas déjà dans la langue commune ; par exemple, si un vélocipédiste a besoin du mot *roue*, il n'ira pas créer un terme nouveau, mais prendra le mot déjà existant dans le dictionnaire général.

« 2° Lorsqu'on sait que le mot nécessaire n'existe pas encore, c'est-à-dire simplement qu'il n'a pas encore été employé, on tâche de le former à l'aide des autres mots-racines existant déjà dans la langue. Par exemple, s'il faut composer pour la première fois, dans une jeune langue, un ouvrage de mathématiques, l'auteur qui a besoin d'exprimer *multiplier*, *dividende* ou *triangle* formera facilement ces termes avec les mots déjà existants dans le dictionnaire » (Ex. : **multobligi**, **dividato**, **triangulo**).

« 3° Enfin, si le terme n'existe pas dans le dictionnaire général et qu'il soit difficile de le former à l'aide des mots existants, *ou que cette forma-tion donne une expression obscure, trop longue ou incommode*, le spécialiste, sans se condamner à de longues réflexions ni se gêner, emprunte simplement le mot à une autre langue, en lui donnant seulement l'orthographe de la sienne. Le choix, en général, n'est pas difficile, car la majorité des mots de cette 3° catégorie sont également employés (comme mots « étrangers ») dans toutes les langues, et par suite sont déjà par eux-mêmes internationaux » (*L'Espérantiste*, mars 1902.) Nous avons souligné, dans la 3° règle, une réserve très sage, qui nous paraît restreindre notablement l'application de la 2° règle au profit de la 3°, c'est-à-dire la formation de dérivés ou composés autonomes au profit des mots internationaux tout faits.

rable, respectable, etc., signifient en français « *qui doit* » et non pas « *qui peut* être aimé, estimé, etc.* »; aussi l'*Esperanto* les traduit-il logiquement par **aminda, estiminda, honorinda, respektinda,** et non (comme le font d'autres langues artificielles) par **amebla,** etc. Ce principe de l'uniformité du sens des affixes (comme de celui des radicaux) est absolument indispensable à la régularité et à la clarté; c'en serait fait de l'unité de la langue, si l'on y introduisait les idiotismes et les anomalies de dérivation des langues naturelles [1].

Peut-être, cependant, ce principe n'est-il pas toujours rigoureusement observé, surtout dans la manière dont les diverses parties du discours dérivent les unes des autres. Sans doute, l'*Esperanto* a bien fait de ne pas prendre pour racines (comme le *Volapük*, le *Bolak* et la plupart des langues *a priori*) les mots d'une seule partie du discours, par exemple les substantifs, pour en déduire mécaniquement l'adjectif, le verbe et l'adverbe, ce qui est souvent contraire à l'ordre logique des idées : les idées de *bon* et de *beau*, par exemple, sont logiquement antérieures aux idées de *bonté* et de *beauté* [2]. Il admet des racines appartenant à toutes les parties du discours : des adjectifs, des verbes, des adverbes (**troa** = *excessif*; **nuna** = *d'à présent*), des particules comme **jes, ne** (**jesi** = *affirmer*, **nei** = *nier*), **sen, dis** (**disigi** = *séparer*, **senigi** = *dépouiller*), et même des affixes comme **an** (**ano** = *partisan*), **ec** (**eco** = *qualité*), **ind** (**inda** = *digne de*), **ebl** (**eble** = *peut-être*). Néanmoins, toutes les fois que cela est possible, le Dr ZAMENHOF paraît assigner à une racine le sens verbal, et il en forme ensuite le substantif, l'adjectif et l'adverbe au moyen des désinences -o, -a, -e. Cela est assurément fort logique et fort commode, mais à une condition : c'est qu'il y ait entre le sens du mot primitif et celui du dérivé une correspondance *univoque et réciproque* en vertu d'une règle générale et fixe. *Univoque*, c'est-

---

1. Il y a plus : certains suffixes, en eux-mêmes internationaux, ne sont pas internationaux dans leurs applications particulières, de sorte que des radicaux internationaux engendrent des dérivés qui ne le sont pas. Ex. : l'italien traduit *beauté* par *bellezza*, alors que les deux suffixes équivalents *-té* (*-tà*) et *-esse* (*-ezza*) sont communs aux deux langues. En français même, nous avons à la fois *richesse* et *pauvreté*. Cela montre bien la nécessité de régulariser le sens et l'emploi des suffixes de dérivation (cf. p. 357, note 1).

2. Tandis que le *Volapük* dit **gud** = *bonté*, **gudik** = *bon*; et le *Bolak* : **bel** = *beauté*, **beled** = *beau*.

à-dire que chaque affixe de dérivation doit avoir un sens unique et bien déterminé, du moins dans les mêmes conditions (dans la même classe de mots); *réciproque*, c'est-à-dire que l'on doit pouvoir déduire du sens du mot dérivé le sens du mot primitif d'une manière aussi régulière et aussi sûre que l'on déduit le premier du second, en renversant simplement la relation qui les unit [1].

Par exemple, le verbe dérivé d'un substantif ou d'un adjectif signifie : 1° tantôt : *être* — : **utila** = *utile*, **utili** = *être utile*[2]; 2° tantôt : *faire l'action de* — : **marŝo** = *marche*, **marŝi** = *marcher*[3]; 3° tantôt : *faire usage de* — : **broso** = *brosse*, **brosi** = *brosser*[4]; 4° tantôt : *remplir, garnir* ou *revêtir de* — : **salo** = *sel*, **sali** = *saler*[5]; **oro** = *or*, **ori** = *dorer*[6]. Et ce n'est pas tout : il y a des verbes qui ne rentrent dans aucune de ces quatre classes; ex. : **formo** = *forme*, **formi** = *former*; **silabo** = *syllabe*, **silabi** = *épeler*[7]. Or, dans la dérivation inverse, le substantif obtenu en changeant en -o l'-i de l'infinitif signifie toujours : *l'action de* —. Ex. : **dueli** = *se battre en duel*, **duelo** = *duel*; **helpi** = *aider, secourir*, **helpo** = *aide*,

---

1. On dira sans doute que cette réversibilité des dérivations n'est pas nécessaire, attendu que chaque racine engendre un mot primitif (substantif, adjectif ou verbe) indiqué dans le dictionnaire, et dont les autres dérivent. Mais c'est précisément ce que l'on peut contester. D'une part, au point de vue logique, quelle raison y a-t-il pour qu'une *racine* engendre un mot primitif d'une espèce plutôt que d'une autre, alors que l'espèce du mot n'est déterminée que par la finale -o, -a, -i (dont c'est expressément le rôle)? D'autre part, au point de vue pratique, peut-on exiger de l'adepte qu'il se rappelle, outre le sens général de la racine, le sens particulier du mot primitif qui en est le premier dérivé? C'est surcharger sa mémoire, ou, en cas de doute, l'obliger à chercher dans le dictionnaire.

2. Autres exemples : **avara** = *avare*, **avari** = *être avare de*; **avida** = *avide*, **avidi** = *désirer*.

3. Autres exemples : **paŝo** = *pas*, **paŝi** = *faire des pas*; **verso** = *vers*, **versi** = *faire des vers*; **rimi** = *rimer*, etc.

4. Autres exemples : **vipo** = *fouet*, **vipi** = *fouetter*; **signo** = *marque*, **signi** = *marquer*; **ŝraubo** = *vis*, **ŝraubi** = *visser*.

5. Autres exemples : **gudro** = *goudron*, **gudri** = *goudronner*; **krono** = *couronne*, **kroni** = *couronner*; **lardo** = *lard*, **lardi** = *larder*; **sablo** = *sable*, **sabli** = *sabler*; **sterko** = *fumier*, **sterki** = *fumer* (la terre); **sukero** = *sucre*, **sukeri** = *sucrer*; **vato** = *ouate*, **vati** = *ouater*; **vesto** = *vêtement*, **vesti** = *vêtir*.

6. Autres exemples : **parfumo** = *parfum*, **parfumi** = *parfumer*; **sebo** = *suif*, **sebi** = *suiffer*; **selo** = *selle*, **seli** = *seller*; **stano** = *étain*, **stani** = *étamer*, etc.

7. Autres exemples : **loko** = *lieu*, **loki** = *placer* (L. *locare*); **nomo** = *nom*, **nomi** = *nommer*; **okazo** = *occasion*, **okazi** = *arriver*; **paralizo** = *paralysie*, **paralizi** = *paralyser*.

secours; **promesi** = *promettre*, **promeso** = *promesse*; **sendi** = *envoyer*, **sendo** = *envoi* (*action d'envoyer* : la ⸱⸱ ᵒse envoyée se dit : **sendajo**)[1]. Il est vrai que nous trouvons déjà des exceptions à cette règle : **dolori** signifiant *faire mal*, **doloro** signifie *douleur*, alors qu'il devrait signifier l'*action de faire mal*[2].

Mais nous trouverons bien d'autres exceptions, si nous voulons renverser les dérivations énumérées plus haut : **utilo** signifiera : l'*action d'être utile*, le *service* rendu; **broso**, l'*action de brosser*; **verso**, la *versification*; **vipo**, la *flagellation*; **formo**, la *formation*; **krono**, le *couronnement*, etc.[3]. Si l'on veut observer la régularité de la dérivation, le verbe dérivé d'un substantif ne peut signifier qu'une chose : *être dans l'état* ou *faire l'acte* exprimé par ce substantif; et toutes les autres espèces de verbes dérivés devront se former au moyen de suffixes spéciaux qui signifient : *fabriquer, faire usage de, remplir de*, etc., de même qu'on a des suffixes spéciaux pour exprimer l'idée de *faire* ou *rendre* et celle de *devenir*[4]. Par

1. C'est la dérivation de sens la plus logique. Don Sɪɴɪʙᴀʟᴅᴏ ᴅᴇ Mᴀꜱ l'avait bien vu, quand il écrivait dans son *Idéographie*, p. 151 (1863) : « Le signe placé à la ligne des noms signifiera l'*action*, l'acte d'exécuter le verbe; exemples : *amour* qui est l'action d'*aimer, marche* qui est l'action de *marcher*,... *prière* qui est l'action de *prier*.... Le signe donc qui, placé à la ligne des verbes, signifiera *fusiller*, à la ligne des noms signifiera *fusillement*, c'est-à-dire l'action de fusiller », et non pas : le *fusil*. Il est naturel que le substantif dérivé immédiatement du verbe exprime l'action, c'est-à-dire l'idée verbale elle-même; dans certaines langues (grec, allemand) on emploie à cet effet l'infinitif (comme en français : *le boire et le manger, le parler, le rire, le faire*). Dans les langues romanes, on emploie souvent comme substantif d'action le radical verbal. Ex. : *aboi, accord, accueil, apport, chasse, coupe, débat*, etc. On remarquera que cette manière de substantifier le verbe est bien plus commode et concise que les suffixes romans -*ation* et -*ement*, qui sont si lourds et si équivoques, et qui ne sont même pas toujours internationaux dans leur application : ainsi l'anglais dit *coronation* là où le français dit *couronnement* (cf. p. 355, note 1).

2. Autres exemples : **adresi** = *adresser*, **adreso** = *adresse*; **bari** = *barrer*, **baro** = *barre*; **ĉagreni** = *chagriner*, **ĉagreno** = *chagrin*; **celi** = *viser*, **celo** = *but*; **flori** = *fleurir*, **floro** = *fleur*; **honori** = *honorer*, **honoro** = *honneur*; **kaŭzi** = *causer*, **kaŭzo** = *cause*; **movi** = *mouvoir*, **movo** = *mouvement*; **naŭzi** = *donner des nausées*, **naŭzo** = *nausée*; **ruli** = *rouler*, **rulo** = *rouleau*, etc.

3. Le suffixe -**ad** paraît employé dans certains cas pour éviter cette équivoque et désigner l'action : **fabriko** = *fabrique*, **fabriki** = *fabriquer*, **fabrikado** = *fabrication*; **guto** = *goutte*, **guti** = *dégoutter*, **gutado** = *action de dégoutter*. Mais alors il devrait être employé dans tous les cas pour désigner l'action, ce qui n'a pas lieu.

4. Voir par exemple les séries régulières de dérivés issus de **san** et de **mort**. En revanche, on ne voit pas comment de **naski** = *enfanter* on peut tirer **naskiĝi** = *naître*; il vaudrait bien mieux adopter (conformément à l'étymologie) **naski** = *naître*, et **naskigi** = *faire naître, enfanter*. Quant à : **sin**

exemple, pour les verbes qui signifient *faire usage de*, on pourrait employer le suffixe **-um**, comme dans **martelumi** = *marteler*; ou bien, si l'on prenait le verbe pour mot primitif, il faudrait en dériver le nom de l'instrument au moyen du suffixe **-il**, comme dans **kudrilo** = *aiguille* [1].

La relation du substantif et de l'adjectif donne lieu à la même difficulté et à la même critique. En général, l'adjectif dérivé directement du substantif (par simple changement de -o en -a) paraît signifier uniquement : *relatif à* —. M. de BEAUFRONT enseigne, par exemple, que, **amo** signifiant *amour*, **ama** ne signifie pas *amoureux*, mais *d'amour* (dans : *lettre, chant d'amour* [2]). Toutefois, il y a de nombreuses exceptions à cette règle : **dento** = *dent*, **denta** = *dentelé* (au lieu de : *dentaire*); **danko** = *remerciement*, **danka** = *reconnaissant*; **ofendo** = *offense*, **ofenda** = *offensant* [3]; **bezono** = *besoin*, **bezona** = *dont on a besoin* [4]. Mais admettons que la règle soit partout appliquée; il semblerait donc que le substantif dût désigner l'objet auquel l'adjectif est relatif.

Examinons maintenant la dérivation inverse. Que signifie le substantif dérivé de l'adjectif par le simple changement de -a en -o? Le bon sens l'indique : ce doit être l'adjectif substantifié, désignant la personne ou la chose qui possède la qualité exprimée par l'adjectif : comme quand on dit (en français et dans

enŝteli = *s'introduire en voleur*, c'est un idiotisme inintelligible; et **elpensi** = *inventer* n'est guère plus clair ni plus logique.

1. Autres exemples : **cizilo** = *ciseau*; **remilo** = *rame*; **pumpilo** = *pompe*; **rabotilo** = *rabot*, **raspilo** = *râpe*, **rastilo** = *râteau*, **segilo** = *scie*, **sigelilo** = *sceau*, etc., tous substantifs dérivés des verbes correspondants. De même : **veturilo** = *voiture* dérive de **veturi** = *aller en voiture*, tandis que **veturo** = *l'action d'aller en voiture*. Pour les verbes qui signifient *remplir* ou *revêtir de*, on pourrait imiter l'exemple de **ŝmiri** = *oindre*, d'où **ŝmirajo** = *onguent*, tandis que **ŝmiro** = *onction* (action d'oindre). Pour la racine. **mov**, ou bien on part de **movi** = *mouvoir*, et alors on en tire : **movo** = *action de mouvoir*; **moviĝi** = *se mouvoir*, et **moviĝo** = *mouvement*; ou bien on part de **movi** = *se mouvoir* (être en mouvement), et alors on en tire : **movo** = (état de) *mouvement*; **moviĝi** = *mouvoir* (mettre en mouvement), **moviĝo** = *action de mouvoir*; **moviĝi** = *se mettre en mouvement*.

2. Par suite, l'adjectif remplace souvent, et avec avantage, le génitif français ou le mot composé allemand. Ex. : **komerca ĉambro** = *chambre de commerce*.

3. Autres exemples, où l'adjectif devrait être remplacé par un participe exprimant l'action : **ĉarma** = *charmant*, **pika** = *piquant*, **rava** = *ravissant*; **ciopova** = *tout-puissant* (de **povo** = *pouvoir*).

4. On s'attendrait tout au moins à : *qui a besoin*. Mais logiquement, **bezoni** signifiant *avoir besoin de* (verbe actif), ce *dont on a besoin* est **bezonata**, et celui *qui a besoin* est **bezonanta**.

beaucoup d'autres langues) : *les bons et les méchants*; *un juste, un sage, un saint*, etc. C'est en effet ce qui a lieu, en *Esperanto*, pour les participes (**parolanto** = *orateur*) et pour quelques adjectifs [1]. Mais, dans la plupart des cas, l'adjectif n'est substantifié qu'au moyen du suffixe **-ul**. Ex. : **juna** = *jeune*, **junulo** = *jeune homme* [2]. L'emploi de ce suffixe est non seulement inutile, mais illogique, car il désigne « un être *caractérisé par* telle qualité ou propriété. » Or le mot primitif **juna** signifie déjà *jeune*, et non pas *jeunesse*, qui s'exprime par le dérivé **juneco**; il désigne donc bien l'être même, et non la qualité, et pour en faire un substantif il doit suffire de changer sa désinence -a en -o. Le cas n'est plus du tout le même que pour **ĝibulo** = *bossu* (de **ĝibo** = *bosse*) : ici le suffixe **ul** est nécessaire pour dériver du nom d'une propriété le nom de l'être qui en est affecté [3]. Mais il est irrationnel, et un peu ridicule, de l'adjoindre à **virga** = *vierge* (adj.) pour former **virgulino** = une *vierge*. Est-ce que **virgino** ne suffit pas à désigner l'*être* (o) *féminin* (**in**) qui a la qualité de *vierge* (**virg**)? A quoi bon dire **skeptikulo, klasikulo**[4], quand **skeptiko, klasiko** suffisent et sont parfaitement clairs? On doit donc dire de même : **justo** = *un juste*, **sankto** = *un saint*, etc.

On objectera peut-être que cela engendrerait des équivoques : comment distinguerait-on alors les adjectifs employés comme substantifs neutres : *le beau, l'utile, l'agréable, le nécessaire*, etc.? A cela nous répondrons que ces adjectifs neutres désignent, soit

---

1. Exemples : **parazito, parazita,** (un) *parasite*; **parenco, parenca,** (un) *parent*; **orfo, orfa,** (un) *orphelin*; **nobelo, nobela,** (un) *noble*; **dezerto, dezerta,** (un) *désert*; **utilo, utila,** (l') *utile*; **neceso, necesa,** (le) *nécessaire*; **superfluo, superflua,** (le) *superflu*; **varmo, varma,** (le) *chaud*; **vero, vera,** (le) *vrai*; **nigro, nigra,** (le) *noir*, et les autres noms de couleurs; **Franco, Franca,** (un) *Français*, et les autres noms de peuples.
2. Autres exemples : **justa, justulo,** (un) *juste*; **sankta, sanktulo,** (un) *saint*; **brava, bravulo,** (un) *brave*; **riĉa, riĉulo,** (un) *riche*; **klera, klerulo,** (un) *clerc, savant*; **lama, lamulo,** (un) *boiteux*; **miopa, miopulo,** (un) *myope*; **surda, surdulo,** (un) *sourd*; **muta, mutulo,** (un) *muet*; etc., etc.
3. Autres exemples : **favo** = *teigne*, **favulo** = *teigneux*; **febro** = *fièvre*, **februlo** = *fiévreux*; **frenezo** = *folie*, **frenezulo** = *fou*; **ftizo** = *phtisie*, **ftizulo** = *phtisique*; **kiraso** = *cuirasse*, **kirasulo** = *cuirassier*; **krimo** = *crime*, **krimulo** = *criminel*; **lepro** = *lèpre*, **leprulo** = *lépreux*; **peko** = *péché*, **pekulo** = *pécheur*; **rento** = *rente*, **rentulo** = *rentier*; **scienco** = *science*, **scienc019 ** = un *savant* (**scienculo** serait d'ailleurs plus exact); **ringulo** = un *annelé*; **vertebrulo** = un *vertébré*.
4. Notons à ce propos un petit contre-sens : **klasikulo** ne peut pas signifier un *partisan des classiques* (qui se dirait : **klasikano**) mais bien un (*auteur*) *classique*.

des qualités abstraites, soit des choses concrètes. Dans le premier cas, l'*Esperanto* doit employer le suffixe -ec : *le beau*, c'est *la beauté* (**beleco**)[1]. Pour le second cas, il a le suffixe -aĵ, qui désigne précisément la chose douée de la qualité exprimée par la racine. On devrait dire : **utilaĵo, necesaĵo**, etc. quand il s'agit des *choses* utiles ou nécessaires[2]. Rien n'empêche donc de dire : **belo** pour *bel homme*, et **belino** pour *belle femme* (F. une *belle*), sans s'embarrasser du suffixe -**ul** qui est, dans tous les cas, inutile au féminin.

Mais voici une autre difficulté : souvent le substantif en -o désigne la *qualité abstraite* que l'adjectif en-**a** sert à attribuer aux personnes ou aux choses : ainsi **ĵaluza** = *jaloux*, et **ĵaluzo** = *jalousie*. C'est là une inconséquence, et ce qui le prouve, c'est qu'il existe le mot **ĵaluzeco** = *état de jalousie* (sic), ce qui ne diffère pas, semble-t-il, de la jalousie même[3]. On trouve encore de nombreuses familles de mots analogues à celle-ci : **kuraĝo** = *courage*, **kuraĝa** = *courageux*, et **kuraĝulo** = *homme courageux*[4]. De telles dérivations nous paraissent vicieuses. Ou bien la racine a le sens de *qualité abstraite*, et alors le mot primitif est le substantif; ou bien elle a le sens de *qualité concrète*, et alors le mot primitif est l'adjectif. Dans le premier cas, on devra dire, par exemple : **kuraĝo** = *courage*, d'où **kuraĝula, kuraĝulo** = *courageux*. Dans le second cas, on devra poser, au contraire : **saĝa, saĝo** = *sage*, et **saĝeco** = *sagesse*. De toute façon, l'adjectif épithète et le même adjectif substantifié ne peuvent différer que par la désinence -**a** ou -**o**. On ne peut donc pas admettre des dérivations comme celle-ci : **prudento** = *raison*, **prudenta** =

1. C'est en vertu d'une tradition platonicienne que l'on dit *le beau* pour *la beauté* : on réalise ainsi une qualité abstraite, c'est-à-dire qu'on la considère (à tort) comme un être réel.

2. L'expression : « *joindre l'utile à l'agréable* » peut signifier deux choses : ou bien (comme dans HORACE) il s'agit d'un homme (d'un auteur) qui mêle les *choses* utiles aux *choses* agréables; ou bien il s'agit d'une même chose qui unit les *qualités* d'utilité et d'agrément.

3. De même : **saĝo, saĝeco** = *sagesse*; **trankvilo** et **trankvileco** = *tranquillité*; **kapablo** et **kapableco** = *capacité*. Comparer à : **serioza** = *sérieux*, et **seriozeco** = le *sérieux* (la qualité de sérieux); de même, **justeco, sankteco**.

4. Autres exemples : **feliĉo** = *bonheur*, **feliĉa, feliĉulo** = (un) *heureux*; **kulpo** = *faute*, **kulpa, kulpulo** = (un) *coupable*; **mizero** = *misère*, **mizera, mizerulo** = (un) *misérable*; **pacienco** = *patience*, **pacienca, paciencuĺo** = (un) *patient*; **potenco** = *puissance*, **potenca, potenculo** = (un) *puissant*; **perfido** = *trahison*, **perfida, perfidulo** = (un) *traître*; **ruzo** = *ruse*, **ruza, ruzulo** = (un) *fourbe*; **saĝo** = *sagesse*, **saĝa, saĝulo** = (un) *sage*.

raisonnable, **prudenteco** = *qualité de raisonnable*. Pour le même
motif, il faudrait appliquer le suffixe **-ec** même aux adjectifs
dérivés en **-em**, car la règle contraire constitue une exception
que rien ne justifie. Si de **paco** = *paix* on dérive **pacema** = *pacifique* (ami de la paix), **pacemo** doit signifier un *pacifique* (au lieu
de **pacemulo**), et au contraire l'*esprit pacifique* doit s'appeler
pacemeco (et non **pacemo**) [1].

Telles seraient les exigences d'une logique grammaticale
inflexible. Maintenant, on peut se demander si l'on doit, si même
on peut les satisfaire dans leur rigueur absolue. C'est là une
grave question, car il s'agit, au fond, de savoir si l'on peut réduire
toutes les relations d'idées à un nombre fini (et assez restreint)
de classes ou de types, ou si leurs variétés sont en nombre (pratiquement du moins) illimité. Dans ce dernier cas, que le
Dr ZAMENHOF semble avoir prévu, il y aurait lieu de faire usage
de la préposition universelle **je** et du suffixe universel **-um** pour
exprimer toutes les relations non spécifiées. Quoi qu'il en soit,
on ne peut pas se prononcer avant que le vocabulaire international soit complètement élaboré. Car il est possible et même
probable que la régularité et la simplicité des dérivations
devront fléchir devant l'introduction de milliers de racines
nouvelles, et surtout des termes scientifiques internationaux [2].
Une langue *a posteriori* ne pourra sans doute jamais être parfaitement logique, parce que nos langues naturelles sont trop
remplies d'illogismes. Il faudra donc probablement s'en rapporter à l'usage établi et au bon sens, comme dans nos langues
mêmes [3], mais le moins possible.

On peut encore remarquer que certains affixes donnent lieu à

---

1. De même, de **timo** = *crainte* on doit tirer : **timema** = *timide*, **timemo**
= un *timide* (au lieu de **timulo**), et **timemeco** = *timidité* (au lieu de
timemo). On trouve dans l'*Ekzercaro* (§ 42) **malsanemeco**, remplacé, dans
la *Grammaire* (40e exercice) par **malsanemo**.

2. Par exemple, il y a une foule de mots scientifiques à radical terminé
en **-in** (*quinine*) et en **-it** (*pyrite, bronchite*), qu'on ne peut songer à déformer
pour éviter que les premiers ressemblent à des féminins, et les seconds à
des participes passés. Mais il n'y a pas à cela un grand inconvénient, dès
qu'il s'agit de mots scientifiques internationaux, que personne ne peut
confondre avec des mots de la langue usuelle. (On trouve déjà **pepsin**
en *Esperanto*).

3. Où l'on emploie couramment les verbes *barrer, chambrer, classer,
meubler, nuancer, ramer, scier, télégraphier, téléphoner, coller, dorer, seller,
armer, fouetter, bâtonner, cravacher*, sans même se douter de l'hétérogénéité de leur dérivation.

des applications peu logiques. Tel est, notamment, le suffixe -uj, qui a des sens et des emplois trop variés. Sans parler de son emploi comme suffixe des noms de pays, il signifie à la fois le *récipient* (qui contient une chose) et l'*arbre* (qui produit une chose). Or ces deux derniers sens engendrent une équivoque : **teujo** signifie *boîte à thé*, et non pas *arbre à thé*, qui se dit **tearbo**; de même : **kafujo** = *boîte à café*, et non *caféier* (**kafarbo**). Il vaudrait donc mieux logiquement composer tous les noms d'arbres avec -arb, et préférer **pomarbo** à **pomujo** [1].

Enfin l'*Esperanto* manque d'un affixe péjoratif que possèdent en général les langues naturelles et beaucoup de langues artificielles [2]. Il serait fâcheux d'employer en ce sens le suffixe diminutif -et, qui peut tout aussi bien impliquer une idée amicale et flatteuse; et l'on peut encore moins employer le suffixe augmentatif -eg, qui serait plutôt laudatif. On trouve pourtant dans le dictionnaire Esperanto-Français le mot **kaleŝego** traduit par *équipage lourd, inélégant*. Cela est illogique, car, si **kaleŝo** = *voiture de luxe*, **kaleŝego** doit signifier *carrosse* (de gala).

Malgré ces imperfections, aisées à corriger, le système de formation des mots en *Esperanto* est d'une régularité et d'une fécondité admirables. C'est lui surtout qui contribue à lui donner ce caractère merveilleux de « langue naturelle », de « langue vivante » que de bons juges lui reconnaissent [3]. C'est vraiment une langue autonome qui possède des ressources intrinsèques et illimitées, qui a une physionomie originale et un « esprit » propre. Nous n'en voulons donner qu'un exemple : nos langues ont des mots pour dire *compatriote*, *contemporain*, etc. L'*Esperanto* les traduit par **samlandano** (qui appartient au même pays), **samtempano** (qui appartient au même temps), etc. De même, il dit **samideano** pour désigner « celui qui est partisan de la même

1. C'est ce que font certains Espérantistes, qui tendent aussi à remplacer le suffixe -uj par la racine land dans la formation des noms de pays (**Franclando**, **Anglolando**, au lieu de **Francujo**, **Anglujo**).

2. M. Boirac a proposé pour cet usage le suffixe -ac (I.), « dont l'utilité est incontestable » selon MM. Cart, Merckens et Berthelot (*Vocabulaire Français-Esperanto*, p. xi). Le besoin d'un affixe laudatif se fait moins sentir, sans doute parce que les hommes sont plus portés à dénigrer qu'à louer, ou peut-être parce qu'ils ont plus d'occasions de blâme que d'éloge.

3. Un professeur du Collège de France a écrit à un recteur d'Université, en parlant de l'*Esperanto* : « Si l'on ose dire après cela qu'une langue est un organisme, autant dire que l'homme peut créer de toutes pièces une plante ou un animal. »

idée » que vous ; or c'est là un mot original, qui n'a pas, croyons-nous, d'équivalent dans les langues européennes. Ainsi ce n'est pas une langue artificielle, figée et morte, simple décalque de nos langues ; c'est une langue capable de vivre, de se développer, et de dépasser en richesse, en souplesse et en variété les langues naturelles. Enfin c'est une langue susceptible d'élégance et de style, s'il est vrai que la véritable élégance consiste dans la simplicité et la clarté, et que le style n'est que l'ordre qu'on met dans l'expression de la pensée.

CHAPITRE X

THE AMERICAN PHILOSOPHICAL SOCIETY

Au moment du plus grand succès du *Volapük*, l'*American Philosophical Society* (fondée par Franklin en 1743) mit à l'étude la question de la langue universelle, et nomma, le 21 octobre 1887, un Comité « pour examiner la valeur scientifique du *Volapük* ». Nous croyons devoir résumer l'intéressant rapport de ce Comité, car il contient un véritable programme théorique de langue internationale [1].

Le Comité commence par constater le besoin croissant d'une langue universelle auxiliaire. Depuis que le latin, puis le français, ont cessé de remplir cet office (pour les savants au moins), toutes les nationalités ont tenu à honneur de publier leurs productions dans leur propre langue; il en résulte qu'on a maintenant des ouvrages scientifiques en roumain, en tchèque, en suédois, en magyar, en arménien et même en japonais. La confusion des langues est telle, que Max Müller en était réduit à supplier (en vain d'ailleurs) ses confrères de se borner aux six langues suivantes : D., E., F., I., L., S.; remède bien insuffisant, ajoute le rapport, car quel est l'étudiant qui peut apprendre seulement *à lire* ces six langues? D'ailleurs, les commerçants et les voyageurs ont besoin, eux aussi, d'une langue internationale qui soit simple et facile. Le Comité constate que cette création

---

1. *Report of the Committee appointed Oct. 21, 1887, to examine into the scientific value of the Volapük, presented to the American Philosophical Society*, Nov. 1887, 12 p. in-8°. Publié ap. *Nature*, t. XXXVIII (1888). Le Comité se composait de MM. Daniel Brinton, président; Henry Phillips et Monroe Snyder. M. Brinton a publié depuis, en 1889, un opuscule intitulé : *Aims and Traits of a World Language*, ap. *Proceedings of the American Association for the Advancement of Science*, t. XXXVII.

est conforme à la tendance générale de la civilisation moderne à l'universalité et à l'uniformité; la langue internationale n'est pas seulement désirable, « il est certain qu'elle se fera »; mais il dépend de nous, êtres intelligents, au lieu de la laisser se faire au hasard, de la faire avec réflexion, conformément aux données de la science. Le Comité est ainsi conduit à tracer le plan de la future L. I. et à en formuler les conditions essentielles.

La première condition est que la matière et la forme de la L. I. doivent être empruntées au fonds aryen, représenté par les six grandes langues européennes, qui sont, par ordre d'importance : E., F., D., S., I., R.; et cela, parce que les peuples aryens sont à la tête de la civilisation, et que les langues aryennes en sont le véhicule. La L. I. devra donc se rapprocher le plus possible de ces langues; elle aura par suite l'avantage d'être plus facile à apprendre pour tous les peuples de civilisation aryenne. Le Comité ne voit aucun inconvénient à ce que la future L. I. soit composite; il rappelle que les jargons internationaux nés du besoin (lingua franca, pidgin-english) sont des langues mixtes; l'anglais lui-même est un « jargon of marked type ». Il ne faut donc pas craindre d'emprunter les matériaux de la L. I. à diverses familles de langues [1].

Ce principe posé, le Comité étudie successivement les trois éléments de la langue : la phonétique, la grammaire et le lexique.

Pour la phonétique, il formule les règles suivantes, qui lui paraissent indiscutables :

1° L'orthographe sera absolument phonétique.

2° Chaque lettre aura toujours le même son.

3° Ce son devra être commun aux langues aryennes principales, et ne présenter aucune difficulté aux personnes qui les parlent.

4° Il n'y aura ni diphtongues, ni digraphes [2], ni doubles consonnes (autant de sources d'erreurs).

5° Le sens ne dépendra jamais du ton, de l'accent, de la quantité ou des inflexions de la voix. Ces expédients sont insuffisants, et d'ailleurs ils ne sont pas nécessaires.

6° Il n'y aura que les cinq voyelles pures : a, e, i, o, u (pronon-

---

1. « This consideration shews that in adopting or framing a universal language we need not hesitate to mould it from quite diverse linguistic sources. »

2. Sons simples représentés par plusieurs lettres (comme ch F. sh E. sch D.).

cées comme en Italien); pas de voyelles impures ou infléchies, comme ā, ō, ü (D.).

7° Il n'y aura pas de consonnes gutturales aspirées, sifflantes ou nasales, comme le *th* E. et le *ch* D. [1].

8° Les caractères employés seront les lettres latines, tracées d'un seul trait, de façon qu'on n'ait pas à lever la main au milieu d'un mot; par conséquent, pas de signes diacritiques, pas d'accents ni d'apostrophes, pas même de point sur i, j ou de barre à t.

9° Les sons devront être non seulement faciles à prononcer, mais agréables à l'oreille; on évitera les combinaisons de lettres qui éveilleraient dans une des langues principales de fâcheuses associations d'idées [2].

10° On recherchera la brièveté : chaque mot sera réduit à son propre son discriminatif le plus simple, tout en restant sonore et clair.

Pour le *lexique*, il devra être fondé sur le vocabulaire commun aux six langues principales. Le Comité estime qu'il y a au moins un millier de mots communs aux six langues; on en dégagera aisément la forme originelle, au moyen de lois phonétiques simples; et on les prononcera tels qu'ils seront écrits. A ce noyau du vocabulaire international on adjoindra les termes scientifiques internationaux, qui devront être choisis par des « comités de congrès internationaux, nommés à cet effet; » puis les termes de commerce et d'affaires, qui sont déjà en grande partie internationaux, et que tout le monde a intérêt à uniformiser complètement. Pour le reste du vocabulaire, il sera élaboré progressivement et à mesure des besoins par les Comités internationaux chargés de constituer la L. I., qui joueront à son égard le rôle que l'Académie française joue (« en théorie du moins ») à l'égard de la langue française.

Reste la *grammaire* : c'est la partie la plus difficile de l'œuvre. Elle devra s'inspirer des grammaires aryennes, en leur empruntant les procédés les plus simples qu'elles offrent.

1. Notons cet hommage rendu à la phonétique espagnole : « Of all the Aryan languages the pure Castilian Spanish comes the nearest to such an ideal phoneticism, and it approaches very near indeed ». Il n'est donc pas étonnant que les langues artificielles les plus parfaites et les plus harmonieuses ressemblent à l'espagnol, ce dont on leur fait parfois un reproche.
2. Textuellement : « indecorous or degrading associations ».

Les articles défini et indéfini sont inutiles, puisque le latin et le russe s'en passent.

L'adjectif sera invariable, comme en anglais, en vertu du principe de simplicité. La distinction de l'adjectif et de l'adverbe est inutile. Les degrés seront indiqués par des particules et non par des flexions.

Dans les substantifs, la distinction du genre (arbitraire dans les langues naturelles) est inutile. Le féminin (naturel) sera indiqué par un affixe. Peut-être même pourra-t-on se passer de marque pour le pluriel.

Pour la déclinaison, on constate que les langues modernes tendent à s'en débarrasser, sans en tirer de conclusion précise. Dans tous les cas, le radical devra toujours rester invariable.

Le Comité estime que, pour plus de simplicité, on peut confondre le pronom possessif avec le pronom personnel[1], et même les pronoms relatif et interrogatif avec le pronom démonstratif[2].

Le verbe tend, dans les langues modernes, à perdre toutes ses flexions, et à se réduire à un radical invariable; la personne et le nombre sont suffisamment indiqués par le sujet; le temps et le mode tendent à s'exprimer par des auxiliaires. Toutefois, le Comité ne croit pas devoir pousser à l'extrême cette tendance analytique; il admet qu'on représente les temps principaux (passé, présent, futur) par des flexions absolument régulières.

On donnera un régime direct à tous les verbes qui ont le sens actif; on distinguera le régime indirect du régime direct en le plaçant après celui-ci[3].

Cette simplification de la syntaxe entraîne la suppression de la construction libre, dont on fait un mérite au grec et au latin, et qui paraît au Comité un avantage douteux. On observera l'ordre logique et normal; on mettra le sujet avant le verbe et

---

1. Comme en petit-nègre : *liv li = son livre* (le livre à lui).
2. A l'exemple de l'allemand *der* et de l'anglais *that*. Le Comité oublie que ce sont là de véritables calembours (comme le *que* français), qui sont les sources d'obscurités et de confusions innombrables.
3. Exemple : *give spoon child* (litt. : donne cuiller enfant) paraît aussi clair au Comité que : *give to the child a spoon*. Cette simplicité de la syntaxe anglaise donne lieu, elle aussi, à des équivoques. En voici un exemple extrait du rapport d'ELLIS (v. p. 369, note 3) : « ... *gives the verb the form it must assume...* » (litt. : donne le verbe la forme il doit prendre). Toutes les relations des idées sont sous-entendues; il faut les deviner. Cette construction inorganique et amorphe se rapproche trop du petit-nègre. Il est dangereux de laisser à deviner ou à suppléer, surtout dans une langue *étrangère*.

les régimes; le nom avant l'adjectif; le verbe ou l'adjectif avant l'adverbe qui le détermine[1].

Le Comité se prononce catégoriquement sur quelques autres questions de grammaire. On n'admettra pas de postpositions[2]; on n'indiquera jamais les flexions par le changement des voyelles intérieures du radical[3]; on n'emploiera pas les conjonctions comme « suffixes[4] »; enfin on ne fabriquera pas de racines toutes nouvelles pour en former des dérivés et composés originaux.

Ces principes théoriques une fois posés, le Comité confronte avec eux les principes du *Volapük*, et en déduit, comme on pouvait s'y attendre, une condamnation en règle de cette langue. Les critiques qu'il lui adresse peuvent se résumer en deux propositions : la grammaire du *Volapük* est synthétique et complexe, contrairement à la tendance des langues modernes, ce qui lui donne un caractère « non-aryen »; le vocabulaire est en grande partie factice et non international : 40 pour 100 des mots sont empruntés à l'anglais, mais altérés sans avoir égard aux autres langues; et beaucoup de racines sont toutes nouvelles et arbitrairement formées. En un mot, le *Volapük* constitue « un recul dans le progrès linguistique ».

Le Comité concluait, au point de vue pratique, que la L. I. devait être choisie ou créée par « un comité international émané des six ou sept principales nationalités aryennes »; et il proposait à l'*American Philosophical Society* une résolution tendant à « inviter toutes les sociétés savantes du monde à former un comité international pour inventer une langue universelle pour les besoins du commerce, de la correspondance, de la conversation et de la science ». La résolution fut adoptée (6 janvier 1888); elle spécifiait que la future langue devait être « fondée sur la grammaire et le vocabulaire aryens, sous leur forme la plus simple », et proposait la réunion d'un Congrès international à Londres ou à Paris.

1. Ces règles semblent pouvoir se résumer dans le principe : placer le déterminant après le déterminé.
2. C'est-à-dire de prépositions placées après le substantif qu'elles régissent, comme en allemand (*vom Anfang an*) et en anglais (*the house I live in*).
3. Comme en anglais et en allemand.
4. Ou plutôt comme « enclitiques », ce qui a lieu en latin.

HISTORIQUE.

L'invitation de l'*American Philosophical Society* fut acceptée par une vingtaine de sociétés, parmi lesquelles nous citerons l'*Académie royale danoise des Sciences et Lettres*, l'*Université d'Édimbourg*, l'*American Association for the Advancement of Science* [1], et la *Société Zoologique de France*, qui manifesta ses préférences pour l'adoption d'une langue vivante [2]. En revanche, elle fut déclinée par la *Philological Society* de Londres, pour des raisons exposées dans un rapport de son vice-président, M. ELLIS, qui était un partisan du *Volapük* [3].

Ce rapport est une longue et confuse critique de celui de l'*Am. Phil. Soc.*, et une apologie du *Volapük*. Il blâme surtout la proposition de fonder la L. I. sur une « base aryenne » : d'abord, parce qu'une langue *universelle* ne doit pas exclure les peuples non-aryens, et doit être indépendante des considérations de race [4] ; pour M. Ellis, il est indifférent que la L. I. ressemble aux langues aryennes plutôt qu'aux non-aryennes [5]. Ensuite, parce qu' « il n'y a pas de vocabulaire commun » aux langues aryennes [6]. D'ailleurs, à quoi bon emprunter des racines aux

---

1. En 1891 (l'initiative de l'*Am. Phil. Soc.* ayant échoué), l'*Am. Ass. f. t. A. o. S.* nomma un Comité composé de MM. BRINTON, Horatio HALE et Alexander MACFARLANE pour étudier la question de la L. I.; mais ce comité n'a pas élaboré de rapport. M. HALE avait publié auparavant un opuscule intitulé : *An International Language* (London, 1890).

2. *Supplementary Report of the Committee appointed to consider an international language*, read before the *American Philosophical Society* (7 décembre 1888). Ce rapport est reproduit en Appendice ap. EINSTEIN, *Weltsprachliche Zeit- und Streitfragen* : I. *Volapük und Lingvo internacia*, 26 p. in-8° (Nürnberg, Stein, 1889).

3. *On the conditions of a universal language, in reference to the invitation of the American Philosophical Society of Philadelphia, to send delegates to a Congress for perfecting a universal language on an aryan basis, and its report on Volapük*, by Alexander J. ELLIS, F. R. S., 15 juin 1888; ap. *Transactions of the Philological Society*, pp. 59-98.

4. De race, sans doute; mais de philologie? C'est un fait que les langues européennes forment une famille linguistique, qu'on l'appelle *aryenne* ou autrement.

5. C'est ne pas tenir compte de ce fait, que les formes linguistiques correspondent à des formes de pensée spécifiquement différentes, et que les langues aryennes sont l'expression de la science et de la civilisation européennes.

6. Encore une erreur de fait, réfutée par les lexiques de l'*Esperanto*, du *Mundolingue*, de l'*Idiom neutral*, etc.

langues vivantes? « Dans toute langue, les racines doivent être
apprises indépendamment de toute autre langue [1] », et chaque
racine doit être apprise séparément; en outre, dans la L. I.,
chaque racine doit avoir un sens unique, ce qui élimine les
racines des langues vivantes, qui ont toutes plusieurs sens [2].
M. ELLIS en conclut que « les racines doivent être choisies arbitrairement » de manière à ne favoriser aucune nation. Il est vrai
que le *Volapük* emprunte 40 pour 100 de ses racines à l'anglais :
mais, ajoute l'auteur à titre d'excuse, « il en a tellement changé
la forme qu'elles ne sont guère reconnaissables », ce qui d'ailleurs n'est nullement utile : car on doit supposer que les mots
anglais sont aussi inconnus aux Français qu'aux Arabes [3]. Tout
au plus peut-on s'inspirer dans le choix des racines (ou plutôt
de leur sens) d'analogies lointaines et plus ou moins sugges-
tives [4].

M. ELLIS n'admet pas plus la grammaire aryenne que le vocabulaire aryen, et sur ce point ses arguments sont au moins plus
spécieux. Mais au fond, il est aisé de le voir, son grand grief
contre la « base aryenne » est qu'elle exclut le *Volapük*. Sans
doute, il est moins partisan du *Volapük* que du système général
dont le *Volapük* est un échantillon : il serait tenté de lui préférer
le *Spelin* pour sa régularité mathématique; et peut-être le *Spelin*
l'aurait-il emporté, s'il n'était venu après le *Volapük*. Mais, aux
yeux de M. ELLIS, la question de fait domine tout : l'essentiel,
pour une L. I., est d'être universellement adoptée. Or le *Volapük*
est déjà répandu et pratiqué dans tous les pays; il ne faut pas
nuire à ses progrès en lui suscitant des rivaux. Il est même trop
tard pour corriger les quelques petits défauts que M. ELLIS lui
reconnaît : on ne peut pas le réformer sans le détruire [5] : « il faut
le prendre tel qu'il est, ou le laisser ». M. ELLIS conclut au rejet
de l'invitation de l'*American Philosophical Society*, parce qu'elle est

1. Cela est faux : il est bien plus facile d'apprendre le latin quand on sait
le français (ou inversement), d'apprendre l'anglais quand on sait l'allemand ;
et ainsi de suite.
2. Comme si l'on ne pouvait pas au besoin choisir pour chaque racine
internationale un sens unique ou principal (qui serait souvent le sens international).
3. L'auteur oublie tout simplement que les deux tiers du vocabulaire anglais
lui sont communs avec les langues romanes, notamment avec le français.
4. Cf. *La Langue bleue*.
5. Cela est vrai, notamment, des voyelles infléchies ($\ddot{a}$, $\ddot{o}$, $\ddot{u}$), qu'on ne
pourrait supprimer sans bouleverser le vocabulaire et la grammaire.

unilatérale (partiale), et parce que la question ne peut pas être résolue par un Congrès.

CRITIQUE.

Sur ces deux derniers points, nous sommes obligés de donner raison à M. ELLIS : la question du *choix* de la L. I. ne peut pas être tranchée par un congrès, mais bien par un comité compétent et restreint nommé à cet effet [1]. De plus, il faut avouer que l'*American Philosophical Society* avait commis une faute en manifestant son opinion sur le choix tout en invitant les autres sociétés savantes à y prendre part; il fallait séparer complètement la question du principe et la question du choix, et réserver celle-ci entière et intacte au congrès ou au comité futur. En se prononçant contre le *Volapük*, elle restreignait d'avance la liberté du choix et engageait la solution finale dans un sens déterminé. Mais, ces réserves faites, il faut reconnaître qu'elle avait bien jugé, et les faits devaient confirmer la condamnation du *Volapük* beaucoup plus tôt qu'on ne l'eût cru. Deux ou trois ans après, M. ELLIS ne pouvait plus invoquer en sa faveur la possession d'état dont il faisait tant de cas. Cette expérience montre que, quels que soient les succès d'une langue universelle, on ne peut jamais répondre de son triomphe définitif, ni même de son avenir prochain, et que ses partisans ne doivent pas arguer d'un état de fait et de progrès momentané pour repousser toute proposition de réforme, toute discussion et tout arbitrage. Il est imprudent de dire, comme les partisans du *Volapük* : « C'est à prendre ou à laisser ». On les a pris au mot, et on a « laissé » le *Volapük*. En somme, c'est l'*American Philosophical Society* qui avait raison contre la *Philological Society*, provisoirement inféodée au *Volapük*; et la plupart des conditions théoriques de son programme se trouvent réalisées dans les meilleures des langues *a posteriori* [2]. Si son initiative si louable et si désintéressée a échoué, c'est, d'une part, à cause du vice de forme que nous avons relevé; et, d'autre part, parce qu'elle s'est produite à un moment inopportun, à l'époque où le *Volapük* « battait son plein » et se croyait sûr de triompher.

1. On a remarqué que le rapport du Comité de l'A. P. S. parle d'un « Comité », tandis que la résolution de la société parle d'un « Congrès ».
2. Notamment dans l'*Esperanto*, qui paraissait la même année que son Rapport.

CHAPITRE XI

BERNHARD : *LINGUA FRANCA NUOVA* [1]

Nous ne croyons pas devoir analyser ce projet, d'ailleurs très confus et très mal présenté. C'est un italien à peine régularisé. Les lettres n'y ont même pas un son uniforme : on représente le son *k* par ch devant *e* et *i*, et par c partout ailleurs ; le son *tch* par c devant *e* et *i*, et par ĉ partout ailleurs ; le son *ch* par ŝ ; la lettre g a le son *dj* devant *e* et *i*, le son *gue* partout ailleurs. On admet les sons et combinaisons graphiques *gn* et *gli*. Les paradigmes de déclinaison et de conjugaison sont multiples et compliqués ; et il y a deux verbes irréguliers : *être* et *avoir*. Les pronoms personnels ont une multitude de formes irrégulières. En un mot, cette « langue franque » aurait toutes les anomalies et toutes les difficultés d'une langue naturelle. Si l'on n'avait qu'un tel idiome pour L. I., il vaudrait mieux adopter une langue nationale comme l'italien, qui ne serait pas plus difficile à apprendre, et qui aurait au moins l'avantage d'une littérature et d'une tradition vivante.

1. *Grammatik der Lingua Franca Nuova, einer ungleich der Volapük allen Nationen gleich gut verständlichen Universalsprache*, von Dr. Serafin BERNHARD (Wien, 1888). 2ᵉ édition : *Welt-Italienisch Franca*, 74 p. in-16 (Wien, 1891).

CHAPITRE XII

LAUDA : *KOSMOS* [1]

L'auteur de ce projet ne se donne pas comme inventeur d'une langue universelle; selon lui, une telle langue ne doit pas être *inventée*; elle ne doit pas être une création arbitraire, mais une œuvre de science reposant sur un fondement international objectif, qui est l'histoire des langues. C'est pourquoi, tout en rendant justice au « mérite impérissable » de Mgr SCHLEYER, qui « a prouvé pratiquement la possibilité d'une langue artificielle », il ne peut voir dans le *Volapük* qu'une œuvre de fantaisie individuelle, et non la langue universelle idéale et « objective ». Les principes de la langue internationale sont : 1° la conservation des principales données historiques ; 2° l'unité du système grammatical. Pour s'y conformer, l'auteur emploiera une double méthode de *comparaison* et de *combinaison*. La *comparaison* des diverses langues (indo-européennes) révèlera les données historiques et objectives qui en sont les éléments communs et qui doivent former le fonds de la langue universelle, et la *combinaison* de ces éléments suivant des règles simples assurera l'unité absolue du système grammatical. Pour ce qui est du vocabulaire en particulier, on ne doit ni forger les mots de toutes pièces, ni les prendre au hasard dans les diverses langues. (L'auteur condamne les langues composites à cause de nombreux inconvénients, qu'il s'abstient d'énumérer.) Il veut emprunter tous les mots à une seule langue, qui ne peut évidemment être une langue vivante (il écarte en passant les projets de refonte de telle ou telle langue vivante, qui ne réussissent qu'à la défigurer sans

1. I. *Darf Volapük die Weltsprache werden?* II. *Kosmos oder neueste Lösung des Weltspracheproblems auf internationalem und sprachhistorischem Boden*, von Eugen A. LAUDA. 62 p. 8° (Berlin, Paul Hennig, 1888).

la rendre internationale et neutre). Cette langue ne peut donc
être que le latin, pour des raisons historiques, littéraires et scientifiques aisées à deviner. D'une part, le latin est langue morte,
donc neutre ; d'autre part, il est la souche commune de plusieurs
langues vivantes ; enfin, comme il a été langue savante, il a
fourni les termes scientifiques et techniques aux langues
modernes. Les gens cultivés, qui ont étudié le latin, sauront donc
d'avance la langue universelle ; et ceux qui ne savent pas le latin
apprendront, par la langue universelle, une foule de mots communs à toutes les langues civilisées.

GRAMMAIRE.

L'*alphabet* est l'alphabet latin, avec une prononciation régularisée. Il comprend 6 *voyelles* : a, e, i, o, u (*ou*), y ; et 17 *consonnes* : b,
c (toujours *k*), d, f, g (toujours dur), h, l, m, n, p, q, r, s (toujours
dur), t (jamais *s*), v, x, z. Aux voyelles on doit ajouter les voyelles
infléchies ā, ō, û, qui ne figurent que dans le subjonctif des
verbes (voir plus bas). Dans les diphtongues ae, oe, ai, ei, au, eu,
ui, les deux voyelles se prononcent séparément. La lettre q est
toujours suivie de u, et l'ensemble se prononce *kv*.

L'*accent* n'est jamais sur la dernière syllabe (sauf dans les
monosyllabes) ; il est toujours sur la pénultième ou l'antépénultième, suivant que la pénultième est longue ou brève (comme en
latin).

L'*auteur* trouve que l'article, tant défini qu'indéfini, est inutile,
et il invoque comme preuve l'exemple du latin et du russe. Il
admet toutefois un article, mais dont le rôle, purement grammatical, consiste à marquer les cas, et qui n'a pas plus le sens
défini que le sens indéfini. Cet article est [1] :

	Singulier.	Pluriel.
N.	ta	tas.
G.	tio	tios.
D.	te	tes.
A.	tan	tans.

Comme on le voit, -s est le signe du pluriel.

1. Cf. la *Pasilingua* de STEINER.

L'article n'a pas de genre; toutefois il prend un **-d** au neutre (singulier).

Les *substantifs* sont invariables en genre, en nombre et en cas; seul l'article se décline. Ils sont toujours conformes au nominatif singulier latin (ou, à défaut, au nominatif pluriel) : **dominus, mensa; castra, divitiae.**

Les *adjectifs* sont également invariables. Ils sont caractérisés par la désinence -ic [1] ajoutée au radical latin : **bonic, liberic, nigric, dulcic, veteric.**

Les *degrés de comparaison* se forment en ajoutant les suffixes -ir (comparatif) et -ist (superlatif) : **fortic, forticir, forticist.** Toutefois, là où cette formation violerait l'euphonie, on pourra se servir des adverbes **magis, maxime** placés devant l'adjectif: exemple : **magis, maxime maleficic.**

Pour transformer en substantifs les adjectifs (comme toutes les parties du discours), il suffit de les faire précéder de l'article.

Les *adverbes* dérivés d'adjectifs se forment au moyen du suffixe -o : **fortico,** *fortement.*

Les *noms de nombre cardinaux,* empruntés au latin, sont caractérisés par la finale -a : **nulla,** 0; **una, dua, tria, quadra, quinqua, sexa, septa, octa, nova, deca; deca una,** 11; **deca dua,** 12;... **dua deca,** 20:... **tria deca,** 30;... **centa,** 100; **dua centa,** 200;... **milla,** 1000 ; **milliona,** *1 million*; **milliarda,** *1 milliard* (1000 millions).

Les *nombres ordinaux* se forment en ajoutant aux cardinaux le suffixe **-st** [2] : **unast,** 1er; **duast, triast,... decast; deca unast,...** **centast, millast...**

Les *nombres de fois* se forment en changeant l'-a final des nombres cardinaux en -o (désinence des adverbes) : **uno,** *une fois*; **duo,** *deux fois*, etc.

Les *adverbes ordinaux* se forment en ajoutant un -o aux nombres ordinaux : **unasto,** *premièrement*; **duasto,** *deuxièmement,* etc.

Les *nombres distributifs* se forment en ajoutant -ni aux cardinaux : **unani,** *à un*; **duani,** *à deux*, etc.

Les *nombres multiplicatifs* se forment en ajoutant -plic : **unaplic,** *simple*; **duaplic,** *double*, etc.

Les *nombres fractionnaires* se forment en ajoutant -ar (abré-

---

1. Comme en *Volapük.*
2. L'auteur remarque que dans toutes les langues indo-européennes les nombres ordinaux ont la même terminaison que les superlatifs.

viation de *pars*) aux nombres ordinaux : **duastar**, *moitié* ; **triastar,** *tiers*, etc.

Les mêmes terminaisons s'appliquent aux pronoms interrogatifs de nombre et à leurs corrélatifs : **quota**, *combien?* **tota** ; **quotast,** le *quantième?* **totast** ; **quoto**, *combien de fois?* **toto**, etc.

Les *pronoms personnels* sont :

	1re pers.	2e pers.	3e pers.
Sing.	mi	si	ti
Plur.	mis	sis	tis

Le pronom de politesse sera la 2e personne du pluriel.

On se traduit par **moi** (de *homo*).

Le *pronom réfléchi* est **sovi**.

Les *pronoms possessifs* dérivent des personnels par l'adjonction du suffixe -**ic** (caractéristique des adjectifs) : **miic, siic, tiic; misic, sisic, tisic**.

Les *pronoms démonstratifs* sont : **hici**, *celui-ci* ; **isti, illi,** *celui-là* ; **isi,** *celui (qui)* ; **ipsi,** *même* ; **isidem,** *le même.*

Les *pronoms relatifs* sont : **qui, quicunque.**

Les *pronoms interrogatifs* : **quisi, quisinam.**

Les *pronoms indéfinis* : **quidam,** *un certain* ; **quivis, quilibet,** *n'importe qui* ; **aliquisi,** *quelqu'un* ; **quisique,** *chaque.*

Tous les pronoms se déclinent au moyen de l'article mis *après* eux et joint par un tiret : **mi-ta, mi-tio, mi-tan, mi-tas,** etc. ; **miic ta, misic-ta,** etc.

Le pronom possessif peut se remplacer par le génitif du pronom personnel : **ta pater miic = ta pater mi-tio** = *mon père.*

Les verbes ont une conjugaison uniforme.

L'*indicatif présent* se forme en ajoutant à la 1re pers. sing. de l'indicatif présent du verbe latin (toujours terminée en -o) les six pronoms personnels [1]. Ex. :

amomi, *j'aime.*	**amomis,** *nous aimons.*
amosi, *tu aimes.*	**amosis,** *vous aimez.*
amoti, *il aime.*	**amotis,** *ils aiment.*

Tous les autres temps (personnels) se conjuguent de même ; nous n'indiquerons que leur 1re personne.

---

1. En réalité, les six pronoms personnels sont les désinences personnelles du verbe, séparées ; et ces désinences elles-mêmes sont empruntées au grec et au sanscrit.

Le *passé* (*parfait*) et le *futur* se forment en changeant l'o du présent respectivement en u et en a :

amumi, *j'ai aimé*.   **amami**, *j'aimerai*.

Les temps indirects (*imparfait, plus-que-parfait, futur antérieur*) se forment en faisant précéder les temps directs correspondants d'un ê (augment, imité du G.) :

ê **amomi**, *j'aimais*.

ê **amumi**, *j'avais aimé*.

ê **amami**, *j'aurai aimé*.

Les temps du *subjonctif* dérivent des temps correspondants de l'indicatif par l'*inflexion* de la voyelle caractéristique (a, o, u, devenant ā, ō, ū) :

Présent : **amōmi**.	*Imparfait :*	ê **amōmi**.
Parfait : **amūmi**.	*Plus-que-parfait :*	ê **amūmi**.
Futur : **amāmi**.	*Futur antérieur :*	ê **amāmi**.

Pour l'*impératif*, on emploiera le subjonctif présent (forme polie) : **amōsi**, *aime* ; **amōsis**, *aimez* ; pour un impératif plus bref et plus pressant, on emploiera le radical verbal en -o (avec -s au pluriel) : **curro**, *cours* ; **venios**, *venez*.

Les temps et modes du passif dérivent des temps et modes correspondants de l'actif par le changement de l'i final en ai :

amomai, amosai, amotai, amomais, ...

ê **amomai**.	ê **amōmai**.
amumai.	**amūmai**.
ê **amumai**.	ê **amūmai**.
amamai.	**amāmai**.
ê **amamai**.	ê **amāmai**.

L'*infinitif* se forme en ajoutant au radical verbal des trois temps principaux (en -o, -u, -a) la terminaison -**min** (actif) ou -**main** (passif) : **amomin**, *aimer* ; **amomain**, *être aimé*.

Le *participe* se forme en ajoutant aux mêmes radicaux la terminaison -**nt** (L., G.) et la terminaison -**ic** (actif) ou -**aic** (passif) :

	Actif.	Passif.
Présent :	**amontic**.	**amontaic**.
Passé :	**amuntic**.	**amuntaic**.
Futur :	**amantic**.	**amantaic**.

Les *verbes déponents* du latin sont traités comme s'ils avaient la forme active (en -o). Ex. : **imitomi, sequomi**.

Les verbes impersonnels se conjuguent au moyen du pronom

neutre de la 3e personne : -tid. Ex. : **ningotid**, *il neige*; **sufficiotid**, *il suffit*; **eveniotid**, *il arrive.*

On ramène le verbe *sum* (*être*) à la conjugaison régulière, en prenant pour radical **es** : **esomi**, *je suis*; **esosi**, *tu es*; **esoti**, *il est*, etc.

Tous les dérivés latins du verbe *sum* sont adoptés avec la même transformation : **abesomi**, *je suis absent*; **adesomi**, *je suis présent*, etc., jusqu'à : **prodesomi**, *je sers*, et : **potesomi**, *je peux.*

On peut employer le verbe **esomi** avec les participes des autres verbes pour rendre diverses nuances de ceux-ci.

Toutes les *particules* (adverbes, prépositions, conjonctions) sont empruntées au latin sans modification. Les *adverbes* peuvent être employés comme adjectifs, et s'insèrent alors entre l'article et le substantif : **ta satis numerus**, *un nombre suffisant.*

Les *prépositions* régissent toutes l'accusatif [1]. La seule indication relative à la syntaxe est celle-ci : la place normale de l'adjectif est *après* le substantif. D'ailleurs, l'auteur n'est nullement partisan d'une construction rigide, et laisse toute liberté sur ce point, grâce à la déclinaison.

VOCABULAIRE.

Le vocabulaire est, comme on l'a vu, celui du latin, les mots ne subissant pas d'autre transformation que la modification de leur désinence en vertu des règles grammaticales. C'est, selon l'auteur, le véritable vocabulaire international. On peut, du reste, l'enrichir des néologismes nécessaires aux besoins modernes en composant des mots nouveaux, suivant les règles générales de la formation des mots latins.

CRITIQUE.

L'auteur du *Kosmos* est manifestement un savant versé dans la philologie; c'est aussi un philosophe disciple de Hegel : il a puisé dans la philosophie hégélienne de l'histoire ce respect des données historiques qui tourne si aisément à la superstition du fait accompli. Sans doute, il est excellent de chercher pour la langue internationale un fondement objectif et historique; mais peut-être n'est-il pas nécessaire pour cela de remonter au

1. L'auteur n'adopte donc pas la distinction établie en latin entre les cas où il y a mouvement et ceux où il n'y en a pas.

déluge, nous voulons dire : au grec archaïque et au sanscrit.
Ces langues n'ont d'intérêt pour nous qu'autant qu'elles nous
offrent les éléments originaires communs aux langues vivantes,
et qu'elles nous aident à les retrouver dans celles-ci. Mais leur
emprunter des formes primitives qui ne se retrouvent dans
aucune langue moderne, c'est du pédantisme archéologique :
d'autant que ces formes appartiennent à des grammaires synthétiques, alors que toutes les langues modernes sont analytiques. Cette critique s'applique à la fois aux désinences ver
bales (qui engendrent les pronoms personnels) et à l'article, que
l'auteur justifie par des analogies presque préhistoriques.

Un autre défaut de ce système est le mélange arbitraire et
choquant de principes *a priori* et d'éléments *a posteriori*. Ainsi, à
côté de substantifs empruntés littéralement au latin, y compris
leur désinence propre (au nominatif), on voit des adjectifs dont
le radical, seul intact, est affublé de la terminaison postiche -ic,
qui sans doute est grecque et latine, mais à titre de suffixe de
dérivation, et non comme suffixe caractéristique de l'adjectif.
C'est là un emprunt malheureux au *Volapük*, dont l'auteur blâme
pourtant le caractère arbitraire et factice. De même, il est étrange
de voir l'article, tout artificiel au fond, accolé à des mots latins
devenus invariables, tantôt avant, tantôt après eux. D'ailleurs,
cet article n'a, de l'aveu de l'auteur, rien de commun avec l'article des langues vivantes : c'est en réalité un affixe de déclinaison. Or, d'une part, il est désirable, et conforme à l'esprit des
langues modernes, de se passer autant que possible de la déclinaison ; et, d'autre part, il est difficile, et contraire à ce même
esprit, de se passer d'un article (au moins de l'article défini).
Pour toutes ces raisons, la grammaire du *Kosmos* a un caractère
étrange et incohérent.

Quant au vocabulaire, il est trop facile de dire qu'on l'empruntera tel quel au latin : il y a des mots latins qui ne sont plus
d'aucun usage, et en revanche nous avons besoin d'une foule de
mots qui ne se trouvent pas en latin. L'auteur reconnaît lui-
même la nécessité de créer des néologismes, et leur impose
seulement cette condition, d'être conformes au génie de la
langue latine. Reste à savoir si ce « génie » lui-même peut s'accommoder aux besoins de la vie et de la pensée modernes : c'est
une question que nous traiterons à sa place, quand nous aurons
à examiner le projet du latin comme langue universelle.

CHAPITRE XIII

HENDERSON : *LINGUA* ET *LATINESCE* [1]

M. George-J. HENDERSON a toujours été convaincu de l'utilité d'une langue internationale ainsi que de sa possibilité *théorique* (déjà proclamée par Max MÜLLER); mais il ne croyait pas à la possibilité *pratique* de faire adopter une telle langue par toutes les nations civilisées. Le prodigieux succès du *Volapük* l'a détrompé sur ce point, et cela d'autant plus qu'il trouvait à cette langue de graves défauts (notamment son vocabulaire arbitraire, inintelligible même pour un Anglais), et que, au plus fort des triomphes du *Volapük*, il était persuadé que son succès ne pouvait être durable. Mais le vice capital du *Volapük* était, à ses yeux, d'être un produit artificiel, l'œuvre d'un seul homme (quel que fût son génie). Pour M. HENDERSON, la langue est un produit social, et la langue internationale ne peut être que le fruit d'une entente et d'une coopération internationale : « Une langue n'est pas une invention, mais une convention ».

Il propose par suite de former une *Association internationale*, répartie en sociétés nationales et en groupes locaux, et comprenant des représentants de toutes les classes et professions de chaque nation : cette Association tiendrait périodiquement des Congrès internationaux qui élaboreraient progressivement la langue et en fixeraient les règles grammaticales et le vocabulaire. Les vocabulaires spéciaux seraient confiés à des comités techniques et professionnels. Telle serait l'unique « base naturelle » de la langue internationale. En effet, pour qu'une telle langue

1. *Lingua, an international Language for purposes of commerce and science, General Outlines*, by George J. HENDERSON. 126 p. in-16 (London, Trübner, 1888).

puisse se propager et s'implanter définitivement dans les pays
civilisés, il faut qu'elle soit sanctionnée par une autorité qui pré-
vienne ou fasse cesser toute discussion et toute hésitation, et
qui introduise la langue dans l'enseignement.

L'auteur se sépare encore de Mgr SCHLEYER sur un point essentiel : il désire une langue internationale, mais non universelle :
il s'agit de faire une langue pour les peuples européens, et non
pour toute l'humanité, car c'est une chimère que de chercher à
concilier tous les systèmes linguistiques et à satisfaire tous les
peuples ; on n'aboutit ainsi qu'à n'en satisfaire aucun.

Enfin, l'auteur reproche à Mgr SCHLEYER la tendance philosophique de son système, qui le condamne à la tâche surhumaine
et décevante de trouver la définition *logique* et *définitive* de chaque
idée. Il préfère une méthode historique plus modeste et plus
respectueuse de la tradition, des usages et des associations
d'idées habituelles. Il ne rêve pas d'une langue rationnellement
parfaite ; il se contente d'une langue qui soit seulement aussi
bien faite que les langues vivantes, mais bien plus facile à
apprendre.

La *Lingua* que propose M. HENDERSON a pour base le vocabulaire *latin*, considéré comme le plus international et le plus
connu [1], et une grammaire *moderne* aussi rationnelle et aussi
simple que possible. Cette grammaire aura les caractères des
grammaires de nos langues vivantes, par opposition à la grammaire latine (analytisme, suppression des genres, emploi des
articles, réduction des flexions au minimum) ; elle ressemblera
donc surtout à la plus simple et à la plus analytique de toutes,
à la grammaire anglaise. Quant au vocabulaire, là où les mots
latins font défaut ou sont trop ambigus, on emploiera des mots
composés ou des mots internationaux, même d'origine non-
latine (ex. : *café, boulevard, bill, budget, jockey, sport*). L'avantage
du vocabulaire latin est que le sens des mots est fixé par un
long usage et consigné avec soin dans les dictionnaires.

L'auteur présente la *Lingua* comme une « esquisse », et la soumet au jugement de la future Association-internationale, dont
le premier soin devra être, selon lui, d'étudier et de critiquer les
projets déjà existants.

1. L'auteur rappelle que Max MÜLLER classait l'anglais parmi les langues
romanes, attendu que les trois quarts de son vocabulaire sont d'origine
latine (en nombres ronds : 30 000 mots sur 43 000).

GRAMMAIRE.

L'*alphabet* se compose de 9 voyelles : **a, e, i, o, u** (*ou*), **y** (*aï*), **y'** (*u*), **œ** (*eu*), **aw** (*aou*) [1]; et de 22 consonnes simples : **b, c** (*k*), **c'** (*tch*), **d, f, g** (dur), **h** (aspiré), **i** (*y*), **j** (*j* anglais), **j'** (*j* français), **k, l, m, n, p, r, s** (dur), **t, v** (*w* anglais), **v'** (*v* français), **x, z** (*dz*), auxquelles l'auteur ajoute les consonnes complexes : **sh** (*ch* français), **qu; ch, ph, th** (*k, p* et *t* aspirés); et **ps.**

La prononciation est conforme à l'orthographe. Toutefois, les voyelles **a, e, i, o, u** peuvent être brèves ou longues; dans ce dernier cas, elles portent un accent aigu. Dans les diphtongues **ae, oe, au, eu, ei, ui**, les deux voyelles se prononcent séparément [2].

L'*article défini* est **le**, et l'*article indéfini* est **a** (E.); tous deux invariables en genre, en nombre et en cas.

Les *substantifs* prennent un **-s** au pluriel; ceux qui se terminent déjà par **s** prennent **-es** : **dom, doms; gas, gases.**

Les substantifs ne se déclinent pas : les cas sont remplacés par les prépositions.

Le *genre* n'est indiqué qu'en cas de nécessité, par les préfixes (pronoms) **il-** (masc.) et **la-** (fém.) : **il-leon; la-leon** = *lionne.*

Les *adjectifs* employés comme épithètes sont invariables. Ils prennent l'**s** du pluriel quand ils sont pris substantivement.

Les *degrés de comparaison* sont indiqués par les suffixes **-ior** (comparatif) et **-issimo** (superlatif) ajoutés au radical (en supprimant la voyelle finale, s'il y a lieu); ou bien par les adverbes **plus** et **veré** placés devant l'adjectif. Ex. : **pulchro, pulchrior, pulchrissimo; splendido, plus-splendido, veré-splendido.** 18 adjectifs ont des degrés de comparaison irréguliers (ex. : **bono, melior, optimo**).

Les *nombres cardinaux* sont : **un,** 1; **du,** 2; **tré,** 3; **quat,** 4; **quinc,** 5; **sex,** 6; **sept,** 7; **oct,** 8; **nov,** 9; **dec,** 10; **dec-un,** 11; **dec-du,** 12;....; **du-decs,** 20; **tré-decs,** 30;...; **cent,** 100; **mill,** 1000; **million.**

Les *nombres ordinaux* dérivent des cardinaux par l'adjonction de **-i** : **uni,** 1er; **dui,** 2e; **tréi,** 3e.

---

1. Nos traductions phonétiques sont approximatives, car l'auteur donne des traductions anglaises qui n'ont d'équivalent exact dans aucune langue.
2. Ce qui n'est guère conforme, pour ae et oe, à la prononciation latine, que l'auteur déclare prendre pour modèle.

Les *adverbes numéraux* se forment en ajoutant aux mots précédents la désinence -e (des adverbes) : **uné**, *unè fois*; **dué**, *deux fois*; **unié**, *premièrement*; **dúié**, *deuxièmement*.

Les *nombres distributifs* se forment au moyen de l'adverbe **simul** (*à la fois*) ou du pronom **quisq** (*chaque*) : **un-simul** ou **unquisq**, *un à un, un par un*; **du-simul** ou **duquisq**, *deux à deux*.

Les *pronoms personnels*, indéclinables, sont :

Sing. : **mé** (1re), **tu** (2e), **il** (3e m.), **la** (3e f.), **id** (3e n.);

Plur. : **nos** (1re), **vos** (2e), **ils** (3e).

Le *pronom réfléchi* de la 3e personne est **se**.

Les *pronoms possessifs* sont :

meo, tuo, so (m.), **sa** (f.), **sum** (n.);

nostro, vestro, ses.

Les *pronoms démonstratifs, relatifs, interrogatifs* et *indéfinis* ont deux formes, l'une pour les personnes (m. f.), l'autre pour les choses (n.). Ils sont empruntés au latin.

Les *verbes* ont tous la même conjugaison. Il y a trois *temps*, caractérisés par les suffixes **num** (présent), **tum** (passé), **qum** (futur). Chacun d'eux est de plus susceptible de trois *qualités d'action* : il peut être *indéfini, imparfait* ou *parfait*. L'imparfait est caractérisé par le suffixe -i, le parfait par le suffixe -ivi, l'indéfini par l'absence de suffixe. Enfin il y a un *parfait d'action continue*, caractérisé par la réunion des deux suffixes ivi-i; ce qui donne en tout 12 temps à l'indicatif. Exemple :

Présent	Ind.	(me) **scrib-num**, (*j'*) *écris*.
	Imp.	— **scrib-num-i**, (*je*) *suis écrivant*.
	Parf.	— **scrib-num-ivi**, (*j'*) *ai écrit*.
Passé	Ind.	— **scrib-tum**, (*j'*) *écrivis*.
	Imp.	— **scrib-tum-i**, (*j'*) *étais écrivant*.
	Parf.	— **scrib-tum-ivi**, (*j'*) *avais écrit*.
Futur	Ind.	— **scrib-qum**, (*j'*) *écrirai*.
	Imp.	— **scrib-qum-i**, (*je*) *serai écrivant*.
	Parf.	— **scrib-qum-ivi**, (*j'*) *aurai été écrivant*.
Parfait d'action continue	Présent	— **scrib-num-ivi-i**, (*j'*) *ai été écrivant*.
	Passé	— **scrib-tum-ivi-i**, (*j'*) *avais été écrivant*.
	Futur	— **scrib-qum-ivi-i**, (*j'*) *aurai été écrivant*.

Les autres modes sont :

L'*infinitif*, réduit au radical verbal : **scrib** = *écrire*; il peut être employé comme substantif : **le scrib** = *l'action d'écrire*.

L'*impératif* est l'infinitif précédé de la particule **hé** : **hé scrib** = *écris*[1].

Le *subjonctif* est remplacé, soit par les conjonctions de subordination, soit par des auxiliaires, qui sont les préfixes suivants :

si- (sens problématique); **potes-** (possibilité); **neces-** (nécessité); **vol-** (volonté); **mal-** (préférence); **debe-** (obligation); **fu-** (action transitoire); **es-lice-** (conditionnel).

Les *participes* présent, passé et futur se forment au moyen des suffixes **-nu**, **-tu**, **-qu**, ajoutés au radical : **scrib-nu**, *écrivant*; **scrib-tu**, *ayant écrit*; **scrib-qu**, *allant écrire*.

La *voix passive* s'obtient en ajoutant aux formes de l'actif le préfixe **es-** (radical du verbe *être*).

Ainsi le participe passé passif est : **es-scrib-tu** = *écrit*.

Les *verbes réfléchis* ont pour régime direct, à la 1re et à la 2e personne, les pronoms de ces personnes; et à la 3e personne, le pronom réfléchi **se**. Ex. : **il fall-tum-i se** = *il se trompait*; **il fall-tum-i il** = *il le trompait*.

L'*interrogation* est marquée, soit par un mot interrogatif, soit par la particule **qu** placée en tête de la phrase[2].

Les *adverbes de qualité* dérivés se forment au moyen de la désinence **-e** (substituée à la voyelle finale de l'adjectif), et cela à tous les degrés de comparaison. Ex. : **claré**, **completé**, **splendidé**.

Les *adverbes de manière* se forment au moyen du suffixe **-modo**, ou des préfixes **in-** et **per-**.

Les *adverbes de lieu* et de direction se forment au moyen des suffixes **-loc** et **-via**, et des préfixes **ad-**, **at-**, **in-**, **ex-**. Les *adverbes de temps* se forment au moyen du suffixe **-tem** et des préfixes **at-**, **per-**, **ex-**. Exemples : **at-quo-loc**, *où* (*ubi*)? **ad-quo-loc**, *vers où* (*quo*)? **ex-quo-loc**, *d'où* (*unde*)? **in-quo-via**, *dans quelle direction*? **at-quo-tem**, *quand (à quel moment)*? **per-ille-tem**, *pendant ce temps*; **ex-eo-tem**, *depuis ce temps*.

La *Lingua* emprunte au latin tous les adverbes simples, et même des adverbes de lieu et de temps qui font double emploi avec les précédents, comme **hic**, **huc**, **inde**, **unde**.

Elle emprunte aussi au latin toutes ses prépositions, sans

---

1. En fait, dans les exemples cités par l'auteur, rien ne distingue l'impératif de l'indicatif : **tu mitt-num**, qui signifie *envoie*, signifie aussi : *tu envoies*.

2. Les signes d'interrogation et d'exclamation, qui traduisent les particules **qu** et **hé**, se placent en tête de la phrase (comme en espagnol).

aucune modification, en leur donnant seulement le principal des sens qu'elles ont en latin. Elle leur en ajoute quelques autres empruntées aux langues modernes : **at** (E.), *à* (désignation d'un lieu ou d'un temps précis); **malgré** (F.); **man**, *avec* (indique l'instrument); **o** (E. *of*), *de* (remplace le génitif); **on** (E.), *sur*; **u**, *à*, *pour* (remplace le datif).

Enfin elle emprunte au latin toutes ses conjonctions : **et, aut, vel, seu, sed, si, ut, ne, nisi, ergo, nam, enim, dum, postquam, antequam, quum, quando, sin, quin, nedum,** etc.

Le *que* qui unit une proposition subordonnée à la proposition principale se traduit par **sic** (et dans l'écriture, par : —) : **il dictum sic, il vol-véni-num** = *il a dit qu'il viendrait.*

La *syntaxe* est imitée des langues modernes, surtout de l'anglais. L'adjectif simple précède en général le substantif; mais s'il est accompagné de compléments, il le suit. Ex. : **a viro potes-impera-nu a exercitu** = *un homme capable de commander une armée.*

L'ordre normal des mots dans la proposition est : sujet, verbe, régime direct, régime indirect, compléments. Cet ordre n'est pas absolument fixe : on peut mettre en avant le mot important, sur lequel on veut insister; mais, *dans tous les cas*, le sujet doit précéder le verbe, et le régime direct ne doit jamais être placé entre le sujet et le verbe. Cette règle inviolable évite toutes les équivoques qui pourraient naître des inversions, en l'absence de l'accusatif.

VOCABULAIRE.

On sait que la plupart des radicaux de la *Lingua* sont empruntés au latin. L'auteur pose en principe que ces radicaux conserveront toutes les nuances de sens qu'ils possèdent dans le latin classique, de telle sorte qu'un dictionnaire latin puisse servir de dictionnaire *Lingua*. De même, tout mot emprunté à une langue moderne gardera le sens qu'il a dans cette langue. On a vu que cette règle ne s'applique pas aux particules, qui ne gardent que leur sens *principal*, afin d'éviter les équivoques et les idiotismes du latin. Si un mot latin n'a pas un sens approprié aux besoins modernes, on le remplacera par un mot d'une langue vivante. En somme, les radicaux de la *Lingua* ne sont ni *tous* les radicaux latins, ni *seulement* des radicaux latins.

Voici les règles suivant lesquelles on détermine la forme des radicaux tirés du latin :

Pour les substantifs et adjectifs, on prend le génitif pluriel (masculin), et l'on supprime la désinence -rum (des 1re, 2e et 5e déclin.) ou -um (des 3e et 4e déclinaisons). On obtient ainsi les substantifs **mensa**; **domino, puero; voc, reg, patr, mulier, ped, leon, virgin, comit, virtut, corpor, navi, nubi, denti, urbi, reti, animali, gru; gradu, genu; die**; et les adjectifs : **bono, tenero, nigro, tristi, felici; pauper, divit.**

Pour les verbes, on prend la 1re pers. sing. de l'indicatif présent, et l'on supprime la désinence -o (ou -or dans les déponents), en la remplaçant par -a dans la 1re conjugaison. On obtient ainsi les radicaux : **ama, mone, reg, indu, faci, audi; vena, vere, ut, fru, pati, parti.**

Dans les cas, assez rares, où l'on obtient, après réduction, des radicaux homonymes, on les distingue en adoptant le nominatif, ou en modifiant l'un des radicaux.

Les autres mots de la *Lingua* seront des mots scientifiques ou techniques, en général empruntés au latin ou au grec. On les adoptera sous leur forme latine, soit intacts, soit réduits à leur radical suivant les règles précédentes.

Enfin la *Lingua* adoptera les mots internationaux issus des langues modernes, en les transcrivant phonétiquement. Elle empruntera de préférence à l'anglais les termes de navigation, de commerce et de banque; à l'allemand (et au grec) les termes de philosophie; à l'italien les termes de beaux-arts; et au français les termes de cuisine, de poids et mesures, d'articles de luxe, d'étiquette et de la vie sociale. Exemples de mots techniques ou modernes : **bank, compani, cheq, tax, import, debit, credit, capital, interest, profit, excénj** (*exchange*); **chemi, telegraph, telephon, photograph, microscop; pictur, paletto, sonata, tenore; mesiur, dame, mamsell, compliment, invitation.**

Les noms géographiques seront transcrits phonétiquement suivant leur prononciation nationale : **Fráns, Byern** (*Bavière*), **Firenze** (*Florence*), **Marséi** (*Marseille*) [1].

L'auteur ne traite pas expressément de la dérivation ; il donne en passant les mots **telephonist, photographist, chemist.**

---

[1]. Nous avons profité de quelques corrections ajoutées par l'auteur lui-même à son livre.

Il indique la règle de formation des *mots composés*, qui ont pour lui l'avantage de se définir eux-mêmes (*self-defining*). Le mot déterminant doit précéder le déterminé, comme en allemand et en anglais. Ex. : **ferro-strata-via** ou **ferro-via**, *chemin de fer*. La *Lingua* ne doit imiter exclusivement ni le système synthétique de composition à outrance de l'allemand, ni le système (analytique) de locutions formées par des prépositions, comme en français : elle devra les employer tous les deux, suivant les cas, comme en anglais [1]. L'auteur remarque que les prépositions évitent parfois l'équivoque de certains mots composés : ainsi *fire-engine* (*machine à feu*) peut signifier une *machine mue par le feu* (machina per igni) ou un *engin contre l'incendie* (**machina contra incendio**).

Voici quelques échantillons de *Lingua* :

Non tu mitt-num le es-impera-tu mercs ante proximo hebdomad (*n'expédiez pas les marchandises commandées avant la semaine prochaine*). — **Mesiur, me recipi-tum tuo epistola hic mane gratissimé, et me propera-num mitt meo gratias u tu ob tuo accepto imperios... Id es-num verisimili sic, le mercs adveni-qum in Berlin circa le fini o le proximo hebdomad, quia ils es-mitt-qum per express transfer. Me mitt-num le pretio-nota cum hic epistola, non cum le mercs.**

CRITIQUE.

On ne peut qu'approuver les principes généraux sur lesquels M. HENDERSON propose d'établir le vocabulaire de la L. I. ; tout au plus peut-on discuter la part presque exclusive qu'il y fait au latin, et regretter qu'il ne l'ait pas plus explicitement justifiée au nom du principe de l'internationalité.

Mais c'est surtout dans l'application de ses principes que la *Lingua* prête à la critique. Et d'abord, son alphabet est trop complexe et trop peu international ; sa prononciation (dans les voyelles surtout) se ressent trop de son origine anglaise. La règle suivant laquelle les mots nationaux devront être reproduits dans leur phonétisme plutôt que dans leur graphisme est fâcheuse, attendu que le graphisme est plus international que

---

1. Exemple : là où l'allemand dit, en un seul mot : *Thier-schuts-verein*, l'anglais dit (comme le français) : *Society for the Protection of Animals.*

le phonétisme, et que celui-ci les dénature souvent (en particulier en anglais).

La tendance analytique de la grammaire est louable; mais elle n'est qu'imparfaitement observée, dans les degrés de comparaison, par exemple, et surtout dans la conjugaison, qui est la partie la plus défectueuse du système. Ici, l'auteur a dépassé le but, et, par excès d'analytisme, il est retombé dans les procédés de langues agglutinatives. On aboutit à des formes verbales longues et encombrantes, aussi peu claires pour l'esprit que baroques à l'œil et à l'oreille. Exemples : **nos neces-faci-num quod nostro parents impera-num** = *il nous faut faire ce que nos parents nous commandent*; **potes-es-para-num** = *peut être préparé*; **Roma neces-es-relinqu-num** = *il faut quitter Rome*. Ces formes verbales si différentes de celles auxquelles les langues européennes modernes nous ont habitués, avec leurs désinences à peu près arbitraires [1], suffisent à donner à cette langue un aspect barbare, et à la rendre impraticable. Elles sont d'autant plus choquantes, qu'elles contrastent vivement avec les formes latines auxquelles elles sont juxtaposées [2]. Ajoutons que, même en théorie, la conjugaison est trop compliquée : la distinction des *qualités* du verbe est inutile (c'est un idiotisme anglais, et la preuve en est qu'elle est intraduisible dans les autres langues); et les nuances de sens que ces qualités traduisent seraient mieux exprimées, en cas de besoin, par des auxiliaires [3].

Dans la formation des mots, il y a une grave lacune : l'auteur ne donne pas de règles générales ni d'affixes de dérivation. Il semble admettre tels quels les dérivés (irréguliers) des langues vivantes : **actris, archiepiscopo, artist, artistic, capitalist, devotion, European, Fransé, juventut, nationali, naturali, nobilitat, politicián, regina** (de **reg**), **scientifico**, etc. Dans d'autres cas, il forme régulièrement des mots dérivés ou composés : **contiona** = *prêcher*, **contionation** = *sermon*; **aegro** = *malade*, **aegrota** = *être malade*, **aegrotation** = *maladie*; **panifici** = *boulangerie*; **corio** = *cuir*,

---

1. Car pourquoi **tum** signifierait-il le passé, et **quum** le futur, ces deux particules latines étant corrélatives, et signifiant *alors que*?
2. Si l'auteur voulait conserver à sa langue le caractère néo-latin, il n'avait qu'à adopter des formes analogues à celles de l'*Idiom neutral* : **scribav, scribero, av scribed**, etc.
3. Par exemple, les « imparfaits » et les « parfaits » peuvent se rendre au moyen du verbe *être* et des participes présent ou passé, comme en *Esperanto* : **mi estas (estis, estos) skribanta (skribinta)**.

coriario = corio-fabrica = *tannerie*. Ailleurs, il semble au contraire ne se soucier nullement de la dérivation : **nub** = *se*
marier, **conjugio** = *mariage*; **accurato** = *précis*, **presision**; **equit**
= *chevalier*, **shivalri** = *chevalerie*. Somme toute, en empruntant
ses mots *tout faits* au latin (ou aux langues vivantes), la *Lingua*
se condamne à la stérilité des langues mortes, et en outre à
l'irrégularité de toutes les langues naturelles.

En général, le vocabulaire manque d'homogénéité : à côté de
gossypium = *coton*, on trouve les mots **mushvor** = *mouchoir*, **hat**
= *chapeau*, **gun** = *canon*, **hotel**, **cann**, **montr**, **keller** (D.) = *cave*,
shampyn = *champagne*, etc., dont la modernité contraste désa-
gréablement avec la latinité classique de la plupart des mots.
L'auteur n'a même pas évité les homonymes, comme **dam** = *dame*
et **damm** (D.) = *digue*.

En résumé, la *Lingua* est moins un projet complet et viable
qu'une ébauche contenant des suggestions intéressantes. Il convient de rappeler, du reste, que l'auteur ne la présente que
comme un simple essai; et il faut surtout lui faire un mérite
d'avoir appelé de ses vœux la formation d'une commission
internationale qui aurait le dernier mot dans le choix de la
future langue internationale.

Du reste, on doit lui rendre cette justice, qu'il a fait preuve à
l'égard de son projet d'un détachement complet, car il en a élaboré ou proposé d'autres, notamment l'*Anglo-Franca* (publié en
1889 sous le pseudonyme de P. Hoinix), que nous étudierons
dans le Chapitre suivant.

LATINESCE

Toutefois, M. Henderson n'a pas renoncé à l'idée d'une « langue
artificielle néo-latine », qui lui paraît toujours être la meilleure
solution, parce qu'il croit, pour des raisons d'harmonie et
d'homogénéité, que le vocabulaire doit être emprunté à une
seule langue naturelle. Il y voit en outre cet avantage, que le
dictionnaire de la langue internationale serait ainsi tout prêt,
ce qui dispenserait du travail énorme qui consiste à choisir des
mots et à fixer ensuite leur sens. C'est pourquoi, reconnaissant
les défauts de sa *Lingua*, il lui a substitué un autre projet, inspiré
des mêmes idées, le *Latinesce*. Il l'a conçu dès 1890, mais il n'en

a publié que récemment une esquisse sommaire [1], que nous allons analyser.

GRAMMAIRE.

La *prononciation* serait la prononciation italienne, parce que celle-ci est « harmonieuse et claire ». Seul, l'-e final serait mi-muet (comme en français dans le chant et la déclamation).

La *grammaire* se réduit à *sept* flexions :

-s pour marquer le pluriel des substantifs. Les adjectifs seraient invariables.

-iore pour marquer le comparatif, et

-issime pour marquer le superlatif des adjectifs et des adverbes [2].

-re pour l'infinitif présent des verbes, qui servirait aussi de futur et de conditionnel présent. Ex. : **amare, monere, regere, audire**. L'indicatif présent et l'impératif seraient obtenus en sup-primant cette désinence : **ama, mone, rege, audi**.

-te (substitué à -re) marque le passé et le participe passé passif : **amate, monite, recte** [3]**, audite**. Le participe passé passif sert à composer les temps secondaires de l'actif, avec l'auxi-liaire **habere** (*avoir*), et tous les temps du passif avec l'auxiliaire **essere** (*être*).

-nte marque le participe présent actif : **amante, monente, regente, audiente**.

-é ou -ee marque les adverbes dérivés d'adjectifs : **claré** = *clairement*.

Syntaxe. L'ordre des mots suivrait les mêmes règles qu'en anglais : l'adjectif avant le substantif, l'adverbe avant l'adjectif qu'il modifie.

Dans les propositions indicatives, l'ordre est : sujet, verbe, régime direct, régime indirect.

Dans les temps composés, les adverbes s'intercalent entre l'auxiliaire et le participe.

1. Article en *Latinesce*, intitulé : *Latinised English the best « Lingua Franca »*, dans le journal *The Referee* (London, janvier 1901), reproduit dans la brochure : *The Lingua Franca of the Future* (mai 1902). Exposé théorique dans *The Lingua Franca of the Future*, n° 1 (mars 1903).
2. L'auteur admet des formes exceptionnelles en -lime, -rime.
3. En réalité, cette forme est le *supin* latin, où l'on a changé la finale -um en -e. Elle aurait donc toutes les irrégularités du supin latin.

Dans les propositions interrogatives, le sujet se place après le verbe. Exemple : **Habe me satis claré explicate iste methode ?**

Vocabulaire.

« I. Tous les mots déjà internationalement connus sont employés de préférence aux mots tirés du latin. Ces mots comprennent :

» 1° Toute la terminologie scientifique gréco-latine qui a été élaborée dans les temps modernes ; comme : *électricité, télégraphe, téléphone, photographe, géologie, physiologiste*, etc.

» 2° Tous les mots qui sont devenus internationaux en vertu des relations commerciales ou sociales entre les nations ; comme *théâtre, bal, concert, sonate, piano, clair-obscur, opéra, hôtel, restaurant, chèque, banque*, etc.

» II. Tous les autres mots sont empruntés directement au latin, de sorte que le dictionnaire latin, joint à la liste des mots internationaux autorisés, constitue tout le vocabulaire » du *Latinesce*.

On emploie i pour l'*article défini*, et **une** pour l'*article indéfini* (invariable).

Les radicaux des substantifs et des adjectifs prennent pour finale l'e mi-muet au lieu de leur voyelle finale. Les autres radicaux et les mots invariables sont admis sans modification.

Voici la traduction du *Pater* en *Latinesce* :

Nostre Patre qui esse in cœle, sanctificate esse tue nomine ; veni tue regne ; facte esse tue voluntate, ut in cœle, ita in terre. Da ad nos hodie nostre quotidiane pane ; et remitte ad nos nostre debites, sicut et nos remitte ad nostre debitores ; induce nos non in tentatione, sed libera nos ab male.

Critique.

Le *Latinesce* n'est, jusqu'ici du moins, qu'un simple projet théorique. Tel quel, il est fort supérieur au *Lingua* par sa simplicité et son esprit pratique. La grammaire est même trop simple : elle ne permet pas de distinguer l'infinitif, le futur et le conditionnel, ni l'indicatif présent et l'impératif, ce qui est une source d'équivoques. On peut en dire autant de la confusion du parfait

avec le participe passé, malgré l'exemple de l'anglais, qui confir-
merait plutôt notre critique. Toutefois il ne faut pas se faire
illusion sur cette simplicité apparente ; elle cache des difficultés
très réelles, car elle n'exclut l'irrégularité, ni de la formation du
comparatif et du superlatif, ni surtout de la conjugaison, où
chaque verbe aurait, en somme, deux radicaux : celui de l'infinitif et celui du supin. On pourra répondre que les deux radicaux sont indiqués dans le dictionnaire latin. N'importe : il faudrait toujours les apprendre par cœur, si irréguliers qu'ils
fussent [1], au lieu de pouvoir tirer mécaniquement du radical
verbal le parfait et le participe passé. Même le participe présent
ne dérive pas régulièrement de l'infinitif (audire, audiente) [2]. En
somme, cette grammaire serait assurément très facile pour ceux
qui savent le latin, mais pour les autres elle serait plus difficile
qu'une grammaire un peu moins simple, mais absolument régulière.

D'autre part, l'adoption du vocabulaire latin tel quel, avec
toutes les irrégularités de la dérivation (tant pour la forme que
pour le sens des mots), aurait de graves inconvénients, que ne
compensent pas ses avantages pratiques. Pour ceux qui ne savent
pas déjà le latin (et c'est à ceux-là surtout que la L. I. est destinée), ce serait en réalité une nouvelle langue à apprendre (surtout pour les peuples non romans), alors que la régularité des
dérivations permet de réduire considérablement (des neuf
dixièmes peut-être) le nombre des mots à apprendre [3].

Enfin, l'adoption de l'e mi-muet comme finale des substantifs
et des adjectifs est fâcheuse, car elle engendrerait une monotonie insupportable. D'ailleurs, cette lettre risquerait fort d'être
prononcée différemment par chaque peuple (les Français ne la
prononceraient pas), ce qui n'arriverait pas avec des finales
sonores. Celles-ci (par exemple a et o) auraient en outre l'avantage
de distinguer, soit les deux genres (comme M. HENDERSON le propose subsidiairement), soit les adjectifs et les substantifs, comme
en *Esperanto*.

1. Voir les exemples cités dans le Chapitre final : *Les langues mortes.*
2. Cf. les discussions du *Linguist* sur ce sujet (chap. XXIII).
3. Cela est si nécessaire que même des partisans du latin (M. REGNAUD)
proposent d'uniformiser les affixes de dérivation (voir le Chapitre final : *Les
langues mortes*).

CHAPITRE XIV

P. HOINIX : *ANGLO-FRANCA* [1]

L'*Anglo-Franca*, dont l'auteur, caché sous le pseudonyme de
P. HOINIX (Phœnix) est M. George J. HENDERSON, est, suivant le
sous-titre de l'opuscule, « un compromis-langue english-fran-
çais ». L'auteur est toujours aussi hostile au *Volapük*, cette langue
forgée de toutes pièces qui, sous prétexte d'être universelle et
neutre, est également difficile pour tous les peuples de la terre.
Il préconise au contraire une langue mixte ou de compromis,
qui imite, avec plus de régularité, les *sabirs* nés en divers pays
d'une formation naturelle et spontanée. L'anglais lui-même
n'est-il pas une langue composite, un « jargon » (*sic*) franco-ger-
manique formé à la suite de la conquête de l'Angleterre par les
Normands?

Pour base de sa langue mixte, l'auteur choisit le français et
l'anglais, parce que ce sont, selon lui, les deux langues les plus
internationales (malgré la supériorité numérique de l'allemand
sur le français). Il remarque que, l'anglais mis à part, les langues
romanes sont aux langues germaniques dans le rapport de 3 à 2;
et comme les deux tiers du vocabulaire anglais sont d'origine
latine, il fait encore pencher la balance du côté des langues
romanes. La langue internationale doit donc être en grande
partie, sinon entièrement, néo-latine. D'ailleurs, l'allemand lui-
même est plein de radicaux latins, de sorte que les Allemands
connaîtront d'avance une bonne part du vocabulaire, tandis
qu'on diminuerait l'internationalité de celui-ci en y introduisant
des radicaux germaniques inconnus des autres peuples.

1. *Anglo-Franca, an nouveau plan for the facilitation of international
communication*, by P. HOINIX, 48 p. in-12 (London, Trübner, 1889).

L'*Anglo-Franca* serait donc une langue plus facile que l'anglais pour les Français, plus facile que le français pour les Anglais, et plus facile que les deux langues pour tous les autres peuples. Et s'il était adopté d'abord par les Français et les peuples de langue anglaise, il s'imposerait bientôt au reste du monde. En tout cas, tandis que celui qui apprend le *Volapük* perd sa peine si cet idiome n'est pas universellement adopté, celui qui apprendra l'*Anglo-Franca* n'aura pas travaillé en vain, car il aura toujours appris du français et de l'anglais. L'auteur insiste d'ailleurs sur la nécessité d'une Académie ou d'un Congrès international pour décider de l'adoption d'une langue internationale quelconque, et approuve l'initiative prise en ce sens par l'*American Philosophical Society* en 1888 (malheureusement sans succès) [1].

Voici comment l'auteur résume la méthode de l'*Anglo-Franca* :

I. La *grammaire* est la grammaire *anglaise*, mais simplifiée et régularisée ; parce que : 1° la grammaire anglaise est un compromis entre les systèmes grammaticaux du français et de l'allemand ; 2° elle est la plus moderne et la plus analytique ; 3° elle est la plus universelle et la plus souple.

II. Le *vocabulaire* est le vocabulaire *français*, à l'exception de 130 mots empruntés à l'anglais ; parce que : 1° le vocabulaire français est le plus universellement connu, et celui dont les éléments ont le plus pénétré dans les autres langues ; 2° la restriction de la base lexicologique à deux langues offre des avantages de simplicité.

GRAMMAIRE.

L'*alphabet* est celui du français, ou plutôt de l'anglais (avec **w** = *ou*). La voyelle **u** se prononce *ou* ; l'*u* français est figuré par **û** ; l'**y** a deux sons (*i* comme en F., *aï* comme en E.). Les diphtongues **ai, ei, eu, ou**, ont le son simple qu'elles ont en français ; quand on veut leur donner un son composé, on écrit **aï, eï**. Le **c** et le **g** ont deux sons : 1° dur devant a, o, u ; doux (*ts*, *dj*, comme en E.) devant **e, i**. Le **x** final a le son de *s*. Le **ch** a le son du *ch* anglais (*tch*), et **çh** celui du *ch* français. Le **th** se prononce simplement comme *t*. Il n'y a pas de voyelles nasales comme en français (*an, en, in, on, un*).

1. Voir le Chapitre X.

· L'*accent* se place toujours sur la dernière syllabe, ou sur l'avant-dernière, si la dernière est un e muet.

L'*article défini* est the, l'*article indéfini* an, tous deux invariables.

Les *substantifs* forment leur pluriel avec un -s, ou avec -es s'ils se terminent par une sifflante ou chuintante (s, z, x, sh, ch, çh, j). Ils ne subissent pas d'autre variation.

Les *adjectifs* sont invariables. Leurs degrés de signification sont marqués par les adverbes more (comparatif) et most (superlatif) placés devant. Les adjectifs servent en même temps d'adverbes de qualité ou de manière (comme en D.).

Les *noms de nombre* sont, par exception, empruntés au latin. La numération est régularisée. Les nombres cardinaux sont : Un, du, tre, quat, quinc, sex, sept, oct, novem, dec; dec-un, 11; dec-du, 12;... du-decs, 20; du-decs-un, 21;... tre-decs, 30;... cent, 100;... mil, 1000...; million.

Les *nombres ordinaux* se forment en ajoutant -ieme aux nombres cardinaux : unieme (ou premier), duieme (ou second), treieme, etc.

Les *nombres fractionnaires* se forment en ajoutant -part aux nombres cardinaux : dupart = 1/2 ; trepart = 1/3 ; du trepart = 2/3.

Les *nombres distributifs* s'expriment comme suit : un at un fois, ou : un each.

Les *pronoms personnels* (invariables) sont : me, tu, he (*il*), she (*elle*), it (*il*, neutre); we (*nous*), you (*vous*), they (*ils, elles*). Le *vous* de politesse est you.

Les *pronoms réfléchis* se forment en ajoutant self aux pronoms personnels (selfs au pluriel).

Les *pronoms possessifs* se forment en ajoutant 's aux pronoms personnels : me's, *mon*; we's, *notre*; you's, *votre*, etc.

Les *pronoms démonstratifs* sont :

> this, *celui-ci*, pl. : these;
> that, *celui-là*, pl. : those[1].

Les *pronoms relatifs* sont :

who (pour les personnes), which (pour les choses), *qui;*
whoever   —   , whichever   —   , *qui que ce soit qui.*

Les *pronoms interrogatifs* sont les pronoms relatifs, et en outre : what, whatever.

Les *pronoms indéfinis* sont en général empruntés à l'anglais, excepté : nil (*rien*); no un, no personne (*aucun, personne*); every un,

1. N. B. : that ne sera pas employé comme relatif.

every personne (*chacun*); every çhose (*tout*); some personne (*quel⁻ qu'un*); some çhose (*quelque chose*).

Les *verbes* se conjuguent tous de la même manière, au moyen des trois auxiliaires **have** (*avoir*), **be** (*être*), **will** et **would**. Tous les autres auxiliaires anglais sont supprimés, et remplacés par des verbes d'origine française (**dev, pouv,** etc.).

Le verbe ne varie pas en nombre et en personne [1]. Voici comme paradigme la conjugaison du verbe **to form** (*former*), dont le participe passif est **formed** (*formé*) :

	Infinitif.	*Participe.*
Présent :	**to form.**	**forming.**
Passé :	**to have formed.**	**having formed.**
Futur :	**to have to form.**	**having to form** [2].

Indicatif-subjonctif.

Présent :	(**me**) **form.**	*Parfait :*	(**me**) **have formed.**
Passé :	(**me**) **formed.**	*Plus-que-parfait :*	(**me**) **had formed.**
Futur :	(**me**) **will form.**	*Futur antérieur :*	(**me**) **will have formed.**

Conditionnel.

Présent : (**me**) **would form.**   *Passé :* (**me**) **would have formed.**

On remarquera que les temps antérieurs (composés) sont formés des temps simples de l'auxiliaire **to have** (*avoir*) suivi du participe passif **formed**.

L'*impératif* est semblable à l'infinitif, à la 2° pers. sing. : **form,** *forme*; aux autres personnes, il se forme au moyen de l'auxiliaire **let** suivi du pronom et de l'infinitif : **let we form,** *formons*; **let you form,** *formez*.

La *voix passive* se forme en ajoutant aux temps et modes du verbe **to be** [3] le participe passif **formed** : **to be formed,** *être formé*.

Les *verbes réfléchis* se forment au moyen des pronoms réfléchis **meself.... weselfs....** Ex. : **Assey youself** = *Asseyez-vous*.

La *syntaxe* est très simple et très libre. L'adjectif simple se

---

1. L'auteur invoque à ce propos l'exemple de l'anglais classique : on trouve **I be, you be, we be, they be, I were, he have,** dans Shakespeare et Milton.

2. Nous omettons les infinitifs et participes d'action continue, qui sont formés en ajoutant aux infinitifs et participes simples de l'auxiliaire **to be** (*être*) le participe présent **forming.**

3.   **me be**   **me have been**
      me were   **me had been**
      me will be   **me will have been**

met avant son substantif; mais, s'il est accompagné de compléments, il se met après.

L'ordre normal de la phrase est le même qu'en anglais. Mais il
n'y a qu'une seule règle absolue : *Le régime direct ne doit jamais être
entre le sujet et le verbe* (contrairement à l'usage français pour les
pronoms). Cette règle est nécessaire pour éviter toute équivoque
en l'absence de l'accusatif.

VOCABULAIRE.

Le vocabulaire, comme on sait, est entièrement français, à
l'exception de 130 mots anglais (dont l'auteur donne la liste),
qui sont toutes les *particules* : articles, pronoms, adverbes
simples, prépositions et conjonctions. On en a déjà vu quelques-
uns.

Les mots empruntés au français sont donc les *substantifs*, les
adjectifs et les *verbes* (sauf les verbes auxiliaires, qu'on a vus plus
haut).

Les *substantifs* et *adjectifs* sont pris sous la forme qu'ils ont au
singulier et au masculin.

Le radical des *verbes* s'obtient en supprimant au participe
présent français la terminaison *-ant*. Cela revient à supprimer à
l'infinitif la terminaison *-er*, *-ir*, *oir*, ou *-re*, mais dans les verbes
réguliers seulement. Pour les verbes irréguliers, on doit suivre
la 1re règle, et non la 2e, dont le résultat serait différent. L'auteur donne la table des radicaux de ces verbes, pour les lecteurs
qui ne savent pas le français.

L'auteur fait exception à la règle générale en faveur des *mots
internationaux*, et pose le principe suivant :

Quand un mot est internationalement compris, on doit le préférer au mot indiqué par les règles générales de l'*Anglo-Franca*.

Les mots internationaux admis en vertu de ce principe sont :
1º les noms de nombre; 2º les mots suivants, empruntés au latin
ou au français : nil, satic, per, pro, contra, versus, via, de novo,
in toto; encore, ensemble, environ.

L'admission de ces mots internationaux devra être décidée
par l'Académie internationale.

Les noms propres (y compris les noms géographiques) garde-
ront leur forme nationale. On dira et écrira :

Aristoteles, Horatius; London, Kœln, Wien, München, Regensburg, Firenze; Deutschland, England, France; deutsch, english, français.

L'auteur a écrit en *Anglo-Franca*, comme appendice à son opuscule, une *General Revue and Critique of the divers essais which have been faised for to etabliss an international langue*, où on lit par exemple les phrases suivantes :

The peuples of the Orient trouv theyselfs in an embarras encore more grand wen they voul to entam commercial relations with Europe..... Un pouv to demand, if [1] more soon [2] than to have recours to an artificiel langue, it would not be preferable to adopt as international langue some un [3] Europeen idiome...

Voici encore deux phrases d'*Anglo-Franca* :

Me pren the liberté to ecriv to you in Anglo-Franca... Me have the honneur to soumett to you's inspection the prospectus of me's objets manufactured, which me to you envoy here-inclued.

CRITIQUE.

Les considérations théoriques et pratiques qui ont inspiré l'*Anglo-Franca* semblent judicieuses et acceptables; toutefois, on ne peut raisonnablement restreindre à deux langues la base d'un lexique vraiment international : il faut en admettre au moins trois (D., E., F.) ou, plus équitablement, six (D., E., F., I., R., S.) comme l'*American Philosophical Society* l'avait proposé.

L'auteur a si bien senti que sa base lexicologique était trop étroite, qu'il a adopté subsidiairement le principe de l'internationalité, qui viole son principe primitif, et qui, poussé à ses dernières conséquences, le ruinerait entièrement, car il suffit à lui seul à constituer un lexique.

Le défaut capital de l'*Anglo-Franca* est le manque d'homogénéité, non pas tant à cause du mélange des radicaux anglais et français (l'anglais offre un mélange de radicaux latins et germaniques bien plus hétérogène encore) qu'à cause du contraste violent entre la grammaire anglaise et le vocabulaire français [4].

1. *Si* interrogatif.
2. *Plutôt*, traduit littéralement : *plus tôt*.
3. *Quelqu'un*, pour : *quelque*.
4. Citons comme exemples d'anglicismes le *to* inutilement mis devant

Il est choquant de voir appliquer des flexions anglaises à des mots français, surtout pris à l'état brut [1]. Pour supprimer cette disparate, il faudrait, d'une part, atténuer le caractère trop exclusivement anglais de la grammaire, et adopter des flexions plus *neutres*; d'autre part, modifier les radicaux empruntés aux deux langues vivantes et leur donner un aspect plus uniforme et plus harmonieux. Pour mieux dire, il ne faudrait les emprunter ni à l'anglais ni au français, où ils se trouvent déjà altérés et déformés, mais les uns à l'allemand, et les autres au latin, où ils ont leur forme originale. C'est donc un choix malencontreux que celui de l'anglais et du français comme base du lexique, car ce sont justement les deux langues les plus *dérivées*, celles où les racines sont le plus éloignées de leur origine et de leur pureté.

Cette alliance de l'anglais et du français à l'état brut, non fondus ensemble, ne donne pas seulement à la langue un aspect baroque qui la ferait paraître barbare à la fois aux Anglais et aux Français; elle a une autre conséquence fort grave, qui est l'impossibilité d'obtenir une prononciation régulière et uniforme. Sans doute, l'auteur s'est efforcé de rendre la prononciation conforme à l'écriture [2], ce qui l'a entraîné à surcharger l'alphabet et à attribuer même deux sons à une même lettre. Mais malgré les règles minutieuses et compliquées qu'il édicte, rien ne pourra empêcher les Français, d'une part, et les Anglais, d'autre part, de prononcer à leur manière nationale les mots de leur langue. Or c'est tout le contraire que l'auteur désire, car il veut, en somme, que l'on prononce les mots anglais à la française et les mots français à l'anglaise. C'est le meilleur moyen de les rendre méconnaissables respectivement au peuple même auquel on les emprunte, et de rendre la langue elle-même inintelligible à tous les deux. Jamais un Anglais ne comprendra les mots *the, each, through, whether,* prononcés à la française, ni un Français les mots *question, revue, œil,* prononcés par un Anglais. Les deux peuples (et tous les autres) ne pourront s'entendre que dans une

les infinitifs (**Un pouv to demand**) et l'emploi du participe (**-ing**) au lieu de l'infinitif (**without parling...**).

1. Il faut toutefois avouer que c'est ce qui a lieu sans cesse en anglais. Exemple, ce titre (lu au hasard dans un journal de Londres) : « *How the affair commenced* ». On dirait de l'*Anglo-Franca!*

2. Car la L. I. devant être d'abord et surtout écrite, l'auteur pense qu'on doit reproduire plutôt le graphisme que le phonétisme des mots nationaux, et par suite conformer celui-ci sur celui-là.

langue autonome, homogène et neutre, où ils retrouveront leurs
radicaux, mais transfigurés en quelque sorte par une orthographe phonétique simple et régulière.

Ajoutons que M. HENDERSON, ne se lassant pas de lutter pour
l'idée de la langue internationale, a encore émis deux autres
projets de langue artificielle : l'un, la *Langue Facile*, serait un
français simplifié et régularisé ; l'auteur avoue lui-même que
« cette mutilation de la belle langue française serait sans doute
peu goûtée de la plupart des Anglais qui la connaissent, et serait
certainement peu faite pour plaire aux Français [1] » ; l'autre est
le *Latinesce*, que nous avons résumé à la fin du chapitre précédent. Ces deux projets ne sont que de simples « suggestions »,
des « ballons d'essai » lancés dans les journaux pour éveiller
l'intérêt du public. Enfin, M. HENDERSON a publié en 1890-91 un
journal (*Phœnix seu Nuntius latinus internationalis*) destiné à recommander le latin comme langue internationale [2]. Toutes ces tentatives montrent avec quel zèle et quelle persévérance l'auteur
s'est efforcé de propager l'idée de la L. I. et de la réaliser sous
des formes diverses. Cette diversité même prouve, d'autre part,
un désintéressement bien rare chez les auteurs de L. I. : indifférent au succès ou à l'échec de tel ou tel de ses projets, M. Henderson n'a jamais visé qu'un seul but, l'adoption définitive d'une
L. I. par une entente internationale. Par cette attitude impartiale et par son esprit pratique, il était un précurseur et un allié
prédestiné de la *Délégation*, et il est devenu en effet un de ses
auxiliaires les plus dévoués.

1. Article dans *Le Courrier de Londres et de l'Europe*, 19 mai 1889.
2. Voir le chapitre final : *Les Langues mortes*.

CHAPITRE XV

J. STEMPFL : *MYRANA* [1]

L'ouvrage de l'abbé Stempfl comprend deux parties : l'une, consacrée à défendre l'idée d'une langue internationale en général, l'autre à exposer le projet de langue *Myrana*. L'auteur réprouve, d'une part, l'idée chimérique d'une langue absolument universelle, c'est-à-dire commune à tous les peuples de la terre; d'autre part, l'idée d'une langue purement scientifique et philosophique, réservée à une élite de savants. Ce qu'il désire, c'est une langue « commerciale » et pratique. Au surplus, il ne présente pas le *Myrana* comme un concurrent du *Volapük* ou de tout autre système, mais comme un simple projet destiné à contribuer à la solution définitive du problème; il déclare modestement apporter quelques pierres pour la construction de la meilleure langue universelle, qui doit se réaliser un jour. Il critique vivement le *Volapük*, et juge sévèrement le dogmatisme intransigeant de Mgr Schleyer et ses prétentions à l'infaillibilité [2].

Le *Myrana* est éclectique : il prend pour base le vocabulaire latin, parce que c'est le plus international et le plus neutre; celui-ci forme pour ainsi dire le tronc sur lequel on greffera les mots empruntés aux langues vivantes, romanes et germaniques, en les altérant le moins possible. La langue devra être régulière et logique, mais aussi euphonique; et il vaudra mieux adopter un plus grand nombre de racines que d'abuser des dérivations. Il ne faut pas non plus tout sacrifier à la brièveté, même l'intelligibilité.

---

1. J. Stempfl, *Myrana und die Weltsprache*. xvi + 184 p. 12° (Kempten, Kösel, 1889). Kempten est une petite ville de la Souabe bavaroise. M. Stempfl est curé-doyen.

2. Cf. Stempfl : *Ausstellungen an der Volapük*, et *Ueber Weltsprache und Volapük* (Kempten, 1888).

GRAMMAIRE.

L'*alphabet* comprend 8 voyelles : **a, e, i, o, u** (*ou*), et les 3 infléchies : **â, ō, ū**; et 23 consonnes : **b, c, d, f, g, h, j, k, l, m, n, p, q,
r, s, t, v, w, x, y, z; ch, sh. c** se prononce *tch*; **j** se prononce
comme le *j* allemand (*i* consonne); **v** et **w** se confondent comme
son; **ch** est le *ch* allemand (guttural); **sh** est le *sh* anglais (*ch* F).

L'auteur admet en outre les 5 diphtongues : **ai, ei, oi, ui, au**,
dont les 2 voyelles se prononcent séparément.

L'*accent* se place sur la syllabe principale du mot.

L'auteur ne veut pas imposer de forme caractéristique aux
diverses parties du discours. Il juge ce moyen inutile, et même
nuisible par les déformations qu'il fait subir aux mots.

Il y a un *article défini* : **le**, et un *article indéfini* : **ne**, tous deux
invariables.

Les *substantifs* se déclinent, soit au moyen de particules, soit
au moyen de flexions. Les particules, qui se placent devant le
substantif ou l'article, sont : **di** pour le *génitif*; **dei** pour le *datif*;
do pour l'*accusatif*.

Les désinences des cas sont, pour les radicaux à consonne
finale : **-i, -ei, -en**; pour les radicaux à voyelle finale : **-d, -i, -n**.

Le pluriel se forme en ajoutant **-s** ou **-es** aux cas du singulier.

Exemple de déclinaison.

Sing.	N.	**vir**	ou	vir, *homme.*	**vira,** *femme.*
	G.	**di vir**		**viri**	**virad**
	D.	**dei vir**		**virei**	**virai**
	A.	**do vir**		**viren**	**viran**
Plur.	N.	**vires**		**vires**	**viras**
	G.	**di vires**		**viris**	**virads**
	D.	**dei vires**		**vireis**	**virais**
	A.	**do vires**		**virens**	**virans**

L'auteur ne voit aucun inconvénient à ce que des radicaux se
terminent (au nominatif) par les mêmes désinences que les cas
(comme cela arrive dans les langues naturelles).

Les substantifs peuvent prendre des désinences caractéristiques du genre naturel, à savoir : **-o** pour le masculin, **-a** pour le
féminin, **-ō** pour le neutre. Ex. : **vir** ou **viro** = *homme*; **vira** =

femme. L'auteur ne voit aucun inconvénient à ce que des substantifs féminins ou neutres se terminent en -o, et des substantifs masculins ou neutres en -a. Ex. : **Juno, topo**; **pasha, kasa.** Seulement le féminin des mots en -a se forme au moyen du suffixe –**sh.**

Les *adjectifs,* comme les substantifs, ont une terminaison quelconque; ils se déclinent comme les substantifs, mais seulement quand ils sont isolés.

Ils peuvent, dans le même cas, prendre les désinences caractéristiques du genre : **bonō,** *le bien.*

Les degrés de comparaison peuvent se former de deux manières : au moyen des particules **mer, mest**; au moyen des flexions -**ior** (ou -**jor**) et -**isso.** Ex. :

	bon	bonior	bonisso
ou :		mer bon	mest bon

Le *superlatif absolu* se forme, soit au moyen du préfixe **per-,** soit au moyen du suffixe -**issimo** : **perbon** ou **bonissimo.**

Les *noms de nombre* sont :

nul, 0; **un,** 1; **dui,** 2; **tre,** 3; **quar,** 4; **quin,** 5; **sex,** 6; **sib,** 7; **och** (ou **ok**), 8; **nōf,** 9; **desh,** 10; **deshun,** 11; **deshdui,** 12; **deshtre,** 13;..... **duiges,** 20 ;..... **treges,** 30, etc. ..... **deshges** (ou **cen**), 100; **duideshges** ou **duicen,** 200; ..... **mil,** 1000 .....

Ainsi : 1889 = **unmil ochdeshges ochgesnōf.**

Les *nombres ordinaux* se forment en ajoutant -**t** ou -**te** au nombre cardinal correspondant : **duit, tret,... deshgest** ou **cent.** Seule exception : 1er se dit **prim.**

Les *nombres distributifs* se forment en préfixant **je-** aux nombres cardinaux : **jedui,** *deux à deux.*

Les *nombres multiplicatifs* se forment au moyen du suffixe -**ma** : **duima,** *deux fois.*

Les *nombres fractionnaires* dérivent des ordinaux au moyen du suffixe -**l** ou -**el** : **tretel,** *tiers.*

Les *pronoms personnels* sont : **mi, te, lo** (masc.), **la** (fém.), **lō** (neutre); **nui, voi, loi, lai**; il y faut ajouter : **yu** (E.) = *vous* (de politesse), et **oi** = *on.* Tous ces pronoms se déclinent des deux manières.

Les *adjectifs possessifs* sont : **min, ten, lon, lan**; **nuin, voin, loin, lain**; **yun.** L'auteur assure qu'ils ne pourront jamais se confondre avec l'accusatif des pronoms personnels, qui a la même forme.

Les *pronoms possessifs* sont les adjectifs possessifs augmentés du suffixe -ig : **minig, tenig, lonig**, etc. On peut dire aussi : **le min, le ten, le lon**, etc.

Les *pronoms démonstratifs* et *indéfinis* sont : **li, il,** *celui-ci* ; **el, ol,** *celui-là* ; **selb,** *même (ipse)* ; **idem,** *le même* ; **alio,** *autre* ; **jed** (D.), *chaque* ; **nullo,** *aucun* ; **nemo,** *personne* ; **nihil,** *rien* ; **omne,** *tout*, etc.

Les *pronoms relatifs* sont **ke** (m., f.), *qui* ; **kō** (n.), *que* ; et **kel, kela, kelō,** *quel, quelle*.

Les *pronoms interrogatifs* sont caractérisés par l'initiale **v** : **veke, vekō,** *qui? quoi?* **vel, vela, velō,** *quel? quelle?*

De même les adverbes interrogatifs : **vo,** *où?* **van,** *quand?* **vi,** *comment?* **vare,** *pourquoi?* correspondent aux corrélatifs : **to, tan, ti, tare,** et aux relatifs : **ko** ou **quo, quan, qui, quare** (L.). De même, **tal** correspond à **qual, tam** à **quam, tanto** à **quanto**, etc. (comme en latin).

Les *verbes* ont pour terminaison, à l'infinitif, **-ar, -er, -ir,** ou **-je.** Il faut la supprimer pour obtenir le radical verbal.

Les *modes* sont indiqués par des suffixes, les *voix* et les *temps* par des préfixes (comme en *Volapük*). Les *personnes* sont indiquées par les pronoms attachés comme préfixes au radical verbal [1], et le nombre est marqué en outre par un **-s** final.

La voix *active* est marquée par le préfixe **t** ; la voix *passive*, par le préfixe **sh.**

L'*indicatif* n'a pas de suffixe. Le *présent* n'a pas de préfixe.

L'*imparfait* est marqué par le préfixe **a** ; le *parfait*, par **ai** ; le *plus-que-parfait*, par **aia** ; le *futur* par **o** ; le *futur antérieur*, par **oi.** D'autre part, le *subjonctif* est indiqué par le suffixe **ä** (ou **rä** après une voyelle). De sorte que les modes personnels de l'actif ont les formes suivantes à la 1re personne sing. (**punir** = *punir*) :

	INDICATIF	SUBJONCTIF
Présent :	mipun	mipunä
Imparfait :	mitapun	mitapunä
Parfait :	mitaipun	mitaipunä
Plus-que-parfait :	mitaiapun	mitaiapunä
Futur :	mitopun	mitopunä
Futur antérieur :	mitoipun	mitoipunä

Les modes du passif ne diffèrent des précédents que par le

1. Toutefois, à la 3e personne, on peut supprimer le pronom, quand il fait double emploi avec le sujet.

changement de **t** en **sh** : **mishepun**, *je suis puni* ; **mishapun**, **mishaipun**, etc.

L'*impératif* se forme en suffixant le pronom, au lieu de le préfixer : **punte**, *punis* ; **shepunte**, *sois puni.*

Le *participe* se forme en remplaçant la terminaison de l'infinitif par la désinence -**ing** : **puning**, *punissant* ; **tapuning, topuning**, etc. De même au passif : **shepuning, shapuning, shopuning**, etc. Un autre participe se forme par la désinence -**ong** : **punong**, *qui doit ou veut punir.*

Le *participe absolu* se forme en remplaçant le **r** de l'infinitif par **t** : **punit, amat, kredet.** Il est le même à l'actif qu'au passif, et il a les deux sens (?).

Les verbes **seje**, *être* ; **vesje**, *exister* ; **sheje**, *devenir* ; **tedje**, *faire*, et **hevje**, *avoir*, ont une autre conjugaison, qui consiste à remplacer la voyelle **e** du radical par la voyelle caractéristique des divers temps. La conjugaison précédente revient, en somme, à préfixer au radical des autres verbes les divers temps des auxiliaires **tedje** et **sheje** :

<blockquote>(te), ta, tai, taia, to, toi ;
she, sha, shai, shaia, sho, shoi [1].</blockquote>

Les verbes *réfléchis* se forment en intercalant la syllabe **ze** entre le pronom et le verbe : **mizebat**, *je me bats.*

Les *verbes réciproques* se forment en intercalant de même la syllabe **xo** : **noixobats**, *nous nous battons* (l'un l'autre) ; **mixobat kon lo**, *je me bats avec lui.*

La *négation* s'exprime par **no** ou **non** mis devant le mot à nier (le verbe, en général) ; l'*interrogation* s'exprime par la particule **va** mise devant le mot interrogatif, ou par l'enclitique **ve** mis après.

Les *adverbes* dérivés prennent en général la désinence -**u**. Leurs degrés de comparaison se forment à peu près comme ceux des adjectifs : **bonu, boniu, bonissu, bonissimu.**

L'adverbe *trop* devant un adjectif ou un adverbe se traduit par le suffixe **uio, uiu** : **bonuio**, *trop bon* ; **bonuiu**, *trop bien.*

---

1. Nous simplifions l'exposé de la conjugaison en passant sous silence la forme *aoriste* (indiquant la durée de l'action), marquée par les préfixes **fe, fa, fai, faia, fo, foi** à l'actif, et **shefe, shefa, shefai**, etc., au passif ; les modes *conditionnel* (-**ss**), *potentiel* (-**ss**), *désiratif* (-**sh**), *dubitatif* (-**b**), *concessif* (-**g**), et une sorte de futur particulier à l'allemand (-**ein**), marqués par les suffixes mis entre parenthèses ; enfin le *gérondif* et le *supin.*

Les *adverbes* primitifs sont généralement empruntés au latin. Nous avons déjà vu la corrélation des adverbes interrogatifs, relatifs et corrélatifs.

Les *prépositions* et les *conjonctions* sont aussi empruntées au latin; quelques-unes au français (gras, **malgre**) et à d'autres langues vivantes. Celles qui sont aussi adverbes ont la désinence -u.

L'auteur prévoit une préposition indéterminée, ri, pour les cas où l'on ne sait pas quelle préposition employer [1].

Pour la *syntaxe*, il donne peu d'indications. Toutes les fois qu'un verbe n'a qu'un complément, on met celui-ci à l'accusatif. Quand un verbe a deux compléments, on met le plus direct à l'accusatif et l'autre au datif.

L'accusatif sert encore à marquer le lieu où l'on va, ou généralement le mouvement dans une direction. Hormis ce cas, toutes les prépositions régissent le nominatif.

Le pronom réfléchi **ze** se met comme préfixe devant les pronoms personnels ou possessifs qui se rapportent au sujet de la proposition, pour les distinguer des autres (comme *suus* en latin).

L'auteur laisse la *construction* entièrement libre : il considère comme impossible d'astreindre tous les peuples à une construction fixe et rigide; c'est, dit-il, créer et chercher des difficultés. Il faut que les flexions grammaticales indiquent suffisamment le rôle de chaque mot, quelle que soit sa place. C'est le meilleur moyen d'éviter tous les idiotismes de syntaxe.

VOCABULAIRE.

L'auteur ne donne pas son vocabulaire, mais il annonce qu'il contiendra 2/3 de mots romans et 1/3 de mots germaniques.

Pour la *formation des mots*, l'auteur ne donne que quelques exemples (on a vu plus haut la dérivation du féminin) : **amator** (fém. amatra), **punitor, viator**; **artisto**; **kolumbari**, *colombier* (de **kolumba**); **bulile**, *étable* (de **bul**, *bœuf*); **sutorina**, *cordonnerie* (de **sutor**); **tabakier**, *tabatière*; **tabakeia**, *fabrique de tabac*. **Ston**, *pierre*; **stonin**, *de pierre, en pierre*; **stonig**, *pierreux*; **stonlig**, *semblable à la*

[1]. Comme l'*Esperanto*, qu'il cite à ce sujet p. 109.

pierre: **stonoso**, *plein de pierre* (comme : **gaudioso**, *plein de joie, joyeux*). Exemples de contraires : **inkontent, imprudent**.

Le suffixe -**on** est augmentatif; le suffixe -**el** diminutif; le suffixe -**fu** péjoratif.

Parmi les préfixes verbaux, on remarquera **per** (dans **peragrar, perrumper, perkurje, perfluje**) qui a un tout autre sens que dans les adjectifs (où il marque le superlatif absolu), si tant est qu'il en ait un (comme dans **perturbar, perverter, permitter**).

Le préfixe **re**- indique à la fois la répétition (D. *wieder*) et le retour (D. *zurück*).

Les *mots composés* se forment, comme en allemand, en juxtaposant les racines, la principale en dernier lieu : **veldelingua** = *langue universelle*.

CRITIQUE.

On ne doit pas oublier, en jugeant le *Myrana*, que ce n'est qu'un projet sans vocabulaire; son caractère hésitant et flottant s'explique et se justifie, dans une certaine mesure, par la modestie de son auteur. Peut-être, de peur de ressembler à Mgr SCHLEYER, est-il tombé dans l'excès contraire : trop de latitude et trop de tolérance. Il en résulte une grammaire compliquée et peu homogène : l'auteur hésite entre le synthétisme et l'analytisme, d'où ses deux ou même trois déclinaisons, et ses deux formes pour les degrés de comparaison. Il se défie de la méthode *a priori*, et ne veut pas soumettre à des règles générales la forme des mots, ce qui l'oblige à admettre des variantes. Il reproche au *Volapük* d'employer des flexions arbitraires empruntées à l'alphabet (**a, e, i, o, u**); mais il emploie, lui aussi, pour la conjugaison, des formes entièrement *a priori*, notamment des préfixes qui rendent le radical verbal méconnaissable, ce qui produit une conjugaison extrêmement compliquée et ardue. De même, dans le vocabulaire, qui est en principe *a posteriori*, il admet des formations *a priori* comme celles-ci (imitées du *Volapük*) : **izu**, *à présent*; **ezu**, *depuis un instant*; **azu**, *auparavant*; **aiazu**, *il y a longtemps*; **ozu**, *ensuite*; **oiozu**, *plus tard*. De même : **idag**, *aujourd'hui*; **edag**, *aujourd'hui pour la première fois*; **adag**, *hier*; **aiadag**, *avant-hier*; **odag**, *demain*; **oiodag**, *après-demain*.

En somme, ce système, fondé sur des principes judicieux, manque de simplicité, de régularité et de décision.

CHAPITRE XVI

J. STEMPFL : *COMMUNIA* [1]

Le même auteur a réformé et simplifié son projet de langue
internationale pratique dans un second ouvrage, où il le nomme
Communia. Les principes sont toujours les mêmes. L'auteur ne
donne que la grammaire de sa langue, et adopte *provisoirement*
le vocabulaire latin, en faisant subir aux désinences des modifications légères et régulières. Mais, comme le vocabulaire latin
contient beaucoup de mots aujourd'hui inutiles, et manque de
termes concis et précis pour beaucoup d'idées modernes qu'il ne
peut rendre que par des périphrases, on devra l'enrichir de
mots empruntés aux langues vivantes; on formera donc un
vocabulaire *éclectique* dont le lexique latin sera la base, mais
qui comprendra des mots des diverses langues modernes, et
avant tout les mots *internationaux*. Le *Communia* ne sera donc pas
un simple néo-latin, mais une langue complète et autonome,
quoique dérivée du latin. Nous ne recommencerons pas en entier
l'exposé de la grammaire; nous signalerons seulement les points
où elle diffère de la grammaire du *Myrana*.

GRAMMAIRE.

L'*alphabet* comprend, en plus, 2 consonnes nouvelles : **ph** (*f*) et
zh (*tch*). A la règle de l'uniformité de prononciation, deux consonnes font exception : c, qui se prononce *ts* devant e, i, ä, ö;
et t, qui se prononce *ts* devant ia, io, iu. Il est vrai qu'on pourra

---

1. J. STEMPFL : *Communia oder internationale Verkehrssprache*, 72 p.
in-16 (Kempten, Dobler, 1894).

remplacer dans ces cas **c** et **t** par **z**, et **c** par **k** dans les autres cas (ce qui aboutit à la suppression de **c**).

L'article défini est toujours **le** ; *l'article indéfini* est **en**, et il y a un *article partitif* : **dü** (F.) : **dü vin, dü pane.**

Pour les *substantifs*, l'auteur n'admet plus qu'une déclinaison, analytique pour le génitif et le datif (marqués par les particules **di** et **ai**), synthétique pour l'accusatif (marqué par la désinence **-n** ou **-en**). On décline donc comme suit :

Sing.	N.	**vir,** *homme.*	**le kasa,** *la maison.*
	G.	**di vir**	**di le kasa**
	D.	**ai vir**	**ai le kasa**
	A.	**viren**	**le kasan**
Plur.	N.	**vires**	**le kasas**
	G.	**di vires**	**di le kasas**
	D.	**ai vires**	**ai le kasas**
	A.	**virens**	**le kasans**

Pour les *degrés de comparaison*, l'auteur admet encore les deux systèmes, le synthétique, avec **-ior, -isso** ; et l'analytique, avec **plur** et **pluss**. De même, **pō** (*peu*) a pour degrés : **pōr** et **pōss**.

Les *noms de nombre* sont : **un, dui, tri, quadri, quini, sexi, septi, octi, noni, dezi ; deziun,** 11 ; **dezidui,** 12 ; **dezitri,** 13 ;... **duiges,** 20 ; **triges,** 30 ; **quadrages, quinquages, sexages, septages, octages, nonages ; centi,** 100 ; **duicenti, tricenti, quadracenti,** etc. (comme les dizaines) ; **mille,** 1000 ; **milion.**

Les *nombres ordinaux* sont : **prim(o), secund(o), trit(o), quart(o), quint(o), sext(o), septimo, octavo, nono, dezimo.** Les autres se forment en général en ajoutant **-(i)mo** au nombre cardinal : **duigesimo, centimo, millimo** (ou **centesimo, millesimo**).

Les *nombres multiplicatifs* se forment au moyen du suffixe **-es** ou **-ies** : **unies, duies, tries,.... dezies, duigesies** (ou **duigies**).... **centies,... millies...**

Les *nombres fractionnaires* se forment au moyen du suffixe **-el** ou **-tel** : **secundel** ou **duitel, tritel, quartel, quintel,... dezitel, duigestel, centitel, millitel.**

Les *pronoms personnels* sont, au nominatif : **mi, tu, el** (**lo**), **ela, lō ; nui, voi, loi, lai.** Le génitif et le datif sont marqués par **di** et **ai**. L'accusatif est : **me, te, elen, elan,...; nos, vos, los, las.** Il y a aussi un *nous* et un *vous* de cérémonie : **Nois, Vois** ; accusatif : **Noisen, Voisen.** *On* se dit **on** ou **oi.** Le *pronom réfléchi* est **se.**

Les *adjectifs possessifs* sont : **min, ten, lon, lan ; noter, voter, lor,**

lar. Son et san correspondent au pronom réfléchi ; noster et ves-
ter, à nois et vois.

La *conjugaison* est bien simplifiée [1]. Tous les infinitifs se terminent en -re. L'*indicatif présent* est le radical verbal, qu'on
obtient en supprimant la terminaison -re de l'infinitif. L'*imparfait* se forme en y ajoutant -ra, le *parfait*, -va, le *plus-que-parfait*,
-vera, le *futur*, -ro, le *futur antérieur*, -vero.

Le *subjonctif* s'indique en infléchissant la voyelle finale de l'indicatif, c'est-à-dire en changeant a en ā et o en ō.

Le *conditionnel* se forme en ajoutant -riā à l'indicatif (présent et
parfait [2]).

L'*impératif* de la 2e pers. sing. est semblable à l'indicatif présent ; on y ajoute -te pour avoir la 2e pers. plur.

Les *infinitifs* passé et futur se forment au moyen des terminaisons -vare et -rore (c'est-à-dire de la terminaison -re ajoutée à
l'indicatif correspondant).

Les *participes* présent, passé et futur dérivent des infinitifs correspondants en changeant -re en -nt, sauf pour -ire qui donne
-ient.

INDICATIF.

Présent :	lauda, aude, crede, audi.
Imparfait :	laudara, audera, credera, audira.
Parfait :	laudava, audeva, credeva, audivà.
Plus-que-parfait :	laudavera, audevera, credevera, audivera.
Futur :	laudaro, audero, credero, audiro.
Futur antérieur :	laudavero, audevero, credevero, audivero.

SUBJONCTIF.

Présent :	laudā, audā, credā, audiā.
Imparfait :	laudarā, auderā, crederā, audirā.
Futur :	laudarō, auderō, crederō, audirō.

CONDITIONNEL.

Présent :	laudariā, auderiā, crederiā, audiriā.
Passé :	laudavariā, audevariā, credevariā, audivariā.

1. L'auteur donne encore au pluriel des verbes la finale -s, mais elle est
facultative.
2. Ici encore l'auteur admet une désinence -rein pour traduire un mode
spécial à l'allemand (*il doit, il devrait*).

IMPÉRATIF.

2e pers. sing. .	lauda, aude, crede, audi.
2e pers. plur. :	laudate, audete, credete, audite.

INFINITIF.

Présent :	laudare, audere, credere, audire.
Passé :	laudavere, audavere, credavere, audivere.
Futur :	laudarore, audarore, credarore, audirore.

PARTICIPE.

Présent :	laudant, audent, credent, audient.
Passé :	laudavant, audevant, credevant, audivant.
Futur :	laudaront, auderont, crederont, audiront.

Le *passif* se forme en ajoutant un -r final à tous les temps et modes de l'actif :

laudar, laudarar, laudavar, laudaverar, laudaror, laudaveror; laudār, laudarār, etc.; laudariār, laudavariār, etc.

Seuls, les *infinitifs passifs* dérivent des infinitifs actifs en changeant l'e final en i : laudari, laudavari, laudarori.

Les *participes passifs* sont :

Présent : laudandi, audendi, credendi, audiendi.

Passé : laudavandi, audevandi, credevandi, audivandi.

Futur : laudarondi, auderondi, crederondi, audirondi.

L'auteur admet en outre un *participe absolu* : laudat, audet, credet, audit, qui peut être employé à l'actif comme au passif : mi have audit; mi es audit.

Il admet en effet qu'on forme le passif au moyen de l'auxiliaire esere, *être.* Il admet même qu'on forme tous les temps de l'actif au moyen du même auxiliaire, avec une nuance spéciale : mi es edent = *je suis en train de manger*; mi es edevant = *je viens de manger*; mi es ederont = *je vais manger.*

Le verbe esere se conjugue régulièrement, à part l'abréviation du radical ese en es au présent, et en se aux autres temps : sera, seva, sero, serā, seriā, etc.

Les *verbes réfléchis* se forment au moyen du préfixe ze-; les *verbes réciproques*, au moyen du préfixe zo- ou zoi-.

Les *verbes impersonnels* ont la forme commune, avec ou sans le pronom neutre lõ : plue, tona, niva; deze (*il convient*), lice (*il est permis*), accide (*il arrive*), lique (*il est clair*); me pœnite, *je me repens*, etc.

Il n'y a pas de *verbes déponents* [1]. Ceux du latin prennent la forme active : **imitare, loquere, oblire** ou **oblivere, sequere, merere, tuere, confitere**; de même, les verbes irréguliers prennent la forme normale : **volere, nolere.**

L'*interrogation* s'exprime par le suffixe ou enclitique **ve**; la *négation* par **no** mis devant le mot à nier.

Les *particules* sont presque toutes empruntées au latin. Les adverbes dérivés se terminent souvent en **-u**. Les adverbes d'interrogation commencent en général par **v** et sont empruntés à l'allemand ou construits logiquement : **vi,** *comment?* **vare,** *pourquoi?* Les adverbes de temps ne sont plus construits *a priori* : **heri,** *hier*; **cras,** *demain*; **pridie,** *la veille*; **postridie,** *le lendemain.* On remarque une corrélation parmi les adverbes de lieu : **inu,** *dedans*; **ini,** *herein* (D.); **inun,** *hinein* (D. : *dedans,* avec mouvement); **deintu,** *de dedans.* De même : **exu, exi, exun, deexu**; **susu** (*en haut*), **infu** (*en bas*). **Van** (*quand?*) engendre **devan** (*de quand?*) et **govan** (*jusqu'à quand?*).

Parmi les *prépositions,* seules ne sont pas latines **da** (I.) marquant le point de départ, et **go** marquant le but du mouvement (*vers*).

Les prépositions entrent en composition comme préfixes (ainsi qu'en latin). Le préfixe **in-** a deux sens : *dans,* et la négation. De même, le préfixe **re-** a les deux sens déjà notés.

Les *conjonctions* sont empruntées au latin, y compris l'enclitique **que** (*et*), **enim** (qui suit toujours un mot), **nisi** et **ni, cum** avec tous ses sens, **quin** (*sans que*) : **el no poteva loquere quin fleva** = *il ne pouvait pas parler sans pleurer.* La seule qui ne soit pas latine est : **ke** (*que*). Encore l'auteur semble-t-il adopter la proposition infinitive : **mi credi, tu esere content** = *je crois que tu es content.*

Les interjections mêmes sont latines, à moins qu'elles ne soient grecques : **apage** (*loin d'ici*).

La syntaxe est sans doute la même que dans *Myrana.*

VOCABULAIRE.

La *formation des mots* est en général la même. Le suffixe **-o** désigne le masculin; **-a** le féminin, **-e** le neutre : **bovo,** *bœuf*; **bova,**

---

1. Verbes à sens actif ou neutre et à forme passive.

vache. -ō transforme un adjectif en un substantif abstrait : **bonō**, (*le*) *bien*; **novō**, (*du*) *nouveau*. Le suffixe -**ach** indique l'*épouse de*.

Les *mots composés* sont le plus souvent pris tout faits dans les langues naturelles : **agrikel** (L. *agricola*), *cultivateur*.

L'auteur donne un petit vocabulaire qui fournit des exemples de la formation des mots. Les racines sont presque toutes empruntées au latin. Exceptions : **bam**, *arbre* (E. *beam*), à côté de **arbor**; **jar**, *année*, à côté de **anno**. Les noms d'arbres ont la désinence masc. -**o**, et les noms de leurs fruits n'en diffèrent que par la désinence féminine -**a** : **fica**, *figue*; **fico**, *figuier* [1].

Les adjectifs ont assez souvent les terminaisons -**i**, -**al**, -**il**, -**in**, -**os**. On remarque un suffixe germanique : -**arti** (-*artig* D.), *de l'espèce de* —, *semblable à* —.

Les dérivations suivent l'exemple du latin, dans toutes ses irrégularités : **faber**, **fabrik**; **pater**, **patri** (*paternel*), **patria**; **nome** ou **nomen**, **nominare**: **canere** ou **cantare**, **cantor**; **scribere**, **scriptor** ou **scribo**; **pingere**, **pictor**; **tegere**, **tect** (*toit*); **respondere**, **respons**; **agere**, **act**; **errare**, **error**; **ridere**, **risu**; **vivere**, **vita**; **mentire**, **mendaz** (*mensonge*); **miscere**, **mixtur**; **torquere**, **tormento**; **solvere**, **soluz** (*paiement*). Certaines sont même plus irrégulières qu'en latin (à cause d'une déformation germanique) : **nebel**, **nebulos**; **insel**, **insulan**.

D'autres sont arbitraires : **studiu** (*étude*), **studio** (*étudiant*); **opercule** (*opuscule*); **salire** (*saler*, et non *salir* ou *sauter*); **navabl** (*navigable*) ne vient pas de **navare** (*s'occuper de*).

L'auteur s'est efforcé d'éviter les homonymies des radicaux latins; il y a parfois réussi : **mensa** (*table*), **mense** (*mois*), **mente** (*esprit*); **auro** (*or*), **aura** (*souffle*), **aure** (*oreille*); **furare** (*voler*), **furire** (*être en fureur*); **sedare** (*calmer*), **sedere** (*être assis*).

D'autres fois, il a été moins heureux : **manu** (*main*), **manu** (*le matin*, adv.); **post** (*poste*), **post** (*après*); **querere** (*chercher*) pourrait venir du verbe déponent *queror* (*se plaindre*). Aussi hésite-t-il quelquefois entre deux radicaux : **iter** et **itiner**, **sciere** et **sapere**, **computare** et **contare**.

Enfin il admet sans difficulté qu'une même idée puisse se traduire par plusieurs mots, et, ce qui est plus grave, qu'un même mot (une préposition par exemple) puisse avoir plusieurs sens.

---

1. C'est juste l'inverse de la règle adoptée par J. Lott et d'autres (à l'imitation du latin).

Il compte sur le contexte pour distinguer ceux-ci, comme dans toutes les langues naturelles.

CRITIQUE.

On voit par ces dernières remarques que l'auteur pousse à l'extrême la méthode *a posteriori* : il a un respect excessif pour les anomalies des langues naturelles, et n'ose pas imposer à leurs racines une régularité absolue, de peur de tomber dans l'artificiel et l'arbitraire du *Volapük*. Aussi ses dérivations n'offrent-elles aucune uniformité, et ne peuvent être apprises que par l'usage, comme en latin et dans les langues vivantes, ce qui rend la langue plus difficile et surcharge inutilement la mémoire. C'est le principal défaut du vocabulaire. Quant à la grammaire, elle est bien plus analytique et plus simple que celle du *Myrana*, surtout dans la conjugaison, entièrement inspirée du latin. L'auteur a heureusement renoncé aux préfixes arbitraires du *Volapük*, et exprimé toutes les flexions par des suffixes harmonieux et suggestifs. Pourtant, là encore, il flotte entre le synthétisme et l'analytisme : à côté ou au lieu de sa conjugaison systématique, il admet des auxiliaires. Peut-être aussi crée-t-il trop de formes : par exemple, le *participe absolu* est évidemment superflu. Il est vrai qu'il prévoit l'objection, et y répond en conseillant de négliger les formes qu'on trouvera inutiles. Quoi qu'il en soit, ce projet est entaché, comme le précédent, d'une indécision regrettable, quoique fort respectable : car elle provient de l'excès de conscience de l'auteur. Il faut reconnaître à son honneur qu'il a donné un rare exemple de modestie et de conscience en entreprenant lui-même la réforme et la refonte de son premier système ; et que, si le second n'est pas encore parfait, il marque un progrès notable sur le premier, et *a fortiori* sur le *Volapük*. Enfin, on doit lui savoir gré d'avoir appelé de ses vœux l'institution d'une *Académie de langue internationale* pour perfectionner, développer et fixer dans tous ses détails le projet qui aurait été choisi.

CHAPITRE XVII

Dr ROSA : *NOV LATIN* [1]

Le *Nov Latin* du Dr DANIELE ROSA procède de la même idée que la *Lingua* de HENDERSON, dont l'auteur s'est inspiré, et à laquelle il compare son projet. Le Dr ROSA écarte d'abord les deux solutions qui consistent à adopter une langue vivante ou une langue morte telle quelle, et opte pour la création d'une langue nouvelle. Mais, pour que cette langue nouvelle puisse être adoptée et universellement employée, il faut qu'on n'ait pour ainsi dire pas la peine de l'apprendre : « 1° Elle doit pouvoir être lue par tous les savants sans préparation, ou seulement après la lecture de quelques lignes d'explication préliminaire ; 2° elle doit pouvoir être écrite sans difficulté après la lecture de quelques pages d'explication, et sans avoir besoin d'un nouveau dictionnaire ». Tel est le programme que le *Nov Latin* se propose de remplir, et qu'il remplit effectivement. Comme l'indique son titre, c'est une langue artificielle qui a pour base le vocabulaire latin.

GRAMMAIRE.

L'alphabet est naturellement l'alphabet latin, sans l'*y* : *syntaxe* s'écrit *sintax*. La prononciation est la prononciation latine. On est tenté de demander : Quelle prononciation latine? car il

---

1. *Le Nov Latin, international scientific lingua super natural bases*, par le Dr DANIELE ROSA, directeur du Musée zoologique de Turin (aujourd'hui directeur de l'Institut zoologique de l'Université de Modène). Extrait du *Bollettino dei Musei di Zoologia ed Anatomia comparata della R. Università di Torino*, vol. V, n° 89, 15 octobre 1890 (Torino, Carlo Clausen). Cet opuscule (10 p. 8°) est entièrement rédigé (sauf une note préliminaire de 14 lignes) en *Nov Latin* même, ce qui prouve que cette langue est très facile à lire... quand on sait le latin.

y en a autant que de peuples qui parlent latin. L'auteur répon-
drait sans doute : « La prononciation italienne. » L'accent des
mots latins serait conservé (ce qui implique que chacun doit
savoir l'accentuation latine).

Il y a un *article défini* : **le** (sing.), **les** (plur.); et un *article indéfini* :
un (sing. seulement).

Les *substantifs* et les *adjectifs* ne se déclinent pas (ils sont
réduits à leurs radicaux). Les cas sont remplacés par des prépositions (**de, ad**, etc.).

Le *genre* est naturel, ou plutôt, il n'y a de genre féminin
que pour les personnes et les animaux du sexe féminin. Il
n'affecte que les substantifs et les adjectifs substantifiés.

Le *pluriel* est indiqué par la terminaison **-s** ou **-es** (suivant des
règles d'euphonie). Il n'affecte les adjectifs que lorsqu'ils ne
sont pas joints à un substantif.

Les *degrés de comparaison* seront indiqués, soit comme en latin,
soit par des particules (**plus, mult, vere**, etc.).

Les *nombres cardinaux* sont les latins abrégés et régularisés :
un, du, tre, quat, quinq, sex, sept, oct, nov, dec; **dec-un, dec-
du,...** **vigint**; **trigint**; **quadragint**;... **cent**;... **mill**...; **un million**...

Les *nombres ordinaux* se forment régulièrement en ajoutant au
nombre cardinal la terminaison **-esim** : **duesim, treesim**, etc.
Toutefois, on conserve : **prim, secund, terti**,...

On conserve de même les premiers *multiplicatifs* : **semel, bis,
ter**, et on forme les autres avec le substantif **vices** ou **tempors**
(*fois*) : **tres vices, quat tempors** [1].

On supprime les *distributifs* latins, pourtant si commodes (*bini,
terni...*)

Les *pronoms personnels* sont : **me, te, il** (masc.), **ila** (fém.); **nos,
vos, ils** (m.), **ilas** (f.), auxquels on ajoute **hom** (*on*). Le *pronom
réfléchi* est **se** (sing. et plur.). Ils sont tous indéclinables.

Les *adjectifs-pronoms possessifs* sont : **mei, tui, sui; nostr, vestr, lor**.

Les autres *pronoms* sont les pronoms latins réduits à leur
radical ou abrégés suivant les règles générales : **ist, il, id, alter,
qui, aliq, quicunq, quidam, omn, null, nihil; tal, qual, tant, quant;
ips, medesim** [2]. Ces pronoms prennent **-a** au féminin quand ils
ne sont pas joints à un substantif, et **-s** ou **-es** au pluriel.

---

1. Ce qui pourrait signifier aussi : « les Quatre-Temps ».
2. Italien, au lieu de *idem*, latin.

Les *verbes* ont l'*infinitif* terminé en **ar, er, ir** ;

l'*imparfait*.............. **aba, eba, iba** ;

le *participe présent*... **ant, ent, ient** ;

le *participe passé*..... **a, e, i**.

L'*indicatif* est semblable à l'infinitif.

Le *futur* se forme au moyen du préfixe **vol** ; le *conditionnel*, au moyen du préfixe **vell**. Il n'y a pas de *subjonctif*, ni d'*impératif*.

Les *temps passés* se forment au moyen de l'auxiliaire **haber** suivi du participe passé. Le verbe ne varie pas suivant la personne.

Exemple de conjugaison :

me amar	= *j'aime.*
me amaba	= *j'aimais.*
me haber ama	= *j'ai aimé.*
me habeba ama	= *j'avais aimé.*
me vol amar	= *j'aimerai.*
me vol haber ama	= *j'aurai aimé.*
me vell amar	= *j'aimerais.*
me vell haber ama	= *j'aurais aimé.*
amant	= *aimant.*
habent ama	= *ayant aimé.*

Le *passif* se forme en conjuguant le verbe **star** (*être*) et en lui ajoutant le participe passé **ama** (*aimé*).

Les *adverbes, prépositions, conjonctions* et *interjections* sont empruntés littéralement au latin. Seulement, au lieu des adverbes latins dérivés d'adjectifs ou de participes, on peut employer les adjectifs ou participes correspondants du *Nov Latin*. Quant aux prépositions [1], on restreindra leur signification au sens le plus usuel : **in** = *dans* ; **ob** = *à cause de*, etc.

Pour la *syntaxe*, l'auteur n'édicte aucune règle spéciale. Il permet de suivre la syntaxe de n'importe quelle langue romane ou germanique [2], pourvu qu'on observe les préceptes suivants :

1° Suivre l'ordre le plus logique ;

2° Éviter les idiotismes et les expressions métaphoriques qui ne sont pas universellement intelligibles ;

3° Supprimer tous les mots ou particules qui ne sont pas absolument nécessaires à la compréhension.

---

1. Et sans doute aussi aux conjonctions.
2. *Néo-latine* ou *anglo-saxonne*, selon ses expressions un peu équivoques.

Les règles d'accord ont été énoncées plus haut; les règles de régime sont passées sous silence. Elles seraient sans doute les mêmes qu'en latin, sauf les simplifications considérables produites par la suppression des cas et de certains modes (*subjonctif*).

La *composition* des mots se fait comme en allemand et en anglais. Ex. : **vapor-machina, dulc-aqua-pisces.**

Pour la *dérivation*, on ne donne pas d'autre indication que celle-ci : les verbes nouveaux auront la terminaison -ar, ce qui revient à dire que c'est elle qui servira à dériver les verbes. Ex. : **telegraphar, telephonar, microscopar.**

VOCABULAIRE.

Il est inutile d'établir un dictionnaire *nov latin* (on a vu que c'est une des conditions essentielles de cette langue). Il suffit d'énoncer les principes généraux suivant lesquels on composera le vocabulaire.

Celui-ci comprendra *premièrement* tous les mots latins, y compris les termes scientifiques, scolastiques, juridiques, etc., réduits à leurs radicaux conformément aux règles suivantes :

Pour les *substantifs* et les *adjectifs*, on prend le génitif singulier en supprimant la désinence *e, i, is, us*. Ex. : *tabula(e)*, *puer(i)*, *corpor(is)*, *fruct(us)*, *die(i)*.

Pour les *verbes*, on obtient l'infinitif en supprimant l'*e* final de l'infinitif latin des verbes réguliers actifs, d'où leur terminaison -ar, -er, -ir.

Pour les verbes déponents, on détermine leur infinitif comme s'ils avaient la forme active, c'est-à-dire en supprimant la désinence *-is* de la 2e personne du singulier de l'indicatif présent. Ex. : **hortar, pollicer, uter, morir** [1].

Pour les verbes irréguliers, on détermine leur infinitif d'après leur imparfait (en le supposant régulièrement formé). Ex. : **voler, voleba** (*velle, volebam*); **ferer, fereba** (*ferre, ferebam*). De même, les défectifs *odisse, meminisse* deviennent **oder, meminer**. Le verbe *esse*, trop irrégulier, est remplacé par le verbe *stare*.

---

1. Le verbe *videri* (qui se confondrait avec *videre*) est remplacé par *apparere*, qui devient **apparer.**

qui donne **star** [1]. Enfin le verbe *posse* devient **poter** (imparfait :
poteba) bien que son imparfait soit *poteram* [2].

A ces radicaux latins on adjoindra, à leur défaut [3] et à mesure
des besoins :

1° Des mots *non latins* dérivés du latin ou du grec. On les
ramènera à la forme qu'ils devraient avoir en latin, et on les
transformera suivant les règles précédentes.

2° Des mots *internationaux, latins ou non*, qui ont dans toutes les
langues la même orthographe. On les adoptera avec cette orthographe.

3° Des mots *internationaux* non dérivés du latin ou du grec, et
qui ont diverses formes dans les différentes langues. On les
transformera en les réduisant à la forme la plus simple (et probablement la plus conforme à la grammaire du *Nov Latin*).

On devra toujours choisir, dans ces trois catégories, les mots
les plus internationaux. Un mot est *international*, selon l'auteur,
quand il se trouve à la fois dans une langue romane et dans une
langue germanique au moins.

Voici, à titre d'échantillon du *Nov Latin*, le dernier paragraphe
de la brochure du D⁏ ROSA :

AD LES LECTORES.

Le nov latin non requirer pro le sui adoption aliq congress. Omnes
potei, cum les præcedent regulas, scriber statim ist lingua, etiam,
si ils voler, cum parv individual modificationes ; ils deber solum
anteponer ad le lor opuscul un parv præliminari explication sicut
il qui star in le prim pagina de ist nota. Sic facient ils vol valide
cooperar ad le universal adoption de ist international lingua, et
simul ils vol poter star legé ab un mult major numer de doctes
quam si ils haber scribé in quilibet alter vivent lingua.

CRITIQUE.

Il n'est pas besoin de critiquer longuement ce projet très sommaire, qui est plutôt une simple suggestion ou une esquisse

---

1. Analogue à l'espagnol *estar*.
2. Et non pas *potebam*, suivant un lapsus de l'auteur.
3. L'auteur dit même : « ou s'ils sont trop peu connus », ce qui laisse une
marge presque indéfinie.

théorique. Son principal défaut est de supposer chez l'adepte une certaine connaissance de la grammaire latine : et alors, dira-t-on, pourquoi ne pas employer le latin? L'auteur croit pouvoir se dispenser d'élaborer un vocabulaire, et employer simplement le dictionnaire latin. Mais en même temps il admet la nécessité d'adopter des mots internationaux, même non dérivés du latin. Qui choisira ces mots internationaux? Si c'est l'adepte, il faudra donc qu'il soit polyglotte; mais alors il n'aura plus besoin d'une L. I. Il faut donc que ce soit une autorité quelconque, qui promulgue un vocabulaire international. On aboutit ainsi forcément à cette double conclusion, que l'auteur n'a peut-être pas prévue : 1° La langue internationale ne peut se passer de dictionnaire; 2° Même quand on prend pour base du lexique le vocabulaire latin, on est obligé de lui adjoindre des mots internationaux. Dès lors, pourquoi ne pas prendre pour principe l'internationalité, sans s'inquiéter de la latinité?

CHAPITRE XVIII

JULIUS LOTT : *MUNDOLINGUE*[1]

M. Julius Lott, ancien officier d'artillerie, chef de gare à la *Nordbahn* de Wien, fut d'abord un adepte du *Volapük* et son propagateur en Autriche. Mais il était avant tout un partisan de l'idée d'une langue internationale, et il n'était partisan du *Volapük* que parce que celui-ci était la première réalisation *pratique* de cette idée. Or il s'aperçut bientôt que cette réalisation était loin d'être la plus parfaite, la plus simple et la plus naturelle, et il se mit à chercher la meilleure solution du problème, qu'il formulait en ces termes : « Trouver un moyen de communication facile et sûr entre tous les hommes instruits de la terre[2] ». Il était inutile de tenir compte (comme l'inventeur du *Volapük*) de tous les peuples de la terre ; il fallait penser avant tout aux peuples de civilisation européenne, et plus spécialement aux peuples de l'Europe occidentale. Or la source de la civilisation européenne est la civilisation romaine, et la base commune des langues civilisées (*Kultursprachen*) est le latin. C'est le vocabulaire

---

1. I. *Ist Volapük die beste und einfachste Lösung des Weltsprache-Problems?* 32 p. 8° (Wien, 1888) ; — II. *Eine Compromiss-Sprache als beste und einfachste Lösung des Weltsprache-Problems,* 32 p. 8° (Wien, 1889) ; — III. *Un lingua internazional : Grammatika et vokabular pro angleses, germanes, romanes, et pro kultivates de tut mond,* xlvi + 298 p. 16° (Viena, 1890) ; — IV. *Grammatik der Weltsprache « Mondolingue »* herausgegeben von der internationalen Weltsprache-Gesellschaft. Deutsche Ausgabe, 35 p. 8° (Leipzig, s. d.) ; — V. *Un lingue international pro le cultivat nations de tot mund : Grammatic, dialogs, letters et vocabular composit in anglian, frances, german, italian et universal lingue pro le practic application durant le exposition universal in Paris 1900,* xviii + 138 p. 16° (Vienna, 1899). — Voir aussi *Le Kosmopolit, Gazette pro 'l amikes de un lingue universal. Publikat de l'international societé del mondolingue* (Lipsia, 1892-93).

2. Sous-titre de II.

latin qui est le trait d'union entre ces langues, et leur élément
international. C'est donc lui qui doit fournir les matériaux de la
langue internationale. L'auteur n'est nullement un partisan systématique du latin (ou du néo-latin); s'il préfère les radicaux
latins, c'est parce qu'ils sont les plus internationaux, et par suite
les plus neutres. Ils sont connus de tout homme instruit de
n'importe quelle nation civilisée. Ils sont d'ailleurs beaucoup
plus nombreux qu'on ne croit, même en allemand [1]; l'auteur
évalue leur nombre à 10 000, et ce nombre va sans cesse en
augmentant (malgré la guerre que certains pays font aux mots
étrangers), parce que ces mots proviennent de néologismes
scientifiques et techniques, ou même de la culture gréco-latine
que reçoivent tous les hommes instruits. L'auteur adoptera donc
les mots latins communs aux langues modernes, et spécialement
à l'allemand, à l'anglais et au français, en les rapprochant autant
que possible de la forme qu'ils ont en italien, parce que c'est la
plus facile à prononcer et la plus harmonieuse [2]. Mais, son dessein étant plutôt pratique que théorique, il ne se soucie pas de
ressusciter les mots latins tombés en désuétude (*eques*, cavalier [3];
sinus, golfe) [4]. En revanche, il ne se fait pas scrupule de leur
adjoindre des mots *internationaux* qui n'appartiennent pas au
latin (*cap*, *opéra*) ou même qui n'en viennent pas (*télégraphe*, *vagon*).

Ce qui accroît le nombre des *racines* internationales, c'est le
fait que souvent, dans une famille de mots (substantif, adjectif,
verbe, ayant la même racine *logique*), l'un d'eux est beaucoup
plus international que les autres : ainsi les adjectifs *oval*, *nasal*,
labial, sont internationaux, beaucoup plus que les substantifs
correspondants : on adoptera donc les racines qu'ils contiennent :

> **ove**   pour *Ei*, *egg*, *œuf*;
>
> **nase** —   *Nase*, *nose*, *nez*;
>
> **labie** —   *Lippe*, *lip*, *lèvre*;

et les adjectifs précités fourniront le moyen de se les rappeler.
De même, un Allemand ou un Anglais peut ignorer que *hand* se

---

1. Non seulement les mots d'origine scientifique, mais beaucoup de mots
d'origine populaire et nationale ont des racines latines, comme : *Sack*,
Fest, *Fenster*, *Form*, *Fieber* (fièvre), *Nuss* (noix), *Körper*, *Wind* (vent), *Wein*
(vin), *wahr* (vrai), *neu* (nouveau); parfois avec une légère altération,
comme : *Pfahl* (pal), *Pflanze* (plante), *Pforte* (porte), *Harfe* (harpe), etc.
2. I, p. 10.
3. Pourtant il admet **equitation**.
4. IV, p. 3.

dit *manus* en latin; mais il connaît le mot *manuscript*, qui lui apprendra à la fois la racine *manu* et la racine *scrib* (identique d'ailleurs à celle de *schreiben*). Et ainsi de suite.

Pour M. Lott, la question du vocabulaire prime toutes les autres : ce n'est qu'une fois le vocabulaire constitué qu'on pourra fixer l'alphabet, la prononciation, la grammaire et la syntaxe ; car tout doit être subordonné au but essentiel, qui est d'obtenir le maximum d'internationalité, non seulement pour les radicaux, mais encore pour les flexions grammaticales et les affixes de dérivation. En outre, on devra rechercher l'uniformité *graphique* plutôt que l'uniformité *phonétique* : d'abord, parce que l'orthographe des mots est plus internationale que leur prononciation [1]; ensuite, parce que la langue internationale est naturellement destinée à être beaucoup plus écrite que parlée. En un mot, le principe de l'auteur est celui-ci : « Utiliser tout ce qui est généralement connu ».

M. Lott ne prétend pas du reste construire à lui seul et de son autorité privée la langue internationale ; il aime à répéter qu'elle ne doit pas être *inventée*, qu'elle existe, et qu'il n'y a qu'à la dégager et à la régulariser. Il invite tous les savants de bonne volonté à collaborer à cette œuvre, et a fondé pour cela la *Société internationale pour la langue universelle*. Il se borne à proposer telles ou telles règles ; il laisse souvent le choix entre plusieurs alternatives ; bref, il présente son système comme un *essai* et comme *provisoire*. Aussi celui-ci a-t-il changé avec le temps sur certains points. Nous allons exposer le projet de 1899 (d'après V), c'est-à-dire le dernier, celui que l'auteur considère probablement comme le meilleur, sinon comme définitif.

GRAMMAIRE.

L'*alphabet* est naturellement l'alphabet latin (sans *y*). La prononciation est la prononciation du latin, telle que la pratiquent les Allemands : l'*u* se prononce *ou*; le *v* est doux; le *g* toujours dur; le *j* a le son allemand (comme notre *y* dans *yeux*); le *z* a le

---

1. « L'orthographe des mots internationaux est à peu près la même dans toutes les langues cultivées », tandis que « la prononciation varie suivant les nations; il s'ensuit qu'il faut conserver l'orthographe et simplifier la prononciation le plus possible. » (III, p. XXI.)

son français. L'h est toujours douce ; l'e peut être muet, ou plutôt atone, à la fin des mots. Reste la lettre c : on pourrait la remplacer par k pour rendre la prononciation uniforme ; mais l'auteur préfère conserver l'orthographe internationale et donner à c deux sons distincts : le son *k* devant a, o, u ; et un son chuintant ou sibilant (*tch* ou *ts*) devant e et i. Le t devant i suivi d'une voyelle prend le son *ts* : **nation** se prononcera comme en allemand (cf. *nazione* I., *nacion* S.). Enfin **ch** se prononcera comme *k*, et **sh** comme le *ch* français (*sh* E., *sch* D.) [1].

Pour la même raison, l'auteur croit devoir conserver les lettres doubles, au moins provisoirement. Il n'admet pas de diphtongues : **ai, au** se prononcent *a-i, a ou*. L'auteur conserve l'*accent latin* à sa place. Par suite, l'*accent* serait sur la dernière syllabe du radical (abstraction faite de certaines désinences atones, comme -er), ou sur la voyelle qui précède la dernière consonne du mot. Ex. : **cristál, amár, páter, litter, lingue.**

L'*article défini* est **le**, invariable en genre et en nombre [2]. L'*article indéfini* est **un**, au singulier seulement, pour tous les genres.

Le *substantif* se termine en général par une consonne ; on lui ajoute alors la désinence -o pour marquer le masculin, -a pour le féminin, et -e pour le neutre. Ex. : **kaval**, *cheval* ; **kavalo**, *étalon* ; **kavala**, *jument*. **Hom**, *homme* (L. *homo*) ; **homó**, *homme* (L. *vir*) ; **homa**, *femme*.

Mais l'auteur ne voit pas d'inconvénient à ce que des substantifs qui n'ont pas de genre naturel se terminent en -o ou en -a (il préfère cependant la désinence neutre -e) ; ni à ce que des substantifs qui ont un genre se terminent par une consonne ou par -e : **pater, mater**, ou **patre, matre.**

Il admet une autre désinence féminine -**ess** pour certains noms de personnes : **duc**, *duc* ; **duchess**, *duchesse*.

Il emploie la désinence féminine -**a** pour dériver le nom d'un arbre du nom de son fruit : **fig**, *figue* ; **figa**, *figuier*.

Le pluriel se forme en ajoutant -**s**, ou -**es** quand l'euphonie l'exige : **patres, duchesses.**

La *déclinaison* est remplacée par les prépositions de (génitif) et a (datif). Les prépositions se combinent avec l'article singulier

---

1. Dans *Suplent folie*, l'auteur propose d'adopter une lettre simple, par ex. **š**, pour représenter le son simple **ch** (comme en *Esperanto*).
2. L'auteur avait d'abord admis 3 formes pour l'article : **le, la, les** (III, p. xxiii et xxxv).

et forment les particules **del, al**. En somme, tout se passe comme
si l'article se déclinait. L'accusatif est semblable au nominatif
(ils se distingueront par leur place relative).

L'*adjectif* se termine par une consonne ou par -i. Il se met
entre l'article et le substantif (avant celui-ci) et est invariable
comme épithète. Il ne prend le pluriel (-**s** ou -**es**) que lorsqu'il
est isolé, ou quand il se rapporte à *plusieurs* substantifs et qu'il y
aurait lieu à équivoque : ainsi l'on dira : **le matur pomes**, mais :
le matures pomes et pires.

Les *degrés de comparaison* s'expriment analytiquement, comme
en français : le comparatif par **plu(s)** ; le superlatif relatif par **le
plu(s)** ; le superlatif absolu par **tre**, ou bien (synthétiquement)
par la terminaison -**issimi**. Ex. : **un tre alt arbor ; carissimi
amiko**[1].

Les *noms de nombr* cardinaux sont : **un, du, tri, quar, quin,
sex, sept, oct, nove, dece ; deceun, decedu,**...; **vige,** 20 ; **trige,** 30 ;
quadrage, 40 ;... **nonàge,** 90 ; **cente,** 100 ; **ducente,** 200 ;... **mille**....;
million[2].

Les *adjectifs numéraux ordinaux* sont : **primo (-a), secund, tercie,
quart, quint, sext, septim, octave, non, decime ; deceprime,** 11e ;
vigesime, 20e ; **trigesime,** 30e ;... **centesime,** 100e ; **millesime.** 1000e.
Comme on le voit, ils se forment régulièrement, à partir de 20,
en ajoutant -**sime** au nombre cardinal : et c'est sans doute la
forme des nombres ordinaux latins qui a déterminé la forme
adoptée pour les nombres cardinaux[3].

Les *adverbes numéraux ordinaux* dérivent des adjectifs ordinaux
au moyen de la désinence (adverbiale) -**u** : **primu, secundu,
terciu**, etc.

Les *adjectifs multiplicatifs* sont : **simpl, dupl, tripl, quadrupl,**...
nonupl, decupl ; les suivants dérivent des nombres cardinaux par
la substitution du suffixe -**upl** à l'**e** final.

Les *adjectifs partitifs* sont : **dimidie** ou **dimi**, *moitié* ; puis : **tercie,
quart, quint,**... c'est-à-dire les adjectifs ordinaux.

Les *adverbes itératifs* (nombres de fois) sont : **unien, biien, trien,**

1. Le *que* qui suit le comparatif se traduit par **qua**.
2. Le système de numération exposé dans IV était plus régulier : **dudece,**
20 ; **tridece,** 30 ; **quardece,** 40, etc. Dans III, on trouve : **duente, triente,
quarante,** etc., et dans II : **duges, triges, quarges,** etc.
3. Les nombres ordinaux étaient dans IV : **dudecimo, tridecimo,** etc. ;
dans III : **duentesimo, trientesimo,** etc.; et dans II : **dugesto, trigesto,** etc.

quadrien, quinquien,... novien, decien,... vigien, trigien,... centien,...
millien [1].

Les *nombres distributifs* s'indiquent par la préposition a, répétée
ou non avec le nombre : **a du a du**, *deux à deux*; **a tri**, *par trois*.

Les *pronoms personnels* sont, au nominatif :

	1re p.	2e p.	3e p. m.	3e p. f.	3e p. n.
Sing.	mi	tu	elo	ela	ele
Plur.	noi	voi	elos	elas	eles

et à l'accusatif :

Sing.	me	te	lo	la	le
Plur.	nos	vos	los	las	les

L'accusatif sert à former les autres cas obliques, avec diverses
prépositions. A ces pronoms il faut ajouter le pronom de politesse **vo** (sing.), **vos** (plur.); le pronom impersonnel **el**, et le
pronom indéfini **on** = *on*.

Les *adjectifs-pronoms possessifs* correspondants sont :

mei   tei   sei } pour les 3 genres.
nostri   vostri   lostri }

Les *pronoms démonstratifs* sont : **ist**, *celui-ci*, et **il**, *celui-là*. Ils
prennent les désinences **-o**, **-a** suivant le genre.

Les *pronoms relatifs-interrogatifs* sont **qui** (m., f.), **que** (n.); **quelo**,
quel; **qual**, *quelle espèce de*...

Il y a une corrélation de forme entre les particules relatives-
interrogatives et leurs antécédents ; ex. :

tal...   qual...,   *tel...*   *que...;*   *quel?*
tant...   quant...,   *autant... que...;*   *combien?*
ta...   quia...,   *ainsi... que...;*   *comment?*
to...   quo...,   *là...   où...;*   *où?*
tand...   quand,...   *alors... que...;*   *quand?*

Les particules interrogatives en engendrent d'autres dont le
sens est déterminé uniformément par des préfixes réguliers.
Exemple :

Sens : particulier,   universel,   indéterminé,   négatif.
alquo   **toquo**   **aiquo**   **nequo**
quelque part   *partout*   *n'importe où*   *nulle part*
alquand   **toquand**   **aiquand**   **nequand**
une fois   *toujours*   *n'importe quand* *jamais*

---

1. Ils étaient, dans II et III : **uněm, duem**...; et dans IV : **unioa,
duioa**... (V. *fois*).

et ainsi de suite [1]. On forme de même les pronoms indéfinis : **alqui**, *quelqu'un* ; **alque**, *quelque chose* ; **aiqui**, *n'importe qui* ; **alun**, *quelque* : **neun**, *aucun*, etc.

D'autres *pronoms indéfinis* n'ont aucune forme systématique et sont simplement empruntés au latin : **uno**, *un* ; **altro**, *autre* ; **omno**, *chaque* (pl. *tous*) ; **nemo**, *personne* ; **nihil**, *rien* ; **ips**, **id**, *même* ; **le ipso**, **le ido**, *le même* [2].

Les verbes se terminent tous à l'infinitif par -**r** (-**ar**, -**er**, -**ir**) ; ils sont invariables en personne et en nombre, et se conjuguent sur le paradigme suivant :

Infinitif :	**amar** = *aimer.*
Indicatif présent :	(**mi**) **ama** = *j'aime.*
— imparf. :	(**mi**) **amave** = *j'aimais.*
— parfait :	(**mi**) **ha amat** = *j'ai aimé.*
— p.-que-p. :	(**mi**) **have amat** = *j'avais aimé.*
— futur :	(**mi**) **amaré** = *j'aimerai.*
— futur ant. :	(**mi**) **haré amat** = *j'aurai aimé.*
Conditionnel présent :	(**mi**) **amaréi** = *j'aimerais.*
— passé :	(**mi**) **haréi amat** = *j'aurais aimé.*
Impératif :	**ama tu** (**vo**, etc.) = *aime, aimez.*
Participe présent :	**amant** = *aimant.*
— passif :	**amat** = *aimé.*

Le *passif* se forme au moyen de l'auxiliaire **esser** (*être*) et du participe passif.

La formation des participes diffère un peu dans les verbes dont l'infinitif est en -**er** ou -**ir**. Les verbes en -**er** ont leurs participes en -**ent** et -**it** ; les verbes en -**ir**, en -**ient** et -**it**. Ex. : **vender, vendent, vendit ; audir, audient, audit.**

« Le supin » (latin) « est employé comme participe passé et est marqué dans le dictionnaire ; ex. : **scriber, script** » [3].

Les deux verbes auxiliaires **esser** et **har** (*avoir*) se conjuguent régulièrement. Ex. : **mi ha essit amat** = *j'ai été aimé* [4].

La *négation* est toujours **ne** ; elle porte sur le mot qui suit immédiatement. Ex. : **mi ne puni tu**, *je ne te punis pas* ; **ne mi**

---

1. Cf. le tableau des particules de l'*Esperanto* (p. 309).
2. Il est fâcheux de confondre ainsi les sens bien distincts des pronoms latins *ipse* et *idem*.
3. V, p. 24.
4. Telle est la conjugaison adoptée dans V. Mais l'auteur a beaucoup varié sur ce point, et a donné successivement dans II, III et IV divers paradigmes, plus compliqués, qu'il nous semble inutile de reproduire ici.

puni tu, *ce n'est pas moi qui te punis*; **mi puni ne tu**, *ce n'est pas toi que je punis*. L'affirmation s'exprime par **jes** (E.).

L'*interrogation* s'exprime en mettant le sujet après le verbe, à moins que la proposition ne contienne un mot interrogatif, qu'on place alors le premier. Ex. : **que di vo?** *que dites-vous?* **Ha vo audit?** *avez-vous entendu?* **Esse le supéparat?** *Le souper est-il prêt?*

Les particules primitives sont empruntées au latin, à l'italien ou au français : **hestern,** *hier*; **doman,** *demain*; **eti,** *aussi*; **ergo,** *donc*; **ma,** *mais*: **ancor,** *encore*; quelques-unes à l'allemand : **do,** *pourtant* (*doch*).

Les particules dérivées d'autres mots ont toutes la terminaison -**u** : **seru,** *le soir*; **noctu,** *de nuit*; **vanu,** *en vain*; **memoriu,** *de mémoire*; **domu,** *à la maison*; **kavalu,** *à cheval*; **casu,** *en cas que*; **exceptu,** *excepté* (*que*).

Les adverbes dérivés d'adjectifs (étant de véritables qualificatifs du verbe) conservent la forme de l'adjectif correspondant (comme en allemand). Toute équivoque est évitée en unissant par **et** les adjectifs qui se suivent immédiatement (dans le cas contraire, le premier adjectif est un adverbe modificatif du second).

Nous connaissons déjà des adverbes interrogatifs et leurs corrélatifs. En voici d'autres : **quar,** *pourquoi*; **tar,** *pour cela*; **quopro, topro,** mêmes sens. Parmi les autres adverbes, citons : **trop**; **sat,** *assez*; **is,** *ici*; **hodi,** *aujourd'hui*; **nu,** *maintenant*; **olim,** *autrefois*; **semper,** *toujours*; **sæp,** *souvent*; **ja,** *déjà*; **ancor, tard,** etc.

Parmi les *prépositions*, il faut remarquer **de,** qui indique le lieu d'où l'on vient, l'origine, la matière, la dépendance, et le régime du verbe passif; et **a,** qui indique le lieu où l'on va, la direction, le but, la destination. Ces deux prépositions se combinent avec les adverbes et prépositions de lieu et de temps pour leur communiquer ces deux sens : **de quo,** *d'où* (viens-tu?); **a quo,** *où* (vas-tu?); **de ici, a ici; de la, a la; de su** (*de dessus*), **a su,** etc. **De quand,** *depuis quand*; **a quand,** *jusqu'à quand*, etc.

La préposition **in** indique le lieu où l'on est; **per,** le moyen ou l'intermédiaire; **pro** signifie *à la place de* ou *dans l'intérêt de*; **ob,** *à cause de*; **ad,** *auprès de*, devant un nom, *pour*, devant un verbe : **on mangie ad vivere, et on ne vive ad mangiare** (IV, 21). Autres prépositions : **con,** *avec*; **sin,** *sans*; **ex, extra; inter, intra; circum, circa; ante; pos** (*après*); **su** (*sur*), **sub** (*sous*); **tra, trans, cis, prox, ultra, contra; vers.** Ces prépositions entrent dans la composition de certains verbes comme préfixes (comme en latin).

Les principales *conjonctions* sont :

et, o (*ou*), qe, si, ma, do (*pourtant*), ergo (*donc*), quia (*parce que*), etsi (*quoique*), ut (*pour que*), ante qe (*avant que*), dum (*pendant que*), usqe (*jusqu'à ce que*), ni... ni...; je... te, *plus... plus*; ne solu,... ma anke (*non seulement,... mais encòre*) [1].

Quant aux *interjections*, elles appartiennent à la langue naturelle (maternelle). On ne peut traduire que celles qui dérivent d'autres mots, comme : adio, *adieu*; perdio, *pardieu*; deo gratie, *grâce à Dieu*; sucurs, *au secours*; halt, silence, etc.

Nous avons déjà vu la plupart des règles de la *syntaxe*, très simple d'ailleurs. Le sujet du verbe se place avant lui (sauf dans les propositions impératives et interrogatives); et le régime direct se place après le verbe (excepté quand il est un pronom relatif) [2]. Les prépositions régissent toujours l'accusatif [3], la distinction des cas *avec* et *sans mouvement* étant faite par des prépositions diverses; et les conjonc:ions ne régissent aucun mode, car elles remplacent les modes : on a vu en effet qu'il n'y a pas de subjonctif [4].

VOCABULAIRE.

C'est le vocabulaire qui est, pour l'auteur, le fondement essentiel de la Langue internationale, et qui constitue la plus grande partie de son œuvre. Presque tous les mots-racines sont empruntés au latin; quelques-uns aux langues romanes (F., I.); quelques-uns même aux langues germaniques. Ex. : fish, *poisson*; fink, *pinson*; korb, *panier*; ox, *bœuf*; zol, *douane*.

L'auteur hésite, en transcrivant les mots latins et autres, à supprimer les lettres doubles. Et en effet, on ne distinguerait plus kan (*chien*) de kann (*canne, tuyau*); bal (*bal*) de ball (*balle*), etc.

1. Dans V, on trouve en outre : ta... qua... *de même que*; pos qua, *après que*; secun qe, *selon que*; ne obstant qe; supposit qe; si do, *pourvu que* (germanisme : *wenn doch*).
2. Cependant, M. J. Lorr écrit : « le difikulté de soluzion de il problem ne forma le gramatik ma le vokabular » (*Suplent folie*, p. 8). Il est clair que le sujet est gramatik et vokabular, alors que leur place en fait des régimes. Cet exemple prouve l'utilité de l'accusatif.
3. V, p. 27. Dans III, p. xxiv, elles régissaient toujours le nominatif.
4. Conformément aux idées de LIPTAY, à qui l'auteur se réfère (IV, p. 20).

Bien qu'il prescrive de transcrire le plus exactement possible les mots internationaux, il n'a pu s'empêcher de fixer quelques règles générales pour la formation des mots dérivés, c'est-à-dire de régulariser les affixes déjà internationaux. Nous avons déjà vu qu'il forme les féminins et les noms d'arbres avec le suffixe -a, et certains autres féminins avec le suffixe -ess.

Pour les noms de ceux qui exercent une profession, il adopte le suffixe -er (D.), -ero, -era [1]. Si l'on y ajoute le suffixe -ie, on obtient le nom de la profession ou du lieu où elle s'exerce. Ex. : **tanner**, *tanneur*; **tannerie**, *tannerie*.

Le suffixe -ier sert à indiquer le lieu ou le récipient où on loge un objet : **salier**, *salière*; **candelier**, *chandelier*.

La terminaison -ia est caractéristique des noms de pays : **Germania, Italia**; et aussi de certains noms de sciences : **geometria, geografia**.

Le suffixe diminutif est -et ou -ette, pour les adjectifs comme pour les substantifs : **operet**; **nerette** (*noirâtre*).

Le suffixe augmentatif est -on : **bal, balon**; **can** (*tuyau*), **canon** (*canon*).

Les substantifs dérivés d'adjectifs, qui indiquent la qualité correspondante, se forment au moyen de la terminaison -ita : **sanct, sanctita**; quand l'adjectif (ou participe) se termine en -ent, le substantif se termine en -ence : **sapient, sapience**.

Les adjectifs dérivés de substantifs ont les terminaisons -al, -ar, -os, -ik. Ex. : **mortal, natural**; **familiar, regular**; **poros, nervos**; **akademik, gigantik**.

Enfin les substantifs et adjectifs dérivés de verbes se forment les uns au moyen du participe passé, et des suffixes -or (pour l'agent), -iv (pour la qualité active), -ion (pour l'action); les autres en ajoutant le suffixe -bil (possibilité passive) au radical verbal. Ainsi **formar**, part. **format**, donne : **formator, formation, formativ, formabil**; **vendere, vendit**, donne : **venditor, vendition, vendibil**; **audire, audit**, donne : **auditor, audition, audibil** [2].

L'auteur adopte aussi un certain nombre de préfixes latins devenus internationaux par les mots qu'ils composent : **ab-, ad-,**

---

1. Il conserve néanmoins le suffixe international -ist, là où il existe ; **artist, dentist, lampist**.

2. Lorsque le participe passé est remplacé par le supin latin (irrégulier), c'est de celui-ci que se forment les dérivés. Ex. : **scriptor, scription**. Le suffixe -bil, suivi du suffixe de qualité -ita, sert à former les substantifs

de-, dis-, ex-, in-, ko- ou kon-, mis-, pre-, re-. Il remarque le double sens de certains d'entre eux (in- signifie tantôt *dans*, et tantôt la négation ; re- signifie tantôt la répétition, tantôt la régression ou l'action contraire [1]), sans chercher à remédier aux équivoques qui peuvent en résulter.

Ajoutons qu'il emploie le préfixe bel- (français) pour désigner la parenté par alliance : belpater, belfrater, etc.

L'auteur ne donne pas de règles de composition ; il paraît d'ailleurs éviter les mots composés, et leur préférer les périphrases à la manière française (ex. : buro de post, mastro de capelle). On trouve pourtant ferrovie et vaporinavig (à côté de navig de vapor) [2].

Voici, à titre d'échantillon, la traduction du *Pater* que M. Julius LOTT a bien voulu nous communiquer :

Patre nostri, resident in cele, tei nomine e sanctificat. Tei regne vole venir a nostri. Tei voluntate e exequer ne solv, in cele ma eti in terre. Da tu a nos hodie nostri quotidian pane, et pardona a nos nostri debiti, qua eti noi pardona al nostri debitores. Ne induce tu nos in tentatione, ma libera nos de omne male.

Voici un autre spécimen de *Mundolingue* [3] :

Amabil amico,

Con grand satisfaction mi ha lect tei letter de le mundolingue. Le possibilità de un universal lingue pro le civilisat nations ne esse dubitabil, nam noi ha tot elements pro un tal lingue in nostri lingues, sciences, etc. Noi trova in le cultur-lingues plus qua 7000 general intelligibil expressions, quel con lostri derivations representa un respectabil vocabular, sufficient pro le reciproc communicat. n. Le simpl, latin pronunciation et accentuation facilita le parlar et l'intelliger, et le simpl et regular grammatic fa le mundolingue ad facilissimi lingue del mund. Mi propagaré le universal lingue et conquireré partisans pro ist. Adio !

de possibilité (ex. : possibilita). Nous remarquons que l'auteur emploie le mot recommandabil (V, p. 74) dans le sens : *qu'on doit* (et non : *qu'on peut*) *recommander* (traductions : D. *empfehlenswürdig* ; E. *to be recommended* ; F. *à recommander*). De même admirabil, honorabil, respectabil, etc.

1. Sens marqués respectivement en allemand par *wieder* et *zurück*.
2. V, p. 61, 138.
3. V, p. 76-77.

CRITIQUE.

Comme on le voit par ces spécimens, le *Mundolingue* est une sorte de néo-latin analogue à celui que le Dr Daniele ROSA concevait à la même époque. Il n'en diffère que par le principe : M. ROSA part du vocabulaire latin, et l'enrichit de mots internationaux ; M. LOTT cherche d'abord les mots internationaux, et aboutit à n'admettre presque que des mots d'origine latine. Le résultat est pratiquement le même, mais il est intéressant de constater qu'un auteur (de langue germanique) est amené, par le *principe de l'internationalité*, à constituer un vocabulaire presque exclusivement néo-latin.

Sa grammaire aussi a un caractère néo-latin très marqué ; elle est visiblement inspirée de la grammaire des langues romanes, et surtout de l'italien. Elle n'a qu'un défaut, c'est de les imiter trop servilement et de trop près, ce qui nuit à sa simplicité et à sa régularité. Par exemple, les nombres ordinaux ne dérivent pas régulièrement des nombres cardinaux, ni les pronoms possessifs des pronoms personnels. Par suite, ou bien on suppose que l'adepte connaît déjà le latin ou une langue romane (supposition illégitime et partiale), ou bien on charge sa mémoire des formes irrégulières et compliquées d'une langue naturelle. La conjugaison est trop française, elle n'est ni assez simple ni assez logique. Le mode impératif ne se distingue pas de l'indicatif, ce qui est équivoque, comme on le voit par la traduction du *Pater*. L'emploi de deux auxiliaires est inutile ; celui du participe passif pour les temps secondaires de l'actif est irrationnel ; non seulement la formation des participes n'est pas absolument uniforme, mais l'admission des formes irrégulières du supin latin constitue une grosse complication pour bon nombre de verbes très usuels (seder, session; fluer, fluxion; mover, motion; vider, vision; funder, fusion; scriber, scriptor; leger, lektor, etc.) Ces anomalies, familières à ceux qui savent une langue romane, augmentent la difficulté de la langue pour les autres peuples, ce qui est contraire à la neutralité de la L. I. [1].

---

1. Il y a un point en revanche où la grammaire adopte un idiotisme germanique fâcheux : c'est lorsqu'elle admet des adverbes identiques de forme à des adjectifs. On en voit l'inconvénient dans la lettre que nous avons

Comme la grammaire, le vocabulaire est trop *a posteriori*, c'est-à-dire trop calqué sur le vocabulaire latin et néo-latin. Et d'abord, la prononciation des lettres n'est pas uniforme, ce qui est un grave défaut. Non seulement on admet des digraphes comme **ch** et **sh**, mais on attribue des sons différents à **c** et à **t** suivant les lettres qui les suivent. Sans doute, ces irrégularités sont peu de chose, comparées à celles des langues dont l'orthographe est la plus phonétique (l'italien et l'espagnol); mais on peut trouver qu'elles sont encore de trop, dans une langue artificielle qui n'a pas à imiter les langues romanes plutôt que telle autre. Ajoutons que l'emploi de l'e muet ou « atone » à la fin de beaucoup de mots est trompeur et malencontreux; car chaque peuple serait fatalement amené à le prononcer différemment, suivant ses habitudes; il vaut bien mieux employer pour finales des voyelles sonores (o, a) que tous soient obligés de prononcer de même.

L'auteur a sans doute raison de conserver l'orthographe internationale, et de lui conformer la prononciation. Mais il va trop loin quand il respecte les consonnes doubles, qui ne sont même pas toujours internationales [1], et que l'on tend à proscrire dans certains pays, pour simplifier l'orthographe. C'est bien le moins qu'on introduise une telle simplification dans la L. I., où elle ne risque pas de choquer l'usage et la tradition.

Mais le défaut le plus grave du vocabulaire est l'irrégularité de la dérivation. D'une part, il y a plusieurs suffixes pour exprimer une même relation : -a et -ess pour le féminin [2]; -ero, -ator et -ist pour l'acteur ou le professionnel (**dansero** = **dansator**; **piscero** = **piscator**; **fifero** = *celui qui joue du fifre* à côté de **harpist**); pour les diminutifs, à côté de -et on trouve -ul (**korbul** = *corbillon*) et -icul (**vermicul** = *vermisseau*) [3]. Pour les habitants

citée; les mots : « **general intelligibil expressions** » signifient « expressions généralement intelligibles » et non, comme il semble, « expressions générales intelligibles ». Dira-t-on que, dans ce dernier cas, on aurait joint les deux adjectifs par un *et*, comme dans « **le simple et regular grammatic** »? Mais cela n'est pas toujours possible, notamment lorsque les deux épithètes ne sont pas coordonnées, mais superposées, comme dans : « **le simpl, latin pronunciation** ». Cette dernière phrase ne diffère de la première que par une virgule; cette distinction est bien insuffisante.

1. Exemples : *address* (E.), *adresse* (D., F.); *vasall* (D.), *vassal* (E., F.), *vasallo* (I., S.).

2. On trouve même accidentellement le suffixe -in : **reg(o)** = *roi*, **regina** = *reine*.

3. Sans parler d'**arbust**, diminutif d'**arbor**.

d'un pays, on trouve **Europeano** avec **Asiatico, Austriano** avec **Anglese, Belgiano** avec **Chinese**, etc. Pour les verbes qui signi-fient *faire* ou *rendre* tel, on trouve **clarificar, tumefar, terrifar, habilitar, cicatrisar, carbonescar** (*carboniser*), **sanar** (*guérir*), **siccar** (*sécher*), et **abellar** = **bellificar** (*embellir*). C'est le désordre complet. D'autre part, un même suffixe a des sens divers, de sorte qu'on ne peut pas déduire sûrement le sens du dérivé du sens du radical. Par exemple, le suffixe -**in**, déjà employé pour le féminin, a ailleurs le sens de *collectivité* (**vermin**; **gradin** = *escalier*), et ailleurs encore sert à former des adjectifs (**canin**). Le suffixe -**ar**, qui sert à former des verbes dérivés (comme on vient de le voir), sert aussi à former de nombreux adjectifs comme **agrar, familiar, popular, culinar**. Le mot **vectur** (*voiture*) n'a pas le même rapport à l'idée de **veher** (*aller en voiture*) que les mots **lectur** et **scriptur** à l'idée de *lire* ou d'*écrire*. Une **gambad** ne dérive pas de **gamb** (*jambe*) comme la **limonad** dérive du **limon** (*citron*). Si le **foliage** (*feuillage*) est un ensemble de *feuilles* (**folie**), le **village** n'est pas un ensemble de **villas**, et surtout le **corage** (*courage*) n'est pas un ensemble de *cœurs* (**cor**). Si **hotelero, caffetero** désignent le *patron* d'un hôtel ou d'un café, **prisonero** ne désigne pas le chef de la prison, mais le *pri-sonnier*, et **murero** désigne le *maçon*, et non le propriétaire du mur (germanisme : *Maurer*). Enfin il y a des dérivations irrégu-lières [1] : **timor** = *crainte*, **timer** = *craindre* ; **dolor** = *douleur*, **doler** = *souffrir* ; **calor** = *chaleur*, **calid** = *chaud* ; de même **frigor, frigid** ; **tumor, tumid**. Comment expliquer des dérivés comme **mal-or** (*malheur*) et **grand-or** (*grandeur*), à côté de **son-or** (*sonore*, adj.)? Comment justifier l'adjectif **nas-al** à côté des adjectifs analogues **ocul-ar, auricul-ar**? Pourquoi **tonor** engendre-t-il le verbe **tonar**, alors que **pluvie** fait **pluviar** et **nive, nivar**? Si **capellano** dérive de **capelle**, comment **sacristano** dérive-t-il de **sacristie, domestico** de **dom**, et **ecclesiastico** de **ecclesie**? Enfin, pourquoi **virgina** a-t-il pour adjectif **virginal** ; **puer, pueril** ; **pater, paternal** (de même : **maternal, fraternal**) ; **cor, cordial** ; **fem, feminin** ; et **homo**... **viril**? Quels suf-fixes extraordinaires ont formé les adjectifs **cel-est** et **mar-itim**? Ce sont là des anomalies et des illogismes que l'adepte ne pour-rait ni inventer ni deviner, et qu'il serait obligé d'apprendre par

---

1. Sans parler des dérivations comme **patient, patience** ; **sapient, sapience**, etc., qui sont en quelque sorte régulières dans leur irrégularité.

cœur, comme autant d'exceptions. Par exemple, pourquoi
gigantic à côté de **monstros**? Pourquoi pas, dira un Français,
gigantesc et **monstruos** [1]? Pourquoi **aurifico** (*orfèvre*) à côté de
juvelero (*joaillier*), s'il est vrai qu'on fabrique (sens du suffixe
latin **fic**) des joyaux, mais non pas de l'or? Pourquoi **musico**
(*musicien*) ne dérive-t-il pas de **music** comme **organist** d'**organ**
(*orgue*)? On pourrait multiplier ces questions; la réponse serait
toujours la même : Parce que c'est ainsi en latin ou dans
telle langue romane. Mais alors, dira-t-on, ce n'est pas la peine
de fabriquer une langue artificielle pour y reproduire toutes les
irrégularités des langues vivantes, et pour la rendre aussi difficile et aussi longue à apprendre qu'elles. Pour montrer à quel
point M. LOTT se soucie peu de simplifier son vocabulaire par la
formation régulière des mots, il suffit de citer la série de mots
suivants empruntée docilement au latin : **tauro, bove, vacca, vitul.**
Autant vaut, dans ce cas, apprendre tout de suite le latin [2]!

1. **Voluminos** dérive bien de **volum**!
2. Bien entendu, nous n'ignorons nullement les raisons philologiques et
historiques qui expliquent et justifient ces formations irrégulières; mais
nous n'avons pas à en tenir compte pour apprécier une langue artificielle,
qui est par là même affranchie de toute tradition, et qui doit viser avant
tout à la facilité de pratique et d'acquisition. Ajoutons que, dans notre
pensée, les mêmes critiques s'appliquent au latin et aux langues romanes,
considérées comme L. I. possibles (voir le Chapitre final *Les langues mortes*).

CHAPITRE XIX

Dr LIPTAY : *LANGUE CATHOLIQUE*[1]

« La seule originalité de ce projet est l'exclusion de toute originalité », telle est l'épigraphe du livre du Dr LIPTAY; pour lui,
la langue universelle ne doit pas être *inventée*, mais *découverte*,
ce qui veut dire qu'elle existe déjà, au moins implicitement.
Passant en revue les projets antérieurs, il leur reproche à tous
d'être des créations arbitraires; seul le projet de Julius LOTT
trouve grâce à ses yeux, parce que, par une rencontre involontaire et imprévue, il ressemble beaucoup à la *Langue catholique*[2].
L'auteur constate qu'il existe déjà un vocabulaire international
considérable, composé en grande partie des mots que les langues vivantes ont empruntés au latin et au grec. Il suffit de
dégager et d'adopter ce vocabulaire, en lui appliquant une
orthographe phonétique et une prononciation internationale.
Quant à la grammaire, l'auteur déclare vouloir la supprimer,
ce qui est impossible, comme il le reconnaît ensuite; il la réduit
au strict minimum, en s'efforçant d'en bannir autant que possible l'arbitraire, et en s'inspirant des langues romanes. En
somme, ce projet « n'est autre chose qu'une langue néo-latine...,
mais une langue romane dépouillée presque entièrement de
règles grammaticales ».

Ce n'est d'ailleurs proprement qu'un *projet* : l'auteur déclare
avec modestie, n'être pas en mesure d'élaborer une langue inter-

1. *Langue catholique. Projet d'un idiome international sans construction
grammaticale*, par le Dr ALBERTO LIPTAY, médecin de la marine du Chili,
attaché à la Commission navale du Chili en France, XI + 290 p. 8° (Paris,
Bouillon, 1892). Le même ouvrage (avec des variantes) a été publié en espagnol : *La lengua catolica* (Paris, Roger et Chernoviz, 1890) et en allemand :
Eine Gemeinsprache der Kulturvölker (Leipzig, Brockhaus, 1891).
2. C'est-à-dire : *universelle* (sens originel du mot *catholique* en grec).

nationale dans tous ses détails, et croit qu'une pareille tâche
dépasse les forces et la compétence d'un individu. Il se contente
de proposer les principes généraux qui doivent en diriger l'exécution, et d'inviter le monde savant à y collaborer, d'abord sous
forme de plébiscite ouvert à tous les intéressés; puis sous la
forme d'une société philologique qui étudierait le problème et
les diverses solutions déjà proposées; ensuite, par la réunion
d'un congrès international qui fixerait les principes de la langue
choisie; enfin, par l'institution d'une Académie internationale
qui en surveillerait le développement graduel et en conserverait
l'unité et la pureté [1].

GRAMMAIRE.

L'*alphabet* se compose des lettres de l'alphabet latin, bien que
quelques lettres aient des prononciations diverses. Le c se prononcera provisoirement *k* devant a, o, u, et *s* devant e, i, en attendant qu'on le remplace par ces deux lettres suivant les cas.
Le *ch* sera remplacé par **k** ou par **sh**, suivant la manière dont
il se prononce. Le **g** sera toujours dur ; le *g* doux sera remplacé
par j (prononciation française), tandis que le *j* allemand se traduira par **y** consonne. L'auteur serait d'avis de supprimer l'*h*,
comme en italien et en roumain; et le *q*, qui fait double emploi
avec **k**; en tout cas, celui-ci ne sera jamais suivi de **u** que lorsque
cette voyelle se prononce; **s** sera toujours dur; **t** se prononce
comme *s* dans la terminaison -tion, en attendant qu'on la rem-
place par -**cion**. L'**u** se prononce **ou**. Enfin le **v** et le **z** se prononcent comme en français. Bien entendu, toutes les lettres se
prononcent séparément : il n'y a pas de diphtongues ni de
nasales.

Les *substantifs* prennent la terminaison -**o** au masculin, **a** au
féminin; au neutre, ils n'ont pas de terminaison. Ex.: **hom**,

1. L'auteur, ayant soumis son ouvrage à Max MÜLLER, reçut une réponse
dont nous extrayons le passage principal : « Votre idée de choisir des mots
radicaux presque universellement compris par les gens instruits est excel-
lente, et l'articulation grammaticale que vous proposez est très praticable,
quoiqu'on puisse proposer çà et là quelque chose de plus simple et de plus
pratique. Ce que vous avez maintenant à faire, c'est d'élaborer un dictionnaire complet... » (*Langue catholique*, p. 5.) On remarquera que l'approbation de l'illustre philologue porte surtout sur le principe de l'internationalité
du vocabulaire.

homme (en général); **homo**, *homme* (mâle); **homa**, *femme*. **Viro**, *homme* (adulte): **vira**, *femme* (adulte). **Infant**, *enfant*; **infanto** ou **filo**, *fils*; **infanta** ou **fila**, *fille*. **Parent**, *parent* (père et mère); **parento**, *père*; **parenta**, *mère*. **Cavalo**, *cheval*; **cavala**, *jument*, etc.

Les désinences **-o** et **-a** servent encore à désigner le sexe, non de l'objet lui-même, mais de la personne à laquelle il appartient ou convient. Ex. : **cap**, *tête*; **capo**, *tête d'homme*; **capa**, *tête de femme*. **Capel**, *chapeau*; **capelo**, *chapeau d'homme*; **capela**, *chapeau de femme*. **Capeloro**, *chapelier* (d'homme); **capelora**, *chapelière* (d'homme); **capelaro**, *chapelier* (de femme); **capelara**, *chapelière* (de femme), *modiste*.

Les substantifs prennent **-s** ou **-es** au *pluriel*. Ex. : **homes**, **homos**, **homas**. Ils ne se déclinent pas; on emploie les prépositions **de** et **a** pour indiquer le génitif et le datif. L'accusatif ne se distingue pas du nominatif.

Il y a un *article défini*, **el** (ou **le**), qui se combine avec les prépositions **de** et **a** pour former **del** et **al**. En somme, c'est l'article qui se décline; mais c'est le substantif qui porte la marque du pluriel.

L'*adjectif* est invariable. Il n'a pas de désinence caractéristique, et se réduit au radical originel (latin). Il devient substantif en prenant la désinence **-o** ou **-a**. Ex. : **cruel**; **cruelo**, *un homme cruel*; **cruela**, *une femme cruelle*.

Les *degrés de comparaison* s'expriment par les particules : **plus** (comparatif), **le plus** (superlatif relatif), **maxime** (superlatif absolu). Mais ils comportent des exceptions (comme en latin) :

> **magne** ou **grand, mayor, maxime**;
> **parve**, *petit*,   **minor, minime**;
> **bon,**   **melior, optime**;
> **mal**, *mauvais*,   **peor, pessime**.

Les *noms de nombre* sont empruntés au latin : **un, dve, tre** ou **tri, quator, quin, six, sept** (en attendant **set**), **oct, nov, dece** (ou mieux **dek**). Les suivants se forment logiquement : **deceun**, 11; **decedve**, 12; **decetri**, 13;... **dvedece**, 20;... **tridece**, 30... Puis on emprunte au latin : **cent** et **mil**; au français : **milion, bilion, trilion**... Les nombres intermédiaires se forment régulièrement : **cent e dvedece tri**, 123.

Les *pronoms personnels* sont : **eo** (L. *ego*), **tu, el**; **nos, vos, elas**. Le pronom de la 3ᵉ personne est semblable à l'article; mais il varie en genre : **elo**, *il*; **ela**, *elle*. De même : **elos**, *ils*; **elas**, *elles*.

Ceux du singulier ont un rudiment de déclinaison : ils deviennent
me, te, se, à l'accusatif (ou aux cas obliques?). Le tutoiement est
de règle, comme en latin.

Les *pronoms possessifs* sont : mon, ton, son; nos, vos, eles (elos,
elas). Ainsi ceux du pluriel sont semblables aux pronoms personnels correspondants; de plus, on ne sait pas si le genre (elos,
elas) correspond au possesseur ou à l'objet possédé.

Les *pronoms relatifs-interrogatifs* sont qi et qe. On ne sait pas si
qe est l'accusatif ou le neutre de qi. De plus, qe est employé
comme particule : plus bel qe... et comme conjonction (comme
en français).

Pour les *verbes*, l'auteur prévoit deux systèmes de conjugaison.
Le premier consisterait à faire varier le verbe en personne et en
nombre, en supprimant le pronom (à l'exemple du latin). Par
exemple, on conjuguerait : amo, *j'aime*; ama, *tu aimes*; ame, *il
aime*; amos, *nous aimons*; amas, *vous aimez*; ames, *ils aiment*.

Mais l'auteur préfère le second système, plus simple, qui consiste à rendre le verbe indépendant de la personne et du nombre,
indiqués par le pronom. Alors les voyelles-désinences serviront
à désigner les différents temps. Ainsi ame sera le *présent*; ama,
l'*imparfait*; amo, le *futur*; ami, le *parfait*; amu, le *plus-que-parfait*;
et amao, le *futur antérieur*. Le choix de ces désinences se justifie
par des analogies avec le latin ou le français, qui servent au
moins de moyen mnémotechnique. L'auteur montre la brièveté
de ces formes verbales en comparant nos amao à ses traductions
latine : *amaverimus*; française : *nous aurons aimé*; anglaise : *we
shall have loved*; et allemande : *wir werden geliebt haben*.

Les mêmes formes verbales, sans pronom, servent d'*infinitif*
(aux mêmes temps); et d'*impératif*, si le pronom suit au lieu de
précéder [1].

Quant au *subjonctif*, il ne diffère pas de l'indicatif; il est suffisamment marqué par la conjonction qui le précède (comme en
anglais, et même en français : *que j'aime, que tu aimes, qu'il aime,
qu'ils aiment*).

L'auteur ne parle pas du *conditionnel*. Pour le *participe*, il prévoit la terminaison -anto ou -ente. Le *passif* se formera au moyen
du verbe *être* au présent suivi de l'infinitif du temps correspon-

[1]. Cela est équivoque, au moins pour les pronoms dont l'accusatif ne
diffère pas du nominatif.

dant de l'actif. Or le présent du verbe *être* est **è**. Le *présent passif* sera : **eo amè** (pour ame-è), *je suis aimé*; **eo è ama**, *j'étais aimé*; **eo è ami**, *je fus aimé*; **eo è amo**, *je serai aimé*; **eo è amao**, *j'aurai été aimé*. L'auteur compare encore, au point de vue de la brièveté, **nos è amao** à *nous aurons été aimés* [1].

Il invente une conjugaison irrégulière pour les verbes *être* et *avoir* :

Infinitif :	**ser**	**aver**
Présent :	**è**	**a**
Imparfait :	**i**	**u**
Parfait :	**ei**	**au**
Plus-que-parfait :	**ii**	**uu**
Futur :	**eo**	**ao**
Futur antérieur :	**io**	**uo**

Mais il admet aussi qu'on les conjugue régulièrement, en ajoutant à l'infinitif les désinences habituelles -e, -a, -i, -o, -u, -ao [2].

Les *adverbes* dérivés d'adjectifs se forment en ajoutant un -e au radical : **bone, male, forte, docte**. On a aussi : **sempre**, *toujours*. *Oui* et *non* se diront : **si** et **non**.

Les *prépositions* sont latines : **a** ou **ad, ante, de, ex, con** (*avec*), **in, post, sub, supr** ou **sur, pre, pro, sine, durante**. Les conjonctions sont néo-latines : **e** ou **et**; **o** (*ou*); **si, qe, afinqe, porqe**. Cette dernière conjonction répondra à la question : **porqe?** *pourquoi?*

La *syntaxe* se réduit à très peu de règles.

L'indication du genre et du pluriel sera supprimée toutes les fois qu'elle n'est pas nécessaire. Ex. : **six hom.** Pour cette raison, l'adjectif est invariable. Il se met avant le substantif quand il est épithète, et après quand il est attribut (on peut ainsi sous-entendre le verbe *être*).

L'auteur ne donne pas de règles de construction. Mais on peut supposer que, l'accusatif ne différant pas du nominatif, le régime direct doit se distinguer du sujet par sa position.

L'auteur emploie des suffixes de dérivation pour former des mots nouveaux, là où manque un mot international; par exemple, pour *chapeau*, **capel**, et pour *chaussure*, **pedal**; puis pour *chapelier*, **capelar** (-o, -a). Même, en vertu du sens attribué aux désinences -o et -a, il distingue : **vesto**, *vêtement d'homme*, et **vesta**, *vêtement de*

1. En allemand : *Wir werden geliebt worden sein.*
2. Cf. W. Van, *Altes und Neues über Weltsprache* (1891), p. 24, qui propose **estar** pour *être*.

femme, et par suite **vestoro**, *tailleur pour hommes*, de **vestaro**, *tailleur pour dames.*

Il admet un suffixe diminutif -**in**, et un suffixe augmentatif -**on**.

Il forme alors les mots : **pedo**, *pied d'homme* ; **peda**, *pied de femme*, qui donnent en composition : **pedovest**, *chaussure d'homme*, et **pedavest**, *chaussure de femme* ; et par dérivation : **pedoveston**, *botte d'homme* ; **pedavestin**, *soulier de femme*, etc. Le *cordonnier* s'appellera **pedevestor** (-o, -a). Par opposition au tailleur, le *marchand d'habits* s'appellera **veste-vendor**.

Les degrés de parenté seront indiqués par les préfixes **grand-**, **bel-** et **con-**. Exemples : **confil** (-o, -a), *neveu, nièce* ; **confrat** (-o, -a), *cousin, cousine* (germains) ; **conparent** (-o, -a), *oncle, tante*. L'auteur admet toutefois **sor** comme synonyme de **frata** (*sœur*).

Il admet les suffixes internationaux (surtout romans) -**al**, -**tion** (ou plutôt -**cion**, comme en espagnol ; ex. : **prononciacion internacional**), -**or**, -**ar**, -**able** ou -**ible**, -**ur**, -**ist**, -**ism** ; -**iq** (-**ic** ou -**ik**) ; -**itate** (-**ité** F., -**ity** E., -**ität** D., -**ità** I., -**idad** E., -**idade** P.) ; -**ant**, -**ent** (participes) ; -**ance**, -**ence** (ou mieux : -**anz**, -**enz**).

Il forme en même temps le vocabulaire *catholique* de tous les mots internationaux qui ont ces désinences, et il évalue leur nombre total à 10 000 [1].

CRITIQUE.

On ne peut pas juger ce projet avec la même rigueur qu'un système complet et achevé. Et d'abord, on ne peut guère lui reprocher les lacunes de la grammaire et l'absence du dictionnaire. Il ne faut pas non plus blâmer l'auteur d'hésiter entre divers partis à prendre, puisque ce sont des propositions entre lesquelles il laisse le choix à une autorité compétente. Nous nous bornerons à constater qu'il n'a pas pu rester jusqu'au bout fidèle à son principe, de ne rien inventer. Malgré sa méthode *a posteriori*, il a cru devoir former des mots nouveaux au moyen de suffixes déjà connus, ou même inventer des suffixes nouveaux pour composer des mots suivant une méthode purement logique. De même, il a voulu régulariser la correspondance des adverbes interrogatifs et des conjonctions, et par suite les construire *a priori* (malgré les analogies plus ou moins lointaines par les-

[1]. Comme Julius Lott.

quelles il justifie telle ou telle flexion). Et ce qu'il y a de plus
fâcheux, c'est que les voyelles-désinences qu'il a choisies pour
les verbes sont les mêmes que pour les substantifs (**o, a, e**) et
pour les adverbes (**e**). En revanche, à côté de ces procédés
arbitraires, il admet trop d'irrégularités (degrés de comparaison
des adjectifs : **magne, parve, bon, mal**; conjugaison des verbes
ser et **aver**). Les pronoms personnels n'ont pas une physionomie
uniforme : les uns ont un accusatif, tandis que les autres n'en
ont pas plus que les substantifs; quant aux pronoms possessifs,
non seulement ils ne dérivent pas régulièrement des pronoms
personnels, mais ceux du pluriel sont identiques à ceux-ci, ce
qui est équivoque. D'une manière générale, l'auteur oscille entre
deux principes entre lesquels il n'a pas su opter : ou bien
emprunter *tous les mots* aux langues naturelles [1]; ou bien leur
emprunter seulement *les radicaux*, et former les mots suivant
des règles systématiques [2]. En somme, ce projet repose sur des
principes fort raisonnables, et contient beaucoup d'indications
judicieuses; mais il est encore informe, et il manque d'unité.

1. Comme Julius Lott.
2. Comme l'*Esperanto*.

CHAPITRE XX

MILL : *ANTIVOLAPÜK* [1]

Ce projet n'est pas une langue universelle : son auteur l'oppose au contraire aux langues universelles artificielles (notamment au *Volapük*) comme la seule solution pratique du problème des communications internationales. Cette solution consiste dans une *grammaire internationale* extrêmement simple et facile à apprendre, que l'on appliquera au vocabulaire de chaque langue nationale. Cette grammaire « devra naturellement s'appuyer sur les langues européennes principales les plus universellement connues, qui sont les langues romanes ou néo-latines [2] ». Nous allons en donner un aperçu.

I

L'*article défini* a au singulier les trois genres : le (m.), la (f.), lo (n.); au pluriel, il est unique : li, pour les 3 genres.

L'*article indéfini* est au sing. : un ou uno (m. et n.), una (f.); au pluriel : uni (*des, quelques*) pour les 3 genres.

Les *substantifs* sont absolument invariables. C'est l'article qui indique le genre et le nombre. Quant aux cas, le génitif et le datif sont marqués par les prépositions de et a. L'accusatif est semblable au nominatif (c'est-à-dire au radical).

Les *adjectifs* sont invariables. Leurs degrés de comparaison se forment au moyen des particules plu et le plu.

Les *pronoms personnels* sont, au nominatif : 1re p. s. io; 2e p. s.

---

1. Fred MILL : *Anti-Volapük oder die Mezzofanti-Sprache. Eine einfache International-Grammatik als Schlüssel für alle Sprachen, gleichzeitig als Telephonische Geheimsprache.* 52 p. 12° (Neuwied, Heuser, 1893). — Le cardinal Mezzofanti était un célèbre polyglotte (1771-1848).

2. *Op. cit.*, p. 10.

tu; 3ᵉ p. s. le, la, lo (comme l'article défini); 1ʳᵉ p. pl. nu; 2ᵉ p. pl. vu; 3ᵉ p. pl. li. A l'accusatif, io et tu deviennent me et te; les autres ne changent pas. Le génitif et le datif se forment au moyen de l'accusatif précédé des prépositions de et a.

Le *pronom réfléchi* est se.

Les *adjectifs possessifs* sont : 1ʳᵉ p. s. mi; 2ᵉ p. s. tu; 3ᵉ p. s. su; 1ʳᵉ p. pl. nu; 2ᵉ p. pl. vu; 3ᵉ p. pl. su (comme au sing.). Ils prennent un i au pluriel : mei, tui, sui; nui, vui, sui.

Les *pronoms possessifs* se forment en mettant l'article défini devant les adjectifs possessifs.

Les *pronoms démonstratifs* sont, au singulier : tsche (*tche*), celui-ci, ceci; tscha (*tcha*), celui-là, cela (pour les 3 genres); au pluriel : tschei, tschai.

Le *pronom relatif* est ke, pour tous les genres, tous les nombres et tous les cas. *Celui qui* se traduit en mettant l'article devant ke : le (la, lo) ke.

Le *pronom interrogatif* est ki (m., f.) ou ke (n.).

L'*adjectif interrogatif* est ke ou kual au sing., kei ou kuali au pluriel.

Les *pronoms indéfinis* sont : uno, *on*; uni, *quelques*. *Aucun* se traduit, comme pronom par no uno, et comme adjectif par no tout court (E.) : no cheval, *aucun cheval*.

Le *verbe* conserve invariablement la forme de l'infinitif. Toute la conjugaison se fait au moyen d'auxiliaires, à une exception près : les verbes auxiliaires aver (*avoir*) et es (*être*) font au passé aveva et era.

Il n'y a en principe que trois temps. Le *présent* de l'indicatif est l'infinitif même du verbe [1] : io donner, *je donne*. Le *passé* est l'infinitif précédé de aver : io aver donner, *j'ai donné*. Le *futur* est l'infinitif précédé de vo (*je vais*, I., S.) : io vo donner, *je donnerai*.

Le *conditionnel* est l'infinitif précédé de vud (E. *would*) : io vud donner, *je donnerais*.

L'*impératif* est l'infinitif précédé de va (F.) et, s'il est nécessaire, du pronom personnel (au nominatif) : va (tu) donner, *donne*; va vu donner, *donnez*.

Le *gérondif* se forme avec la préposition in : in donner, *en donnant*.

Les temps du *passif* se forment avec les temps correspondants

---

1. On va appliquer les règles de la grammaire *internationale* à un exemple *français*, le verbe donner.

du verbe auxiliaire **es** (*être*) suivis de l'infinitif du verbe à conjuguer : **io es aimer, io era aimer, io vo es aimer,** etc.

L'auteur fait remarquer qu'on pourrait former un futur antérieur et un conditionnel passé; ajoutons : un plus-que-parfait
(**io aveva aimer**).

Le verbe peut se conjuguer avec d'autres auxiliaires, qui sont :
pot, *pouvoir* ; **vol,** *vouloir* ; **aver de** (I.), *devoir.*

Les *verbes réfléchis* se forment en mettant **se** devant l'infinitif à
toutes les personnes : **io se laver** = *je me lave.*

L'*interrogation* est indiquée en mettant le pronom-sujet après le
verbe (ou l'auxiliaire); la *négation*, en mettant **no** devant le verbe
(ou l'auxiliaire) : **vo io donner? io vo no donner; no vo io donner?**

Remarque. L'auteur met le verbe au parfait de l'indicatif dans
les propositions conditionnelles, ce qui est un gallicisme : **si io
era riche, io vud es heureux.**

Telles sont les formes grammaticales que l'on devra appliquer
aux matériaux nationaux, c'est-à-dire aux mots des diverses
langues, en prenant ceux-ci sous une forme invariable : les substantifs, au nom. sing.; les adjectifs, au masc.; les verbes à l'infinitif; en un mot, tels qu'on les trouve dans le dictionnaire.

II

Mais l'auteur va plus loin : à sa grammaire internationale il
adjoint des « radicaux internationaux » empruntés « aux langues
les plus connues, c'est-à-dire aux langues romanes [1]. » Ce sont les
noms de nombre, certains pronoms, les adverbes primitifs, les
prépositions et les conjonctions, bref, ce qu'on peut appeler les
mots grammaticaux.

Les *noms de nombres cardinaux* sont : **un** (uno, una), **due, tre,
kuatt, sink, siss, sett, ott, noff, diss; diss (e) un; diss (e) due,...;
duediss,** 20; **trediss,** 30;... **ssent,** 100; **due ssent,** 200;.... **mill,...
millionn,... Null** = *zéro.*

Les *nombres ordinaux* sont : **primo** (prima), **secundo, terssio,
kuarto, kuinto, sexto, settimo, ottavo, nono, dissimo; diss e
primo,... ssentimo,... millimo,... millionnimo,...** Ils sont précédés
de l'article, et varient comme lui en genre et en nombre. Ils

1. *Op. cit.,* p. 384

servent aussi de *nombres partitifs* (*tiers, quart*,...), sauf pour *demi* ou *moitié*, qui se dit **medio**.

Les *pronoms* que l'auteur veut rendre internationaux sont : **tutt**, *chaque*; **tutti**, *tous*; **pluri**, *plusieurs*; **multo**, **multi**, *beaucoup* (abrégé en **mu**, surtout comme adverbe); **poko, poki**, *peu* (abrégé en **po**); **kualke**, *quelque*; **kualuno** (-a), *n'importe quel*; **nemo**, *personne*; **nullo**, pl. **nulli**, *aucun*; **altro**, pl. **altri**, *autre*; **tal**, pl. **tali**, *tel*; **kuanto**, pl. **kuanti**, *combien*; **tanto**, pl. **tanti**, *autant*.

Les adverbes primitifs, les prépositions et les conjonctions sont empruntés au latin, au français et surtout à l'italien. Voici quelques *adverbes* : **kwi**, *ici*; **kwa**, *là*; **u**, *où*; **orora**, *maintenant*; **poi**, *puis*; **anke, troppo**; **si**, *oui*; **no**, *non*; **plu, le plu, minu, le minu** (qui servent à former les degrés de comparaison).

Voici quelques *prépositions* : **a, de, in, con, presso, sopro, verso, basso, vis-à-vis**; **da, fino, avante, dopo**; **contra, secundo, malgrado** (*malgré*), **causa, rispetto**.

Enfin voici quelques *conjonctions* : **e**, *et*; **o**, *ou*; **si**, *si*; **sei**, *si* (interrogatif); **ni..., ni...**; **ma**, *mais*; **ke**, *que*, qui forme les suivantes : **causa ke**; **para ke**, *afin que*; **fino ke**, *jusqu'à ce que*; **durante ke**, *pendant que*; **avante ke**; **dopo ke**, *depuis que*; **in caso ke**, etc.

En somme, il ne reste plus que les substantifs, les verbes, les adjectifs (et les adverbes dérivés) à emprunter à chaque langue naturelle pour l'internationaliser. Ces mots, on les apprendra par l'usage ou on les trouvera dans les vocabulaires nationaux. Grâce à la grammaire internationale, on pourra, avec ces matériaux empruntés à une langue vivante, écrire, *sans connaître cette langue*, une lettre que le destinataire déchiffrera aisément au moyen de la même grammaire. On obtient ainsi autant de langues internationales (simplifiées et régularisées) que de langues vivantes. Par exemple, voici une phrase de *français-international*[1] :

Io no *savoir* u es tu *cousin*, ma io *croire* ke le es in le *rue*.

Une phrase d'*anglais-international* :

Io no *aver* *lose* tsche *book* ke io *aver* *find* in le *street*, ma mi *brother* *aver* *lose* le.

Une phrase d'*italien-international* :

Io *aver* *vedere* tscha *ragazzo* e tscha *ragazza* in un *strada* de le *città*.

---

1. Nous mettons en italiques les « matériaux » nationaux.

Une phrase d'*espagnol-international* :
La no es in le *casa*, **la es in le** *calle* **con su** *hijo* **e su** *hija.*
Et une phrase de *russe-international* :
Li *dom* **de mi** *atjez* **e de mi** *djadja* **es a le** *ugol* **de tsche** *uliza* [1].
L'auteur a négligé de donner un échantillon d'*allemand-international.* Est-ce par prudence, ou par respect pour sa langue maternelle?

CRITIQUE.

Nous aurions pu nous dispenser de citer ce projet, puisqu'il ne constitue pas *une* langue universelle; nous avons cependant cru devoir l'exposer, parce qu'il donne tout au moins la grammaire d'une telle langue, et qu'il suffirait de lui adjoindre un vocabulaire international pour obtenir une langue complète. L'auteur a remarqué lui-même, en introduisant ses « radicaux internationaux », qu'on aboutirait ainsi à une langue universelle, et il s'en défend. On ne comprend pas pourquoi il s'est arrêté en chemin, alors qu'il présente son projet comme une « langue de compromis » ou un *sabir.* Tel quel, ce projet est évidemment inadmissible et impraticable. Pour employer une telle langue, il faudrait avoir à sa disposition les vocabulaires de toutes les langues nationales, soit dans sa mémoire, soit dans sa bibliothèque ou dans sa malle. De plus, il y a une illusion naïve à prétendre résoudre le problème au moyen de la seule grammaire, en renvoyant pour le reste au dictionnaire : car il n'y a pas de conversation, ni même de correspondance possible avec le recours perpétuel au dictionnaire. Une grammaire internationale n'est que la moitié de la solution, et elle n'épargne même pas la moitié de la peine.

En outre, il faudrait, sous peine de n'être pas compris en parlant, connaître la prononciation propre à chaque langue, qui est souvent si difficile et si irrégulière, que la savoir, c'est savoir la langue plus qu'à moitié. L'auteur n'a même pas réglé la prononciation et l'accentuation de ses « radicaux internationaux ». Enfin, le mélange des particules internationales et de mots nationaux produit une hétérogénéité barbare, déjà choquante pour les

---

1. Pour comprendre cette phrase, il suffit de savoir que *dom* = *maison*; *atjez* = *père*; *djadja* = *oncle*; *ugol* = *coin*; *uliza* = *rue.*

étrangers, et insupportable pour ceux dont on défigure ainsi la langue maternelle.

Si maintenant nous jugeons la grammaire internationale en elle-même, c'est sans doute la plus simple que l'on puisse rêver. Elle est même trop simple : par exemple, elle identifie l'article défini et les pronoms de la 3e personne, les pronoms personnels et les adjectifs possessifs, les adjectifs et les adverbes; ce qui est une source d'équivoque ou d'obscurité. La conjugaison est analytique, ce qui est un avantage en principe; mais cela amène des accumulations d'auxiliaires qui sont encombrantes et peu claires. Ex : **io vo aver es aimer** =*j'aurai été aimé* [1]. On s'aperçoit ainsi que, pour les temps principaux au moins (*parfait* et *futur*), il est préférable d'employer des flexions, comme l'auteur l'a fait, par exception, pour le passé des auxiliaires **aver** et **es**.

L'auteur a commis une grave erreur en laissant à ceux qui connaîtraient une langue nationale la liberté d'employer les flexions propres à cette langue, par exemple, de dire, en *français-international* : **li chevaux**, au lieu de **li cheval**. Car si de telles variations sont permises, c'en est fait de l'intelligibilité pour les étrangers qui, par hypothèse, ne connaissent pas la langue. Il est vrai que si l'auteur n'avait pas admis cette licence, elle eût été fatalement usurpée, même sans le vouloir, par la seule force de l'habitude; et cela suffit à condamner tout projet de « grammaire mobile » ou *omnibus* destinée à s'appliquer, comme un masque, aux diverses langues nationales.

1. En tout cas, ce n'est pas plus compliqué, et c'est plus court que l'allemand : *ich werde geliebt worden sein.*

CHAPITRE XXI

L'auteur de ce projet se défend d'*inventer* une langue nouvelle et ne prétend pas à l'originalité. Il soutient au contraire que la langue internationale existe déjà en puissance, et qu'on n'a qu'à la dégager. C'est la conclusion qu'il tire de l'étude des 12 principaux projets antérieurs [2], dont il compare la grammaire dans un tableau synoptique, qui montre que ces divers projets se rapprochent beaucoup plus qu'on ne croirait. La question capitale est celle du vocabulaire, elle doit dominer celle de la grammaire. Le vocabulaire doit être aussi international que possible, et par suite employer tous les *éléments communs* aux langues européennes et déjà connus des gens instruits. Et comme les « mots universels » (*Weltwörter*) sont presque tous d'origine gréco-latine, c'est aux langues romanes qu'il faut emprunter leurs radicaux communs; à leur défaut, on recourra au latin en dernier ressort. Quant à la grammaire, elle devra être fixée, après avoir subi l'épreuve de la pratique, par une *commission internationale*. D'ailleurs, la grammaire internationale *existe déjà*, elle aussi, au moins dans ses grandes lignes, et il n'y a plus que des détails

---

1. *Universala. Weltsprache auf Grund der romanischen Sprachen und des Latein*, von Eugen Heintzeler, Oberpräzeptor am Eberhard-Ludwigs-Gymnasium in Stuttgart. 70 p. 8° (Stuttgart, Roth, 1893). L'auteur annonce une brochure intitulée : *12 Weltsprachesysteme. Vergleichende Studie als Beitrag zur Lösung des Weltspracheproblems*, que nous ne connaissons pas. En revanche, nous avons la suivante : *Die wissenschaftlich notwendigen Grundlagen für eine brauchbare Weltsprache. Zugleich Beweis, dass wir eine Weltsprache schon haben*, von Eugen Heintzeler, 10 p. 8° (Meran, Ellmenreich, 1895). L'auteur a fait partie de l'*Académie internationale de langue universelle* de 1891 à 1893.

2. Le *Volapük*; le *Volapük corrigé*, Rosa, Schipfer, Zamenhof, Lauda, Volk et Fuchs, Lott, Stempfl (*Myrana*), Bauer, Steiner, Liptay.

d'exécution à régler par une entente commune. Parmi les points essentiels, sur lesquels l'accord est déjà fait, l'auteur mentionne l'exclusion des voyelles infléchies, l'unité d'article, le genre naturel, la déclinaison unique et analytique, la conjugaison unique (avec pronom séparé et avant le verbe), l'exclusion des idiotismes et de l'arbitraire dans la formation des mots. Il conclut en invitant les inventeurs de langues artificielles à la tolérance et à la conciliation, et en leur recommandant ces deux maximes : « Le mieux est l'ennemi du bien » et : « *In necessariis unitas, in dubiis libertas, in omnibus caritas* ».

GRAMMAIRE.

L'*alphabet* se compose de 5 voyelles : **a, e, i, o, u** (*ou*); et de 18 consonnes : **b, c** (*tch*) [1], **d, f, g** (dur), **j** (*ch*), **k, l, m, n, p, r, s, t, v, x, y** (comme dans *yeux*), **z** (*ts*).

L'*accent* porte sur la voyelle qui précède la dernière consonne : **linga, felici, kavál**, à moins que la dernière syllabe ne soit un suffixe : **ábil, naziónes**. Il porte sur l'i final des radicaux substantifs : **polizi, akademi**.

L'*article défini* est **le**, l'*article indéfini* est **un**, tous deux invariables.

Dans les *substantifs*, le *genre* (naturel) est indiqué par les désinences **-o** (m.) et **-a** (f.) : **om**, *homme* (*homo*); **omo**, *homme* (*vir*); **oma**, *femme*; de même, **fant**, *enfant*, donne : **fanto, fanta**; **pulo**, *coq*; **pula**, *poule* [2]. Le *pluriel* est marqué par la désinence **-s** ou **-es**, suivant que l'euphonie l'exige.

Le génitif et le datif sont marqués par les prépositions **de** et **a**, qui se combinent avec l'article en **del** et **al**.

Les *adjectifs* sont souvent terminés par **-i**. Ils sont invariables. Ils se transforment en substantifs par l'adjonction de **-o** ou **-a**, ou (au neutre) par l'article placé devant : **le bel**, *le beau*.

Les *degrés de comparaison* sont indiqués par les particules **pli** et **plu** placées devant l'adjectif : **pli bon**, *meilleur*; **plu bon**, *le meilleur*. Le superlatif absolu est indiqué par **tre**, *très*.

Les *noms de nombre cardinaux* sont : **un, du, tri, kar, kin, ses, set**,

1. Dans la brochure de 1895, **c** = *ts* et remplace **z**.
2. Les mêmes désinences servent à désigner respectivement l'arbre et le fruit : **pomo**, *pommier*; **poma**, *pomme*.

ok, nov, dek; dekun, 11;... dudɘk, 20;... novdek, 90; zent, 100;...
mil,... milion...

Les *nombres ordinaux* dérivent des cardinaux par l'adjonction
d'un -i : **uni, dui, trii.**

Les *adverbes ordinaux* dérivent des précédents par l'adjonction
d'un -e : **unie, duie, triie.**

Les *nombres multiplicatifs* dérivent des cardinaux au moyen du
suffixe -upl : **unupl, duupl.**

Les *nombres de fois* se forment au moyen du suffixe **-yes (L.) :
unyes, duyes, triyes.**

Les *nombres distributifs* sont indiqués par la particule a placée
devant : **a un,** *un à un*; **a du, a tri.**

Les *nombres fractionnaires* sont les *nombres ordinaux* avec le
suffixe -o : **dekio,** *le dixième*; excepté *demi* ou *moitié*, qui se dit
mezo.

Pour les pronoms et la conjugaison, l'auteur, en l'absence de
toute uniformité dans les langues naturelles, adopte la formation *a priori*, au moyen de la série des voyelles. Ainsi : a =
je; e = *tu*; i = *il*, ia = *elle*, il = *il* (neutre); as = *nous*, es = *vous*,
is = *ils*, ias = *elles*. On = *on*. Le *pronom réfléchi* est **u** (*soi*).

Les *adjectifs possessifs* dérivent des pronoms personnels par
l'adjonction de -t : **at, et, it, iat; ast, est, ist, iast** (et même :
ont, ut, ust). Ils prennent en outre **-s** au pluriel.

Ils deviennent pronoms quand ils sont précédés de **le**, et pren-
nen**t** alors -o ou -a suivant le genre (masc. ou fém.).

Les *pronoms démonstratifs* sont : **ta,** *celui-ci*; **te,** *celui-là*; **ti,** *celui*
(*qui*); **to,** *le même*; **tu,** *exactement le même.*

Les *pronoms relatifs-interrogatifs* sont empruntés aux langues
romanes : **ki (kio, kia), ke** (n.), *qui, que.*

De même, les *pronoms indéfinis* : **kalk,** *quelque*; **alkun,** *n'importe
qui*; **tut,** *tout*; **neun,** *aucun*; **nil,** *rien.*

Les *verbes* ont l'infinitif terminé en **-ar, -er** ou **-ir.** Les temps de
l'*indicatif* se forment en substituant à cette terminaison les cinq
voyelles. Ex. :

	amar = *aimer*,	veder = *voir*,	audir = *entendre.*
Présent :	ama	veda	auda
Parfait :	ame	vede	aude
Plus-que-parfait :	ami	vedi	audi
Futur :	amo	vedo	audo
Futur antérieur :	amu	vedu	audu

Les temps du *subjonctif* dérivent des précédents par l'intercalation de **y** avant la voyelle finale; ceux du *conditionnel*, par l'intercalation de **yer**. Ex. : **as audya**, *que nous entendions*; **is audyeri**, *ils auraient entendu.*

L'*impératif* ne diffère de l'indicatif que par la place du pronom, qui suit le verbe au lieu de le précéder.

Le *participe présent* dérive de l'infinitif en changeant -**r** en -**nt** : **amant, vedent, audint.** L'auteur prévoit un infinitif et un participe passés de la forme :

amer,	vedeer,	audier,
ament,	vedeent,	audient,

et un infinitif et un participe futurs de la forme :

amor,	vedor,	audor,
amont,	vedont,	audont[1].

Le *passif* se forme au moyen du verbe **esar** (*être*) suivi du participe passif : **amat, vedet, audit.**

Les *verbes auxiliaires* sont tous terminés en -**ar** (**esar, avar**, etc.), et suppriment l'**a** final de l'indicatif présent : **a es**, *je suis*; **i av**, *il a.*

Les *verbes impersonnels* se conjuguent avec le pronom **il** : **il plova**, *il pleut.*

Les *verbes réfléchis* se forment, à la 1re et à la 2e personne, au moyen des pronoms personnels correspondants (**a, o, as, es**); à la 3e personne, au moyen du pronom réfléchi **u**, pl. **us** (*se*).

L'*interrogation* se marque (comme l'impératif) en mettant le pronom ou le sujet après le verbe.

Les *adverbes* dérivés se terminent généralement en -**e** (quelques-uns en -**eli**) et les *prépositions* dérivées en -**u**. Les prépositions et adverbes primitifs sont empruntés au latin ou aux langues romanes : **si**, *oui*; **no**, *non*; **ya**, *déjà*; **tost, tard, ankor, alora, sovente, sempre, per, pro, kon, ad, in, da**, etc.

Les adverbes de temps et de lieu présentent une certaine corrélation : **ko**, *où*? **alko**, *quelque part*; **tuko**, *partout*; **neko**, *nulle part*; de même : **kan**, *quand*? **alkan**, *une fois*; **tukan**, *toujours*; **nekan**, *jamais.*

Les *conjonctions* sont empruntées aux mêmes langues : **ed**, *et*; **od**, *ou*; **ma**, *mais*; **donk**, *donc*; **ker**, *car*; **ke**, *que*; **si**, *si*; **se**, *si* (interrogatif); **lorke**, *lorsque*; **ked**, *parce que*; **purke**, *pour que*; **sinke**, *sans que*, etc.

---

1. Cf. l'*Esperanto*, qui est plus régulier et plus simple.

La *syntaxe* est très sommaire. L'adjectif se met devant le substantif, à moins qu'il ne fasse pour ainsi dire corps avec lui : **linga universal**. Le sujet précède le verbe; l'adverbe et les compléments le suivent. S'il y a deux compléments, le nom de personne se met au datif : *dépouiller l'ennemi de ses armes* = **privar le armes al nemiko**. Les prépositions ne régissent aucun cas, et on les supprime autant que possible : **studios le veritat**, *studieux pour la vérité*; **suspekt le furto**, *suspect de vol*; **suget le magistrat**, *soumis à l'autorité.*

<h3 style="text-align:center">VOCABULAIRE.</h3>

L'auteur annonce un lexique polyglotte de 8 000 mots en allemand, latin, français, italien, espagnol, portugais. Il en donne, comme échantillon, un extrait d'une centaine de mots en 7 langues (en ajoutant l'anglais aux précédentes). Il en ressort que la plupart des mots allemands correspondent au même mot latin dans les autres langues (même en anglais), de sorte que c'est celui-ci qui est adopté en *Universala*. Voir le tableau ci-joint (p. 454), qui contient les 12 premiers mots de ce vocabulaire. On remarquera que le mot latin est pris de préférence sous sa forme hispano-portugaise (la plus phonétique). Ces exemples suffisent à montrer le caractère nettement néo-latin de l'*Universala*.

Pour la dérivation et la composition des mots, l'auteur ne donne pas de règle générale, mais seulement quelques exemples. Ainsi les suffixes diminutifs sont **-in**, **-et**, **-il**, et le suffixe augmentatif est **-on**. On trouve dans le lexique quelques verbes dérivés : **visit**, **visitar**; **purifikar**, *nettoyer*; **mortifikar**, *tuer*. Certains mots semblent formés au moyen du suffixe **-er** : **garden** (*jardin*), **gardener** (*jardinier*)[1]; d'autres au moyen du suffixe **-or** ou **-tor** : **precept**, **preceptor**; **auditor**; **amator**; **viagator**, *voyageur* (du verbe **viagar**). Mais la plupart des mots dérivés semblent empruntés tout faits aux langues vivantes : **malkontent, desonest, desobedient, inexpert**; **dîfidar** (*se défier*), **desplacer** (*déplaire*); **reportar, returnar** (D. *wiederkehren* et *zurückkehren*). On remarque enfin quelques mots composés : **tetdolor**, *mal de tête*; **vapornav**, *bateau à vapeur*.

D.	L.	E.	F.	I.	P.	S.	U.
abändern	declinare	decline	décliner	declinare	declinar	declinar	deklinar.
Abart	varietas	variety	variété	varietà	variedade	variedad	varietat.
abarten	degenerare	degenerate	dégénérer	degenerare	degenerar	degenerar	degenerar.
abbüssen	expiare	expiate	expier	espiare	expiar	expiar	expiar.
abdanken	abdicare	abdicate	abdiquer	abdicare	abdicar	abdicar	abdikar.
Aberglaube	superstitio	superstition	superstition	superstizione	superstição	supersticion	supersticion.
Abfall	desertio	desertion	désertion	deserzione	deserção	desercion	desercion.
abführen	purgare	purge	purger	purgare	purgar	purgar	purgar.
abgemessen	præcisus	precise	précis	preciso	preciso	preciso	precis.
abhängen	dependere	depend	dépendre	dipendere	depender	depender	dependar.
Abhilfe	remedium	remedy	remède	rimedio	remedio	remedio	remedi.
abkürzen	abbreviare	abbreviate	abréger	abbreviare	abreviar	abreviar	abreviar.

CRITIQUE.

On ne peut pas juger ce projet comme un système complet et détaillé ; puisque l'auteur se déclare incapable d'élaborer à lui seul une langue, et fait appel à une *commission internationale*, nous devons lui tenir compte de sa modestie, et lui savoir gré de cette proposition si conforme au programme de la *Délégation*.

Le principal défaut de l'*Universala* consiste dans l'application d'un principe grammatical *a priori* au milieu d'un vocabulaire entièrement *a posteriori*, à savoir, dans l'emploi malencontreux des voyelles, d'abord comme pronoms [1], ensuite comme suffixes des temps du verbe, enfin comme suffixes caractéristiques : a, du féminin ; e, de l'adverbe ; i, de l'adjectif ; o, du masculin ; u, de la préposition. Non seulement on perd ainsi le bénéfice de la distinction matérielle des parties du discours, mais on multiplie les chances de les confondre entre elles. Il faut ajouter que les suffixes -o et -a ne caractérisent nullement le genre des substantifs, puisque des substantifs neutres ont les mêmes finales ; ex. : **domo**, **kasa** (*maison*). D'ailleurs les substantifs se terminent par d'autres voyelles encore ; ex. : **kane**, *chien*. Inversement, certains adjectifs ont une désinence de substantif : **karo**, *cher* [2].

En outre, la finale -i caractérise si peu les adjectifs, qu'elle sert au contraire à former des substantifs dérivés d'adjectifs : **kortes**, **kortesi** ; **perfid**, **perfidi** ; **astut**, **astuzi** ; **avar**, **avarizi**. Voilà déjà des dérivations peu régulières ; mais il y en a bien d'autres : **ekonom**, **ekonomia** ; **bel**, **beleza** ; **frank**, **frankeza** ; **gentil**, **gentileza** ; **patient**, **patienza** ; **onest**, **onestat** (*honnêteté*) ; **prob**, **probitat** ; **timid**, **timiditat** ; **sincer**, **sinceritat**. Cela fait *quatre* suffixes ayant le même sens : **i** ou **izi**, **ia**, **za** ou **eza**, **tat** ou **itat** [3]. Mais ils n'ont même pas toujours ce sens : car **forteza** ne signifie pas *force* (qui se

---

1. Dans sa brochure de 1895, l'auteur reconnaît de bonne grâce que l'arbitraire n'est pas acceptable dans la formation des pronoms ; il propose comme *pronoms personnels* : yo, tu, elo, nos, vos, elos ; et comme *pronoms possessifs* : mei, tui, sui, nostre, vostre, lostre (cf. LORR). Il paraît tomber d'un excès dans l'autre (de l'*a priori* dans l'*a posteriori*), car ni ces pronoms personnels ni ces pronoms possessifs n'ont, entre eux, de forme régulière, et ceux-ci ne dérivent pas régulièrement de ceux-là.

2. Cela s'explique par le fait que **kar** a déjà deux sens : *quatre* et *pourquoi*.

3. Encore ne comptons-nous pas **itud**, dans : **grat**, **gratitud**.

dit **forza**), mais... *forteresse*. On remarque la même irrégularité dans les adjectifs dérivés de substantifs : **koraj** donne **korajos** (*courageux*); mais **ambizion** donne **ambizios**. De même, les noms de gens exerçant un métier n'ont pas tous le même suffixe : à côté de **brasero** (*brasseur*), **librero** (*libraire*), **vitrero** (*vitrier*), **orlo-gero**, on trouve **taliator** (*tailleur*), **ebanista** (*ébéniste*). De plus, les noms des métiers correspondants sont : **braseri**, **libreri**, **vitreri**, avec la finale **i** des adjectifs; or, c'est de la même manière que les noms de matière engendrent leurs adjectifs : **oro**, **ori** (*d'or*); **argento**, **argenti**; **kopro**, **kopri** (*de cuivre*), etc.

Toutes ces irrégularités viennent de ce que l'auteur, comme nous l'avons remarqué, a pris les mots dérivés tout faits dans les langues vivantes, au lieu de les former avec des suffixes auto-nomes (bien que pouvant être empruntés, eux aussi, aux langues vivantes). Or les mots dérivés de nos langues fourmillent d'ano-malies déconcertantes qu'on ne peut apprendre que par l'usage (et dont l'usage seul fait oublier l'absurdité). Par exemple, en français, de même que *riche* engendre *richesse*, *pauvre* engendre *pauvresse*... mais ce dernier mot ne signifie pas *pauvreté*!

Enfin, par le fait que l'auteur emprunte ses racines presque exclusivement au latin, il se trouve embarrassé dans des homo-nymies dont il ne se dégage qu'en altérant arbitrairement l'un des homonymes. Ainsi les verbes **parar** (*préparer*) et **parer** (*paraître*) auraient la même conjugaison : on changera le second en **parear**. De même on distinguera **volar**, *vouloir*, de **volaar**, *voler* (avec des ailes)[1]; **pen**, *plume*, de **pena**, *peine* (qui a l'air du féminin de **pen**); **pasar**, *passer*, de **pasear**, *se promener*, et de **paser**, *moineau* (qui a un faux air de verbe). Tout cela prouve que ce projet n'est qu'une ébauche fort imparfaite, mais néanmoins intéres-sante et louable par ses principes. On peut lui rendre cette jus-tice, qu'elle se trouve au moins dans la direction de cette langue internationale idéale que, selon l'auteur, il s'agit moins d'in-venter que de découvrir.

---

1. *Voler* (*dérober*) se dit **rubar** ou **furar**.

CHAPITRE XXII

BEERMANN : *NOVILATIIN* [1]

Le *Novilatiin* est « un essai de transformer le latin en une langue appropriée aux besoins des relations internationales modernes », tant orales qu'écrites, tant scientifiques que commerciales. Voici par quelles considérations l'auteur a été amené à concevoir ce projet. La langue internationale doit être faite avant tout pour les peuples de civilisation européenne, c'est-à-dire de langues indo-germaniques. Elle doit donc se rapprocher le plus possible de celles-ci, et notamment des *six langues principales* (allemand, anglais, français, italien, russe et espagnol) qui sont toutes parentes (quoique inégalement) et qui ont de nombreux éléments communs, tant dans leur grammaire que dans leur vocabulaire. L'auteur a été d'abord partisan du latin, du latin du moyen âge, ou même du néo-latin. Mais il s'est aperçu que le latin ne convient pas par son synthétisme à l'esprit des peuples modernes, attendu que toutes les langues modernes, y compris celles qui sont issues du latin, ont évolué du synthétisme à l'analytisme. Il faut donc substituer à la grammaire latine une grammaire analytique régulière et aussi simple que possible; par suite, on y admettra une simplification, lors même qu'elle ne se trouverait que dans une seule de nos langues (exemples : invariabilité de l'adjectif, invariabilité du verbe en personne et en nombre). On créera ainsi une *langue romane* possible, sœur des

1. *Novilatiin, un esaaje de proformaar il Latiin a un lingue usaabil al internacionaal relacions de nostre tempor. Ein Versuch, das Latein zu einer für den internationalen Verkehr unserer Zeit brauchbaren Sprache weiterzubilden,* von Dr. E. BEERMANN, Oberlehrer am kgl. Gymnasium zu Nordhausen (Leipzig, Gustav Fock, 1895).

langues romanes réelles, mais plus régulière et plus simple [1].
C'est là, selon l'auteur, le procédé le plus scientifique, car il consiste à imiter autant que possible la nature, et à r_duire au
minimum la part de l'arbitraire et du « subjectif ». Le *Novilatiin*
ainsi formé ne sera guère plus artificiel que certaines langues
nationales purement écrites et littéraires forgées de notre temps
et presque sous nos yeux (néo-grec, slovène, tchèque, et surtout
hongrois). Cette langue aura une unité organique et un esprit
qui manquent aux autres langues artificielles ; elle aura ses lois
de formation, et sera susceptible de développement autonome.
Quant au vocabulaire, il ne sera pas exclusivement latin ; il s'assimilera tous les éléments internationaux de nos langues, dont
la plupart, du reste, sont empruntés au grec ou au latin (même
l'allemand contient beaucoup plus d'éléments latins qu'on ne le
croit d'ordinaire).

GRAMMAIRE.

L'*alphabet* comprend 23 lettres, 5 voyelles : **a, e, i, o, u** (*ou*) ; et
18 consonnes : **b, c** (*ch*), **d, f, g, h, j** (*j* français), **k, l, m, n, p, r, s**
(toujours dur), **t, v, y** (*j* allemand), **z** (*z* français), auxquelles
s'ajoutent les lettres **ō, ä, q, x,** qui ne se trouvent que dans les
mots étrangers. Il n'y a qu'une seule diphtongue : **au**.

L'*accent* (dans les mots simples) porte sur la dernière syllabe,
si elle est longue (**feliic,** *heureux*) ; sinon, sur l'avant-dernière, si
elle est longue de nature ou par position [2] (**hoteleero,** *hôtelier* ;
pauperta, *pauvreté*) ; ou sinon, sur l'antépénultième (**konvokan**).
Dans les mots composés, chaque élément garde son accent
(sauf les prépositions). On voit que l'accentuation suppose la
connaissance de la *quantité* (longueur) des syllabes. Pour suppléer à cette connaissance, les voyelles longues de nature sont
doublées dans les deux dernières syllabes ; mais, bien entendu,
elles se prononcent simples.

Il y a un *article défini,* **il,** et un *article indéfini,* **un** ; tous deux
absolument invariables.

Les *substantifs* se déclinent analytiquement : le *génitif* est marqué

1. Elle se rapprochera de l'italien pour la prononciation, et de l'espagnol
pour l'orthographe.
2. Une voyelle est dite longue par position (en latin) quand elle est suivie
de deux ou plusieurs consonnes.

par la préposition **de**, le *datif* par la préposition **a**; l'accusatif ne
diffère pas du nominatif. Les prépositions **de** et **a** se combinent
avec l'article défini en **del** et **al** [1].

Le *genre* (toujours naturel) est marqué par les désinences -**o**
(m.), -**a** (f.), -**e** (n.). Ex. : **kan**, *chien* (en gén.); **kano**, *chien*; **kana**,
chienne. Mais on dit : **hom**, *homme* (en gén.); **viro**, *homme*; **feema**,
femme. Certains féminins se forment au moyen du suffixe -**essa** :
rejessa, *reine*; **imperessa**, *impératrice* [2].

Le *pluriel* est marqué par la désinence -**s** (-**es** après une sifflante,
c ou **s**) : **dom**, *maison*, fait **doms**; **audaac**, *audacieux*, fait **audaaces**.

Les *adjectifs* sont invariables en genre et en nombre.

Les *degrés de comparaison* se forment au moyen des suffixes
-**ioor** (comparatif) et -**im** (superlatif), ou bien au moyen des
adverbes **plu** et **mas** (obligatoires quand le radical se termine
en -**ie**) : **grande**, **grandioor**, **grandim**; **varie**, **plu varie**, **mas varie**.

Les *adjectifs* se transforment en substantifs au moyen de l'article et des désinences de genre -**o**, -**a**, -**e** : **il bello**, *le beau* (le bel
homme); **il bella**, *la belle*; **il belle**, *le beau* (neutre).

Les *noms de nombre cardinaux* sont : **uun**, **due**, **tre**, **kvar**, **kvin**,
see, **septe**, **okte**, **non**, **dec**; **undec**, **dudec**, **tridec**,... **septidec**, **oktidec**,
nondec; **duinte**, 20; **duinte uun**, 21; **duinte due**, 22;... **trinte**, 30;
kvarinte, 40; **kvininte**, 50; **seinte**, 60; **septinte**, **oktinte**, **noninte**;
cente, **ducente**, **tricente**...; **mille**.

Les *nombres ordinaux* dérivent des précédents au moyen du
suffixe -**im** (en supprimant l'e final): **uunim**, **duim**, **trim**, **kvarim**.

Les *adverbes ordinaux* dérivent des précédents au moyen du
suffixe -**ibi** (des adverbes de lieu) : **unimibi**, *premièrement*; **duimibi**, etc.

Les *nombres fractionnaires* sont identiques aux nombres ordinaux, excepté : **semie**, *demi*.

Les *nombres multiplicatifs* se forment au moyen du suffixe -**ple**
ou -**iple** : **uniple** ou **simple**; **duple**, **triple**, **kvariple**.

Les *nombres de fois* se forment au moyen du suffixe -**un** [3] ou
du mot **vic** (*fois*) : **uunun** ou **uun vic**, *une fois*; **duun** ou **due vices**,
trun ou **tre vices**. De même : **unimun** ou **il unim vic**, *la première
fois*.

---

1. L'article se combine encore avec d'autres prépositions (comme en italien) : **cil**, **kul**, **gral**, **nil**, **ol**, **prol**, **suprel**, **tral**.
2. Cf. le vieux français : *empresse*.
3. Abréviation de **nun** = *maintenant* (L. *nunc*). Pourquoi?

Les pronoms personnels sont, au *nominatif* :

	1re p.	2e p.	3e p. m.	3e p. f.	3e p. n.
Sing. :	go,	tu,	lo,	la,	le;
Plur. :	nos,	vos,	los,	las,	les,

et à l'*accusatif* :

	1re p.	2e p.	3e p. m.	3e p. f.	3e p. n.
Sing. :	mi,	ti,	li,	li,	le;
Plur. :	nis,	vis,.	lis,	lis,	les.

Le *génitif* et le *datif* se forment en faisant précéder l'*accusatif* des prépositions **de** et. **a.**

Le *pronom réfléchi* est **si**. On se dit **on**.

Les *pronoms possessifs* sont : **mie, tie, sie; nostre, vostre, lostre**.

Les *pronoms démonstratifs* sont : **ste**, *celui-ci*; **ille**, *celui-là*; **ipse**, *même*; **il ipse**, *le même* (L. *idem*); **taal**, *tel*.

. Les *pronoms interrogatifs-relatifs* sont : **kve**, *qui*; **kvaal**, *quel*; **ilkve**, **ilkvaal**, *celui qui*.

Les *pronoms indéfinis* sont : **alikvo** ou **kvo**, *quelqu'un*; **alikve** ou **kve**, *quelque chose*; **neuno** ou **nekvo**, *personne*; **niil** ou **nekve**, *rien*; **omne**, *tout*; **toot**, *tout (entier)*, etc.

. Les *verbes* ont une conjugaison uniforme. Leur radical est extrait du participe passif latin, dont on supprime la terminaison *-tus* : par suite, il se termine en *-a* (verbes de la 1re conjugaison latine) on en *-i* (verbes des 3 autres conjugaisons). Ex. : **ama, meri, obli, moli** [1].

. Les *formes verbales* ne varient pas suivant la personne.

L'*indicatif présent* se forme en ajoutant un *-n* [2] au radical : **aman, puunin**.

L'*indicatif passé* se forme en ajoutant un **-f** au radical : **amaf, puunif**.

L'*indicatif futur* se forme en ajoutant un *-r* au radical : **amar, puunir** [3].

Les temps du *subjonctif* se forment en ajoutant la désinence **-la** à ceux de l'indicatif; mais ils représentent des modes différents :

Optatif :	**amania**,	**puninia**.
Subjectif :	**amafia**,	**punifia**.
Conditionnel :	**amaria**,	**puniria**.

1. On voit que les verbes déponents (*mereor, obliviscor, molior*) sont ainsi ramenés à la forme normale.
2. Cet n provient du participe présent, selon l'auteur. Pourquoi?
3. Le futur peut aussi se former au moyen de l'infinitif et de l'auxiliaire **volin** (comme en anglais).

L'*impératif* se réduit au radical verbal : **ama, puuni.**

L'*infinitif* se forme en ajoutant -r au radical verbal et en allongeant la voyelle finale : **amaar, puniir.**

Le *participe présent* (actif) se forme en ajoutant -**nte** au radical verbal : **amante, puninte.**

Le *participe passé* (passif) se forme en changeant l'r de l'infinitif en t : **amaat, puniit.**

Les *temps indirects* de l'actif se forment au moyen du participe passé précédé des temps directs du verbe auxiliaire **haar** (*avoir*).

Tous les temps du *passif* se forment au moyen du participe passé précédé des temps correspondants du verbe auxiliaire **siir** (*être*).

Ces deux verbes auxiliaires se conjuguent régulièrement (radicaux : **ha** et **si**).

Les *verbes impersonnels* se conjuguent avec le pronom neutre **le.**

Voici quelques exemples de verbes conjugués :

go fan, *je dis* ; **tu fektaf,** *tu faisais* ; **le pluir,** *il pleuvra* ; **nos han obliit,** *nous avons oublié* ; **vos haf dansaat,** *vous aviez dansé* ; **lis har komprendiit,** *ils auront compris* ; **go han daat,** *j'ai donné* ; **lo han moriit,** *il est mort.*

Les *adverbes dérivés* se forment en ajoutant aux adjectifs la terminaison -**am** [1] : **fideel, fideelam** ; **lente, lentam.**

Les *adverbes primitifs* sont : **taa,** *oui* (L. *ita*) ; **noo,** *non* ; **ja,** *déjà* (L. *jam*) ; **mos** (L. *mox*), *bientôt* ; **asa,** *assez* ; **adu** (L. *adhuc*), *encore* ; **sep** (L. *sæpe*), *souvent* ; **sempe** (L. *semper*), *toujours,* etc.

Les adverbes de lieu se terminent en **ibi** (L.) : **stibi,** *ici* ; **libi,** *là* ; **kvibi,** *où* ; **alikvibi,** *quelque part* ; **omnibi,** *partout* ; **nekvibi,** *nulle part.*

Les adverbes de temps se terminent en -**un** (L. *nunc*) : **stun,** *maintenant* ; **lun,** *alors* ; **kvun,** *quand* ; **omnun,** *toujours* ; **nekvun,** *jamais.*

On remarquera la corrélation établie entre les adverbes de ces deux classes. La même corrélation existe entre les adverbes de manière, terminés en -**am** : **stam,** *ainsi* ; **kvam,** *comment* ; **alteram,** *autrement* ; et entre les adverbes composés de prépositions ou de substantifs : **kveo,** *pourquoi* ; **leo,** *pour cela* ; **kveni,** *dans quoi* ; **leni,** *là-dedans* ; **kvesupre,** *sur quoi* ; **lesupre,** *là-dessus,* etc. **Stidie,** *aujourd'hui* ; **omnidie,** *tous les jours* ; **stianne,** *cette année* ; **steper,** *par ici.*

Les principales *prépositions* sont : **ni,** *dans* ; **es,** *hors* ; **ante,** *avant* ;

---

1. Empruntée à *tam, quam* (L.). Pourquoi?

pos, *après*; **supre**, *sur*; **su**, *sous*; **ku**, *avec*; **ci**, *sans*; **o**, *à cause de*; **per**, *par*; **pro**, *pour*, etc. Il y a aussi des locutions prépositives, comme : **ni loke de**, *au lieu de*; **per medie de**, *au moyen de*, etc.

Les principales *conjonctions* sont : **e**, *et*; **au**, *ou*; **ne**, *ni*; **ver**, *mais*; **na**, *car*; **si**, *si*; **ke**, *que*; **tame**, *cependant*. Il y a des conjonctions composées avec **ke** (comme en français) : **perke**, *pendant que*; **anteke**, *avant que*; **poske**, *après que*; **proke**, *pour que*; **oke**, *parce que*, etc.

L'auteur ne donne qu'une indication relative à la syntaxe : c'est que le régime direct se distinguera du sujet par sa place. Ex. : **il soldaato presintaf al duko il ordin del rejessa**, *le soldat présenta au duc l'ordre de la reine.*

L'accusatif des pronoms peut remplacer le datif, quand il n'y a pas d'équivoque à craindre : **da mi un libre**, *donne-moi un livre.*

VOCABULAIRE.

Le fonds du vocabulaire est fourni par le latin, complété par le grec. En général, les mots à flexion sont réduits à leur radical : **anim, numer, nive**; **grande, medie**. Il en résulte que certains mots deviennent identiques, par ex. : *collis* et *collum*, *vallis* et *vallum*. L'auteur se tire d'affaire en modifiant les radicaux : **koliin** et **kolle**, **valle** et **valie**. Les particules sont abrégées, comme on l'a vu; mais elles restent intactes dans les mots composés.

Mais l'auteur ne se restreint pas au vocabulaire latin. Lorsque le mot latin manque, ou même lorsqu'il est tombé en désuétude dans les langues modernes, l'auteur adopte le mot *international* correspondant (Ex. : *park*). Il appelle *mot international* tout mot commun à 3 au moins des 6 langues principales, pourvu que ces 3 langues comprennent une langue non romane. C'est ainsi qu'il admet les mots **frak** (D., R., S.), *habit*; **kork** (D., E., S.), *bouchon*. Faute d'un mot international, il admet un mot commun à *deux* langues. Par exemple, la comparaison des mots : *Kellner* (D.), *waiter* (E.), *garçon* (F.), *garzóne* (I.), *tcelovyek* (R.), *mozo* (S.), le conduit à adopter **garsoono** (F., I.). Faute d'un mot commun à deux langues, il opte pour le mot italien, l'italien étant la langue la plus voisine du latin.

En fait, dans son lexique (1400 mots environ), on trouve un certain nombre de mots empruntés aux langues modernes, et pour cause : **biir**, *bière*; **bool**, *bol*; **bros**, *brosse*; **canse**, *chance*; **gazette, jurnaal, kafee, poste**. Parfois même l'auteur a préféré une racine de bas-latin ou moderne à la racine latine : **agradaabil**, *agréable*; **atakke**, *attaque*; **bekke**, *bec*; **belle**, *beau*; **kavalle**, *cheval*; **gruppe, jardiin**; **kacie**, *chasse*; **kambie**, *change*; **klok**, *cloche*; **kombatte**, *combat*; **koraaje**, *courage*; **paees**, *pays*; **prisioon**, *prison*; **riik**, *riche*; **truppe**, *troupe*; **akostumaar**, *s'accoutumer*; **eskappaar**, *échapper*; **eskortaar**, *escorter*; **kominsiaar**, *commencer*, etc. Comme on voit, l'auteur sacrifie délibérément la pureté de son néolatin à l'internationalité [1].

Pour les mots dérivés et composés, il pose en principe que les radicaux doivent y entrer sans altération (ce qui n'a pas lieu en latin, où *quæro* fait *acquiro*; *cado* et *cædo* font *incido*, etc.). Par suite, il faudra choisir entre les diverses formes d'un même radical. Par exemple, **jekt** est préférable à **jakt**, à cause de **subjekt, objekt, projekt, injektion**. En revanche, **kad** vaut mieux que **kid**, à cause de *décadence* (E. F. I. S.). Pour la même raison, on dira **superfacie** (*surface*) au lieu de *superficies* (L.).

En général, la formation des mots peut être *progressive* ou *régressive* : elle est progressive quand on passe d'un radical à ses dérivés; elle est régressive quand on extrait de mots (dérivés ou non) le radical qui doit représenter le mot primitif. De même que les substantifs *défense, estime*, sont provenus des verbes *défendre, estimer*, de même on tirera par régression : **speer** (*espoir*) du verbe *sperare*; **dubit.** (*doute*) du verbe *dubitare*; **narre** (*récit*) du verbe *narrare*.

Une fois fixés le vocabulaire (liste des radicaux), d'une part, et la liste des affixes de dérivation, d'autre part, le *Novilatiin* doit se développer d'une manière régulière et indépendante, suivant ses règles propres de formation, comme les langues romanes elles-mêmes se sont développées d'une manière autonome, indépendamment du latin.

La formation des *mots dérivés* se fait au moyen de divers suffixes (aucun *préfixe*), dont nous allons énumérer les principaux.

Ajoutés à un radical verbal, le suffixe -**toor** forme le substantif qui indique l'agent : **fundatooro, konditooro**; et le suffixe -**sioon** forme le substantif qui désigne l'action : **deklarasioon, negasioon**.

---

1. Le mot L. *caseus* (*fromage*) est déformé en **kees**, pour se rapprocher de D. E.

Mais quand le radical verbal se termine en -ta ou -sa, il y a déformation du radical ou du suffixe : **profesooro; direksíoon, esklusioon**.

Les substantifs dérivés d'adjectifs se forment au moyen des suffixes -ta ou -ita : **proprieta, pauperta, juventa; sanita, beatita**; ou encore du suffixe -**sie**, substitué à la désinence -**te** des adjectifs ou participes : **forte, forsie** (*force*); **multe** (*beaucoup*), **mulsie** (*multitude*).

Les substantifs dérivés de substantifs se forment au moyen des suffixes :

-**ul** ou -**ette** pour les diminutifs : **filiulo, statuette** [1] ;

-**oon,** pour les augmentatifs : **patroono, matroona** ;

-**astre,** pour les péjoratifs : **medikastro**;

-**aaje,** pour les collectifs : **vilaaje,** *village* (de **ville,** *maison de campagne*); **viaage,** *voyage* (de **vie,** *chemin*);

-**eet,** pour les plantations : **vineet,** *vigne* (de **viin,** *vin*);

-**eer** ou -**ist,** pour les personnes qui s'occupent d'une chose ou d'une science : **libreero, arkiveero; dentisto, violinisto** [2];

-**ie,** pour les noms de choses dérivés de noms de personnes : **librerie**.

Les adjectifs dérivés de verbes se forment au moyen des suffixes :

-**bil,** pour indiquer la possibilité : **amaabil,** *aimable* [3]; **krediibil,** *croyable*;

-**tiive,** pour indiquer l'activité : **negatiive**. Ce suffixe s'abrège en -**iive** après les radicaux terminés en -ta ou -sa : **aktiive, abusiive**. Les adjectifs dérivés de substantifs se forment, en général, au moyen du suffixe -**aal** (**sensuaal**), ou du suffixe -**eer** quand le radical se termine par l (**populeer**); le suffixe -**iil** s'applique aux noms de personnes (**viriil**), et le suffixe -**aan** aux noms de lieux (**Castiliaan**). Le suffixe -**oos** désigne la plénitude, et le suffixe -**ije** l'absence de la qualité en question : **korajoos, perikuloos; pietije,** *impie*.

Enfin les verbes dérivés de substantifs en -**i** font leur présent en -**in**; tous les autres en -**an**. Les verbes *inchoatifs* (qui marquent

---

1. Le suffixe -**ard** paraît désigner *le fils de* : **imperardo,** *prince impérial*.
2. Cependant **tinteer** signifie *encrier*.
3. *Aimable* ne signifie pas : *qu'on peut aimer*, mais *qu'on doit aimer* (D. *liebenswürdig*).
4. Du verbe latin *indigere* (! ?).

un commencement d'action) se forment au moyen du suffixe
-ccin (L. -esco): **albecciir**, *blanchir*; **senecciir**, *vieillir*.

Les *mots composés* se forment par la juxtaposition des racines
(avec un i interposé au besoin), la principale étant la dernière :
vitre-fenestre, *fenêtre à vitres*; **fenestre-vitre**, *vitre à fenêtre*; **ferre-
vie**, *chemin de fer*.

L'ouvrage du Dʳ BEERMANN contient des échantillons de *Novilatiin* qui consistent en traductions de textes allemand, anglais,
français, italien, latin, russe, espagnol et... *Volapük*. Il nous
paraît intéressant de citer la première phrase de cette dernière,
avec le texte en regard [1] :

Vobuk klonela sona Rudolf de Löstän-Nugän « Lefüdänatäv » polofom is menes pekulivöl netas valik as gelütot völadik lautela edeilöl tu suno nole e mostepe in flol lifa okik.	Il oper del grandiprinco Rudolf de Austrie-Ungarie « Un oriente-viaaje » sin presentat steper al koltaat homes de omne nasioons u presioos heredie del autooro moriit nimi celeram al sciensie e progresse nil floor de sie viit.

CRITIQUE.

Le projet du Dʳ BEERMANN est une œuvre intéressante, qui
mérite un examen approfondi. Il repose sur des principes théoriques fort judicieux, mais dont l'application est souvent défectueuse, de sorte que le résultat n'est ni assez simple ni assez
pratique pour pouvoir passer dans l'usage.

Le plus grave défaut de cette langue est la distinction des
voyelles longues au moyen du redoublement, distinction rendue
nécessaire par les règles trop savantes et trop compliquées qui
régissent l'accent. Ce redoublement des voyelles viole le principe
de l'invariabilité des radicaux, posé et observé ailleurs par l'auteur. Les exemples sont innombrables : on en a déjà vu dans la
conjugaison des verbes : **puniir** fait **puunin**, etc. On en trouve
une foule d'autres dans les mots dérivés : **amiiko, amikaal; koraaje, korajoos; naat, natiive; nasioon, nasionaal; periit** (L. *peri-
tus, expérimenté*), **peritita; riik, ricita** (avec changement du **k** en
c); **ruur** (L. *rus, campagne*), **ruraan; viciin, vicinita**, etc. [2]. C'est

1. Préface de l'ouvrage de LEDERER : *Lefüdänatäv fa klonelason Rudolf
de Löstän-Nugän (Voyage en Orient du prince impérial Rodolphe d'Au-
triche-Hongrie).*

2. Il est vrai que les voyelles doubles ne comptent que pour une seule
dans l'ordre alphabétique du dictionnaire.

compliquer à plaisir l'écriture, et exposer les novices à de perpétuelles fautes d'orthographe.

Mais voici un inconvénient plus grave encore : il y a des
formes verbales, voire des mots différents, qui ne se distinguent
que par la longueur d'une voyelle, c'est-à-dire par le redoublement. Ex. : **puniir** (infinitif), **puunir** (indicatif futur); **al** = *au* (à
le), **aal** = *aile*; **nil** = *dans le* (**ni il**), **niil** = *rien* (L. *nihil*); **kan** =
chien (L. *canis*), **kaan** = *gris* (L. *canus*); **man** = *main* (L. *manus*),
maan = *matin* (L. *mane*); **fin** = *je deviens* (L. *fio*), **fiin** = *fin* (adjectif), **fiini** = *fin* (subst.); **un** = *un* (art. indéf.), **uun** = *un* (nombre);
us = *jusqu'à* (L. *usque*), **uus** = *us(age)*; **ta** = *ainsi*, **taa** = *oui* (L. *ita*);
ver = *mais* (L. *verum*), **veer** = *vrai* (L. *verus*) [1], etc. On voit que
l'auteur a essayé d'éviter par là des homonymies : il y a assez
mal réussi. Il y en a d'autres qu'il a éludées par de légères
modifications : **vol** = *action de voler*, **voli** = *volonté*, **volan** = *voler*,
volin = *vouloir*; **poste** = (la) *poste*, **posti** = (un) *poste*; **seri** = *série*
(L. *series*), **serie** = *sérieux* (L. *serius*); **serve** = *conservation*, **servi**
= *service*; **studin** = *avoir du zèle*, **studian** = *étudier* (L. *studere*), etc.
Il y en a enfin qu'il n'a pas évitées du tout : **si** signifie *si* et *soi*.

D'autre part, la formation des dérivés manque souvent de
régularité, par un attachement excessif aux langues naturelles.
Ex. : **viit** = *vie*, **viive** = *vif*, **viivin** = *vivre*. On a vu que dans
certains cas elle altère le radical ou le suffixe, parfois les deux,
pour se conformer à la tradition du latin, que l'on est censé
ignorer. Tous ces détails ne pourraient s'apprendre que par
l'*usage*, dont le rôle doit être restreint autant que possible au
bénéfice de la logique et de l'analogie. De plus, certains mots
se terminent comme des dérivés, et ne sont pas des dérivés.
Ex. : **koraaje, pasaaje, visaaje; rejioon** (*région*) ne vient pas de
rejie (*royaume*). D'autres mots, dérivés par la forme, ne le sont
pas par le sens : un village (**vilaaje**) n'est pas une réunion de
maisons de campagne, de *villas* (**ville**); une vigne (**vineet**) n'est
pas un champ planté de vin (**viin**); un voyage (**viaaje**) n'est pas
une collection de chemins (**vie**).

L'auteur semble avoir hésité à employer partout le suffixe -**sioon**,
qui engendre dans nos langues des mots parfois si longs et si
lourds. Il admet, par exemple, à la fois **admiir** et **admirasioon**,
defiil et **defilasion** (*défilé* de troupes), **dissip** et **disipasioon**, **situe** et

---

[1]. Que devient le 3e homonyme latin : *ver* = *printemps?*

situasioon. Il y a là une tendance louable à la simplification, malgré l'exemple contraire des langues romanes.

En revanche, l'auteur s'écarte trop des langues naturelles dans la formation de certains mots qui deviennent à peu près méconnaissables : **han** = *avoir*; **sin** = *être*; **in** = *aller*; d'où : **asin** = *être présent*; **esin** = *sortir*; à côté de ces mots, on trouve **diin**, qui signifie *dîner*; **fan**, *dire*; **fe**, *parole*; **fin**, *devenir*; et des particules comme : **o**, *à cause de*; **u**, *comme*; **val**, *très* (L. *valde*); **vel**, *bien* (E. *well*) [1].

D'ailleurs, l'auteur a commis une grave erreur en simplifiant et abrégeant (souvent à l'excès) les particules latines, et en les conservant intactes en composition. Cela les rend plus difficiles à reconnaître, et viole le principe salutaire de l'invariabilité des éléments constitutifs de la langue.

Enfin, malgré son intention déclarée, il n'a pas su se garder suffisamment de l'arbitraire dans le choix des fléxions grammaticales; exemples : la désinence -**n** de l'indicatif, qui évoque bien plutôt l'idée de l'infinitif (D.); le suffixe -**ije** pour indiquer la privation; le suffixe -**un** pour indiquer le nombre de fois; le suffixe -**am** pour les adverbes, etc. Dans la numération, l'auteur a commis la faute (germanisme) d'énoncer les unités avant les dizaines, *dans la 1re dizaine seulement*, ce qui est absolument illogique (il dit : *un-et-dix*, mais : *vingt et un*). Tous ces défauts ne sont pas également graves, et certains (par exemple le dernier) seraient aisés à corriger. Mais leur réunion contribue à donner à l'ensemble une physionomie étrange et un peu baroque, qui déconcerte et qui rebute. La langue n'est pas facile à lire ni agréable à entendre; elle n'a pas la « transparence » qu'on est en droit d'attendre d'un néo-latin, et qui fait que d'autres langues analogues sont comprises à première vue. En somme, il y a dans ce projet beaucoup d'idées savantes et ingénieuses, qui méritent d'être retenues, mais dont la réalisation est trop imparfaite pour qu'elle puisse être adoptée telle quelle [2].

1. Ajouter des composés comme : **eskordin**, *oublier*, à côté de **rementan**, *se souvenir*.
2. Les auteurs de l'*Idiom neutral* ont rendu au *Novilatiin* le meilleur hommage, en s'en inspirant.

CHAPITRE XXIII

LE *LINGUIST*

Divers projets de langue universelle ont donné naissance à des journaux spéciaux, consacrés en général à la propagande de l'un d'entre eux; nous les avons mentionnés à propos de chaque projet. Mais, outre ces journaux, il a existé plusieurs revues indépendantes, destinées à étudier la question de la langue universelle, à propager l'idée de cette langue, et à en déterminer les conditions et les principes théoriques. La première en date fut l'*Interpretor* (*Internationale Zeitschrift für Weltsprache*), fondé par Karl LENTZE (un ci-devant Volapükiste), avec le concours de MM. Julius LOTT (Wien), FRICKE (Wiesbaden), REYEN (Nantes) et BAKER (New-York). Cette revue mensuelle était rédigée en trois langues (allemand, anglais, français). Elle eut 12 numéros en 1889 et 2 numéros en 1890, après lesquels elle cessa de paraître, sans doute faute d'abonnés.

Un autre journal fut lancé bientôt après par M. Julius LOTT à Leipzig sous le titre : *Le Kosmopolit, Gazette pro l amikes de un lingue universal. Publikat de l international Societé de l mondolingue.* Mais, malgré les intentions libérales de son auteur, il paraissait trop inféodé à un projet particulier pour réunir beaucoup de partisans, et il n'eut que trois numéros (1er décembre 1892 — 1er février 1893). La « Société du Mondolingue » ne réussit pas à se constituer.

Une revue plus importante fut le *Linguist, Gazette indépendante pour tous les amis d'une langue universelle* [1], fondé par Max WAHREN, à Hannover. Cette revue mensuelle eut 12 numéros en 1896 et

---

1. Ce sous-titre était imprimé en allemand, français, anglais, *Volapük* et *Esperanto.* Toutes ces langues étaient admises dans la revue.

deux en 1897 [1]. Elle eut pour collaborateurs HEINTZELER [2], LOTT, ROSENBERGER, BEERMANN, BÖKL, VON WAHL, GRABOWSKI, KŒNIG, SCHACHERL, etc. Comme on le voit, elle réussit à réunir un certain nombre de personnes compétentes et d'opinions assez variées. Aussi contient-elle beaucoup d'articles intéressants, où sont discutées les principales questions théoriques relatives à la formation d'une langue universelle. Nous croyons donc devoir en donner une analyse succincte.

Le but du *Linguist* était d' « unir tous les amis de la langue universelle dans un travail commun », et d'arriver à la constitution définitive d'une telle langue. On y rendait justice au « mérite immortel » de Mgr SCHLEYER, mais on considérait le *Volapük* comme absolument défectueux (il était d'ailleurs tout à fait tombé). On lui reprochait deux défauts principaux : l'arbitraire dans le choix des mots et des flexions, et le manque de base scientifique et objective. On se proposait, au contraire, d'exclure autant que possible l'arbitraire, et de donner à la langue une base scientifique, c'est-à-dire historique et philologique, en se conformant aux principes suivants. Pour le lexique, on devait se rapprocher le plus possible du vocabulaire international commun aux langues européennes et déjà connu de tout homme instruit. Pour la grammaire, on devait tenir compte autant que possible de la tendance (analytique) des langues modernes. L'idée commune à tous les collaborateurs du *Linguist* était donc le *principe du maximum d'internationalité*. Selon l'expression de M. BÖKL, la langue universelle doit être la langue « internationale », en entendant par là, non pas seulement une *lingua inter nationes*, mais une *lingua internationalis*, c'est-à-dire formée d'éléments internationaux. Bien entendu, il ne devait être question que de l'internationalité *européenne* : c'était une chimère que de prétendre, comme SCHLEYER, faire une langue pour tous les peuples : la langue internationale de l'Europe serait par là même la langue internationale de toute la terre, et les peuples non européens y trouveraient encore leur avantage.

Mais comment définir l'internationalité européenne ? Pour préciser, on considérerait comme international tout mot commun aux *six* principales langues européennes (D., E., F., I., R., S.) : ce

criterium, proposé par l'*American Philosophical Society*, était adopté
par BEERMANN. A défaut de cette internationalité complète, on
devait adopter les termes communs à la *majorité* des langues sus-
dites. Une conséquence de ce principe était que les radicaux
latins devaient se trouver en majorité, car ils sont les plus internationaux, à cause de l'influence et de la pénétration du latin
dans les langues germaniques et slaves. M. BEERMANN augmentait
encore la part ainsi faite aux éléments latins en proposant d'emprunter les mots non internationaux, soit aux langues mortes
(latin et grec), soit aux langues romanes (surtout à l'italien).
Certains auteurs, comme GRABOWSKI, voulaient aller plus loin
encore dans ce sens pour avoir un lexique homogène, et prendre
pour base du vocabulaire tous les mots latins existant dans les
langues modernes (spécialement en français) [1] ; à quoi BEERMANN
répondait avec raison que cette méthode violait à la fois l'internationalité et la neutralité : si l'on doit adopter les mots latins,
c'est comme mots internationaux, et non comme mots latins. La
latinité du vocabulaire ne doit pas être le principe, mais la conséquence du principe d'internationalité.

Sous quelle forme devait-on employer les mots internationaux? Certains tenaient pour l'orthographe phonétique; et KÖNIG
(d'ailleurs partisan de l'anglais comme langue universelle) proposait d'écrire **najn** pour *nation* et **krω** pour *croix*. Mais de quel
droit, répondait BÖKL, adopter la prononciation d'un peuple
plutôt que celle d'un autre? L'orthographe phonétique défigurerait les mots internationaux, détruirait la relation visible qui
unit les mots d'une même famille (ex. : *nation, nature, natal, natif*),
et rendrait la langue beaucoup plus difficile à apprendre; car il
est plus facile d'apprendre à prononcer un mot suivant une
orthographe connue que d'apprendre à la fois une forme et une
prononciation nouvelles : dans le premier cas, on profite de
l'habitude visuelle, d'autant plus que la L. I. s'apprendra bien
plutôt par l'œil que par l'oreille. Pour découvrir la véritable
forme des mots internationaux, GRABOWSKI préconisait le *principe
de l'analyse élémentaire,* qu'il se flattait d'avoir inventé, mais qui
avait été déjà appliqué plus ou moins consciemment par d'autres
auteurs. Ce principe prescrit de décomposer le mot en tous ses

---

1. GRABOWSKI proposait d'appliquer la philologie romane à découvrir la
forme primitive des radicaux latins : et il poussait le respect de l'étymologie
jusqu'à écrire : à l'hor le mot F. *alors* (I. *allora*).

éléments, au moyen de l'étymologie et de l'analogie [1] ; comme
exemple d'une telle analyse, Grabowski citait le mot *nat-ur-al-is-
al-ion*, et comme exemple de violation de son principe, il citait
les mots *prix* et *precios*, admis par LOTT, et *nasioon, natiiv, natuur*,
admis par BEERMANN. En somme, il préconisait l'*invariabilité des
éléments*, telle qu'elle est appliquée en *Esperanto*. A quoi VON
WAHL objectait qu'il est impossible de construire une langue
agglutinante avec des éléments empruntés à des langues à *flexions*.
On se trouve en effet très souvent en présence de deux radicaux
correspondant à la même idée (ex. : *sent-iment, sens-uel*). Ce fait
se présente surtout dans les radicaux des verbes latins à supin
irrégulier : on trouve à la fois *corrig* et *correct*, *leg* et *lect*, *scrib* et
script, *pon* et *posit*, *cognosc* et *cognit*. Selon VON WAHL, il fallait
conserver les deux radicaux de l'infinitif et du supin, dont l'un
engendre les noms d'action (*am-or*) et l'autre les noms d'acteur
(*amat-or*) [2]. Et GRABOWSKI proposait d'inscrire les deux radicaux
dans le dictionnaire, c'est-à-dire d'obliger tous ceux qui ne sau-
raient pas le latin à apprendre deux radicaux, au lieu d'un.

Pour la formation des mots (dérivés et composés), une grave
question se posait : fallait-il les fabriquer suivant des règles systématiques avec des éléments invariables (aussi internationaux
que possible), ou bien les emprunter tout faits aux langues
vivantes, en raison de leur internationalité ? La première méthode
(qui est celle du *Volapük* et de l'*Esperanto*) était préconisée par
ROSENBERGER (qui l'appliquait dans l'*Idiom neutral*) ; la seconde
était préférée par la plupart des collaborateurs : LOTT, GRA-
BOWSKI, BEERMANN, BÖKL. GRABOWSKI reprochait à l'*Esperanto* ses
« volapükismes » : pourquoi dire **komunikiĝo** au lieu de **comunica-
sion**, **leĝigi** au lieu de **legalizer** ? D'autre part, ROSENBERGER reprochait à Julius LOTT de sacrifier la régularité en admettant trois
conjugaisons (**amare, kredere, finire**) et en employant divers
affixes pour des dérivations de même sens (**klarifikare, egalisare,
agrandire**) : dans une telle langue, on ne peut plus fabriquer les
mots dont on a besoin, il faut les chercher dans le dictionnaire,
comme dans une langue naturelle. BÖKL répondait que cette facilité
de former des mots autonomes est inutile et illusoire, car les igno-

---

1. Un corollaire de ce principe est qu'on doit chercher le radical d'un mot
dans ses dérivés. Ex. : *œil, ocul-iste* ; *fable, fabul-eux*.
2. Il citait cet exemple curieux d'un verbe latin dérivé du supin d'un
autre verbe : *canere, cantum, cantare*.

rants ne sauront pas les former, et quant aux savants, ils connaissent déjà les mots internationaux, et les préféreront à des
néologismes réguliers, mais barbares (comme **lektator, traduka-
sion**). D'ailleurs les dérivés internationaux ne paraissent plus
irréguliers, à cause de l'habitude. On allait jusqu'à soutenir
l'inutilité de toute dérivation logique, en vertu de ce dilemme :
Ou bien on connaît ıe mot dont on a besoin, ou bien on le
cherche dans le dictionnaire [1]. Et l'on invoquait comme argument de fait le succès de l'*Esperanto* chez les Russes, qui seuls en
possédaient un dictionnaire complet [2]. En somme, on se trouvait
acculé à cette antinomie : les mots internationaux ne sont pas
réguliers, et les mots réguliers ne sont pas internationaux ; l'opinion dominante était qu'il fallait sacrifier la régularité à l'internationalité dans la formation des mots. Julius LOTT concluait
qu'on ne peut pas éviter les irrégularités des langues naturelles,
et VON WAHL, qu'on ne peut pas donner à la L. I. plus de simplicité et de régularité que n'en comportent nos langues.

La même antinomie se posait dans la grammaire, bien que,
par une heureuse inconséquence, BEERMANN réclamât pour les
flexions grammaticales la régularité absolue dont il faisait bon
marché dans la dérivation. BÖKL reconnaissait que l'idéal était
d'avoir une conjugaison unique et absolument uniforme ; mais
pour la réaliser il fallait passer entre Charybde et Scylla : ou
bien on dénaturait les formes internationales (comme ROSEN-
BERGER), ou bien on admettait plusieurs conjugaisons (comme
GRABOWSKI). Il proposait d'emprunter le radical verbal aux participes, qui sont les formes les plus internationales ; de donner
au participe actif la terminaison -nt, au participe passif la terminaison -t [3]. VON WAHL était du même avis ; seulement il proposait pour l'infinitif deux terminaisons : les verbes à voyelle de
liaison prendraient -r ; les verbes sans voyelle de liaison prendraient -re. En outre, la voyelle de liaison devait changer ou disparaître à certains modes ; et l'auteur se flattait d'obtenir ainsi
une conjugaison *unique* et simple, qui réalisât la fusion des
quatre conjugaisons latines.

1. Ce dilemme pourrait justifier n'importe quelle langue *a priori*, si fantaisiste qu'en fût le vocabulaire.
2. A cet argument on peut opposer un fait tout contraire, à savoir le
succès de l'*Esperanto* chez les Français, qui n'en ont pas encore de dictionnaire complet.
3. Comme en *Esperanto*.

Au fond, tous ces auteurs étaient possédés de l'idée (chimérique) de constituer une grammaire (et notamment une conjugaison) *internationale*; mais en fait, comme l'observait avec
raison BEERMANN, ils n'obtenaient ainsi tout au plus qu'une
grammaire *interromane* [1]. Ils ne s'entendaient même pas sur les
désinences « romanes » des verbes, comme le montrera le
tableau suivant :

	GRABOWSKI	VON WAHL	BÖKL
Présent :	— e (muet)	—	— (finale atone)
Passé :	— è	— i	— (finale accentuée)
Futur :	— era	— re	— ra
Conditionnel :	— ere	— rie	— re

VON WAHL voulait former les temps passés au moyen de l'auxiliaire **aver**, et ceux du passif au moyen de l'auxiliaire **esser** : *j'ai
été aimé* se traduirait littéralement par : **ave essito amato**. GRA-
BOWSKI faisait de même : **mo have perdita ma plumo**; mais il poussait l'imitation du français jusqu'à employer l'auxiliaire **eser**
pour les verbes neutres : **Il' ese venita**. Il renonçait aussi à la
régularité dans la déclinaison des pronoms personnels (**ego, me ;
tu, te ; il, le ; noi, nos ; voi, vos ; illi, illos**) et dans la formation
des pronoms possessifs (**ma, ta, sa ; noia, voia, loia**). En somme,
il sacrifiait complètement la régularité et même la logique à
l'imitation servile des langues romanes.

Ce qu'il y a de plus curieux, c'est que tous les collaborateurs
du *Linguist* se flattaient de construire une langue bien supérieure
à l'*Esperanto*, qu'ils s'accordaient à considérer comme « un produit de la fantaisie » ; tout en le reconnaissant meilleur que le
Volapük, ils lui reprochaient, comme à celui-ci, l'arbitraire dans
le choix des racines et des affixes. On a peine à comprendre
comment ils pouvaient porter un jugement si sévère sur une
langue fondée précisément sur le principe d'internationalité
dont ils s'inspiraient, et qui était leur seul point fixe et commun.
On se l'explique toutefois, si l'on remarque que les petits
manuels du Dᵣ ZAMENHOF ne contenaient aucune indication sur
les principes théoriques de sa langue, et que son lexique très
sommaire ne permettait peut-être pas de les deviner : dès lors,
ce mélange de racines empruntées à diverses langues pouvait

---

1. GRABOWSKI reprochait à la grammaire *Esperanto* de ne pas s'inspirer
de la philologie romane.

paraître arbitraire, et d'autre part la grammaire et la formation des mots faisaient plutôt ressortir la régularité que l'internationalité.

Quoi qu'il en soit, GRABOWSKI entreprenait de réformer l'*Esperanto* (*Reforma projecto*); il était amené peu à peu à répudier tous ses « Espérantismes », et à élaborer une langue nouvelle beaucoup plus latine, l' « analitic *Modern Latin* ». Il n'admettait pas l'accentuation uniforme, car il réprouvait, au nom de l'étymologie, les mots ocúlo, angélo; et, d'autre part, il ne pouvait pas adopter óclo, ánglo, à cause des dérivés (*oculaire, angélique*). A quoi Max WAHREN répondait judicieusement que les langues modernes ne conservent pas toujours la place de l'accent latin (ex. : *construere*, F. *construire*; *movére*, E. *móve*, I. *móvere*; *corrigere*, F. *corrigér*, D. *corrigieren*). GRABOWSKI supprimait l'accusatif, et formait le pluriel des noms en remplaçant -o par -i [1]. Il conservait l'-a final des adjectifs. BEERMANN lui objectait aussitôt que c'était là une règle arbitraire, et que l'-a final indique le féminin dans les langues romanes : on doit dire : *doctora, inspectora,* comme en espagnol. Là-dessus BÖKL ripostait que ces féminins ne sont pas internationaux, et que, pour se conformer à l'analogie (du latin), il faut dire : *doctrice, inspectrice*. Pour lui, les finales -o et -a ne représentent pas le masculin et le féminin ; l'o signifie en latin le mouvement, la direction (*quo, retrò*), tandis que l'a indique le repos ou l'état (*supra, infra, intra, extra, juxta...*), et il proposait en conséquence d'ériger ce fait accidentel en règle générale, et de dire, dans le cas de mouvement : *intro, infro, supro, extro...* [2]!

Ce petit échantillon des discussions du *Linguist* est très instructif. Il montre que les rédacteurs méritaient, tous, les reproches qu'ils adressaient à l'*Esperanto*, et qu'ils se renvoyaient eux-mêmes mutuellement. L'un de ces reproches était l'*arbitraire*; et par peur de l'arbitraire, ils tombaient dans le défaut contraire, l'absence de régularité. L'autre reproche était le caractère *non-scientifique*; et ils qualifiaient ainsi tout ce qui était contraire ou seulement étranger aux langues naturelles, surtout au latin. Ils ne se rendaient pas compte que l'on ne peut atteindre la régularité sans quelque arbitraire, et que l'exclusion de tout arbitraire

1. Comme M. DE BEAUFRONT dans son *Adjuvanto* (v. p. 329, note 1).
2. Autant de barbarismes à faire dresser les cheveux sur la tête des latinistes.

conduirait à admettre toutes les anomalies et tous les idiotismes
des langues vivantes : par exemple (suivant une remarque de
J. LOTT), BEERMANN adoptait le suffixe -oor pour indiquer l'action
(klamoor = cri); mais alors kantoor devrait signifier *chant*, et non
chanteur. Il est donc impossible de respecter à la fois l'histoire et
la logique, l'étymologie latine et la dérivation uniforme, en un
mot l'internationalité et la régularité. De même, la prétention à
la « scientificité » se traduit, pratiquement, par la conservation
scrupuleuse des formes latines, et aboutirait purement et simplement à l'adoption du latin comme L. I. Ainsi les deux idées
directrices de ces auteurs étaient contradictoires avec leur but.

En somme, l'union était loin d'être faite, ou même de se faire,
parmi les collaborateurs du *Linguist*, malgré leur désintéressement et leur bonne volonté. Il est difficile de ne pas partager
l'opinion du philologue GURU NEGORO, qui trouvait que le *Linguist* ne faisait qu'augmenter le désordre et la confusion des
idées, en discutant les principes les plus évidents. On ne s'enten-
dait même pas sur la méthode à suivre : BÖKL voulait instituer
des discussions théoriques et quelque peu scolastiques sur les
concepts de *langue internationale* et de *mot international*, dont il
cherchait à donner de savantes et subtiles définitions; d'autres
préféraient élucider des questions plus positives, spéciales et
techniques de grammaire et de philologie; d'autres enfin (LOTT
et ROSENBERGER) voulaient prendre le taureau par les cornes, et
commencer par élaborer le vocabulaire international. C'est d'ailleurs ce que Rosenberger réussit à faire avec l'Académie internationale dont il était le directeur [1]. On peut conjecturer que le
Linguist, malgré la science de ses collaborateurs et l'intérêt de
ses articles, n'eût abouti à aucun résultat, faute d'une direction
ferme et d'un plan de travail défini.

On peut tirer de cette histoire une conclusion pratique : c'est
que l'on n'arrivera jamais à rien par des discussions sur la
nature et la constitution de la langue universelle à adopter [2].
Dans ces questions si délicates de linguistique, le proverbe :
Tot capita, tot sensus, est vrai plus que partout ailleurs, et les collaborateurs du *Linguist* ne se faisaient pas faute de le rappeler...

1. Voir le Chapitre XXVI : *Idiom neutral*.
2. Nous entendons parler des discussions auxquelles se livrent de simples
particuliers, des « individualités sans mandat », et qui sont dépourvues de
toute sanction officielle et pratique.

et de le vérifier. L'union, que le *Linguist* se proposait de réaliser, ne peut se faire que sur le *principe* de la langue universelle, et sur les conditions pratiques qu'elle doit satisfaire. Pour le reste, c'est-à-dire pour le choix ou l'élaboration de la langue qui doit remplir ces conditions données, il faut s'en remettre à un *très petit nombre* de personnes compétentes et autorisées, dont la sentence soit acceptée d'avance et fasse loi. Encore faut-il s'entendre sur la « compétence » que l'on doit exiger des juges ou des arbitres : il ne s'agit pas de confier la solution à un comité composé exclusivement de philologues : il risquerait trop de retomber dans les errements du *Linguist*, et de vouloir calquer la langue universelle sur les langues vivantes, au détriment de la simplicité, de la régularité, et par conséquent de la facilité qui doit en être la qualité *essentielle*. Sans doute, il y faut le concours de la science philologique : mais il y faut surtout de la logique, et même du bon sens. Les philologues s'embarrassent de scrupules et de difficultés qui n'existent que pour les polyglottes et les érudits, et dont l'immense majorité des intéressés fait bon marché, ou ne se doute même pas. A quoi bon, par exemple, s'attacher avec un respect superstitieux à l'étymologie et à l'accentuation latines, alors que la langue universelle est faite surtout pour ceux qui ne savent pas le latin? Il faut donc joindre aux philologues, dont l'esprit est forcément asservi à l'histoire et à la tradition, d'abord, des logiciens qui sachent démêler sous la complexité irrégulière des formes linguistiques les relations simples et uniformes des idées; ensuite, des savants de tout ordre et des professionnels de tous les métiers, qui puissent, non seulement élaborer les vocabulaires spéciaux qui relèvent de leur compétence, mais faire valoir les besoins ou les exigences spéciales de leur profession. Au contraire, des philologues, livrés à eux-mêmes, seraient fatalement entraînés à construire une langue trop savante et trop compliquée, ingénieuse et subtile peut-être, mais impraticable; et ils ne satisferaient nullement les besoins pour lesquels la langue universelle est réclamée. Trop heureux, si leurs profondes recherches aboutissaient à quelque résultat positif, et si, au bout d'un siècle de savantes discussions, l'on n'était pas obligé de répéter le vers d'HORACE, qui semble fait exprès pour les auteurs de langue universelle :

Grammatici certant, et adhuc sub judice lis est.

CHAPITRE XXIV

PUCHNER : *NUOVE-ROMAN* [1]

L'auteur, professeur de langues étrangères, croit qu' « une langue universelle ne puisse (*sic*) se fonder que sur les langues romanes »; « le plus excellent des idiomes romans, la langue espagnole, représente la base de son *Nuove-Roman* », auquel il a essayé d'ajouter « les douces formes des vocables italiens, la beauté et l'exactitude de la grammaire française et l'admirable simplicité de la langue anglaise ». Son ouvrage est entièrement écrit en *Nuove-Roman*, et se lit aussi aisément que... de l'espagnol.

L'alphabet est l'alphabet latin, moins les lettres *k* et *x*; *c* se prononce comme en français; *s* est tantôt dur, tantôt doux. Les voyelles se prononcent comme en italien et en espagnol.

L'article défini est **lo**, *l'article indéfini* **un**, tous deux invariables.

Les *substantifs* forment leur pluriel en **-s** ou **-es**. La déclinaison se fait au moyen de prépositions : **di, à, da**. L'accusatif est semblable au nominatif.

Les *adjectifs* sont invariables.

Les *noms de nombre* sont imités du latin, et par conséquent irréguliers : les ordinaux ne dérivent pas régulièrement des cardinaux.

Les *pronoms personnels* sont, au nominatif :

	1re p.	2e p.	3e p. m.	3e p. f.
Sing.	io	tu	il	el
Plur.	noi	voi	iles	eles

1. *Gramatica di Nuove-Roman, lingua universal inventat e construit* par Prof. J. PUCHNER, posèdor d'un institut per lo linguas modern. 78 p. in-8° (Linz, 1897).

à l'accusatif :

	Sing.	mi	ti	lo	la
	Plur.	noi	voi	li	le

et au datif :

	Sing.	mi	ti	lui	lei
	Plur.	noi	voi	lor	lor

Ils ont encore d'autres formes « disjointes » au nominatif et à l'accusatif[1].

Les *adjectifs possessifs*, invariables, sont :

mi[2]	tu[2]	su
nostre	vostre	lor

et les *pronoms possessifs*, variables en genre et en nombre :

mio	tuo	suo
nostro	vostro	loro

Les *verbes* varient en personne et en nombre.

Voici par exemple l'indicatif présent du verbe amar (*aimer*) :

amo, ami, ama; amos, amis, aman.

Mais ces désinences ne se retrouvent pas régulièrement aux autres temps. Les 1res personnes des autres temps sont :

Imparfait :	amivo ...	amimos ...
Passé défini :	amò ...	amòs ...[3]
Parfait :	amevo ...	amemos ...
Plus-que-parfait :	amavo ...	amamos ...
Passé antérieur :	amiavo ...	amiamos ...
Futur :	amarò ...	amaros ...
Futur antérieur :	amiaro ...	amiaros ...
Conditionnel présent :	amareo ...	amareos ...
— passé :	amiareo ...	amiareos ...
Subjonctif présent :	ameo ...	ameos ...
— imparfait :	amiso ...	amisos ...
— parfait :	ameso ...	amesos ...
— plus-que-parfait :	amaso ...	amasos ...
Impératif :	amei, ameos,	ameis.
Infinitif passé :	amiar.	
Participe présent :	amando.	
— passé :	amiando.	
Participe passif :	amat.	

1. Leur génitif se représente par ne (I.), ce qui ne contribue pas précisément à la clarté.
2. Formes de pronoms personnels.
3. Ce temps ne diffère du présent que par l'accent.

Tous les verbes se conjuguent comme **amar** [1], **excepté** le verbe **estar** (*être*) qui a une conjugaison propre et irrégulière : **sio, ei, é**...

Le *passif* se forme au moyen de l'auxiliaire *être* et du participe passif [2].

Le *vocabulaire* est entièrement emprunté à l'italien et à l'espagnol, y compris les déformations nationales des radicaux latins. Ex. : **uom** = *homme*, **amigo** = *ami*, **albero** = *arbre*, **buon** = *bon*, **nuov** = *nouveau*, **esato** = *exact*, **difesa** = *défense*, **dotor** = *docteur*, **grido** = *cri*, **note** = *nuit*, **teto** = *toit*.

Naturellement, les mots dérivés sont aussi irréguliers que dans les langues naturelles : **atencion** = *attention*, **atente** = *attentif*; **dis.tinger** = *distinguer*, **distinte** = *distinct*; **forte** = *fort*, **forza** = *force*.

Enfin le *Nuove-Roman* accepte tous les idiotismes : **andar via** (I.) = *s'en aller*; **di melior ora** = *de meilleure heure* (ce qui prouve, en outre, que le comparatif n'est pas toujours régulier).

Ces indications sommaires suffisent à montrer les défauts de ce projet : d'abord il n'est pas neutre, puisqu'il prend pour modèle une ou deux langues nationales seulement; ensuite il n'est pas régulier, parce qu'il reproduit servilement toutes les anomalies de ces langues. Il serait presque aussi difficile à apprendre que l'italien ou l'espagnol,... si ce n'est pour les personnes qui les savent déjà. Autant vaudrait alors adopter l'une de ces langues pour L. I.

---

1. Toutefois, nous remarquons dans les exemples des participes passifs comme **conduit, vendit, punit,** et des infinitifs comme **perder, traduir.**
2. On ne fait aucune différence entre le passif présent et passé; on dit : « la vertu *est admirée* » comme : « les lettres *sont copiées* ». On emploie le verbe réfléchi au lieu du passif : « Ces marchandises *se vendent* facilement ».

CHAPITRE XXV

KÜRSCHNER : *LINGUA KOMUN*[1]

Ce projet prétend être « strictement objectif et scientifique » :
ce n'est pas « une langue artificielle, mais une langue naturelle
internationale ». L'auteur réprouve tous les projets antérieurs,
comme « subjectifs » et arbitraires : ou bien ils ne tiennent aucun
compte de l'internationalité (comme le *Volapük*), ou bien ils n'en
tiennent compte qu'en partie (comme l'*Esperanto*, à qui l'auteur
reproche sa formation systématique des mots dérivés et composés [2]). Il n'y a pas besoin d'*inventer* la langue auxiliaire : elle
existe déjà, en puissance, dans le vocabulaire international,
notamment dans celui de la science. Or, comme les mots internationaux sont pour la plupart venus du latin, il s'ensuit que la
langue internationale aura nécessairement un aspect néo-latin
ou roman. L'auteur soutient que cette base latine de sa langue
en constitue la *neutralité*. Et pour prévenir une objection possible de la part des personnes de langue germanique, il fait
remarquer que sa langue aura l'avantage de leur faire apprendre
et comprendre les « mots étrangers » et les termes scientifiques
qui abondent dans leur propre langue; avantage qu'on n'obte-
nait jusqu'ici que par l'étude, autrement longue et pénible, du
latin et du grec. L'étude de la *lingua komun* sera en outre la meilleure préparation à celle de quelque langue romane ou de l'anglais, attendu que le vocabulaire de ces langues est en grande

---

1. *Die Gemeinsprache der Kulturvölker* « *Lingua komun* » *auf Grund der
in allen Kultursprachen verbreiteten internationalen Wörter.* Prospekt, par
Fr. KÜRSCHNER (professeur de sciences commerciales et de langues vivantes),
à Orselina sur Locarno (Tessin, Suisse). 12 p. 8°, 1900.
2. Exemple : pourquoi dire **ununombro** = *singulier* (gramm.) alors que
singular est universellement connu?

partie latin [1]. De cette manière, le désavantage apparent que cette langue présente pour les peuples de langue germanique sera compensé par un avantage réel. La grammaire sera nécessairement aussi romane, pour ne pas jurer avec le vocabulaire.

GRAMMAIRE.

L'*alphabet* est l'alphabet latin; la prononciation est la prononciation allemande, sauf pour les lettres suivantes (dont nous indiquons le son en français): c = *ts*; s = *ss*; z = *z*; v = *v*; sh = *ch*. L'accent porte en général sur la dernière syllabe fermée (par une consonne). Toutes les lettres s'écrivent en minuscules.

Les *substantifs* ont le genre naturel : les noms de choses ont le genre neutre. Ils prennent au pluriel -s ou (après l, n, r) -es. Ils n'ont aucune déclinaison.

L'*article défini* est il (m., n.) ou la (f.) au sing., les au pluriel (3 genres) [2]. Il n'y a pas d'article indéfini.

L'*adjectif* épithète est invariable. Il ne prend le signe du pluriel que lorsqu'il est substantifié; dans le même cas, il est précédé de l'article (il grande, la bel). L'adjectif pris au neutre est précédé d'un article spécial : lu bel = *le beau*.

Les *adverbes* dérivés se forment au moyen du suffixe -em (abréviation de -*emente*, I.). Ex. : certem, direktem, tristem.

Les *pronoms personnels* sont : mi, tu, ilo (m.), ila (f.), ilu (n.); nos, vos,... *On* = om.

Les *pronoms possessifs* sont : mie, tue, sue; nose, vose,...

Les *verbes* sont invariables en personne et en nombre. Ils suivent une des 3 conjugaisons dont voici les désinences [3] :

Infinitif :	-ar	-er	-ir
Participe actif :	-ante	-ente	-iente
— passif :	-ate	-ite	-ite

1. On pourrait objecter à l'auteur que la L. I. doit précisément remplacer toutes les langues étrangères. Cette objection ne serait pas juste, et il y a répondu d'avance : d'abord, dans la période de transition, il sera encore utile de connaître les 3 principales langues européennes (D., E., F.); ensuite, on pourra toujours avoir besoin d'apprendre une langue vivante pour entretenir des relations spéciales avec le peuple qui la parle.

2. Il se contracte avec les prépositions de, a, kon, in, sur, per, en del, al, kol, nel, sul, pel (comme en I.).

3. L'unité de conjugaison serait arbitraire, selon l'auteur, parce qu'elle dénaturerait les formes internationales.

Indicatif présent :	-a	-e	-e
Indicatif passé :	-á	-é	-í
— futur :	-ará	-erá	-irá
Conditionnel présent :	-aría	-ería	-iría
Impératif-optatif :	-e	-a	-a

Les temps composés (antérieurs) se forment au moyen de l'auxiliaire **haver** et du participe passif; les temps du passif, au moyen de l'auxiliaire **eser** et du même participe. Le verbe **eser** a pour participe passé (irrégulier) **state** (de **star**).

Syntaxe. Comme il n'y a pas d'accusatif (même pas dans les pronoms), l'ordre des mots doit être fixé : le sujet est *toujours* avant le verbe, et le régime direct est après le verbe, ou, si l'on veut le faire ressortir, avant le sujet.

L'*interrogation* est marquée en conséquence, non par l'inversion du sujet, mais par la particule **ku** (ou par un mot interrogatif commençant par **ku-**) mise en tête de la phrase.

VOCABULAIRE.

L'auteur ne donne qu'un lexique très sommaire. On y remarque les conjonctions : **e** ou **ed, o** ou **od, ma, kar** ou **nam, ke, proke** (*pour que*); les prépositions **ante, por** (*à cause de*), **pro** (*en vue de*); les adverbes **non, mem**; les substantifs **afar** (*affaire*), **amiko, autor, eternitá, idioma, libro, letra, komunikacion, konsciencia, korespondencia, racion, tera, viktoria**; les adjectifs **alfabetike, artificial, internacional, kordial, necesarie, real, scientifike**; les verbes **anexar, aprender, divenir, ignorar, informar, konoscer, reciver, regardar, skriver** (*écrire*), **tener, venir, voler** (*vouloir*).

D'après les principes exposés par l'auteur, il ne faut pas lui demander la régularité des dérivations. Nous trouvons ainsi **favorábil, agreábil** à côté de **dezirabil** et **exekutabil; estima, estimar; gramatika, gramatikal; homo, human, humanitá; judikar, judikamento; kultivar, kultura; rekomendar, rekomendacion; responder, responsa; senior, seniora** (*dame*); **titulo, titular; trankuile, trankuilizar; util, utilitá; vokabulo, vokabulario.** L'auteur indique cependant le suffixe **-et** comme diminutif.

Comme échantillon de *lingua komun*, nous citerons le *Pater* :

padre nose kuale tu ese in cielo, sante esa tue nómine; vena imperio tue, voluntá tue esa fate sur tera komo in cielo; dé a nos hodi nose pan kuotidian ; perdone nose kulpas, kual nos perdona nose kulpantes ; ni konduka nos in tentacion, ma libere nos de lu mal.

CRITIQUE.

M. KÜRSCHNER a commencé par être un adepte et un propagateur de l'*Esperanto*. Puis, pour les raisons indiquées plus haut, il a élaboré un projet de réforme de l'*Esperanto*, et il a été ainsi amené à concevoir sa *lingua komun*, assez analogue au *Mundolingue* de J. LOTT, en s'inspirant des idées de LIPTAY et des principaux collaborateurs du *Linguist*. Comme ceux-ci, il est imbu du préjugé « scientifique », et, pour lui comme pour eux, une langue « scientifique » ne peut être que romane par sa grammaire et néo-latine par son vocabulaire.

Il est par suite obligé de sacrifier complètement la régularité à l'internationalité, ou plutôt à une internationalité partielle et partiale. Voici les deux points principaux sur lesquels il se sépare de l'*Esperanto* (à son désavantage, croyons-nous) : d'une part, il supprime la distinction formelle des parties du discours (sauf pour les adverbes dérivés), de sorte qu'un nom peut se terminer comme un adjectif ou comme un verbe ; d'autre part, il admet une pluralité de conjugaisons, complication bien inutile, et, qui pis est, la même désinence a un sens différent suivant la conjugaison : par exemple, -a, qui désigne l'indicatif dans la 1ʳᵉ conjugaison, désigne l'impératif dans la 2ᵉ et la 3ᵉ, et l'inverse a lieu pour -e, de sorte que pour savoir ce qu'une telle désinence signifie il faut se demander d'abord à quelle conjugaison le verbe appartient (et même, si c'est un verbe). Ces remarques suffisent à montrer que, si la *lingua komun* est plus « scientifique » que d'autres projets (ce que nous n'osons pas décider), elle est beaucoup moins simple, moins régulière, et partant moins facile et moins pratique.

CHAPITRE XXVI ___

AKADEMI INTERNASIONAL DE LINGU UNIVERSAL :
IDIOM NEUTRAL [1]

L'*Académie internationale de langue universelle* est l'Académie instituée par les deux Congrès internationaux de Volapükistes (1887, 1889) pour réformer et perfectionner le *Volapük*. Nous avons résumé son histoire jusqu'au jour où elle élut directeur pour cinq ans (15 mai 1893-15 mai 1898) M. Woldemar ROSENBERGER, ingénieur des chemins de fer russes à Saint-Pétersbourg.

Celui-ci donna une impulsion nouvelle aux travaux à peu près interrompus de l'Académie. Il communiquait avec ses collègues par des circulaires (rédigées en *Volapük*) où il leur proposait une à une les règles grammaticales et les formes; les académiciens répondaient *oui* ou *non* à chacune de ces propositions. Les propositions votées par la majorité étaient adoptées comme *Résolutions* de l'Académie; les propositions repoussées donnaient lieu à des contre-propositions que le directeur soumettait à leur tour au vote de ses collègues. Ainsi la langue était bien l'œuvre collective de toute l'*Académie*, puisqu'il n'y a pas un détail, pas un mot qui n'ait été approuvé par la majorité; mais il est juste de reconnaître que la plus grande part du travail et de l'initiative revient à M. ROSENBERGER, d'autant plus que l'*Idiom neutral* ressemble, dans ses traits essentiels, au projet personnel qu'il avait exposé dans ses circulaires n°ˢ 15 et 16 (25-30 avril 1895).

Le résultat de ces cinq années de travail, consigné dans 45 circulaires, fut une série de 126 *résolutions* fixant :

---

1. ROSENBERGER : *Grammatik und Wörterbuch der Neutralsprache*, suivi d'une *Kurzgefasste Geschichte der internationalen Weltsprache-Akademie*, 315 p. 16° (Leipzig, Haberland, 1902). Nous avons eu en outre communication de la série des circulaires de l'Académie, depuis 1893 jusqu'à présent.

1º Les règles d'orthographe et de prononciation ;

2º Environ 3000 radicaux les plus usuels ;.

3º Les principaux préfixes et suffixes ;

4º Un grand nombre de mots dérivés et composés ;

5º Toutes les particules ;

6º Toutes les formes grammaticales ;

7º Les règles de syntaxe (ordre des mots).

En somme, à la fin du directorat de M. ROSENBERGER, la langue était constituée. Aussi le premier soin de son successeur, le Révérend A.-F. HOLMES, « recteur » à Macedon près Rochester (New-York, États-Unis), fut-il de la prendre pour langue officielle de l'Académie, et de traduire en cette langue les *Statuts* et les *Résolutions* de l'Académie. Celle-ci ne s'appela plus *Kadem bevünetik volapüka*, mais *Akademi internasional de lingu universal*; les *Zülags* devinrent des *Sirkulari*, divisées comme auparavant en *Parti linguistik (Dil pükavik)* et *Parti de administrasion (Dil govamik)*. On adopta pour la nouvelle langue le nom d'*Idiom neutral*, et l'on continua à perfectionner la grammaire et à enrichir le vocabulaire de radicaux nouveaux suivant le programme et la méthode inaugurés par M. ROSENBERGER. Celui-ci, qui est sous-directeur de l'Académie pendant le directorat de M. HOLMES (16 mai 1898-15 mai 1903), a été chargé de publier en allemand la *Grammaire et le Vocabulaire de l'Idiom neutral*, conformément aux résolutions de l'Académie. D'autre part, M. HOLMES vient de les publier en anglais[1] et M. BONTO VAN BYLEVELT se propose de les publier en hollandais.

La composition de l'*Académie* varie chaque année, en raison des réélections (chaque académicien est élu pour cinq ans, et rééligible) ; le nombre des académiciens a varié de 15 à 36. Nous ne pouvons reproduire ici la liste des 81 personnes qui en ont fait partie successivement ; nous nous bornerons à donner la liste des membres au 1ᵉʳ janvier 1903 : MM. *Actis*, de Ferrare ; *Bertolini*, de Bologne ; *Bonto van Bylevelt*, d'Amsterdam ; Dʳ *Earle*, Rochester ; Mlle *Enderneitt* (Mme *Bayer*), Copenhague ; MM. *French*, Saranac Lake (U. S. A.) ; Dʳ *Frost*, Königsberg ; Adam *Henderson*, Glasgow ; Dʳ *Hoffmann*, Königsberg ; Rev. *Holmes*, Macedon (U. S. A.) ; *Huebsch*, New-York ; *Lentze*, Leipzig ; *Mackensen*, San

---

1. *Dictionary of the Neutral Language*, 312 p. in-16 (Rochester, John P. Smith, 1903).

Antonio (Texas, U. S. A.); D' *Oreglia d'Isola*, Rome; *Plum*, Copenhague; *Rosenberger*, S¹-Pétersbourg; *Schmidt*, Nürnberg; *Shmurlo*, Tomsk; Mlle *Verbrugh*, Wageningen (Pays-Bas); MM. *Waegenaere*, Courtrai; le major *Wood*, Jefferson Barracks (U. S. A.). En résumé, l'Académie comprenait à cette date 1 Belge, 2 Danois, 4 Allemands, 1 Anglais, 3 Italiens, 2 Hollandais, 2 Russes et 6 Américains [1].

Voici maintenant les principes qui ont dirigé l'élaboration de l'*Idiom neutral*. Avant tout, M. ROSENBERGER et ses collègues ont délibérément subordonné la grammaire au vocabulaire [2], contrairement à l'esprit du *Volapük*; cela seul constituait une réforme radicale du système, ou plutôt la substitution d'un système *a posteriori* à un système *a priori*. En effet, l'Académie adopta pour le vocabulaire le principe suivant : « Les radicaux les meilleurs sont ceux qui se trouvent comme mots nationaux ou comme mots étrangers dans le plus grand nombre des langues principales de l'Europe (Res. 11) »; en un mot, le *principe du maximum d'internationalité*. (Les « langues principales » visées sont D., E., F., I., R., S., plus le latin.) Dès lors, pour pouvoir admettre sans les défigurer les radicaux internationaux, il fallut supprimer progressivement toutes les règles arbitraires et toutes les restrictions gênantes de la morphologie du *Volapük* : on admit des radicaux disyllabiques et trisyllabiques (Res. 1 et 2), et même de 4 et 5 syllabes : **temperatur, perpendikular** (Res. 21); des radicaux de la forme **eveve** (Res. 3, 4, 5); des radicaux contenant la lettre r, même avec la lettre l (Res. 7, 8); des radicaux finissant par 2 consonnes ou par -s (Res. 10, 15, 16, 17); des radicaux commençant ou finissant par une voyelle : **adres, lingu, akua** (Res. 18, 19); des radicaux contenant 3 ou 4 consonnes de suite, pourvu qu'ils se trouvent déjà en D., E. ou F. : **monstr** (Res. 22). Enfin, on rompait avec les principes essentiels du *Volapük* en supprimant toute terminaison caractéristique de classes d'objets, comme -in pour les corps chimiques, -ip pour

---

1. Depuis le 29 mai 1895, l'Académie ne compte plus un seul Français. Jusqu'à cette date elle comprenait les Français suivants : *H. Baines*, le prof. *H. Guigues* et l'ingénieur *A. Morel* (du Creusot).

2. V. ROSENBERGER, *Was wir jetzt zu thun haben*; ap. *Linguist*, 1890, n° 4. Allusion à cette phrase de Max MÜLLER, adressée au D' LIPTAY : « Was Sie jetzt zu thun haben, ist, ein vollständiges Wörterbuch auszuarbeiten ». (Nous avons cité cette lettre de Max Müller p. 437, note 1.) Cf. ROSENBERGER, *Wörterbuch der Neutralsprache*, p. 302, 303.

les maladies, et -it pour les oiseaux (Res. 20) ; et même toute désinence caractéristique des parties du discours, comme -ik pour les adjectifs (Res. 12, 14).

Ces principes une fois posés, M. ROSENBERGER commença à proposer à l'Académie des séries de radicaux, en indiquant pour chacun d'eux les langues auxquelles il appartient, de sorte qu'on peut constater d'un coup d'œil son degré d'internationalité [1]. En même temps, il faisait adopter par l'Académie les règles de grammaire, de syntaxe, d'accentuation, de prononciation et de transcription ; puis les particules, les flexions, les affixes de dérivation, et les principaux mots dérivés et composés. Ce système grammatical est presque identique au projet de grammaire que M. ROSENBERGER avait proposé dans sa circulaire n° 15 (25 avril 1895).

D'ailleurs, l'Académie ne s'est nullement interdit de s'inspirer des travaux des précédents inventeurs ; et M. ROSENBERGER reconnaît expressément ce que l'*Idiom neutral* doit à l'*Esperanto*, au *Kosmos*, au *Spelin*, au *Myrana*, au *Mundolingue*, à l'*Universala* et au *Novilatiin*, ainsi qu'aux conseils de divers philologues, et surtout au Dr LIPTAY. En somme, l'*Idiom neutral* n'a guère conservé du *Volapük* que les principes généraux suivants : « 1° Le radical est toujours invariable ; 2° les dérivés ne peuvent être formés que par l'adjonction d'affixes ; 3° il n'y a qu'un affixe pour chaque sens dérivé ; 4° les affixes peuvent être attachés à n'importe quel radical, dès que le sens le permet » ; auxquels il faut ajouter l'orthographe phonétique et l'absence de toute exception [2]. Ces principes se réduisent à deux : invariabilité de forme et uniformité de sens de tous les éléments grammaticaux.

GRAMMAIRE.

L'*alphabet* comprend 5 voyelles : a, e, i, o, u (*ou*) ; et 18 consonnes : b, c (*tch*), d, f, g (toujours dur), h (aspiré), j (F.), k, l, m, n, p, r, s (toujours dur), t, v, y, sh (E., *ch* F., *sch* D.) [3].

L'*accent* tombe sur la voyelle qui précède la dernière consonne.

1. Cette indication se fait au moyen des 7 initiales e, f, d, a, i, r, l, rangées dans cet ordre après chaque radical. Une lettre grasse signifie que le radical est *identique* au radical national par l'écriture ou la prononciation ; une lettre ordinaire signifie qu'il y a seulement similitude.

2. ROSENBERGER, *Wörterbuch der Neutralsprache*, p. 304, note.

3. Le z est admis (avec le son français), mais seulement pour la transcription phonétique des noms propres et des mots étrangers (Res. 116).

Ex. : **fortún, mánu, filio**. S'il n'y a pas de telle voyelle, l'accent tombe sur la première voyelle du mot : **Déo, mái** [1].

Il n'y a pas d'*article*, ni défini, ni indéfini [2].

Les *substantifs* ne se déclinent pas. Le génitif et le datif sont marqués par les prépositions **de** et **a**; l'accusatif est semblable au nominatif; le sujet se distingue du régime direct par sa place devant le verbe : **patr am filio** = *le père aime le (son) fils*.

Le *genre* est toujours naturel, il n'existe par conséquent que pour les personnes et les animaux. Il est marqué par les désinences **-o** (masc.) et **-a** (fém.). Ex. : **kaval** = *cheval*; **kavalo** = *étalon*; **kavala** = *jument*.

Le pluriel est marqué par l'addition d'un **-i** : **patri, tabli, lingui**; **kavali**; **kavaloi**; **kavalai**.

Les *adjectifs* sont invariables en genre et en nombre, excepté quand ils sont employés comme substantifs. Ex. : **boni e mali**, *les bons et les méchants*.

Les *degrés de comparaison* sont indiqués par les particules **plu** et **leplu** : grand, plu grand, leplu grand. *Très* = **multe**.

Les *noms de nombre cardinaux* sont : **un, du, tri, kuatr, kuink, seks, sept, okt, nov, des; desun**, 11; **desdu**, 12;... **dudes**, 20; **trides**, 30; **kuatrdes**, 40;... **sent**, 100; **sent un**, 101;... **dusent**, 200;... **mil**, 1000;... **milion** (invariable), 1 000 000; **bilion**, *mille millions*; **trilion**, *un million de millions*, et ainsi de suite.

Les *nombres ordinaux* se forment en ajoutant aux cardinaux le suffixe **-im** : **unim**, 1er; **duim**, 2e, etc. On peut aussi employer les nombres ordinaux irréguliers (latins) : **prim, sekund, ters, kuart, kuint, sekst, oktav**.

Les nombres ordinaux servent aussi à désigner les dénominateurs des fractions : 0,2 = **du desimi**; 2/109 = **du unsent novimi**. Les premiers *nombres partitifs* sont irréguliers : 1/2 = **un sekund** ou **un demi**; 2/3 = **du tersi** [3].

Les *nombres multiplicatifs* se forment en ajoutant aux cardinaux le suffixe **-upl** : **unupl**, *simple*; **duupl**, *double*, **triupl**, *triple*; etc. (On admet aussi : **simpl, dupl, tripl**.)

---

1. Cette règle a été proposée par M. von WAHL : voir J. LOTT, *Un lingua internazional*, p. vi (1890).
2. En cas de besoin, les pronoms démonstratifs **ist** et **el** peuvent suppléer l'article défini, et les pronoms indéfinis **sert** (*certain*) et **kelkun**, l'article indéfini (§ 4). De même, le pronom neutre **it** sert d'article pour transformer un adjectif en substantif *neutre* : **it bel** = *le beau* (§ 27).
3. *Moitié* (subst.) se dit **semiad**.

Les *nombres distributifs* sont les cardinaux précédés de la particule a : **a du**, *deux à deux*.

Les *nombres de fois* cardinaux et ordinaux sont indiqués par le suffixe **-foa** : **unfoa, dufoa**, etc. ; **primfoa, duimfoa**, etc.

Les *adverbes ordinaux* dérivent des nombres ordinaux par l'adjonction d'un **-e** (suffixe adverbial) : **prime, sekunde.**

Les *verbes multiplicatifs* se forment au moyen du suffixe **-ifikar** appliqué aux nombres de fois : **duplifikar**, *doubler*.

Les *pronoms personnels* sont : **mi, vo** [1], **il** (m.), **ila** (f.), **it** (n.) ; **noi, voi, ili** (m. et n.) **ilai** (f.). Ils se déclinent comme les substantifs. **On** = *on* ; le pronom réfléchi est **se.**

Les *pronoms possessifs* sont : **mie, votr, sie** ; **notr, vostr, lor.** Celui qui correspond au pronom réfléchi est **sue** (s. et pl.). Il se rapporte au sujet de la proposition, par opposition à **sie** et **lor.**

Les *pronoms démonstratifs* sont : **ist** (m. f.), **istkos** (n.), *celui-ci, ceci* ; **el** (m., f.), **elkos** (n.), *celui-là, cela* ; **el sem** (m., f.), **it sem** (n.), *le même* ; **aut**, *même* (L. *ipse*) ; **tel, telkos**, *celui (qui), ce (qui).*

Les pronoms *relatifs-interrogatifs* sont : **ki, kekos**, *qui, que* ; **kel, keli**, *quel, quels* ; **kelkos**, *quoi* ?

Les principaux *pronoms indéfinis* sont : **kelk, kelkkos**, *quelque, quelque chose* ; **kelkhom, kelkun**, *quelqu'un* ; **nohom**, *personne* ; **nokos, rien** ; **noun**, *aucun* ; **omni, omnikos**, *tout, tous* ; **omnihom**, *(un) chacun* ; **otr, otrkos**, *(un) autre* ; **sert, sertkos**, *(un) certain*, etc.

Les pronoms corrélatifs sont : **tal...**, **kual...**, *tel... que...* ; **tant...**, **kuant...**, *autant... que...* **Kual** et **kuant** sont aussi interrogatifs.

Les *verbes* n'ont qu'une seule conjugaison ; ils sont invariables en nombre et en personne. Voici le paradigme de l'actif appliqué au radical **am** (*aimer*) :

Indicatif présent :	**mi am**, *j'aime.*	
— imparfait :	**mi amav**, *j'aimais.*	
— parfait :	**mi av amed**, *j'ai aimé.*	
— plus-que-parfait :	**mi avav amed**, *j'avais aimé.*	
— futur :	**mi amero**, *j'aimerai.*	
— futur antérieur :	**mi avero amed**, *j'aurai aimé.*	
Conditionnel présent :	**mi amerio**, *j'aimerais.*	
— passé :	**mi averio amed**, *j'aurais aimé.*	
Impératif, 2ᵉ pers. sing. :	**ama**, *aime.*	

1. On admet le pronom *tu* pour traduire littéralement *tu* quand c'est nécessaire. Le pronom possessif correspondant est **tue** (Res. 79).

Impératif, 2ᵉ pers. plur. :   **amate**, *aimez.*

—   1ʳᵉ pers. —   **amam**, *aimons.*

Infinitif (présent) :   **amar**, *aimer.*

Participe (présent) :   **amant**, *aimant.*

Le *passif* a exactement les mêmes modes et temps, formés au moyen des modes et temps correspondants du verbe **esar** (*être*) conjugué régulièrement, suivi du participe passif **amed**. Il y a en outre un *gérondif* : **amand** = *qui doit être aimé.*

Les *verbes impersonnels* sont précédés du pronom **it** (neutre).

Les *verbes réfléchis* sont suivis, à la 1ʳᵉ et à la 2ᵉ personne, du pronom correspondant (semblable au pronom sujet) ; à la 3ᵉ personne, du pronom réfléchi **se** : **mi lav mi, vo lav vo, il lav se**.

Les *verbes réciproques* sont suivis du pronom **unotr** (*l'un l'autre*) ou du pronom **se** suivi de l'adverbe **resiproke** : **patr e filio am unotr**, ou : **am se resiproke**.

L'*interrogation* est marquée par la particule **eske** (*est-ce que*) mise au commencement de la proposition interrogative (qu'elle soit principale ou subordonnée [1]), à moins que celle-ci ne contienne déjà un pronom interrogatif, qui doit précéder le verbe.

La *négation* s'exprime par **no**, placé immédiatement devant le verbe ou le mot nié.

Les *adverbes primitifs* sont : **si**, *oui* ; **no**, *non* ; **ya**, *déjà* ; **la**, *là* ; **tro**, *trop* ; **plu**, *plus* ; **minu**, *moins* ; **bene**, *bien* ; **kuasi**, *presque* ; **retro**, *en arrière* ; **sirka**, *alentour*, etc.

Les *adverbes dérivés* sont formés au moyen du suffixe **-e** [2] : **dekstre**, *à droite* ; **finie**, *enfin* ; **frekuente**, *souvent* ; **dome**, *à la maison* ; **norde**, *au nord* ; **pede**, *à pied*, etc.

Les *adverbes interrogatifs-relatifs* sont formés au moyen du préfixe **ke-**, qui a pour corrélatif le préfixe **te-** : **kefrekuente**, *combien souvent* ? **kekause**, *pourquoi* ? **kemaniere**, *comment* ? **keloke** ou **keplase**, *où* ? **ketempe**, *quand* ? Réponses : **tekause, teloke, tetempe**. D'autres sont caractérisés par les initiales **ku-** : **kuande**, *quand* ? **kuante**, *combien* ? **kuale**, *comment* ?

Les *prépositions* primitives sont : **a**, *à*, *pour* (devant un infinitif) ; **ad**, *auprès* ; **ante**, *avant* ; **da**, *depuis*, *à partir de* ; **de**, *de* ; **di**, *au sujet de* ; **eks**, *hors de* ; **in**, *dans* ; **ekstr**, *en dehors de* ; **intr**, *entre* ; **ko**, *avec* ;

---

1. Par suite, **eske** remplace les conjonctions interrogatives ou dubitatives *si* (F.) et *ob* (D.).

2. Ils se distinguent ainsi nettement des adjectifs, contrairement à ce qui a lieu en allemand.

kontr, *contre*; per, *à travers, par (le moyen de)*; po, *derrière*; pro, *pour*; sine, *sans*; sirka, *autour*; su, *sur*; sub, *sous*; trans, *à travers*; ultra. *au delà*; usk, *jusqu'à*; versu, *vers*; via, *par*[1].

Les *prépositions* dérivées sont formées au moyen du suffixe -u : kausu, *à cause de*; plasu, *au lieu de*; sekuantu, *à la suite de*; mediu, *au moyen de*; durantu, *pendant*; relativu, *par rapport à*, etc.

Il y a aussi des locutions prépositionnelles, comme : in nom de, *au nom de*; in manier de, *à la manière de*[2].

Les *conjonctions* primitives sont : e, *et;* et, *aussi*; u, *ou*; if, *si;* if et, *quand même*; ma, *mais*; ke, *que*; ka, *que* (après un comparatif); ni... ni..., *ni... ni...* (de même : e... e..., u... u...)

Les autres conjonctions sont formées de périphrases : a fini ke, *afin que*; ante ke, *avant que;* da temp ke, *depuis que*; sine ke, *sans que*; usk ke, *jusqu'à ce que*; tale ke, *de sorte que*.

Quelques-unes dérivent des prépositions par la substitution de la finale (adverbiale) -e à la finale -u : kause, *parce que*; kuande, *quand*; plase ke, *au lieu que*; durante ke, *pendant que*[3].

Parmi les *interjections*, citons : ekse (L. *ecce*), *voici*; apo (G.), *loin*; fi (F.); ve (D.), *malheur*; stop (E.), *halte!*[4]

Voici les principales règles de *syntaxe* :

L'adjectif (invariable) se place toujours après le substantif : patr bon, filia bon, filii bon.

Les nombres cardinaux et les fractions précèdent le substantif; les autres noms de nombre le suivent : paragraf sekund, plesir dupl.

Le verbe est toujours précédé du sujet et suivi de ses compléments. Dans les phrases interrogatives, le verbe est précédé du sujet et du mot interrogatif (qui peuvent être identiques) : Ki parl? Ki patr puni, *Qui le père punit-il?* Libr de ki es su tabl, *Le livre de qui est sur la table?* A ki vo donero flori, *A qui donnerez-vous les fleurs?* Kuant paroli vo av scribed, *Combien de mots avez-vous écrits?*

On peut supprimer la préposition a du datif s'il n'y a pas

---

1. Le mot *via* est déjà international dans la langue des chemins de fer.
2. Il nous semble qu'on pourrait remplacer avec avantage ces périphrases par des prépositions simples, et dire par exemple nomu (*au nom de*), comme on dit plasu au lieu de : in plas de.
3. Il nous semble qu'il serait plus simple d'employer les mêmes mots comme prépositions et comme conjonctions, au lieu de leur donner une forme adverbiale et de leur adjoindre l'inutile ke.
4. Le mot *halte* (D.) est international sur terre; le mot stop (*stopper*) est international sur mer. Lequel des deux préférer?

d'équivoque à craindre (notamment avec les pronoms); dans ce cas, le datif précède toujours l'accusatif. Ex. : **il don mi libr**, *il me donne un livre*; **il mit mi flori**, *il m'envoie des fleurs*.

On a remarqué qu'il n'y a pas de subjonctif: on met *toujours* l'indicatif après **ke**, et *toujours* le conditionnel après **si**. On ne doit jamais sous-entendre la conjonction **ke** (comme cela se fait trop souvent en allemand et en anglais).

Le place de l'adverbe est *après* le verbe (sauf la négation **no**), mais *avant* le mot modifié, s'il n'est pas un verbe : **multe grand**, *très grand*; **yust ist**, *justement celui-ci*.

Les *prépositions* sont toujours devant le substantif, qui est au nominatif : **kausu pluvi**, *à cause de la pluie* [1].

VOCABULAIRE.

Le vocabulaire de l'*Idiom neutral* comprend environ 9 000 mots. Le principe directeur est l'internationalité maxima *pour les radicaux*. La plupart des radicaux sont communs à *quatre* au moins des *sept* langues fondamentales (D., E., F., I., R., S., L.); certains sont même communs aux sept, comme : **apetit, diametr, eksaminar, tri** (*trois*). Ce n'est que par exception qu'on a dû recourir à des radicaux communs à moins de *quatre* langues. Ex. : **trotoar** (D., F., R.); **urs** (F., I., L.); **tint** (D., S.), *encre*. Les travaux de l'Académie ont fait ressortir ce fait, qu'il y a beaucoup plus de mots internationaux qu'on ne le croit généralement [2]. Il y en a encore davantage, si l'on considère tous les mots d'une même famille logique, c'est-à-dire les mots dérivés d'une même idée. Par exemple, le mot *animal* (E., F., I., S., L.) est étranger à l'allemand, mais non le radical, car l'allemand emploie les mots : *Animalismus, Animalien, animalisieren, animalisch*, etc. De même le radical **an** (cf. D. *jahr*, E. *year*) est connu des Allemands et des Anglais par ses dérivés *Annalen* (D.), *annals* (E.), *annalist* (E.), *annual* (E.), *annuity* (E.), *anniversary* (E.). Là où manque un mot international, on le rem-

---

1. Cette règle, qui paraît toute simple aux Français, est très utile pour les Allemands, chez qui le substantif est tantôt précédé, tantôt suivi de la préposition (*des Regens wegen*), ou, ce qui est pis encore, encadré entre deux prépositions qui se complètent, comme *von Hause aus, von Anfang an*; de sorte qu'on ne sait pas si la seconde se rapporte au mot précédent ou au mot suivant.
2. On évalue à 8 000 le nombre des radicaux internationaux.

place par un mot dérivé ou composé dont les éléments sont internationaux; ex. : **nemult**, *peu*; **kanalet**, *fossé*. Inversement, on admet comme radicaux les mots internationaux qui, dérivés dans les langues nationales, ne sont pas conformes aux règles de dérivation de l'*Idiom neutral*; ex. : **dialekt, doktor, original, perpendikular** (Res. 25).

Les radicaux peuvent appartenir à toutes les parties du discours (contrairement aux principes du *Volapük*); ex. : **tabl, grand, am-ar**. On admet même des radicaux identiques, pourvu qu'ils appartiennent à différentes parties du discours : ex. : **dur** et **dur-ar**; **libr**, *livre*, et **libr**, *libre*; **nov**, *nouveau*, et **nov**, *neuf* (9). Là où on trouve plusieurs radicaux pour la même idée, on choisit le plus connu et le plus universel. Par exemple, entre **vis** et **vid**, entre **redakt** et **redig**, entre **kolekt** et **kolig**, entre **kresk, krev** et **kret**, on adopte le premier : **visar**, *voir*; **redaktar**, *rédiger*; **kolektar**, *rassembler*; **kreskar**, *croître* (Res. 23).

Pour la transcription des mots nationaux on observe les règles suivantes, destinées à rendre l'orthographe conforme à la prononciation : le *c* guttural se traduit par **k** (**kart, klas, kolor, kub**); le *c* sifflant, par **s** (**selebr, sipres**). Le *t* des désinences *-tion* se traduit par **s** (**nasion**); le *z* se traduit par **s**, bien que celui-ci se prononce toujours dur (**basar**). Le *x* se traduit par **ks** (**eksempl**); *th* par **t** (**teatr**); *ph* par **f** (**fosfor**); *qu* par **ku** (**kuadrat**); les diphtongues gréco-latines *ae, oe* par **e** (**diet, homeopati**); le *ch* grec par **k** (**kerub, Krist**); le *j* latin par **y** (**obyekt**); le *j* français et le *g* doux (F. *ge*) par **j** (**jalus, kurtaj**); les *ll* mouillées et le *gn* du français par **li, ni** (**biliet, viniet**). Les lettres doubles sont remplacées par des lettres simples : **adres** (D., F: *adresse*; E. *address*).

Les *mots dérivés* se forment au moyen de 33 préfixes et de 25 suffixes choisis parmi les plus internationaux, que chacun peut accoler suivant les besoins à un radical quelconque [1]. Les *suffixes* sont les suivants :

-et forme les substantifs diminutifs : **sigaret, kordonet** (Res. 103).

-on forme les substantifs augmentatifs : **rastron**, *herse*.

-el forme des noms collectifs de personnes : **klientel**.

-aj forme des noms collectifs de choses : **plumaj, foliaj**.

1. Excepté le suffixe **-ad**, dont le sens, indéterminé, doit être fixé dans chaque cas par l'Académie.

-or forme des substantifs indiquant l'état d'une personne ou d'une chose agissante : **amor, ardor.**

-ator forme des noms d'agents (personnes ou choses) : **orator, ventilator.**

-asion forme des noms d'action : **deklinasion, preparasion.**

-ativ forme des adjectifs indiquant la capacité ou faculté d'agir : **purgativ.**

-itet forme les substantifs indiquant une qualité : **egualitet, kualitet.**

-ism forme les noms de religions et de tendances spirituelles : **protestantism, realism.**

-ist (avec un radical non verbal) forme les noms de personnes qui s'occupent d'une chose : **linguist, violinist.**

-er (avec un radical non verbal) forme les noms de personnes ou de choses qui ont un autre rapport avec l'idée du radical : **aksioner, milioner; pinser** (*pince-nez*).

-eri forme les noms de lieux : **taneri.** *tannerie*; **bireri,** *brasserie*; **kaferi,** *café* (local).

-ia forme les noms de pays : **Rusia, Italia, patria.**

-ad forme des substantifs qui indiquent un rapport indéterminé avec l'idée du radical, mais surtout une action ou le résultat d'une action : **limonad, promenad, kavalkad; fontad,** *fontaine*; **intrad,** *entrée*; **rostad,** *rôti*; **pensad,** *pensée*; **skribad,** *écrit*; **piktad,** *peinture* [1].

Les *adjectifs* dérivés se forment :

1° Au moyen du suffixe général -ik, qui indique la qualité : **anuik,** *annuel*; **homik,** *humain*; ou du suffixe -al, lorsque le radical (subst.) est déjà terminé en -ik [2] : **gimnastikal, gramatikal;**

2° Au moyen des suffixes spéciaux :

-an, qui indique l'appartenance : **amerikan, mahometan.**

-atr, qui indique la similitude : **verdatr, petratr,** *pierreux*.

-abl, qui indique la possibilité ou la dignité d'être... : **komprendabl, konvenabl.**

-id, avec un radical verbal, indique la qualité correspondante : **splendid.**

-os indique la plénitude ou l'abondance : **petros,** (chemin) *pierreux*; **famos,** *fameux*; **amoros,** *amoureux*.

Les *verbes* dérivés se forment au moyen du suffixe général -ar

---

1. Comparer : **episkopad,** *épiscopat* (fonction) et **episkopel,** *épiscopat* (ensemble des évêques). Circ. n° 8 (59).
2. Proposition de l'Académicien E^ABLE.

(désinence de l'infinitif), ou des suffixes spéciaux (applicables à des radicaux adjectifs) :

-eskar, qui signifie *devenir* ou *commencer* : **verdeskar**, *verdir* ; **grandeskar**, *grandir* ; **flagreskar**, *s'enflammer*.

-ifikar, qui signifie *faire* ou *rendre* : **falsifikar** ; **simplifikar** ; **grandifikar**, *agrandir*.

Voici les principaux *préfixes* :

yun- indique les animaux non adultes : **yun-kaval**, *poulain*.

anti- signifie *contre* : **antipap, antialkoholik**.

arki- indique la supériorité hiérarchique, et **vise-** l'infériorité hiérarchique : **arkiepiskop**, *archevêque* ; **visedirektor**, *sous-directeur* [1].

dis- signifie *séparation* : **diskupar**, *découper*.

mis- signifie quelque chose de mauvais ou de manqué : **miskredit**, *discrédit* ; **miskomprendar**, *mal comprendre*.

pre- signifie *devant* : **prelud** ; **preskribar**, *prescrire*.

re- signifie *retour* ou *répétition* : **redonar**, *rendre* ; **refasiar**, *refaire*.

ne- indique le *contradictoire* (c'est-à-dire la *négation*) : **neutil**, *inutile* ; **nemult**, *peu*.

no- indique le *contraire* (l'opposition complète) : **nokuande**, *jamais* ; **noloke**, *nulle part*.

si- indique le lieu ou le moment présent : **sitempe**, *maintenant* ; **siloke**, *ici* ; **sidiurne**, *aujourd'hui*. *Hier* se dit **presidiurne** ; *demain*, **posidiurne** ; *avant-hier*, **plupresidiurne** ; et *après-demain*, **pluposidiurne**.

Rappelons ici le préfixe **ke-** des adverbes interrogatifs-relatifs, et le préfixe corrélatif **te-**. Ajoutons enfin que certains mots sont formés au moyen des préfixes **ad-, apo-, de-, eks-, in-, sub-,** employés avec le sens qu'ils ont en latin ou en grec.

Parmi les préfixes et suffixes, on range un certain nombre de radicaux (en général grecs ou latins) qui servent à former des mots composés : **auto-, ekui-, elektro-, foto-, hidro-, homo-, kali-, krono-, mikro-, neo-, para-, pleni-, poli-, proto-, pseudo-, semi-, termo-, ultra- ; -graf, -metr** ; ce qui permet de dire que certains mots sont composés d'un préfixe et d'un suffixe, comme **fotograf** et **termometr**.

Les *mots composés* se forment par la simple juxtaposition des

---

[1]. Remarquer cette anomalie du français : on dit *vice-président*, mais *sous-directeur*.

radicaux, le déterminant précédant le déterminé : **postmark,** *timbre-poste*; **relsrut,** *chemin de fer*; **vapornav,** *bateau à vapeur.* Les termes de parenté se forment comme suit : **bel-patr, bel-filio, bel-fratr; grand-patr, grand-filio.** Au lieu des nombres cardinaux, on emploie les préfixes suivants : **mono-, bi-, tri-, kuadri-, penta-, heksa-, hepta-, okto-, nona-, deka-, hekto-, kilo-.**

En général, les mots dérivés et composés de l'*Idiom neutral* coïncident avec des mots déjà internationaux : **prototip, patria, preskribar, falsifikar.** Mais il arrive parfois qu'il n'y a pas coïncidence : **infektasion, anuik, visabl, egualifikar.** Dans ce cas, on admet le mot international à côté du mot régulièrement formé : **infeksion, anual, visibl, egualisar** (Res. 56) [1].

Quand le radical se termine par un a et que le suffixe commence par un autre a, ces deux a se confondent en un seul; ex. : **rusian,** *russe*; **akuatr,** *aqueux.* Mais l'Académie n'a pas admis que l'on réduisît à un seul deux i consécutifs, dont l'un appartient au radical et l'autre au suffixe, comme dans : **apologiik, bronkiik, alkimiist, artileriist** (Res. 139, 140).

Voici, comme spécimen de l'*Idiom neutral*, le *Pater* traduit par M. Rosenberger :

Nostr patr kel es in sieli! Ke votr nom es sanktifiked; ke votr regnia veni; ke votr volu es fasied, kuale in siel, tale et su ter. Dona sidiurne a noi nostr pan omnidiurnik; e pardona (a) noi nostr debiti, kuale et noi pardon a nostr debtatori; e no induka noi in tentasion, ma librifika noi da it mal.

Voici un autre exemple d'un ordre plus pratique :

Skribasion in idiom neutral don profiti sekuant in komparasion ko kelkun lingu nasional : 1° libri e broshuri sientifik publiked in ist idiom potes esar lekted per omni hom in original; 2° traduksion no plu es nesesar; 3° ili avero sirkl multe plus grand de lektatori, e tekause 4° ili potes esar imprimed in kuantitet plu grand de eksemplari; ergo 5° ili potes esar vended a pris plu minim, e 6° profit material de editor (respektive de autor) esero plu grand.

Idiom neutral es usabl no sole pro skribasion, ma et pro parlasion; sikause in kongres sekuant internasional de medisinisti mi av intension usar ist idiom pro mie raport di maladitet « lupus », e mi esper esar kompreded per omni medisinisti present.

1. Cette résolution ayant été prise sur la proposition de M. Mackensen, ces mots s'appellent « mots Mackenséniques » : **paroli Mackensenik.** (Circulaire n° 57).

Pour donner un aperçu du vocabulaire, nous citerons les premiers mots du dictionnaire *neutral* :

abandon-ar, *abandonner.*
abat (-a), *abbé, abbesse.*
abat-eri, *abbaye.*
abat-ar, *abattre.*
abdik-ar, *abdiquer.*
abdik-asion, *abdication.*
abdomin, *abdomen.*
aber-ar, *se tromper.*
aber-asion, *erreur, aberration.*
abiet, *pin* (L. *abies*).
abism, *abîme.*

ablativ, *ablatif.*
abomin-ar, *abominer.*
abomin-abl, *abominable.*
abomin-asion, *abomination.*
abon-ar, *s'abonner.*
abon-ant, *abonné.*
abrevi-ar, *abréger.*
abrevi-asion, *abréviation.*
abrikos, *abricot.*
absent, *absent.*
absent-itet ou absens, *absence.*

L'*Idiom neutral* n'est employé jusqu'ici que par les membres de l'Académie. M. ROSENBERGER a publié des articles (Letri da Rusia) dans cette langue dans le *Nouveau Précurseur* d'Anvers.

CRITIQUE.

L'*Idiom neutral* est assurément l'un des projets les plus complets et les plus pratiques qui aient été proposés depuis le *Volapük*. Il a cet avantage d'être l'œuvre collective d'un groupe international, d'avoir été ainsi soumis à une discussion impartiale et à un contrôle sérieux. Il est seulement regrettable que ce long et consciencieux travail n'ait pas une origine plus autorisée. On ne peut oublier, en effet, que l'*Académie internationale* tient son mandat des Volapükistes, qu'elle ne représente en principe que le monde volapükiste et n'a travaillé que pour lui [1]. Sans doute, on doit rendre justice à l'indépendance des académiciens, et au zèle très méritoire avec lequel ils se sont efforcés de se dégager du *Volapük*; il n'en est pas moins vrai qu'ils en sont partis, qu'ils en ont hérité, et ce vice originel peut expliquer certains défauts de l'*Idiom neutral*, attendu que celui-ci a conservé quelques traces de la *Glamat nomik*. Ces réserves n'ont pas pour but de diminuer la valeur intrinsèque de cette langue et le mérite de ses auteurs, mais simplement de sauvegarder l'indépendance du Comité de la *Délégation*, qui seul représentera l'ensemble des personnes et des sociétés intéressées à

1. Encore faut-il ajouter qu'une partie des Volapükistes est restée fidèle au *Volapük*.

l'adoption d'une langue internationale, et qui seul aura l'autorité nécessaire pour la choisir et l'imposer. Il devra donc
examiner et juger l'*Idiom neutral* uniquement d'après ses qualités
intrinsèques, comme tout autre projet né de l'initiative privée
et élaboré par une seule personne.

Les principes de l'*Idiom neutral* nous paraissent inattaquables ;
ce sont, croyons-nous, ceux que la Langue internationale future
devra nécessairement adopter ou vérifier ; tel est surtout le principe de l'internationalité maxima des radicaux. Quelle que soit
la grammaire qu'on adopte, on devra donc tenir grand compte
des listes de radicaux internationaux dressées par l'*Académie*.

Malheureusement, l'orthographe assignée à ces mots est
défectueuse : au lieu de respecter le graphisme, qui est international, on l'a modifié pour le conformer à la prononciation,
qui n'est nullement internationale. En fait, on a pris pour
modèle *une* prononciation nationale, la prononciation française.
Un seul exemple suffit à le montrer : le mot **sentralisasion**
(encore les Français prononcent-ils : *sentralizasion*, avec *en* et *on*
nasales). Un Allemand prononcera ce même mot : *tsentralizatsion*
(sans nasales), et il faut avouer que cette prononciation, plus
sonore et plus relevée, est aussi plus conforme à l'orthographe
et par suite à l'étymologie. Ce défaut vient de la pauvreté de
l'alphabet ; un alphabet un peu plus riche permettrait de mieux
atteindre le maximum d'internationalité à la fois graphique et
phonétique. Par exemple, le remplacement de *c* par *s* (Res. 23)
défigure pour l'œil les mots comme **sent** (*cent*), **sentr** (*centre*),
sen (*cendre*), **sert** (*certain*), **sin** (*cygne*), **bisikl** (*bicycle*), **inosent**
(*innocent*) ; et il ne les dénature guère moins aux oreilles de
tous les non-Français[1]. Il en est de même pour l's substitué
au *z* dans les mots **basar**, **senit**, **sink** (*zinc*), **soologi**[2]. Il vaudrait mieux, évidemment, garder le *c* en lui donnant le son qu'il
a en allemand et en polonais. Mais, par une curieuse inconséquence, l'*Idiom neutral* donne à *c* le son complexe *tch*, et représente au contraire le son simple *ch* par deux lettres : **sh**, qui
perdent ainsi leur son propre. Cela défigure certains mots
français, comme **sharjar**, **sharmar**, **shershar**. En outre, les règles

---

1. Autres exemples : **asid**, **obsen**, **santim**, **selebr**, **selibat**, **sensor**, **serf**
(*cerf*), **seris**, **serebr**, **sinser**, **sir**, **sos**, **sosis**, **yustis** ; **sitar**, **osilar**, **ositar**.
2. Autres exemples : **sebr**, **fras**, **dusen** (*douzaine*), **suav** (*zouave*, et non
suave).

de l'accentuation sont trop compliquées, surtout pour une langue qui doit servir aux usages vulgaires et aux personnes d'instruction moyenne.

C'est surtout la grammaire qui prête le flanc à la critique. Et d'abord, un très grave défaut est l'absence de tout article, défini ou indéfini. On allègue que les langues slaves s'en passent; mais, sans discuter ici le plus ou moins d'utilité de l'article (défini surtout), il suffit que les autres langues européennes l'emploient pour qu'il soit indiqué de l'adopter dans la Langue internationale. Nous ne savons pas le russe, mais nous savons le latin et le grec; or la comparaison des deux langues classiques montre combien l'article met de netteté dans la pensée, et combien son absence la laisse flottante et vague. Au fond, c'est le contexte qui détermine en latin, la plupart du temps, le sens défini ou indéfini des substantifs; à moins que ce ne soient des pronoms beaucoup plus encombrants que le simple article [1]. Le besoin de l'article se fait si vivement sentir dans la pensée moderne, que les scolastiques avaient introduit en latin un article (*li*), et que les philosophes du xviiᵉ siècle employaient, soit le pronom *ipse*, soit l'article défini *grec* (par exemple avec les mots indéclinables). D'ailleurs, tout adjectif peut être employé comme substantif, même sans les désinences de genre -o ou -a. A quoi le reconnaîtra-t-on, s'il n'y a pas d'article?

En général, il est regrettable que l'Académie ait supprimé toute distinction matérielle entre les parties du discours. Sans doute, elle a eu bien raison de supprimer les désinences caractéristiques de certaines *classes d'idées* (dans le *Volapük*); mais autant celles-ci sont inutiles et gênantes, autant les désinences caractéristiques des *classes de mots* sont commodes pour marquer le rôle de chaque mot dans la phrase, et rendre sensible la construction. Il semble que, dans sa réaction contre les principes du *Volapük*, l'Académie soit allée trop loin; d'autant plus que cette distinction peut se faire sans imposer aucune restriction aux radicaux, et sans les affubler d'un suffixe monotone, comme l' -ik des adjectifs en *Volapük*. Il y a toutefois une heureuse exception en ce qui concerne les adverbes (en -e) et les

---

1. Qu'on se rappelle le *Volapük*, qui, ne voulant pas se servir de l'article indéfini **un**, est obligé d'employer le pronom **sembal**. De même, l'*Idiom neutral* emploie **kelkun**. Ce n'est pas une abréviation!

prépositions (en -u). En revanche, comme les verbes n'ont aucune désinence à l'indicatif présent, rien ne distingue un verbe d'un substantif. Ex. : **mersi** veut dire aussi bien (*je*) *remercie* que *remerciment*.

Non seulement les parties du discours ne se distinguent pas par la forme, mais on a admis des radicaux homonymes appartenant à différentes classes (Res. 23 h), comme **sol** (*soleil*) et **sol** (*seul*)[1] ; **kar** (*voiture*) et **kar** (*cher*). En outre, on n'a pas toujours prévu un mode de dérivation régulier permettant de passer d'une classe à l'autre, par exemple, de dériver les pronoms possessifs des pronoms personnels; c'est là une complication qui charge la mémoire. On n'a pas non plus évité de donner à certains radicaux des désinences identiques à des flexions grammaticales ou à des suffixes. D'une part, il y a beaucoup de noms dont le radical se termine en i, de sorte que leur singulier ressemble à un pluriel, et que leur pluriel se distingue mal de leur singulier[2]; d'autre part, il y a beaucoup de radicaux en -i qui sont identiques au pluriel d'autres radicaux. Ex. : **kirurg** (*chirurgien*) et **kirurgi** (*chirurgie*); **filosof** et **filosofi**; **geolog** et **geologi**, **pedagog** et **pedagogi**; **fol** (*fou*) et **foli** (*feuille*); **rad** (*rade*) et **radi** (*rayon*); **musk** (*mouche*) et **muski** (*mousse*); **klav** (*clou*) et **klavi** (*clef*); **vis** (*vue*) et **visi** (*vice*); **fur** (*fourrure*) et **furi** (*furie*); **tur** (*un tour*) et **turi** (une *tour*). De même, **avar** veut dire *avare* ou *avoir*; **inventar**, *inventaire* et *inventer*. Certains radicaux ont l'aspect de mots dérivés : **amik, heros, karos, kolos** ont des terminaisons d'adjectifs; **bufet, buket** ne sont pas des diminutifs; **husar, kuliar** (*cuiller*) ne sont pas des verbes; **kamarad, batist, kalamitet**, ne sont pas des dérivés (Res. 5).

Chose plus grave, certains mots semblent régulièrement dérivés de mots existants dont le sens est tout différent (Res. 6). **Musa** (*muse*) n'est pas le féminin de **mus** (*rat*); **kaskad** ne dérive pas de **kask**; **baston** n'est pas l'augmentatif de **bast** (*aubier*), ni **prison** celui de **pris** (*prix*); **pariet** (*paroi*) n'est pas le diminutif de **pari**; **infanteri** ne vient pas d'**infant** (*enfant*). En général, le suffixe -**itet** peut se confondre avec le suffixe -**et**; et le suffixe -**eri** ressemble au pluriel du suffixe -**er** : **duaner** (*douanier*), **duaneri** (*douane*). Les noms en -**er**, avec la terminaison mascu-

---

1. En revanche, *sol* se dit **suol**.
2. Ex. : **bani, boteli, gladi, melodi, mumi, studi, teori, trili**.

line -o, ressemblent à des verbes au futur : **prisonero, voyajero** (*voyageur*, ou : [*je*] *voyagerai*). **Mastik** n'est pas l'adjectif de **mast** (*mât*), ni **mastikar** (*mâcher*) le verbe de **mastik**. **Mortar** (*mortier*) n'est pas un verbe dérivé de **mort**. Il y a beaucoup d'autres verbes qui paraissent à tort dériver de noms : **montar** (*monter*) de **mont**; **gravar** (*graver*) de **grav** (*lourd*); **frisar** (*friser*) de **fris** (*frise*); **mutar** (*changer*) de **mut** (*muet*); **pesar** (*peser*) de **pes** (*poix*); **portar** de **port**; **rasar** (*raser*) de **ras** (*race*); **sudar** (*suer*) de **sud**; **valar** (*valoir*) de **val**; **venar** (*chasser*) de **ven** (*veine*); et cela est d'autant plus fâcheux, qu'à l'indicatif présent ces verbes se réduisent à leur radical, c'est-à-dire deviennent identiques au nom correspondant. Le plus bel exemple de ces dérivations apparentes (et fausses) est la série suivante : **viol** (*violon*), **viola** (*violette*), **violar** (*violer*) et **violet** (*violet*) [1].

On peut alléguer, comme excuse, que presque toutes ces équivoques se trouvent déjà dans les langues vivantes auxquelles ces mots sont empruntés, et qu'elles n'y trompent personne. Mais si l'habitude les rend insensibles et inoffensives dans nos langues maternelles, il n'en sera peut-être pas de même dans une langue qui sera pour tous une langue étrangère. Il est dangereux de toujours compter sur le contexte pour dissiper ces équivoques; car il arrive souvent que dans une langue étrangère la moitié des mots échappent à l'auditeur; que deviendra-t-il si l'un des mots auxquels il se « raccroche » est ambigu? Il faut laisser le moins de part possible à l'intelligence ou à la divination. Assurément, il est fort difficile d'éviter des homonymies comme celles que nous venons de signaler (et nous ne les aurions pas relevées si elles n'étaient pas très fréquentes); mais si un autre système réussit à les éviter, nul doute qu'il ne soit préférable.

Le défaut précédent vient de ce que l'*Idiom neutral* s'efforce de se rapprocher le plus possible des langues vivantes [2]. Cet excès d'une tendance louable a eu d'autres conséquences fâcheuses. Ainsi, dans la formation des mots dérivés, l'*Idiom neutral* est constamment tiraillé entre deux systèmes : 1° l'adoption des mots dérivés internationaux; 2° la formation régulière et *auto-*

1. Autres exemples : **kanon, kanonik**; **kant, kanton**; **or, oral, orar**; **org, orgi, organ**.
2. Un exemple frappant en est fourni par les mots suivants, empruntés au français : **shapó, depó, alé, portmoné**.

nome des dérivés (à l'aide de radicaux et d'affixes internationaux *invariables*). Par exemple, une fois adoptés les suffixes internationaux -asion, -ator, on a formé régulièrement les noms d'action : atraktasion, avertasion, absolvasion, desidasion, flektasion, frikasion, inventasion, instruasion, konfesasion, obliviasion, sufrasion, konseptasion, konvertasion, korigasion, kreskasion, proposasion, repetasion, reaktasion, et les noms d'acteurs : editator, eksekutator, komposator, kondukator, movator, piktator, redaktator, skulptator, skribator [1].

Mais, comme ces mots ont un aspect barbare, et contrastent péniblement avec les dérivés naturels (latins et internationaux), on a cru devoir admettre ceux-ci comme mots primitifs à côté de ceux-là. De même, on a été conduit à admettre des doublets comme :

perfektitet	et perfeksion [2]
simplitet	simplisitet
pasientitet	pasiens
prudentitet	prudens

et beaucoup de mots analogues;

sientik	et sientifik
orgist	organist
pianoist	pianist
visabl	visibl
sensuabl	sensibl
ekuiflankik	ekuilateral
favorar	favorisar
rivalar	rivalisar

etc, etc.

Or tous ces « mots Mackenséniques » doublent inutilement le nombre des mots à apprendre : et s'ils sont aisés à retenir pour ceux qui savent le latin ou une langue romane, ils doivent être difficiles à retenir pour les autres, attendu qu'ils sont irrégulièrement formés. Il faut choisir entre les deux systèmes, et, croyons-nous, opter pour la dérivation autonome et régulière.

Si l'on veut éviter des formes trop barbares, il vaut mieux renoncer par exemple au suffixe -asion, si lourd et si encom-

1. Dans quelques lignes d'un article de M. ROSENBERGER, on rencontre les mots lektator, aparasion et imprimasion, qui sont cruellement choquants.
2. Remarquer l'ambiguïté des mots en -*tion*, que l'*Idiom neutral* n'a pas toujours évitée; ex. : konfederasion.

brant, et, de plus, équivoque dans nos langues. On pourrait
substantifier simplement le radical verbal pour exprimer l'action
indiquée par le verbe, comme cela a lieu pour beaucoup de mots
naturels : *don* (*donner*), *envoi* (*envoyer*), *fuite* (*fuir*), *révolte* (*révolter*),
conquête (*conquérir*) [1], *oubli* (*oublier*), *promesse* (*promettre*), *arrêt*
(*arrêter*), *propos* (*proposer*) [2]. Mais pour cela il conviendrait,
comme nous l'avons déjà dit, d'avoir des désinences qui distinguent les substantifs des verbes [3].

De même, il n'y a qu'un moyen d'éviter des doublets fâcheux
comme **individuik** et **individual**, **horisontik** et **horisontal**, où le
premier mot est régulier, mais barbare, et le second international, mais irrégulier : c'est d'adopter pour les adjectifs un
suffixe absolument *neutre*, étranger aux langues naturelles, puisqu'aucun des suffixes naturels n'est uniformément employé, et
que, si on en généralise et régularise l'emploi, il devient choquant et entraîne l'admission de « mots Mackenséniques ».

Dans la dérivation, on a bien fait de distinguer les contraires
des contradictoires. Malheureusement, les préfixes correspondants ne sont pas suffisamment distincts (**ne-** et **no-**), et ils sont
parfois employés à contre-sens. Ainsi **neamik** devrait signifier
non-ami, et non *ennemi*; **nefasil** *non-facile*, et non *difficile* (comparer
neutil, qui signifie *inutile*, et non pas *nuisible*). Inversement, **nokos**,
noloke, **nokuande** ont le sens de simples négations, et devraient
être formés avec **ne-** (comparer **nemult**, *peu = pas beaucoup*).

Il conviendrait aussi de distinguer, comme en allemand, le
retour en arrière (*zurück*) et la *répétition* (*wieder*) qui sont confondus
dans le préfixe **re-**.

Les auteurs de l'*Idiom neutral* n'ont formulé aucune règle pour
fixer le sens des mots d'une classe dérivés des mots d'une autre
classe, notamment le sens du verbe dérivé d'un substantif; nous
n'insisterons pas sur cette critique, que nous avons développée
à propos de l'*Esperanto*; mais il n'est que juste de remarquer
que l'*Idiom neutral* y échappe encore moins. Il suffit de citer un

1. Déjà l'Académie a adopté le radical **konkuist** (*conquête*), d'où le verbe
konkuistar (*conquérir*) et le substantif **konkuistator**, qui rappelle heureusement le mot S. *conquistador*.
2. Cf. le *Novilatiin*. On trouve dans l'*Idiom neutral* par exception : **permit**
= *permission*; **puni** = *punition*.
3. L'on a judicieusement adopté pour radicaux **ambisi**, **religi**, **superstisi**,
afin de pouvoir former régulièrement les adjectifs **ambisios**, **religios**,
superstisios.

seul exemple : le verbe **piskar**, dérivé de **pisk** (*poisson*), ne signifie
ni *être poisson*, ni *faire le poisson*, ni *rendre poisson*, ni *revêtir de
poisson*, ni même *faire usage de poisson*, mais *prendre du poisson*
(*pêcher*, L. *piscari*) [1]. Il est clair que, dans ce cas et dans tous les
cas analogues, les auteurs ont accepté sans critique les dérivés
des langues naturelles [2].

Notons en passant que l'Académie, toute internationale qu'elle
est, n'a pas toujours évité les idiotismes de composition, si fréquents en *Volapük*. Ex. : **sirka-donar** = *entourer* (germanisme :
umgeben, litt. : *donner autour*); **trans-pontar** = *jeter un pont sur*
une rivière (D. *überbrücken*); **drap de sak** = *mouchoir* (D. *Taschen-
tuch*). De même, **preskribar** ne signifie pas *écrire devant*, ni **veri-
fikar**, *rendre vrai*. D'ailleurs, elle use très inégalement de la dérivation et de la composition : d'un côté, elle forme librement des
mots comme **kani-klamar** = *aboyer*, **gren-batar** = *battre* (le blé),
protoparol = *radical*, **protoforest** = *forêt vierge* (D. *Urwald*); mais,
d'un autre côté, elle n'ose pas régulariser des dérivés comme
dusen = *douzaine*, et elle emploie comme mots primitifs **diksionar**,
vaka = *vache*, **portmoné** [3].

Enfin certains mots composés présentent des accumulations
de consonnes imprononçables : **piskgres**, **letrpapir**, **librbandar**,
(*relier*), **lignvas**, **lignven**, **pulvrmin** ; de même certains mots simples comme **vendrdi**, **saturndi**, **kelkkos** (différent de **kelkos**). C'est
là d'ailleurs un défaut général de l'*Idiom neutral* : la plupart des
mots commencent et finissent par une ou plusieurs consonnes
(ex. : **opr** = *opéra*, **ordn** = *ordre* de chevalerie); par suite, ils se
heurtent à arêtes vives et produisent des rencontres peu harmonieuses ou difficiles à prononcer : **nostr patr**, **patr puni**; **punkt
de vis**. Il en résulte qu'on est forcé d'intercaler entre les mots
des *e* muets, que les divers peuples placeront différemment.
Mieux vaudraient des voyelles sonores dont la place fût marquée
par l'écriture, et qui, servant de tampons entre les mots, ren-
draient la prononciation coulante et moelleuse.

Quelques désinences-voyelles auraient un autre avantage, au

---

1. L'*Esperanto* dit **fiŝkapti** (*prendre du poisson*).
2. Autres exemples : **satin**, **satinar** (*satiner*); **forn** (*poêle*), **fornar**
(*chauffer*). Pour le suffixe **-abl** on a adopté à la fois les deux sens bien
différents qu'il a dans les langues romanes; on a ainsi : **amabl**, **vene-
rabl**, etc.
3. Notons un mot dérivé qui prête à un contre-sens amusant : **insendier**
signifie, non pas *incendiaire*, mais... *pompier!*

point de vué de la syntaxe. La phrase, en *Idiom neutral,* a le caractère inorganique et décousu qu'on reproche à la phrase anglaise.
C'est une juxtaposition de radicaux dont la liaison grammaticale
et logique, indiquée surtout par la place et l'ordre des mots, est
en partie à deviner. C'est là un inconvénient pour une langue
« étrangère » et pratique. Sans vouloir discuter ici les questions
très controversées de l'accord de l'adjectif avec le substantif, et
de l'utilité de l'accusatif, on peut dire qu'il est imprudent de trop
compter sur la place des mots pour révéler leur rôle grammatical. Pour ce qui est notamment de l'accusatif, nous remarquons que l'ordre du sujet et du complément direct est nécessairement troublé dans les propositions relatives, ce qui, en français
par exemple, rend impossibles certaines constructions logiques
et commodes, ou conduit à des amphibologies. En voici un
exemple, cueilli au hasard dans un journal. Parlant de Falguière,
un critique d'art écrivait : « Ses portraits montrent... quelle
belle nature de peintre a étouffé le développement du statuaire ».
Pour la grammaire, le sujet serait la « belle nature de peintre »;
pour le sens, il est : « le développement du statuaire ». On
avouera que cette phrase offre deux sens très différents, et même
opposés; or pour distinguer le vrai, il faut savoir que Falguière
a beaucoup plus produit comme sculpteur que comme peintre.
Ces sortes d'amphibologies sont beaucoup plus fréquentes
qu'on ne croit; on ne s'en aperçoit pas, parce que le « bon
sens », c'est-à-dire au fond la connaissance du sujet, permet de
choisir ou de deviner l'interprétation juste; mais, quand on est
obligé de faire appel au bon sens, c'est que la grammaire est en
défaut. Une syntaxe vraiment logique, qui exprime fidèlement
et complètement la pensée, ne doit rien laisser à deviner [1].

En général, l'*Idiom neutral* a le tort de trop se rapprocher des
langues vivantes, notamment du français. Il semble paradoxal
de reprocher à un système *a posteriori* d'être trop *a posteriori*; et
pourtant, l'*Idiom neutral* justifie ce reproche. Nous avons vu qu'il
s'attachait trop exclusivement à la prononciation française, sans
toutefois la reproduire fidèlement, de sorte que cela ne le rend
ni plus facile ni plus agréable aux Français, bien au contraire.
On peut en dire autant de la grammaire, qui est trop romane
pour être vraiment neutre, et de la formation des mots, qui

1. Cf. la Critique de l'*Esperanto.*

s'astreint trop à imiter les langues romanes pour être logique et
uniforme. Plus on calque servilement les formes nationales,
plus la langue risque de perdre sa régularité et sa simplicité
pour offrir l'apparence disgracieuse et choquante d'une langue
nationale estropiée.

Quoiqu'il en soit, l'existence seule de l'*Idiom neutral* est un fait
extrêmement instructif et probant, qu'il importe de retenir; car
elle montre, en somme, que des Volapükistes, partis d'un système mixte où dominaient les combinaisons arbitraires et *a priori*,
ont abouti à un système tout à fait *a posteriori*, et que, tout en
recherchant la plus grande internationalité possible, et en présentant d'ailleurs toutes les garanties de neutralité, ils ont été
amenés à élaborer une langue presque exclusivement romane
par sa grammaire comme par son vocabulaire.

CRITIQUE GÉNÉRALE

Si nombreux et si variés que soient les systèmes *a posteriori*, ils se ressemblent beaucoup plus entre eux que les systèmes mixtes [1]. Cela vient de ce que tous s'inspirent plus ou moins d'un principe objectif et rationnel, le *principe de l'internationalité* des éléments lexicologiques. Sans doute, on peut constater de notables différences dans la manière dont les divers auteurs ont conçu ce principe et l'ont appliqué : et nous aurions pu les distinguer et les classer suivant qu'ils prennent pour base le latin, ou une langue vivante, ou enfin plusieurs langues vivantes unies et mêlées. Mais il nous a paru qu'une telle classification eût été artificielle et inexacte. En effet, il n'y a pas de différence essentielle entre les systèmes qui, partant du latin, lui adjoignent forcément des néologismes empruntés aux langues modernes, même non-romanes (ex. : *sport, wagon*), et ceux qui, partant d'emblée du principe d'internationalité, sont amenés, en conséquence de ce principe même, à faire une place prépondérante aux éléments latins. C'est en vain que les premiers se flattent d'être plus *homogènes* que les seconds : bon gré mal gré, ils aboutissent (ou ils aboutiraient, si on les développait jusqu'au bout) à un vocabulaire tout aussi composite. Il est donc injuste de traiter les uns plutôt que les autres de *sabir* ou de jargon; d'ailleurs, il nous est impossible de voir dans ces qualificatifs un reproche : ils constitueraient plutôt un éloge, pour des langues qui prétendent avant tout être des moyens de communication pratiques, accessibles à tous les peuples européens. Le fait que des *sabirs* se sont formés spontanément, « naturellement », en divers pays pour répondre aux besoins du commerce international, ne peut

---

[1]. Comparer, par exemple, les systèmes de numération et les pronoms personnels.

être qu'un argument de plus en faveur des « langues composites », car il montre dans quel sens le problème peut et doit
être pratiquement résolu [1]. Ceux qui parlent si dédaigneusement
de *sabir* oublient qu'aucune de nos langues modernes n'est
homogène et pure ; tels, à qui répugne le mélange des racines
romanes et germaniques, préfèrent l'anglais, lequel n'est pourtant qu'un « jargon » [2], c'est-à-dire un idiome mixte romano-
germanique.

D'ailleurs, les autres langues européennes n'ont pas le droit
de lui jeter la pierre, ni de se montrer plus fières. Aux Français,
il suffira de citer l'opinion très compétente de M. Michel BRÉAL :
« Il ne faut pas faire les dédaigneux; si nos yeux, par un subit
accroissement de force, pouvaient en un instant voir de quoi est
faite la langue de Racine et de Pascal, ils apercevraient un
amalgame tout pareil [3] ». Quant aux Allemands, nous aurons
tout à l'heure l'occasion de leur rappeler tous les emprunts
qu'ils ont faits au latin et aux langues romanes, et dont ils
s'efforcent vainement de « purifier » leur langue. S'il y a au
monde une langue homogène et pure, ce ne peut être que celle
de quelque peuplade sauvage habitant une île déserte, et sans
relations avec le reste du monde. Mais on peut être sûr qu'elle
est aussi très pauvre (ce qui ne veut pas dire qu'elle soit régulière et simple); ce n'est donc pas une langue à envier, ni un
modèle à suivre pour la langue internationale. Celle-ci sera donc
composite, comme toutes nos langues : la nature, l'histoire, les
progrès de la civilisation le veulent ainsi.

On adresse aux langues *a posteriori* une autre objection. Toutes
prétendent à la neutralité, même celles qui prennent pour base
le latin, comme étant le fonds commun des langues européennes
et la langue commune des savants. Et, d'autre part, toutes, ou
peu s'en faut, accordent aux éléments latins une part dominante,
sinon presque exclusive. Il semble à certains critiques qu'il y a

---

1. C'est ainsi, assure-t-on, qu'il a été résolu dans l'Hindoustan, il y a
trois cents ans : du temps d'Akbar le Grand, les diverses races qui le
peuplent, et qui parlent autant de langues ou dialectes différents, ont
adopté comme langue commune un idiome artificiel et composite, l'*urdu*
ou *hindoustani* (George HENDERSON; *The Lingua Franca of the Future*, p. 5).
2. Nous ne nous permettrions pas de le dire; nous ne faisons que répéter
le mot employé dans le rapport de l'*American Philosophical Society* (p. 365).
3. *Le choix d'une langue internationale*, dans la *Revue de Paris*,
15 juillet 1901 (p. 244).

là une contradiction. On leur répond qu'il n'en est rien, et que, si les racines latines dominent même dans les langues fondées sur le principe d'internationalité, qui empruntent impartialement leurs matériaux aux six principales langues européennes, c'est que les éléments latins sont les plus internationaux : communs aux trois langues romanes (F., I., S.), ils composent les deux tiers du vocabulaire anglais, au point que Max Müller a pu classer l'anglais parmi les langues romanes [1], et ils ont pénétré en notable proportion dans l'allemand et dans le russe (surtout dans les mots techniques); tandis que les racines germaniques et slaves qui ont passé dans les langues romanes sont en petit nombre. C'est même la principale raison que font valoir les auteurs ou les partisans d'un *néo-latin* : en quoi ils ont tort, selon nous, parce qu'ils érigent en principe ce qui n'est qu'une circonstance de fait. Aussi ne défendons-nous pas la cause du *néo-latin*, mais bien celle du principe de l'internationalité, en vertu duquel, si l'on doit adopter une racine latine quand elle appartient à la majorité des langues européennes, on doit adopter une racine germanique ou slave dans les mêmes conditions. C'est là le seul moyen de constituer un vocabulaire à la fois *international* et *neutre*, qui soit (c'est là l'essentiel) le plus facile à apprendre pour tous les Européens, et réunisse le plus grand nombre de mots ou de radicaux déjà connus de la plupart d'entre eux[2].

1. Cf. Henderson, *Lingua*, p. 12-13. Certains ont proposé de prendre pour base de la L. I., au lieu des 6 langues européennes, les 3 familles (romane, germanique, slave) auxquelles elles appartiennent. Mais, outre que ces 3 familles sont d'importance très inégale, dans laquelle rangerait-on les peuples qui parlent anglais? Si on les annexe à la famille romane, celle-ci sera 3 fois plus forte que la famille germanique (à elle seule, sans l'anglais, elle est 1 fois 1/2 aussi forte). Si on les ajoute à la famille germanique, celle-ci sera plus forte que la famille romane; mais alors on ne tiendra pas compte des 2/3 du dictionnaire anglais. Concluons que, pour établir une proportion équitable, il faut considérer les langues *réelles* dans leur complexité, et non les familles de langues, qui sont des abstractions philologiques et de simples entités.

2. Certains prétendent qu'on n'aboutira par cette voie à aucun résultat, parce que chaque peuple voudra avoir la part du lion. Il nous semble que le principe de l'internationalité permet de concilier les intérêts et même les prétentions de tous les peuples, surtout si l'application en est confiée à un petit comité de personnes compétentes des divers pays : les savants sont en général affranchis des préjugés et des partis-pris nationaux. On dit aussi que la rivalité des nations, qui s'oppose à ce qu'on adopte pour L. I. la langue de l'une d'elles, s'opposera aussi à ce qu'on puisse s'entendre sur le vocabulaire international, car elle s'exercera, en petit, sur le choix de

Il y a cependant des personnes qui ne reconnaissent pas la justice et l'impartialité de ce procédé, qui ne se résignent pas à la
prépondérance inévitable et justifiée des racines romanes, et
qui sacrifieraient plutôt l'internationalité à la neutralité absolue
qu'elles réclament. Ces personnes, heureusement assez rares,
sont surtout des *Volapükistes* allemands. Comme Volapükistes,
elles s'obstinent à demander une langue pour toute l'humanité,
et à exiger qu'elle soit neutre, non seulement entre les Européens, mais entre tous les peuples de la terre ; de sorte que,
pour ne pas offenser et léser les Chinois et les Japonais, voire
les Malgaches et les Cafres, les Européens devraient renoncer à
l'avantage immense que leur procure la possession de vocables
internationaux. Comme Allemands, ils déclarent que la race germanique n'acceptera pas une langue en majorité romane. On
peut leur répondre que les Slaves auraient encore de meilleures
raisons pour refuser d'accepter une langue romano-germanique,
où l'élément slave ne tiendra aucune ou presque aucune place [1] ;
et pourtant de telles langues ont des Russes pour auteurs, propagateurs et adeptes, de même que bon nombre de langues néo-
latines ont pour auteurs, non des Français ou des Italiens, mais
des Anglais et même des Allemands.

Les mêmes personnes font valoir un autre argument, tiré de
la guerre que l'on a faite en Allemagne aux « mots étrangers »,
qui sont justement des mots internationaux. Elles prétendent
que ces vocables proscrits risqueraient, à la faveur de la langue
internationale, de rentrer dans la langue allemande et d'en altérer la pureté. Les peuples romans pourraient tout aussi bien
repousser tout mélange de racines germaniques, qui risqueraient

chaque racine. Nous répondrons, d'abord, que la plupart des racines sont
au-dessus de toute contestation d'amour-propre national ; et ce sont naturellement les plus internationales. Quant aux autres, elles pourront donner
lieu à des compromis : « Passez-moi la rhubarbe, et je vous passerai le
séné ». Dans tous les cas, la difficulté (d'ordre politique) sera divisée,
émiettée, et par suite très facile à surmonter. C'est l'histoire du faisceau
à rompre.

1. Il importe d'observer que, si les éléments spécifiquement slaves ne
peuvent tenir presque aucune place dans la L. I., en raison de leur manque
d'internationalité, les peuples slaves ne seront pas pour cela exclus de la
construction de la L. I. ni privés de ses avantages, car les langues slaves
contiennent une foule de mots étrangers (soit romans, soit germaniques),
qu'elles concourront à faire adopter, en vertu de l'internationalité supérieure
qu'elles leur confèrent (voir p. 347, note 1).

de s'infiltrer dans leurs langues nationales. Les deux prétentions sont aussi justifiées l'une que l'autre, ou plutôt elles sont également injustifiables [1]. Celle des Allemands équivaut à exiger que la langue internationale soit exclusivement germanique; pourquoi ne pas demander tout de suite qu'elle soit purement et simplement l'allemand? Bien mieux : c'est exiger que la L. I. soit plus allemande encore que l'allemand lui-même, car on n'a pas encore réussi à en expulser tous les mots étrangers, et l'on n'y réussira probablement jamais [2]. Sans doute nous n'avons pas à apprécier, au point de vue national allemand, la guerre faite aux mots étrangers. Les Allemands sont assurément libres d'expulser de leur langue, s'ils le veulent et s'ils le peuvent, tous les mots étrangers qui s'y sont infiltrés [3], au risque de la rendre moins intelligible et plus difficile à apprendre. Mais ils n'ont pas le droit d'ériger cette exigence *nationale* en prétention *internationale*, et de proscrire de la langue universelle les mots internationaux qui sont le patrimoine commun des autres nations. Ceux d'entre eux qui manifestent cet exclusivisme jouent le rôle peu généreux du chien du jardinier; ne voulant ou ne pouvant pas employer les mots internationaux dans leur langue, ils prétendent en interdire l'usage aux autres [4]. Cette prétention est évidemment insoutenable, et l'on n'ira pas, pour ménager leur susceptibilité nationale, chercher une langue vraiment *neutre* chez les habitants de la planète Mars. La langue internationale sera nécessairement « européenne », parce qu'elle doit être

1. Bien entendu, nous raisonnons sur une hypothèse, car la seconde prétention ne paraît exister à aucun degré. Les Français ne se croient nullement déshonorés pour parler de *tramway* ou de *thalweg*. Certains même affectent d'employer hors de propos les mots anglais relatifs au *sport* et au *turf*.

2. Pour montrer à quel point l'allemand est imprégné de mots étrangers, il suffit de rappeler les mots *interessant*, *kuriōs*, *konstruieren*, employés très fréquemment dans les livres; et les mots *garderobe*, *en gros et en détail*, qu'on lit partout sur les boutiques. Nous avons lu sur une affiche commerciale, en pleine Allemagne : « *Coulante* Bedingungen; volle *Garantie* ». Cf. p. 343-344.

3. A commencer par le mot *Pissoir*, qu'on voit partout écrit chez eux, et qui n'est pas du français... académique.

4. L'*American Philosophical Society* a remarqué, dans son rapport de 1887, que le chauvinisme allemand, proscrivant les mots gréco-latins des sciences et de la médecine, allait au rebours de l'internationalisation du vocabulaire scientifique, et ajoutait : « No effort at a uniform international scientific terminology can be successful, if the learned in each nation be governed by national prepossessions ».

l'expression et le véhicule de la civilisation européenne, et que,
quand elle sera adoptée par toute l'Europe, elle sera adoptée
par le monde entier [1].

Au surplus, cet exclusivisme intransigeant est le fait d'Allemands peu instruits et aveuglés de préjugés nationaux. Bien
au contraire, les savants allemands reconnaissent tout ce que la
langue et la littérature allemandes doivent à la langue et à la littérature latines; ils proclament que la civilisation allemande est
la fille de la civilisation romaine, et ils ne manquent pas d'arguments historiques à l'appui de leur opinion : l'Empire allemand
n'est-il pas le successeur du Saint Empire romain germanique,
dont les souverains allaient se faire couronner à Rome et se considéraient comme les héritiers des empereurs romains d'Occi-
dent [2]? Ces savants, dont le patriotisme est certes aussi intense
que celui des Volapükistes en question, mais éclairé par l'histoire et la philologie, sont si loin de vouloir proscrire de la L. I.
les éléments romans, qu'ils préconisent au contraire le latin
comme langue (scientifique) universelle. On a vu du reste que
beaucoup d'auteurs de langues artificielles *néo-latines* sont
allemands. Tous ces faits semblent indiquer que les préjugés
hostiles à l'élément latin n'existent que chez quelques individus,
et que l'Allemagne savante n'a aucun parti-pris contre une langue
universelle en majorité (et même exclusivement) romane. En tout
cas, parmi les Allemands partisans de la langue universelle, il y
en a autant, sinon plus, pour réclamer un idiome roman, que
pour demander l'exclusion des éléments romans. On peut espérer
que leurs opinions finiront par se concilier et par se contreba-
lancer, et qu'un idiome romano-germanique les satisfera et les
mettra d'accord, ainsi que tous les autres intéressés.

On pourrait aussi classer les langues *a posteriori* d'après leur
degré d' « apostériorité », c'est-à-dire suivant la mesure où elles
se rapprochent des langues naturelles, soit dans la grammaire,
soit dans la formation des mots. Pour ce qui est de la formation
des mots, on peut les ramener à deux types : l'un adopte des
racines internationales, et forme avec elles des dérivés et des

1. Est-il besoin de rappeler que, quand nous parlons de l'Europe, nous y
comprenons tous les peuples de civilisation européenne, et par suite les
Américains?
2. Voir dans le Chapitre final : *Les langues mortes*, les idées émises à ce
sujet par le Prof. Diels, de l'Académie de Berlin.

composés autonomes et originaux d'une manière absolument
régulière (ex. : l'*Esperanto*) ; l'autre adopte les *mots* internationaux
tout faits, tels qu'ils existent dans les langues naturelles, sans
s'inquiéter s'ils sont régulièrement formés (ex. : le *Mundolingue*).
Entre ces deux types s'échelonnent les systèmes qui cherchent
un compromis entre les deux méthodes (ex. : l'*Idiom neutral*, avec
ses mots Mackenséniques). En somme, bien que tous ces systèmes recherchent l'internationalité des éléments lexicologiques,
ils se heurtent à l'antinomie de l'*internationalité* et de la *régularité* [1].
Nous croyons qu'il ne faut pas pousser à l'extrême le principe
de l'internationalité ; une langue absolument *a posteriori* ne pourrait être qu'une langue naturelle, ou un mélange hybride de
langues naturelles, sans unité et sans régularité [2]. Il faut toujours, tôt ou tard, sacrifier l'internationalité à la régularité, sous
peine d'obtenir une langue aussi irrégulière et aussi compliquée
que nos langues, et par suite aussi difficile à apprendre. Or la
qualité essentielle de la L. I. est la facilité d'acquisition ; car
c'est elle qui assurera son adoption *pratique* et sa diffusion universelle. Si la L. I. doit être aussi difficile qu'une langue naturelle, on lui préférera toujours une langue vivante. C'est pour la
rendre aussi facile que possible que l'on doit emprunter ses
matériaux aux langues européennes ; le principe d'internationalité est donc subordonné à la facilité, et doit céder devant cette
condition suprême : or celle-ci exige une régularité absolue, non
seulement dans la grammaire, mais dans la formation des mots [3].
Cette régularité a un autre avantage, la fécondité ; car elle permet
à la L. I. de créer tous les mots dont on peut avoir besoin, au
lieu de les emprunter servilement aux langues naturelles (qui
peuvent en manquer) ; par là, elle la rend relativement indépendante de celles-ci, et lui donne dans une certaine mesure les
caractères et les avantages d'une langue *vivante*.

Quant à la grammaire, tout le monde reconnaît qu'elle doit
être avant tout régulière. Certains auteurs veulent cependant lui
appliquer le principe d'internationalité, et cherchent des flexions
internationales. C'est là une recherche qui nous paraît vaine.
Les grammaires européennes n'ont guère en commun que les

1. Voir les discussions du *Linguist* (chap. xxiii).
2. Voir, par exemple, l'*Anglo-Franca*.
3. Rappelons que c'était l'opinion de GRIMM (p. 122).

cadres théoriques ou catégories, et non les *formes* verbales par lesquelles ces catégories se traduisent pratiquement[1]. On ne peut donc pas parler d'une morphologie commune aux langues européennes[2]; il faut, tout en leur empruntant autant que possible les éléments grammaticaux, en régulariser la forme et l'emploi. De même, pour la syntaxe, qui varie tellement d'une langue à l'autre[3], il faut s'inspirer de la logique bien plutôt que de l'imitation des langues naturelles, qui semblent rivaliser sur ce point en anomalies et en singularités. En un mot, dans le domaine de la grammaire, la logique doit l'emporter sur l'histoire ou la philologie, et l'*a priori* sur l'*a posteriori*. Notre conclusion sera, en définitive, celle de M. RENOUVIER : la langue internationale doit être empirique par son vocabulaire, et philosophique (c'est-à-dire rationnelle) par sa grammaire.

1. Pour donner des exemples, elles ont toutes un pluriel pour le substantif, mais elles l'indiquent différemment (et même une seule langue a plusieurs marques du pluriel). Elles ont toutes à peu près les mêmes temps et modes principaux pour le verbe, mais elles les forment, non seulement au moyen de flexions différentes, mais par des procédés différents (ex. : le futur, que les unes forment avec un auxiliaire, et les autres avec une flexion); et de plus, elles les emploient différemment.

2. Aussi ceux qui cherchent une grammaire internationale aboutissent-ils, en fait, tout au plus à une grammaire *inter-romane*, comme nous l'avons vu à propos du *Linguist* (p. 473).

3. Comparer, par exemple, l'emploi de l'indicatif et du subjonctif en français et en allemand : l'allemand emploie l'indicatif après « *Pour que* », et le subjonctif après « *On dit que* ».

CHAPITRE FINAL

LES LANGUES MORTES

Il semble que l'idée d'employer comme L. I. une des langues classiques aurait dû se présenter la première : mais, en fait, c'est la dernière qui se soit fait jour. On s'étonne que les savants du XVIIᵉ siècle, qui connaissaient si bien le latin et le pratiquaient aussi familièrement que leur langue maternelle, n'aient pas songé à en faire la langue internationale. Cela s'explique par ce fait que, comme on l'a vu, les grands esprits de ce temps concevaient la langue universelle comme devant être une langue logiquement parfaite ; or le latin était presque aussi éloigné de cet idéal que toutes les langues nationales. C'est pourquoi LEIBNIZ, par exemple, ne prenait le latin (et encore un latin rectifié et régularisé) que comme un intermédiaire provisoire entre les langues vivantes et la langue philosophique qu'il rêvait.

Il a donc fallu attendre que les systèmes *a posteriori* eussent familiarisé les esprits avec l'idée que la L. I. devait ressembler aux langues naturelles, pour que l'on eût la pensée d'employer à cette fin une des langues classiques. Quelques-uns ont préconisé le grec ; cette idée devait naturellement naître du mouvement philhellène qui accompagna et produisit l'affranchissement de la Grèce, et du renouvellement des études grecques qui s'en suivit. Elle eut pour principal avocat, en France, l'helléniste Gustave d'EICHTHAL (entre 1870 et 1880). Plus récemment, elle a trouvé des partisans dans un petit groupe d'hellénistes allemands[1], au moment du succès du *Volapük*.

---

1. Aug. BOLTZ : *Hellenisch, die allgemeine Gelehrtensprache der Zukunft* (Leipzig, W. Friedrich, 1888). — Joh. FLACH : *der Hellenismus der Zukunft. Ein Mahnwort* (Leipzig, Friedrich, 1889). — Ludw. KUHLENBECK : *das Problem einer internationalen Gelehrtensprache und der Hellenismus der*

Pour montrer qu'un tel projet n'a aucune valeur pratique (et aucune chance de réussir), il suffit de constater que l'on ne propose le grec que comme une L. I. *pour les savants*. Ainsi, de l'aveu même de ses partisans, il ne remplirait qu'une partie des fonctions que l'on a le droit d'exiger de la L. I. D'ailleurs, tous les arguments qu'on fait valoir contre le latin valent *a fortiori* pour le grec, attendu que sa grammaire est encore plus difficile que celle du latin, que son alphabet constitue une difficulté de plus, que son vocabulaire est bien moins international, qu'il est moins bien connu et beaucoup moins répandu, enfin, qu'on a bien moins besoin (dans les sciences) de lire les auteurs grecs que les auteurs latins. Ajoutons que la prononciation du grec est au moins aussi incertaine que celle du latin : la prononciation érasmienne est barbare et n'a aucune valeur historique ; et la prononciation moderne est insupportable avec son iotacisme et les équivoques sans nombre qu'il produit [1].

Mentionnons, à ce propos, le projet, tout théorique, de M. DE LA GRASSERIE [2], qui voudrait prendre les radicaux grecs pour éléments d'une langue artificielle à grammaire régulière. Un tel projet serait analogue aux « néo-latins » que nous avons étudiés dans la section précédente ; et il serait moins international, parce que les racines grecques sont bien moins répandues dans nos langues que les racines latines.

Aussi est-ce au latin que tout le monde pense lorsqu'on propose de ressusciter une langue morte pour en faire la L. I. Mais c'est surtout au moment du succès du *Volapük*, ou depuis sa décadence, que certains lettrés se sont mis à préconiser le latin. D'une part, le succès du *Volapük* leur révélait la nécessité et la possibilité d'une langue internationale ; et, d'autre part, ils étaient choqués et rebutés par le caractère arbitraire et la physionomie baroque de cette langue construite sans tenir compte des données de la philologie et de l'histoire. Par réaction contre un idiome sans élégance, sans littérature et sans tradition, ils

---

Zukunft, Ein Sendschreiben an den geistigen Adel deutscher Nation (Leipzig, Friedrich, 1889).

1. En grec moderne, *nous* et *vous*, *notre* et *votre* se prononcent de même ! Il existe un journal hebdomadaire en grec moderne, destiné à soutenir la cause de la langue et de la littérature grecques (classiques?). C'est l'*Atlantis* (2-4, Stone street, New-York City, U. S. A.).

2. *De la possibilité et des conditions d'une langue internationale*, 56 p. in-8° (Paris, Maisonneuve, 1892).

furent amenés à penser et à dire que le latin serait plus propre qu'une langue forgée de toutes pièces à jouer le rôle de langue internationale[1]. Ainsi se produisirent diverses tentatives (toutes infructueuses) pour propager cette idée et la faire triompher[2].

La plus intéressante d⸱ ces tentatives est celle de M. George HENDERSON, l'auteur de la *Lingua* et de l'*Anglo-Franca*, qui, avec un désintéressement et un détachement assez rares, subordonnant ses projets personnels au succès de l'*idée*, entreprit de convertir ses contemporains à la cause du latin[3]. Il lança en 1890 un journal intitulé : *Phœnix seu Nuntius latinus internationalis, linguæ latinæ ad usus hodiernos adhibendæ sicut documentum editus*[4], dans lequel il proposait la fondation d'une « Societas linguam universalem, scientiarum ac negotiorum ancillam, fundantium internationalis », et où il publia impartialement les opinions de ses correspondants, les critiques comme les approbations. Il reçut les adhésions et les encouragements d'un petit nombre de savants distingués d'Angleterre, de France, d'Amérique, d'Allemagne, etc.[5], et aussi de plusieurs auteurs de langues artificielles (LAUDA, BEERMANN, J. LOTT; EICHHORN déclara préférer au latin... l'anglais!).

Mais on commença à se diviser sur la question suivante : Quel latin faut-il adopter? Les uns (M. Ch. RICHET) tenaient pour le latin classique, accru seulement de mots nouveaux. Tel était notamment l'avis de M. Carlo Arrigo ULRICHS, qui publiait depuis mai 1889, à Aquila-des-Abruzzes, un journal mensuel en latin mêlé de prose et de vers, intitulé *Alaudæ*, et en qui le *Phœnix* saluait

1. C'est ainsi, par exemple, que M. Paul LEROY-BEAULIEU, dans un article intitulé : *L'abandon du latin et l'avènement du Volapük* (ap. *L'Economiste français* du 4 août 1888), montrait qu'une L. I. est nécessaire comme l'unique remède à « la Tour de Babel qui s'élève », et concluait par l'alternative : « Volapük ou latin », avec une préférence marquée pour le latin.
2. Nous ne citerons qué pour mémoire les brochures de LE HIR (*Langue auxiliaire universelle lettrée*, 27 p. in-8°. Paris, 1878) et de STURMHŒFEL (*Neulatein als Weltsprache*, 24 p. in-8°. Berlin, 1884), qui sont de pures et simples divagations, et ne méritent pas l'honneur d'être comptées parmi les projets, même théoriques, de langue universelle.
3. Il avait déjà publié deux lettres en ce sens dans l'*Interpretor*.
4. Quatre numéros : juillet 1890, décembre 1890, juin 1891, avril 1892.
5. Parmi les Français nous citerons : MM. Paul LEROY-BEAULIEU (dont l'article précité paraît avoir suggéré à M. Henderson sa tentative); Victor EGGER, A. COLLIGNON, Julien HAVET, Charles RICHET, Maurice PROU, Salomon REINACH, le Dr MACÉ.

un précurseur [1]. D'autres (parmi lesquels M. HENDERSON lui-même) proposaient d'adopter le latin du moyen âge en l'appropriant aux besoins modernes. M. Henderson conseillait de conserver la grammaire latine, mais de ranger les mots dans un ordre conforme à nos habitudes modernes, et d'adopter les mots internationaux en les latinisant. Dans le même esprit, on proposait de renoncer au style cicéronien, aux longues périodes cultivées dans les collèges, et d'adopter hardiment des néologismes comme *unio postalis, naves vaporariæ, ferreæ viæ ordines* (trains), etc., que Cicéron lui-même eût admis, s'il fût ressuscité de nos jours. M. Julien HAVET, approuvant M. HENDERSON, lui reprochait d'être infidèle à ses propres règles en faisant du titre même de la Société un véritable logogriphe : il conseillait de mettre toujours l'adjectif après le substantif, et le génitif après le mot dont il dépend ; de désigner les villes et pays par leur nom national, et non par leur nom latin, trop souvent méconnaissable [2]; et de n'employer en latin que des tournures de phrases qui pussent se traduire mot à mot dans une langue moderne. Enfin il proposait pour la Société le titre : *Societas Internationalis Latinitatis modernæ*, qui fut adopté. Par là le second parti l'emportait; il était entendu qu'on emploierait les mots latins dans leur sens moderne (ex. : *minister, commissio, liberalis, protestans*), et qu'on latiniserait les mots internationaux (*photographia, telephonus*). On se rapprochait ainsi du latin « culinaire » réclamé par BEERMANN et par d'autres savants (O. KELLER, Salomon REINACH), qui souhaitaient que les Académies slaves, par exemple, publiassent leurs travaux en un latin intelligible, sinon cicéronien, pour les mettre à la portée du public occidental. En même temps, on le mettait en pratique en rendant compte, en latin, des séances de l'*Académie des Inscriptions et Belles-Lettres* de Paris [3].

---

1. Voici un spécimen de cette poésie latine :

« Omni mane mihi meam cafeam
Parva machinula super flagranti
Spiritus flamma soleo parare... »

2. Exemples : New-York = Novum Eboracum; Rouen = Rothomagum; Le Puy-en-Velay = Anicium; Alcala-de-Hénarès = Complutum.

3. En voici quelques échantillons : « Ostendit Georges Perrot effigies photographicas signorum sculptilium ætatis Romanæ, quæ nuper detexit Albert Lebègue apud Martres-Tolosane ». — « Monuit præses J. Oppert Academiam, ob reverentiam festi parasceues sive feriæ sextæ majoris ante

Pour montrer que le latin se prête à tous les usages, M. HEN-
DERSON publiait *Postprandium, pleasantries in colloquial latin*, par le
Dr Constantine STAUDER [1], où l'on invoquait l'opinion de Lord
Dufferin sur la réforme nécessaire de l'enseignement du latin,
et où l'on donnait (ce qui manquait au *Phœnix*) des règles pratiques de prononciation du latin (analogues à celles de l'italien).
Même, pour prouver les qualités pratiques et commerciales du
latin, et lui procurer un « débouché » fructueux, on l'employait
à la réclame : on célébrait en latin les vertus du *Pearsius Sapo*
et des *Pillulæ Beechamiæ*, et l'on annonçait : « Velocipedes
bicyclo-foretici et tricyclo-foretici duodecim menstruis ratibus
venduntur. »

En somme, on tendait à sacrifier la pureté du latin classique
pour l'adapter aux besoins modernes. Mais alors, comme le faisait remarquer un partisan du *Volapük* (M. Carl Kaplaneck), on
faisait du latin une langue artificielle qui serait toujours bien
moins régulière que le *Volapük*, et bien plus difficile à apprendre.
Et il montrait que le latin n remplit aucune des conditions
d'une langue bien faite, qui sont : 1º d'admettre n'importe quelle
formation de mots, et de lui donner un sens bien déterminé ;
2º de distinguer sans ambiguïté les cas, les nombres, les temps
et les modes. Enfin M. VON WAHL (un des correspondants du
Linguist) trouvait le latin beaucoup trop difficile : sur tant de
jeunes gens qui passent neuf ans à l'apprendre, combien en
trouve-t-on qui puissent l'écrire correctement ? Combien surtout
qui puissent le parler couramment ?

Quoi qu'il en soit, le *Phœnix* échoua dans son entreprise, et,
après avoir recueilli les approbations platoniques de quelques
lettrés, disparut sans avoir réussi à organiser la *Société internationale* qu'il proposait de fonder. De cette expérience M. George
HENDERSON a retiré la conviction que le latin n'a aucune chance
d'être adopté comme langue internationale ; même par le monde

---

Pascham, non consessuram die 27 Martii... » — « Judicato certamine, quod
indictum erat « de traditione bellorum Medicorum », præmio ordinario
Academiæ ornatus est Amédée Hauvette, magister conferentiarum in Facul-
tate litterarum Parisiensi. » — « Dixit Boissier explorata esse a Carton
medico legionario et Denis locumtenente rudera urbium Romanarum in
Tunisia. »

1. « Published in order to show that Latin may be more easily and more
pleasantly acquired by treating the language as if it were still a living
tongue, than by methods now in use », dit le sous-titre.

savant, c'est-à-dire par les personnes qui le connaissent déjà [1].

Depuis le *Phœnix*, plusieurs journaux latins ont été fondés, dans l'intention de favoriser les études latines, plutôt que dans celle de vulgariser le latin et d'en faire une langue universelle. L'un est le *Præco Latinus* [2], journal mensuel publié à Philadelphie depuis 1895; il a cessé de paraître en septembre 1902, ce qui n'est pas, apparemment, la marque d'un grand succès. On y emploie le latin le plus classique; en l'ouvrant au hasard nous tombons sur le membre de phrase suivant : « quod quidem *infitias* haud facile *ibitur*... », et nous nous demandons combien d'années il faut avoir passé sur les bancs pour connaître et comprendre cette périphrase alambiquée [3]. Ce n'est certes pas avec de pareilles élégances qu'on fera du latin une langue facile et pratique. Plus bas, on demande pardon pour le barbarisme : « publicitas »; on met en italiques l'adjectif *aristocraticus*; mais on emploie sans vergogne le mot *millionarius*. On publie des traductions latines de l'*Alceste* d'Euripide et de l'*Imitation* [4], ce qui n'est peut-être pas très propre à montrer comment le latin peut s'appliquer à l'expression des idées modernes. Ce que nous trouvons de plus probant à cet égard, ce sont les annonces, dont voici un spécimen : « Pilei Stetsoniani capillacei coactiles sunt præstantissimi omnium, qui usquam in orbe fiunt [5] » ou bien, pour un « Typoscriptorium » (machine à écrire) : « Machinula quæque scribit typis specie diversis variisque linguis. Proxenetæ in cunctis urbibus mundi præcipuis. Velis catalogum plenum petere; subnecte pittacium 5 lib. pro mappa orbis scitissima ».

---

1. Voir sa brochure : *Phœnix, and the revival of Latin as the international language* (1902). Dans l'article où il proposait son *Latinesce*, M. Henderson écrivait, dans cette langue même : « I Latine Lingue esse nimis difficile. Post decem annes de studere, pauces discipules pote, aut legere facile, aut scribere accurate, aut loquere aliquantulum. Latine Lingue » (1901).

2. *Præco Latinus, Folia Gentium Latina Menstrua Litteraria ac Critica, ad propagandum Sermonem Latinum, necnon ad fovendum Litteras Latinas.* 2307, Green Str. Philadelphia. U. S. A.

3. Pour faire comprendre la préciosité de cette expression « infitias ire » à ceux qui ne savent pas le latin, on peut la comparer à la locution française : « s'inscrire en faux » employée au figuré pour dire « contester » ou « nier ». Ajoutons que, bien que le verbe *ire* soit neutre, cette locution forme un verbe actif qui est mis ici au passif, parce que le latin manque du mot *on*. Ce membre de phrase veut donc dire simplement : « ce qu'on ne niera pas ».

4. On ne trouve donc pas le latin de l'*Imitation* suffisamment classique.

5. Le lecteur a deviné qu'il s'agit de chapeaux de feutre.

Un autre journal latin est la *Vox Urbis*, publiée à Rome depuis
1898 par le chevalier Aristide Leonori [1]. C'est une revue littéraire
et artistique illustrée, rédigée dans le latin le plus classique ; on
y publie des poésies latines, notamment le *Carmen sæculare* du
pape Léon XIII. La partie la plus intéressante, à notre point de
vue, est ce qu'on peut appeler les *Faits divers* : « Bellum Trans-
vaalianum, Boerorum prœlia ; Sinensis signata pax, » etc. On y
trouve une description de la Grande Roue de Chicago ; on y
parle d'*electrica lux*, de *ferrea via* ; un cuirassé s'y appelle *loricata
navis*, une locomotive *currus vaporiveha*, une bicyclette *birota velo-
cissima*, un roman (*Quo vadis?*) une *fabula Milesia*, un aérostat
aereothrenum, et un mandat-poste : *diribitoria chartula* (qui l'eût
deviné?). Un million se dit, en pur latin : *decies centena millia* ;
nous ne savons pas comment on dit « un millionnaire, » mais
nous trouvons « *triliones* » entre guillemets. Un général s'appelle
militum tribunus. Pour les noms propres, il n'y a pas de règle :
tantôt on les latinise, tantôt on les transcrit littéralement : à
côté de « Brissonius », on trouve le général « André », qu'il
était si facile et si tentant d'appeler « Andreas », et « Wal-
deckius-Rousseau », qui concilie les deux systèmes [2]. Mais le
plus admirable est la périphrase employée pour désigner le
ministre de l'instruction publique de France : « qui hodie ado-
lescentibus erudiendis publice in Gallia præest, cognomine
Aqueus. » Heureusement pour le lecteur, on a ajouté entre
parenthèses : « Gallice Leygues [3] ». Ailleurs, on risque des néologismes hardis, comme *telescopium*, *oceanographia*, *ars photogra-*

1. *Vox Urbis, de litteris et bonis artibus commentarius* (Bis in mense
prodit). Via Alessandrina, 87, Roma.
2. S'il paraît choquant de latiniser les noms propres, il y a inconvénient
à ne pas le faire, car alors on ne peut plus les décliner, et l'on ignore leur
rôle dans la phrase. On tourne la difficulté au moyen d'un nom commun
en apposition (Ex. : « Loubet præsidis de Sinensibus rebus oratio »), mais
rien n'indique formellement que *præsidis* se rapporte à *Loubet*, et dans
d'autres phrases cette construction pourrait être équivoque.
3. Il faut savoir qu'en langue d'oc le mot *aqua* (*eau*) est devenu *aygue*
(d'où *aiguière*). Le même personnage a été désigné comme suit par
M. Artioli dans un discours latin distribué (mais non *lu*) au *Congrès international latin* (15 avril 1903) : « Summus rei Gallorum literariæ moderator ».
Cette périphrase, véritable énigme pour quiconque ne sait pas déjà de qui
il s'agit, prouve à quel point certains partisans du latin ont peu conscience
des conditions pratiques de la L. I. Si l'on veut que le latin devienne langue
universelle, il faut dire tout simplement : « minister instructionis publicæ
in Francia » (cf. p. 518). On remarquera qu'il n'y a pas un mot de commun entre cette expression et celle que nous venons de citer.

phica. Mais, malgré cela, les articles consacrés aux actualités restent trop souvent de véritables logogriphes, surtout à cause de la construction élégamment compliquée des phrases [1].

Pour joindre le précepte à l'exemple, la *Vox Urbis* publie *Lollius, sive de provecta latinitate,* de P. ANGELINI, où sont traitées les questions de latinité. On y apprend que l'adjectif *philosophicus* et l'adverbe *philosophice* ne sont pas de Cicéron; et que, pour suivre l'exemple de l'orateur romain, on doit éviter d'employer des mots grecs pour tout ce qu'on peut dire en latin, Ainsi au lieu de *geographia,* Cicéron dit : « terrarum descriptio »; au lieu de *physicus* : « speculator venatorque naturæ » [2]. De même, on ne doit pas dire *thesis,* mais *res proposita; idea,* mais *notio, species* ou *forma; systema* ou *methodus,* mais *ratio, disciplina, via; politicum,* mais « quod ad rempublicam, ad civitatem pertinet »; *œconomia,* mais « rei familiaris administratio, dispensatio, cura »; *anarchia,* mais « eorum doctrina qui nullum esse regimen civitatis volunt ». Un autre puriste, M. TASSET, prétend qu'on peut tout dire en termes cicéroniens, et préfère *fulguralis* à *electricus*; mais il ne dit pas si l'on traduira *électricité* par *fulgur* (ce qui serait équivoque). Enfin, la *Vox Urbis* pousse la timidité jusqu'à imprimer en italiques le mot *internationalis,* comme pour demander pardon de ce barbarisme.

Reste à savoir si ce purisme est un bon moyen de restaurer le latin et d'en faire la langue universelle, même des savants seulement [3]. A vrai dire, il nous paraît contraire à l'utilité primordiale de tout langage; car les mots ont été inventés, en somme, pour tenir lieu des définitions, tandis que ce style soi-disant cicéronien remplace chaque mot par une périphrase à la Delille. On ne voit pas de telles périphrases employées dans un journal

---

1. Voici, par exemple, comment on exprime une grève de cochers : « desertio rædariorum curribus equorum aut electridis vi actis addictorum », et comment on décrit un déraillement : « Curruum series... e ferreis axibus, quibus, vapore acta, velocissime procedebat, egressa, in duas partes divisa est, quarum una rapide per declivium processit, et in alios currus viatorum plenos impulsa, neces plures comparavit. Nec hominum mala hac morte mulctatorum numerus recognosci potuit, cum ignis rabies, ex vaporivehæ cortinæ abruptione, eos adussisset. »

2. Cf. les périphrases de *pyroballum* et d'*aeronauta,* citées p. 74, note 1.

3. Cf. G. ELPI, *La lingua universale* (Rome, 1900). Mentionnons un autre journal latin dont nous ne connaissons que le titre : *Civis Romanus, orbis litterarum Romanarum necnon epistolario latino commercio adjumentum,* publié par W. LOMATSCH, à Limbach (Saxe).

pour annoncer l'arrestation d'un anarchiste, ou dans une affiche universitaire pour désigner les professeurs de physique, de géographie ou d'économie politique. Au fond, ces prétendues élégances ressemblent étrangement aux périphrases naïves et compliquées des sauvages ou du *pidgin english* [1], et il est curieux de constater que les extrêmes se touchent, la langue barbare et la langue raffinée [2].

Enfin, nous devons parler d'une tentative intéressante qui s'est produite récemment à Berlin, bien qu'elle n'ait pas pour but principal la langue universelle. Le *Verein Berliner Hochschullehrer* (Union des professeurs d'écoles supérieures de Berlin) a fondé des cours populaires de latin, à l'usage des adultes désireux d'acquérir rapidement une teinture suffisante pour pouvoir lire et comprendre quelques mots ou quelques lignes de latin. La méthode, toute pratique, consiste à lire et à analyser des textes d'exercice, et à apprendre ainsi par l'exemple, les déclinaisons, les conjugaisons et les règles de grammaire et de syntaxe. On arrive ainsi, paraît-il, en peu de mois à déchiffrer les *Commentaires* de César. Les cours ont été suivis par un public assez nombreux, composé surtout d'ouvriers et d'employés.

Ils ont été inaugurés le 6 novembre 1900 par une conférence très intéressante du Prof. Hermann DIELS, membre de l'Académie des Sciences de Berlin, « sur l'importance du latin pour notre peuple et notre temps [3] ». L'illustre philologue a fait ressortir, avec une compétence et une autorité particulières, tout ce que la langue allemande et l'esprit allemand doivent à la civilisation romaine, et par suite à la langue latine : jusqu'en 1900 (promulgation du *Code civil* allemand) l'Allemagne a vécu sous le régime du Droit romain (du *Corpus juris* de JUSTINIEN), d'où l'infiltration d'innombrables expressions latines dans la langue juridique, politique, administrative [4]. Les principaux monu-

1. Voir la *Critique générale* des Systèmes mixtes (p. 236).
2. De même, dans un article de *The World's Work* (juillet 1903, p. 195), M. Tighe HOPKINS rapproche la périphrase de *bicyclette* dans le latin de la *Vox Urbis* de la périphrase de *télégramme* en gaëlique : *story-on-top-of-a-stick* (litt. : nouvelle sur le haut d'un bâton).
3. *Volkslatein. Vorwort zu Dr. R. Helms Uebungsbuch für volkstümliche Vortragskurse*, und *Vortrag « Ueber die Bedeutung des Lateins für unser Volk und unsre Zeit »* von Prof. Hermann DIELS (Leipzig, Teubner, 1901).
4. On peut en dire autant pour l'Angleterre, où l'on plaide *versus* (contre) quelqu'un, et où l'on s'abonne aux journaux *per annum*.

ments de Berlin sont couverts d'inscriptions latines, et les locutions latines abondent même dans le langage familier; on ne peut pas trinquer sans dire : *Prosit*, ni fêter quelqu'un sans crier : *Vivat*. Non seulement l'allemand emprunte au latin un grand nombre de mots savants intraduisibles (comme *subjectiv* et *objectiv*, *relativ* et *absolut*, *Idealismus* et *Materialismus*), mais il contient dans son vocabulaire le plus ancien et le plus populaire des radicaux latins (*Vater*, *Wein*, *Keller*, *Fenster*, *Kammer*, *Körper*, *Mauer*, *Schreiben*, etc.). Même les mots d'*empire* (*Reich*) et d'*empereur* (*Kaiser*) sont d'origine latine (celui-ci est la transcription phonétique de *Cæsar*, antérieure au VIᵉ siècle). Tout cela prouve à quel point l'allemand est imprégné d'éléments latins.

Il en résulte que la langue allemande, même la plus courante, est remplie de mots d'origine latine : dans un article du journal populaire (socialiste) *Vorwärts*, pris au hasard, M. DIELS relève les mots : *Militäroperationen* (qu'on ne peut pas traduire par *kriegerische Handlungen*), *Konkurrent*, *Coalition*, *Organisation*, *Invasion*, *Dimension*, *Republik*, *Armee*, *Revolution*, *Diplomat*, *Consul*, *Methode*, etc. Il proteste, à ce propos, contre la guerre faite en Allemagne aux « mots étrangers », c'est-à-dire, le plus souvent, à ces mots de source latine qui sont en quelque sorte les titres de noblesse de la civilisation allemande et les traces de son origine romaine. Les efforts faits pour les remplacer par des équivalents allemands artificiellement formés sont, à ses yeux, « une sorte de falsification », qu'il compare à l'action de démarquer l'origine des produits [1]. D'ailleurs, comme on l'a vu, les équivalents sont souvent inexacts, et parfois même font totalement défaut.

De tout cela M. DIELS conclut qu'un Allemand ne peut savoir sa langue, et comprendre l'histoire et les institutions de son pays, que s'il connaît le latin. La connaissance du latin est utile, sinon indispensable, à tous ceux qui cultivent, non seulement la philosophie, l'histoire ou le droit, mais encore les sciences naturelles : la *Pharmacopœa germanica* est rédigée en latin, ainsi que les ordonnances des médecins; et le botaniste apprend à nommer les plantes en latin. C'est ainsi que des personnes qui n'ont pas reçu l'instruction classique peuvent éprouver le besoin, soit pour leur culture d'esprit, soit même pour leur

---

1. L'auteur rappelle que Charlemagne avait déjà essayé, mais en vain, de remplacer les noms des mois latins par des noms germaniques.

profession, d'acquérir quelques notions de latin. C'est précisément à elles que sont destinés ces cours populaires de latin.
M. Diels déplore que le latin soit une sorte de privilège aristo-
cratique, et établisse une barrière entre les classes de la société.
Mais, tandis que des réformateurs veulent le remplacer par des
études exclusivement « réelles » et utilitaires, l'auteur, qui y
voit le palladium de toute culture élevée, voudrait au contraire
populariser les humanités et en étendre les bienfaits aux classes
qui en sont jusqu'ici privées.

On ne peut que rendre hommage à la largeur et à la générosité de ces vues, dont la portée n'est pas restreinte à l'Allemagne ;
car dans tous les pays les humanités traversent une crise, par
suite de la concurrence de l'enseignement « moderne », et surtout,
remarquons-le en passant, des *langues vivantes*, dont on reconnaît
de plus en plus l'utilité pratique pour les relations internationales. Seulement, si l'on recommande l'étude du latin, ce n'est
pas, comme on voit, à titre de langue universelle, mais à titre
d'instrument de culture intellectuelle [1] et pour des raisons pédagogiques et sociales *intra*-nationales. C'est ailleurs que M. Diels
a préconisé le latin comme « la plus simple et la meilleure des
langues universelles [2] », en vertu des mêmes considérations
historiques, à savoir que la civilisation romaine est la mère et
la nourrice de la civilisation européenne. Il ajoute : « L'empire
romain est mort, aucune pensée politique ne s'attache plus à sa
langue. Elle est donc un moyen de communication *neutre*,
comme il n'y en a pas un second. » L'auteur paraît admettre la
nécessité et la possibilité de simplifier et de moderniser le latin
pour le rendre plus accessible et plus maniable ; mais on peut
douter qu'il fasse beaucoup de concessions sur ce point, quand
on le voit qualifier de *néo-latin* la langue classique du *Præco
Latinus* et de la *Vox Urbis*. De plus, on ne peut s'empêcher de
remarquer l'équivoque où l'illusion que recèle le mot même de
Volkslatein : les cours de M. Helms ne sont pas des *cours de latin
populaire*, mais des *cours populaires de latin classique*, ce qui est
bien différent. On y apprend à lire César ; or le latin populaire

---

1. M. Diels va jusqu'à dire que « l'enseignement du latin vaut un cours
de logique ».
2. *Das Problem der Weltsprache*, ap. *Deutsche Revue*, janvier 1901.
Cf. *Ueber Leibniz und das Problem der Universalsprache*, ap. *Sitzungsbe-
richte der k. pr. Akademie der Wissenschaften zu Berlin* (29 juin 1899).

n'est pas le latin de César, mais le latin que parlaient ses légion-
naires, et qu'ils ont appris à nos aïeux : le latin où l'on disait
caballus au lieu d'*cquus*, *bellus* au lieu de *pulcher*, et ainsi de suite.

D'un autre côté, M. VALDARNINI, professeur de l'Université de
Bologne, recommande le latin comme langue universelle, pour
deux sortes de raisons : des raisons historiques propres à l'Italie
(souvenir de l'empire romain), qui, si elles avaient une valeur
réelle, contrediraient la *neutralité* que M. DIELS attribue au latin ;
et des raisons pédagogiques : l'adoption du latin comme langue
universelle serait le meilleur moyen de remédier au surmenage
intellectuel et à la surcharge des programmes de l'enseignement
secondaire, et de faire cesser le conflit des études classiques et
des études modernes[1]. Seulement, c'est exactement pour les
mêmes raisons que M. Ernest NAVILLE préconise l'adoption d'une
langue internationale artificielle, et spécialement de l'*Esperanto* :
car l'étude d'une langue aussi facile permettrait de consacrer
plus de temps aux langues classiques, et les délivrerait de la
concurrence utilitaire des langues vivantes[2].

CRITIQUE.

Les partisans du latin font valoir en sa faveur une foule
d'arguments d'ordre historique. Le latin a été au moyen âge,
et est resté jusqu'au XVIIIᵉ siècle, la langue internationale des
savants : et même au XIXᵒ siècle, GAUSS et JACOBI écrivaient
encore leurs mémoires de mathématiques en latin. Malheureusement presque tous les faits allégués appartiennent au passé :
en France, on faisait encore les cours de philosophie en latin
vers 1830 ; en Hongrie, on parlait encore en latin vers 1848
(mais aujourd'hui on ne le parle plus du tout) ; en Italie, il n'y a
pas longtemps encore qu'on faisait les cours de médecine en
latin ; chez nous, il y a trente ans, on faisait encore des discours latins dans certaines cérémonies officielles ; et ainsi de
suite. Dans toutes ces constatations, l'adverbe *encore* revient
sans cesse, de sorte que l'éloge du latin ressemble à une

1. Angelo VALDARNINI : *Il sovraccarico della mente e lo studio d'una
lingua internazionale* (Asti, 1900).
2. E. NAVILLE, *La Langue internationale*, mémoire présenté à l'Académie
des sciences morales et politiques (janvier 1899).

oraison funèbre. « On soutenait *autrefois* en latin les thèses de doctorat »; sans doute, mais cela ne se fait plus, et pour cause. Les thèses elles-mêmes étaient autrefois en latin : on y a renoncé dans les Facultés de droit, de médecine et de sciences; et si une thèse latine est *encore* exigée au doctorat ès lettres, la plupart des Facultés des Lettres françaises demandent qu'on la supprime, ou tout au moins qu'on la rende facultative [1]. Tous les faits qu'invoquent les partisans du latin ne prouvent donc pas sa vitalité persistante, mais bien plutôt sa décadence progressive, fatale et irrémédiable, dans tous les domaines et dans tous les pays.

Sans doute, il est permis de regretter le temps où dans toutes les Universités d'Europe les cours se faisaient en latin, de sorte qu'un étudiant pouvait, sans être dépaysé, suivre successivement les leçons de maîtres célèbres de différents pays. Mais, qu'on le regrette ou non, ce temps n'est plus, et l'enseignement se donne et continuera vraisemblablement à se donner dans la langue nationale ou maternelle. Le latin ne réussira pas plus qu'une langue artificielle à restaurer l'unité de langue parmi les savants. Ceux qui le rêvent caressent la chimère d'une *langue universelle* pour le monde savant, et ce n'est pas cette chimère, nous le déclarons nettement, que nous poursuivons à présent.

On peut du moins désirer que le latin redevienne la langue de la correspondance et des publications scientifiques; on espère ainsi renouer la tradition naguère interrompue. Puisque, dit-on, les savants sont obligés de savoir le latin pour pouvoir lire les œuvres des maîtres des siècles antérieurs, pourquoi ne profiteraient-ils pas de cette connaissance pour publier à leur tour leurs travaux dans cette langue, et s'en servir dans les comptes-rendus officiels des Académies, les revues scientifiques, etc.? On oublie que les savants sont de moins en moins obligés de savoir le latin, à mesure qu'on s'éloigne du temps où le latin était l'unique langue scientifique. Les sciences mathématiques et naturelles font des progrès si rapides, que l'on ne peut les apprendre que dans des ouvrages qui datent de moins de vingt ans, et qui, par conséquent, sont tous en langue nationale. On n'a plus besoin de se reporter aux œuvres des maîtres

1. Voir Picavet, *La thèse latine et le doctorat ès lettres*, ap. *Revue internationale de l'enseignement* (15 mai 1903). — P. S. Un décret du 28 juillet 1903 vient de rendre facultatif l'emploi du latin pour la seconde thèse.

(dont la substance a d'ailleurs passé dans les cours et les manuels), à moins qu'on ne soit un historien et un érudit. Or c'est là un cas tellement rare parmi les savants, qu'on n'a pas à en tenir compte. Il ne serait ni juste ni raisonnable que, pour permettre à quelques érudits de lire LEIBNIZ ou NEWTON dans le texte original, on astreignît tous les savants à l'usage du latin. Ces érudits pourront toujours apprendre le latin (comme le grec), s'ils en ont le besoin et le goût; les autres se contenteront de la science contemporaine, ou, s'ils ont par hasard à lire un ancien, ils le liront dans une traduction. Supposé qu'on adopte une langue artificielle, on n'aura qu'à traduire dans cette langue toutes les grandes œuvres classiques pour les mettre à la portée du public scientifique de tous les pays, et l'on ne peut comparer l'étendue finie et même très limitée de ces reliques (si précieuses qu'elles soient) à la masse toujours croissante des productions contemporaines. Il serait contraire au bon sens de subordonner celles-ci à celles-là, et de sacrifier l'avenir au passé.

Ajoutons à cela qu'il n'y a aucune comparaison entre la connaissance du latin qui suffit pour *lire* les œuvres scientifiques écrites en cette langue, et celle qui serait nécessaire pour *écrire* et même *converser* en latin. On assure que les cours populaires de latin mettent en quelques mois en mesure de lire César; mais combien d'années d'études faudrait-il pour pouvoir écrire et parler, nous ne disons pas comme César, mais correctement? On nous dit: Pourquoi chercher une langue internationale autre que cette langue que l'on enseigne dans les écoles secondaires de tous les pays, et que tous les hommes cultivés ont apprise? Mais cet argument se retourne contre ceux qui l'emploient: Comment! voilà une langue qu'on enseigne dans tous les pays, que tous les hommes instruits sont *censés* savoir, et ils ne s'en servent pas dans leurs relations internationales! C'est qu'en réalité presque personne ne la possède assez bien pour s'en servir *pratiquement*. Aussi l'on cite comme des prodiges les rares savants contemporains capables de parler latin; mais ces illustres exceptions ne font que confirmer la règle[1]. Enfin, il ne faut pas oublier que les partisans

[1]. On raconte sans cesse, comme un fait extraordinaire (et probablement unique), qu'au *Congrès de médecine de Berlin* les Professeurs VIRCHOW et

du latin ne pensent qu'aux savants, et négligent ainsi les 99/100 des personnes intéressées à l'emploi d'une langue internationale.

Car toute la question est une question pratique. Quels que soient les mérites et les avantages du latin (que nous ne contestons nullement), c'est une langue beaucoup trop difficile et trop longue à apprendre. Il ne faut pas se lasser de le répéter : l'élite de la jeunesse passe neuf ans à étudier le latin et aboutit à l'écrire péniblement, à coups de dictionnaire, et pas toujours correctement. A plus forte raison n'est-elle pas en état de le parler. Aussi l'immense majorité a-t-elle bientôt fait d'oublier toute notion de cette langue. Même ceux qui, par profession, entretiennent et développent leur connaissance du latin éprouvent de grandes difficultés à s'en servir. On sait que la thèse latine n'est plus considérée que comme une corvée ridicule et une ennuyeuse formalité; et ce n'est un mystère pour personne que beaucoup de candidats s'en acquittent en traduisant ou en faisant traduire leur travail rédigé en français. Ainsi la majorité des docteurs ès lettres est incapable de se servir couramment du latin. Que dire alors des docteurs ès sciences, en droit et en médecine? On a beau dire que l'anatomie, la botanique et la pharmacie emploient une *nomenclature* latine; on peut savoir reconnaître un *Phœnix dactylifera*, et lire *Aqua distillata* sur un bocal, sans être capable de faire la plus simple phrase en latin, ou seulement de décliner correctement ces deux expressions [1].

Aussi bien ceux qui emploient de pareils arguments oublient-ils que ce qui constitue proprement une langue, ce n'est pas son vocabulaire, mais sa grammaire. C'est pourquoi nous atta-

---

BACCELLI ont conversé en latin. On néglige d'ajouter si leurs collègues les ont compris.

1. L'anecdote suivante a fait le tour de la presse en janvier 1902. L'illustre VIRCHOW, de Berlin, ayant été victime d'un accident de tramway, reçut du Prof. BACCELLI, ministre de l'instruction publique en Italie, une dépêche demandant de ses nouvelles, et répondit par le télégramme suivant : *Caput ossis femoris fractum. Spero consolidationem. Gratias multas.*

Les journalistes qui ont rapporté ce fait n'ont pas manqué de s'écrier, en guise de conclusion : « La voilà bien, la langue universelle! c'est le latin! » S'ils avaient tant soit peu réfléchi, ils se seraient peut-être fait la question suivante, que nous avons l'indiscrétion de leur poser : Combien, parmi tous ces journalistes, eussent été capables d'écrire correctement cette dépêche si courte et en apparence si simple, et, à plus forte raison, d'écrire en lat... leur article tout entier, y compris le récit de l'accident de « tramway »?

chons peu d'importance à l'objection courante, selon laquelle
on serait obligé d'enrichir le vocabulaire latin d'une foule de
néologismes, pour l'adapter aux besoins modernes. Ces néologismes pourraient faire dresser les cheveux sur la tête des
puristes : mais ils ne dénatureraient pas le latin, et ne le ren-
draient pas plus facile. Qu'importe qu'on dise *notio* ou *idea*,
methodus ou *ratio*; qu'on emploie des mots comme *magazina* et
realisare (LEIBNIZ), *pulvis pyrius* et *electrica lux*, s'il faut toujours
les décliner et les conjuguer suivant les règles classiques? La
grammaire est tout : c'est elle qui fait le caractère d'une langue,
c'est elle aussi qui en fait la difficulté. Nous n'avons pas à rappeler ici toute la grammaire latine; mais peut-être sera-t-il bon
d'en énumérer les principales difficultés, aussi bien pour ceux
à qui l'usage les a rendues insensibles que pour ceux qui ne les
connaissent pas. C'est bien le cas de répéter le vers connu :

Indocti discant, et ament meminisse periti.

Le latin possède, selon les grammaires, 5 déclinaisons et 4
conjugaisons; mais, tout compte fait, il a 13 déclinaisons différentes, dont chacune comporte 12 terminaisons (paradigmes :
*rosa; dominus, puer, ager, templum; auris, cubile, urbs, consul,
fulgur; manus, cornu; dies*) et 5 conjugaisons différentes, dont
chacune comporte 75 terminaisons à l'actif et 59 au passif (*lego,
amo, deleo, capio, audio*). Or il est souvent fort difficile de savoir
auquel de ces types appartient tel mot donné, particulièrement
dans la 3e déclinaison, où il n'y a pas de règle générale pour
distinguer les noms qui font le génitif en -*um* de ceux qui le font
en -*ium*[1]. Il est déjà assez malaisé de savoir, à l'inspection du
nominatif, quel est le génitif : *lex* fait *legis*, et *judex* fait *judicis*;
lux fait *lucis*, et *conjux, conjugis*; *vox* fait *vocis*, et *nox, noctis*; *pes*
fait *pedis*, et *miles, militis*; *lapis* fait *lapidis*, et *sanguis, sanguinis*;
avis fait *avis*, et *pulvis, pulveris*; *tempus* fait *temporis*, et *opus, operis*;
homo fait *hominis*, et *sermo, sermonis*; *acer* fait *acris*, et *celer, celeris*.
On peut même être embarrassé pour savoir à quelle déclinaison
appartient un mot; ainsi un mot en -*us* peut être de la 2e
(*dominus*), de la 4e (*manus*) ou de la 3e (*salus, genus*); un mot en -*er*
peut être de la 2e (*puer, pueri; liber, libri*) ou de la 3e, et dans

1. La distinction des noms *parisyllabiques* et *imparisyllabiques* est tout
à fait insuffisante et trompeuse : *canis, juvenis* font leur génitif en -*um*;
dens, fons, mons font leur génitif en -*ium*.

celle-ci il peut appartenir à des paradigmes différents (*pater,
patrum*; *mulier, mulierum*; *imber, imbrium*); un mot en -*es* peut
être de la 5ᵉ (*dies*) ou de la 3ᵉ, et encore de paradigmes différents (*moles, molis*; *seges, segetis*; *heres, heredis*; *comes, comitis*). Le
remède est simple, dira-t-on; on n'a qu'à chercher le génitif
dans le dictionnaire. Cela revient à dire qu'il faut sans cesse
feuilleter le dictionnaire, jusqu'à ce qu'on ait appris par l'usage
le génitif de tous les noms qu'on emploie. Il en est de même du
genre, que la désinence, non seulement ne permet pas de
deviner, mais ferait souvent induire à faux : *salus, manus* sont
du féminin; *tempus, corpus* sont du neutre; et inversement, *agricola, nauta* sont du masculin, sans parler des mots d'origine
grecque : *poeta* (masc.), *poema* (neutre), *methodus* (fém.), etc.

Les verbes donnent lieu à des difficultés analogues. Un verbe
en -*io* se conjugue-t-il sur *capio* ou sur *audio*? Un verbe dont
l'infinitif est en -*ere* [1] se conjugue-t-il sur *deleo*, sur *lego* ou sur
capio? Encore ici, ce n'est que le dictionnaire ou l'usage qui
l'enseignent. Mais la régularité des conjugaisons n'est qu'apparente, puisque la conjugaison de chaque verbe dépend de la
forme de son parfait et de son supin, qu'il faut encore chercher
dans le dictionnaire ou savoir par cœur. Aucune analogie ne
peut servir de guide : elle ne peut qu'égarer. A côté de *amare*
(*amavi, amatum*) on a : *domare* (*domui, domitum*); à côté de *delere*
(*delevi, deletum*), on a : *monere* (*monui, monitum*); à côté de *audire*
(*audivi, auditum*), on a : *aperire* (*aperui, apertum*). Mais c'est surtout la 3ᵉ conjugaison qui offre une multitude de formes
diverses, au milieu desquelles l'apprenti se perd, de sorte
qu'on peut dire que tous les verbes y sont irréguliers. Il y a
des parfaits en -*ui* (*alui, colui*) et en -*si* (*carpsi, dixi*) qui souvent altèrent le radical (*posui, misi, lusi*); il y a des parfaits qui
changent la voyelle du radical (*ago, egi*; *capio, cepi*) ou l'altèrent
plus gravement (*frango, fregi*; *rumpo, rupi*; *pergo, perrexi*).
D'autres redoublent le radical, avec ou sans altération (*carro,
cucurri*; *cado, cecidi*; *tango, tetigi*; *pungo, pupugi*). Il y a des
supins en -*sum* (*cursum, lusum, morsum, visum, versum*). Il y a des
verbes qui manquent du parfait, ou du supin, ou de tous les
deux; des verbes qui, n'ayant que le parfait, ont le sens du

---

1. Prévenons, une fois pour toutes, que nous ne tenons pas compte de la
quantité, puisqu'elle n'est pas marquée dans les textes imprimés modernes.
Nous nous plaçons, comme de juste, au point de vue du novice.

présent (*memini, odi*) ; des verbes faussement impersonnels (*pœni-tet, pudet*) ; il y a les verbes *déponents*, qui ont la forme passive et la signification active (*imitari, polliceri, sequi, pati, blandiri*) et les verbes *semi-déponents* (*audeo, ausus sum*)[1]. Et quand on a appris tous ces verbes, il reste encore à apprendre les verbes absolu-ment irréguliers, à commencer par le verbe *sum* (ex. : *lavare, lavi, lautum* ; *cavere, cavi, cautum* ; *sero, sevi, satum* ; *ferre, tuli, latum* ; *velle, ire, fleri,* etc.), qui sont précisément les plus usités.

La déclinaison offre aussi de nombreuses irrégularités, qu'il serait trop long d'énumérer. Bornons-nous à citer *Jupiter* (*Jovis*), *iter* (*itineris*), *vis, bos,* sans parler des noms d'origine grecque, des noms défectifs (en nombre ou en cas), de ceux qui changent de sens du singulier au pluriel (*ædes, litera, copia, castrum, pars*), et de ceux qui changent de genre (*locus, jocus, cælum*). Rappelons aussi les irrégularités dans la formation des degrés de compa-raison (*bonus, melior, optimus*)[2], les adjectifs qui manquent de comparatif ou de superlatif, ou de tous les deux ; les comparatifs et superlatifs qui manquent du positif ; l'irrégularité dans la for-mation des noms de nombre (*septendecim* suivi de *duodeviginti* ; *octavus, nonus,* etc.), où les centaines se déclinent, tandis que les dizaines sont invariables ; l'irrégularité de la déclinaison des pronoms personnels (*ego, mei, mihi, me*), démonstratifs (*is, ejus* ; *hic, hujus* ; *ille, illius*), relatifs (*quis, cujus* ; *uter, utrius*), etc.

Cette multitude de formes diverses dont il faut se charger la mémoire a-t-elle du moins pour effet de rendre les équivoques impossibles ? Pas le moins du monde. Dans la 1re déclinaison, le nominatif et l'ablatif singulier, le datif et l'ablatif pluriel, le génitif singulier, le datif singulier et le nominatif pluriel se ressemblent ; dans la 2e, le datif et l'ablatif singulier, le datif et l'ablatif pluriel se ressemblent ; dans la 3e, le nominatif et l'accu-satif pluriel se ressemblent ; le datif et l'ablatif se ressemblent toujours au pluriel, et souvent au singulier ; souvent aussi le nominatif et le génitif singulier se ressemblent (*avis*), ou bien le nominatif singulier et le nominatif pluriel (*moles, nubes*). Dans la 4e déclinaison, le nominatif et le génitif singulier ressemblent

---

1. En revanche, il y a des verbes qui ont une forme active et un sens passif, comme *vapulo* (*être battu*).
2. Sans compter la diversité des formes régulières du superlatif : *facilis, facillimus,* à côté d'*utilis, utilissimus* ; *pulcher, pulcherrimus* ; *vetus, veterrimus.*

au nominatif et à l'accusatif pluriel; dans la 5ᵉ, les nominatifs singulier et pluriel ressemblent à l'accusatif pluriel. Enfin, dans tous les noms neutres, le nominatif et l'accusatif se ressemblent[1]. Les adjectifs donnent lieu encore à d'autres ambiguïtés : le nominatif s. f. ressemble au nominatif pl. n. (*bona*). Ces similitudes de forme donnent lieu, on le conçoit, à une foule d'ambiguïtés que l'on ne peut dissiper que par l'étude attentive du contexte, ce qui est contraire à l'intelligibilité immédiate qu'on doit attendre de la L. I. Les confusions les plus fréquentes sont justement les plus graves, à savoir celle du nominatif et de l'accusatif et celle du singulier et du pluriel; ce sont précisément celles qu'une langue artificielle qui se respecte a bien soin de rendre impossibles.

Il y a encore bien d'autres équivoques : *mei, tui, nostrum, nostri* sont à la fois des génitifs de pronoms personnels et des formes de pronoms possessifs. Beaucoup de mots ont des homonymes qui prêtent au calembour : *liber* signifie *libre* et *livre*[2]; *motus* signifie le *mouvement* et la chose *mue*; *malus* signifie *méchant* et *mât*; *malum*, *méchant* et *pomme*, ce qui donne un triple sens aux cas indirects; *populus* signifie *peuple* et *peuplier*; *palus*, *marais* et *pieu*; *os*, *bouche* et *os*; *fœdus*, *pacte* et *horrible*; *victus*, *vaincu* et *nourriture*; *distantia*, *distance* et choses *distantes*; *latus* signifie *côté*, *large*, et *porté*. Les nombreuses flexions des noms et des verbes donnent naissance à d'autres homonymies : *avi* peut être le dat. ou l'abl. s. d'*avis* (oiseau) ou le nom. pl. d'*avus* (aïeul); *lateris* est le génitif à la fois de *latus* (côté) et de *later* (brique); *canis* peut être le nom. ou gén. sing. de *canis* (chien) ou le dat. ou abl. pl. de *canus* (blanc)[3]; *securi, securis* offrent un double sens analogue (*securis* = *hache*, *securus* = *en sécurité*). *Amor* signifie *amour* ou *je suis aimé*; *amare* signifie *aimer, sois aimé*, et... *amèrement* (adverbe d'*amarus*); *vincere* signifie *vaincre* et *tu seras vaincu*; *legis* signifie *de la loi* et *tu lis*; *legi*, *à la loi* et *j'ai lu*; *sine* signifie *sans* et *souffre*; *suis* signifie : *du porc* (sus), *aux siens* (suus) et *tu couds* (suo), etc.[4]

---

1. Dans les pronoms, le datif singulier ressemble souvent au nominatif pluriel : *alii, toti, soli*; le nom. f. s. au nom. pl. n. : *hæc, ea, illa*; et même au nom. pl. f. : *quæ*.

2. D'où cette devise d'un libraire : *Liber libro*.

3. Un de nos amis se souvient encore d'avoir pâli pendant une heure, en huitième, sur ces mots : *canis capillis*, auxquels il ne pouvait pas trouver d'autre sens que : *les cheveux d'un chien*.

4. Nous empruntons la plupart de ces exemples à Wilkins (*Real Character*,

Le parfait *fulsi* appartient à la fois à *fulgeo* et à *fulcio*; *luxi*, à *luceo* et à *lugeo*; le parfait *crevi* et le supin *cretum* sont communs à *cerno* et à *cresco*; le supin *passum*, à *patior* et à *pando*; *victum*, à *vivo* et à *vinco* : ce qui donne un double sens à tous les mots qui dérivent de ces formes.

On peut remarquer que le latin ne fournit aucun moyen de distinguer à quelle « partie du discours » appartient un mot donné. Il y a surtout un grand nombre de particules qui ont l'apparence et les terminaisons des noms. Ex. : *protinus, penitus, versus* (calembour : *vers*); *supra, contra, circa*; *coram*; *porro, retro, ultro, adeo, modo, eo, quo*; *erga, ergo*; *penes*; *sursum, demum, circum* (calembour : *cirque*); sans parler des adverbes comme *primum, tantum, multum*, qui sont en réalité des adjectifs neutres [1]. Les adverbes dérivés se terminent les uns en -*e* et les autres en -*ter*, de sorte que non seulement on peut les confondre entre eux, et dire *forte* au lieu de *fortiter*, mais on peut confondre les premiers avec des substantifs ou adjectifs neutres, et les seconds avec des noms en -*er*, comme *accipiter*.

Le latin offre encore deux graves lacunes : il n'a ni l'article défini, ni le pronom indéfini *on*. Il en résulte que l'on ne sait si un substantif est déterminé ou indéterminé (on ne le sait que par le contexte, ce qui ne suffit pas toujours) : aussi les auteurs modernes (notamment les philosophes) étaient-ils obligés d'emprunter l'article grec [2]. Quant à l'absence de *on*, elle oblige à des tournures compliquées et souvent illogiques, par exemple, à mettre des verbes neutres au passif : *Sic itur ad astra* = c'est ainsi qu'on va aux astres.

Dans la dérivation et la composition, les éléments constituants sont variables à la fois par la forme et par le sens. Par la forme : car la préposition *ad* devient en composition *ac, af, ag, al, an, ap, ar, at* ou *a*; *ab* devient aussi *a*; *in* devient *il, im, ir*, etc. Par le sens : car la même particule a souvent en composition des signi-

---

I, ɪv; IV, vɪ), de qui nous nous sommes beaucoup inspirés dans cette *Critique*. On connaît le logogriphe : **Ne mater suam** = *file, mère; je coudrai.*

1. On distinguait autrefois les particules par un accent grave sur la finale, de même qu'on indiquait la quantité des désinences équivoques; et ces précautions étaient fort utiles aux commençants... et même aux autres.

2. Par le seul fait qu'il possède un article, le grec est une langue bien plus claire et bien plus philosophique que le latin. On peut ajouter que ses nombreux participes (de tous les temps), *joints à l'article*, lui donnent une souplesse et une liberté inconnues du latin.

fications très différentes et même contraires, comme le montrent les exemples suivants [1] :

Sens positif ou augmentatif :	Sens négatif ou privatif :
infractus, incavus, incurvus;	*indoctus, improbus*;
perfidelis, perfruor;	*perfidus, pervicax*;
deamo, demiror;	*demens*;
exclamo, exaggero;	*excors, exsanguis*;
discupio.	*diffido.*

Le préfixe *re-* signifie tantôt la répétition (*retego*) et tantôt le retour en arrière et par suite la privation (*revelo*).

Aussi certains composés latins ont-ils un sens tout opposé à celui qu'ils ont dans les langues vivantes, ce qui est une source de contresens : par exemple, *inhumatus* signifie *non inhumé*, et *elevare* veut dire *abaisser*. Mais le plus bel exemple de confusion est fourni par le verbe **immutare** (*changer*) et ses dérivés : **immutatus** = *changé* et *non changé*, **immutabilis** = *changeable* et *immuable* [2] !

Enfin la composition augmente encore le nombre des homonymies : il y a deux verbes *incido*, qui dérivent respectivement de *cado* et de *cædo*, et dont le sens est tout différent (*tomber sur, couper dans*; d'où : *incident* et *incision*).

La syntaxe offre la même complication et la même irrégularité. Les adjectifs régissent le génitif, le datif, l'accusatif ou l'ablatif. Les prépositions régissent l'accusatif ou l'ablatif, ou tous les deux, suivant le sens (repos ou mouvement), et ce sens ne détermine nullement le cas que régissent les autres prépositions; ainsi *apud*, qui ne s'emploie qu'avec l'idée de repos, régit l'accusatif. Les cas que régissent les verbes sont soumis aux règles les plus arbitraires et les plus capricieuses; on dit : *est patri meo domus*, mais : *hæc domus patris mei est*. Tandis que certains verbes régissent deux accusatifs (*doceo pueros grammaticam*), d'autres, de sens *transitif*, régissent le datif (*noceo, invideo*) [3]. Cer

---

1. Empruntés à WILKINS, *loc. cit.*

2. De telles anomalies se trouvent dans toutes les langues. En français, le suffixe *-iser* signifie en général *rendre* — (ex. : *réaliser, égaliser*); mais *rivaliser* ne signifie pas *rendre rival*. De même, le préfixe *dé-* ou *des-* indique en général le contraire (*détromper, décoller, dessaler, dessouder*, etc.), mais *dessécher* n'exprime pas le contraire de *sécher*; il en serait plutôt un augmentatif.

3. Anomalie qui a passé dans nos langues modernes. (Voir p. 314, note 3.)

tains compléments se mettent au génitif (*accusatus impietatis,* *magni facere*) alors qu'ils seraient mieux indiqués par une préposition (*pour cause de...*). On emploie le parfait dans le sens du présent (*ne feceris*). L'emploi des temps et des modes est d'ailleurs soumis à des règles très compliquées, qui, comme toujours, comportent d'innombrables exceptions. Enfin les propositions infinitives, où le sujet est à l'accusatif aussi bien que l'attribut ou le régime direct, sont une source d'équivoques ou de difficultés [1], ainsi que les ablatifs absolus, qu'on peut confondre avec tant de compléments circonstanciels qui se mettent aussi à l'ablatif.

Faut-il énumérer tous les idiotismes de syntaxe, décorés du nom d' « élégances », comme les « attractions » qui déguisent le rôle et le sens véritables des pronoms relatifs? Faut-il citer les complications du style indirect? Bornons-nous, pour finir, à rappeler que, grâce à l'ordre absolument arbitraire et fantaisiste où le latin range les mots, les phrases des auteurs classiques sont trop souvent des logogriphes ou des jeux de patience. C'est en faisant allusion à cette liberté de construction, qui impose une sévère analyse logique, que M. DIELS déclare que l'étude du latin vaut un cours de logique. Mais, considérant tous les illogismes de la grammaire et de la syntaxe latines, nous nous permettrons de faire des réserves sur ce jugement, et de croire qu'une langue régulière et simple, comme sont les plus parfaites des langues artificielles, serait une meilleure école de logique. Dans tous les cas, la L. I. n'a pas à servir de « gymnastique intellectuelle [2] », et l'on pourra, à ce titre, conserver à côté d'elle l'étude du latin, pour ceux qui auront le temps de s'y livrer. Pour les autres, l'étude d'une L. I. artificielle sera un excellent exercice d'esprit, par le contraste perpétuel des constructions logiques de cette langue avec les illogismes et les idiotismes de la langue nationale; et elle leur rendra ainsi, toutes proportions gardées, le même service intellectuel que l'étude des langues mortes ou des langues étrangères rend à une élite privilégiée.

1. On sait que c'était une précieuse ressource pour les oracles antiques, dont l'infaillibilité consistait souvent dans leur ambiguïté. Cf. STANLEY JEVONS, *Elementary Lessons in Logic,* 5ᵉ éd. (1875), p. 172. Le même auteur signale de semblables amphibologies en anglais; exemple : « The Duke yet lives that Henry shall depose. » (SHAKSPEARE, *Henry VI*).

2. Mot de M. VALDARNINI, *loc. cit.* (p. 526, note 1).

Mentionnons une dernière difficulté, celle de la prononciation du latin, qui diffère beaucoup d'un pays à l'autre. Cette difficulté semble être la même pour une langue artificielle; en réalité, elle est beaucoup plus grande pour le latin, parce que chaque peuple a pris l'habitude de le prononcer comme sa langue nationale; toute tentative pour réformer cette prononciation et la rendre uniforme dans les divers pays se heurterait à une routine invétérée, à une tradition séculaire et sacro-sainte : qu'on essaie seulement, par exemple, de prononcer les *u* à l'italienne dans une classe ou dans une église française, et l'on aura un succès d'hilarité [1].

Certains partisans du latin, reconnaissant toutes les difficultés du latin classique, proposent de se contenter du latin du moyen âge (scolastique et ecclésiastique), qui possède plus de souplesse et de liberté que le latin classique, et dont le vocabulaire est à certains égards plus riche et plus moderne [2]. Ils admettraient, avec les scolastiques, un article défini, l'emploi de *quod* (*que*) au lieu de la proposition infinitive, et quelques autres « modernismes » analogues. Mais le latin ne serait pas rendu sensiblement plus facile; ce seraient des règles différentes de celles de la grammaire classique, mais ni moins nombreuses, ni moins compliquées.

D'autres vont plus loin : ils admettent la liberté du solécisme, du barbarisme et du néologisme, au moins « pour le peuple », les lettrés continuant à employer entre eux le latin classique. On obtiendrait ainsi une série de « dégradations » du latin, à l'usage des diverses classes de personnes qui ont besoin d'une L. I. : savants, ingénieurs, industriels, commerçants, voyageurs, etc.; et l'on admet que la dernière de ces dégradations aurait la simplicité et la facilité de l'*Esperanto*, par exemple. Mais une telle solution n'en est pas une. D'abord, ce que nous voulons, ce n'est pas une gamme de langues internationales, mais une L. I. unique et commune à toutes les classes comme à tous les pays. Comment un savant pourrait-il s'entendre avec les boutiquiers d'un

1. Rappelons encore qu'on n'a pas réussi à modifier, dans nos lycées, la prononciation érasmienne du grec, qui est tout bonnement barbare et ridicule.
2. Un tiers au moins des mots employés par St Thomas d'Aquin sont étrangers au latin classique. « C'est même en francisant tous ces mots latins inconnus de Cicéron, que notre langue a acquis le pouvoir d'exprimer les idées abstraites et de devenir ainsi la rivale du grec. » (F. PICAVET, api *Revue internationale de l'Enseignement*, t. XLV, p. 427, 15 mai 1903.)

pays étranger, s'ils parlaient un latin tout différent? En outre, il est facile de décréter la liberté du barbarisme, mais il est plus difficile de prévoir où elle s'arrêterait. S'il prend fantaisie à un latiniste de bas étage de décliner *corpus* sur *dominus*, et de conjuguer *loqui* sur *amare*, non seulement il blessera cruellement les oreilles du puriste, mais il risquera fort de ne pas en être compris, et encore plus de ne pas le comprendre. Ce serait non seulement l'anarchie, mais la cacophonie parfaite. Si l'on veut « dégrader » le latin, encore faut-il le faire avec entente et suivant certaines règles générales et fixes [1].

Enfin, certains partisans du latin, se rendant à toutes les raisons précédentes, et reconnaissant l'impossibilité pratique de faire adopter tel quel, soit le latin classique, soit le latin du moyen-âge, admettent la nécessité d'enrichir le vocabulaire et de simplifier la grammaire et la syntaxe. Pour le vocabulaire, on peut sans doute l'enrichir, en latinisant tous les mots internationaux, comme *poste, tabac, café, buffet, sport*, etc. On en sera quitte pour braver les anathèmes des puristes. Mais il n'est pas si aisé de simplifier la grammaire, car la moindre réforme entraîne des modifications profondes dont les conséquences sont imprévisibles. Aussi, sur ce point, les partisans du latin sont-ils assez avares d'indications précises. Certains proposent de régulariser la conjugaison, par exemple, de terminer uniformément le futur en *-bo* : *amabo, monebo, legebo, audibo* [2]. Voilà la porte ouverte aux barbarismes. Mais comment ceux qui auront appris cette nouvelle conjugaison pourront-ils comprendre les formes classiques *legam, audiam*? Il leur faudra donc apprendre aussi la conjugaison ancienne? C'est doubler leur peine sous prétexte de l'alléger. D'autres proposent de supprimer le passif et les verbes déponents. Cela signifie, sans doute, que l'on formerait le passif avec le verbe *sum*, et que l'on conjuguerait les verbes déponents

---

1. Imaginons un géomètre, peu familier avec le latin, qui ait à traduire le mot *diamètre*. Il pourra hésiter entre quatre formes possibles : *diametrus, diameter, diametra, diametrum*. Il a donc 3 chances sur 4 pour ne pas employer la seule forme correcte : *diametrus*. Ensuite il devra se demander quel est le genre de ce mot, et il conjecturera le masculin, d'après la désinence ; en quoi il se trompera encore, car *diametrus* est du féminin (pour s'en rendre compte, il faut remonter au grec, que nous supposons ignoré de notre géomètre). En revanche, *géomètre* se traduira par *geometra*, qui est du masculin. Toutes ces chances d'erreur seraient supprimées dans une langue artificielle où l'on n'aurait à s'occuper ni du genre ni de la désinence.

2. DELACOUR, *Le Latin langue universelle*, p. 9 (Bruxelles, 1894).

comme des verbes actifs : **imitare**, **loquere** seraient des infinitifs, et non plus des impératifs ; **imitatus sum** signifierait : *je suis imité*, et **loqui** : *j'ai parlé*. Seulement, comment les adeptes de ce nouveau latin pourraient-ils déchiffrer un texte de latin classique ? Il est probable qu'ils y feraient de nombreux contresens.

D'autres, encore plus hardis, déclarent que le latin, pour devenir langue internationale, doit subir une refonte complète. Voici, par exemple, les « modifications essentielles » qui semblent indispensables à M. Paul REGNAUD, professeur de sanscrit et de grammaire comparée à l'Université de Lyon :

« 1° Suppression de la déclinaison [1] et des marques du genre là où elles sont inutiles ;

« 2° Conjugaison ramenée aux formes strictement suffisantes [2] ;

« 3° Substitution, surtout à l'aide des prépositions, de la syntaxe analytique et logique des langues modernes à la construction synthétique du latin classique ;

« 4° Réduction à l'uniformité des suffixes affectés à l'expression des mêmes fonctions grammaticales [3] ;

« 5° Application de l'orthographe phonétique [4] ;

« 6° Admission des néologismes nécessaires, en leur donnant une forme adaptée à l'esprit du système. »

Voilà au moins un plan logique et systématique, qui laisse bien loin derrière lui les timides propositions de réformes superficielles et partielles du latin classique. Seulement, on peut se demander si la langue qu'on obtiendrait ainsi serait encore du latin. Elle en différerait, non pas seulement comme le grec moderne diffère du grec ancien, mais comme une langue romane moderne diffère du latin classique. C'est d'ailleurs l'avis de M. Michel BRÉAL : « Je suis porté à croire que ce latin, saturé de

---

1. Certaines langues artificielles s'écartent moins du latin, car elles conservent la déclinaison, ou tout au moins l'accusatif.

2. Quel en est le nombre ? L'exemple de l'*Esperanto* prouve que 12 flexions sont strictement suffisantes. Or sur ce point il a l'approbation de M. REGNAUD : *Les conditions d'établissement d'une langue internationale, à propos de l'Esperanto* ; discours prononcé à la séance de rentrée de l'Université de Lyon, le 4 novembre 1901, p. 31 (Paris, Le Soudier, 1901).

3. Cette réforme est tellement radicale, qu'elle n'est même pas réalisée dans toutes les langues artificielles.

4. Cette condition est ambiguë : rendra-t-on l'orthographe conforme à la prononciation ? Mais alors, à quelle prononciation ? Ou bien rendra-t-on la prononciation conforme à l'orthographe ? De toute façon, cela paraît être la condamnation du *ph*, du *th*, du *ch*, et même du *c*, sifflant et chuintant.

termes modernes, ou de mots anciens avec des significations
nouvelles, plié à une syntaxe plus analytique, ne tarderait pas à
ressembler beaucoup à du français[1] ». Tranchons le mot : ce
serait une *langue romane artificielle*, analogue aux divers projets
de *néo-latin* que nous avons étudiés dans la Section III[2].

Ainsi, lorsque les partisans du latin veulent sortir des généralités vagues et des faciles lieux communs, et tenir compte des
conditions *pratiques* d'une langue internationale, ils aboutissent
nécessairement à l'idée d'une *langue artificielle* ayant pour base
le vocabulaire latin : et, en effet, tous leurs arguments prouvent
tout au plus qu'il convient d'emprunter au latin et au grec la
nomenclature scientifique et technique, parce qu'elle est la plus
internationale. Bien plus, ils admettent la nécessité d'adjoindre
au vocabulaire latin les mots internationaux, même étrangers
au latin et au grec. Leur langue ne différerait donc pas sensiblement des langues *a posteriori* fondées sur le principe de l'internationalité.

Cela étant, on comprend mal la répugnance qu'ils manifestent
à l'égard des langues artificielles en général. Ils les qualifient de
« barbares » ; ils oublient que la langue qu'ils proposent serait
tout aussi barbare. Ils leur reprochent de n'être pas vivantes,
d'être fabriquées de toutes pièces ; mais leur « latin » n'a jamais
vécu, puisqu'il n'existe pas encore, et qu'il faudrait, lui aussi, le
fabriquer[3]. En réalité, il n'y a là qu'un préjugé ou une question
de mot : leur rêve est une langue artificielle décorée du nom
de *latin*[4].

Mais ce que l'on comprend encore moins, c'est qu'ils se flattent de « ressusciter » le latin et de restaurer les études classiques[5]. En effet, s'ils préconisent le latin comme L. I. et proposent de l'introduire jusque dans les écoles primaires, c'est,
disent-ils, pour renouer une tradition séculaire, réconcilier les

---

1. *Revue de Paris*, 15 juillet 1901, p. 233.
2. Cette interprétation est confirmée par l'assertion suivante de M. REGNAUD :
« L'intervention du latin doit se borner à fournir des radicaux auxquels
s'adjoindront des suffixes dont la forme est à déterminer. » (*Discours cité*, p. 28.)
3. M. REGNAUD demande « qu'une Commission officielle internationale
soit chargée d'élaborer un système de langage ».
4. « A vrai dire, le mot de *langue artificielle* est une sorte de tautologie,
car il y a de l'art dans la langue la plus grossière. » Michel BRÉAL, *art.
cité*, p. 242.
5. « Il ne s'agit pas seulement de galvaniser le latin, mais de le ressusciter », écrit M. REGNAUD.

humanités avec les études scientifiques et utilitaires, et « développer, par la connaissance des chefs-d'œuvre de l'antiquité, l'amour du bien et le goût du beau ». Et en même temps ils proposent de faire subir au latin classique des modifications telles, que ce serait une langue nouvelle et artificielle! Comment ne voient-ils pas que leur pseudo-latin achèverait de tuer le latin classique, loin de le ressusciter? Ce ne serait pas restaurer les études classiques, mais au contraire les ruiner irrémédiablement, que de les faire reposer sur l'étude d'une langue « barbare » qui n'aurait que le nom de commun avec celle de Virgile et de Cicéron. Il y a là une inconséquence palpable qui détruit tous les arguments des partisans du latin. En somme, ils sont pris dans ce dilemme : ou bien ils veulent restaurer les études classiques, et alors c'est le latin classique dont il faut développer, et, s'il se peut, faciliter l'étude; ou bien ils veulent une langue internationale pratique et scientifique, et alors il est inutile de déformer et de dénaturer le latin pour en faire une langue nouvelle, qui sera toujours moins simple et moins facile qu'une langue artificielle proprement dite. Ce sont là deux fins bien distinctes, sinon opposées; et il est contradictoire de vouloir les atteindre toutes deux au moyen d'une seule et même langue [1].

Au surplus, les partisans du latin sont forcés de reconnaître qu'on aurait, tôt ou tard, deux langues au lieu d'une : le latin classique pour les savants, et le néo-latin pour le commun des mortels. Mais ce serait là une conséquence très grave : comment les savants pourraient-ils s'entendre avec les profanes, s'ils ne parlaient pas la même langue? Il faut éviter à tout prix une dua-

---

1. Certaines personnes, reconnaissant la difficulté que l'on éprouve actuellement à se servir pratiquement du latin, proposent de l'enseigner par la méthode directe, comme une langue vivante; on l'apprendrait ainsi plus vite, et on le manierait plus facilement. Mais, d'abord, cette réforme dans la méthode d'enseignement ne supprimerait pas les difficultés intrinsèques du latin, tant que l'on conserverait toutes les complications et exceptions de sa grammaire; ensuite, elle enlèverait à l'étude du latin son caractère littéraire et sa valeur éducative. Un professeur qui en a fait l'expérience le déclare textuellement : « Ce n'est pas par de tels procédés qu'on peut obtenir la connaissance littéraire des auteurs latins. » (LÉVY-WOGUE, Une expérience de méthode directe dans l'enseignement du latin, ap. Revue internationale de l'Enseignement, 15 mai 1903.) Ainsi, toujours et partout reparaît la même antinomie : ou bien le latin est considéré comme un instrument de culture littéraire, comme une initiation à l'antiquité, ou bien il est considéré comme une langue auxiliaire et utilitaire. Il faut choisir, car suivant le cas on devra adopter l'une ou l'autre méthode.

lité de langue absolument contraire, non seulement aux besoins pratiques, mais aux intérêts de la science elle-même. Du reste, on peut être tranquille : la langue vulgaire aurait bientôt fait d'éliminer la langue savante, c'est-à-dire le latin classique. Quoi qu'il en soit, les partisans du latin admettent qu'on aurait deux langues à apprendre : l'une, qui serait la vraie L. I. utilitaire et pratique; l'autre, qui serait le pur latin des lettrés, et par laquelle on s'initierait aux auteurs anciens. Ce seraient deux langues distinctes, aussi différentes que le latin et le français; sans doute, la connaissance de l'une faciliterait l'acquisition de l'autre; mais on n'en aurait pas moins à l'apprendre, de même qu'un français est obligé d'apprendre le latin. Seulement, on ne voit plus alors quelle nécessité il y a que la L. I. ressemble au latin. Au contraire, il y aurait bien plutôt des raisons pour qu'elle n'y ressemblât pas trop, afin d'éviter toute confusion et toute fusion entre les deux langues. Car rien ne serait plus perfide pour les novices, et plus choquant pour les lettrés, qu'un néo-latin qui aurait l'air d'un « latin de cuisine » et qui rappellerait le latin du *Malade imaginaire*. Pour permettre au lecteur d'en juger, nous allons analyser deux projets tout récents de ce genre : le *Linguum Islianum* et le *Reform-Latein* [1].

ISLY : *LINGUUM ISLIANUM* [2]

Le *Linguum Islianum* est l'œuvre de M. Fred ISLY, rédacteur du journal humoristique *Le Pêle-Mêle*, qui « s'est appliqué, tout en conservant le fond de la langue » latine, « à en retrancher les difficultés », les irrégularités et les exceptions. Tous les substantifs masculins se déclinent sur *dominus* (ex. : **patrus**, *père*), tous les féminins sur *rosa* (ex. : **matra**, *mère*), et tous les neutres sur *templum* (ex. : **rosum**, *rose*). Comme on le voit, le genre est toujours naturel.

Les adjectifs suivent cette triple déclinaison suivant le paradigme *bonus, bona, bónum* (ex. : **fortus, forta, fortum**). Les pronoms personnels sont : **egus, tibus, illus; nobi, vobi, illi.**

Tous les verbes actifs se conjuguent comme *amare*. Il suffit de

---

1. Cf. la *Monopanglotte* de GAGNE (p. 74, note 3).
2. *Langue Isly* (*Linguum Islianum*). Projet de Langue internationale, par Fred ISLY. XI + 32 p. in-8° (Paris, Richard, 1901 ; et chez l'auteur, 45, rue Saint-Ferdinand).

remplacer l'-o de l'indicatif présent par -are; ex. : **debeare, fran-gare, eare** (ire). Les verbes déponents sont ramenés à la **forme** active : **imitare, mirare, hortare, loquare, sequare.** Il n'y a qu'une seule exception : le verbe **esse** (être) conserve sa conjugaison irrégulière.

Les particules sont empruntées au latin. Les prépositions régissent tantôt l'accusatif, tantôt l'ablatif.

Ces indications suffisent à donner une idée de cette langue; on en appréciera la physionomie par une citation :

Canus dum ferabat carnum, natans per fluminum, videavit suum simulacrum in speculo lymphorum [1].

FRÖHLICH : *REFORM-LATEIN* [2]

Pour l'auteur du *Reform-Latein*, le latin n'est pas une langue morte : il est « aussi jeune, beau et frais » que du temps de Cicéron : n'est-il pas « employé par les ecclésiastiques, les médecins et les pharmaciens, voire même les juristes »? Seulement il est trop difficile pour devenir populaire; il est « très facile » de le simplifier sans lui enlever « par trop » son caractère propre. On va en juger.

Les substantifs n'ont que deux genres : le masculin pour « les hommes, les peuples, les fleuves, les vents et les mois »; le féminin pour « les femmes, les arbres, les villes, les pays et les îles ». Ils sont invariables, et toujours identiques au nominatif singulier du latin.

La déclinaison s'effectue au moyen des articles *défini* : **il, la,** pl. **los**; et *indéfini* : **un, una,** pl. **dos**; et des prépositions : **de** (gén.), **a** (dat.) et **ad** (accusatif). Exemple :

	Sing.	Plur.
Nom. :	la femina	los femina
Gén. :	de la femina	de los femina
Dat. :	a la femina	a los femina
Acc. :	ad la femina	ad los femina

1. Traduction de ces vers de PHÈDRE :
   Canis, per flumen carnem dum ferret natans,
   Lympharum in speculo vidit simulacrum suum.
2. *Grammatik der Weltsprache : Reform-Latein. 1. Theil : Formenlehre,* von Karl FRÖHLICH. 22 p. in-8° (Wien, 1902, chez l'auteur : Leebgasse, 59).

L'*adjectif* est invariable en genre, en nombre et en cas, et toujours identique au nominatif sing. masc.; ex. : **la magnus pars; un pulcher carmen.**

Les *pronoms personnels* conservent leur forme et leur déclinaison latines.

Tous les verbes se conjuguent sur *amare* (au passif comme à l'actif), sauf le verbe **sum**, qui conserve sa conjugaison irrégulière, ainsi que ses composés. Ex. : **finiare** a pour formes principales : **finio, finiabam, finiabo, finiavi, finiaveram, finiavero; finiem, finiarem, finiaverim, finiavissem; finia; finians, finiaturus, finiatus**, etc.

Les particules sont empruntées au latin. Les prépositions régissent le nominatif.

L'auteur fait remarquer que, les mots déclinables se présentant toujours sous la forme du nominatif, on peut déchiffrer un texte de *Reform-Latein* au moyen d'un dictionnaire latin quelconque.

CRITIQUE.

Il est inutile de discuter la valeur, fort inégale d'ailleurs, de ces deux projets [1]; il suffit de constater quel aspect barbare prend le latin ainsi « réformé ». Il choque cruellement tous les latinistes. Ce qu'il importe surtout de remarquer, c'est que le *Reform-Latein*, si simplifié qu'il soit, est encore bien moins simple que les meilleures langues artificielles : il conserve toutes les terminaisons personnelles des verbes, soit 75, alors que 12 terminaisons suffisent à la conjugaison de l'*Esperanto*; et l'*Islien* conserve encore 3 déclinaisons, alors qu'une seule suffisait au *Volapük*. Le *Reform-Latein* conserve la déclinaison irrégulière des pronoms personnels, tandis que l'*Islien* les déforme pour les rendre réguliers. Quel que soit le parti qu'on adopte (déclinaison synthétique ou déclinaison analytique), on dénature le latin sans réussir à le rendre aussi simple, aussi régulier et par suite aussi facile qu'une langue artificielle.

Mais ce qui révoltera le plus les latinistes, c'est qu'on ose proposer de substituer ce « latin de cuisine » au latin classique

---

1. Remarquons seulement que M. FRÖHLICH a cru devoir employer une préposition pour marquer l'accusatif (comme en espagnol).

dans l'enseignement, et pour cela de traduire les auteurs latins en *Islien*. Et, en effet, on ne pourrait associer l'étude d'une telle langue à celle du latin sans gâter complètement celle-ci. Celui qui aurait appris le latin réformé ne pourrait pas lire les auteurs classiques, et celui qui saurait le latin classique ne supporterait pas la lecture du latin réformé. Quiconque a le culte des lettres et le respect de l'antiquité appliquera au latin la maxime célèbre : « *Sit ut est, aut non sit* », et répugnera à l'idée de défigurer la langue de Cicéron et de Virgile pour l'accommoder à des fins utilitaires et aux besoins modernes [1]. Mais, en revanche, que les lettrés reconnaissent l'existence et l'urgence de ces besoins, qu'ils avouent que le latin classique ne saurait nullement y répondre, et qu'ils permettent de les satisfaire en adoptant une langue artificielle qui empruntera aux langues mortes un plus ou moins grand nombre de racines, mais qui, soumise à des règles autonomes, ne rappellera ni de près ni de loin les idiomes classiques [2]. Le latin restera ce qu'il est, le véhicule et l'incarnation de la civilisation antique, l'instrument de culture intellectuelle, forcément réservé à une élite. Mais qu'à côté de lui il y ait place pour une langue pratique qui remplace les langues étrangères dans leurs usages utilitaires (nous ne disons pas : dans l'éducation littéraire); c'est ainsi, et seulement ainsi qu'on pourra sauver les humanités de la concurrence croissante des langues vivantes, et concilier les intérêts de la haute culture littéraire avec les besoins impérieux de la science, du commerce et de l'industrie.

1. Nous tenons à faire remarquer la différence essentielle qui sépare les projets de latin réformé des projets de néo-latin étudiés dans la Section III.
2. Cf. Albert Hua, *La question d'une langue internationale*, ap. *Revue de Fribourg*, 33ᵉ année, p. 162-163 (mars-avril 1902).

CONCLUSION

Que reste-t-il de tant d'efforts faits pour doter l'humanité d'une langue internationale? Quels résultats se dégagent de l'exposé de toutes ces tentatives si diverses, si divergentes même en apparence? Doit-on en conclure que l'idée de la langue universelle est chimérique, que tous ces projets sont stériles et vains, ou peut-on au contraire en conclure que cette idée est vraiment pratique et que sa réalisation est possible et même prochaine? C'est ce qu'il nous reste à examiner.

La première impression qui se dégage de cette revue historique, c'est, croyons-nous, que la langue universelle a vraiment *une histoire* : ce n'est pas simplement une multitude de projets épars, sans aucune analogie ni parenté; ils se rattachent tous, de près ou de loin, à une *idée* commune, et ils manifestent le progrès de cette idée. Elle a évolué en traversant trois phases principales. D'abord, à la suite de la Renaissance scientifique et philosophique, l'esprit humain a conçu des projets ambitieux et des espoirs illimités ; il a cru qu'il allait bientôt pénétrer la nature, épuiser ses secrets et acquérir la connaissance totale et définitive du monde. La pensée n'offrait pas plus de mystères que la nature, et on devait bientôt en avoir fait le tour. Tout était clair, tout était simple pour les philosophes du XVIIe siècle ; l'univers était construit comme une horloge, et le mécanisme de la pensée était tout aussi facile à pénétrer. De même qu'un petit nombre de lois fondamentales devaient rendre compte de tous les phénomènes, un petit nombre d'idées primitives devaient composer toutes nos pensées; il suffisait de les cataloguer, puis de les combiner mathématiquement, pour reconstituer les deux mondes parallèles et analogues de la nature et de l'esprit. Cette conception métaphysique se traduisait par l'idée d'une *langue philo-*

sophique qui fût le résumé des sciences, l'expression adéquate de la pensée et de la réalité.

Un si haut idéal devait nécessairement conduire à des échecs. On s'est bientôt aperçu que la nature et l'esprit sont beaucoup moins simples et transparents, qu'ils sont même infiniment compliqués, qu'on n'en pourra jamais achever l'analyse, et que par suite nous n'atteindrons jamais la science complète et parfaite que supposait l'idée de la langue philosophique. Une telle langue ne pourrait être dès lors que l'expression précaire d'une science toujours provisoire, et serait sans cesse exposée à une refonte complète. Par suite, le problème de la langue universelle perdait son caractère philosophique; il ne s'agissait plus de trouver l'expression adéquate de nos idées, mais simplement un instrument pratique de communication, analogue à nos langues, un simple truchement international.

L'idée de la langue universelle se rapprochait ainsi du type des langues naturelles, qui allait servir désormais de modèle aux *langues artificielles*. Toutefois, celles-ci ne s'en inspirèrent d'abord que de loin. L'esprit était encore imprégné des prétentions logico-mathématiques des langues philosophiques; on crut qu'il suffirait d'*imiter* les langues naturelles dans la forme, sans leur *emprunter* aucun élément matériel. On conçut la grammaire comme un système de flexions arbitraires, et le vocabulaire comme un ensemble de combinaisons phonétiques, sans se soucier de rappeler les éléments linguistiques des langues indo-européennes. Au contraire, par une recherche excessive de la neutralité, on défigurait sans scrupule les racines qu'on leur empruntait. On s'attachait surtout à une régularité quasi-géométrique, et l'on coulait de force les mots dans un moule uniforme. On croyait, comme au temps des langues philosophiques, que le choix des mots est absolument indifférent et qu'on peut, sans inconvénient pour la pratique, construire *a priori* les radicaux par un jeu de combinaisons. Ainsi naquirent ces systèmes hybrides dont le *Volapük* a été le modèle et dont il reste le type.

Mais on ne tarda pas à s'apercevoir de l'insuffisance de ces solutions bâtardes et hétéroclites, qui n'avaient ni le mérite de la logique, comme les langues purement *a priori*, ni les qualités pratiques qu'on exigeait de plus en plus. On parvint à cette conception, que la langue universelle n'a pas à être *inventée*, qu'elle existe déjà en puissance dans les langues européennes, par le seul fait qu'elles ont une origine commune et qu'elles reflètent la même science et la même civilisation. Il suffit, pour la faire apparaître, de dégager les éléments grammaticaux et lexicologiques communs à ces langues, éléments dont le nombre et l'importance vont en augmentant sans cesse par suite du développement des relations internationales. Non seulement, en effet, nos vocabulaires nationaux tendent à s'uniformiser, par l'introduction perpétuelle des mots nouveaux (scientifiques et techniques) internationaux; mais nos grammaires elles-mêmes, si diverses entre elles, tendent à devenir, chacune pour soi, plus régulières et plus uniformes. Par exemple, tous les mots nouvellement formés sont conformes à un certain type, inconsciemment considéré comme normal : tous les verbes qu'on invente désormais en français sont des verbes réguliers de la 1re conjugaison (en -er; de même, en allemand, en -ieren); tous les adverbes nouveaux sont en -ment. On peut dire que, sur nos quatre conjugaisons, une seule est encore *vivante*; dans toutes les langues, tous les verbes nouveaux sont réguliers, les verbes irréguliers sont des reliques du passé, des fossiles. On nous parle toujours de la « vie des langues », et l'on ne s'aperçoit pas que (comme les êtres vivants) elles portent en elles une masse d'éléments morts. On ne fait donc que suivre l'exemple de nos langues en ramenant la grammaire à des types uniformes et réguliers (par exemple, en réduisant la conjugaison à un seul paradigme); et peut-être sur certains points on ne fait que devancer les résultats de leur évolution naturelle (par exemple, en éliminant du verbe toutes les distinctions de personne et de nombre, héritage du latin, devenues inutiles par l'emploi des pronoms).

Telle est la tendance générale des projets les plus récents, et (on peut bien le dire) les plus parfaits et les plus pratiques en même temps. Sans doute, l'évolution a été moins régulière, moins linéaire que nous venons de la décrire : comme dans toute évolution, il y a des arrêts, des régressions ou des survivances : et c'est ainsi qu'on peut encore trouver de nos jours des représentants attardés du système du *Volapük* et même des langues philosophiques. Il n'en est pas moins vrai que la direction générale est bien celle que nous avons définie. On peut même affirmer que la troisième phase se fût développée plus tôt (après les projets de Schipfer, de Rudelle et de Pirro), si le *Volapük* ne fût venu l'interrompre et la contrarier. Mais, malgré le succès passager du *Volapük*, et la floraison de projets analogues qu'il a provoquée, l'idée d'une langue internationale *a posteriori* a repris une nouvelle force, par réaction même, dans la *Pasilingua* et dans les projets suivants, au point que l'*Idiom neutral*, créé par des *Volapükistes* pour corriger ou remplacer le *Volapük*, appartient décidément au système *a posteriori*. C'est donc bien ce système qui paraît préférable et qui doit triompher définitivement.

Non seulement l'idée de la langue universelle a suivi une évolution à peu près régulière en allant des systèmes *a priori* aux systèmes *a posteriori*, mais encore, dans cette évolution, la concordance et la convergence des divers projets a été en croissant constamment. Entre les systèmes *a priori*, aucun accord n'existait et n'était possible : chacun d'eux reposait sur des principes tout subjectifs, sur une conception des sciences et sur une classification des idées essentiellement propres à son auteur : ils sont aussi individuels que le système de philosophie dont ils prétendent être l'expression. Dans les systèmes mixtes, une certaine analogie apparaît (même entre ceux qui ne sont pas de simples imitations du *Volapük*); mais elle est toute formelle, elle s'arrête au cadre grammatical, et n'atteint pas le contenu lexicologique. Et cela se comprend, puisque chaque auteur choisit arbitrairement les radicaux et les flexions, suivant certaines idées *a priori* qui sont évidemment individuelles. Une preuve curieuse et typique du caractère subjectif de ces systèmes est leur numération, qui diffère du tout au tout de l'un à l'autre. Le *Volapük* compte : **bal, tel, kil, fol, lul, mäl, vel, jöl, zül**; le *Spelin* : **ik, ek, ak, in, en, an, ip, ep, ap**; le *Balta* : **ba, be, bi, bo, bu, ja, je, ji, jo**; et ainsi de suite. C'est là l'image ou le symbole de l'arbitraire qui règne dans tous ces projets, à l'égard du choix des racines : on a pu voir que la même racine y prend les sens les plus différents et les plus fantaisistes, suivant le caprice de l'auteur; de sorte que personne ne pourrait reconstituer le vocabulaire d'une de ces langues, s'il était perdu ou oublié.

Au contraire, les systèmes *a posteriori* manifestent une conformité remarquable, et qui est d'autant plus grande que leurs auteurs se dégagent des idées dominantes dans les systèmes *a priori* et s'inspirent du *principe de l'internationalité*, seul fondement objectif d'un vocabulaire vraiment universel. Une comparaison même superficielle montre qu'il y a entre ces systèmes

une ressemblance beaucoup plus grande qu'entre les systèmes
a priori ou entre les systèmes mixtes. Pour reprendre l'exemple
très significatif de la numération, tous adoptent les noms de
nombre latins plus ou moins modifiés et régularisés. Il en est de
même pour tout le vocabulaire; les lexiques de ces diverses
langues ont beaucoup de radicaux communs, et cela d'autant
plus qu'ils sont plus conformes au principe de l'internationalité.
Celui qui en connaît un se retrouve aisément dans les autres.
De même, les grammaires de ces projets ont toutes un air de
famille; cela tient à ce qu'elles sont toutes inspirées de nos
grammaires européennes. Aussi un Européen quelconque n'y
est-il nullement dépaysé; il y retrouve, simplifiées et régularisées, les formes grammaticales, et par suite les formes de
pensée qui lui sont familières. Les plus parfaites de ces langues
ont même une apparence séduisante de langues naturelles; on
les prendrait pour des langues étrangères vivantes, sans l'absolue
régularité qui les rend si faciles. Et l'on peut en conclure que
l'évolution des langues artificielles touche à son terme et à son
but, s'il est vrai que le triomphe de l'art soit d'imiter la nature.

Cette convergence si remarquable des projets les plus récents
permet de déterminer quelle paraît devoir être la solution pratique et définitive, et d'en dégager les traits essentiels. Pour cela,
nous ne voulons faire intervenir aucune préférence personnelle
ou nationale, ni faire appel à aucune considération théorique,
toujours plus ou moins contestable. Nous nous bornerons à
noter, en témoins impartiaux, les traits communs à tous ces
projets ou à la majorité d'entre eux; ce travail fera ressortir,
d'une part, les ressemblances fondamentales de tous ces projets, et, d'autre part, l'idéal plus ou moins latent vers lequel ils
tendent tous, et dont ils s'approchent plus ou moins. C'est là
un procédé absolument objectif, analogue aux photographies
composites par lesquelles on dégage le type commun des
membres d'une même famille. Nous allons essayer, de même,
de déterminer la langue universelle idéale par l'examen de ses
réalisations plus ou moins parfaites, par le simple rapproche-
ment de leurs caractères communs.

En premier lieu (pour suivre l'ordre adopté dans toutes nos
analyses), l'alphabet aura pour base l'alphabet latin. Il ne devra
comprendre que des sons bien distincts et faciles à prononcer
pour tous les peuples européens. Chaque lettre aura toujours et

partout le même son; le même son sera toujours représenté par
la même lettre, et un son simple sera représenté par une lettre
simple. L'accentuation sera fixée par des règles aussi simples et
aussi générales que possible. Vouloir la rendre toujours conforme à l'étymologie (par exemple à l'accent latin) est une prétention abusive de philologues, qui va à l'encontre du caractère
pratique de la langue et de la commodité de l'immense majorité
de ceux qui auront à s'en servir.

En général, les règles grammaticales auront une valeur universelle et absolue, et ne comporteront aucune exception, ni
rien de facultatif. La grammaire sera analytique, pour se conformer à l'esprit des langues européennes modernes.

Il y aura un article défini, comme dans la plupart des projets
et aussi des langues européennes; l'article indéfini et l'article
partitif paraissent inutiles.

La distinction des genres sera *naturelle*, et ne sera marquée
qu'en cas de nécessité.

Il y aura une marque unique du pluriel pour tous les mots
qui prennent cette flexion. De même, la déclinaison (s'il y en a
une) devra être la même pour tous les mots déclinables, et se
réduire à deux cas (nominatif et accusatif), tous les autres étant
remplacés par des prépositions.

Les adjectifs seront invariables en genre. Seront-ils variables en
nombre? Notre méthode laisse la question en suspens. Elle devra
être tranchée par des considérations théoriques. En tout cas, il est
nécessaire de faire varier les adjectifs employés comme substantifs, et il paraît utile de faire varier ceux qui servent d'attribut.

Les degrés de signification devront être formés analytiquement (au moyen d'adverbes) et de la même manière pour tous les
mots qui comportent cette variation.

Les noms de nombre simples seront empruntés au latin; les
noms de nombre composés devront se former d'une manière
absolument régulière, les dizaines précédant *toujours* les unités.
Tous les mots de nombre devront dériver régulièrement des
nombres cardinaux (voir la dérivation).

Les pronoms (possessifs, démonstratifs, relatifs, etc.) seront
identiques aux adjectifs correspondants (possessifs, démonstratifs, relatifs, etc.). On ne distinguera pas, par exemple, *mon*
et *le mien* (pas plus qu'en latin).

Les pronoms possessifs dériveront régulièrement des pronoms

personnels. Ceux-ci seront autant que possible imités des pronoms latins [1].

Il y aura une corrélation de forme entre les adjectifs, pronoms et adverbes de sens correspondant.

La conjugaison sera absolument régulière et uniforme pour tous les verbes sans exception. Elle ne comportera aucune variation de nombre et de personne [2].

L'on peut se demander si la conjugaison sera synthétique (au moyen de flexions) ou analytique (au moyen d'auxiliaires). La solution la plus probable est celle-ci : les trois temps principaux seront synthétiques, les temps secondaires seront analytiques [3] En tout cas, le passif se formera analytiquement au moyen de l'auxiliaire *être*.

Les adverbes dérivés se formeront régulièrement en partant des adjectifs ; ils ne leur seront pas identiques.

Les particules (prépositions, conjonctions) seront invariables, et autant que possible simples.

Enfin, il y a une disposition très importante qui n'existe pas dans tous les projets, mais qui paraît très utile et très désirable : c'est la distinction formelle des parties du discours. Seulement elle ne doit dans aucun cas gêner la constitution du vocabulaire et empêcher l'adoption de mots internationaux. Elle doit donc s'effectuer par des désinences plutôt que par des règles de longueur et de structure.

En somme, il ne reste guère dans toute la grammaire que

---

1. Quelques auteurs ont proposé de restaurer le tutoiement latin, et cela nous paraît fort logique (on sait que le tutoiement était de règle pendant la Révolution française). Rien n'est plus absurde, quand on y réfléchit, que de parler à une seule personne au pluriel, comme si l'on s'adressait à plusieurs ; et il y a bien d'autres moyens de marquer la politesse et la déférence (de même, c'est une habitude exclusivement française de dire *Monsieur* ou *Madame* à chaque instant, notamment après *oui* et *non* : les autres peuples ne sont pas moins polis que nous pour cela). En tout cas, il faudra *absolument* qu'on puisse distinguer si celui qui parle s'adresse à une personne ou à plusieurs, car le *vous* français prête à trop d'équivoques (comme le *you* E. et le *Sie* D., qui peut signifier : *vous*, *elle*, *ils*, *elles*). De même pour les pronoms possessifs correspondants.

2. C'est un des points sur lesquels presque toutes les langues artificielles s'accordent, malgré l'exemple contraire des langues naturelles.

3. A ceux qui proposent de former les temps principaux (ou au moins le futur et le conditionnel) au moyen d'auxiliaires, en invoquant l'exemple de l'anglais, on peut répondre que l'anglais fait véritablement abus des auxiliaires, puisqu'il en emploie même un (*to do*) pour l'interrogation, la négation et l'affirmation renforcée.

deux points discutables : c'est la déclinaison (réduite à l'accusatif) et l'accord de l'adjectif épithète avec son substantif.

La *syntaxe* dépend en grande partie de l'adoption ou du rejet de l'accusatif : dans le premier cas, elle sera relativement libre; dans le second, elle sera nécessairement rigide. En d'autres termes, il s'agit de savoir si le régime direct du verbe sera indiqué par sa forme ou par sa position. De cette question capitale dépendent toutes les règles de la syntaxe, et par suite le caractère et les qualités de la future langue internationale. La place de l'adjectif et celle de l'adverbe ne sont, en comparaison, que des détails secondaires. En tout cas, on aime généralement mieux indiquer l'interrogation par une particule spéciale que par l'inversion du sujet, ce qui semble témoigner en faveur de la première alternative (syntaxe libre).

L'emploi des temps et des modes sera dicté par le sens intrinsèque réel de la proposition, et non par la conjonction ou le verbe dont elle dépend. Il est douteux que l'on doive admettre un subjonctif : l'impératif et le conditionnel paraissent suffisants. En revanche, il semble désirable que tous les modes (sauf l'impératif) possèdent les trois temps principaux. Cela est particulièrement utile et commode dans les participes actifs et passifs.

Pour le vocabulaire, il devra être fondé sur le *principe de l'internationalité*. Mais il importe de préciser le sens et l'application de ce principe. Il ne peut raisonnablement viser que l'internationalité européenne [1]. Or celle-ci doit, en toute rigueur et en toute équité, se mesurer par rapport à toutes les langues européennes, en proportion de leur importance. Cette « importance » de chaque langue est difficile à évaluer, car elle n'est pas proportionnelle au nombre des personnes dont elle est la langue maternelle [2], elle dépend aussi de sa plus ou moins grande diffu-

---

1. Rappelons qu'aux termes de la *Déclaration* la L. A. I. doit « être d'une acquisition aisée... spécialement pour les personnes de civilisation européenne ».
2. D'après diverses statistiques (dont nous ne garantissons pas l'exactitude), l'anglais serait la langue maternelle de 125 millions d'hommes ;

le russe	—	—	95
l'allemand	—	—	70
le français	—	—	50
l'espagnol	—	—	40
l'italien	—	—	35
le portugais	—	—	20
le polonais	—	—	19

sion; et, d'autre part, elle n'est pas non plus proportionnelle au nombre total des personnes qui la connaissent, car un Français qui sait l'anglais ou l'allemand ne peut pas être compté comme un Anglais ou un Allemand. Nous n'avons pas qualité pour résoudre cette question délicate et complexe; nous constaterons simplement que, de l'avis de tout le monde, il y a six langues européennes principales (D., E., F., I., R., S.), et que, sur ces six langues, il y en a trois qui ont une importance prépondérante (D., E., F.).

Pour l'application du principe, il est naturel d'adopter, d'abord les mots communs à toutes les langues européennes, ensuite, et, progressivement, les mots communs au plus grand nombre d'entre elles. Mais ici, une question se pose. Doit-on adopter tous les mots totalement ou même partiellement internationaux, ou seulement des *radicaux* internationaux? La première solution sacrifie complètement la régularité de la formation des mots et pour ainsi dire l'*autonomie* de la L. I.; la seconde, au contraire, comporte un système de formation régulier et autonome, mais donne naissance, par là même, à des mots dérivés et composés tout différents de ceux des langues naturelles. Néanmoins, cette dernière nous semble préférable (à la condition que ce système de formation ne soit pas poussé trop loin), parce qu'elle rend le lexique bien plus facile à apprendre, et réduit au minimum le nombre des radicaux à retenir. En effet, c'est la facilité que l'on doit viser avant tout, et l'internationalité des éléments n'est qu'un des moyens de la réaliser. Or, une fois donnés des éléments internationaux (en nombre suffisant), la facilité de la langue ne dépend plus que de la régularité de la grammaire et de la dérivation. Il vaut bien mieux faire appel à la logique qu'à la mémoire, s'il est vrai, comme le dit Descartes, que « le bon sens est la chose du monde la mieux partagée [1] ».

Reste à savoir quelle forme on donnera aux radicaux ainsi choisis. On peut hésiter, au premier abord, entre l'orthographe historique (étymologique) et l'orthographe phonétique. Mais on ne saurait, croyons-nous, hésiter bien longtemps. En effet, le

---

1. On peut ajouter que bien souvent une racine internationale donne lieu, en différentes langues, à des dérivés qui ne sont pas internationaux. Exemples : E. *coronation*, F. *couronnement*; I. *bellezza*, F. *beauté*. Dans ces cas la régularité s'impose, en l'absence de toute internationalité.

graphisme est beaucoup plus international que le phonétisme : en d'autres termes, les mots internationaux s'écrivent de même, mais ne se prononcent pas de même dans les différentes langues. Il est donc indiqué (en vertu du principe de l'internationalité) d'adopter l'orthographe historique et étymologique, qui est internationale (au moins dans les dérivés) [1], et d'y conformer la prononciation (au lieu de conformer l'orthographe à la prononciation, moins internationale). Cela n'empêchera pas de supprimer les lettres inutiles et de se rapprocher de l'orthographe phonétique de l'italien et de l'espagnol [2]. Il sera toujours plus facile à un peuple de prononcer le mot tel qu'il est écrit que de le reconnaître sous une orthographe qui en défigurerait l'étymologie.

Bien entendu, les radicaux devront rester rigoureusement invariables dans toutes leurs flexions et dérivations. Les affixes de dérivation seront choisis autant que possible parmi les affixes des langues nationales, en vertu du principe de l'internationalité. Mais ils devront être régularisés tant pour la forme que pour le sens [3] ; et peut-être vaudra-t-il mieux renoncer à certains affixes équivoques (comme -tion) et les remplacer par un ou plusieurs affixes moins internationaux, mais de sens plus précis.

Il y a d'ailleurs un intérêt pratique à ne pas calquer trop servilement les formes nationales, tant pour les affixes que pour les radicaux. En effet, le peuple auquel ces formes seraient empruntées aurait une tendance irrésistible à les prononcer à la manière nationale, qui serait en général contraire aux règles. Par exemple, les Français prononceraient beaucoup mieux *caval* ou *cabal* que *chéval* (avec *é*), qui leur paraîtrait baroque ; et si l'on adoptait une telle forme, ils prononceraient tous *cheval* (avec l'*e* muet national). Ce que nous disons ici des Français vaut également pour les autres peuples. Il n'est pas mauvais que les adeptes soient *légèrement* dépaysés, et en quelque sorte avertis qu'ils ont affaire à une langue étrangère. Plutôt que d'adopter une forme trop nationale, il vaudra donc mieux adopter une

1. Exemple : le radical de *cheval* apparaît dans *cavalier, cavalerie*; le radical d'*œil* dans *oculaire, oculiste*, etc.
2. Par exemple, la forme normale du radical *théâtre* (D. *Theater*, E. *theatre*) sera *teatr*, comme en italien et en espagnol.
3. Exemple : le suffixe international (latin) *-abl, -ebl, -ibl*. On devra adopter une forme *unique*, et un sens *unique* : *qui peut être*; et par suite le rejeter des mots où il signifie : *qui doit être*.

forme neutre, et autant que possible étymologique (par exemple la forme latine dans les mots d'origine latine).

On en peut dire autant des flexions grammaticales. Non seulement il n'est pas nécessaire qu'elles soient empruntées à une langue naturelle, mais cela serait plutôt nuisible. Si, par exemple, on voulait (comme les rédacteurs du *Linguist*, épris de philologie romane) emprunter au latin le signe du pluriel (-i ou -s), on serait amené à former des pluriels comme *ovi*, *templi*, ou *ovos*, *templos*, qui choqueraient cruellement les latinistes. On voit par là l'avantage d'adopter *parfois* (nous ne disons pas régulièrement) des désinences arbitraires, et par là même esthétiquement indifférentes et linguistiquement neutres.

Enfin les *mots composés* devront se former régulièrement, de telle sorte qu'on puisse les fabriquer au besoin sans erreur possible. On adoptera la règle généralement observée en grec et en allemand, à savoir que le déterminant précède le déterminé. Mais on évitera de former des mots composés de plus de deux radicaux, et de les former sur le modèle des mots composés nationaux, qui sont souvent des idiotismes [1]. Rien ne contribue autant à la richesse d'une langue que la faculté de former des mots dérivés ou composés, comme le prouve l'exemple du grec et de l'allemand : « Une langue est d'autant plus parfaite, qu'elle fournit plus de possibilités pour composer et dériver de ses radicaux des mots de telle signification qu'on veut, de telle sorte qu'on puisse comprendre la signification du nouveau mot d'après sa structure [2] ».

Pour que le principe de l'internationalité ait son maximum

1. Voir la critique du *Volapük*.
2. LAMBERT, *Neues Organon*, III, § 129 (Leipzig, Wendler, 1764). Ajoutons que ce n'est pas là seulement une condition de perfection théorique (logique), mais aussi une condition de facilité pratique. En effet, il n'y a personne qui connaisse tous les mots de sa langue maternelle, *a fortiori* d'une langue étrangère ; on ne peut donc pas exiger de quelqu'un qu'il sache par cœur le vocabulaire de la L. I., ni qu'il ait toujours un dictionnaire sur lui pour correspondre ou converser. Il faut donc qu'on puisse, dans une certaine mesure, fabriquer au moyen des radicaux les plus usuels les mots dont on peut avoir besoin (c'est ce qu'il nous arrive souvent de faire dans nos langues nationales, soit par nécessité, soit par jeu. Exemple : le *jemenfichisme*). Or, pour que ces mots inventés soient sûrement compris, il faut qu'ils soient formés suivant des règles absolument générales et fixes, qui permettent de les interpréter aussi aisément qu'on les aura forgés (Voir ce que nous avons dit à propos des mots comme *papable*, *ministrable*, *cyclable*, dans la Critique de l'*Esperanto*, p. 35).

d'effet, la formation du vocabulaire doit dominer tout le reste, à savoir la grammaire et même l'alphabet. On se souvient que le caractère commun des systèmes *a priori* et des systèmes mixtes est de subordonner le vocabulaire à la grammaire, tandis que les systèmes *a posteriori* subordonnent la grammaire au vocabulaire. En effet, il faut que les règles grammaticales imposent le moins de restrictions possible à l'adoption des radicaux internationaux [1]. De même, l'alphabet devra être déterminé de telle sorte qu'il permette d'adopter les radicaux internationaux en les déformant le moins possible, tant dans leur graphisme que dans leur phonétisme.

Le vocabulaire ne doit comprendre que les « grands mots », c'est-à-dire les substantifs, les adjectifs, les verbes et les adverbes dérivés. On doit faire rentrer dans la grammaire tous les mots dits grammaticaux, c'est-à-dire toutes les particules (pronoms, adverbes simples, prépositions, conjonctions), et les affixes de dérivation : car tous ces éléments forment un ensemble systématique et dépendent les uns des autres. Il est évident, par exemple, que les flexions grammaticales et les affixes de dérivation doivent être choisis de façon à ne pas se gêner ni se confondre. Ce sont les particules qui, selon l'expression de LEIBNIZ, constituent la *forme* du discours, tandis que les grands mots en constituent la *matière*. Aussi reviennent-elles sans cesse dans toutes les phrases, dont elles forment le cadre et la charpente. Dans le choix de ces particules, on pourra subordonner l'internationalité à la régularité; en effet, il est naturel et commode d'établir entre elles une corrélation logique, qui soulagera à la fois l'intelligence et la mémoire, et dont les langues naturelles offrent des modèles, ou tout au moins des ébauches [2]. Peu importe en ce cas qu'on s'éloigne des formes nationales (qui souvent ne sont nullement internationales), puisqu'il s'agit d'un petit nombre de mots qui reviennent très souvent dans le discours, et que l'on apprendra très facilement en raison de leur corrélation de forme et de leur fréquence même.

1. La grammaire imposera toujours quelques restrictions au lexique, si, pour éviter les isoméries, on pose comme règle qu'un radical ne doit pas commencer comme un préfixe ni finir comme un suffixe.

2. Par exemple, en latin, à la question *quo* répond *eo*; à *qualis, talis*; à *quantus, tantus*; à *quot, tot*; à *quam, tam*, etc. Que l'on songe, d'autre part, aux séries de mots formées en ajoutant aux relatifs les suffixes *-que*, *-cunque*, *-vis*, *-libet*, *-nam*, etc.

..

Nous ne croyons pas pouvoir aller plus loin par la méthode
objective et historique que nous avons suivie jusqu'ici. Pour
préciser davantage, nous serions obligés de faire intervenir des
considérations d'ordre théorique, toujours sujettes à discussion,
et que nous n'avons pas qualité pour exposer. En tout cas, nous
nous sommes efforcés, dans cette *Conclusion* comme dans le reste
de l'ouvrage, de nous affranchir de toute préférence personnelle
et même nationale, et de nous placer à un point de vue absolument impartial et neutre. Aussi, au lieu de terminer le portrait
de la future L. I. et de tirer pour ainsi dire son horoscope, pré-
férons-nous la défendre contre une ou deux objections d'ordre
général qu'on lui oppose fréquemment.

La première de ces objections consiste à dire que jamais la
langue internationale, quelle qu'elle soit, ne sera prononcée de
même par tous les peuples, et que par suite elle ne pourra
jamais servir aux communications orales.

A cela nous répondrons d'abord que l'objection, si elle était
fondée, diminuerait assurément l'utilité de la L. I., mais ne la
supprimerait pas. Il lui resterait toujours le domaine des communications écrites, qui est déjà immense, et bien suffisant à
justifier l'adoption d'une langue auxiliaire unique.

Mais l'objection n'est pas fondée, et ceux qui la font prouvent
simplement qu'ils sont mal informés. On pourrait les réfuter
par des considérations théoriques, mais rien ne vaut l'argument
brutal et irrésistible de l'expérience. Or c'est un *fait*, mille fois
constaté, que les langues artificielles (les plus parfaites au
moins) permettent à des personnes de langues maternelles différentes de s'entendre d'emblée. Le *Volapük* a servi aux discussions du Congrès international des Volapükistes en 1889, entre
personnes qui n'avaient pas d'autre langue commune : on a
prononcé des discours et des toasts en *Volapük*, et la diversité
de prononciation a été assez faible pour ne faire aucun obstacle
à la compréhension mutuelle. Depuis lors, l'*Esperanto* a donné
lieu à d'innombrables expériences du même genre, toutes aussi
concluantes, et aussi stupéfiantes pour ceux qui en ont été
témoins (comme nous-mêmes)[1]. Encore une fois, le fait, si

1. Voir la brochure de M. DE BEAUFRONT, *L'Esperanto seule vraie solution*

invraisemblable ou incroyable qu'il puisse paraître, est que des personnes de nations très diverses, qui n'avaient appris l'*Esperanto* et sa prononciation que dans leurs manuels nationaux, et ne l'avaient parlé qu'avec leurs compatriotes (ou même *pas du tout*), ont pu engager immédiatement la conversation en *Esperanto*, dès leur première rencontre, à l'improviste, sans aucune entente préalable et sans préparation, et continuer sur-le-champ à causer pendant des heures sur les sujets les plus variés; et elles ont constaté, à leur grande surprise, que leur prononciation n'offrait que des différences insignifiantes, qui ne les empêchaient nullement de se comprendre l'une l'autre, sans excepter un seul mot. De quelle langue vivante pourrait-on en dire autant?

Voilà le fait, il est incontestable; il ne reste qu'à l'expliquer. L'objection à laquelle nous répondons invoque presque toujours, précisément, l'exemple des langues naturelles : or cette analogie se trouve en défaut, surtout quand il s'agit de la prononciation. Tantôt on cite l'exemple du latin, que tous les peuples prononcent différemment; ce n'est pas étonnant, puisque chacun lui applique sa prononciation nationale : *Cicero* se prononce « en français » *Sisero*, « en allemand » *Tsitsero*, « en italien » *Tchitchero*, alors qu'il se prononçait en latin *Kikero*. Si tous les peuples convenaient d'adopter une prononciation uniforme du latin, ils le prononceraient de même. Tantôt on allègue les difficultés, les bizarreries de la prononciation d'une langue vivante, de l'anglais notamment; on constate que les Anglais prononcent mal les langues étrangères, que les étrangers prononcent encore plus mal l'anglais, que les uns et les autres ont beaucoup de peine à se comprendre mutuellement, et l'on en conclut qu'il en serait de même dans une L. I. quelconque. Conclusion fausse, et qui se retourne contre les adversaires de la L. I. Pourquoi, en effet, est-il si difficile de prononcer correctement une langue étrangère? Pour deux raisons : la première est que la langue contient des sons spéciaux, inconnus aux autres peuples et difficiles à prononcer pour

de la langue internationale auxiliaire (p. 23-28), et l'*Européen*, 29 mars 1902, où M. Paul FRUICTIER déclare qu'il a pu, « six semaines après avoir commencé seul l'étude de la langue dans un petit manuel de poche, causer couramment trois jours de suite rien qu'en Esperanto avec un Suédois complètement ignorant du français ».

eux[1]; la seconde, de beaucoup la plus importante, est que la correspondance des sons aux lettres n'est pas constante et uniforme[2]. Nous n'avons pas à faire ici le procès des langues vivantes; il suffit de rappeler qu'aucune d'elles n'a une orthographe rigoureusement phonétique, c'est-à-dire une prononciation conforme à l'écriture, et que, dans beaucoup d'entre elles, certaines lettres ont une dizaine de sons différents. Eh bien! ces deux causes perpétuelles d'erreur sont évitées dans les meilleures langues artificielles; quoi d'étonnant, dès lors, à ce qu'on les prononce plus facilement et surtout plus correctement qu'aucune langue vivante? Il ne faut qu'un peu d'attention et d'habitude pour retenir le son de 25 à 30 lettres (dont la plupart sont déjà familières), et leur donner *toujours et partout* ce même son. Il en est de même pour l'accent, surtout s'il tombe toujours sur la même syllabe du mot (comme en *Volapük*, sur la dernière, et en *Esperanto*, sur l'avant-dernière). On comprend que des préceptes aussi simples et aussi réguliers réussissent à imposer une prononciation uniforme à tous les adeptes.

A ces raisons d'ordre philologique on peut en joindre une d'ordre psychologique. On sait qu'il est beaucoup plus difficile de comprendre (oralement) une langue étrangère que de s'y faire comprendre, et cela est d'autant plus surprenant, qu'il est au contraire beaucoup plus facile de lire une langue étrangère que de l'écrire. A quoi cela tient-il? Cela vient surtout de ce que la plupart des hommes prononcent *très mal* leur langue maternelle[3]. D'abord, ils la parlent toujours trop vite, et cela suffit pour dérouter l'étranger peu familier avec la langue. De plus, et par suite de cette précipitation, ils « avalent » la moitié ou les trois quarts des syllabes. Ce défaut se remarque, non seulement chez les Anglais, où il est légendaire, mais aussi chez les Allemands et même chez les Français, qui pourtant escamotent moins de syllabes, à cause de la faiblesse de l'accent

1. Tels sont, notamment, les deux *th* anglais et le *ch* allemand dur.
2. Un proverbe *allemand* dit : « L'Anglais écrit *saucisse* et lit *fromage* ». *Vollständiger wissenschaftlicher Vortrag über Weltsprache,*...von J. Hummler, profesan volapüka, p. 23 (Saulgau, 1892). C'est là une exagération plaisante; mais ce que nous pouvons affirmer, par expérience personnelle, c'est que lorsqu'un Anglais prononce *bicycle*, on entend *bachkol*.
3. La preuve que c'est bien la principale cause, c'est que la même personne, dans le même pays étranger, comprendra parfaitement certaines personnes (celles qui prononcent bien) et ne comprendra pas du tout les autres.

tonique. Croit-on qu'un étranger puisse nous comprendre lorsque nous disons *p't-êt'* au lieu de *peut-être, puisque j' le l' dis*, et ainsi de suite? En outre, la prononciation d'une même langue varie beaucoup d'une province à l'autre : un Marseillais ne parle pas comme un Parisien, et l'allemand ne se prononce pas de même à Munich, à Leipzig et à Hambourg. La prononciation diffère même d'une classe sociale à l'autre : on reconnaît un Anglais bien élevé à la manière dont il prononce les *h* [1].

Mais il y a un autre obstacle que la diversité de prononciation : il y a la diversité des dialectes provinciaux, qui se traduit, même dans le langage des gens instruits, par des mots ou des locutions « de terroir ». Tel ustensile porte des noms différents suivant les provinces. Aux patois locaux il faut ajouter le jargon du monde, les argots du boulevardier, du sportsman, de l'étudiant, qui tous déteignent sur la langue de la conversation, sans même que nous nous en doutions. Nous employons sans cesse en causant une foule de mots étrangers à la langue écrite et au dictionnaire de l'Académie (ex. *blague*), ou détournés de leur sens propre (ex. *fumiste*); tous ces mots sont évidemment inintelligibles pour un étranger, et, remarquons-le, un seul suffit à rendre inintelligible toute une phrase. Au lieu de ces diversités infinies, l'étranger ne connaît qu'une langue, la langue écrite, la langue des auteurs classiques; et il la prononce, sans doute avec un accent plus ou moins marqué suivant sa nationalité, mais avec soin et avec une certaine lenteur. Quoi d'étonnant, dès lors, que nous le comprenions, et qu'il ne nous comprenne pas? C'est nous qui avons tort [2]!

Comparons maintenant une langue artificielle (bien faite) aux langues vivantes : nous allons voir qu'elle est exempte de toutes ces causes de mésintelligences et de difficultés. Et d'abord,

---

1. La prononciation populaire est, dans chaque pays, la source d'innombrables plaisanteries qui remplissent les journaux amusants, et qui sont inintelligibles pour l'étranger.

2. Les philologues nous apprennent que le haut allemand moderne est exclusivement une langue *écrite*, forgée par les auteurs classiques, et *qu'ils n'ont jamais parlée*. On comprend alors que l'étranger qui a appris l'allemand dans Gœthe et Schiller soit quelque peu dépaysé en causant avec des Allemands. Nous tenons à signaler ce fait à ceux qui n'ont que mépris et aversion pour les langues artificielles : l'allemand classique est une langue artificielle. Il est vrai qu'à ce compte-là, toutes les langues civilisées et littéraires sont factices; le français n'a-t-il pas été complètement réformé par les précieuses et les grammairiens du XVII° siècle?

une telle langue sera *unique*, elle sera la même sur le papier qu'à la bouche, et elle n'admettra ni dialectes provinciaux, ni locutions familières, ni expressions d'argot. Ensuite, sa prononciation sera fixée par des règles simples et uniformes : l'orthographe rigoureusement phonétique ne permettra aucune hésitation, aucune diversité essentielle dans l'élocution. Enfin, et c'est la raison la plus importante, chacun la parlera comme une langue étrangère, c'est-à-dire avec soin, on pourrait dire : avec respect. Elle ne deviendra jamais assez familière pour qu'on la « massacre ». Elle sera vraiment un terrain *intermédiaire* et *neutre* où les interlocuteurs se rencontreront sur un pied d'égalité.

La seconde objection se rattache à la précédente, mais elle en est néanmoins distincte. Elle consiste à dire que, lors même que l'unité de la L. I. serait assurée à l'origine, elle ne pourrait pas subsister. Chaque peuple l'altérera suivant ses habitudes de langage et d'esprit, et y introduira, non seulement ses mots nationaux, mais ses dérivations propres, ses idiotismes de grammaire et de syntaxe. Le vocabulaire se décomposera ainsi finalement en autant de vocabulaires qu'il y a de langues ou de familles de langues, et il y aura autant de styles et de prononciations que de nations.

Ces pronostics pessimistes viennent de ce qu'on exagère la diversité de nos langues [1], et surtout de ce qu'on invoque les lois de l'évolution des langues vivantes, ce qui est une induction fausse, et en tout cas illégitime; car la L. I. ne sera pas une langue vivante [2], et par suite ne sera pas soumise aux mêmes agents de déformation ou de transformation. En effet, ce qui déforme une langue, c'est l'usage *oral, quotidien* et *populaire*. Or, quelle que puisse être sa diffusion, la L. I. ne deviendra jamais *populaire*; on ne s'en servira pas couramment, entre compatriotes, pour la conversation familière (si ce n'est par jeu, et seulement quand on la saura bien); enfin elle sera toujours, par sa destination, beaucoup plus employée pour écrire que pour parler : or on sait que l'usage écrit tend à conserver et à fixer une langue. D'ailleurs, ce qui évolue, c'est surtout la langue

1. L'auteur de ces objections avoue qu' une partie notable de la phraséologie moderne est déjà internationale ».
2. Nous ne voulons pas dire par là qu'elle ne sera pas susceptible d'évoluer (voir p. 567), mais qu'elle sera pratiquée dans des conditions tout autres que les langues vivantes, c'est-à-dire *nationales* et *maternelles*.

usuelle, et non pas la langue scientifique et commerciale; ou, si celle-ci évolue, c'est, et ce sera de plus en plus, d'une manière concordante dans tous les pays, en vertu de leur solidarité croissante dans le progrès.

En outre, on apprendra la L. I. comme une langue étrangère et toute faite [1]. Or, comme nous l'avons dit, on pratique une langue étrangère plus purement et plus correctement que la plupart de ceux dont elle est la langue maternelle. On ne songe pas à la réformer ou à innover en quoi que ce soit : on l'accepte docilement avec toutes ses anomalies et ses bizarreries, « parce que c'est comme ça », et qu'autrement on ne serait pas compris. Il en sera de même pour la L. I. Dira-t-on qu'on fait sans le vouloir ni le savoir des « innovations » dans une langue étrangère, par cela seul qu'on la sait mal? Mais ces innovations n'ont alors rien de systématique, et par suite ne peuvent engendrer une déformation durable. Et puis, pourquoi commet-on des fautes dans les langues vivantes? Parce qu'elles ne sont pas régulières, et qu'elles offrent des complications arbitraires, comme le genre des substantifs. On a remarqué que la plupart des fautes commises dans une langue par les étrangers ou par les enfants tendent à la rendre plus régulière et plus logique [2]. Dès lors, la L. I., qui par hypothèse sera absolument logique et régulière, et dépouillée de toute complication inutile, prêtera bien moins qu'aucune langue vivante à ces « incorrections », qui sont souvent de véritables « corrections » ou simplifications. Dira-t-on enfin que chaque peuple y introduira irrésistiblement ses idiotismes? Pas plus qu'on ne transporte les idiotismes de sa langue maternelle dans une langue étrangère. On objecte que nous n'avons pas conscience de nos idiotismes, et que l'étude des langues mortes ou vivantes est le meilleur moyen, sinon le seul, que nous ayons de les découvrir et de nous en affranchir. Mais l'étude de la L. I. rendra, *mutatis mutandis*, exactement le même service que celle du grec ou du latin; et elle le rendra à beaucoup plus de personnes, car elle pourra s'introduire jusque

---

1. « J'apprends le *Volapük* comme j'apprends le français ou l'anglais, sans me soucier en aucune façon de l'histoire antérieure des langues. » H. Schuchardt, *Weltsprache und Weltsprachen*, p. 13 (1894).
2. De telles fautes se trouvent, par inadvertance, même chez de grands écrivains : Lamartine a écrit plusieurs fois « vêtissait » (imparfait du verbe *vêtir*), évidemment, par analogie avec *finir*.

dans l'enseignement primaire (supérieur, au moins). Toute la différence est que nous sommes obligés, en général, de traduire dans une langue naturelle nos idiotismes par d'autres idiotismes, tandis que dans la L. I. on devra les remplacer par l'expression la plus logique et la plus directe, qui n'en sera que plus facile à retenir. Par exemple, si l'on apprend à traduire l'idiotisme français : « Comment vous portez-vous? » par la locution anglaise inintelligible : « *How do you do?* », on apprendra beaucoup plus aisément à la traduire par une locution qui signifiera simplement : « Quel est votre état de santé? » Lors même qu'on ne pourrait absolument pas éviter les idiotismes, comme ce paraît être le cas pour : « Quel âge avez-vous? » (l'allemand dit : « Combien êtes-vous vieux? »), on sera obligé, au pis-aller, d'adopter un des idiotismes nationaux; on aura toujours cet avantage, de n'en avoir qu'un à apprendre [1]. Enfin, toute innovation, même involontaire, toute introduction d'idiotismes ou de néologismes sera immédiatement réprimée par la sanction naturelle, qui consiste à n'être pas compris. Les tendances divergentes de chaque peuple seront constamment refrénées et neutralisées par celles des autres, et ne pourront jamais donner naissance à des déformations *nationales* permanentes, puisque, encore une fois, on n'emploiera guère la L. I. entre compatriotes.

On objecte encore qu' « à une langue vivante il faut une règle vivante », et l'on demande « quelle sera la nation dont l'usage fera loi ». Nous répondons simplement : Où était la règle vivante pour le latin du moyen âge et de la Renaissance? Quelle était la nation dont l'usage faisait loi? Aucune, mais l'ensemble des savants qui pratiquaient le latin dans tous les pays civilisés, et qui formaient entre eux « la République des lettres ». Dira-t-on qu'on avait une norme et des modèles dans les auteurs classiques? Mais, d'abord, le latin du moyen âge n'était pas le latin classique : c'était une langue autonome et absolument artificielle. Ce n'est vrai que pour le latin classique employé depuis

1. C'est une chose étrange que le préjugé et le parti pris : on objecte à la L. I. une foule de difficultés que les langues vivantes présentent à un degré supérieur, et que l'on surmonte néanmoins dans la pratique. Il semble que les adversaires de la L. I. fassent en sens inverse ce qu'on a reproché à ses partisans; ils regardent les difficultés par le petit bout de la jumelle, quand il s'agit de la L. I., et par le gros bout, quand il s'agit des langues naturelles.

la Renaissance jusqu'au XIXᵉ siècle, qu'on apprenait uniquement dans les livres et dans les grammaires; or on ne voit pas que dans ce laps de temps il ait subi la moindre déformation nationale. Alléguera-t-on enfin que le latin offre du moins, comme les langues vivantes, une tradition et une littérature qui en fixent l'usage et le style? Mais la L. I. possédera bientôt, elle aussi, une tradition et une littérature où l'on pourra trouver des modèles de style. Eh quoi! dira-t-on, du style dans une langue artificielle? Pourquoi pas, s'il est vrai que toute langue littéraire est plus ou moins artificielle[1]? Qu'y a-t-il de plus artificiel, en tout cas, que la poésie dans n'importe quelle langue?. Et dans quel pays est-il « naturel » de parler en vers[2]?

Ce que nous venons de dire de la norme du style, on pourrait le répéter de la norme de la prononciation. Et d'abord, puisque l'expérience a prouvé qu'une langue artificielle à orthographe phonétique et à prononciation uniforme est prononcée sensiblement de la même manière par des personnes de divers pays qui l'ont apprise dans leurs manuels respectifs, les mêmes causes qui établissent d'emblée cette conformité contribueront naturellement à la maintenir. Mais on insiste, et, toujours en vertu de la prétendue nécessité d'une règle vivante, on demande : « Comme pour le mètre international, gardera-t-on en quelque endroit, comme en un inviolable asile, les témoins de la prononciation primitive[3]? » Qu'on se rassure : ce moyen chimérique est absolument inutile, surtout depuis l'invention du *phonographe*. On sait (et les philologues devraient être les derniers à l'oublier, ou les premiers à le rappeler) que le phonographe est devenu l'instrument indispensable des études de phonétique comparée; qu'il sert à noter avec exactitude la prononciation des patois provinciaux ou des dialectes exotiques et sauvages, à recueillir des contes et des chants

1. « Toute langue écrite est artificielle. » Richard MEYER, *Künstliche Sprachen*, dans la revue *Indogermanische Forschungen*, t. XII, fasc. 1-4 (Strasbourg, Trübner, 1901). Cet aveu est d'autant plus précieux de la part de ce philologue, qu'il n'est pas partisan des L. I. artificielles.

2. La langue poétique a toujours été une langue artificielle, et cela dès l'origine de la poésie : « La langue dont se servaient les aèdes n'était pas celle qu'on parlait autour d'eux : c'était une langue conventionnelle ». A. et M. CROISET, *Manuel d'histoire de la littérature grecque*, p. 23.

3. M. BRÉAL, *Le choix d'une langue internationale*, ap. *Revue de Paris*, 15 juil. 1901, p. 245. — C'est, semble-t-il, la même idée qui a suggéré à M. Fred ISLY son projet fantaisiste d'une *colonie internationale* qui serait le conservatoire de la L. I.

avec leur accent original et à conserver à la postérité des monu-
ments authentiques de certaines langues près de disparaître.
On emploie le phonographe pour enseigner la prononciation
correcte de telle ou telle langue vivante; pourquoi ne l'emploie-
rait-on pas, au besoin, pour enseigner la prononciation de la
L. I., qui sera incomparablement plus simple et plus facile, et
pour lui conserver son uniformité à travers le temps comme à
travers l'espace [1]?

Il n'y a qu'un point sur lequel les innovations soient inévitables : c'est le vocabulaire. Il est naturel et nécessaire qu'avec
le progrès des sciences et de la civilisation apparaissent des
idées nouvelles et des instruments nouveaux, qui exigent la
création de mots nouveaux. Sans doute, le plus souvent, l'inventeur de l'instrument ou de l'idée lui assigne dans sa langue un
nom plus ou moins heureusement choisi, et quelquefois barbare,
qui se transmet sans modification essentielle dans toutes les
autres langues. Il est certain que les termes techniques qui
auront ainsi conquis l'internationalité devront être adoptés par
la L. I. Mais, d'une part, ce n'est pas toujours le cas [2]; et, d'autre
part, les expressions ainsi fabriquées et mises en circulation par
des personnes peu versées dans la philologie sont souvent défec-
tueuses, équivoques, illogiques ou contraires à l'analogie. Il
convient donc qu'il y ait une autorité internationale compétente qui décide de l'adoption des mots nouveaux en L. I. Mais
cette autorité ne peut évidemment pas être autre que celle qui
aura choisi la L. I. et constitué son vocabulaire à l'origine. D'une
manière plus générale, il est tout indiqué que le *Comité* qui
aura institué la L. I. veille à sa conservation et à son développement régulier suivant les principes mêmes qui auront présidé à
sa création, notamment en approuvant et sanctionnant tous les
livres destinés à l'enseignement de la L. I. (grammaires, diction-

1. L'expérience a été faite récemment par le groupe espérantiste de Montréal (Canada). Ses membres envoyèrent au Dr ZAMENHOF un phonogramme
en *Esperanto*, pour lui donner un spécimen de leur prono. ¬tion, et le
prier de la rectifier. Le Dr ZAMENHOF leur répondit par un autre phonogramme d'approbation et de félicitation; ils purent ainsi entendre la voix
du maître, et constater que leur prononciation ne différait pas de la sienne.
2. Pour prendre un exemple parmi les inventions récentes, la *machine à
écrire* s'appelle en E. *typewriter* et en D. *Typograph*; et les mots dérivés,
en F. se forment avec le radical *dactylographe*. A notre avis, les expressions
françaises sont mauvaises, et c'est le radical allemand qui devrait être
internationalement adopté.

naires, chrestomathies, traductions *normales*, etc.). Il ne fera
ainsi que continuer son œuvre, la compléter et la perfectionner
sans cesse, puisque aussi bien, par la nature des choses, elle sera
susceptible et elle aura besoin d'un perfectionnement indéfini.

Bien entendu, c'est surtout et presque exclusivement sur le vocabulaire que devra porter ce perfectionnement, car la grammaire,
la syntaxe et le système de formation des mots devront rester
immuables dans leurs traits essentiels. Or l'élaboration du vocabulaire international, dans sa partie scientifique et technique
(qui est la plus considérable et la plus importante), exigera le
concours de savants spéciaux des diverses nations civilisées; et
c'est surtout pour cette tâche que le haut patronage des Académies est indispensable à la L. I. Non seulement, en effet, aucun
auteur de L. I. n'a la compétence universelle indispensable pour
constituer ce vocabulaire, mais aucune association de savants
compétents n'aurait l'autorité nécessaire pour le faire accepter
dans tous les pays. Lors même que ce travail gigantesque aurait
pu être exécuté de la manière la plus satisfaisante et la plus
impartiale par l'initiative privée, il faudrait encore la sanction
des Académies associées pour lui donner force de loi. Il vaut
donc mieux que ce travail soit entrepris par les Académies elles-
mêmes, ou du moins sous leur direction et leur contrôle. Et
l'*Association internationale des Académies* est toute désignée pour
assumer cette tâche, non seulement parce qu'elle possède éminemment la compétence et l'autorité requises, mais encore
parce qu'elle a été expressément instituée pour « préparer ou
promouvoir des travaux scientifiques d'intérêt général » et pour
« faciliter les rapports scientifiques entre les différents pays ».
Or la première condition du progrès scientifique est l'uniformité
du vocabulaire [1], et l'*Association internationale des Académies* ne
peut, sans manquer à sa mission essentielle, refuser de la réaliser.

De toute façon, non seulement l'idée de la Langue internationale ne saurait périr, mais, à en juger par les progrès de plus
en plus accélérés qu'elle fait depuis vingt ans, elle touche à sa
réalisation définitive. Ce qui ne fut d'abord que le rêve de quelques-uns de ces grands penseurs dont la mission semble être de
prévoir et d'anticiper de plusieurs siècles les progrès de l'humanité, est devenu de nos jours une œuvre de science et d'art, à la

1. De l'aveu de M. DARBOUX, cité dans la *Préface*, p. IX.

fois bien plus simple et bien plus riche que les essais informes des précurseurs. L'adoption définitive et prochaine d'une Langue internationale sera le triomphe et la consécration de tant de tentatives, restées en apparence infructueuses. Quelle que soit la valeur des divers projets de langue universelle, tous leurs auteurs ont droit à la reconnaissance de la postérité : glorieux ou obscurs, ils ont tous contribué au succès de la grande idée dont ils étaient épris et possédés ; beaucoup ont passé leur vie en de longs et minutieux travaux, ils ont usé leurs forces, dépensé leurs ressources, compromis ou sacrifié leur avenir pour ce qu'ils considéraient comme un devoir sacré, et ils n'en ont été trop souvent récompensés que par le dédain et la moquerie, ou, qui pis est, par l'indifférence et le silence. A tous, morts ou vivants, nous tenons à rendre hommage à la fin de cette *Histoire* ; qu'elle soit pour eux le commencement de la réparation, en attendant le jour où le monde civilisé, couronnant leurs efforts, proclamera qu'ils ont bien mérité de l'humanité.

P. S. — Pendant l'impression de cet ouvrage ont paru trois nouveaux projets de L. I., que nous ne pouvons que mentionner ici :

Dr H. MOLENAAR (München-Solln II) : *Panroman, skiz de un ling internazional,* dans la revue mensuelle *Die Religion der Menschheit,* mars, mai 1903 (Leipzig, Uhlig).

Albert HŒSSRICH (Sonneberg, Thuringe) : *Tal,* exposé dans une feuille périodique intitulée : *Talnovos* (n° 1 : avril 1903).

G. PEANO, professeur à l'Université (Torino) : *De latino sine flexione,* dans la Revue de « Mathématiques » (tome 8, année 1903).

ERRATA

P. 110, ligne 2, lire : R-jiez = *être le meilleur*.

P. 148, note 2, ligne 3, lire : changer au fond de la langue.

P. 239, ligne 3 du bas, lire : *pronoms personnels*.

P. 323, ligne 5, lire : (une) *antiquité*.

P. 330, ligne 12, lire : Il y avait 7700 Espérantistes inscrits au commencement de 1903.

INDEX DES NOMS PROPRES

TABLE DES MATIÈRES

———•———

SECTION I

SYSTÈMES A PRIORI

SECTION II

SYSTÈMES MIXTES

SECTION III

SYSTÈMES A POSTERIORI

www.ingramcontent.com/pod-product-compliance
Lightning Source LLC
Chambersburg PA
CBHW052342020726
47503CB00001B/74